樊树志

# 晚明史

## 1573—1644

上

復旦大學出版社

樊树志,1937年生于浙江湖州。1962年毕业于复旦大学历史系,留校任教,现为复旦大学历史系教授。专攻明清史、中国土地关系史、江南地区史。代表作有《中国封建土地关系发展史》(1988年)、《明清江南市镇探微》(1990年)、《万历传》(1994年)、《崇祯传》(1997年)、《国史概要》(1998年)、《江南市镇:传统的变革》(2005年)、《国史十六讲》(2006年)、《明朝大人物》(2011年)、《明史讲稿》(2012年)、《明代文人的命运》(2013年)。

本书荣获第十四届中国图书奖

# 目 录

上卷

**导论——"全球化"视野下的晚明**………1

一、地理大发现后的全球经济与晚明社会………6
　1. 新航路的发现与葡萄牙人的东来 / 6
　2. 以澳门为中心的晚明对外贸易 / 17
　3. "倭寇"新论——以"嘉靖大倭寇"为中心 / 27
　4. "马尼拉大帆船"与太平洋丝绸之路 / 41
　5. 白银源源不断地流入中国 / 57

二、商品经济的高度成长与市镇的蓬勃发展………65
　1. 关于集市与市镇 / 65
　2. 江南市镇的发展与分布格局 / 72
　3. 江南丝绸业市镇与丝绸贸易 / 93
　4. 江南棉布业市镇与棉布贸易 / 111

三、耶稣会士与早期西学东渐——中国在文化上融入世界………126
　1. 耶稣会士的东来：利玛窦的前辈 / 127
　2. 利玛窦神父的"本土化"传教活动 / 135
　3. 西方科学与文化的传播 / 141
　4. "西学东渐"与晚明知识界的反响——瞿太素、徐光启、李之藻、杨廷筠 / 153
　5. "西学"与王学、东林、复社——李贽、邹元标、冯应京、冯琦、方以智 / 161

## 第一章　张居正与万历新政………175

一、张居正与徐阶、高拱………177
二、顾命大臣内讧：张居正、冯保与高拱斗法………186
三、"王大臣案"——张、冯权力联盟的强化………202
四、万历新政的展开………209
五、余懋学、傅应祯、刘台与政治逆流………217
六、围绕张居正"夺情"的政治风波………226
七、新政的深化：财政经济改革（上）………242
八、新政的深化：财政经济改革（下）………256

## 第二章　明神宗：十岁登极的小皇帝………271

一、从皇太子到小皇帝………273
二、视朝、日讲与经筵………282
三、大婚………302
四、张居正归葬………309
五、耕藉礼与谒陵礼………317

## 第三章　张居正之死与明神宗亲政………327

一、张居正之死………329
二、斥逐冯保………335
三、亲操政柄………342
四、围绕刘台平反的纷争………347

五、辽王案与查抄张府………353

六、申时行辅政时期………365

# 第四章 万历三大征………383

一、平定宁夏哱拜叛乱………385

二、东征御倭援朝………394

三、平定播州杨应龙叛乱………412

# 第五章 册立东宫之争与"妖书案"、"梃击案"………421

一、"争国本"的由来………423

二、神宗的宫闱生活与酒色财气………428

三、册立东宫之争………435

四、围绕"三王并封"的纷争………446

五、皇长子常洛的册立问题………455

六、"妖书案"………461

七、"梃击案"………473

八、福王之国的前前后后………482

九、聚敛财富：矿税太监横行………489

十、临清民变、湖广民变及其他………501

# 第六章 东林书院与"东林党"………513

一、从《东林书院志》看东林书院的本来面目………515

二、东林书院并非议论政治的讲坛………522

三、"东林党"论质疑——关于"东林与浙党"………529

四、东林书院如何被诬为"党"？………537

五、东林非党论——兼论《东林党人榜》与《东林点将录》………545

## 表 目

表 1　1600年前后澳门、长崎间中国货物贸易及利润率………23

表 2　1577—1644年马尼拉每年进港船数统计………52

表 3　1586—1645年马尼拉港每年平均征收进口税额………54

表 4　嘉靖七年至隆庆五年太仓银库收支数………243

表 5　万历清丈耕地增额数………255

表 6　万历年间邯郸县税粮、均徭、里甲折银统计………260

表 7　万历年间邯郸县地亩征银统计………260

表 8　万历年间邯郸县人丁征银统计………261

表 9　万历年间华北一条鞭法实施状况………262

表 10　隆庆元年至万历二十年太仓岁入银两及指数变化………268

表 11　万历年间福王府庄田分布………487

表 12　万历二十五年至三十四年矿税太监向内库进奉金银数量………494

表 13　万历三十年至三十五年太仓收支状况………497

导论

「全球化」视野下的晚明

苏州附近市镇

在20世纪与21世纪交替之际,"全球化"成为时髦的话语,然而局限于方寸之地功利的人们,由于缺乏历史纵深感的眼光,产生了一种错觉,以为"全球化"仅仅是当今世界出现的现象。其实不然。安德烈·贡德·弗兰克(Andre Gunder Frank)尖锐地批评"近来流行的一种说法是,世界经济只是到现在才开始'全球化'",并认为"在近代早期,确凿无疑地存在着一个世界市场"[1]。他在《白银资本——重视经济全球化中的东方》第二章《全球贸易的旋转木马(1400—1800年)》的导言中,引用了弗兰克·珀林(Frank Perlin)的观点:"'世界经济一体化'是较早时代有组织的生活的一件重要事实(虽然表面上看起来相反),在市场计算机化的时代只不过更明显罢了。"[2]

确实如此,"全球化"是古已有之的现象,它至少可以追溯到15世纪的"地理大发现"时代。美国学者罗伯特·基欧汉(Robert O. Keohane)和约瑟夫·奈(Joseph S. Nye)在他们的论著《全球化:来龙去脉》中,对"全球性因素"与"全球化"作出了具有历史纵深感的探讨。他们指出:"全球性因素是指世界处于洲际层次上的相互依存的网络状态。这种联系是通过资本、商品、信息、观念、人员、军队,以及与生态环境相关的物质的流动及其产生影响而实现的";"我们认为,全球性因素是一种古已有之的现象。而全球化,不论过去还是现在,都是指全球因素增加的过程"[3]。中国学者也有类似的看法:"全球化的历史可以追溯到15世纪后期。在这一时期,由于哥伦布发现了美洲新大陆,迪

---

[1] 贡德·弗兰克《白银资本——重视经济全球化中的东方》,刘北成译,中央编译出版社,2000年,第91页。
[2] Frank Perlin, *Unbroken Landscape: Commodity, Category, Sign and Identity; Their Production as Myth and Knowledge from 1500*. Aldershot, U. K.: Variorum, 1994, pp. 98, 102, 104, 106. 参看《白银资本》中译本,第89、498页。
[3] 罗伯特·基欧汉、约瑟夫·奈《全球化:来龙去脉》,陈昌升摘译,载《国外社会科学文摘》2000年第10期。

亚士和伽马等葡萄牙人开辟了抵达亚洲的海上航线,麦哲伦率领船队完成了环球航行,从而宣告了东西半球相互隔绝的历史的结束。此后……世界市场也从欧洲拓展到美洲、亚洲和非洲等许多地区。世界各大洲和各国之间的经济联系大大加强,国际贸易量迅速增加。世界市场雏形初具,全球化初露端倪。"①

其实关于这个话题的探讨,早在20世纪70年代,美国学者伊曼纽尔·沃勒斯坦(Immanuel Wallerstein)已有深入系统的研究,他的论著《现代世界体系》的一大贡献,就在于以一种历史的深邃感阐述了"世界体系"的起源。在他看来,人类历史虽然包含着各个不同的部落、种族、民族和民族国家的历史,但这些历史不是孤立地发展的,而是相互联系着发展和演变的,总是形成一定的"世界性体系"。在16世纪以前,"世界性体系"主要表现为一些"世界性帝国",如罗马帝国、中华帝国等。这些"世界性帝国"有一个单一的政治中心,但没有与之相应的"世界性经济"。到了16世纪,随着资本主义生产方式的发展,开始以西北欧为中心,形成"世界性经济体系",就是"资本主义的世界经济体系"②。因此沃勒斯坦把他的大著的第一卷题目定为《16世纪的资本主义农业与欧洲世界经济体系的起源》,他认为:"15世纪末16世纪初,一个我们所说的欧洲世界经济体系产生了。它不是一个帝国,尽管它像一个大帝国那样幅员辽阔,并带有其某些特征。它却是不同的,又是崭新的。这是世界上前所未有的一种社会体系,而且这正是现代世界体系与众不同的特点。"③

与此同时,法国年鉴派史学家费尔南·布罗代尔(Fernand Braudel)在他的巨著《15至18世纪的物质文明、经济和资本主义》第3卷中,阐述了"世界经济"与"经济世界"的概念与历史,他认为"世界经济"(economic mondiale)延伸到全球,形成"全世界市场"有一个漫长的过程,"如同社会、文明、国家乃至帝国一样,自古以来,至少很久以来,经济世界业已形成","由于15世纪末的地理大发现,欧洲一鼓作气地(或几乎如此)挪动了自己的疆界,从而创造了奇迹。但在扩展了地域以后,还必须加以控制,不管这是大西洋的波涛还是美洲的土地……在两个相互警惕和对立的经济世界之间,为使勒旺贸易的大门在

---

① 郭连成《面向21世纪的经济全球化——概念、成因、回顾与展望》,载《国外社会科学文摘》2001年第2期。
② 伊曼纽尔·沃勒斯坦《现代世界体系》第1、2卷中译本序,高等教育出版社,1998年,第4页。
③ 沃勒斯坦《现代世界体系》,第12页。

几个世纪里始终洞开,这要具备多少条件……假如事先没有长时间的准备,好望角之路的发现便是不可思议的"。他在援引了沃勒斯坦的《现代世界体系》的论点后,表示了不同的见解:"在我看来,欧洲经济世界诞生很早,而且我不像伊曼纽尔·沃勒斯坦那样,两眼盯住16世纪。"①

最令人叹为观止的是德裔美国学者贡德·弗兰克,他那引起国际学术界震动的著作《白银资本》的副标题就叫做《重视经济全球化中的东方》,而他所讨论的时间段是1500—1800年,在他看来这几个世纪中已经存在"经济全球化",在他的研究框架中,"经济全球化中的东方"是以中国为中心的亚洲地区。他比沃勒斯坦、布罗代尔更明确地认定从地理大发现到工业革命之前的时代,已经是一个"经济全球化"的时代。如果问题到此为止,那么就不会引出众说纷纭的争论。弗兰克的贡献在于,他批判了沃勒斯坦、布罗代尔的"世界体系"、"世界经济"(或"经济世界")的欧洲中心论。他认为1500—1800年的"经济全球化中的东方"是世界的经济中心,换言之,当时的经济中心不在欧洲而在亚洲特别是中国。他说:"在1800年以前,欧洲肯定不是世界经济的中心。无论从经济分量看,还是从生产、技术和生产力看,或者从人均消费看,或者从比较'发达的''资本主义'机制的发展看,欧洲在结构上和功能上都谈不上称霸。16世纪的葡萄牙、17世纪的尼德兰或18世纪的英国在世界经济中根本没有霸权可言……在所有这些方面,亚洲的经济比欧洲'发达'得多,而且中国的明—清帝国、印度的莫卧尔帝国,甚至波斯的萨菲帝国和土耳其奥斯曼帝国所具有的政治分量乃至军事分量,比欧洲任何部分和欧洲整体都要大得多。"弗兰克根据其他学者的研究成果,特别强调了1500—1800年"整个世界经济秩序当时名副其实地是以中国为中心的",因为"外国人,包括欧洲人,为了与中国人做生意,不得不向中国人支付白银,这也确实表现为商业上的'纳贡'";"'中国贸易'造成的经济和金融后果是,中国凭借着在丝绸、瓷器等方面无与匹敌的制造业和出口,与任何国家进行贸易都是顺差。因此,正如印度总是短缺白银,中国则是最重要的白银净进口国,用进口美洲白银来满足它的通货需求。美洲白银或者通过欧洲、西亚、印度、东南亚输入中国,或者用从阿卡普尔

---

① 费尔南·布罗代尔《15至18世纪的物质文明、经济和资本主义》第3卷,施康强等译,三联书店,1993年,第2、4、44页。

科出发的马尼拉大帆船直接运往中国"①。

对于弗兰克的新论,各国学者有的赞成,有的反对,争论的焦点在于欧洲中心论或中国中心论,人们可以仁者见仁、智者见智,不必强求一致。但是他所提出的研究1500—1800年历史时应当"重视经济全球化中的东方"这一观点,却是无可争议的。因此笔者把本书的导论定名为"全球化视野下的晚明"。

本书所界定的晚明,当然是非常个人化的说法。上起万历元年(1573年)下迄崇祯十七年(1644年),正处在地理大发现后的经济全球化时代,从全球化的视野来看晚明时期的中国,或许会与以往传统史著中的晚明史视角大异其趣,或许会给今天的中国人带来更多新的启示。最令人难以置信的是,当时的中国竟然在经济全球化的世界占有如此重要的地位,不仅邻近的国家要与中国保持朝贡贸易,或者以走私贸易作为补充,而且遥远的欧洲国家、美洲国家都卷入与中国的远程贸易之中,使以丝绸为主的中国商品遍及全世界,作为支付手段的占全世界产量三分之一或四分之一的白银源源不断地流入中国。与此同时,西方耶稣会士不远万里来到中国,传教的同时把欧洲的科学文化传播到中国,与传统的中华文明进行前所未有的密切交流,并且把传统儒家典籍和中华文明介绍给西方。这一切对中国发生了重大的影响,但是这种影响并没有改变中华帝国的统治者对世界的看法,或者说外部的良好环境并没有引起统治者的足够重视与珍惜,一切仍然是以不变应万变,政治体制与权力运作仍然是中华帝国的老传统,听任政治的腐朽性极大地消耗它的国力,使它在经济全球化中的优势逐渐丧失。这当然是进入清朝以后才逐渐让人们看到的变化,但晚明时代已经初露端倪。本书的宗旨便是以全球化的视野,来观察作为世界经济中心的明朝如何一步一步走向覆亡的历史。

## 一、地理大发现后的全球经济与晚明社会

### 1. 新航路的发现与葡萄牙人的东来

欧洲大约于1300年开始了商业革命,两个世纪以后,海外探险的航行十

---

① 弗兰克《白银资本》,第27、166、167、169页。

分有力地刺激了商业革命,西班牙、葡萄牙都想在和东方的贸易中占一席之地。这些航海探险和建立殖民帝国所产生的后果几乎是无法估价的。首先是局限在狭隘范围内的地中海贸易扩展为世界性事业,航海大国的船只在历史上首次航行于七大洋;其次是商业额和消费品种类大量增加①。

15世纪最后25年,寻找通往印度的航线便明显地成为葡萄牙海外政策的主要目的。巴托洛缪·迪亚士(Bartolomeu Dias)奉命率领三艘船于1487年8月离开里斯本,从海上探寻通往印度的道路。1487年底,迪亚士回到里斯本,带回了围绕非洲大陆顺利航行和打开通往印度之路的消息,促使国王约翰二世作出准备进一步探险的决心。1496年12月新国王曼奴埃尔(D. Manuel)一世在御前会议上提出了继续探险的打算。1497年7月瓦斯科·达·伽马(Vasco Da Gama)率领四艘船由里斯本起航,几个月以后在好望角附近的海岸登陆,然后沿着非洲海岸航行到东非的马林迪,再由马林迪越过印度洋抵达印度的海港。1499年7月10日伽马返回里斯本。他所探寻到的新航路使一百年来的努力圆满结束,也使葡萄牙奠定了它在东方的基础②。在印度西海岸的港口,伽马采购了印度的土产珍珠、胡椒、棉布等商品满载而归,巨额利润高达资本的60倍。4年之后伽马再次率领船队来到印度,带来的资本约240万法郎,归国后带回去的货物变价到1200万法郎③。16世纪初,葡萄牙人用武力侵占印度西海岸的贸易重镇果阿(Goa)、东西洋交通咽喉马六甲(Malacca,即《明史》中的满剌加),以及号称香料群岛(Spice Islands)的马鲁古群岛(Moluccus Islands,按:马鲁古,《明史》称为美洛居)。

明朝与马六甲有着悠久的交往历史。1403年明成祖(永乐皇帝)派遣尹庆到马六甲,马六甲的统治者对这一行动作出反应,于1405年和1407年派遣使节向明朝皇帝奉献贡品,要求明朝承认他的国家为明朝的藩属。郑和下西洋时曾经访问马六甲,马六甲与明朝之间于1409年开始建立起一种松

---

① 伯恩斯(Edward McNall Burns)、拉尔夫(Philip Lee Ralph)《世界文明史》第2卷,商务印书馆,1987年,第223~225页。
② 波特(G. R. Potter)《新编剑桥世界近代史》第1卷,中国社会科学出版社,1999年,第562~567页。
③ Charles de Lannoy, Herman van der Linden, *Histoire de L'expansion Coloniale des Peuples Europeens: Portugal et Espagne*. Bruxelles et Paris, pp. 191-192。蒋廷黻《中国近代世界的大变局》,载《清华学报》第九卷第四期(1934年)。

弛的政治联盟。马六甲位于马来半岛南部,当时是国际贸易的中转地,也是南洋群岛海上一大要塞。葡萄牙人攻占其地后,成为葡萄牙在东方的要塞及国际贸易根据地,成为当时世界上香料分配的一大中心。葡萄牙人由此出发,一面控制香料群岛,一面遣使通好附近诸国,进而遣使北通中国①。

葡萄牙国王曼努埃尔一世对中国这片神奇的土地极为觊觎,1508 年他给探索东方的官员下达指令:要弄清中国人的情况,他们来自哪里?距离有多远?到马六甲贸易的间隔时间有多长?携带什么商品?每年来往商船数量与规模如何?是否在当年返回?他们在马六甲或者其他地方是否设有商馆和公司?②药材代理商出身的葡萄牙人托梅·皮雷斯(Tome Pires)1512 年到达马六甲,在葡属印度总督亚伯奎(Albuquerque)手下任商馆秘书、会计师兼药材管理官,1516 年 2 月他以葡萄牙第一任使节出使中国。在此之前他在马六甲四处搜集东方各国的情报,并于 1515 年编成《东方诸国记》,呈献给葡萄牙国王,为向东方发展的决策提供依据。看看 1515 年葡萄牙人笔下的中国,是饶有兴味的事。书中写道:"中国不以掠夺他国为荣,看来中国无疑是一个重要的、乐善不倦且又十分富饶的国家";"中国输出的大宗商品为本色生丝,数量甚巨;大量散装的彩色丝绸,各种颜色的缎子,五颜六色带格子图案的'恩罗拉多斯'锦缎,塔夫绸与薄如蝉翼的纱(Xaas),以及其他各种五色缤纷的丝绸。大量形状各异的小珍珠,其中绝大多数珍珠的形状是不规则的。中国人还有一些比较大的圆形珍珠,照我看这种珍珠在中国是与丝绸同等重要的商品,尽管他们将丝绸视作主要的商品……上述这些帆船自中国航海抵达马六甲后,中国人无须交纳关税";"(中国人从马六甲运回的商品)大宗的商品为胡椒——中国人每年要购买十船胡椒,如果能有许多胡椒运往中国的话——丁香、少量的肉豆蔻,一些木香和儿茶。中国人还大量购买熏香、象牙、锡、药用芦荟、堆积如山的婆罗洲樟脑、红色的烧珠、白檀、苏木、不可悉数的新加坡出产的乌木、为数甚巨的坎贝红玛瑙、鲜红色的羽纱以及彩色的羊毛织品。除了

---

① 梁嘉彬《明史稿佛郎机传考证》,原载民国《国立中山大学文史学研究所月刊》第二卷第三、四期合刊;转引自《明史论丛》之七《明代国际关系》,台湾学生书局,1968 年,第 8~11 页。
② 万明《明代中葡两国的第一次正式交往》,载《中国史研究》1997 年第 2 期;收入其所著《中葡早期关系史》,社会科学文献出版社,2001 年,第 19~20 页。

胡椒之外他们对所有其他商品都不太重视"①。

与此相映成趣的是,同时代中国人笔下的"佛郎机"就显得有点影影绰绰了。郑若曾说:"刑部尚书顾应祥云:佛郎机,国名也,非铳名也。正德丁丑(十二年,1517年)予任广东佥事,署海道事,蓦有大海船二只,直至广城怀远驿,称系佛郎机国进贡,其船主名甲必丹,人皆高鼻深目,以白布缠头,如回回打扮。即报总督陈西轩公金,临广城,以其人不知礼,令于光孝寺习仪三日而后引见。查《大明会典》并无此国入贡,具本参奏,朝廷许之。"②素来精通海外事宜的严如煜对"佛郎机"也不甚了了,他说:"佛郎机在爪哇南……素不通中国,正德十二年驾大舶突至广澳口,铳声如雷,以进贡请封为名,右布政使兼按察使吴廷举许其进贡,抚按查无《会典》旧例,不行,遂退泊东莞南头,泾盖房树栅以自固。"③黄衷说:"满剌加在南海中,始为暹罗国,厥后守土酋长叛其主而自立……正德间佛郎机之舶来,互市争利而哄,夷王执其'哪哒'而囚之。佛郎机人归诉于其王,议必报王,乃治大舶八艘,精兵及万,乘风突至,时已逾年,国中少备,大被杀掠,佛郎机将以其地索赂于暹罗而归之,暹罗辞焉。佛郎机整众满载而去,王乃复所。"④

以上所言就是1517年由费尔南·佩雷斯·德·安德拉德(Fernão Peres de Andrade)率领的一支葡萄牙舰队,载着使臣托梅·皮雷斯在广州城外的珠江抛锚下泊并请求通使之事。广东地方官上报朝廷后,遭到明确的拒绝。在《明实录》中留下如下记录:"佛郎机国差使臣加必丹末等贡方物请封,并给勘合。广东镇抚等官以海南诸番无谓佛郎机者,况使者无本国文书,未可信,乃留其使者以请。下礼部议处。得旨:令谕还国,其方物给与之。"⑤但是皮雷斯买通广东地方官,继续钻营,终于获得进京的许可。皮雷斯于正德十五年(1520年)进入北京,由于同年年底满剌加(马六甲)呈送的求救表文到达北京,

---

① 托梅·皮雷斯《1515年葡萄牙人笔下的中国》,载《中外关系史译丛》第4辑,上海译文出版社,1988年,第274~289页。此文由夏茂译自阿尔曼多·科特桑辑《托梅·皮雷斯的东方诸国记》(Armando Cortesao, *The Suma Oriental of Tome Pires*),伦敦,1944年,第1卷,第116~128页。
② 郑若曾《筹海图编》卷13《经略三》。梁嘉彬《明史稿佛郎机传考证》指出:此处所谓"船主甲必丹"即葡语"船主"(Capitao Mov)之译音,并非人名。
③ 严如煜《洋防辑要》卷24《洋夷市贡》。
④ 黄衷《海语》(岭南丛书之一)。
⑤ 《明武宗实录》卷158,正德十三年正月壬寅。

明朝君臣获悉这帮"佛郎机"①东来的意图,以及强占广东东莞县的屯门岛,在那里劫夺财富、掠买人口,便在次年把皮雷斯遣返广州,并在广州逮捕监禁。这就是《明史·满剌加传》所说:"后佛郎机强,举兵侵夺其地,王苏端妈末(按:即该国苏丹马哈茂德)出奔,遣使告难。时世宗嗣位,敕责佛郎机,令还其故土,谕暹罗诸国王以救灾恤邻之义,迄无应者。满剌加竟为所灭。时佛郎机亦遣使朝贡请封,抵广东,守臣以其国素不列《王会》,羁其使以闻,诏予方物之值遣归。"②

英国历史学家博克瑟(C. R. Boxer)在追述这段历史时说:"对于葡萄牙人来说,与中国的贸易是非常宝贵的,不经过一场斗争就让他们放弃这一新兴的、前途无量的市场是绝对办不到的。故而,在随后的三十年内,佛郎机继续游弋在中国沿海,他们有时在地方官员的默许下进行贸易,有时则完全不把地方官员放在眼里。由于最初是在广东相当严厉的执行那道明王朝禁止其贸易的诏令,葡萄牙人便将自己的注意力转移向较北面的沿海省份——福建与浙江,他们在那儿隐蔽、无名的诸岛屿及港湾内越冬。在这些暂时的居留地中,最繁盛的要数宁波附近的双屿港,以及位于庞大的厦门湾南端的浯屿和月港……后来在圣·约翰岛(上川岛)、浪白澳的那些年内,以及在澳门的头两三年内就是这么进行贸易的。"③

博克瑟所说是可信的。葡萄牙人从1524年起,就在中国东南沿海一带进行走私贸易,他们盘踞的浙江宁波甬江口外的双屿岛(今普陀县六横岛)就是一个大规模走私贸易的据点。双屿岛孤悬于定海县六十余里的海洋中,岛民早在明初初年已经内迁,长期无人居住,其地势极有利于走私贸易。中国的海上武装走私集团首领许栋、王直、李光头等(即明朝政府所谓"倭寇"),以此为据点长达九年之久,在那里贩卖私货。葡萄牙人在那里栖息越冬,许栋、王直之流从葡商手中买进从非洲、东南亚、欧洲带来的货物,再转手倒卖,并且从葡商手中购买先进的武器来对付明朝官军。从1524年到1547年,葡商在双屿岛

---

① 按:佛郎机就是 Frank 的音译。自十字军东征以后,近东人概称西欧人为 Frank,此名遂随阿拉伯商人传到印度,再由印度传到南洋和中国。
② 《明史》卷325《外国传·满剌加》。
③ 博克瑟《佛郎机之东来》,载《中外关系史论丛》第4辑,上海译文出版社,1988年。此文由钱江译自 C. R. Boxer, *South China in Sixteenth Century* 的绪言。

上建造了千余座房屋,设立了市政厅、教堂、医院、慈善堂,居民达3000人,其中葡萄牙人1200人,其余是各国的天主教徒。当时国际走私贸易十分兴旺,以致造成港口堵塞的现象。据说葡萄牙人每年在双屿岛的交易额达到300万葡元以上,绝大部分以日本银锭交换中国的丝绸、瓷器、棉布、粮食以及从东南亚运来的胡椒等物产。因此之故,葡萄牙人所盘踞的双屿岛号称当时葡属东方殖民地最富庶的商埠①。龙思泰(Anders Ljungstedt)《早期澳门史》说:"在其(指双屿岛)繁荣兴旺的日子里,双屿成为中国人、暹罗人、婆罗洲人、琉球人等等的安全地带,使他们免遭为数众多、横行于整个海域的海盗之害。这个地方向来繁华,但自1542年起,由于对日本贸易而变得特别富裕。其地有两座教堂、一座市政厅、两家医院,以及超过1000幢的私人房屋。尽管这里属中国管辖,但实际上由一个自治市政机构统治着,这个机构由行政司法官、审计官、法官、市议员以及其他六七种官员组成。"②此处的走私贸易与政府允许的经过市舶司的所谓"贡舶"贸易(即朝贡贸易)是截然不同的。明人邓钟说:"郑若曾云:今之论寇御者一则曰市舶当开,一则曰市舶不当开,愚以为皆未也。何也?贡舶与市舶一事也,分而言之则非矣,市舶与商舶二事也,合而言之则非矣。商舶与寇舶初本二事,中变为一,今复分为二事,混而言之亦非矣。何言乎一也?凡外夷贡者,我朝皆设市舶司领之,在广东者专为占城、暹罗诸番而设,在福建者专为琉球而设,在浙江者专为日本而设,其来也许带方物,官设牙行与民贸易,谓之互市,是有贡舶即有互市,非入贡即不许互市明矣……贡舶者王法之所许,市舶之所司,乃贸易之公也;海商者王法之所不许,市舶之所不经,乃贸易之私也。日本原无商舶,商舶乃西洋原贡诸夷载货泊广东之私澳,官税而贸易之,既而皆避抽税,省陆运,福人导之,改泊海仓月港,浙人又导之改泊双屿,每岁夏季而来,望冬而去,可与贡舶相混乎?"③

嘉靖二十六年(1547年)闽浙巡抚朱纨为了消除"倭患",调集军队把双屿岛的走私据点彻底捣毁。因此葡萄牙人便从双屿前往福建沿海的浯屿港、月

---

① 张天泽《中葡早期通商史》,姚楠、钱江译,香港中华书局,1988年,第87～88页。陈炎《海上丝绸之路与中外文化交流》,北京大学出版社,1986年,第188页。黄庆华《早期中葡关系与澳门开埠》,载《史学集刊》1997年第4期。
② 龙思泰《早期澳门史》,东方出版社,1997年,第5页。
③ 邓钟《筹海重编》卷10《开互市》。

港,仍与王直等武装走私集团进行贸易。浯屿是月港、同安的出海门户,明初地方当局曾在此建立水寨控制附近海面治安,以后废弃,这里就成了走私贸易的据点,葡萄牙商人从海外来到这里,与中国走私贸易商人进行贸易①。月港在漳州东南沿海,因走私贸易繁荣逐渐发展成为一个走私贸易的据点,葡萄牙人把这里当作与中国商人贸易的最富庶的港口。福建人如此描述葡萄牙人的贸易行为:"佛郎机之来,皆以其地胡椒、苏木、象牙、苏油、沉束檀乳诸香,与边民贸易,其价尤平。其日用饮食之资于吾民者,如米面猪鸡之数,其价皆倍于常,故边民乐于为市,未尝侵暴我边疆,杀戮我人民,劫掠我财物。"②因为葡萄牙人贸易的对象仍然是王直、李光头等武装走私集团,不久又遭到明朝军队的打击,葡萄牙人不得不重返广东珠江口活动,多半是在上川岛浪白澳栖息、贸易。

广东方面的情况稍微好一些。由于朝廷的"悉行禁止"的海禁政策,导致"番舶几绝"的状况,对广东经济发展极为不利,嘉靖八年(1529年)新任广东巡抚林富奏请在广东取消海禁。林富在奏疏中说:"粤中公私诸费多资商税,番舶不至则公私皆窘,今许佛郎机互市有四利:祖宗时诸番常贡外原有抽分之法,稍取其余,足供御用,利一;两粤比岁用兵库藏耗竭,借以充军饷,备不虞,利二;粤西素仰给粤东,小有征发即措办不前,若番舶流通,则上下交济,利三;小民以懋迁为生,持一钱之货,即得展转贩易,衣食其中,利四。助国裕民两有所赖,此因民之利而利之,非开利孔为民梯祸也。"朝廷接受了林富的奏请,"自是佛郎机得入香山澳为市"。他认为广东之废市舶是"使军国无所资,且失远人之心"的不明智之举,"正德间因佛郎机夷人至广,犷悍不道,奉闻于朝,行令驱逐,自是安南、满剌加诸番舶有司尽行阻绝,皆往福建漳州府海面地方私自行商,于是利归于闽,而广之市井萧然也。夫佛郎机素不通中国,驱而绝之宜也,祖训会典所载诸国素恭顺,与中国通者朝贡贸易,尽阻绝之,则是因噎废食也。况市舶官吏公设于广东者,反不如漳州私通之无禁,则国家成宪果安在哉?"③

---

① 郑若曾《郑开阳杂著》卷1《福建兵防论》。郑若曾《筹海图编》卷4《福建事宜》。陈仁锡《皇明世法录》卷75《海盗出没之所》。
② 林希元《林次崖先生文集》卷5《与翁见愚别驾书》。
③ 严从简《殊域周咨录》卷9《佛郎机》。《明史》卷325《佛郎机传》。

广东重开海禁后,明朝当局规定东南亚国家的商船在广州附近的洋澳"驻歇",等候官府处理。于是暹罗、占城等国的商船便入泊香山县的浪白等洋澳以及新宁县、新会县、东莞县的一些洋澳,等待明朝官员前来抽税,然后与中国商人在船上贸易。于是香山县的港湾较大的浪白澳便成了一个最为繁忙的交易地点。王士性《广志绎》说:"香山澳,乃诸番旅泊之处,海岸去邑二百里,陆行而至,爪哇、暹罗、真腊、三佛齐诸国俱有之。其初止舟居,以货久不脱,稍有一二登陆而拓架者,诸番渐效之。今则高居大厦不减城市,聚落万头……番舶渡海,其制极大,大者横五丈,高称之,长二十余丈,内为三层,极下镇以石,次居货,次居人,上以备敌占风。每一舶至,报海道,檄府卒验之,先截其桅与舵,而后入澳。"①但是浪白澳的地理条件并不理想,一是离广州太远,常有海盗出没;二是此地过于荒僻,缺乏经商所需的基本生活保障。因此外商逐渐将位于珠江口距离浪白澳以东30公里的濠镜作为理想的交易场所。濠镜的开埠虽是外商贿赂明朝官员的结果,但这一变通有利于中外贸易的发展②。

濠镜就是澳门。它成为外国与中国的通商口岸,据说是负责广东沿海防务的都指挥使黄庆接受葡萄牙人贿赂而成。中文书籍记载澳门史事最早最详的当推印光任与张汝霖合编的《澳门纪略》,该书写道:"(嘉靖)十四年(1535年),都指挥黄庆纳贿,请之上官,移泊与濠镜,岁输课二万金。澳之有番市自黄庆始。"③《明史》卷325《佛郎机传》说:"佛郎机遂纵横海上无所忌,而其市香山澳、壕镜者,至筑室建城,雄踞海畔,若一国然。将吏不肖者,反视为外府矣。壕镜在香山县南虎跳门外,先是,暹罗、占城、爪哇、琉球、渤泥诸国互市俱在广州,设市舶司领之……嘉靖十四年,指挥黄庆纳贿请于上官移至壕镜,岁输课二万金,佛郎机遂得混入……闽粤商人趋之若鹜。久之,其来益众,诸国人畏而避之,遂专为所据。"《明史》的这个说法过于简略而含糊其辞,实际上嘉靖十四年以后葡萄牙人只是获得了与东南亚商人同等的权利,在壕镜泊船与贸易。正如博克瑟所说:"关于在澳门本岛定居之起源已有诸多论述,但迄今未有明确的定论。正如我们某些耶稣会士于1555年在该岛写的那些信件中所知道

---

① 王士性《广志绎》卷4《江南诸省·广东》。
② 费成康《澳门四百年》,上海人民出版社,1988年,第11~14页。
③ 印光任、张汝霖《澳门纪略》上卷《官守篇》。

的那样,在 1557 年之前,葡萄牙人无疑已经常出入于该地。"①

关于葡萄牙人入居澳门的时间,以往学者大多依据万历《广东通志》的说法:"嘉靖三十二年(1553 年)舶夷趋濠镜者,托言舟触风涛缝裂,水湿贡物,愿借地晾晒,海道副使汪柏徇贿许之。时仅蓬垒数十间,后工商牟奸利者,始渐运砖瓦木石为屋,若聚落然。"②《澳门纪略》一书因此说:"蕃人之入居澳,自汪柏始。"以后的学者大多信以为真,直到最近依然如此。黄庆华的论文《早期中葡关系与澳门开埠》指出:1552 年葡萄牙的日本贸易船队司令官苏萨(Leondl Sousa)率船队从马六甲来到广东,请求恢复通商贸易,并且试图在离广州不远的近海觅得一处停泊的港湾,作为对中国贸易的基地以及来往于日本、印度的中途停泊港。经过苏萨的多方活动与贿赂,终于同海道副使汪柏搭上关系,双方就葡萄牙人在广东沿海贸易事宜达成一个口头默契:葡萄牙人在广东贸易,必须按规定缴纳 20%的关税,不称他们是佛郎机人,而称葡萄牙人或马六甲的葡萄牙人。为了寻觅落脚地,葡萄牙人终于把目标定在离广州更近的澳门③。施存龙《明清时期澳门港的特有地位及葡萄牙独占后的演变》认为葡萄牙人租居澳门的年代应以 1553 年开始为宜④,这是有问题的。梁嘉彬认为,《澳门纪略》把此事记于嘉靖三十二年是一个错误,据他考证,汪柏借地是在嘉靖三十六年(1557 年)。他引证葡萄牙人宾陀所说:"在葡人经中国官兵数度屠逐后,只余浪白一口尚可互市,但至 1557 年葡以惯用之贿赂方法,遂博得中国政府允许其筑庐壕镜地以曝晒及存贮货物云。"他又引用瑞典人 Lijungstedt 的说法:"至 1557 年,葡人始得入澳。"因此梁嘉彬指出:葡人入居澳门,外籍多主 1557 年说,揆之情理,当亦无误。大抵嘉靖三十二年汪柏任副使时,葡人已有借地曝物之请,然汪柏未即允之;至三十三年中国官吏封闭大门(Tamao)一港,而集中外国贸易于浪白澳;至三十五年汪柏乃立"客纲"(官设牙行)"客纪"(牙行买办),准备与葡人交易;至三十六年朝廷因采香使王健言,责广东抚按

---

① 博克瑟《佛郎机之东来》。
② 万历《广东通志》卷 69《番夷》。稍后当地官员王以宁也说:"国初,占城诸国来修职贡,因而互市,设市舶提举以主之,然捆载而来,市毕而去,从未有盘踞于澳门者,有之,自嘉靖三十二年始。"(王以宁《东粤疏草》卷 5《条陈海防疏》)
③ 黄庆华《早期中葡关系与澳门开埠》,《史学月刊》1997 年第 4 期。
④ 施存龙《明清时期澳门港的特有地位及葡萄牙独占后的演变》,《中国水运史研究》1991 年第 13 期。

设法收采龙涎香并酌定海舶入澳抽分事宜,其时汪柏已任按察使,而葡人又纳贿赂,汪柏乃允葡人之请也①。近年来研究早期中葡关系史的万明对此也有详细考证,她说:"嘉靖三十二年葡人入居澳门之说,虽然流传至今,具有相当大的影响,但却是站不住脚的";"国外近年研究澳门史的专著多已采用1557年之说"②。

大约从1557年开始,葡萄牙人在澳门搭建住房、营造村落,企图长期定居于此。到1562年澳门成为葡萄牙人在中国的唯一居留地,定居人口包括大约900名葡萄牙人,几千名从非洲、东南亚掠买来的奴隶,以及4000名中国商民。据长老会牧师格雷戈里奥·贡萨尔韦斯大约写于1570年的致西班牙驻葡萄牙大使唐胡安·德·博尔哈的信函所说,当时岛上已有一座茅草屋顶的教堂,不到12年,葡萄牙人就在"该大陆的一个名为澳门的岬角上建起了一个非常大的居留地,内有三座教堂,一所为穷人治病的医院,以及一座圣·米塞里科迪亚的善堂。现在,它已成了一个拥有5000余名基督教徒的居留地"③。1902年香港出版的《历史上的澳门》说,起初葡萄牙人并不向中国官府交纳地租,而是每年给汪柏贿银500两,1572年(隆庆六年)或1573年(万历元年),出于一个偶然的事件,葡萄牙人开始向明朝地方政府交纳濠镜(澳门)居留地的地租。原来葡萄牙商船在抽税的同时,向海道副使私相授受500两银子的"地租"——其实是以地租为名的贿赂,由于事情的暴露,海道副使只得宣称把这笔地租银送交国库,从此贿赂变成地租。万历年间的《广东赋役全书》把这笔地租记录在案,表明中国政府已正式允准葡萄牙人在濠镜(澳门)租地居留④。

驻扎在印度果阿的葡萄牙印度总督把这块居留地隶属于果阿,由每年从印度前往中国、日本的中日贸易船队司令管辖。每年五六月之间,这支船队乘着西南季风从印度起航前往澳门,在那里停泊十个月至一年,以便购入中国货物并等候下一次西南季风,于第二年六月至八月由澳门驶往日本。葡萄牙人凌驾于其他在此经营的东南亚商人之上,而且不把明朝地方官放在眼里。万历二年(1574年)明朝官方在澳门与大陆之间的必经通途——莲花茎,修建了

---

① 梁嘉彬《明史稿佛郎机传考证》,收入《明代国际关系》,台湾学生书局,1968年,第8—11页。
② 万明《中葡早期关系史》,第85~87页。
③ 博克瑟《佛郎机之东来》。
④ 费成康《澳门四百年》,第29~30页。

一座称为关闸门的城楼,定期开启,以便控制"澳夷"①。其后由于广州贸易的重新开放,外国商人可以每年1月和6月两次到广州参加交易会,东南亚各国商人可以不必经由澳门径直前往广州交易,澳门逐渐成为葡萄牙人独占的商埠。葡萄牙人给它重新命名,因为当地有座供奉"阿妈"(妈祖)的天妃庙,所以就把它叫做"阿妈港"或"阿妈澳",以后葡文简化为 Macau,英文写作 Macao。据学者们研究,福建、台湾以及广东一带,妈祖崇拜十分盛行。澳门所在的香山县境内,明清两代至少有十一座妈祖庙。澳门民间相传,明代宪宗成化年间(1465—1487年)闽潮商贾来澳门兴建妈祖庙;或谓澳门妈祖阁最早的建筑弘仁殿建于弘治元年(1488年)。1984年澳门曾举行"澳门妈祖阁五百年"纪念。可见葡萄牙人入据澳门以前,澳门妈祖阁已经存在是毫无疑问的②。关于澳门的命名,瑞典人龙思泰在他的名著《早期澳门史》中如此说:"因在娘妈阁炮台(Bar Fort)附近有一座供奉偶像的神庙,所供奉的女神称为阿妈(Ama),所以外国作家称之为'阿妈港'(Amangao,Port of Ama)。1583年葡萄牙人将其命名为'神名之港'(Porto de nome de Deos)和'阿妈港'(Porto de Amacao)。这些都是澳门(Macao,按:即妈港的音译)一词的词源。以后澳门也曾被称为'妈港神名之城'(Cidade do nome de Deosdo porto de Macao)。"③而濠镜澳的叫法也逐渐演变为澳门。据说因为此地以南有十字门,人们便把两者合称"澳门";或者说濠镜澳有南台山、北台山作为门户,所以称为"澳门"④。

---

① 关于此事的最早动议是由广东巡按御史庞尚鹏在嘉靖四十三年(1564年)提出来的,他向朝廷报告了外夷盘踞濠镜的严重形势,主张把"澳夷"驱逐出濠镜,或者在濠镜与大陆之间的险要地建造一个关隘,设官驻兵,"使华人不得擅入,夷人不得擅出"(庞尚鹏《百可亭摘稿》卷1《陈末议以保海隅万世治安疏》)。他的这一建议如石沉大海,直到十年之后的万历二年才引起当局的重视。
② 章文钦《澳门妈祖阁与中国妈祖文化》,载其所著《澳门历史文化》,中华书局,1999年,第421～426页。
③ 龙思泰《早期澳门史》,第19～20页。梁嘉彬《明史稿佛郎机传考证》谓:西人称澳门为 Macao(葡文 Macau),或为北麓马蛟石之译音,或为南麓娘妈角的译音。汤开建《澳门诸名刍议》对此作了考证,不同意马蛟石说,认为 Macau 一词的中文形式应是"阿妈港"或"妈港"(见其所著《澳门开埠初期史研究》,中华书局,1999年,第61～64页)。
④ 印光任、张汝霖《澳门纪略》上卷《形势篇》:"濠镜澳之名,著于明史,其曰澳门,则以澳南有四山离立,海水纵横其中,成十字,曰十字门,故合称澳门。或曰:澳有南台山北台山相对如门云……北麓有马蛟石,楕而硗,无趾,三小台承之。相传浮浪至,稍南为望厦村……过村折而西南……有南北二湾,可以泊船,或曰南环,二湾规圜如镜,故曰濠镜,是称澳焉。"张甄陶《澳门图说》(《小方壶斋舆地丛钞》第九帙):"澳门在广州府香山县之东南,去县治陆路一百四十里,水路一百五十里,凡海中依山可避风,有淡水可汲曰澳。又东有大十字门,西有小十字门,海舶由以出入,因呼曰澳门。"

博克瑟说:"1557年,葡萄牙人在中国的澳门获得了一个可靠的基地;1571年,在日本的长崎获得了另一个基地。此后,这一获利颇丰的贸易便达到其鼎盛时期"①。正是在葡萄牙东方贸易蓬勃发展的大背景下,澳门从16世纪80年代进入了繁荣的黄金时代,一直持续达半个多世纪。据广东巡按御史庞尚鹏说:"近数年来,始入濠镜澳筑室居住,不逾年多至数百区,今殆千区以上,日与华人相接,岁规厚利,所获不赀,故举国而来,负老携幼,更相接踵。今夷众殆万人矣。"②从1561年到1580年,澳门由500多人增长至2万人,商业欣欣向荣,迅速向海港城市发展。到1635年澳门已发展成为"东方第一商埠",最早出现在中国的西式洋房、医院、学堂、教堂以及早期的火炮、船舶、钟表的制造工业,都是在澳门开始的③。正如龙思泰所说:"葡萄牙人在印度殖民地,策划将整个贸易掌握在自己手中。他们达到了目的,在近一个世纪的时期中,独自享有许多亚洲港口与里斯本之间的通商利益。他们在澳门的不毛之地定居下来,在七八十年的时期中,独占着中国市场……(葡萄牙)商人们大体上都为几乎独占了整个日本、亚洲与欧洲的贸易而洋洋得意。"④

### 2. 以澳门为中心的晚明对外贸易

葡萄牙人获得澳门贸易的许可以后,澳门逐渐成为沟通东西方经济的重要商埠,成为晚明对外贸易的重要通道。据博克瑟说,澳门是葡萄牙—印度—中国—日本贸易航线的重要枢纽。在葡萄牙人入居澳门,并与中国建立正常贸易关系以后,这条航线变得十分有利可图。有鉴于此,葡萄牙商人便以澳门为中心来安排在远东的贸易活动。每年五月至六月,他们乘坐由中国贸易舰队司令指挥的大帆船,顺着夏季的西南季风从果阿起航。这种载重600～1600吨的大帆船,运载着胡椒、苏木、象牙、檀香等印度货物,以及原产拉丁美洲经里斯本运来的白银,在抵达澳门的一年时间里,把货物与白银换成中国的生丝、丝绸、黄金以及铅、锡、水银、糖、麝香、茯苓、棉纱、棉布,到第二年初夏,乘着季风继续东航,进入日本长崎,把生丝、丝绸、黄金等中国货物以高昂价格迅

---

① 博克瑟《佛郎机之东来》。
② 庞尚鹏《百可亭摘稿》卷1《区画濠镜保安海隅疏》。
③ 陈炎《澳门港在近代海上丝绸之路中的特殊地位和影响——兼论中西文化交流和相互影响》,载其所著《海上丝绸之路与中外文化交流》,第195页。
④ 龙思泰《早期澳门史》,第100页。

速脱手,然后装上日本白银及少量其他货物,乘着同年秋天的季风返回澳门。他们在澳门用日本的白银大批购买中国的生丝、丝绸、瓷器、黄金及其他货物,到第三年秋天,才乘着季风返回印度。这样,从果阿到澳门,从澳门到长崎,从长崎到澳门,从澳门到果阿,葡萄牙商人在每一个环节中都可以获利,在整个贸易过程中获利达10多万葡萄牙金币。此外,澳门又是中国—菲律宾—墨西哥—秘鲁贸易航线的起点之一(详见下节)①。陈炎也指出葡萄牙人操纵了以澳门为中心的几条国际航线:第一条是澳门—暹罗(今泰国)—马六甲(今马来西亚)—果阿(今印度卧亚)—里斯本(葡萄牙首都)的航线,第二条是澳门—日本航线,第三条是澳门—马尼拉(菲律宾)—阿卡普尔科(墨西哥)—秘鲁航线,第四条是澳门—东南亚航线。澳门港就这样成为中国通往世界各国的海运中心②。

  17世纪末的苏萨(Fariay Sousa)在《葡萄牙的亚细亚》一书的"澳门条"写道:这里是中华帝国中最繁盛的港口,葡萄牙人独家经营,每年5300箱丝织物,每个净重12盎司的金条3200个,七筐麝香、珍珠、砂糖、瓷器。要之,丝织物、黄金、瓷器等是从中国运往欧洲的货物。为此,葡萄牙人向中国输入的是南洋的特产物和欧洲的毛织物,以及印度的琥珀、珊瑚、象牙、白檀、白银银币,更多的是胡椒③。著名的《林斯霍顿旅行记》在"1582年里斯本出发"条所写的银币,就是墨西哥铸造的所谓西班牙银圆,是当时欧洲以国际货币信用而流通的货币。这些银币经由印度、南洋流入中国,明末崇祯年间这种趋势依旧延续,Antonio Alvarez de Abreu 的 *Extracto Historial del Expediente* 所收的1637年(崇祯十年)的文书中说:从墨西哥经过菲律宾流入中国的白银是大量的,另一方面,从墨西哥走私到西班牙的白银,转移到英吉利人、法兰西人、荷兰人、葡萄牙人之手,然后由葡萄牙人输送到东印度,最后流向白银的集中地中国。由于中国的丝绸向日本转送,每年可以获得235万两白银④。

  葡萄牙人的对日贸易,据日本学者的研究大体如下:来日本的葡萄牙船有

---

① 费成康《澳门四百年》,第43～52页。
② 陈炎《澳门港在近代海上丝绸之路中的特殊地位和影响》,载其所著《海上丝绸之路与中外文化交流》,第190～195页。
③④ 百濑弘《明代中国的外国贸易》,载其所著《明清社会经济史研究》,东京研文出版社,1980年,第16、17页。

两种,一种是以果阿为起点,经马六甲、澳门来到日本;另一种是从澳门直接来到日本。它们从澳门出发的时间大致在六七月间,利用季风大约半月乃至二十日抵达日本,从10月、11月间到下一年的2月,再利用季风离开日本。最初的船只数量不受限制,后来葡萄牙司令规定只准许从果阿派出一艘船经澳门前往日本,这是载重600吨乃至800吨的大型帆船。指挥这艘船的司令(甲必丹·摩尔)是葡萄牙皇室任命的,他不仅掌握贸易利益的收入,而且掌握澳门的最高行政司法权,在日本停留期间,对日本政府具有公使兼领事的地位。据说,一次日本航行就可以向国库上缴16万乃至20万葡币的纯收益①。从1557年葡萄牙人得到澳门贸易许可,一直到1640年将近一个世纪,葡萄牙独占了欧洲与中国间、日本与中国间、中国与南洋间的多边贸易,从而获得了前所未有的巨额商业利润。葡萄牙人的中国贸易,把以生丝与丝绸为主的中国特产物,以及日本的黄金向欧洲输送,把欧洲的工业品向中国输送,与此同时,兼带在南洋、中国、日本相互间输送特产物。1607年(万历三十五年)在西班牙—葡萄牙的首都马德里的大官会议上,某官员在论及澳门贸易时指出,在今日之状态下,以下一事究竟对我帝国有利抑或不利,应慎重考虑,那就是:为了从那个地方输送来不太重要的货物,每年送往东印度数以百万计的西班牙银圆。所谓向东印度运去数以百万计的西班牙银圆或许过于夸张,但其中的半数流入了中国则是毫无疑问的②。

以澳门为中心的转口贸易,把中国市场卷入全球贸易网络之中,出现了前所未有的全球化经济新格局。

首先是澳门—果阿—里斯本之间的远程贸易。葡萄牙商人的大帆船把中国的生丝、丝织品、黄金、铜、水银、麝香、朱砂、茯苓、瓷器等商品,从澳门运往印度的果阿,再由果阿运往里斯本,其中数量最大的货物是生丝,1580—1590年,从澳门运往果阿的生丝为3000担,价值白银240000两,利润白银360000两;1636年从澳门运往果阿的生丝为6000担,价值白银480000两,利润白银720000两。从果阿运回澳门的商品有白银、胡椒、苏木、象牙、檀香等,而以白

---

① 大隅晶子《十六、十七世纪的中日葡贸易》,载《东京国立博物馆纪要》第23期(1998年)。此处大隅女士综合了幸田成友、松田毅一的研究成果。
② 百濑弘《关于明代的银产与外国银》,载其所著《明清社会经济史研究》,第44～49页。

银为大宗,1585—1591 年,以生丝和其他商品换回澳门的白银达 900000 两。这些白银是墨西哥、秘鲁出产的,由葡萄牙、西班牙商人运往塞维利亚、里斯本,再运往果阿,以至于当时的马德里商人说,葡萄牙人从里斯本运往果阿的白银几乎全部经澳门进入了中国。17 世纪,一艘葡萄牙船从澳门驶往果阿,装载的货物中,数量最大的是生丝和丝绸,其中有白丝 1000 担,各色丝绸 10000～12000 匹。每担白丝在澳门的售价仅为白银 80 两,运到印度果阿后的售价高达白银 200 两,涨价至 250%。此外还有大量染色的生丝与瓷器,运到欧洲利润高达 100%～200%,葡萄牙商人在这种远程贸易中的利润是惊人的[1]。龙思泰在《早期澳门史》中说:"葡萄牙人在印度殖民,策划将整个贸易掌握在自己手中。他们达到了目的,在近一个多世纪的时期中,独自享有许多亚洲港口与里斯本之间的通商利益。他们在澳门的不毛之地定居下来,在七八十年的时期中,独占着中国市场。"[2]

荷兰学者 C·J·A·约尔格指出,16 世纪欧洲对统称"印度货"的中国商品怀有极大的兴趣,逐步扩大的富裕阶层以及艺术品收藏家们,愿意出高价购买来自中国的丝绸、瓷器和漆器。但是当时操纵亚—欧贸易(即澳门—果阿—里斯本以及澳门—长崎贸易)大权的葡萄牙人更注重亚洲内部的贸易,特别是中国与日本之间的转口贸易。自从 1557 年葡萄牙在中国大陆的澳门获得立脚点以后,同中国商人展开有规模的贸易以后很长一个时期内,中国商品进入欧洲的数量十分有限,而且价格奇昂。荷兰人试图打破这种格局。1595—1597 年,科尔内利斯·豪特曼最终尝试绕过好望角取南道航行获得了很大成功,使得大批荷兰贸易公司短时间内在荷兰崛起,介入了同东方印度人的贸易。1602 年,各公司终于组成了统一的"联合东印度公司",这就是在远东显赫一时的荷兰东印度公司的由来。国会为东印度公司颁发了一份自好望角以东至麦哲伦海峡整片地域的贸易特许状,使它获得了对荷兰公民的贸易垄断权。亚洲的巴达维亚成了东印度公司的货物集散中心,也成了殖民地的统治中心。

---

[1] C. R. Boxer, *The Great Ship from Amacon: Annals of Macao and the Old Japan Trade, 1555-1640*. Lisbon,1963,pp. 181-182. 全汉昇《略论新航路发现后的海上丝绸之路》,载台湾《历史语言研究所集刊》第 57 本第 2 分册,亦见《近代中国史研究通讯》第 2 期。万明《中葡早期关系史》,第 152 页。

[2] 龙思泰《早期澳门史》,第 100 页。

荷兰东印度公司对中国贸易怀有浓厚兴趣,著名史学家皮特·范·丹在他的东印度公司编年史著作《东印度公司志》的"论中国"一章,开宗明义便说:东印度公司刚成立即着眼对中国的贸易,因为中国商品可望在欧洲获得巨额利润。这是有事实为证的。1602年被俘获的葡萄牙商船的货物(其中包括大量中国的瓷器和其他商品),在米德尔堡抛售后的赢利是惊人的;1604年两艘正行驶在从澳门开往马六甲途中的葡萄牙商船被荷兰人俘获,船上装载的大批中国货物——瓷器、生丝、丝织品、黄金、漆器、家具、糖、药材等,在阿姆斯特丹进行拍卖,获利达600万荷兰盾。在利益驱动下,荷兰人企图结束葡萄牙人独占中国海上贸易的优势,但是他们没有葡萄牙人在澳门那样与中国建立起直接贸易关系,无法与葡萄牙竞争。1609年事情发生了转机,荷兰东印度公司在日本的平户开设了一家商馆,打开了一直由葡萄牙人控制的中国产品的日本市场,它可以根据自己的要求进口中国货,并切断葡萄牙人控制的货源①。荷兰东印度公司拥有在东方开战、订约、占地等特命全权,内部有坚强的组织,外部有强大的舰队,驻地有军队、炮台,从16世纪末到17世纪40年代,东方的商业大权几乎为荷兰人所独占。荷兰人以马来半岛、爪哇、香料群岛为根据地,东北向中国和日本海上发展,西北向印度发展;苏门答腊、爪哇、马六甲等地出产的胡椒、香料等商品的经营成了荷兰人的专利。1602年以前,荷兰共有65艘商船来到东方,1602—1610年的八年间,荷兰有69艘商船来到东方。荷兰东印度公司从1605—1622年各年红利分配成数如下:1605年,15%;1606年,75%;1607年,40%;1608年,20%;1609年,25%;1610年,50%;1613年,37%;1622年,22%②。荷兰、葡萄牙竞争的结果,终于导致武装冲突:1619—1621年荷兰人封锁马尼拉港,1622年荷兰人攻击澳门港未遂。此后荷兰人试图占据澎湖列岛未遂,便以台湾为立脚点,在此与中国商船开展贸易。1624年荷兰人在台湾安平设立商馆,以后又在淡水、鸡笼设立货栈。台湾很快发展成为荷兰进口中国商品的固定贸易基地,之后便迅速成为中国与日本之间贸易的中转港;1639年日本向除中国和荷兰以外的所有外国实行锁国政策后,这一中转港的地位日趋重要。

---

① C·J·A·约尔格《荷兰东印度公司对华贸易》,载《中外关系史译丛》第3辑,上海译文出版社,1988年,第304~334页。该文由任荣康译自 Porcelain and the Dutch China Trade(《瓷器与荷兰对华贸易》)。
② 张德昌《清代鸦片战争前之中西沿海通商》,载《中国近代现代史论集(1)》第一编,第48~50页。

其次值得注意的是澳门—长崎的贸易。如前文所述,葡萄牙商人以澳门为中心来安排在远东的贸易,每年五月至六月,他们乘坐中国贸易舰队司令官指挥的大帆船,从果阿抵达澳门,在澳门进行贸易,买进中国的各式货物,于第二年初夏东航日本。起先停泊于平户、横濑浦、福田浦等港口,后来集中于长崎港。在那里把中国货物出售,换回日本的白银及其他商品,乘同年的季风返航澳门,再用日本的白银买进中国的生丝、丝织品、瓷器等,在第三年秋天返回印度果阿。在果阿—澳门—长崎—澳门—果阿的远程贸易中,可以获取丰厚的利润[①]。博克瑟把1557—1640年称为澳门与日本贸易时代。早在1557年澳门开埠之前,葡萄牙人就已活跃地在中国与日本从事贸易活动了。澳门开埠那一年,他们到中国已有十四五年了。1557—1640年间,澳门、长崎同时由一个偏僻的小渔村一跃而成为世界有名的中转港。神甫冈萨尔维斯大约写于1570年的文件称,葡萄牙人在澳门建立了相当大的殖民地,那里有三个教会、一所贫民医院和一个仁慈堂(慈善机构),约有5000多基督徒。当时澳门人口的准确统计已无据可考,大体估计,常住人口与短期逗留人口总共约在15000至25000之间。最初到澳门的葡萄牙移民主要是娶马来亚、印度尼西亚与日本女人为妻,1564年以后,随着澳门中国人口的增长,葡萄牙人与中国人通婚已日趋普遍,据1637年彼得·芒迪的《澳门记事》透露,澳门居民的妻子不是中国人就是中葡混血儿后裔。与此相映成趣的是,日本的长崎在1570—1636年间,也成了葡萄牙血统的日本人很活跃的城市,可是到了1636年,住在这里的所有欧亚混血儿以及他们的日本妻子、母亲统统都被赶到澳门,成为澳门居民中另一新的群体,以至于形成了一条日本人街区。一个日本裔的在俗教士保罗·多斯·桑托斯,在澳门建立神学院,培训日本流亡者成为教士;同时在开往长崎的运输船上转载中国出产的生丝。众所周知,澳门的耶稣会士参与了澳门—长崎之间的"生丝对白银"的贸易活动,在1614年遭日本驱逐后,他们还不断向开往日本的货船上运货。当然他们是通过混在航行到长崎的商人(属于耶稣会的商业代理人)中来进行的[②]。

---

[①] 费成康《澳门四百年》,第44~45页。
[②] 博克瑟《16—17世纪澳门的宗教和贸易中转港之作用》,载《中外关系史译丛》第5辑,上海译文出版社,1991年,第81~103页,黄鸿钊、陆亚玲译自《东方学》第46辑,第1~37页。

根据日本学者的研究,葡萄牙和日本的最初接触是葡萄牙船漂流到种子岛的1543年,1546年至少三艘葡萄牙船来到九州,其中一艘船的船长依靠随船的耶稣会士的执笔,记录了九州诸港的名称以及这一带的植物、动物、鱼类、温泉,还包括外住民和他们的习惯。当时葡萄牙还没有获得在中国的稳固基地,因此葡萄牙船直接从印度的果阿航行日本,大约要花17个月的时间。葡萄牙船在萨摩的港口出入,为了谋求贸易上更有利的港口,1550年到平户,以后葡萄牙富商多住在博多附近的平户。1579年葡萄牙船选择了长崎。葡萄牙人在日本与中国间的中转贸易,一方面把中国的生丝、丝织物运到日本,另一方面把日本的白银带回,用这些白银购入中国的生丝、丝织物。日本对于中国生丝的需求量是很大的(用来制作绢制品)。从战国时代末以来,由于国内统一,社会秩序渐次恢复,社会生活安定,各地的机织业勃兴,大内氏城下町山口的机织业是有名的,最大的机织地莫过于京都的西阵。但生丝的产量不足,据研究,17世纪初日本的生丝总需求量约为三四十万斤,它几乎完全仰赖葡萄牙从中国运来,这种生丝贸易使葡萄牙人获得原价五成的利润。由于明朝严厉打击"倭寇",中国与日本之间的走私贸易断绝,从澳门前往日本的葡萄牙船独占了与日本的贸易,这就是长崎贸易的独占时代①。

1600年前后一艘葡萄牙商船从澳门运往长崎的中国货物所获利润,可以从下表得到一个清晰印象②。

表1 1600年前后澳门、长崎间中国货物贸易及利润率

| 货 名 | 数 量 | 买价(广州价格) | 卖价(长崎价格) | 利润率(%) |
| --- | --- | --- | --- | --- |
| 白 丝 | 500～600担 | 80两(银/担) | 140～150两(银/担) | 75～87 |
| 丝 线 | 400～500担 | 140两(银/担) | 370～400两(银/担) | 164～186 |
| 绸 缎 | 1700～2000担 | 1.1～1.4两(银/匹) | 2.5～3.0两(银/匹) | 111～127 |

---

① 大隅晶子《十六、十七世纪的中日葡贸易》。此处大隅女士综合了冈本良子、矢野仁一、松田毅一、森冈美子等的研究成果。
② C. R. Boxer, *The Great Ship from Amacon: Annals of Macao and the Old Japan Trade, 1555-1640*. Lisbon, 1963, pp.77, 196, 197. 参看黄启臣、邓开颂《明嘉靖至崇祯年间澳门对外贸易的发展》,明代经济史学术讨论会论文,1983年;黄启臣、邓开颂《明清时期澳门对外贸易的兴衰》,载《中国史研究》1984年第3期。

续 表

| 货名 | 数量 | 买价(广州价格) | 卖价(长崎价格) | 利润率(%) |
|---|---|---|---|---|
| 黄金 | 3000～4000 两 | 5.4 两(银/两) | 7.8 两(银/两) | 44.4 |
| 麝香 | 2 担 | 8 元(银/斤) | 14～16 元(银/斤) | 75～130 |
| 水银 | 150～200 担 | 40 两(银/担) | 90～92 两(银/担) | 125～130 |
| 糖 | 210～270 担 | 0.8～1.0 两(银/担) | 3.5～5.2 两(银/担) | 100～200 |
| 茯苓 | 500～600 担 | 1.0～1.1 两(银/担) | 4.0～5.0 两(银/担) | 300～354 |
| 白铅粉 | 500 担 | 2.7 两(银/担) | 6.5～7.0 两(银/担) | 155～160 |
| 棉纱 | 200～300 担 | 7.0 两(银/担) | 16～18 两(银/担) | 128～157 |
| 棉布 | 3000 匹 | 0.28 两(银/匹) | 0.50～0.54 两(银/匹) | 177～186 |
| 铅 | 700 担 | 3.0 两(银/担) | 6.4 两(银/担) | 113 |
| 大黄 | 100 担 | 2.5 两(银/担) | 5.0 两(银/担) | 100 |
| 甘草 | 150 担 | 3.0 两(银/担) | 9～10 两(银/担) | 200～223 |

资料来源：C. R. Boxer, *The Great Ship from Amacon: Annals of Macao and the Old Japan Trade, 1555-1640*, pp. 179-181; *The Christian Century in Japan, 1549-1650*. Berkeley, 1967, pp. 109-110。参看黄启臣、邓开颂《明嘉靖至崇祯年间澳门对外贸易的发展》；黄启臣、邓开颂《明清时期澳门对外贸易的兴衰》。

据统计，崇祯时期每年由澳门运往长崎的中国商品的总价值都在白银 100 万两以上，其中崇祯十年(1637 年)为 2144463.5 两，有时甚至超过 3000000 两，生丝在其中占最大的比重，例如崇祯八年运往长崎的生丝达 2460 担，以每担售价银 600～1000 两计，总价值银达 1476000～2460000 两①。其利润率是惊人的，大多在 100% 以上，棉布的利润更是令人瞠目结舌，高达 177%～186%。法国年鉴学派大师布罗代尔在分析远程贸易的巨额利润时指出："远程贸易肯定创造出超额利润：这是利用两个市场相隔很远，供求双方互不见面，全靠中间人从中撮合而进行的价格投机。"②

---

① C. R. Boxer, *The Great Ship from Amacon: Annals of Macao and the Old Japan Trade, 1555-1640*, pp. 181-182。参看万明《中葡早期关系史》，第 152 页。
② 布罗代尔《15 至 18 世纪的物质文明、经济和资本主义》第 2 卷，三联书店，1996 年，第 435 页。

此外还有澳门—马尼拉之间的贸易。这种贸易时而表现为澳门和中国、日本、印度支那之间的贸易竞争形式,时而又以相互补充的形式出现。因此博克瑟说:"南中国海两个伊比利亚殖民帝国(按:指葡萄牙、西班牙)所属中转港相互之间在协同竞争中并存。"[1]然而,1580年(日本天正八年,明朝万历八年)菲力普二世就任葡萄牙国王后,托马尔议会通过了禁止两个中转港间的贸易协定(1581年),形势趋于复杂化。1614年上半年荷兰对这两个海上帝国构成了威胁,这项禁令才稍有缓解,但两国间的贸易仍处于静止状态。一方面,在澳门的葡萄牙人希望能同马尼拉进行贸易,因为西班牙商船把西属美洲生产的白银从阿卡普尔科—德华雷斯运到了马尼拉,他们不希望西班牙商船直接到中国、日本、澳门进行贸易;另一方面,马尼拉的西班牙人不喜欢花大代价通过澳门贸易中介,更喜欢直接同中国、日本进行贸易。不过尽管有禁令限制,澳门与马尼拉两个中转港之间的正式或非正式贸易始终未曾中断。当葡萄牙摆脱了西班牙恢复独立的消息于1642年(日本宽永十九年,明朝崇祯十五年)传到远东后,情况发生了变化。1642—1644年,澳门不再对西班牙国王效忠,失去了利益攸关的马尼拉贸易,甚至与马尼拉绝交。与此同时,荷兰人不断地骚扰澳门的海上贸易,加之南明的抗清运动,使澳门对广东的贸易陷入了严重的混乱之中。

这时的澳门处于危机重重的时代,对日本的贸易已经完全关闭,对马尼拉的贸易也一度关闭,澳门只能开发同东帝汶、望加锡、印度支那、暹罗的贸易予以弥补。声名远扬的海商巨头郑芝龙巧妙地利用这一形势,穿梭在海盗与官军之间,向日本运送了一些生丝及丝织品。郑芝龙是在闽粤沿海海上走私贸易集团的首领,明朝当局把他看作海盗,其实是一种曲解,他本质上是一个商人。由于他会讲一点葡萄牙语,时常充任西方商人的代理人,在西方史籍中被称为尼古拉·一官(Nicolas Iquan)。提起郑芝龙,必须追述他的前辈李旦。李旦是泉州海商,是继林凤之后又一个前往吕宋(菲律宾)进行贸易活动的巨头,曾经一度成为中国人在马尼拉的首领。他的迅速致富,引起西班牙人的觊觎,寻找借口把他关入囚犯船中。李旦从囚犯船中逃脱后,前往日本投奔他的兄

---

[1] 博克瑟《16—17世纪澳门的宗教和贸易中转港之作用》,《中外关系史译丛》第5辑,第81~103页。

弟华宇——西人所谓甲必丹华(Captain Whow)。几年之内李旦建立起一个往来福建、澎湖及日本平户、长崎之间的海上走私贸易集团。据英国东印度公司驻平户商馆代理人理查·科克斯(Richard Cooks)1618年2月15日在一封信中所说:"最近两三年中,中国人开始与某一个被他们称为高沙,而在我们海图上称作福尔摩萨(按:指台湾)的中国近海岛屿进行贸易。当地仅容小船经由澎湖群岛进入,而且只与中国人进行交易。该岛距离中国大陆约三十'里格',以至于每次季风来临时,中国人利用小船从事二到三次航行。安德瑞·狄提士(Ardrrea Dittis)与他的弟弟甲必丹华无疑是在当地进行走私贸易的最大冒险投机者。去年(1617年)他们派了两只小的平底驳船,载了超过半数以上可能是在交趾或万丹所偿付的生丝进入(该地)。理由是去年他们收入丰富,而且他们只要花少量的钱购入当地土产带回大陆,就能很快净赚超过等值的二分之一。"①据日本学者岩生成一考证的结果,所谓安德瑞·狄提士就是泉州海商李旦,甲必丹华就是李旦的弟弟亦即所谓"唐人华宇"。李旦的大弟华宇以长崎为根据点,另一弟二官(Niquan)以平户为据点,又一弟则在泉州老家策应,形成一个海上贸易网②。天启三年(1623年)福建巡抚南居益曾上疏朝廷建议利用李旦的特殊势力,驱逐荷兰人,他说:"泉州人李旦久在我用事,且所亲许心素……使心素往谕旦立功赎罪,且为我用,夷势孤可图也。"③天启四年福建海澄人颜思齐与郑芝龙由日本率众奔入台湾。天启五年秋,颜思齐在台湾病逝,郑芝龙成为首领。同年八月十二日李旦在日本平户逝世,郑芝龙巧妙地接收李旦庞大的资产与船队,成为天启、崇祯年间东南沿海的海上霸主④。

博克瑟发表于1941年的《郑芝龙(尼古拉·一官)兴衰记》迄今为止仍然是一篇关于郑芝龙的权威论文,很值得一读,姑且摘引如下。郑芝龙出生在福建南安一个偏僻的乡村,小名一官,年轻时来到澳门,在一个中国商人手下工

---

① Richard Cocks, *Diary of Richard Cocks, Cape-Merchant in the English Factory in Japan, 1615-1622, with Correspondence*. Hakluyt, London, 1882. 参看张增信《明季东南海寇与巢外风气(1567—1644)》,载《中国海洋发展史论文集》第三辑,台湾三民主义研究所,1988年,第334～335页。
② 岩生成一《明末侨寓日本支那人甲必丹李旦考》,载《东洋学报》第23卷第3号。
③ 《明熹宗实录》卷58,天启五年四月戊寅。
④ 博克瑟《郑芝龙(尼古拉·一官)兴衰记》,载《中国史研究动态》1984年第3期,松仪摘译自《天下月刊》1941年第4、5号。

作,接受基督教的洗礼,取教名尼古拉(Nicolas)。以后他前往日本,受雇于一个非常富有的中国商人李旦。由于他经商的精明狡诈,李旦把几艘船大量财富交给他监管,他从事与越南、柬埔寨的贸易,赚取了厚利,因而获得更大的信任。1621年或1622年到平户不久就与一位姓田川的女子结婚,生下了儿子郑成功。1625年他接收了李旦的船队和财产之后,活跃于闽粤沿海,被当时官方视为海盗头目。1628年(崇祯元年)福建巡抚熊文灿无力对付海上力量如此强大的郑芝龙,设法招抚,让他把总部设在厦门。当然这种"招抚"是熊文灿向朝廷邀功的冠冕堂皇的幌子,只是借助于他来对付荷兰人的威胁,以及海盗刘香之流。刘香消除之后,郑芝龙依然故我,常与官府发生摩擦,地方政府奈何他不得(因为他拥有庞大的船队和武装力量),因此他实际上成了福建及其邻近海域的主人。郑芝龙在澳门的一段生活令他毕生难忘,因而对澳门有特别的偏爱,这就是他之所以协助葡萄牙人逃避日本禁止澳门通商一事的原因。他派船来到澳门,把葡萄牙人的货物运往日本,他只收运费,利润尽归澳门葡萄牙人所得。1640年荷兰人与郑芝龙达成协议,郑芝龙答应他本人不直接与日本通商,而是给荷属东印度公司提供合适的中国生丝和其他商品,每年赊销100万弗罗林,月息2.5%,为期3个月。作为交换,荷兰人在他们的船上给他装运5万元货物和5万元金块,记在公司账上,他分得最后利润的四成。这种协议只是一纸空文,1640年以后郑芝龙的船队依旧不断前往日本进行贸易。在郑芝龙势力鼎盛时期,出入长崎港的船只:1641年,荷兰船9艘,中国船89艘;1642年,荷兰船5艘,中国船34艘;1643年,荷兰船5艘,中国船34艘;1644年,荷兰船8艘,中国船54艘;1645年,荷兰船7艘,中国船76艘;1646年,荷兰船5艘,中国船54艘。中国船的相当大一部分是属于郑芝龙的,这从长崎荷兰商馆保存的《出岛日志》中可以找到佐证①。

### 3. "倭寇"新论——以"嘉靖大倭寇"为中心

**(1) 关于明代"倭寇"理解上的误区**

由于葡萄牙人东来首先在广东碰壁,便来到浙江沿海的双屿岛,与被明朝政府称为"倭寇"的许栋、王直、李光头进行走私贸易,因而,在明朝政府那里葡萄牙人也被称为"倭寇"。在这种背景下,论及晚明对外贸易不能不涉及所谓

---

① 博克瑟《郑芝龙(尼古拉·一官)兴衰记》。

"倭寇"问题。

长期以来,关于明代的"倭寇",尤其是"嘉靖大倭寇",学术界在理解上存在误区,概念与史实都有所混淆。甚至20世纪90年代出版的被称颂为"里程碑"式的权威著作《中国历史大辞典》也曾留下明显的此类痕迹。该辞典《明史卷》的"倭寇"条说:倭寇是指"明时骚扰中国沿海一带的日本海盗"[1]。这个结论是很成问题的。这也难怪,它其实是以往历史学界的一种流行观点。值得注意的是,这种历史认识已经远远落后于史学自身的发展。

20世纪80年代以来,中国史学界一些有识之士对"倭寇"问题重新加以检讨,从历史事实的辨证出发,提出了令人耳目一新的解释。林仁川《明代私人海上贸易商人与"倭寇"》一文认为,"倭寇"的首领及基本成员大部分是中国人,即海上走私贸易商人,嘉靖时期的御倭战争是一场中国内部海禁与反海禁的斗争[2]。戴裔煊《倭寇海盗与中国资本主义萌芽》一书指出:倭患与平定倭患的战争,主要是中国社会内部的阶级斗争,不是外族入寇[3]。王守稼《嘉靖时期的倭患》一文说得更加彻底:明朝政府把王直集团称为"倭寇",王直集团也故意给自己披上"倭寇"的外衣,他们其实是"假倭",而"真倭"的大多数却是王直集团雇佣的日本人,处于从属、辅助的地位[4]。以上新论或许有待完善,但就其主要倾向而言,毫无疑问更加接近于历史真实。在这方面,海峡彼岸的学者领先了一步。早在1965年陈文石发表了题为《明嘉靖年间浙福沿海寇乱与私贩贸易的关系》的长篇论文,从沿海走私贸易的角度去透视"倭寇"。他从五个方面展开论证:(一)明代的海禁政策贡舶贸易制度与私贩贸易的关系;(二)国人私贩贸易与沿海地理经济条件;(三)嘉靖前期的私贩活动;(四)私贩转为海盗与朱纨禁海失败的原因;(五)嘉靖后期的私贩与寇乱。他在文末感慨地指出:嘉靖年间的大祸(即所谓倭患)是明代海禁政策造成的后果,"凡违禁私贩出入海上者,官府皆以海盗视之,严予剿除。彼等既不能存身立足,自新

---

[1] 《中国历史大辞典·明史卷》,上海辞书出版社,1995年,第411页。
[2] 林仁川《明代私人海上走私贸易与"倭寇"》,载《中国史研究》1980年第4期。
[3] 戴裔煊《倭寇海盗与中国资本主义萌芽》,中国社会科学出版社,1982年,第16页。
[4] 王守稼《嘉靖时期的倭患》,载其所著《封建末世的积淀和萌芽》,上海人民出版社,1990年,第277页。

复业,则只有往来行剽,或奔命他邦,开辟生路"①。他的这种研究思路为林丽月所发挥,林女士写出了《闽南士绅与嘉靖年间的海上走私贸易》,着力论证闽南士绅投身海上贸易无非以追逐个人私利为动机,难免有蔑视朝廷法令与地方官府之讥,但就促进闽南沿海地区的经济发展而言,应不无正面意义②。

读者不难发现,上述新论与20世纪三四十年代以来学者们过多掺杂民族情绪的"倭寇"论相比,是大异其趣的,这种客观科学的态度是现代历史学应当努力追求的境界。众所周知,"倭寇"问题涉及日本,日本学者作了大量研究。令人不解的是,以往中国学者在研究这一课题时有意无意地忽略了对日本学者研究成果的观照。只要稍加留意便可发现,日本学者以他们特有的实证风格,揭示出与上述中国学者大体相近的历史见解。不妨略举两个最具影响力的例子以见一斑。

稍早一点的可以明史专家山根幸夫为代表。他在《图说中国历史》第7卷《明帝国与日本》中谈到"后期倭寇"(日本学者通常称为"嘉靖大倭寇")时,强调指出以下两点:一是后期倭寇的主体是中国的中小商人阶层——由于合法的海外贸易遭到禁止,不得不从事海上走私贸易的中国商人;二是倭寇的最高领导者是徽商出身的王直——要求废止"禁海令",追求贸易自由化的海上走私贸易集团的首领③。稍近一点的可以倭寇问题专家田中健夫为代表,他曾写过《倭寇》、《倭寇与勘合贸易》等专著,1994年版《日本史大事典》的"倭寇"条即出于他的手笔。他对倭寇的释义既客观又精细,大大有助于廓清以往人们心目中混淆不清的倭寇概念。因此很值得一读,兹且援引于下。

田中健夫写道:"在朝鲜半岛、中国大陆的沿岸与内陆、南洋方面的海域行动的包括日本人在内的海盗集团,中国人和朝鲜人把他们称为'倭寇',它本来带有'日本侵寇'或'日本盗贼'的意味,但是由于时代和地域不同,它的意味和内容是多样的,把倭寇当作连续的历史事象是不可能的。"接着他列举历史事实展开论证。"倭寇"二字初见于404年的高句丽广开土王碑文,此后丰臣秀吉的朝鲜出兵以至20世纪的日中战争等事件中都有倭寇的文字表述。由于

---

① 陈文石《明嘉靖年间浙福沿海寇乱与私贩贸易的关系》,载台湾《历史语言研究所集刊》第36本上。
② 林丽月《闽南士绅与嘉靖年间的海上走私贸易》,载《台湾师范大学历史学报》第8期,1980年。
③ 山根幸夫《明帝国与日本》(《图说中国史》第7卷),东京讲谈社,1977年,第61~63页。

时期、地域、构成人员等规准的不同,对倭寇的称呼是各式各样的:如"高丽时代的倭寇"、"嘉靖大倭寇"、"中国大陆沿岸的倭寇"、"葡萄牙人的倭寇"、"王直一党的倭寇"等,在以上这些倭寇中,规模最大、活动范围最广的是14—15世纪的倭寇和16世纪的倭寇。关于14—15世纪的倭寇,田中健夫指出,这一时期的倭寇以朝鲜半岛为舞台,也在中国大陆沿岸行动,高丽、朝鲜(李氏朝鲜)、元朝、明朝受到各种各样的损害。《高丽史》于1223年首先见到倭寇的文字。日本方面《吾妻镜》记载了贞永元年(1232年)肥前镜社的人在高丽当海盗的事。但是在高丽的倭寇行动成为大问题是1350年以后,这年以后每年都有倭寇的船队骚扰朝鲜半岛沿岸,全罗道和扬广道(现忠清道)受害特别大。倭寇的构成人员是以对马、壹岐、松浦地方的名主、庄官、地头等为中心的海盗群、海上流浪者群、武装商人等,还有朝鲜称为禾尺、才人的贱民。日本人在倭寇集团中所占比率约为10%~20%,大部分的倭寇集团是日本人和高丽人、朝鲜人的联合体。袭击朝鲜半岛的倭寇,他们的行动地域延伸到中国大陆,攻击了元、明。在加固沿岸警备的同时,明太祖取缔和日本的征西将军怀良亲王有交涉的倭寇,没有取得成果。明成祖时,和足利义满之间达成交通关系,倭寇势头趋于平静。关于16世纪的倭寇,田中健夫作这样的界定:因为依托于勘合船的日明间交通的中途断绝,中国大陆沿岸发生了大倭寇。最激烈的是明嘉靖年间(1522—1566年),持续至隆庆、万历年间约四十年时间,因而称为"嘉靖大倭寇"。这个时期的倭寇,日本人参加数量是很少的,大部分是中国的走私贸易者以及追随他们的各色人等。这时在东亚海域初现身姿的葡萄牙人被当作倭寇的同类对待。自从明太祖以来,称为海禁的一种锁国政策禁止中国人在海上活动,随着经济的发达,维持这种政策是困难的,于是产生了大量的海上走私贸易者。他们和地方富豪阶层(乡绅、官僚)勾结,形成强大势力,推进走私贸易。葡萄牙人因为得不到明政府正式贸易的许可,也不得不加入走私贸易,日本的商船则以国内丰富的银生产为背景与之合流。中国的官宪把这些人一概当作倭寇。浙江省的双屿和沥港作为走私贸易基地,遭到中国军队的攻击而毁灭殆尽,走私贸易者一变而为海盗群。萨摩、肥后、长门、大隅、筑前、筑后、日向、摄津、播磨、纪伊、种子岛、丰前、丰后、和泉等地的日本人投靠了倭寇。作为倭寇首领,有名的是王直、徐海。王直以日本为根据地,率大船队攻击中国的沿海。明朝方面胡宗宪、戚继光、俞大猷等负责海防,取得了各种功绩。不久与海禁令解除同时,日本方面丰臣秀吉国内统一的进行,使倭寇次第平息①。

如果平心静气客观地把上述论断与前引《中国历史大辞典》"倭寇"条加以对比,那么其间的是非曲直是不难辨明的,所谓倭寇即"明时骚扰中国沿海一带的日本海盗"的界定是值得商榷的。

(2) 朝贡—勘合体制与海禁政策

明朝建立以后,实行严厉的海禁政策,禁止民间私人海商贸易活动,只允许保留有限的朝贡—勘合体制内的官方贸易的存在。管理这种海外贸易的机构是市舶司,它的职责是维持明朝以中央之国的居高临下姿态接受外国的"朝贡",作为回报,明朝礼部给外国贡使相当的"回赐",美其名曰"领赏"。稍有灵活之处是允许随同贡使前来的商人可以在市舶司所在地或京师会同馆,进行变相的贸易。在这种朝贡—勘合体制下,外国船舶前来朝贡,必须持有明朝礼部颁发的称为"勘合"的通行证,方可进行捎带的变相贸易,因而称为"勘合贸易"。《大明会典》记载:"凡勘合号簿,洪武十六年始给暹罗国,以后渐及诸国。每国勘合二百道号簿四扇。"这里所说的"渐及诸国"是指:日本、占城、爪哇、满剌加、真腊、苏禄、柯支、渤泥、锡兰山、古里、苏门答剌、古麻剌等②。这种勘合贸易除了由市舶司机构安排在市舶司港口(宁波、泉州、广州)小范围进行之外,主要安排在京师会同馆(接待各国贡使的宾馆)进行。《大明会典》记载:"各处夷人朝贡领赏之后,许于会同馆开市三日或五日,惟朝鲜、琉球不拘期限。俱主客司出给告示,于馆门首张挂,禁戢收买史书及玄黄、紫皂、大花、西番莲段匹,并一应违禁器物。各铺行人等将物入馆,两平交易,染作布绢等项立限交还。如赊买及故意拖延,骗勒夷人久候不得起程者,问罪,仍于馆前枷号一个月。若各夷故违,潜入人家交易者,私货入官,未给赏者量为递减。通行守边官员,不许曾经违犯夷人起送赴京。凡会同馆内外四邻军民人等代替夷人收买违禁货物者,问罪,枷号一个月,发边卫充军。"③

日本学者滨下武志积二十年之研究写成《近代中国的国际契机——朝贡贸易体系与近代亚洲贸易圈》,对朝贡贸易体系有独到的见解。他认为,作为

---

① 《日本历史大事典》,东京平凡社,1994年,第1312~1313页。
②③ 万历《大明会典》卷108,礼部《朝贡四》。

朝贡的前提是朝贡国接受中国对当地国王的承认并加以册封,在国王交替之际以及庆慰谢恩等等之机去中国朝见;这是以举行围绕臣服于中央政权的各种活动,作为维系其与中国的关系的基本方式。以朝贡—回赐维系的两国关系,是以中国为中心的呈放射状构成的体制。另一方面,它是以商业贸易行为进行的活动,并使以朝贡贸易为基础的贸易网络得以形成。滨下武志指出,从14—15世纪以来,亚洲区域内的贸易在逐渐扩大,存在着一个以中国为中心的东亚贸易圈,以印度为中心的南亚贸易圈,以及在这两国贸易圈之间由若干贸易中转港为中心的亚洲贸易圈①。

日本与明朝的勘合贸易是在这种受到严格限制的框架内进行的。不过在冠冕堂皇的"朝贡"与"回赐"背后,官方默认日本使节的随行人员(僧侣、商人)所夹带的货物同中国商人私下交易,这种交易使日本方面获利颇多,因而很有吸引力。日本的勘合贸易是由浙江市舶司掌管的。日本使节入明,必须持有明朝礼部颁发的勘合,才可以在浙江市舶司所在地宁波上岸,在安远驿的嘉宾堂歇脚,一面进行岸上交易,一面等候朝廷的入京许可。一旦获得许可,使节一行便携带国书、贡物及夹带货物,在明朝官员护送下前往北京会同馆。在向朝廷递交国书、贡献方物、领取赏赐以后,夹带的货物方可出售,先尽政府有关部门购买,然后才可由商人购买,并允许日本随员买入非违禁货物。据田中健夫《倭寇与勘合贸易》一书揭示,从建文三年(1401年)到嘉靖二十六年(1547年)近一个半世纪内,日本的遣明使节所率领的勘合贸易船队共计十八批②。由于嘉靖二年(1523年)发生了宁波争贡事件,使勘合贸易发生危机,因而成为"后期倭寇的发端"。

这时日本的勘合贸易经营权已经脱离足利义持将军之手,落入了细川、大内两家之手。遣明船一向有幕府船、大名船、相国寺船、三十三间堂船等,随着大寺社势力的消退,细川氏、大内氏作为遣明船主力登场。细川氏是濑户内海东部沿岸一带的势力,大内氏是濑户内海西部到九州沿岸一带的势力③。据田

---

① 滨下武志《近代中国的国际契机——朝贡贸易体系与近代亚洲贸易圈》中译本,中国社会科学出版社,1999年,第59~60页。
② 山根幸夫《明帝国与日本》(《图说中国史》第7卷),第56页。另有汤谷年稔编《日明勘合贸易史料》,可参看。
③ 岩波讲座《日本历史》第10卷中世(4),东京岩波书店,1994年,第51页。

中健夫研究,日明间的勘合贸易包括朝贡贸易、公贸易、私贸易三部分。朝贡贸易是给明朝皇帝的献上物以及由此而得到的回赐品;公贸易是遣明船的附搭物与明朝官方的交易;私贸易是遣明船的附搭物在宁波的牙行交易,以及在北京交易,和从宁波到北京沿途的交易。日本方面出手的物资,在朝贡贸易场合是金、马、扉、屏风、铠甲、硫磺等,得到的回赐品是苎丝、纱、绢、钞、铜钱等;公贸易中占主流的日本方面是刀剑,中国方面支付的是铜钱;私贸易中日本方面得到的是生丝、丝织物等商品。大体上输入日本的中国商品是生丝、丝织物为首的,包括丝绵、棉布、药草、砂糖、瓷器、书画以及各种铜器、漆器等。动用巨额资金的勘合贸易所获得的利润的具体数字难以统计,仅据楠叶西忍《大乘院寺社杂事记》,遣明船在生丝一项所获利润率达2000%①。在商业利益的驱动下,大内氏与细川氏发生了争夺勘合贸易主导权的斗争。正德六年(1511年)第十五批遣明船和勘合贸易是由大内氏主宰的,以后幕府也承认了大内氏独占遣明船的运营权,因而引起细川氏的不满。嘉靖二年第十六批遣明船与勘合贸易由大内氏派遣的正使宗设谦道和尚率领三艘船舶驶向宁波,细川氏为了与之抗衡,凭借已经失效的"弘治勘合",派遣鸾冈瑞佐和尚为正使、明朝人宋素卿为副使,率领一艘船舶驶向宁波。先后抵达宁波的大内船、细川船发生了正面冲突,不仅互相大打出手,而且烧毁了市舶司的招待所嘉宾堂,袭击了武器库,殃及了沿途民众,正如嘉靖《宁波府志》所说:"两夷仇杀,毒流廛市。"②

宁波争贡事件影响极坏,给明朝政府内部主张更加严厉实行海禁政策的一派官僚找到了一个口实。当时任兵科给事中的夏言(以后担任内阁首辅)向皇帝上疏强调"祸起市舶",主管朝贡事宜的礼部没有调查,也没有权衡利弊得失,便贸然请罢市舶司。后人纷纷指出,应当罢斥的不是市舶司,而是掌管市舶司的太监③。因为争贡事件除了日本方面的因素,浙江市舶司的市舶太监赖恩处置不当,激化了双方的矛盾,负有不可推卸的责任。细川氏的副使宋素卿

---

① 大隅晶子《十六、十七世纪中日葡贸易》。此处大隅晶子综合了田中健夫与小叶田淳的研究成果。
② 嘉靖《宁波府志》卷22《海防书》。《明世宗实录》卷349,嘉靖二年五月,有相关记载。
③ 黄俁卿《倭患考原》上,嘉靖元年:"给事中夏言上言:祸起于市舶。礼部遂请罢市舶,而不知所当罢者市舶太监也。"谷应泰《明史纪事本末》卷55《沿海寇乱》也有此一说。

是宁波人,长期从事贸易中介业(即所谓捎客),为人奸狡,用重金贿赂市舶太监赖恩,市舶司破例在检查贸易品时把先期到达的大内氏船推迟,后到的细川氏船反而提前;在按安排招待宴会的座次时赖恩故意让细川氏使节坐于大内氏使节的上座;在双方仇杀时,赖恩有意偏袒宋素卿,暗中资助兵器,使械斗一发而不可收①。

浙江市舶司终于在嘉靖八年(1529年)撤销,此后除了嘉靖十八年、嘉靖二十六年有过两次遣明船,便不再有日本方面派来的遣明船及其勘合贸易。明朝当局也许不曾料到,严厉的海禁恰恰为走私贸易的兴旺提供了有利时机。宁波争贡事件被称为"后期倭寇的发端",就是因为它直接导致勘合贸易的中止,以及随之而来的海上走私贸易的横行。

走私贸易是早就存在的现实。沿海民众一向有从事海上贸易的传统,作为维持生计的重要手段。明初以降,当局实行"海禁"政策,严禁沿海民众私自出海与外国贸易。从永乐到嘉靖年间,"海禁"时紧时松,总的趋势是以禁为主。"海禁"政策无异于断绝沿海民众的生计,激化了社会矛盾。道理是显而易见的,浙江、福建、广东三个市舶司控制的勘合贸易,根本无法适应随着商品经济发展而日益增长的海外贸易需求,因此在正常的市舶司贸易渠道之外,早已存在走私贸易这种民间渠道。正如台湾学者陈文石所说:"在贡舶贸易(按:即勘合贸易——引者)制度下虽然有勘合的国家可享有贸易上的种种特殊权益,但究为贡约所限,不能随其所欲自由往还。同时此仅为贡舶国家王室或官方支持下的贸易,一般番商因不能取得勘合,便无法进口。而贡舶输入货物,又为政府垄断。虽然市舶司或会同馆(会同馆开市仅限三天或五天)开市时,中国商人可承令买卖,但仅为官方所不肯收买的残余物品,货色粗劣,数量亦微,品类价格又都有限制,而且往往供求两不相投,双方俱不能满足所欲,于是贡使、中外商人,遂互相勾结,窝藏接引,进行秘密私贩活动。尤其中国海商,在政府禁海垄断,外舶特权独占的双重刺激下,既不能取得公平合法的贸易,便只有越关冒禁,挑战下海,从事非法贸易了。"②相对于广东沿海对南洋的贸易而言,浙闽沿海对日本的贸易控制更严,这种矛盾更为突出。一旦浙江市舶

---

① 黄俣卿《倭患考原》上。谷应泰《明史纪事本末》卷55《沿海寇乱》。
② 陈文石《明嘉靖年间浙福沿海寇乱与私贩贸易的关系》。

司停罢以后,海上贸易的供求失衡尖锐地凸显了出来,于是大规模的武装走私集团兴起了,由于种种复杂的原因,这种武装走私集团蒙上了"倭寇"的色彩,便不足为奇了。

对于"罢市舶"所引起的严重后果,当时人深知其害,几乎众口一词地指出:"罢市舶,则利孔在下,奸商外诱,岛夷内讧,海上无宁日矣。"①及至这种严厉的海禁政策扩展至福建,情况更趋严重,曾参与平倭的谭纶说:"闽人滨海而居者不知其几也,大抵非为生于海则不得食。海上之方千里者不知凡几也,无中国绫绵丝之物则不可以为国。禁之愈严则其值愈厚,而趋之者愈众。私通不得则攘夺随之。昔人谓弊源如鼠穴也,须留一个,若要都填塞了,好处俱穿破,意正在此。今非惟外夷,即本处鱼虾之利与广东贩米之商、漳州白糖诸货皆一切禁罢,则有无何所于通,衣食何所从出?如之何不相率而勾引为盗也。"②这深刻揭示了在海禁愈趋严厉的大背景下,沿海民众由海上走私贸易发展而为海盗("倭寇")的轨迹。

日本在正常勘合贸易断绝之后,他们所需要的大量中国商品只能通过海上走私贸易渠道获得,中国的走私贸易商人鉴于获利丰厚,多愿意与日本商人勾结进行走私贸易,甚至远航至日本沿海岛屿进行交易。日本商人大多以现银(日本所产白银)支付,中国商人常常获利达十倍之多。由平倭总督胡宗宪挂名、出于其幕僚郑若曾之手的《筹海图编》,也不得不承认这一点,书中记载走私到日本的中国商品种类很多,有丝、丝绵、棉布、绵绸、锦绣、红线、水银、针、铁锅、瓷器、古钱、药材等,其中尤以太湖近旁湖州所产的湖丝最为畅销,价格不菲:"丝,所以为织绢苎之用也,盖彼国自有成式花样,朝会宴享必自织而用之。中国绢苎但充里衣而已。若番舶不通,则无丝可织。每百斤值银五十两,取去者其价十倍。"③徐光启在《海防迂说》所提供的资料可以互相印证:湖丝运往日本"取去者其价十倍"④。如此一个重大的获利渠道,一旦遭到官方禁堵,后果是不堪设想的。正如茅元仪所说:"贫民倚海为生,捕鱼贩盐乃其业也,然其利甚微,愚弱之人方恃此。其奸巧强梁者自上番舶以取外国之利,

---

① 黄俣卿《倭患考原》上。谷应泰《明史纪事本末》卷55《沿海寇乱》。
② 谭纶《谭敏襄公奏议》卷2《海寇已宁比例陈情疏》。
③ 郑若曾《筹海图编》卷2《倭国事略》。
④ 王重民辑《徐光启集》卷1《海防迂说》,上海古籍出版社,1984年。

利重十倍故耳。今既不通番,复并鱼盐之生理而欲绝之,此辈肯坐而待毙乎!"①

由此人们不难悟出嘉靖年间东南沿海所谓"倭患"的根源来了。

当时留心经世韬略及边防的唐枢,在"倭寇王"王直接受招抚后,为身负平倭重任的胡宗宪咨询时,谈到"倭患"的根源,直言不讳地说出了其中的要害。第一,中国与外国的贸易难以禁绝,海禁只能禁止本国百姓。他说:"中国与夷各擅生产,故贸易难绝。利之所在,人必趋之。本朝立法,许其贡而禁其市,夫贡必持货,与市兼行,盖非所以绝之。律款通番之禁、下海之禁,止以自治吾民,恐其远出以生衅端。"第二,嘉靖年间的"倭患",起源于海禁政策。他说:"若其私相商贩,又自来不绝,守臣不敢问,戍哨不能阻。该因浩荡之区势难力抑,一向蒙蔽作法,相沿百数十年。然人情安于睹记之便,内外传袭,以为生理之常。嘉靖六七年后,守臣奉公严禁,商道不通,商人失其生理,于是转而为寇。嘉靖二十年后,海禁愈严,贼伙愈盛。许栋、李光头辈然后声势蔓延,祸与岁积。今日之事,造端命意实系于此。夫商之事顺而易举,寇之事逆而难为,惟顺易之路不容,故逆难之图乃作。"第三,所谓"倭寇",其实是中国百姓。他说:"使有力者既已从商而无异心,则琐琐之辈自能各安本业,而无效尤,以为适从。故各年寇情历历可指:壬子之寇,海商之为寇也;癸丑之寇,各业益之而为寇也;甲寅之寇,沙上黠夫、云间之良户复益而为寇也;乙卯之寇,则重有异方之集矣。"②唐枢作为"倭寇"的同时代人,以目击者身份所提供的证言,洞若观火,鞭辟入里,今日读来仍禁不住要拍案叫绝!

**(3)"倭寇王"王直:徽州海商与"倭寇"**

谈到"嘉靖大倭寇","倭寇王"王直是必然要提及的重要人物。被明朝官方视为江洋大盗的"倭寇王"王直,其实是一个从事海上走私贸易的徽州商人。

徽商(日本学者称为新安商人)研究的奠基人藤井宏最早注意到这个问题。他在成名作《新安商人的研究》中,注意到徽商在浙闽沿海的进出口贸易。他在追述时指出,藤田丰八博士在《葡萄牙人占据澳门以前的诸问题》(《东西交涉史研究·南海篇》所收)一文中,揭示了《日本一鉴》及其他相关史料,有徽

---

① 茅元仪《武备志》卷214《海防六》。
② 陈子龙等《明经世文编》卷270,唐枢《御倭杂著》。

商海上活动的记载。藤井宏则在众多的徽商史料中,对此作了充分的展开。他指出,嘉靖十九年(1540年)许一(松)、许二(楠)、许三(栋)、许四(梓)勾结葡萄牙人络绎于浙海,并在双屿、大茅等地开港互市。《筹海图编》卷5浙江倭变记云:"嘉靖十九年贼首李光头、许栋引倭聚双屿港为巢……光头者,福(州)人李七;许栋,歙(县)人许二也……其党有王直、徐惟学、叶宗满、谢和、方廷助等。出没诸番,分迹剽掠,而海上始多事矣。"此时的王直不过是许氏兄弟的僚属。《日本一鉴》海市条云:"嘉靖二十二年邓獠等寇闽海地方,浙海寇盗并发。海道副使张一厚因许二等通番,致延害地方,统兵捕之。许一、许二等敌杀得志,乃与佛郎机夷竟泊双屿,伙伴王直(名惺,即五峰)于乙巳岁(嘉靖二十四年)往日本,始诱博多津倭助才门等三人,来市双屿。"嘉靖二十七年,浙江巡抚朱纨派遣都指挥卢镗等突袭双屿港,一举覆灭所谓海贼的老巢,生擒李光头、许栋,王直等收集余党,重整势力,把老巢移到金塘山(定海县西八十里海中)的烈港(沥港),直到嘉靖三十六年被胡宗宪擒捕以前,东南海上全是王直的独占舞台。藤井宏还指出,王直是徽州盐商出身,后来为日本商人当经纪人,是货物贸易的中介者,在双屿、烈港开辟走私市场。他借助闽广海商称雄浙海,遭官军打击后,在日本平户建立根据地,建都称王,部署官属,控制要害,形成了以"徽王"王直为中心的徽浙海外贸易集团,把徽州海商的海外贸易活动推进到一个前所未有的鼎盛阶段。自王直以后,日本平户港一直是明末清初中国民间往来日本的一个主要据点。王直死后,徽商在海上还相当繁盛,后继者有徐惟学、徐海[①]。

这种基于史料实证的研究,为理解王直与倭寇提供了很好的借鉴。令人不解的是,以上藤井宏的成果很少被研究倭寇问题的中国学者所关注,迟至三十年后才在中国学者中激起反响。

在这方面最有力度的当推徽商研究的后起之秀唐力行,他从徽州海商的角度来考察倭寇,反过来考察日后成为倭寇首领的徽州海商,"为了对抗明王朝的武力镇压和扩大贸易,海商们渐次组合成武装集团……这些船头又在竞

---

① 藤井宏《新安商人的研究》,原载《东洋学报》第36卷1、2、3、4号(1953—1954年),傅衣凌、黄宗焕译载于《安徽历史学报》总第2期和《安徽史学通讯》总字第9、第10号,收入《徽商研究论文集》(安徽人民出版社,1985年),此处引文见该书第184～189页。

争兼并中聚合成几个大的武装海商集团。其中,较著名的以徽州海商为首领的有许氏海商集团、汪直海商集团和徐海海商集团"。他的一大贡献是考证了《明史》改王直为汪直很有必要。《明史》有汪直传,以前均认为有误,其实王直本姓汪,因从事海上走私,风险大,为家属安全计,隐瞒真姓(汪)。汪为徽州大姓,"为贾于杭绍间者尤多"①。横行东南沿海几十年的"倭寇"首领许氏兄弟、王直(汪直)、徐海等,莫不是徽州海商,这一史实是值得深长思之的。

把王直等海商集团的活动放在当时全球贸易的新形势下来审视,许多问题便可迎刃而解。葡萄牙航海家发现了绕非洲好望角的欧亚直接航路之后,导致了1520年葡萄牙使节与中国的第一次正式交往,当他们的贸易要求遭到拒绝之后,便游弋于中国沿海。正如博克瑟在追述这一段历史时说:"对于葡萄牙人来说,与中国的贸易是非常宝贵的,不经过一场斗争就让他们放弃这一新兴的、前途无量的市场是绝对办不到的。故而在随后三十年内,佛郎机继续游弋于中国沿海,他们有时在地方官员的默许下进行贸易,有时完全不把地方官放在眼里。由于最初是在广东相当严厉地执行那道明王朝禁止其贸易的诏令,葡萄牙人便将自己的注意力转移向北面的沿海省份——福建与浙江,他们在那里隐蔽、无名的诸岛屿及港湾内越冬。在那里暂时的居留地中,最繁盛的要数宁波附近的双屿港,以及位于庞大的厦门湾南端的浯屿和月港……从中国载籍中可以清楚地看到,1521—1551年间频繁出没于中国沿海的那些葡萄牙走私商人得到了急于要与其交易的中国各阶层人士的广泛同情和支持。"②博克瑟的说法是可信的。葡萄牙人从1524年起,在中国东南沿海闽浙一带进行走私贸易,他们落脚的宁波甬江口外的双屿岛(今普陀县六横岛)便是一个大规模的走私据点。海上走私集团首领许栋、王直、李光头从葡萄牙人手中贩买从非洲、东南亚、欧洲带来的货物,以及先进的火器(用以对付明朝官军),葡萄牙人则购买中国的生丝、丝绸、瓷器、棉布、粮食,每年交易额达300万葡元,绝大部分用日本银锭支付。双屿成为当时葡属东方殖民地中最富庶的一个商埠,葡萄牙人以此为基地展开对中国与日本的贸易。正如田中健夫所说:着眼于中国贸易利益的葡萄牙人,在广东方面进行走私贸易,在北方的"出会"贸易

---

① 唐力行《论明代徽州海商与中国资本主义萌芽》,载《中国经济史研究》1990年第3期。
② 博克瑟《佛郎机之东来》,《中外关系史译丛》第4辑,第309~312页。

继续进行,这样,葡萄牙人的走私贸易从广东逐渐向漳州、泉州、宁波方面展开。宁波附近的双屿港和福建漳州的月港,成为走私贸易的中心地。葡萄牙人在中国中部的进出,一度成为中国海商的中介,和南下的日本商人势力发生接触①。

过分敏感的明朝当局把上述现象一概看作"倭寇",嘉靖二十六年(1547年),朝廷任命朱纨为浙江巡抚兼福建军务提督,查禁"倭寇"。朱纨到任后全力以赴地革渡船,严保甲,搜捕奸民,严禁泛海通番、勾连主藏之徒,并且调动军队把双屿岛基地彻底捣毁。据说在双屿岛上的天妃宫十余间、寮屋二十余间、大小船只二十七艘被毁。朱纨此举引起浙江、福建一带仰赖海上走私贸易的势家大姓的极大反感,遭到朝廷中浙闽籍官僚的攻击朱纨被迫罢官回籍,不久就含愤自杀。朱纨为官清正,这样的死法未免有点可惜,悲剧在于,他根本不明白在新航路发现后的国际形势下,国与国之间的海上贸易已是大势所趋,继续奉行海禁政策是不合时宜的。与耶稣会士关系密切,热衷于促进东西方交流的徐光启,多年以后谈及此事不胜感慨地指出:朱纨"冤则冤矣,海上实情实事果未得其要领,当时处置果未尽合事宜也"②。

朱纨的过激措施,不但没有达到"查禁倭寇"的目的,反而使东南沿海的走私贸易走向另一个极端,即谭纶所说的"私通不得则攘夺随之"。嘉靖二十八年(1549年)地方当局首次把王直集团骚扰沿海地区城镇称为"倭人入寇"。嘉靖三十一年王直吞并了另一个海上走私集团,成为东南沿海独步一时的领袖,由于向政府要求允许自由贸易遭到拒绝,便劫掠东南沿海。由此明朝当局展开了旷日持久的所谓"御倭"战争,其对手就是横行海上的"倭寇王"王直。在此之前王直曾向政府请求开禁,允许与日本展开正常贸易。他说:"窃臣直觅利海商,卖货浙福,与人同利,为国捍边,绝无勾引党贼侵扰事情……为皇上仁慈恩宥,赦臣之罪,得效犬马微劳驰驱,浙江定海外长涂等港,仍如广中事例,通关纳税,又使不失贡朝,其主各为禁例,倭奴不得复为跋扈,所谓不战而屈人之兵者也。"③因为政府背信食言,王直才决计报复,僭号称王④。他先称净海

---

① 田中健夫《倭寇与勘合贸易》,东京至文堂,1966年,第183页。
② 《徐光启集》卷1《海防迂说》。
③ 采九德《倭变事略》卷4《王直自明疏》。
④ 陈文石《明嘉靖年间浙福沿海寇乱与私贩贸易的关系》。

王,后改称徽王。据《筹海图编》与《王直传》称:"参将俞大猷驱舟师数千围之,直以火箭突围去,怨中国益深,且渺官军易与也。乃更造巨舰联舫,方一百二十步,容二千人,木为城,为楼橹四门,其上可驰马往来。据居萨摩洲之松浦津,僭号曰京,自称徽王,部署官属,咸有名号。控制要害,而三十六岛之夷,皆其指使,时时遣夷汉兵十余万,流劫滨海郡县,延袤数千里,咸遭荼毒。"①

很显然,王直集团在日本建立根据地,又从日本出发来骚扰东南沿海,明朝官方便把这支海上走私武装视为倭寇。王直手下确有一些日本人,但起决定性作用的始终是王直。正如王守稼所说:"这批'真倭'大多数受王直海盗集团雇佣,王直一伙以财物役属勇悍倭奴自卫……王直一伙在倭寇中的组织和领导作用,是显而易见的……大量史料证明,历史的真实情况似乎与以往流行的说法相反,嘉靖时的'真倭',反而倒是受中国海盗指挥,处于从属、辅助的地位。"②这种说法粗看起来似乎非常突兀而离奇,其实是对错综复杂的史料进行认真考辨的结果。这一点,连指挥平倭战争的总督胡宗宪及其幕僚也不得不承认,他们编纂的《筹海图编》字里行间不时流露出事实真相:"(王直)倾赀勾引倭奴,门多郎、次郎、四助、四郎等为之部落";"初,(王)直自列表之败,而之日本也,居五岛之松浦,僭号徽王,频岁入寇,皆(王)直之谋,其党承奉方略,辄以倭人藉口,故海上之寇概以倭子目之,而不知其为(王)直遣也。"③

鉴于这种背景,我们不由得钦佩万历时福建长乐人谢杰在《虔台倭纂》中对倭寇原由分析的高明,至少以下几点是值得注意的。第一,成为中国大患的"倭寇",其实多是中国人——"倭夷之蠢蠢者,自昔鄙之曰奴,其为中国患,皆潮人、漳人、宁绍人主之也。其人众,其地不足以供,势不能不食其力于外,漳潮以番舶为利,宁绍及浙沿海以市商灶户为利,初皆不为盗。"第二,由于政府实行严厉的海禁政策,闽浙沿海民众海上贸易的生路受到遏止,由商转而为寇——"嘉靖初,市舶既罢,流臣日严其禁,商市渐阻,浙江海道副使傅钥申禁于六年,张一厚申禁于十七年,六年之禁而胡都御史琏出,十七年之禁而朱都御史纨出。视抚设而盗愈不已,何也?寇与商同是人,市通则寇转为商,市禁

---

① 郑若曾《筹海图编》卷9《擒获王直》。《王直传》,按:此书撰人不详,据《四库全书总目提要》,《王直传》与茅坤《徐海本末》合刻入金声《玉振集》。
② 王守稼《嘉靖时期的倭患》。
③ 《筹海图编》卷8、卷5。

则商转为寇;始之禁禁商,后之禁禁寇,禁愈严而寇愈盛。'片板不许下海',艨艟巨舰反蔽江而来;'寸货不许入番',子女玉帛恒满载而去。商在此者,负夷债而不肯偿;商在彼者,甘夷居而不敢归。向之互市,今则向导;向之交通,今则勾引。于是海滨人人皆贼,有诛之不可胜诛者。"第三,政府推行政策的偏颇是导致"倭患"愈演愈烈的根本原因——"初但许栋、李光头等数人为盗,既则张月湖、蔡未山、萧显、徐海、王直辈出而称巨寇矣!初但宫前、南纪、双屿等数澳有盗,既则烈港、柘林、慈溪、黄岩、崇德相继失事,而称大变矣!初但登岸掳人,责令赴巢取赎,既则盘踞内地,随在成居,杀将攻城,几于不可收拾矣。"第四,归根结底"倭患"根源在于海禁太严——"推原其故,皆缘当事重臣意见各殊,更张无渐,但知执法,而不能通于法外;但知导利,而不知察乎利之弊,或以过激启衅,或以偏听生奸……闽广事体大约相同,观丙子(万历四年)、丁丑(万历五年)之间刘军门尧诲、庞军门尚鹏调停贩番,量令纳饷,而漳潮之间旋即晏然,则前事得失亦大略可睹也。已夫,由海商之事观之,若病于海禁之过严。"①

事实确实如此,真正解决"倭患"的关键之举,并非戚继光、俞大猷的"平倭"战争,而是朝廷政策的转换。面对势不可挡的全球化贸易大潮流,战争不能解决问题。"嘉靖大倭寇"所引起的"倭患"的实质是海禁与反海禁的斗争,要从根本上解决问题,朝廷必须放弃海禁政策。隆庆元年(1567年)明穆宗及其辅政大臣主张实行比较开放灵活的政策,取消海禁,准许人民航海前往东洋、西洋贸易,所谓"倭患"也就烟消云散了。以此为契机,东南沿海的私人海上贸易进入了一个新阶段,呈现出前所未有的繁荣景象。

4. "马尼拉大帆船"与太平洋丝绸之路

**(1) 美洲新大陆的发现与西班牙人的东来**

随着意大利人控制地中海到东方的道路和葡萄牙人沿着非洲海岸的扩张,只剩下西经大西洋到东方去的一条路了。葡萄牙人向北进入大西洋并向南绕过非洲海岸的航行,打开了当时人们的眼界。在相信向西航行可以到达香料群岛的许多人中间,哥伦布不过是其中的一个。1492年8月3日,哥伦布的远征队120人分乘"圣玛利亚号"、"平塔号"、"尼凡亚号"离开西班牙的帕洛斯;10月12日发现了巴哈马群岛,并在那里登陆;之后向南航行,发现了古巴,

---

① 谢杰《虔台倭纂》上卷《倭原二》。

沿古巴的北海岸向东航行,发现了海地,命名为"埃斯帕尼尤拉"。1493年3月15日当哥伦布回到帕洛斯时,受到了狂热的欢迎,被屏除在地中海和非洲海岸之外的加的斯和塞维利亚商人们相信,一条到达东印度的航路是通向无可估量的财富之路。1493年9月,哥伦布率领拥有17艘船只的舰队离开加的斯开始的第二次航行,是要继续寻求通向印度的海峡,结果发现了洪都拉斯的海岸。哥伦布发现美洲的伟大事业,开启了欧洲对新大陆实行扩张的漫长历程。与此同时,为在南美洲这块土地寻找一条出路,也不断进行同样的搜寻。1519年8月麦哲伦从塞维利亚出发,沿着南美洲海岸航行,进入了西面的海洋。这个海洋与狂暴的大西洋相比显得十分平静,因此被麦哲伦命名为太平洋。1520年4月他们在菲律宾群岛登陆,麦哲伦本人在宿务(Cebu)岛附近与土著人作战时阵亡。这个无畏的远征队硕果仅存的"维多利亚号",在1522年9月7日返回西班牙桑卢卡尔港,原先的250人只剩下了18人。麦哲伦的航行不但证明地球是圆的,还证明美洲是亚洲以外的另一块大陆。由于科尔特斯发现墨西哥的巨大财富,美洲本身愈来愈受到人们的珍视,而东方则退到西班牙人考虑的后列去了①。从1492年哥伦布发现埃斯帕尼尤拉,到1521年科尔特斯征服墨西哥的将近三十年内,西班牙人从美洲殖民地所攫取的利益,似乎并不如葡萄牙人从亚洲香料—丝绸贸易中所攫取的利益那么可观。当西班牙人终于意识到哥伦布及其追随者所发现的既不是中国也不是真正的印度时,他们全力以赴地要寻找一条绕过美洲屏障直抵东方海域那令人垂涎的香料群岛之间的通道。麦哲伦达到了这一目的。幸存者乘坐的"维多利亚号"满载着香料群岛的香料返航,这些香料在塞维利亚出售所得就足以抵偿远征队的全部费用。

早在香料群岛驻扎的葡萄牙人,当然不能容忍西班牙人进入这个当时世界上利润最为丰厚的贸易圈。西班牙人不得不把目光转向菲律宾群岛。麦哲伦最初是以"圣·拉萨洛"来命名这一群岛,后来航海家称之为"西方群岛"或"日落群岛"。西班牙人在1545—1548年间发现了墨西哥与秘鲁丰富的银矿后,暂时把菲律宾群岛搁置于一旁。二十年后,西班牙人再次关注菲律宾群

---

① 艾·巴·托马斯(Alfred Barnaby Thomas)《拉丁美洲史》,商务印书馆,1973年,第71~79、99~101页。

岛。1565年4月,奉命从墨西哥远征菲律宾的西班牙海军上将黎牙实比(Mignel Leopez de Legazpi)占领了宿务岛。1567年7月23日,黎牙实比在宿务岛写信给西班牙国王菲利普(Philip)二世,如此描述他所征服的殖民地:"在我们驻地的北方,或可说差不多是西北方,距此地不远之处是两个大岛,名为吕宋岛和民都洛岛,中国人和日本人每年都前往该地贸易。他们带来的货物为丝绸、网状织物、铃铛、瓷器、芳香植物制品、锡、印花棉布,以及其他小玩意儿,他们用这些来换取黄金和蜂蜡。这两个岛上的居民是摩洛人,当他们购得中国人和日本人载来的货物后,便在这个岛上四处贸易。"1569年,西班牙王室驻菲律宾群岛的代理商安德烈斯·德·米兰道拉从宿务岛写给国王菲利普二世的信中也说,葡萄牙人如何在中国与日本的沿海进行贸易与航行,正是这一贸易使他们得以维持下去,因为这是迄今为止所见到的规模最大、利润也最为丰厚的贸易①。

1570年,黎牙实比把大本营从宿务岛迁往班乃岛,他致函西班牙驻墨西哥总督,陈述自己的看法:如果把贸易中心放在香料群岛,那么宿务岛作为基地是可取的;如果把贸易中心转向中国海岸,那么最好把吕宋岛作为基地。基于这种考虑,黎牙实比决定攻占吕宋岛。1571年5月24日,他攻占了甲米地海湾,在海湾尽头的巴石河畔建立了一个以耶稣的名字命名的城基,这就是后来的马尼拉②。黎牙实比怂恿西班牙当局尽可能快地把马尼拉拓展为殖民地,因为马尼拉的地理位置十分理想,便于同日本、中国、爪哇、婆罗洲、香料群岛以及新几内亚进行贸易,人们可以在短时间内航抵其中任何一地。黎牙实比去世后,接替他的吉多·德·拉维萨雷斯在1574年给国王菲利普二世的信中也强调了福建与马尼拉帆船贸易的令人可喜的发展前景,为此还送去了一幅吕宋岛与中国沿海的手绘地图,一份以中文印刷的地理概况,以及有关日本、琉球的资料③。

这就势必与早就在那里的中国商人发生矛盾。西班牙人占领马尼拉的时,那里已经有150名中国人居住,他们从事丝织品、棉布及其他杂货的贩卖,

---

① ③ 博克瑟《佛郎机之东来》,《中外关系史译丛》第4辑,第309~312页。
② 裴化行(Henri Bernard)《明代闭关政策与西班牙天主教传教士》,载《中外关系史译丛》第4辑,上海译文出版社,1988年,第260页。该文由沈毓元译自裴化行《中国群岛中之菲律宾群岛——对远东第一次精神征服的尝试,1571—1641年》。

导论 "全球化"视野下的晚明

于是西班牙人与中国人的直接交易便开始走上轨道,每年航抵马尼拉港口的中国商船数目逐渐增加。这时发生了中国海商巨头林凤袭击马尼拉事件①。

林凤,西文称作 Limahon 或 Limaphong,具有海上走私贸易集团首领与海盗的双重身份。据说他手下曾拥有船只上百艘、人员三千,经常来往于台湾、澎湖列岛、菲律宾群岛与闽粤沿海一带②。林凤因遭明朝官军追逐逃离沿海,在吕宋岛附近截获一艘从马尼拉返航的中国商船,夺走船上所载的黄金、墨西哥银币及其他货物,并且获悉这是商船在马尼拉与西班牙人交易所得,便率 62 艘船驶向马尼拉港。林凤两次袭击马尼拉港均遭败绩,便率船队驶向傍加施拦(Pangasinan)河口,在那里又遭西班牙军队打击,便率残余的 37 艘船驶向澎湖。此时明朝福建的把总王望高(西人称为 Omocon 或 Homocon)前往马尼拉,请求西班牙人合力捉拿;当他获悉林凤已经逃跑的消息后,返回福建,把这一事件奏报朝廷。于是此事便在《明实录》与《明史》留下了记录:

> 福建巡抚刘尧诲奏报,把总王望高等以吕宋夷兵败贼林凤于海,焚舟斩级,(林)凤溃围遁,复斩多级,并吕宋所赍贡文方物以进。③
> 
> 明年(万历四年)秋,把总王望高以吕宋番兵讨平之。④

这是中国与西班牙两国官方之间的首次接触,却反映了中国官员的腐败一面。例如,王望高在菲律宾根本没有参战,却向福建巡抚谎称在菲律宾临阵督战,并对每一名西班牙士兵赏赐 400 两银子(当时每两银子约合西班牙银币 12 Real)。又如,王望高要西班牙总督证明林凤已经被杀死,并设法寻找一个人头冒充林凤首级,遭到西班牙总督拒绝。再如,王望高把随船带来的丝织品、棉制披巾等物品分别赠送西班牙总督、司令官、队长及军士,其余货物一律以重价出售,做了一笔假公济私的生意⑤。对于林凤,学者却有另外的评价:"林凤南犯吕宋,昔人视为盗寇逃亡之穷技,今则视为英雄殖民海上之壮图。盖林凤诚能立国吕宋,驱走西人,华人在菲岛之势力,或可日渐雄厚,而于华人殖民南洋之事业,亦或可自此渐盛。惜明人见不及此,必邀西人共期驱除,林

---

① 陈荆和《林凤袭击马尼拉事件》,转引自《明史论丛》之七《明代国际关系》,第 110 页。
② 裴化行《明代闭关政策与西班牙天主教传教士》。
③ 《明神宗实录》卷 54,万历四年九月丙申。
④ 《明史》卷 222《凌云翼传》。
⑤ 陈荆和《林凤袭击马尼拉事件》。

凤固无所容身,而华人之寄居菲岛者,亦由是痛遭屠戮,而无可如何矣。"①

**(2)"马尼拉大帆船"(Manila Galleon)——太平洋丝绸之路**

西班牙人1571年建成的马尼拉,逐渐殖民地化,1583年建立了马尼拉检审法院等统治机构,隶属于墨西哥总督管辖。由于葡萄牙人独占了对日本的贸易,西班牙人便致力于对中国的贸易。马尼拉同中国进行的贸易,带来了丝绸、瓷器、麻栎树、香料和其他珍贵的东方货物。1580年之后,马尼拉当局为这些货物找到了一条通向墨西哥的航路,黎牙实比的向导、修道士安德烈斯·德·乌达内塔发现了北流的日本海流,此后二百年中,"马尼拉大帆船"是绕着大圈子来到加利福尼亚海岸,再从那里驶往墨西哥。

西班牙的重商主义制度,要求殖民地必须为宗主国工业提供原料,为制成品提供市场。为了控制贸易和征税,国王把通商限制在西班牙的塞维利亚和美洲的某些指定港口,菲律宾与墨西哥之间的大帆船贸易,就是马尼拉港与阿卡普尔科港之间进行的。自从墨西哥和秘鲁运出的丰足的船货的价值陡增之后,西班牙就组织了船队制度,以便保护航运。在塞维利亚,商船和战舰组成了护航船队。由大帆船组成的第一支船队,驶往南美洲大陆,载运小麦和其他谷类、橄榄油、酒、纺织品、武器和火药。当殖民地经济发展后,船货也改变成种类繁多的货物,由菲律宾运往墨西哥的货有靴鞋、亚麻布、棉布、生丝等。"马尼拉大帆船"航行于太平洋上,属于总的船队的一部分。大帆船将近两年往返于阿卡普尔科与马尼拉之间一次。西班牙商人在菲律宾群岛除了同岛上的土著人交易外,主要致力于同中国甚至同印度的广泛贸易,因此可供运回墨西哥的货物十分丰富,包括中国的生丝、丝绸、瓷器,印度的细棉布、香料、蜜蜡和宝石。船队抵达阿卡普尔科以后,就在当地举办盛大的集市,来此交易的有带去土产品的印第安人,以及来自墨西哥城和秘鲁利马的西班牙商人。生丝和丝绸在墨西哥有现成的市场,富有的白人喜欢用东方的丝绸制成华服装饰自己。1579年西班牙批准了利马与阿卡普尔科之间的贸易,从此以后,从阿卡普尔科运往秘鲁的丝绸、香料、细棉布便销售于巴拿马直到智利一带;秘鲁船只在返航阿卡普尔科之时,运去水银、可可和银币。可能在1530年以前就在

---

① 张维华《明季西班牙在吕宋与中国之关系》,原载《禹贡半月刊》第六卷第八、九期合刊,转引自《明史论丛》之七《明代国际关系》,第97页。

西班牙美洲殖民地有了丝织业,1571年菲律宾殖民地化以后,东方运来的生丝、绸缎质量精美,价格低廉,当地的丝织业就此趋于衰落。到1600年,西班牙对当地的养蚕加以限制,断绝了本地蚕丝的供应,而中国生丝源源不断地输入,为墨西哥的工厂提供了原料①。

据严中平的研究,1574年和1576年的两个文件记载,中国商人运到马尼拉的货物包括面粉、大麦面、食糖、干鲜果品、钢、铁、锡、铅、铜、瓷器、丝织品和小物件。到了1580年代,中国商人来货就更加繁多了,其中有生丝、绸缎、棉布、夏布、陶器、瓷器、玻璃器、面粉、饼干、咸肉、火腿、黄油、干鲜果品、家畜、家禽、家具等。1590年代,中国来货包括天鹅绒、织锦缎(本色的和绣花的)、花绫、厚绸、棉布、夏布、面纱、窗帘、被单、铜铁器具、火药以及其他生活用品,应有尽有。而其中生丝、丝绸、瓷器等中国特产,遍销西班牙本土和它的各殖民地;棉麻匹头为西属殖民地土著居民所普遍消费。西班牙占领马尼拉以后,中国的土布很快就成为菲律宾群岛土著居民的生活必需品。1591年菲律宾总督发现,菲律宾群岛土著居民因为服用中国衣料,不再种棉织布,所以下令禁止土著居民服用中国的丝绸和其他中国衣着原料。1592年这个总督报告西班牙国王说,中国商人收购菲律宾的棉花,转眼就从中国运来棉布。棉布已成为中国货在菲律宾销路最大的商品,但土著居民如果采用自己种植的棉花自行纺织,可以向墨西哥输出40万比索的布匹。这只不过是一纸空文,以后土著居民还是大量服用中国衣料。中国纺织品还经过马尼拉销到西属美洲殖民地去,早在16世纪末叶,中国棉布便已在墨西哥市场上排挤了西班牙货。有的文献说,因为中国棉布价廉物美,所以印第安人和黑人都用中国货而不用欧洲货。中国丝绸就更为畅销了。严中平说,实际上,中国对西班牙殖民帝国的贸易关系,就是中国丝绸流向菲律宾和美洲,白银流向中国的关系。至迟到16世纪80年代之初,中国的丝绸就已威胁到西班牙产品在美洲的销路了。17世纪初,墨西哥人穿丝多于穿棉,所谓"穿丝",大多是穿中国丝绸。以至于墨西哥总督于1611年呼吁禁止中国生丝的进口。但是到了1637年情况愈发严重,墨西哥的丝织业都以中国丝为原料,墨西哥本土蚕丝业实际上被消灭了。邻近墨西哥的秘鲁也是中国丝绸的巨大市场,中国丝绸在秘鲁的价格只抵得上

---

① 艾·巴·托马斯《拉丁美洲史》中译本,商务印书馆,1973年,第131~132、191~199、222页。

西班牙制品的三分之一。从智利到巴拿马,到处出售和穿着中国绸缎。中国丝绸不仅泛滥美洲市场,夺取了西班牙丝绸在美洲的销路,甚至绕过大半个地球,远销到西班牙本土,在那里直接破坏西班牙的丝绸生产①。

法国年鉴学派历史学家布罗代尔把"马尼拉大帆船"纳入15—18世纪的全球经济视野来考察,他说:16世纪"各种因素协力促成的运动",是从西班牙"前往美洲","从贸易角度看,马尼拉大帆船代表着一条特殊的流通路线……在这里每次都是墨西哥商人占有利地位。他们匆匆光顾短暂的阿卡普尔科交易会,却在时隔数月或数年后遥控马尼拉的商人(后者转而牵制住中国商人)"。他还说:"美洲白银1572年开始一次新的引流,马尼拉大帆船横跨太平洋,把墨西哥的阿卡普尔科港同菲律宾首都连接起来,运来的白银被用于收集中国的丝绸和瓷器、印度的高级棉布,以及宝石、珍珠等物。"②

(3) 中国沿海与菲律宾的私人海上贸易

福建沿海与菲律宾的私人海上贸易由来已久,漳州府的月港就是一个著名的贸易中心,商民以此为据点,私自出洋至菲律宾群岛进行贸易。据地方志记载:"(月港地方)饶心计者,视波涛为阡陌,倚帆樯为耒耜。盖富家以财,贫人以躯,输中华之产,驰异域之邦,易其方物,利可十倍。故民乐轻生……成(化)弘(治)之际,称'小苏杭'者非月港乎?"③月港由于走私贸易而迅速繁荣,以至获得"小苏杭"的美誉,经济地位的上升,要求行政地位与之相适应,嘉靖二十七年(1548年)福建地方官员根据当地百姓请求,上疏朝廷将月港由镇升格为县。嘉靖四十五年这一请求获得批准,月港镇成为漳州府属下的一个新县——海澄县——的县治。那主要原因在政府方面看来,月港不仅形势险要,而且成为走私贸易中心之后管理是当务之急,在此设县意在加强管理。正如当地人在回顾此事时指出:"海澄,月港也……水中堙,回环如偃月……自昔号为巨镇,顾其地滨海,潮汐吐纳,夷艘鳞集。游业奇民捐生竞利,灭没风涛,少抵牾辄按剑相视,剽悍成俗,莫可禁遏,当道者忧之。"④隆庆元年(1567年)明朝正式开放海禁,准许人民前往海外贸易,把走私贸易引向合法化轨道——正

---

① 严中平《丝绸流向菲律宾 白银流向中国》,载《近代史研究》1981年第1期。
② 布罗代尔《15至18世纪的物质文明、经济和资本主义》第2卷,第167、172、197页。
③ 乾隆《海澄县志》卷15《风土》。
④ 光绪《增修漳州府志》卷44吕旻《新建海澄县城碑记》。

式向海澄县的海防同知纳税，使之成为官方认可的合法贸易。万历时人何乔远说："皇朝禁海舶，不通诸番，其诸番入贡者至泉州惟大琉球所贡番物则市舶司掌之。成化八年市舶司移至福州，而比岁人民往往入番吕宋国矣。其税则在漳(州)之海澄海防同知掌之。民初贩吕宋，得利数倍，其后四方贾客丛集，不得厚利，然往者不绝也。"①其实何乔远所说"不得厚利"云云，并不确切，据地方志所说："富家以资，贫人以佣，输中华之产，骋彼远国易其方物以归，博利可十倍，故民乐从之。"②即使纳税以后，仍然"博利可十倍"，其诱惑力是巨大的。

这种情况有着深刻的社会经济背景。万历时曾有官僚指出："闽省土窄人稠，五谷稀少，边海人民皆以船为家，以海为田，以贩番为命"③；"福建漳泉滨海，人藉贩洋为生"④；"漳泉各澳之民，僻处海隅，俗如化外，而势豪权姓人家又从而把持之，以故羽翼众多，番船联络"⑤。这种"番船联络"是颇为有利可图的，福建籍的官僚说得最为透彻："少时常见海禁甚严，及倭讧后始弛禁民得明往，而稍收其税以饷兵。自是波恬，或言弛禁之便，盖贫民借以为生，冒禁阴通为患滋大。而所通乃吕宋诸番，每以贱恶什物贸其银钱，满载而归，往往致富。"⑥当时的开明官僚对于开海禁是倾向于肯定的："我贩吕宋，直以有佛郎机银钱之故……吕宋诸洋与我商民习，彼此贸易久已相安"⑦；"迨隆庆年间奉军门涂右佥都御史议开禁例，题准通行，许贩东西诸番……二十余载，民生安乐，岁征岁饷二万有奇，漳南兵食借以充裕"⑧。

因此，自从隆庆元年月港正式对外开放以后，把月港海防馆改为督饷馆，其功能由海防改为海关征税，使走私贸易合法化，月港贸易进入全盛时代，它的对外贸易超越了当时最繁荣的国际贸易港口广州⑨。正如周起元在《东西洋考序》中所说："自穆庙(隆庆)时除贩夷之律，于是五方之贾熙熙水国，刳刳艅

----

① 何乔远《闽书》卷39《版籍志》。
② 崇祯《海澄县志》卷11《风俗》。
③ 《明神宗实录》卷262，万历二十一年七月乙亥。
④ 同上书卷316，万历二十五年十一月庚戌。
⑤ 《明经世文编》卷463王象乾《条处海防事宜仰祈速赐施行疏》。
⑥ 同上书卷460李廷机《报徐石楼》。
⑦ 同上书卷433徐学聚《初报红毛番疏》。
⑧ 同上书卷376许孚远《疏通海禁疏》。
⑨ 林祥瑞《明清时期福建对外贸易的若干特点》，载《平准学刊》第4辑下册。林仁川《明代海关管理制度的演变》，载《平准学刊》第4辑下册。

舼,分市东西路,其捆载珍奇,故异物不足述,而所贸金钱,岁无虑数十万,公私并赖,其殆天子之南库也。"政府从进出口贸易中获得巨额关税收入,出现了与先前贡舶贸易截然不同的特点。其一,改变了贡舶贸易的种种限制(如入贡时间、停靠港口等),除东洋日本以外,任何国家的商船都可以到月港停靠,随时都能上岸交易;其二,淡化了贡舶贸易的政治色彩,不论何种商品,只要交纳关税(水饷、陆饷)即可上岸交易;其三,改变了贡舶贸易在政府官员监督下进行的方式,凡是纳税商品均可随地自由交易;其四,改变了贡舶贸易抽取实物的"抽分制",实行征收货币的"饷银制"(关税制)。负责海关税务的督饷馆有税务官一名、饷吏两名、书手四名,仿照各地榷关事例,管理月港的对外贸易。根据林仁川的研究,月港的管理办法大体如下:

一,月港海商出海贸易,首先要得到政府批准,由海防同知发给"船引"(类似通行证之类的执照),缴纳"引税"(东西洋每船的"引税"由银三两增至六两),东西洋商船每年限制八十八艘,其中东洋吕宋船十六艘。每张船引都详细填写船主姓名、年貌、户籍、住址、开往何处、回销日期,以及限定的器械、货物等。商船出港时,由督饷馆派人登船验引。商船回航经过南澳、浯屿、铜山诸寨及岛尾濠门、海门各巡检司时,先委官钉封再逐程派舟师护送。西洋商船每年十一月、十二月发行,严限次年六月内回销;东洋商船每年春初发行,严限五月内回销。

二,月港海商由先前的"抽分制"改为"饷银制"。所谓"饷银",即关税,有三种:一为"水饷"——类似"船钞",按船只大小征收,如西洋船,船阔一丈六尺抽银八十两,船阔二丈六尺抽银二百六十两;东洋船量抽十分之七。二为"陆饷"——类似商品进口税,按货物的数量或价值征收。三为"加增饷"——专门对从吕宋回航的商船征收的船税。商船前往吕宋贸易,回航时很少运货回国,而是带回大批墨西哥银元,无从征收"陆饷",政府为了弥补损失,每船加增税银一百五十两(后减为一百二十两)。这种类似近代海关管理制度与海禁时期的贡舶制度是不可同日而语的。[①]

---

① 林仁川《明代海关管理制度的演变》,《平准学刊》第 4 辑下册。

当时的贸易,大抵是由海澄出发的商船入泊马尼拉港,必须到西班牙总督署领取允许证,然后才可以登岸卸货交易。中国商人运去的货物大多是一些生活用品,如水瓶、瓷器、铜铁器之类,尤其受欢迎的大宗货物是丝织品。中国精美的生丝、丝绸极受西班牙人喜爱,往往以高价向中国商人收购,中国商人因此获利甚厚。随着贸易的发展,福建商人逐渐移居菲律宾,专门从事商业中介职业,与西班牙人约定价格,回国代为采办。不少商品来回运输不便,就由福建人移居菲律宾在当地生产、供应,于是出现了一批华人经营的织布、服装、铸造、彩绘的作坊商店。此后从大陆来的移民渐次增多,他们除了经营工商业,还从事农业①。据专家研究,黎牙实比在马尼拉开总督府时,马尼拉有中国移民150人,1590年增至3000～4000人,另外还有2000以上华人来往于中菲之间。有人估计,如果把在马尼拉市郊从事渔业、园艺业的华人合计在内,中国移民总数可达6000～7000人。戴微禄(Theveuot)在《奇异的旅行》第2卷记载,马尼拉城有西班牙人2000名(包括军队在内),印度人约有4000余名,中国人则有20000名。明代移居菲律宾的华人,主要来自福建漳州地区的龙溪县、同安县、海澄县②。

中国商品进入菲律宾还有另一个渠道,那就是澳门—马尼拉航线。早在1580年,有2艘澳门商船与来自福建沿海的19艘商船一起抵达马尼拉港。就在这一年,葡萄牙被西班牙兼并,按照双方签字的《八项和平条款》规定,在海外贸易方面,原葡萄牙属地可以自由地同西班牙属地进行贸易。葡萄牙人据此获得了巨大的商业实惠,在澳门—马尼拉贸易中,葡萄牙人把他们擅长的澳门—长崎贸易纳入到这个贸易圈中,构成澳门—马尼拉—长崎这样一个三角贸易。葡萄牙人从澳门把中国生丝和丝织品运往马尼拉,换取白银,利润常达100%;这些白银运回澳门后,再换取更多的中国丝货,运往长崎,换取日本白银。有记载表明,在澳门—马尼拉贸易鼎盛时期即1619—1631年,每年从马尼拉流入澳门的白银价值135万比索,大约相当于一艘马尼拉大帆船从墨西哥

---

① 张维华《明季西班牙在吕宋与中国之关系》。
② 曾少聪《明清海洋移民菲律宾的变迁》,载《中国社会经济史研究》1997年第2期。这与顾炎武《天下郡国利病书》所载万历二十七年(1599年)的状况大致相吻合:"而是时漳泉民贩吕宋者,或折关破产,及犯压各境不得归,流寓土夷,筑庐舍,操佣贾杂作为生活,或娶妇长子孙者有之,人口以数万计。"

运来的白银①。必须指出,澳门与马尼拉的贸易量,在中国与菲律宾贸易中所占比重是不大的。尽管如此,博克瑟仍然对澳门的中转港作用给予高度评价,他认为葡萄牙人输入日本和西班牙属美洲产的白银对明代经济繁荣起过一定作用,澳门、马尼拉间的贸易时而表现为澳门和中国、日本、印度支那间的贸易竞争的形式,时而又以相互补充的形式出现。因此,南中国海两个伊比利亚殖民帝国所属中转港相互之间在协同竞争中并存。1580 年(日本天正八年,明朝万历八年)菲力普二世就任葡萄牙国王后,托马尔议会通过了禁止两个中转港间贸易的协定(1581 年)后,形势就变得更加复杂了。由于这个原因,1614 年上半年荷兰对这两个海上帝国构成了相当大的威胁,至此这项禁令才缓和下来。在澳门的葡萄牙人希望能同马尼拉进行贸易,因为西班牙商船把西属美洲产白银从阿卡普尔科—德华雷斯运到了马尼拉,但是他们不希望西班牙商船直接到中国、日本、澳门,而花大代价通过澳门贸易媒介的西班牙人当然更喜欢直接同中国、日本进行贸易。事实上,尽管这两国相互不满并用一纸禁令加以限制,但这两个伊比利亚的中转港之间的正式的或非正式的贸易一直未中断过②。

法国耶稣会汉学家裴化行说:马尼拉方面也摆脱了澳门直接与中国来往。从大陆运载货物到菲律宾来的沙船,从每年 12～15 艘增加到 20 多艘,每艘船上有一百余名船员。从 11 月到第二年 5 月,这些船往返于海上。丝的货源如此充沛,以至于菲律宾土著人都放弃了棉纺织业。这些商品从菲律宾被运往西班牙人的美洲,与来自塞维利亚的产品争夺市场,获得成功。美洲和菲律宾的殖民者从事着这种利润可观的贩运,始终吸引着更多的中国人去马尼拉③。中国人运销马尼拉的生丝种类繁多,从品质上看,有精细的(细丝),也有较粗的(粗丝);从颜色上看,有白色的(本丝),也有其他颜色的(色丝)。中国人贩运菲律宾的丝织品种类更多,有面纱、锦缎、白绸、彩绸、印花绢、线绢、天鹅绒、丝袜、花绸阳伞、丝麻混纺制品等,成为中菲贸易中的大宗商品。中国商人到马尼拉后,在(马尼拉)市东北部集中居住和贸易,那个地方被当地人称为"生

---

① W. L. Schurz, *The Manila Galleon*. New York,1939,p.189。参看纪宗安《十六世纪以来澳门在太平洋大帆船贸易网中的作用与地位》,载《暨南学报》1999 年第 6 期。
② 博克瑟《16—17 世纪澳门的宗教和中转港之作用》,载《中外关系史译丛》第 5 辑,第 86~87 页。
③ 裴化行《明代闭关政策与西班牙天主教传教士》,《中外关系史译丛》第 4 辑,第 261 页。

丝市场"。在"生丝市场",价格由熟悉行情的西班牙人与中国人从容决定,由买主以白银及银币作为支付手段。一切交易必须在5月底以前完成,以便中国商船返航,同时西班牙人也可以把货物预备好,装上大帆船,在6月底以前开船运往美洲出售①。因此史家评论说,马尼拉不过是中国与美洲之间的海上丝绸之路的中转站,"马尼拉大帆船"严格说来是运输中国货的中国大帆船。正如舒尔茨《马尼拉大帆船》所说:"中国往往是大帆船贸易货物的主要来源。就新西班牙(墨西哥及其附近的广大地区)的人民来说,大帆船就是中国船,马尼拉就是中国与墨西哥之间的转运站,作为大帆船贸易的最重要商品的中国丝货,都以它为集散地而横渡太平洋。在墨西哥的西班牙人,当无拘无束的谈及菲律宾的时候,有如谈及中华帝国的一个省那样。就马尼拉方面来说,每年航经中国海的商舶,着实是它的繁荣基础。"②

有鉴于此,晚明时期从中国沿海开往马尼拉的中国商船源源不断,形成了中菲贸易的鼎盛时代。从月港、澳门开往马尼拉的商船,1588年为46艘,1609—1612年间平均每年为37.2艘。这些商船满载中国的生丝、绸缎、瓷器及其他商品,从马尼拉海关每年对中国货物征收的进口税来看,平均每年占该港进口税总额的50%以上,17世纪初上升至80%,最高年份达到92.06%,贸易额超过100万比索③。全汉昇根据法国学者皮埃尔·肖努(Pierre Chaunu)与台湾学者曹永和的著作,对16—17世纪间马尼拉每年进港船数统计如下。

表2　1577—1644年马尼拉每年进港船数统计

| 年　代 | 总船数 | 中国船数 | 来自大陆船数 | 来自澳门船数 |
| --- | --- | --- | --- | --- |
| 1577 | 15 | 9 | 9 | |
| 1578 | 33 | 9 | 9 | |
| 1580 | 50 | 21 | 19 | 2 |

---

① 全汉昇《自明季至清中叶西属美洲的中国丝货贸易》,载《中国经济史论丛》第一册,香港新亚研究所,1972年,第459~460页。
② W. L. Schurz, *The Manila Galleon*. New York, 1939, p. 63. 参看全汉昇《明季中国与菲律宾间的贸易》,载《中国经济史论丛》第一册,第425~426页。
③ Pierre Chaunu, *Les Philippines et Le Pacifique des Iberiques*, Paris, 1960, pp. 199 - 219。H. Blair and Jame A. Robertson, *The Philippine Islands*, *1493 - 1898*. Cleveland, 1903 - 1909, Vol. 10, p. 179. 参看陈炎《澳门港在近代海上丝绸之路中的特殊地位和影响》。

续 表

| 年　代 | 总船数 | 中国船数 | 来自大陆船数 | 来自澳门船数 |
|---|---|---|---|---|
| 1581 |  | 9 | 9 |  |
| 1582 |  | 24 | 24 |  |
| 1588 |  | 48 | 46 | 2 |
| 1591 |  | 21 | 21 |  |
| 1596 |  | 40 | 40 |  |
| 1597 |  | 14 | 14 |  |
| 1599 | 29 | 19 | 19 |  |
| 1600 | 30 | 25 | 25 |  |
| 1601 | 33 | 29 | 29 |  |
| 1602 | 21 | 18 | 18 |  |
| 1603 |  | 16 | 16 |  |
| 1604 | 26 | 20 | 15 | 5 |
| 1605 | 23 | 20 | 18 | 2 |
| 1606 | 30 | 27 | 26 | 1 |
| 1607 | 42 | 39 | 39 |  |
| 1608 |  | 39 | 39 |  |
| 1609 | 44 | 41 | 41 |  |
| 1610 |  | 41 | 41 |  |
| 1611 |  | 21 | 21 |  |
| 1612 | 53 | 46 | 46 |  |
| 1620 | 41 | 28 | 23 | 5 |
| 1627 | 33 | 28 | 21 | 6 |
| 1628 | 17 | 12 | 9 | 2 |
| 1629 | 15 | 6 | 2 | 2 |
| 1630 |  | 27 | 16 | 6 |
| 1631 | 46 | 39 | 33 | 3 |
| 1632 | 32 | 22 | 16 | 4 |
| 1633 | 36 | 34 | 30 | 3 |
| 1634 | 37 | 29 | 26 |  |
| 1635 | 49 | 47 | 40 | 4 |
| 1636 | 36 | 32 | 30 | 1 |
| 1637 | 57 | 54 | 50 | 3 |
| 1638 |  | 20 | 16 | 4 |
| 1639 |  | 37 | 30 | 3 |

续 表

| 年　代 | 总船数 | 中国船数 | 来自大陆船数 | 来自澳门船数 |
|---|---|---|---|---|
| 1640 | | 11 | 7 | 3 |
| 1641 | | 11 | 8 | 2 |
| 1642 | 41 | 36 | 34 | |
| 1643 | 32 | 30 | 30 | |
| 1644 | 9 | 8 | | |

资料来源：全汉昇《明季中国与菲律宾间的贸易》，载《中国经济史论丛》第一册，香港新亚研究所，1972年，第430页。全氏在注39中根据曹永和的考证及荷兰文献记载，1615年中国船数为20～30，1622年中国船数为8，1625年中国船数为30～50，1626年中国船数为100。

全汉昇据此分析，在明季数十年中，每年开抵马尼拉港的船舶，除了从墨西哥航来的大帆船以外，中国商船要占绝大多数，有时甚至要等于进港船数的全部①。大体而言，在上表所列的时段中，前期来马尼拉的墨西哥大帆船数与中国船数相比，明显占较大比例，如1577年6∶9，1578年24∶9，1580年29∶21，1599年10∶9。随着中国船的增加，这一比例渐次缩小，1600年5∶25，1601年4∶29，1602年3∶18，1604年6∶20，1605年3∶20，1609年3∶41，偶有1638年0∶20，1640年0∶11。正因为如此，中国商品在马尼拉港的进口税中所占的比重毫无疑问是最高的，1586—1590年中国商品的进口税4909（西班牙银元），占全部进口税的36.68%；发展到1611—1615年，中国商品进口税增加至64482（西班牙银元），占全部进口税的91.50%。请看下表。

表3　1586—1645年马尼拉港每年平均征收进口税额

单位：西班牙银元

| 年　代 | 进口税总额(A) | 向中国商品征收的进口税(B) | (B)与(A)之比(%) |
|---|---|---|---|
| 1585—1590 | 13383.0 | 4909.0 | 36.68 |
| 1591—1595 | 36155.5 | 22065.5 | 61.00 |
| 1596—1600 | 43104.5 | 24155.5 | 56.04 |
| 1601—1605 | 42982.9 | 30304.2 | 70.50 |

① 全汉昇《明季中国与菲律宾间的贸易》。

续表

| 年代 | 进口税总额(A) | 向中国商品征收的进口税(B) | (B)与(A)之比(%) |
|---|---|---|---|
| 1606—1610 | 59066.0 | 46390.6 | 78.52 |
| 1611—1615 | 70355.0 | 64482.0 | 91.50 |
| 1616—1620 | 51337.0 | 37843.0 | 73.50 |
| 1626—1630 | 25720.0 | 18623.5 | 72.40 |
| 1631—1635 | 42194.0 | 34283.8 | 81.10 |
| 1636—1640 | 31037.0 | 28930.0 | 92.06 |
| 1641—1645 | 22075.0 | 18599.4 | 84.06 |

资料来源：全汉昇《明季中国与菲律宾间的贸易》。

1595—1603年在菲律宾工作的莫伽(Antonio de Morga)的著作《16世纪末的菲律宾群岛》中说，向中国商船运抵马尼拉港的商品征收3%的进口税。陈荆和的《十六世纪之菲律宾华侨》中说，1606年进口税增加到6%[①]。因此可以把上表的进口税额换算成进口货的价值，那么进入马尼拉港的中国商品的价值（西班牙银元）如下：

| | |
|---|---|
| 1586—1690年 | 163633.33 |
| 1591—1595年 | 735500.00 |
| 1596—1600年 | 805183.00 |
| 1601—1605年 | 1010140.00 |
| 1606—1610年 | 773176.66 |
| 1611—1615年 | 1074700.00 |
| 1616—1620年 | 630716.66 |
| 1626—1630年 | 310391.66 |
| 1631—1635年 | 571396.66 |
| 1641—1645年 | 309990.00 |

根据钱江的研究，中国与菲律宾的贸易大致可以分为五个阶段。1570—1579年为初兴阶段，前往马尼拉的中国商船数量迅速上升，从以前平均每年2

---

① 全汉昇《明季中国与菲律宾间的贸易》。

艘,增加至 7.5 艘;在这 10 年中,共约 75 艘中国商船到马尼拉贸易,最多的一年(1575 年)有 14 艘。1580—1643 年是鼎盛期,贸易规模在不断扩大,在这 64 年中,赴马尼拉的中国商船共约 1677 艘,平均每年 26.2 艘;如果扣除缺乏记录的三年(1590 年、1593 年、1595 年),则平均每年 27.5 艘。1644—1684 年为停滞衰退期,平均每年 6.6 艘。1685—1716 年为复兴期,平均每年 16.4 艘。1717—1760 年为逐步衰退期,平均每年 12.4 艘[①]。由此可见晚明时期正处在中菲贸易的鼎盛时期,中国商船每年进入马尼拉的数量大多在 25 艘上下波动,贸易额是相当可观的。西班牙当局驻菲律宾总督 1603 年 12 月在一份报告中说,中国商品入口关税一年就是 52000 比索(Peso)。按照关税率 3‰计算,1603 年进入马尼拉港的中国货物的价值约为 1733333 比索。1609 年中国商品入口关税为 32113.33 比索,1608 年为 38288.42 比索,1612 年增加至 95639.28 比索,1614 年为 36105.26 比索。每艘中国商船的平均货值约为 35000 比索,当时中国商船的平均利润率为 150%,那么 35000 比索的商品在马尼拉出售后可得 80000 比索(合白银 60000 两)。不仅商人获得厚利,而且中国官府每年从前往菲律宾的商船那里可以征收 8000～10000 两白银的关税[②]。

中国与马尼拉之间的贸易,到 1620 年代发生了变化,在荷兰人占据台湾并把它发展成为中国与日本之间的贸易中转站以后,台湾成为日本与马尼拉之间的重要中转站,中国大陆沿海来的商船到此休整,然后向北驶向日本,向南驶向马尼拉,以及棉兰老、印度尼西亚、印度支那半岛。法国历史学家玛丽-西比尔·德·维也纳所写的《根据荷兰史料看十七世纪印度支那半岛在东南亚海上贸易中的地位》一文,依据荷兰史料《巴达维亚城日志》提供的 1625—1641 年间由台湾中转的中国商船的走向,认为其主流依然是最有诱惑力的马尼拉。例如:1625 年,由华南出发的中国商船前往马尼拉的有 30～50 艘,前往柬埔寨的有 7 艘,前往印度支那的有 8 艘,前往暹罗的有 6～8 艘。1626 年,由华南出发的中国商船前往马尼拉的有 70～80 艘,前往柬埔寨的有 4 艘,前往印度支那的有 4 艘,前往马来半岛北大年的有 1 艘。又如,1639 年,由华南出发的中国商船前往马尼拉的有 50 艘,1641 年由华南出发的中国商船前往马尼

---

①② 钱江《1570—1760 年的中国和吕宋贸易的发展及贸易额的估算》,载《中国社会经济史研究》1986 年第3期。

拉的也有50余艘。而在1632年、1633年、1640年中国与马尼拉贸易中断,原因是马尼拉城华人在人数与贸易上所占的优势地位,使西班牙当局感到不安,马尼拉的西班牙统治者制造了排华事件:1631年发生了西班牙统治者首肯的大规模屠杀华人事件,1640年马尼拉再度发生此类事件,据说有37000华人在马尼拉郊区遇害。但这种中断是短暂的,因为西班牙人无法与中国大陆直接开展贸易,所以动荡一过,中国沿海商船前往马尼拉贸易又得以恢复①。

大批属于郑芝龙的船队来往于中国海上,上述法国学者的论文在提到以台湾为中转站的中国船队时,多次注明"船属郑芝龙",如1632年从长崎驶往台湾船2艘,1640年从华南驶往日本船2艘。实际上郑芝龙船队的活动远不止此。郑芝龙集团在东南沿海声势盛极一时,福州以南的兴化、惠安、晋江、同安、海澄、东山、诏安一带,都是他的舰船活动地区,郑氏商船队的航行范围,南至澳门、暹罗,北至山东,东至日本、菲律宾。在当时东南亚诸国看来,郑芝龙海上贸易集团的船队在陆上基地的支持下,成为中国贸易网中的最大商人。而从暹罗经台湾、马尼拉与日本进行贸易,把柬埔寨作为一个中途站,扰乱了中国贸易网。这就是这一时期以柬埔寨为目的地的船只数量,仅次于以马尼拉为目的地的船只数量,而居于第二位的原因。居第三位的是以日本为目的地的船只,表明了日本的竞争力。但是无可争议的是,这一时期中国商船牢牢地控制了马尼拉贸易,因为西班牙人需要源源不断地把中国的生丝、丝织品通过马尼拉大帆船运往墨西哥的阿卡普尔科港。马尼拉生丝市场的繁荣,吸引了中国移民前往马尼拉经商发展,无怪乎有人说,17世纪时的马尼拉城,与其说是欧洲式的,不如说是中国式的②。

### 5. 白银源源不断地流入中国

在这一时期的中国与葡萄牙、西班牙、日本等国的贸易中,中国以出口生丝、丝织品、瓷器等为主,进口少量土特产,明显的出超,葡、西、日等国商人不得不以大量白银支付贸易逆差,于是美洲和日本的白银源源不断地流入中国,成为这一时期中外贸易的显著特点,引起了众多学者的关注。

---

①② 玛丽-西比尔·德·维也纳《十七世纪中国与东南亚的海上贸易》,载《中外关系史译丛》第3辑,上海译文出版社,1986年,第217~218页,第219页。该文由杨保筠译自法国《半岛》杂志1982年第4、5期合刊。

日本学者百濑弘指出,对于和西班牙人进行出航贸易的福建商人,明朝原先的严禁政策,由于巨大的商业资本势力和依存于它的大量小民的存在,使它无法贯彻始终,福建省当局终于满足于每年 2 万余两白银的输入税之利。由于中国丝绸向日本转送,每年可以获得 235 万两白银。著名的林斯霍顿旅行记关于 1582 年里斯本出发条所写的银通货,就是墨西哥铸造的所谓西班牙比索,是当时欧洲以国际货币的信用而流通的货币。这些银通货经由印度、南洋流入中国。明末崇祯年间这种趋势依旧延续,Antonio Alvarez de Abreu 的 *Extracto Historical del Expediente* 所收的 1637 年(崇祯十年)的文书中说,从墨西哥经过菲律宾流入中国的白银是大量的。他说,从墨西哥走私到西班牙的白银,转移到英吉利人、法兰西人、荷兰人及葡萄牙人之手,然后由葡萄牙人输送到印度,最后流向白银的集中地中国。而西班牙人与葡萄牙人相比,政治上处于不利地位,对中国的贸易不可能凭借其他物资,只能凭借新大陆丰富的白银来发展对华贸易,因此,向中国流出的白银逐年增加。最初的年额是 30 万比索(西班牙银元),1586 年(万历十四年)达到 50 万比索,1598 年达到一百数十万比索,其后数年超过 200 万比索大关,1621 年(天启六年)一艘贸易船就打破 300 万比索的记录。他作了一个粗略的统计:

| | |
|---|---|
| 1586 年 | 30 万～50 万比索 |
| 1581—1600 年 | 200 万比索(其中 1598 年为 160～200 万比索) |
| 1602 年 | 200 万比索 |
| 1604 年 | 300 万比索 |
| 1619 年 | 300 万比索 |
| 1621 年 | 300 万比索 |
| 1622—1644 年 | 200 万～300 万比索[①] |

美国学者艾维四(William S. Atwell)对这一时期白银流入中国的情况有相当研究。1980 年他在中美史学讨论会上提交的论文《从国内外银产和国际贸易看明史的时代划分》指出,中国银产低落的情形似乎一直维持到 18 世纪初年,由于人口以及经济的发展,中国需要越来越多的白银,幸亏 16 世纪和 17 世纪中国能够输入许多外国的白银。从 1530 年到 1570 年,中国最重要的白银

---

① 百濑弘《明清社会经济史研究》,第 56～60 页。

来源是日本，由于明朝政府很严厉地限制中日贸易，走私变得猖獗，浙江、福建以及广东商人在日本南部的海港，用货物换取日本白银。因为当时中日贸易多为非法，所以我们无法知道日本白银流入中国的数字，但有一个估计说，在16世纪中叶可能达到53万两。无可否认，日本的白银对这一时期的经济有很大的影响，比如说，与日本有非法商业往还地区的贸易在这一时期增加了很多，从1491年到1573年，福建漳州府的集市增加了245%；宁波附近乡下的发展也相似。有了这个经济背景，我们可以了解16世纪60年代至70年代庞尚鹏与海瑞为什么在浙江与福建实行一条鞭法（引者按：一条鞭法把赋税与徭役全部折纳为银两，亦即赋役的货币化、银纳化，必须有市场大量流通白银为基础）。艾维四说，到了1571年太仓的岁入大增，在此之前四年，政府放松了海上贸易的控制，在此前一年，长崎开港而成为中日贸易中心，而就在1571年下半叶中国与马尼拉正式开始进行大规模的贸易。到了1577年，进入太仓的白银是1560年代的最高纪录的2倍，政府白银收入的增加，直接的影响来自国际贸易与白银的输入[①]。1570年代中国深深受到了世界货币革命的影响，比如在南美洲以水银提炼的方法提高了银产量，在秘鲁最有名的银矿区，官方银产记录从1570年代开始大增。16世纪末17世纪初，日本的银产量也大量增加，原因之一是这时日本已渐趋统一，矿业技术及提炼方法有所改进。1560—1600年日本白银的年输出平均数在33750～48750公斤之间。1600年德川幕府成立以后，中日贸易更加繁荣，日本学者小叶田淳认为，17世纪初日本、中国、葡萄牙、荷兰船只运出的日本白银可能达到150000～157000公斤之间，大多数最后还是到了中国。艾维四认为，从南美洲运到中国的白银也相当多，16世纪末到17世纪初，经过菲律宾到中国的南美洲白银一般达到57500～86250公斤之间。而且马尼拉不是南美洲白银进入中国的唯一门户，还有一部分从澳门、台湾和东南亚进入。1570年以后进入中国的大量白银对于明末经济有很大影响，会馆激增，手工业兴旺，农业在许多地方变得愈来愈专业化、商业化，白银流通的大量增加大大促进了一条鞭法实行的范围和效率，1582年夏天张居正去世不久以前，北京、南京与各省的仓库储存丰富，仅太仓储存的白银

---

[①] 艾维四《从国内外银产和国际贸易看明史的时代划分》，"自宋至1900年中国社会及经济史"中美史学讨论会论文，1980年，北京。

就有 600 万两(22.5 万公斤)以上。艾维四在另一篇论文中估计,从阿卡普尔科运到马尼拉的白银平均每年 143 吨,仅 1597 年一年就有 345 吨。他根据一份中文资料对美洲流入中国的白银数量得出的估算是每年 57 吨到 86 吨①。

中国学者严中平在《丝绸流向菲律宾 白银流向中国》一文中指出,从马尼拉向西属美洲贩卖中国丝绸的利润,最高可达 10 倍。大利所在,人争趋之。墨西哥和秘鲁的西班牙商人也纷纷涌到马尼拉去贩运中国货物。西班牙当局多次限制贸易额,1593 年的制度规定,从马尼拉运销到阿卡普尔科的货物总价值不得超过 25 万比索,从阿卡普尔科运往马尼拉的货物和白银总值不得超过 50 万比索。以后又不断下令禁止或限制向中国输出白银,但是屡禁不止。从马尼拉向阿卡普尔科运去的货物价值最大的是中国纺织品,特别是丝绸;从阿卡普尔科返航马尼拉时装载的货物中,价值最大的是白银特别是白银铸币比索。关于中国流入菲律宾和墨西哥的商品量和墨西哥流入中国的白银量,只有几项零星记载。例如有一个文件说,1586 年从马尼拉流入中国的白银,将由每年 30 万比索增加到 50 万比索。同年的一个文件说,马尼拉进口货值常在 80 万比索左右,有时超过 100 万比索。1598 年的另一个文件说,从墨西哥运进马尼拉的白银 100 万比索,都流到中国去了。有人估计,在 1565—1820 年间,墨西哥向马尼拉输送了白银 4 亿比索,绝大部分流入了中国②。

另一位中国学者钱江对此也有一个估算,17 世纪航行于东南亚地区的中国商船,每艘船的商品货值在 8 万比索(折合白银 6 万两)以上是普遍情形。以每艘中国商船平均贸易额为 8 万比索,便可根据历年马尼拉港中国商船的数量对贸易额作一初步估算:1570—1760 年中国与吕宋的贸易总额约为 24752 万比索(折合白银 18564 万两),平均每年贸易额约为 129.59 万比索(折合白银约 97.20 万两)③。

在这方面最有深度的研究当推中国学者全汉昇,他的论文《明清间美洲白银的输入中国》系统而精深地分析了这个问题。自 1565 年至 1815 年止,共达

---

① William S. Atwell, International Bullion Flows and the Chinese Economy, circa 1530 - 1650, *Past and Present* 95(1982):68 - 90。参看弗兰克《白银资本》,第 204~205 页及第 477 页。
② 严中平《丝绸流向菲律宾 白银流向中国》,《近代史研究》1981 年第 1 期。
③ 钱江《1570—1760 年中国和吕宋贸易的发展及贸易额估算》,《中国社会经济史研究》1986 年第 3 期。

两个半世纪之久,西班牙政府每年都派遣一艘至四艘(通常以两艘为多)载重300～1000吨(有时重至2000吨)不等的大帆船,横渡太平洋,来往于墨西哥阿卡普尔科与菲律宾马尼拉之间。据1609年在墨西哥发表的一本记载菲律宾大事的著作说,西班牙人购买中国货的代价,必须用白银或银币来支付,因为中国商人既不要黄金,也不收任何其他物品作代价,而且也不把其他货物自菲岛输入中国。他根据比较确实可靠的记载,把16世纪至18世纪西班牙人每年自美洲运银赴菲的数目列如下:

|  |  |
|---|---|
| 1598 年 | 1000000 比索 |
| 1602 年及以前 | 2000000 比索 |
| 1604 年 | 2500000 比索 |
| 约 1620 年 | 3000000 比索 |
| 1633 年 | 2000000 比索 |
| 1688 年及以前 | 2000000 比索 |
| 1698—1699 年 | 2070000 比索 |
| 1712 年及以前 | 2600000 比索 |
| 1714 年以前 | 3000000～4000000 比索 |
| 1723 年 | 4000000 比索 |
| 1729 年及以前 | 3000000～4000000 比索 |
| 1731 年 | 2434121 比索 |
| 1740 年前后 | 3000000 比索 |
| 1746—1748 年 | 4000000 比索 |
| 1762 年 | 2309111 比索 |
| 1784 年 | 3000000 比索 |
| 1768—1773 年 | 1500000～2000000 比索 |
| 1772 年 | 2000000～3000000 比索 |
| 1784 年 | 2791632 比索 |

全汉昇对上述数字作如下解释:在16—18世纪间,每年由大帆船自美洲运往菲律宾的白银,有时多达400万比索,有时只有100万比索,但以二三百万比索的时候为多。16世纪下半叶西班牙人抵达菲律宾以后,每年由菲律宾输入中国的美洲白银,初时为数十万比索,其后越来越增加,16世纪末已经超过

100万比索，17世纪增加至200万或200余万比索，到18世纪可能达到三四百万比索。全氏论文还指出，1602年一位南美洲的主教说："菲律宾每年输入二百万西元（比索）的银子，所有这些财富都转入中国人之手。"1633年8月14日菲律宾总督向西班牙国王报告："每年自新西班牙（即西属美洲）运抵马尼拉的银子，多达二百万西元（比索）"。据全氏估计，1565—1765年间，从美洲运到菲律宾的白银共计2亿比索，他援引1765年2月10日马尼拉最高法院检察长向西班牙国王报告中所列举的数字："自从菲律宾群岛被征服（1565年）以来，运到这里的银子已经超过二万万西元（比索）"，其中的大部分都运到中国去了。其后依照德科民（De Comyn）的估计，从1571年（明朝隆庆五年）至1821年（清朝道光元年）的250年中，由西属美洲运到马尼拉的银子共计4亿比索，其中二分之一流入中国①。

全汉昇认为1572—1821年的250年间大约有2亿比索流入中国，可能比较接近事实。关于这种"丝—银贸易"对中国的影响，他有一个宏观的分析："中国的丝绸工业因为具有长期发展的历史，技术比较进步，成本比较低廉，产量比较丰富，所以中国产品能够远渡太平洋，在西属美洲市场上大量廉价出售，连原来独霸该地市场的西班牙丝织品也大受威胁。由此可知，在近代西方工业化成功以前，中国工业的发展就其使中国产品在国际市场上的强大竞争力来说，显然曾经有过一页光荣的历史。中国蚕丝生产地普遍于各地，而以江苏和浙江之间的太湖区域为最重要。由明到清，这些地区经济特别繁荣，人口特别增多，生活特别富裕。当时有句俗语：'上有天堂，下有苏杭'，苏州、杭州以及附近地区所以特别富庶，当然可以有种种不同的解释，可是海外市场对中国丝与丝绸需求非常大，因而刺激这个地区蚕丝生产事业的发展，使人民就业机会与货币所得大量增加，当然是一个重要因素。"②

全汉昇的这一研究成果受到西方学者的广泛关注。法国年鉴派大师布罗代尔在他的巨著《15至18世纪的物质文明、经济和资本主义》中指出："一位中国历史学家最近认为，美洲1572至1821年间生产的白银至少有半数被运到中国，一去而不复返。"就是征引全汉昇的观点。他在书中论述，16世纪"各种因

---

① 全汉昇《明清间美洲白银的输入中国》，载《中国经济史论丛》第一册，第435～439页。
② 全汉昇《略论新航路发现后的海上丝绸之路》，载台湾《中国近代史研究通讯》第2期。

素协力促成的运动"是从西班牙"前往"美洲。从贸易角度看,马尼拉大帆船代表着一条特殊的流通路线。在这里每次都是墨西哥商人占有利地位。他们匆匆光顾短暂的阿卡普尔科交易会,却在时隔数月或数年后遥控马尼拉的商人(后者转而牵制住中国商人)。美洲白银1572年开始一次新的分流,马尼拉大帆船横跨太平洋,把墨西哥的阿卡普尔科港同菲律宾首都(马尼拉)连接起来,运来的白银被用于收集中国的丝绸和瓷器、印度的高级棉布,以及宝石、珍珠等物。在论及远程贸易的巨额利润时,布罗代尔说,远程贸易肯定创造出超额利润:这是利用两个市场相隔很远,供求双方互不见面,全靠中间人从中撮合而进行的价格投机。这种远程贸易对于中国东南沿海经济的发展起到巨大影响。他说:"中国南方从福州和厦门到广州一带,海面和陆地犬牙交错,形成一种溺谷型海岸。在这一带,海上的旅行和冒险推动着中国资本主义的发展,中国的资本主义只是在逃脱国内的监督和约束时,才能充分施展其才能。这部分从事对外贸易的中国商人在1638年日本实行闭关锁国后,同荷兰商人一样,甚至比后者更加有效地参加与日本列岛的绸和银的贸易;他们在马尼拉接收大帆船从阿卡普尔科运来的白银;中国始终派人出外经商,中国的工匠、商人和货物深入南洋群岛的每个角落。"①

弗兰克在《白银资本》中论及白银向中国的流动时,也关注到全汉昇的研究成果,他在引述了艾维四、皮埃尔·肖努的估计后说:"全汉昇则估计,17世纪时这种方式运送的白银多达每年50吨(与波罗的海的航线一样多),当然,这些白银最终都流入中国。"②应该指出,弗兰克是关于这一时期白银流入中国研究的集大成者,达到了当代世界的最新水平。他在《白银资本》第三章第一节《世界货币的生产与交换》中,全面地回顾这一问题的研究状况,并提出了自己的看法,摘要转述于下。根据沃德·巴雷特(Ward Barrett)估算,美洲的白银产量迅速增长,16世纪总计为17000吨,平均年产量为170吨。17世纪平均年产量上升到420吨,总产量为42000吨。其中大约31000吨输入欧洲。欧洲又把40%即12000吨以上白银运到亚洲。18世纪美洲白银总产量为74000吨(平均每年产量为740吨),其中52000吨输入欧洲,其中40%即20000吨运到

---

① 布罗代尔《15至18世纪物质文明、经济和资本主义》第2卷,第167~197、432~435、647页。
② 弗兰克《白银资本》,第204页。

亚洲。因此根据巴雷特的估算,在17世纪和18世纪,美洲生产的白银大约有70%输入欧洲,其中40%又转送到亚洲。但是弗林(Dennis Flynn)和其他一些学者则提示,未输入欧洲的大部分白银没有留在美洲,而是从太平洋运往亚洲,至少还有3000吨,即平均每年有15吨白银是从墨西哥的阿卡普尔科以及更早一些时候从秘鲁用马尼拉大帆船直接运到马尼拉。几乎所有这些白银都又转送到中国。艾维四则认为从阿卡普尔科运到马尼拉的白银平均每年143吨,仅1597年一年就有345吨,最终都流入中国。弗林认为,跨越太平洋运送的白银数量,有时相当于通过欧洲流向中国的白银数量。弗兰克还指出,亚洲的白银供应大户是日本。1560—1640年,日本成为一个主要的白银生产国和出口国。从日本出口到中国的白银数量比从太平洋运来的美洲白银多3倍至10倍。弗兰克征引巴雷特的估算,关于1600—1800年亚洲大陆吸收的白银数量如下:

| | |
|---|---|
| 欧洲转手的美洲白银 | 32000 吨 |
| 经马尼拉转手的美洲白银 | 3000 吨 |
| 日本白银 | 10000 吨 |
| 总数 | 45000 吨 |

至于本书所研究的16世纪中期至17世纪中期流入中国的白银数量,根据弗兰克的综合,大体如下:

| | |
|---|---|
| 美洲生产的白银 | 30000 吨 |
| 日本生产的白银 | 8000 吨 |
| 总数 | 38000 吨 |
| 最终流入中国数 | 7000~10000 吨 |

弗兰克指出:"因此中国占有了世界白银产量的四分之一至三分之一。魏斐德(Frederic E. Wakeman)则认为,可能有一半美洲白银最终流入中国。"[①] 这个问题以往没有引起中国历史学家的足够重视,是令人不解的。以地理大发现后的全球化视野来观照晚明与全球经济,确实是值得深思的一个重大历史课题。

---

① 弗兰克《白银资本》,第202~207页。

## 二、商品经济的高度成长与市镇的蓬勃发展

地理大发现后的全球经济带动了晚明的进出口贸易,源源不断流入中国的白银,不仅提供了一般等价物的银通货,为晚明社会的银本位货币体制奠定了坚实的基础,而且由于生丝、丝绸、棉布、瓷器等商品的出口持续地增长,这种"外向型"经济极大地刺激了东南沿海地区商品经济的高度成长,以及作为商品集散地的市镇的蓬勃发展。诚然,商品经济的高度成长与市镇的蓬勃发展,有它的内在因素,这种因素从宋代以来一直在稳定而持续地起作用,到明代中叶达到一个高潮。到了晚明时期,由于葡萄牙人、西班牙人、荷兰人、日本人全面地介入中国的对外贸易,使原先主要面向国内市场的商品生产,一变而为同时兼顾国内与国外两个市场。因为外销价格的高昂,利润可观,不仅带动了内销价格的上扬,而且刺激了产量的激增,使商品经济的发展水平达到了前所未有的新高峰①。这种商品经济的新高峰的载体就是作为多层次市场的集市与市镇。对此的探讨,是论述"全球化"视角下的晚明社会的题中应有之义。

### 1. 关于集市与市镇

集市与市镇是既有联系又有区别的两个概念。集市或市集是商品经济所带来的社会现象,它作为初级商品交易场所,广泛存在于各地。以中国之大,地无分南北东西,几乎都可以见到集市或市集的踪影,它所具有的初级市场的性质各地大致类似,但名称形式却不尽相同。笼统地说,北方多称为"集",南方多称为"市","集"与"市"是两种最为常见的称呼,正如康熙《益都县志》卷4《市集》所说:"集也者,聚也,聚东西南北之人于一方,以所有易所无,犹市也,故曰市集。"除此之外,各地还有一些独特的称呼,诸如店、场、街、墟之类。中原地区有的地方也称集市为"店",例如河南汝州,正德时有16店1镇,这16

---

① 李伯重《江南的早期工业化(1550—1850年)》(社会科学文献出版社,2000年)把1850年前的三个世纪内江南农村工业(即传统所谓农村家庭手工业)的发展,称为早期工业化。他认为,江南的大部分地区,工业地位已经与农业不相上下,在经济最发达的江南东部,甚至可能已经超过农业。用西欧的标准来看,此时江南的农村可能已经"过度工业化"了。

店,就是16个集市①。这样的例子可以举出很多②。西南地区则常称集市为"场"或"集场"、"场市",例如康熙《湄潭县志》卷1所载包场、聚宝场、永兴场、永盛场、后坝场、猪场、牛场等"场市",就是别的地方所说的集市。西南地区也称集市为"街"或"街子",地方志中常说:"日中为市,名曰街子";"市肆以十二支所属之日为率……俗呼为街子,日中而聚,日夕而罢";"日中为市,率名曰街,各以十二支所属日集场";"日中为市,或名为街,或曰场"③。而粤、桂、闽、赣、湘一带也有把集市称为"墟"或"墟市"的,例如《太平寰宇记》说,岭南"呼市为墟,五日一集"④。另有一些地方称集市为"步"、"埠"或"行",似不必一一列举⑤。

由于经济发展水平的差异,集市的类型是复杂的、多样的,从不定期集市到定期集市到常日市,从微观来看它是一个渐进的过程,从宏观来看它又杂然并存于各地,充分反映了历史发展的不平衡性。

不定期集市是一种较原始的集市,没有固定的集期,也没有固定的贸易地点,大体依然沿用古代所谓"有人则满,无人则虚"的乡村偶发小集的模式。例如河南新郑县的集市区分为两种类型,一种是"尚有茅屋数椽,如期贸易"者;另一种是没有茅屋建筑,不定期贸易者,称之为"间起小集","聚散无常"⑥。河南内乡县也有类似情况,丹心店、菊花店等集市,"坐落偏僻,物货不辏,乃以居民随处随时相互贸易,不以集拘"⑦,大致与新郑县"聚散无常"的"间起小集"属于一种类型。所谓"随处随时"、"不以集拘"云云,就是没有固定集期、没有固定贸易地点的意思。

集市中最常见最普遍的是各种类型的定期集市。它依托于四周乡村,成

---

① 正德《汝州志》卷1《村店》。
② 参看周藤吉之《宋代乡村店市步的发展》,载《唐宋社会经济史研究》,东京大学出版会,1975年,第808~846页。
③ 康熙《平彝县志》卷5《赋役·市肆》。乾隆《广平府志》卷11《风俗·附街市集场》。康熙《阿迷州志》卷10《风俗·市肆》。
④ 《太平寰宇记》卷167岭南道容州。又如乾隆《河源县志》卷2《墟市》:"凡粤东贸易之所,多名为墟。各立限期,或三日一聚,或五日一聚。所谓有人则满,无人则虚。间有开列廛肆,无间晨夕,如他省之为市者,亦或市与墟兼之,常日为市,至期则益以墟也。"
⑤ 参看周藤吉之《宋代乡村店市步的发展》。另见拙著《明清江南市镇探微》,复旦大学出版社,1990年,第45~57页。
⑥ 康熙《新郑县志》卷1《建置志·市集》。
⑦ 成化《内乡县志》卷2《食货略·市集》。

为一个固定的商品集散中心，邻近农家定期前往赶集，称为"市集"、"市合"、"趁墟"。定期集市的集期根据各地区经济发展状况与地理条件而有所不同，其类型是多样化的。

**每月一集** 例如河南汝宁府光山县的大街集、南关集、寨河店集、罗官店集，均为"每月凡一日会于此"①。

**半月一集** 例如汝州鲁山县城外北关集为"每月二日、二十二日有集"②。

**十二日一集** 例如云南建水州的龙街集市，"在南庄铺，每逢辰日，远近商民于此交易"③。

**十日一集** 例如山西保德州的南关集，"每逢七贸易，月凡三次"④。

**七日一集** 例如河南邓州内乡县的半川堡，"每七日一集"⑤。

**六日一集** 例如云南阿迷州，城中"值寅未二日有集"，城外大庄"值亥巳二日有集"，马者哨"值丑申二日有集"，打鱼寨"值辰戌二日有集"。地方志描写道："至期，各处错杂，凡日用所需者咸聚其中，鲜虚伪，计值而售。咸按日迁移，周而复始，四时以为常。"⑥

**五日一集** 例如福建邵武府邵武县的朱坊墟，"月二七日集"，将石墟"月三八日集"⑦。

**四日一集** 例如云南广西府弥勒州的集市，大多为十二日二集，(即六日一集)，另有二处为十二日三集：竹园村，亥卯未日集；十八寨，申子辰日集⑧。

**十日三集** 例如广东廉州府钦州的平银墟，"令民每月一四七日趁(墟)"，西门墟则是以二五八日趁墟，桥南墟则是以三六九日趁墟⑨。

---

① 嘉靖《光山县志》卷1《风土志·里店(集附)》。
② 嘉靖《鲁山县志》卷1《疆域·市廛》。
③ 雍正《建水州志》卷1《城池·街市(市井)》。所谓"每逢辰日"云云，是指子丑寅卯辰巳午未申酉戌亥十二日中，每逢辰日有集市。其余类推。
④ 康熙《保德州志》卷1《因革·市集》。
⑤ 嘉靖《邓州志》卷8《舆地志·镇店(附集市)》。
⑥ 康熙《阿迷州志》卷10《风俗·市肆》。所谓"值寅未二日有集"云云，是指在十二日中每逢寅日、未日有集市。其余类推。十二日有二集，即六日一集。
⑦ 嘉靖《邵武府志》卷2《王制·城池》。所谓"月二七日集"云云，是指每逢初二、初七、十二、十七、二十二、二十七有集，即十日二集，五日一集。其余类推。
⑧ 乾隆《广西府志》卷11《风俗·附471市集场》。所谓"亥卯未日集"云云，是指十二日中每逢亥日、卯日、未日有集市，即十二日三集，四日一集。其余类推。
⑨ 嘉靖《钦州志》卷7《墟埠》。所谓"一四七日趁墟"云云，是指每逢初一、初四、初七、十一、十四、十七、二十一、二十四、二十七有集市，即十日三集。其余类推。

**三日一集** 例如广西梧州府兴业县的大墟四处、小墟六处,"三日一集,周而复始"①。

**十日四集** 例如北直隶定县,十四处集市中,有九处为十日四集,以二七四九日有集的是下叔集、郭村集、白云村集、坛山村集、南下邑村集,以一六四九日有集的是朝阳村集、神南村集,以四九一六日有集的是尧城集,以三八五十日有集的是在城集。大抵是原先的十日二集已不适应交易之需,于是增加为十日四集,"间有大集、小集之分"②。

**二日一集** 也称间日一集,或称双日集、单日集。大多是由先前多日一集发展而来,例如湖广德安府应山县的县前街集市、东街集市、南街集市、十字街集市等,天顺初年"月凡六集",即五日一集,"其后易以双日",即逢双日赶集③。

值得注意的是,定期集市是乡村的商品集散地,必须以方便为原则,因此一县之内各集市的集期不可能集中在同一天或同几天,而应该大体均衡分布,这就形成了集期分布的均衡性规律。例如浙江台州府宁海县,集期的分布呈现以下状况。

一日(十一日、二十一日):朱岙市;

二日(十二日、二十二日):桐山市、竹林市;

三日(十三日、二十三日):西店市、汀旁市;

四日(十四日、二十四日):沙柳市、夏奇岙市;

五日(十五日、二十五日):汶溪市、桑洲市;

六日(十六日、二十六日):南门市、朱岙市;

七日(十七日、二十七日):柘浦市、岔路口市;

八日(十八日、二十八日):梅林市、梅枝市、汀旁市;

九日(十九日、二十九日):东岙市、深畈市、胡陈市、北门市;

十日(二十日、三十日):桑洲市④。

显然在宁海县全境,每天都有集市,至少有一处或两处,每逢八日、九日成

---

① 乾隆《兴业县志》卷1《地理·墟市》。
② 雍正《直隶定县志》卷1《舆地志·市镇》。所谓"大集小集"云云,如二七四九有集,则二七为大集,四九为小集。其余类推。
③ 嘉靖《应山县志》卷上《坊乡》。
④ 崇祯《宁海县志》卷2《建置志·市集》。

为集市的高潮,多达三处或四处。北方的情况也是如此,例如山东济南府莱芜县,共有十七处集市,均为十日二集(即五日一集),一旬之中有三十四个集期,具体分布如下。

一日(十一日、二十一日):西关集、降寇集、雪野集、新兴集、文字现集;

二日(十二日、二十二日):上庄集、雪野集、张里集;

三日(十三日、二十三日):东关集、旧寨集;

四日(十四日、二十四日):小街集、新庄集、鲁西集、笛山集、义封集;

五日(十五日、二十五日):颜庄集、水北集;

六日(十六日、二十六日):西关集、降寇集、雪野集、新兴集、文字现集;

七日(十七日、二十七日):上庄集、土子口集、张里集;

八日(十八日、二十八日):东关集、旧寨集;

九日(十九日、二十九日):小街集、新庄集、鲁西集、笛山集、义封集;

十日(二十日、三十日):颜庄集、水北集①。

对于莱芜县的乡民而言,每天都有集市,而其中一、四、六、九日是赶集频率最高的日子。如果没有相当丰富的商品流通量,如此频率的集市断然难以为继②。

定期集市发展的最高形式是所谓"常市"或"日市"、"每日集"、"日日集"③。也就是说,一年四季每日都有集市存在。某些地区存在一个过渡形态,即定期市与常市并存于同一个集市之中,推其原因,或许由于每日开市的频率超过了商品经济发展的水平因而采取每日一小集、数日一大集的形式。例如广东东莞县的教场墟、石龙墟、樟树墟,"皆有廛肆,而亦名墟,每日一小聚,三日一大聚"④。然而在商品经济发达的地区,常市的繁荣状况及规模是一般定期集市所无法比拟的,它已经超越了农村集市的初级形态而发展为一个较高层次的商品集散中心和较高层次的地理实体。例如广东高州府茂名县的梅菉墟,在万历年间已经超越一般集市水平,"各方商贾辐辏,坐肆列市,贸迁有无";到了明末,不仅坐贾零星贸易,而且福建漳州行商数百人出入其中,进行

---

① 嘉靖《莱芜县志》卷2《地理·集市》。
② 参看拙作《明清集市类型与集期分析》,载《中国经济史研究》1992年第1期。
③ 参看山根幸夫《明清华北定期市的研究》,东京汲古书院,1995年,第12～13页。
④ 钱以垲《岭海见闻》。

长途贩运贸易,每年"驾白艚春来秋去,以货易米,动以千百计,以此墟之富庶甲于岭西","生齿盈万,米谷鱼盐、板木器具等,皆立聚于此"①。又如苏州府长洲县的枫桥市在阊门西七里的运河边上,"为储积贩贸之所会归","为水陆孔道,贩贸所集,有豆米市"②。晚明时枫桥市已经是长江三角洲最大的米市,这种盛况一直延续到清中叶,湖广、江西运往江南的米粮以此作为中转市场,除了在长江三角洲集散外,还经由上海、乍浦运往福建③。

  市镇就是在集市高度发展的基础上繁荣起来的。如果说集市比较接近于乡村,那么市镇就比较接近于城市,日本学者梅原郁把它称为"地方小都市"是十分恰当的④。明代江南的许多市镇在规模与功能上都不亚于县城,某些特大型市镇的经济地位甚至超过了县城乃至府城,强有力地显示了市镇在乡村城市化进程中的独特作用⑤。不少江南市镇都设置了镇城隍庙,十分引人注目。一般而言,城隍庙是县级以上城市的标志,镇城隍庙的出现显示了市镇的城市化程度已经为当时人所认同,它不再是乡村的一部分是毋庸置疑的⑥。资料显示江南市镇的蓬勃发展是在明代嘉靖、万历时期,这一方面与宋代以降江南社会经济的高速成长有关,另一方面与地理大发现后经济全球化对晚明社会的刺激有关。由于江南市镇以崭新的面貌出现,引起了许多学者的关注。

  较早涉猎这一领域的是社会学家费孝通。20世纪30年代中期他在英国伦敦经济学院人类学系撰写的博士论文《开弦弓,一个中国农村的经济生活》,1939年在伦敦出版时改名为《中国农民的生活》(*Peasant Life in China*),将近半个世纪之后,这本享誉海外的著作才被译成中文在中国出版,书名改为《江村经济——中国农民的经济生活》。该书以吴江县震泽镇附近的开弦弓村(学名江村)为调查基点,用社会学、人类学的方法揭示了20世纪30年代中国农村经济生活中一些带普遍性的问题。该书第十四章提到了贸易区域和集镇。他

---

① 参看李龙潜《明清时期广东墟市的类型及其特点》,载《学术研究》1982年第6期。
② 康熙《长洲县志》卷8《市镇》。
③ 参看拙作《明清长江三角洲的粮食业市镇与米市》,载《学术月刊》1990年第12期。
④ 梅原郁《宋代地方小都市的一面——以镇的变迁为中心》,载《史林》第41卷第6号。
⑤ 参看拙作《市镇与乡村的城市化》,载《学术月刊》1987年第1期。
⑥ 参看滨岛敦俊《明清江南城隍考》,载《中国都市历史的研究》(东京刀水书房,1988年)。另参滨岛敦俊《总管信仰——近世江南社会和民间信仰》(东京研文出版社,2001年)第五章《商业化和都市化——宗教构造的变动》,特别是第四节《镇城隍的出现——以宗教为中心的市镇》。

指出:"每个贸易区域的中心是一个镇,它与村庄的主要区别是,城镇人口的主要职业是非农业工作。镇是农民与外界进行交换的中心。农民从城镇的中间商人那里购买工业品并向那里的收购行家出售他们的产品……这个村庄所依托的城镇,就是航船每天去的镇,叫做震泽,在村庄以南四英里的地方。"①由此费孝通提出了"乡脚"的概念,即市镇近旁的村庄是作为市镇的"乡脚"而存在并互相依存的,这可以看作后来施坚雅(G. William Skinner)的市场圈概念的先导。把明清江南市镇经济作为一个历史学课题来研究的首推傅衣凌,他在20世纪60年代中期撰文探讨明清江南市镇的社会性质,一方面指出江南市镇"已具有资本主义生产的初步萌芽",另一方面指出江南市镇仍处在"强大的封建势力的包围之下","带有浓厚的封建的、宗法的色彩"。他的结论是:"从明清时代江南市镇经济的分析,可以使我们明白中国封建社会后期经济发展的特点与资本主义萌芽过程的缓慢性和长期性的内在原因。同时,也有助于理解封建社会后期中国国内市场的局限性。"②

20世纪70年代末至80年代初,海内外学术界出现了一股研究江南市镇的热潮。其代表者有:刘翠溶、川胜守、刘石吉、李国祁、林和生、陈学文、樊树志、王家范、陈忠平、蒋兆成、赵冈等③。进入90年代,江南市镇研究获得了大丰收,先后出版了不少专著:樊树志的《明清江南市镇探微》(1990年)、森正夫的《长江三角洲市镇研究》(1992年)、陈学文的《明清时期杭嘉湖市镇史研究》(1993年)、滨岛敦俊等的《华中华南三角洲农村实地调查报告书》(1994年)、赵冈的《中国城市发展史论集》(1995年)、川胜守的《明清江南市镇社会史研究》(1999年)等,把江南市镇的研究推向高潮。与此同时,学者们把研究的视角从江南移向别地。如刘石吉发表了《明清时代江西墟市与市镇的发展》,巫仁恕发表了《明代湖南市镇的发展与社会变迁》、《明清湖南市镇的社会与文化

---

① 费孝通《江村经济——中国农民的生活》,江苏人民出版社,1986年,第182～183页。
② 傅衣凌《明清时代江南市镇经济的分析》,载《历史教学》1964年第5期。
③ 参看陈学文《明清时期杭嘉湖市镇史研究》,群言出版社,1993年,第331～339页,附录:国内外研究明清时期江南市镇论著目录。巫仁恕《明清近代市镇墟集研究与展望》,载《九州学刊》第5卷第3期(1993年)。范毅军《明清江南市场聚落史研究的回顾与展望》,载《新史学》第9卷第3期(1998年)。

结构之变迁》①。

## 2. 江南市镇的发展与分布格局

### (1) 江南经济的发展进程

江南经济的发展是一个漫长的过程,自东汉至南朝时期不断的开发,江南经济有了明显的增长,经济中心逐步南移。隋朝大运河通济渠、邗沟、江南河的开通,就是把政治中心洛阳与经济中心江淮一带联系起来的战略性举措。唐朝后期,"军国大计,仰于江淮",已成定局。五代十国的割据局面,刺激了区域经济的发展,江南地区尤其如此,长江三角洲、太湖流域的农业生产得到显著发展。北宋时,"国家根本,仰给东南","而吴中又为东南根柢,语曰:'苏湖熟,天下足'"②。宋朝特别是南宋时代,两浙路农业生产的发展是十分显著的,占城稻的推广,逐渐形成早稻、中稻、晚稻的稻作体制;水稻的精耕细作,从粗放的直播到精细的移植(插秧),以及插秧后的耘草、靠田与还水,使单位面积产量明显提高。正如高斯得说:"上田一亩,收五六石。故谚曰:'苏湖熟,天下足。'虽其田之膏腴,亦由人力之尽也。"③另一方面,北宋末南宋初由于北方移民大量南下,促使江南麦作的推广,形成稻麦轮作体制,早稻之后种麦。稻麦二熟制的普及,使得农业生产达到一个新阶段,粮食亩产量与总产量有大幅度提高。于是两浙路成了全国的粮仓,号称"苏湖熟,天下足",苏州、湖州一带成为国家的粮仓和税收的主要基地。陈旉《农书》记载,湖州一带经济作物的种植与加工,逐步冲破传统的自给自足模式。他说:湖州农家"唯藉蚕办生事。十口之家,养蚕十箔,每箔得茧一十二斤。每一斤取丝一两三分,每五两丝织小绢一匹,每一匹绢易米一石四斗,绢与米价相侔也。以此岁计衣食之给,极有准的也。以一月之劳,贤于终岁勤动,且无早干水溢之苦,岂不优裕也哉!"④按照陈旉的说法,十口之家养蚕十箔,可以获茧一百二十斤,收丝一百五十六

---

① 刘石吉文载于《山根幸夫教授退休纪念·明代史论丛》下卷,东京汲古书院,1990年,第795～820页。巫仁恕文载于《史原》第18期(1991年)、《九州学刊》第4卷第3期(1991年)。
② 《宋史》卷337《范祖禹传》。陆游《渭南文集》卷20《常州奔牛闸记》。
③ 高斯得《耻堂存稿》卷5《宁国府劝农文》。此处所说亩收五六石,是指稻谷,折成米大约三四石左右。证之其他文献记载,可知高斯得所言不虚。范成大《范文正公全集》奏议上,有《答手诏条陈第一事·厚农桑》一文,曰:浙西路平江府,中稔之年,每亩收米二石至三石。折合稻谷约合三石至五石。
④ 陈旉《农书》卷下《种桑之法篇》。

两,可以织小绢三十一匹,以一匹绢易米一石四斗计,一月养蚕后再缫丝织绢的收入相当于四十三石四斗米,约略需要十四亩四分七厘优质水稻田一熟的产量才能与之相抵。农家经营的商品化的优越性于此可见一斑。农家经营的商品化,促使地域性商品交换活跃,这就为市镇的大量涌现提供了坚实的基础。

进入明代以后,商品经济不断向纵深发展,日益深入农村,促使农家经营的商品化程度加深,尤其是江南的苏州府、松江府、嘉兴府、湖州府一带,从15世纪末至16世纪初以来,农业经济的商品化以引人注目的态势发展着。这种发展为农业内部结构的变化提供了一个物质基础。粮食的增产,以及玉米、番薯的引进与推广,使粮食商品化部分有所增长,使经济作物与粮食作物有了初步分工的可能。就这一地区而言,那就是农家栽桑、养蚕、缫丝、织绢,以及植棉、纺纱、织布这种原先的农家副业,逐渐取代种植粮食作物的农家正业,出现了蚕桑压倒稻作、棉作压倒稻作的新趋势。这种变化为苏松嘉湖一带的市镇的蓬勃发展提供了极大的推动力,而市镇作为商品集散地的功能,反过来又促进了农业经济商品化程度的加深。这种变革在晚明进入了高潮,构成了江南市镇迅速发展的社会背景。

与此同时,这一地区成为全国最为富庶的财赋重地。明中叶的大学士丘浚(1418—1495年)在《大学衍义补》中发挥韩愈关于"赋出天下而江南居十九"的论断,进一步指出:"以今观之,浙东西又居江南十九","而苏、松、常、嘉、湖五郡,又居两浙十九"①。稍后的大学士顾鼎臣(1473—1540年)由于出生于苏州府的昆山县,对此有切身体验,一再强调:"苏、松、常、镇、杭、嘉、湖七府,供输甲天下",乃"东南财赋重地"②。万历《大明一统志》记录了全国二百八十多个府(州)的税粮数字,其中苏、松、常、杭、嘉、湖六府是名列前茅的。这六府的税粮数字如下:

  苏州府  2502900 石
  松江府  959000 石

---

① 丘浚《大学衍义补》卷24《经制之义下》。丘氏又说:"今国家都燕,岁漕江南米四百万余石,以实京师,而此五郡者,几居江西、湖广、南直隶之半。"
② 顾鼎臣《顾文康公集》卷1《陈愚见划积弊以裨新政疏》。

常州府　　764000 石

嘉兴府　　618000 石

湖州府　　470000 石

杭州府　　234200 石

与全国税粮总额26560220石相比较,苏州府税粮占全国税粮的将近十分之一,苏、松、常、嘉、湖、杭六府税粮占全国税粮的五分之一至四分之一之间,而苏松二府的税粮分别名列全国第一位与第二位①。应该指出,当时人所谓"江南重赋"或"苏松重赋",并非统治者随心所欲的意志的体现,而是这一地区经济高水平发展的必然结果②。遍布于这一地区的市镇充分显示了它的富庶情况:"阛阓鳞次,烟火万家","舟航辐辏";"百货并集,无异城市";"百货贸易,如小邑然"③。这一地区市镇的蓬勃发展,显示了在商品经济背景下,乡村逐渐城市化的独特趋势④。

(2) 苏松杭嘉湖市镇的发展

明代苏州府、松江府、杭州府、嘉兴府、湖州府成为财赋重地,商品经济发达,市镇的发展也最引人注目。

先看苏州府。据正德《苏州府志》记载,截至正德时期,苏州府所属各县的市镇分布已经呈现十分稠密的状况。

吴县有一市六镇:

月城市——阊门内,出城自钓桥西渡僧桥南分为市,各省商贾所集之处;

---

① 万历《大明一统志》记录全国税粮最多的四十个府的排名如下:(1)苏州府,(2)平阳府,(3)松江府,(4)西安府,(5)济南府,(6)常州府,(7)开封府,(8)青州府,(9)嘉兴府,(10)太原府,(11)南昌府,(12)河南府,(13)湖州府,(14)兖州府,(15)吉安府,(16)延安府,(17)淮安府,(18)重庆府,(19)绍兴府,(20)怀庆府,(21)莱州府,(22)广州府,(23)东昌府,(24)镇江府,(25)抚州府,(26)应天府,(27)彰德府,(28)黄州府,(29)扬州府,(30)卫辉府,(31)登州府,(32)杭州府,(33)袁州府,(34)临江府,(35)瑞州府,(36)衢州府,(37)饶州府,(38)承天府,(39)凤阳府,(40)潞安府。其中平阳府税粮数字有误。参看拙作《明代江南官田与重赋之面面观》,载《明史研究论丛》第4辑,江苏古籍出版社,1991年,第100~120页。
② 参看拙著《中国封建土地关系发展史》,人民出版社,1988年,第399~408页;以及拙作《明代江南官田与重赋之面面观》,载《明史研究论丛》第4辑,第100~120页。
③ 咸丰《南浔镇志》卷1《疆域》、卷2《古迹》。嘉庆《黎里志》卷4《风俗》。乾隆《震泽镇志》卷4《疆土·村镇市》。
④ 参看拙作《市镇与乡村的城市化》。美国学者饶济凡(Gilbert Rozman)比较中日两国的城市化,强调指出,市镇在城市化中的比重,中国大大超过日本。参看Gilbert Rozman, *Urban Networks in Ch'ing China and Tokugawa Japan*. Princeton: Princeton University Press, 1973。

横塘镇——去县西南十三里,有横塘桥;

新郭镇——去县西南十五里;

横金镇——去县西南三十里;

木渎镇——去县西南三十里,有巡检司;

光福镇——去县西南五十里;

社下镇——去县西南一百十里。

长洲县有五市三镇:

大市——在乐桥,今名存市废;

黄埭市——去县北四十里;

相城市——去县东北四十里;

王墓市——去县东二十里;

尹山市——去县东南二十里;

甫里镇——去县东四十里;

陈墓镇——去县东南五十五里,有巡检司;

许市镇——去县西北二十五里,一名浒墅,旧有巡检司、急递铺,景泰间置钞关于此。

昆山县有四市五镇:

半山桥市——在县西北隅,居民辐辏,朝夕为市,旧在宝月桥南为市,又有后市,在后市桥西;

周市——去县东北新塘;

陆家浜市——去县东南十二保木瓜浦,创于宣德初;

红桥市——去县西北;

丘墟镇——去县东南十八里,东通太仓,南接吴淞江,有税课子局;

泗桥镇——去县东南三十六里,其地商贾辏集,有税课纂节;

石浦镇——去县东南四十里,南通淀山湖,北枕吴淞江,有巡检司;

安亭镇——去县东南四十五里,与嘉定接境,有税课子局;

蓬阆镇——去县三十里;

常熟县有九市五镇:

县市——在县城;

杨尖市——去县西南四十五里;

河阳市——去县四十里；

奚浦市——去县七十里，北通大江，饶鱼盐之利；

徐家市——河阳山西，同在南沙乡，称新市；

唐市——去县东南三十里，旧名尤泾市；

李市——去唐市东南六里，同在双凤乡，又名山泾市；

支塘市——去县东北四十五里；

练塘市——去县西南三十六里；

福山镇——去县西北四十里，有巡检司；

许浦镇——去县东七十里，宋绍兴置镇；

梅李镇——去县东三十六里；

庆安镇——去县西北八十里，旧名石闼市，宋元丰改为镇；

常熟镇——去县一百二十步，镇废而名存。

吴江县有三市四镇：

县市——在吴淞江西，滨太湖，旧经云，城无十里，市无千家。今民生富庶倍于往昔；

江南市——出东门过长桥为市；

新杭市——民居城市，其南接嘉兴王江泾；

同里镇——去县东十六里，有巡检司、税课局；

黎里镇——去县东南二十里；

平望镇——去县东南四十里，有平望驿、巡检司；

震泽镇——去县西南九十里，有巡检司。

嘉定县有九市六镇：

州桥市——县治前东南竖龙桥，又名东市；

新泾市——去县东六里；

广福市——去县东南二十四里；

真如市——去县东南五十里；

娄塘桥市——去县北十二里；

封家浜市——去县南二十四里；

纪王庙市——去县西南三十六里；

钱门塘市——去县西北一十里；

瓦浦市——去县西北六十里；

罗店镇——去县东十八里；

南翔镇——去县南二十四里；

大场镇——去县东南四十八里；

黄渡镇——去县西南三十六里；

江湾镇——去县东南六十里，有巡检司；

清浦镇——去县东南八十里，南接上海县境。

太仓州有十市四镇：

诸泾市——去州东十里；

半泾市——去州南十五里；

新市——去州东北二十里；

璜泾市——去州东北五十里；

隆市——去州东六十里；

甘草市——去州东北十里，有巡检司；

直塘市——去州北三十里；

吴公市——去州南十五里；

涂崧市——去州东北三十五里，宋元丰间置；

陆河市——去州北七十里；

双凤镇——去州北二十四里，又名双林，居民稠密，市物旁午；

沙头镇——去州东北三十六里；

新安镇——与沙头近；

茜泾镇——去州东北四十五里，有巡检司。①

以上合计七十四市镇。其中长洲县大市、常熟县常熟镇名存实亡，实际共有七十二市镇，反映了明朝正德年间苏州府市镇发展的基本状况。如果把正德前后编撰的县志（州志）与之比较，可以发现这一地区市镇发展的速度是惊人的。吴江县就是突出的例子。弘治《吴江县志》记载该县弘治年间仅有二市四镇：县市、江南市、平望镇、黎里镇、同里镇、震泽镇②。正德年间增加为三市

---

① 均见正德《姑苏志》卷 18《乡都》。
② 弘治《吴江县志》卷 2《市镇》。

四镇。嘉靖年间增加为十市四镇:县市、江南市、八斥市、双杨市、严墓市、檀丘市、梅堰市、盛泽市、新杭市、庉村市、震泽镇、黎里镇、平望镇、同里镇①。明末清初又增加为十市七镇:县市、江南市、新杭市、八斥市、双杨市、严墓市、檀丘市、梅堰市、庉村市、黄溪市、平望镇、黎里镇、同里镇、震泽镇、盛泽镇、芦墟镇、章练塘镇②。在这段时间内,吴江县由六个市镇增加为十七个市镇,其中增长最快的是正德到嘉靖的半个世纪,由七个市镇增为十四个市镇,增长达一倍。嘉定县也是一个突出的例子,正德年间只有十五个市镇,到万历年间几乎增长了一倍。万历《嘉定县志》记载了该县有三市十七镇另外有六行(按:苏松地区的"行"实质类乎"市"),一并计算,共有二十六个市镇:练祁市、钱门塘市、封家浜市、南翔镇、娄塘镇、新泾镇、罗店镇、月浦镇、外冈镇、广福镇、大场镇、真如镇、杨家行镇、江湾镇、清浦镇、徐家行镇、安亭镇、黄渡镇、纪王镇、葛隆镇、殷家行、陆家行、刘家行、吴家行、蒋家行、赵家行③。正德年间的真如市、娄塘市、新泾市、广福市、纪王庙市,万历年间都升格为镇;此外新增了月浦镇、外冈镇、杨家行镇、徐家行镇、葛隆镇;殷家行等六行几乎都是几十年中陆续兴起的村市。不仅数量增加,质量也有所提升。万历时代嘉定县的市镇无论规模以及繁荣程度都大大超过了正德时代。南翔镇成了"多徽商侨寓,百货填集,甲于诸镇"的商业中心;罗店镇成了"徽商凑集,贸易之盛几埒南翔"的商业中心;新泾镇成了"棉花管履所集,顷年浸盛"的棉花交易中心④。

再看松江府。从正德《松江府志》的记载可知,当时松江府有四十四个市镇,就总数而言少于苏州府,但松江府仅华亭、上海二县,苏州府却有吴、长洲、昆山、常熟、吴江、嘉定、太仓七县,松江府以二县之地而有四十四市镇,在县均密度上是超过苏州府的。

华亭县有十六镇六市:

风泾镇——在一保,以乡名,一名白牛市,以陈舜俞名。古于此置风泾驿。其南半属嘉兴。

朱泾镇——在四保胥浦乡,元于此置大盈务。东南有吕巷、杨巷二市。

---

① 嘉靖《吴江县志》卷1《地理志·疆域》。
② 康熙《吴江县志》卷1《疆域》。
③④ 万历《嘉定县志》卷1《疆域考·市镇》。

金泽镇——在四十二保,地接泖湖。田于是者获其泽如金,故名。

小蒸镇——在四十一保,居此者多文人。

凤凰山镇——在二十八保,为府人春游之地。

亭林镇——在十保,去县东南三十里,元于此置金山巡检司。

沙冈镇——在三十六保。镇地即古三冈之一,与竹冈、紫冈相去五里,自府城至上海必由之地。

南桥镇——在十三保,有桥旁横泾,曰北桥,与此相峙,故名。

萧塘镇——在南桥北,自昔繁荣,近世宋溧、宋瑛兄弟自此登场,镇名益著。

张泾堰镇——在七保,去县南五十里,宋人堰海十八所之一。一名张溪。自府城至金山孔道。

小官镇——距张堰南十二里。浦东盐司旧在张泾堰,与牢盆相去甚远,别建官廨于此,俗呼为小官廨镇。明设金山卫于此。

柘林镇——在十二保,去县东七十二里,为海人辐辏之地。

青村镇——在十五保,去县东南八十里。洪武十九年立千户所。高桥市独盛,海鱼者得鱼悉于此鬻。

陶宅镇——在十五保,去县东南八十里。著姓陶氏居此,俗呼为陶家宅镇。

叶谢镇——在八保,与萧塘邻,以叶、谢二姓名镇。

北七保(宝)镇——在三十五保,左邻横泺,前邻蒲汇塘,商贾必由之地,有税课局。镇以寺名,旧有南北二寺,而此为北。

兴塔市——在二保,旧有兴塔院,故名。

杨巷市——在五保。

吕巷市——在四保,一名横溪。

泗泾市——在三十七保,因泗泾塘名。

北钱市——在四十一保,石湖塘上,与南钱相望,盖一姓分处为市而异其称。

广富林市——在三十八保,科第前后不绝,而民居亦日蕃庶,蔚为一方之望。

上海县有十一镇十一市:

吴会镇——在十六保,去上海东南五十四里。

乌泥泾镇——在二十六保,人民盛于他镇,有税课局。

下沙镇——在十九保,一名鹤沙。镇多巧工拨罗绒纹绣及木梳、交椅之类,皆精制,他郡所不及。

新场镇——距下沙五里,一名南下沙。元初迁盐场于此,故名。赋为两浙最,北桥税司、杜浦巡司徙于此。四时海味不绝,歌楼酒肆贾衕繁华,县未过也。

周浦镇——在十七保,一名杜浦,去县东南三十六里。元置下沙盐场、杜浦巡司于此,后逐利而迁新场。

盘龙镇——在三十四保,地濒松江盘龙汇,故以为名。界于华亭、昆山间。

青龙镇——在四十五保。唐以控江连海置镇防御,宋以海舶辐辏,岛夷为市,又设监镇理财。镇故有治、有学、有狱、有库、有仓、有务、有茶场,酒坊、水陆巡司,镇市有坊三十六有二浮屠南北相望。江上有龙舟夺锦之盛,人号"小杭州"。其后陵夷谷变,市舶之区徙于太仓,又迁于杭越,镇遂衰落。

唐行镇——在五十保,控淀湖,为吴门要冲。元初有大姓唐氏居此,商贩竹木,遂成大市,因名镇。有十字港,临港市廛谓之四嘴。新泾税局在此。

赵屯镇——在四十九保,赵屯浦上。

三林塘镇——在二十四保,三林塘上,去县东南十八里,昔东西塘有大姓林氏聚族居此。

八团镇——在十七保,三场盐司在此,居民率多盐丁,盐贾辐辏,逐末者多归之市。

嵩宅市——在四十六保,唐行东南。青龙镇盛时已称:"章庙、高塔、重固、嵩宅,亲臣巨室,邻烛辉赫。"今皆萧条,唯此市廛日辟,商贩交通。

泰来桥市——在唐行南咸渔港上,自宋元来人烟阛阓,市中飞梁对峙,东西巷院介乎其间。

杜村市——在四十七保西村。

白鹤江市——又称新市,在杜村北,白鹤江口,其地上海、嘉定南北杂居。

杨林市——在三十一保,吴淞江之北。

诸翟港市——在三十保,俗呼为诸地。

鹤坡市——在二十保。

东沟市——在二十二保,东沟浦上。

北蔡市——在二十保,旧有大姓蔡氏分南北为市。

闵行市——在十六保,横泺东。近岁己庚二水,横泺、沙竹二冈,田亩有秋,灾乡多从贸易,市始知名。

高家行市——在二十二保。①

到崇祯年间,松江府的市镇已经增加到六十一个,其中华亭县增加了莘庄镇,上海县增加了一团镇、龙华镇、陈家行市,而万历元年由华亭、上海二县析置的青浦县,除了上述二县划归的市镇外,新增了朱家角镇、沈港镇、刘夏镇、北竿山镇、郏店镇、重固镇、艾祁镇、古塘镇、金家桥镇、杨扇镇、天兴庄镇、双塔镇、王巷市、杜家角市②。新设置的青浦县界于苏松二府之间,市镇的发展最为可观。发展的高峰是在万历年间。这从万历《青浦县志》可以看得一清二楚。万历《青浦县志》比崇祯《松江府志》多出以下市镇:泗泾镇、凤凰山镇、种德庄镇、古桥头镇、刘家角镇。其中泗泾镇镇东为华亭界,西市梢为青浦界;凤凰山镇也在华亭县、青浦县的交界处,均记载于华亭县内,种德庄镇、古桥头镇、刘家角镇则系崇祯《松江府志》所无③。不仅如此,值得注意的是,嘉靖、万历年间新兴的朱家角镇,"商贾辏聚,贸易花布,为今巨镇";双塔镇(又名商榻镇)是"商人往来苏松适中之地,至夕驻此停榻"的重要交通枢纽;横跨吴淞江两岸的黄渡镇,江北老街属嘉定县,江南新街属青浦县,也是在这一时期兴起的,"近来商贩颇盛";先前已经见诸记载的金泽镇,在这一时期日趋兴旺,"市盛佛庐,穷极壮丽","舆梁飞亭列肆,又他镇所无";青浦所属北七宝镇与华亭所属南七宝镇隔蒲汇塘为界,也在此时成为"商贾猬集,文儒辈出"的"邑之巨镇"④。嘉靖、万历年间,在华亭县兴起的莘庄镇,北邻七宝镇,南近乌泥泾镇,"其地产花少稻",成为"居民数千指"的棉布集散中心;在上海县兴起的龙华镇,则成为著名的稀布(号称龙华稀)的集散中心;距新场镇二十里的一团镇,"盐商多聚于此",是上海县新兴的盐业中心。

苏、松二府的市镇在晚明时期的迅猛发展已是不争的事实,下面再看杭、

---

① 均见正德《松江府志》卷9《镇市》。并参照正德《金山卫志》下卷《镇市》、正德《华亭县志》卷5《镇市》、嘉靖《上海县志》卷3《建置》。
② 崇祯《松江府志》卷3《镇市》。
③④ 万历《青浦县志》卷2《镇市》。

嘉、湖三府的情况。

杭州为"水陆要冲",是"中外之走集而百货所辏会"之地。宋室南渡后,成为京都,"市镇繁饶,颇闻于内",而且出产丰盛,因此市镇发达。府城内有药市、花市、珠子市、米市、肉市、菜市、驴市、马市、布市、蟹市、牛市等,城外又有浙江市、西溪市、赤山市、龙山市、半道红市、安溪市、江涨桥镇、范浦镇、汤村镇、北土门市、南土门市、临平镇。进入明朝以后,"此衰彼盛,以实计之,倍徙畴曩"①。

杭州府城内外有二十二市镇,府城内有:

寿安坊市——俗呼官巷口,其南属钱塘县,北属仁和县,郡市之盛,唯此为最。

清河坊市——属钱塘县。

文锦坊市——属钱塘县,俗名羊坝头。

塔儿头市——属钱塘县,清波门内。

东花园市——属钱塘县,百丸诸物举贸于此。

众安桥市——属仁和县,在清宁坊口。

盐桥市——属仁和县。

褚堂市——属仁和县。

府城外有:

嘉会门市——候潮门外。

沙田市——艮山门外。

夹城巷市——去城五里。

宝庆桥市——去晨五里余。

得胜桥市——去城六里。

石灰坝市——去城八里。

江涨桥市——去城八里。

北新桥市——去城十里。

临平镇——去城十四里。

塘栖镇——去城五十五里。

---

① 万历《杭州府志》卷34《市镇》。嘉靖《仁和县志》卷1《封畛·市镇》。

浙江市——浙江驿前。

鲞团——候潮门外浑水闸。

范村市——近年客商物货多于此居停,渐成巨镇。

西溪市——去钱塘县西二十里。

海宁县有七市镇:

县市——县治西南双庙巷口。

郭店市——去县北七里。

袁花市——去县东五十里。

转塘市——县东一十二里。

黄冈市——县东五十里。

长安镇——县西北二十五里,与仁和县接界,有坝以限,上下两河商贾往来,舟航辐辏,昼夜喧沓。

硖石镇——县东北五十里,与嘉兴府秀水、桐乡接界。

富阳县有五市:

汤家埠——在祥凤村。

场口埠——在永宁村。

灵椿埠——在江阴村。

渔里山埠——在灵峰村。

洋婆场——在惠爱村。

余杭县有六镇:

瓶窑镇——去县东三十里,与钱塘县接界,镇之大半属钱塘。

石濑镇——去县东北三十五里,在山后界。

双溪镇——去县东三十五里,在吴山界。

黄湖镇——去县北四十里,在黄湖界。

长乐镇——在县西北二十里,在杳后界。

闲林镇——在县东南一十八里,在闲林保。

临安县有六镇:

青山镇——去县一十五里,在谷昌乡。

下管镇——去县二十五里,在庆云乡。

横板溪镇——去县三十里,在高陆乡。

鹤山镇——去县十里,在灵令乡。

西墅镇——去县四里,在保锦乡。

黄潭镇——去县五里,在南止乡。

新城县有四镇:

渌川镇——在太平乡。

松溪镇——在昌东乡。

山溪镇——在广陵乡。

洞桥镇——在宁善乡。

昌化县有二镇:

河桥镇——去南门一十五里。

手穿巡检司镇——去西门二十里。

於潜县没有市镇。①

嘉兴府原辖嘉兴、海盐、崇德三县,宣德四年(1429年)巡抚胡概以三县地广,上奏朝廷,请求分嘉兴西部析置秀水县、分嘉兴北部析置嘉善县(旧魏塘镇)、分海盐东北部析置平湖县(旧当湖镇)、分崇德东部析置桐乡县(旧凤鸣市),因此嘉兴府由三县增加至七县。

嘉兴县有四镇:

王店镇——县治南三十六里。

新丰镇——县治东三十六里。

钟带镇——县治东南五十里。

新行镇——县治东南五十四里。②

秀水县有四镇:

王江泾镇——永乐乡旧有王氏、江氏所居,因以名镇,镇南尽秀水界,北据吴江县界。多织绸,收丝绵之利。居者可七千余家。

新城镇——后唐景云中镇遭兵乱,居民垒土城,故云新城,城久废,今仅存其名。其民男务居贾,与时逐利,女攻纺织。居者可万余家。

濮院镇——在县西南三十六里。元至正间右族濮鉴一姓,迨明朝濮氏流

---

① 均见万历《杭州府志》卷34《市镇》。
② 万历《嘉兴府志》卷1《疆域》。

徙他卜,居者渐繁,人可万余家,因以濮院名镇。南隶桐乡县之桐乡乡界,北隶秀水县之灵宿乡界。民务织丝纶,颇著中下声,亦业农贾,商旅辐辏。

陡门镇——夹运河南北,廛居仅二百余家,民务耕桑,女纺织,颇多朴茂之风。①

嘉善县有六镇:

魏塘镇——在府城东三十六里,嘉善县治据此而建。

玉带镇——县治东南十里,通平湖。

斜塘镇——县治北二十里,一水横界,自乾迄巽,故名斜塘。

陶庄镇——县治北五十里,旧名柳溪。

风泾镇——县治东北一十八里,宋陈舜俞居此,又名白牛镇。

千家窑镇——县治西北一十二里,旧止窑户,知县章士雅建常平仓于此,今为镇。②

海盐县有五镇五市:

茶院镇——县治西南二十七里。吴越王钱氏曾到此地金粟寺,寺僧于此设茶施众,故名茶院。

半逻镇——县治西三十五里,一名半路亭镇。

鲍郎镇——县治西三十里,俗名水关埭。周围六里三十步,有盐场,亦名鲍郎场。

澉浦镇——县治西南三十六里,游程,与乍浦镇南北对峙。

沈荡镇——去县二十六里,水四通,县西北境民皆赴之,列廛五六百家,五谷、丝市、竹木、油坊、质店皆有。

欤城市——去县十五里。

砂腰市——去县十八里。

梅围市——去县二十里。

通玄街市——去梅围市五里。

甪里堰市——去县四十二里。③

平湖县有七镇三市:

---

① 万历《秀水县志》卷1《舆地志·市镇》。
②③ 万历《嘉兴府志》卷1《疆域》;卷2《城池》。

当湖镇——县治西二百五十步,有当湖税课局。

乍浦镇——县治东南二十七里。宋元时番舶凑集,居民互市,洪武十九年置乍浦守御千户所。

广陈镇——县治东北二十七里。元时番舶至,列肆于此,故曰广陈。与旧衙、金山水陆交会。

新仓镇——县治东北三十六里,旧芦沥盐课司在此,虽小聚落,而百货泉流,商民云萃。

新带镇——县治北三十里,有中市、东市、西市,饶鱼米花布之属,徽商麇至,贯镪纷贸,出纳雄盛。

旧带镇——县西三十里。

灵溪镇——县东北二十七里,产细布,人争市之,方数里。

芦沥市——县治东北四十里。

钱家带市——县治北七里。

徐家带市——县治南十二里,店舍滨河,村墟小市。①

崇德县有一镇二市:

石门镇——县治北二十二里。

洲钱市——县治西北二十七里。

御儿市——即义和市,运河塘西五十步,县治据此建。②

桐乡县有四镇一市:

皂林镇——县治北九里,有巡检司。

石门镇——县治西北二十五里。

濮院镇——县治东北一十八里。

青镇——与乌程县的乌镇东西相望,原名乌墩镇,后改称青镇,并与乌镇合称乌青镇,负贩之广,封桑之勤,日盛一日。

凤鸣市——即县市,县治建于梧桐乡凤鸣市南。③

湖州府在宋朝熙宁元丰年间有乌墩、施渚、梅溪、四安、永口、新市六镇④;

---

① 天启《海盐县图经》卷1《方域篇之一·县坊乡镇图》。
② 万历《嘉兴府志》卷1《疆域》;卷2《城池》。天启《平湖县志》卷1《舆地·都会》。
③④ 同上左书卷1《疆域》;卷2《城池》。

嘉泰中,废水口镇,置和平镇,仍为六镇①。到明朝嘉靖、万历年间增加至二十二市镇。

乌程县有二镇二市：

乌镇——在乌程县治东南九十里,与归安、桐乡、崇德、吴江诸县接界。旧名乌墩,又名乌戍。地处浙江与南直隶之交,河港四通,本镇居民近万,为乌程巨镇。

南浔镇——在乌程县治东六十一里,张士诚尝筑城于此,故址尚存。

菁山市——在乌程县治南三十六里。

妙喜市——在乌程县治西南三十七里。

归安县有三镇二市：

菱湖镇——在归安县治南三十六里。

双林镇——在归安县治东南五十里。

乌镇——在归安县治东南九十里,东北属乌程县界,西南属归安县界。

埭溪市——在归安县治西南九十里。

琏市——在归安县治东南九十里。

安吉州有三镇：

马家渎镇——在安吉州治东三里。

递铺镇——在安吉州治东南二十里。

梅溪镇——在安吉州治东北三十里,设有税课局,近革。

长兴县有五镇：

四安镇——在长兴县治西南七十里,宋设监镇,元设税务,明设巡检司。

和平镇——在长兴县治南五十里。

皋塘镇——在长兴县治东北三十里,设巡检司。

合溪镇——在长兴县治西二十五里,宋设税务,元设巡检司,明裁革。

水口镇——在长兴县治北二十里。

德清县有二镇：

塘栖镇——在德清县治东三十五里,官道舟车之冲要,丝缕粟米皆聚贸于此。

---

① 《元丰九域志》卷5《两浙路》。

新市镇——在德清县治东北四十五里,民物之饶视塘栖较盛。

武康县有二市:

三桥埠市——在武康县治北七里,自平远门至水埠,有三桥,故名。舟楫交通,商贾辏集,有税课局。

上陌埠市——在武康县治南一十八里,陌山之上游,故名。

孝丰县有一市:

沿干市——在孝丰县治东北四十里。①

**(3) 江南市镇规模、结构与网络**

一般而言,市的居民大多在一百户至三百户之间,五百户至一千户的为数较少。且以嘉靖时期的吴江县为例:居民在一百户至三百户的有盛泽市(一百户)、严墓市(二百余户)、八斥市(三百余户)、双杨市(三百余户);居民在五百户至一千户的有梅堰市(五百余户)、新杭市(一千户);其余二市(庞村、檀丘)为数百户②。有少数市,由于其经济地位十分显要,规模与功能都不亚于一般中等类型的镇。例如苏州府吴县的月城市:"阊门内出城自钓桥西渡僧桥南分为市……各省商贾所集之处","又有南北壕、上下塘,为市尤繁盛"③。苏州府昆山县的半山桥市:"在县西北隅,民居辐辏,朝夕为市。旧在宝月桥南为市心,又有后市,在后市桥西。"④苏州府长洲县的枫桥市:"为储积贩贸之所会归","为水陆孔道,贩贸所集,有豆米市"⑤。吴江县的新杭市:"居民千家成市,其南接王江泾","自明以来居民日盛,自成市井"⑥。

镇的居民明显多于市,一般在一千户以上,大的镇可达万户左右,例如:南浔镇——潘尔夔《浔溪文献》说:"市廛云屯栉比","阛阓鳞次,烟火万家,苕水流碧,舟航辐辏,虽吴兴之东都,实江浙之雄镇"。巡抚常安《请通判移驻南浔疏》也说:"南浔镇与江省接壤,地处湖滨,烟火万家,商贾云集。"⑦乌青镇——"升平日久,户口日繁,十里以内民居相接,烟火万家。而两镇之四栅八隅,则

---

① 嘉泰《吴兴志》卷10《管镇》。万历《湖州府志》卷3《乡镇》。嘉靖《武康县志》卷3《山川志·墟市》。
② 嘉靖《吴江县志》卷1《疆域》。
③ 正德《姑苏志》卷18《乡都》。乾隆《苏州府志》卷18《乡都》。乾隆《苏州府志》卷19《乡都·市镇》。
④ 正德《姑苏志》卷18《乡都》。嘉靖《昆山县志》卷4《市镇》。
⑤ 康熙《长洲县志》卷8《市镇》。
⑥ 嘉靖《吴江县志》卷1《疆域》。乾隆《吴江志》卷4《镇市村》。
⑦ 咸丰《南浔镇志》卷1《疆域》。民国《南浔镇志》卷2《公署》。

为江浙二省湖苏嘉三府,乌程、归安、石门、桐乡、秀水、吴江、震泽七县错壤地,百货骈集。"①濮院镇——万历时"人可万余家",明江汉《濮川月夜清游歌》:"鱼鳞万屋似城市。"②唯亭镇——自明季至清中叶二百余年"太平祥洽,聚庐而居,人烟稠密,比屋万家"③。硖石镇——明末周宗彝《修悲纪略》:"海昌素称大邑,邑中雄镇有四,而硖川(按:指硖石)为最要",号称"烟火万户"④。新城镇——万历时"居民可万余家"⑤。万户以下千户以上的中型市镇几乎比比皆是,例如:双林镇——明末清初三千余户,发展至清朝嘉庆道光间万户,"津梁环亘,里甪骈镇","国朝自嘉庆至咸丰尤称富庶"⑥。黎里镇——弘治时"居民千百家",嘉靖时"居民二千余家",清初"居民更二三倍"⑦。朱泾镇——明顾纯《重建万安桥记》:"郡西三十里有朱泾,居民数千家,商贾辐辏。"⑧同里镇——正德嘉靖年间,"居民二千余家",清初以来,"居民日增,市镇日扩"⑨。临平镇——明末沈谦说:"临平一镇也,僻在杭郡之东,地不满十里,户不满万人。"⑩平望镇——明初"居民千百家,自成市井",清康熙雍正年间,"居民数千家,比于苏之枫桥,故人呼曰小枫桥"⑪。震泽镇——正德嘉靖间"地方三里,居民千家",清初以来,"货物并聚,居民且二三千家"⑫。

市镇的人口构成既不同于乡村,又不同于县城,在十分紧凑的街市范围内分布着丝行、绸行、叶行、花行、布行等牙行,以及茶楼、酒肆、饭店、钱庄等商业服务网点,还有机坊、染坊、练坊、踹坊等加工制造的作坊。因此,市镇上充斥着牙行的牙侩、行霸,仰食于市镇的脚夫、乐人、市井流氓,从全国各地到此经商的客商及商帮,还有受雇于各类作坊的工匠,有亦工亦农的周边居民,还有聚居于此的乡绅、文人。这样就构成了一个很有生气的社区,充分显示它作为

---

① 乾隆《乌程县志》卷11《乡镇》。乾隆《乌青镇志》卷2《形势》。乾隆《湖州府志》卷15《村镇》。
② 万历《秀水县志》卷1《市镇》。民国《濮院志》卷1《疆域》。
③ 道光《元和唯亭志》卷3《风俗》。
④ 嘉庆《硖川续志》卷11《艺文》。
⑤ 万历《秀水县志》卷1《市镇》。
⑥ 民国《双林镇志》卷18《户口》。光绪《归安县志》卷6《区域村镇》。
⑦ 弘治《吴江县志》卷2《市镇》。嘉靖《吴江县志》卷1《疆域》。乾隆《吴江县志》卷4《镇市村》。
⑧ 嘉庆《朱泾志》卷1《疆域志·桥梁》。
⑨ 嘉靖《吴江县志》卷1《疆域》。嘉庆《同里志》卷1《沿革》。
⑩ 顺治《临平记》卷1《事记第一》。
⑪ 弘治《吴江县志》卷2《市镇》。乾隆《吴江县志》卷14《镇市村》。道光《平望志》卷1《沿革》。
⑫ 嘉靖《吴江县志》卷1《疆域》。乾隆《震泽县志》卷4《镇市村》。

基层商业中心、手工业中心和文化中心的功能。市镇作为一个中心地,聚居着大量人口,其面积不大,街市规模却十分惊人,一些特大型市镇简直可以使县城、府城黯然失色。处于湖州府乌程县与嘉兴府桐乡县之间的乌青镇,堪称江南市镇的庞然大物,乌镇纵七里横四里,青镇纵七里横二里,"巨丽甲他镇,市逵广袤十八里"①。这就是说,乌青镇四周长达十八里,确实颇有府城架势:明朝的湖州府城、嘉兴府城四周都只有十二里②。无怪乎当时人要说乌青镇"名为镇而实具郡邑城郭之势"③。它虽没有城墙,却有四个坊门,仿照府城的规模:南昌门——青镇之南门,通杭州;澄江门——乌镇之北门,通苏州;朝宗门——青镇之东门,通嘉兴;通霅门——乌镇之西门,通湖州④。镇中街巷交错,除南街、北街、东街、西街之外,乌镇从南门到北门大街沿线有十六巷(其中波斯巷万历三年辟为大街),青镇从南门到北门大街沿线有十三巷,乌镇西街从安利桥到西门有十三巷,青镇东街沿线有五巷。湖州府乌程县的南浔镇不亚于此。兴起于南宋的南浔镇,元朝末年张士诚在此修建城墙,周长一千六十六丈五尺,高三丈,宽一丈⑤。颇有一点城郭之势,这是江南市镇唯一有城墙建筑的特例。明初拆除城墙,建造东西南北四栅,有吊桥,有城隍,仍然是一派城郭之势。自东栅至西栅三里,南栅至北栅七里,周长近二十里⑥。镇中运河、南市河、北市河两岸街巷密布,主要干道有大街(即东栅上塘)、寿星街(即西栅上塘)、爆场街(即北市河东岸)、丝行埭(即南市河东岸)、米廊下(俗称米棚)、树行埭(即西栅下塘)、西木行等⑦。其他市镇如南翔镇、濮院镇、双林镇、黎里镇、江湾镇、周庄镇、罗店镇、临平镇、硖石镇等,虽然没有乌青镇、南浔镇那样的规模宏大,但也非等闲之辈,都是商贾辐辏之地,其热闹繁华的程度绝不亚于一般县城⑧。

---

① 康熙《乌青文献》卷 1《疆域》。
② 嘉靖《浙江通志》卷 14《建置志》。
③ 乾隆《乌青镇志》卷 2《形势》。
④ 康熙《乌青文献》卷 1《疆域》,卷 2《门坊》。
⑤ 咸丰《南浔镇志》卷 27《碑刻·无名氏:南浔重修城记》。
⑥ 乾隆《乌程县志》卷 11《乡镇》。
⑦ 咸丰《南浔镇志》卷 4《衢巷》。
⑧ 例如嘉定县的南翔镇,万历年间就号称"多徽商侨寓,百货填集,甲于诸镇",全镇东西五里,南北三里,周长十余里。界于嘉兴县、秀水县、桐乡县之间的濮院镇,东西南北各长三里,元朝时已有四条大街,以后增加为二十七条街、十五条弄、二条巷,鼎盛时期规模之大,使嘉兴府城、桐乡县城相形见绌。归安县的双林镇,东西长四里,南北宽三里,有七条街、十五条弄、四十三条巷。如此等等,不一一列举。

在农业、手工业、商业发达,交通便利的长江三角洲地区,星罗棋布的市镇互相联系,互相依存,形成独特的市镇网络体系。各个市镇在这种市镇网络中充分发挥各级市场的作用,把村、乡与县城、府城连成一体,把地区市场与跨地区市场连成一体。大体而言,江南市镇网络以间距十二里至二十四里为较常见的模式。例如:黄渡镇至南翔镇,罗店镇至刘行镇,安亭镇至黄渡镇,黄渡镇至方泰镇,相距十二里;周庄镇至陈墓镇,黄渡镇至马陆镇,乌青镇至皂林镇,南翔镇至广福镇,璜泾镇至沙头镇,珵市镇至乌青镇,罗店镇至月浦镇,相距十八里;王店镇至濮院镇,硤石镇至王店镇,金泽镇至周庄镇,周庄镇至芦墟镇,双林镇至珵市镇,相距二十里;南翔镇至大场镇,方泰镇至南翔镇,罗店镇至杨行镇,相距二十四里;朱家角镇至周庄镇,甪直镇至周庄镇,乌青镇至南浔镇,南浔镇至双林镇,双林镇至乌青镇,菱湖镇至双林镇,相距三十六里。当然也有密度更大的,如盛泽镇至王江泾镇,相距六里;南浔镇至震泽镇,璜泾镇至时思庵镇,相距九里。这并非人为的,而是经济发展的结果。因为市镇的土壤在四乡,也就是所谓"乡脚"。在长江三角洲水网地带,主要交通工具是手摇木制小船,农家把商品运入市镇出售,大抵总是选择相距较近的某一市镇,而这一市镇一般说来与其四乡有着传统的经济联系,形成一个市场圈。农家上市镇,往返时间不可能过长,要赶得上早市或午市,并来得及返回本村。这种状况在交通发达的民国时代仍然如此,1930年代的湖州实地调查显示:"各大镇如南浔、旧馆、织里、菱湖、袁家汇、双林、乌镇,各有定班航船,直通附近各村。船系木制,一二人摇橹,可坐十余人。每日开一二班不等。大约每晨由各乡村开船来镇,中午由镇返乡。"①因而两镇之间的间距十二里、十八里、二十四里、三十六里,对于四乡农家来说,到邻近最近市镇的距离大致在六里、九里、十二里、十八里之内,这是一个比较适当的市镇分布密度,过分密,必然会由于商业不振而趋于衰落;过分疏,则无法适应商品经济的需求,必然会兴起新的市镇来填补空缺②。

如此密布的市镇网络在各县的经济发展中具有举足轻重的地位。以经济发达的吴江县为例,县城的经济中心是县市,吴江县市自明朝成化、弘治年间

---

① 刘大钧《吴兴农村经济》,上海文瑞印书局,1938年,第132~133页。
② 参看拙著《明清江南市镇探微》,第115~117页。

就颇为繁荣,"民生富庶,城内外接栋而居者,烟火万井",可以说得上一派兴旺景象了,但是与该县的盛泽镇相比,未免相形见绌。盛泽镇虽然嘉靖年间才称为"市",明末清初一举成为引人注目的"镇",很快一跃而为吴江县的绫绸交易中心,"四方大贾辇金至者无虚日","每日中为市,舟楫塞港,街道肩摩","繁阜喧盛实为邑中诸镇之第一"①。明末冯梦龙《醒世恒言》描述晚明的盛泽镇真是盛况空前:"市河两岸绸丝牙行,约有千百余家,远近村坊织成绸匹,俱到此上市。四方商贾来收买的,蜂攒蚁聚,挨挤不开。"②其他如黎里镇、平望镇、震泽镇、同里镇虽较盛泽镇逊色,但都比县市发达。再如号称"湖丝遍天下"的湖州府,丝绸的生产中心与交易中心并不在湖州城,而是在南浔镇、菱湖镇、双林镇。南浔镇是著名的辑里丝的集散中心,执全国生丝市场的牛耳,对国内市场抑或国外市场都有巨大影响,因此民间号称"湖州整个城,不及南浔半个镇"。菱湖镇是仅次于南浔镇的生丝贸易地,双林镇则是优质绫绢的生产与销售中心③。又如嘉定县的经济支柱棉纺织业,其中心并不在县市,而在南翔镇、罗店镇、黄渡镇、安亭镇、葛隆镇、外冈镇、钱门塘市等市镇,尤其是号称"金"罗店、"银"南翔两大巨镇,在嘉定县经济发展中具有举足轻重的作用④。

  这在很大程度上取决于市镇网络。市镇网络使各市镇连成一体,发生密切的经济联系,呈现出经济一体化的态势。比如盛泽镇发达的丝绸业,需要大批生丝源源不断地供应,镇上丝行不断向邻近市镇采购,"东则嘉善、平湖,西则新市、洲钱、石门、桐乡,南则王店、濮院、沈荡,北则溧阳、木渎,由丝行趸买分售机户"⑤。以盛产辑里丝闻名的乌青镇,小满新丝上市,"各处大郡商客投行收买","平时则有震泽、盛泽、双林等镇各处机户零买经纬自织",又有贩子"贸丝诣各镇卖于机户"⑥。乌青镇还是一个桑叶的集散市场,"叶莫多于石门、桐乡,其牙侩则集于乌镇三眠后买叶者以舟往,谓之开叶船"。商牙往往大批

---

① 乾隆《吴江县志》卷4《镇市村》。
② 冯梦龙《醒世恒言》卷18《施润泽滩阙遇友》。
③ 参看拙作《市镇与乡村的城市化》(载《史林》1986年第3期)以及《明清江南丝绸业市镇的微观分析》。
④ 参看拙作《苏松棉布业市镇的声衰》(载《中国经济史研究》1987年第4期)以及《江南棉布业市镇与棉布贸易》(载《清代区域社会经济研究》上册,中华书局,1992年,第234~247页)。
⑤ 沈云《盛湖杂录》。
⑥ 康熙《乌青文献》卷2《土产》。

买进,牟取巨利,称作"作叶"或"顿叶"。因此叶市十分兴旺,开市有头市、中市、末市,每市三日;叶价也有早市、晚市、夜市之分。"叶行上市通宵达旦,采叶船封满河港,叶行营业顺利,骤可利市三倍(俗语云:四月黄金随地滚)。"①以出产棉纺织业必需的纺车、锭子著名的金泽镇,其精湛的工艺吸引来自各市镇的机户、商家前来购买,"东松郡(松江府),西吴江,南嘉善,北昆山、常熟,咸来购买,故金泽锭子谢家车,方百里间习成谚语"②。周庄镇与硖石镇相距甚远,然而在发达的市镇网络中依然可以连成一体。周庄镇四乡农妇"以木棉花去其核,弹作絮,卷为棉条而纺之,复束成绞,以易于市",由镇上牙行收购后,再"捆载至浙江硖石镇以售",以供应硖石镇四乡织布之需。因为硖石仅产香粳稻、羊眼豆、梅、荬、茶等,不产棉花,但四乡农家多以织布为业,故需大量购入棉纱③。由此可见,市镇网络在促进地区分工协作、商品集散、把地区产业纳入全国市场诸方面,都有着乡村、县城或单个市镇所不可能体现的社会经济功能。

从宏观经济的视角看,江南市镇网络的生命力在于,各大市镇都有一个支柱产业作为中流砥柱,保持市镇经济持续繁荣。这是江南市镇不同于初级市场——集市的最大特点:市镇的专业化分布格局。首先对专业化市镇进行分析的是刘翠溶的论文《明清时代南方地区的专业生产》,以及刘石吉的论文《明清时代江南地区的专业市镇》④。笔者认为这种分析是符合江南市镇的实际情况的。就长江三角洲地区的农业地理而论,大体上可以划分为蚕桑区与棉作区两大类型,从而使丝绸业、棉织业成为蚕桑区与棉作区的支柱产业,这是形成长江三角洲地区规模最大经济最发达的丝绸业市镇、棉布业市镇的根本原因。

### 3. 江南丝绸业市镇与丝绸贸易

#### (1) 江南蚕丝业的蓬勃发展

太湖流域素以栽桑养蚕缫丝织绸而闻名于世。进入明朝,蚕桑业、丝织业

---

① 康熙《乌青文献》卷2《土产》。民国《乌青镇志》卷21《工商·桑叶业》。
② 道光《金泽镇志》卷1《土产》。
③ 光绪《周庄镇志》卷1《物产》。
④ 刘翠溶论文载于《大陆杂志》第56卷第3、4期(1977年);刘石吉论文载于《食货》第8卷第6、7、8期(1978年)。

迅猛发展,不仅产量、品种有所增加,而且产地和从业人员范围日趋扩大。农家经营中逐渐形成"蚕桑压倒稻作"的格局,蚕丝收入的好坏成了一年收入丰歉的决定性因素。这与洪熙、宣德、成化、弘治以来蚕桑丝织业由城市逐渐向乡镇推广有很大关系。吴江县的情况可以作为一个典型:"绫绸之业,宋元以前惟郡人为之,至明熙宣(洪熙、宣德)间,邑民始渐事机丝,犹往往雇郡人织挽;成弘(成化、弘治)以后,土人亦有精其业者,相沿成俗。于是,震泽镇及近镇各村居民,乃尽逐绫绸之利,有力者雇人织挽,贫者皆自织。"①这里所反映的情况是有代表性的。农家除栽桑养蚕之外还兼营丝织,富裕农家雇佣机工,贫下农家多自缫自织。这对于蚕桑丝织业的发展是有决定意义的,同时必然促使农业经济的商品化程度的提高②,所以"隆万(隆庆、万历)以来,机杼之家相沿比业,巧绌百出,有绫有罗,有花纱、绉纱、斗绸之缎,有花有素,有重至十五六两,有轻至二三两,有连为数丈,有开为十方……各直省客商云集贸贩,里人贾鬻他方,四时往来不绝"③。

导致蚕丝业蓬勃发展的根本原因在于,这一地区优质生丝与绸缎不仅在国内市场而且在国外市场需求量日益增加,价格日趋攀升。利益的驱动促使农家经营愈来愈卷入商品经济的大潮之中,桑、丝、绸都可以作为商品出售,而且其经济收益比纯农业收入要大得多。明朝后期湖州人谢肇淛《西吴枝乘》说:蚕桑之事"湖(湖州)人尤以为先务,其生计所资,视田(耕作)几过之"。同时代人徐献忠《吴兴掌故集》也说:"蚕桑之利莫甚于湖(湖州),大约良地一亩可得叶八十箇,每二十斤为一箇,计其一岁垦鉏壅培之费,大约不过二两,而其利倍之。"④因此农家普遍认为"多种田(水稻田)不如多治地(桑地)",即多种稻不如多栽桑。明末湖州琏市人沈氏所撰《沈氏农书》和明末清初嘉兴桐乡人张履祥所撰《补农书》,反映了晚明这一地区农业生产的实态⑤。张氏在《补农书》

---

① 乾隆《震泽县志》卷25《风俗·生业》。
② 美籍华裔学者赵冈认为,过剩的农村劳动力没有机会成本,可以与城市手工业工场竞争,于是某些手工业生产向农村靠拢,农村变成了这类产品的主要产地。参看赵冈《中国城市发展史论集》(台北联经出版事业公司,1995年)第七章《明清的新型市镇》。
③ 乾隆《湖州府志》卷41《物产》,引《双林志》。
④ 徐献忠《吴兴掌故集》卷13《物资类·农桑》。徐献忠,松江华亭人,曾任奉化知县,颇有政声,因故谢政归乡,为避倭乱,侨居吴兴,作此书。
⑤ 张履祥《杨园先生全集》卷49《沈氏农书》;卷50《补农书》。

中说:"浙西之利,蚕丝为大","田地相匹,蚕丝利厚","余里蚕桑之利,厚于稼穑,公私赖焉,蚕不稔则公私俱困,为苦百倍"。《沈氏农书》中关于蚕桑的论述所占篇幅最多,尤其重视桑园管理。例如种桑,"种法以稀为贵,纵横各七尺,每亩约二百株,株株茂盛,叶便满百,不须多也";又如垦地,"桑之细根,断亦无害,只要棱层空敞。若倒地,则春天雨水正多,地面要犁平,使不滞水。背后脚迹,尽数揉平";再如春天壅地,"清明边再浇人粪,谓之撮叶,浇一钱多二钱之叶。剪桑毕,再浇人粪,谓之谢叶,浇一钱多一钱之叶,毫不亏本,落得桑好"①。

琏市沈氏与桐乡张氏都是雇工生产的经营地主,沈氏"有地不得不种,田不得不唤长年";张氏"岁耕田十余亩,地数亩","雇人代作"②。此种经营方式商业色彩很浓,是以蚕桑为主、稻作为副多种经营的农业经济。张履祥在《补农书》中记"策邬氏生业",给有田十亩、池一方、屋数楹的母子家庭策划生产事宜时说:"瘠田十亩,自耕尽可足一家之食,若雇人代耕,则与石田无异;若佃于人,则计其租入,仅足供赋役而已。"因此他的经营对策是,不种水稻,而栽培桑三亩、豆三亩、竹与果树各二亩,兼养鱼饲羊,也体现了商业性农业的多种经营特色。这种经营方式与市场的关系十分密切,这不仅表现在产品大量投入市场,而且表现在经营过程中时时与市场有密切来往,连肥料都从临近市镇购买:"若要壅,则平望一路是其出产。磨路猪灰,最宜田壅。在四月、十月农忙之时,粪多价贱,当并工多买。其人粪必往杭州,切不可在坝上买满载,当在五道前买满载,次早押到门外过坝,也有五六成粪,且新粪更肥。至于谢桑,于小满边蚕事忙迫之日,只在近镇买坐坑粪,上午去买,下午即浇更好。"③《沈氏农书》记载农家向外购买情况大致如下:铁扒、锄头、稻铗、桑锯、桑剪——向石门镇购买;粪——向苏州、杭州、近镇购买,牛壅 向平望镇购买;豆饼、豆泥——向甪直镇购买;大麦——向长兴、澉浦购买;枯叶——向桐乡、海宁购买;桑叶、茧黄——向南浔购买;盐、茶叶、猪油——向嘉兴购买;酒——向苏州购买。

《沈氏农书》和《补农书》所反映的明清之际嘉兴湖州一带农家经营,占比

---

① 张履祥《杨园先生全集》卷49《沈氏农书》。
② 《杨园先生全集》卷49《沈氏农书跋》。
③ 同上书卷49《沈氏农书·运田地法》。

重最大的是蚕桑,其次才是稻作(包括其他作物),再次是禽畜饲养。《沈氏农书》说:"壅地果能一年四壅,闹泥两番,深垦刨尽,不荒不蟥,每亩产叶八九十个,断然必有。比中地一亩采四五十个者,岂非一亩兼二亩之息。"一亩旱地用于栽桑,亩收桑叶八十个,以每个价银九分计,八十个计银七两二钱;一亩水田用于种稻,亩收米三石①,以每石米价银一两二钱计,三石米价银三两六钱。两相比较,栽桑的经济效益比种稻高达一倍。嘉靖时归安县人茅坤对此早已有所关注,他说:地一亩用于栽桑,高产时可采叶二千斤,卖价为银五两至六两;中产可收一千斤,卖价为银二三两;低产所收也不下银一二两。而圩田一亩种稻,高产亩收米二石,次者一石五斗②。当时米价大抵每石银三钱至五钱左右③。二石米仅银六钱至一两左右,与二千斤桑叶的卖价银五两至六两相比,相差六至八倍;与一千斤桑叶的卖价银二两至三两相比,相差二至五倍;与桑叶最低产银一二两相比,也相差一二倍。即使以万历十六年奇荒时节之最高米价每石银一两六钱④计,二石米价银三两二钱,也仅及二千斤桑叶卖价银五两至六钱的一半左右。张履祥《补农书》对种粮与栽桑所作的比较更具说服力:

第一,就种田与治地(即种粮与栽桑)所用工力多少、繁简而言,治地栽桑工力省:"田工俱忙,地工俱闲。田赴时急,地赴时缓。田忧水旱,地不忧水旱。俗云'千日田头,一日地头'是已。"第二,就种粮与栽桑的经济效益而言,栽桑收益大大超过种粮:"田极熟米每亩三石,春化一石有半,然间有之,大约共三石为常耳。地得叶盛者一亩可养蚕十数筐,少亦四五筐,最下二三筐(若二三筐即有豆二熟)。"这就意味着,"米贱丝贵时则蚕一筐即可当一亩之息",即栽桑养蚕的收入可达种粮收入的四五倍到十几倍;就平常年景而言,种桑一亩用

---

① 参看陈恒力《补农书研究》(中华书局,1958年)的有关说明。
② 茅坤《与甥顾敬韦侍郎书》,见乾隆《乌青镇志》卷11《艺文》。茅氏曰:"大略地之所出,每亩上者桑叶二千斤,岁所入五六金,次者千斤,最下者岁所入亦不下一二金,故上地之值每亩千斤,而上中者七金,最下者犹三四金。圩田上者岁所入米二石以上,中者岁所入米一石五斗,下者仅数斗,被水之年则无粒矣。即如地田、荡田,无论水与旱,岁所入三石二石,故其价亦与地相为甲乙。由此言之,则地之赋例当从重,而田之赋例当从轻。"
③ 乾隆《吴江县志》卷40《灾祥》。
④ 乾隆《乌青镇志》卷12《旧闻》:"吾乡万历十六年荒甚……米愈不出,价日益高,到一两六钱一石才住。"

以养蚕,其经济收益比种粮要高出二至三倍①。

这个估算是符合当地实际情况的。大体而言,良地一亩可产桑叶八十个,每个二十斤,共一千六百斤。一般情况下,蚕出火一斤食叶百斤,作茧十斤,缫丝一斤。桑叶千斤,养蚕十斤,谓之本分蚕。亩产桑叶一千六百斤,可养蚕十六斤,缫丝十六斤。对于上述数据可以按不同时期的丝价米价加以比较:嘉靖时期丝每两价银二分,米每石价银三钱;康熙时期丝每两价银六分至八分,米每石价银九钱②。据此,十六斤丝与三石米的比较结果如下:嘉靖时期十六斤丝价银为五两一钱二分,三石米价银为九钱,两者相差五六倍;康熙时期十六斤丝价银为七两六钱至十两二钱,三石米价银为二两七钱,两者相差三四倍。农家妇女缫丝后织绢,经济收益更加可观,常常超过男子从事田间劳作的收益。《沈氏农书》记载,农家妇女二人,全年可织绢一百二十匹,每匹平均价银为一两,共得银一百二十两,扣除工本银(经丝七百两价银五十两,纬丝五百两价银二十七两,丝线、家伙、线腊等价银五两,口粮十两)九十两,净盈利银三十两③。

显然这是丝绸的内销与外销持续旺盛的结果。蚕丝经济的持续兴旺带动了农村经济结构的变化,简言之,即蚕桑压倒稻作,从而促成了太湖东南地带"近镇人家多业机杼"的局面。沈廷瑞《东畲杂记》关于濮院镇四乡的农家经营方式是有典型意义的:"近镇人家多业机杼,间有业田者,田事皆雇西头人为之。西头谓石(门)桐(乡)邑界,其地人多而田少,往往佃于他处,每于春初挈眷而来,年终挈眷而去,名曰种跨脚田。"④可见濮院镇四乡农家经营的重心在蚕桑与丝织,而把传统的主业(农田耕作)视作副业,常弃之不顾,多采取雇佣石门桐乡一带民工相帮。采用这种经营方式的农家,已经迥然不同于一般农家,他们以生产蚕桑丝织为第一要务,是丝绸专业农家。不言而喻,这种从事商品生产的农家的富裕程度大大超过单纯务农的一般农家。双林镇四乡农家

---

① 《杨园先生全集》卷50《补农书后》。
② 乾隆《吴江县志》卷40《灾祥》。道光《震泽镇志》卷2《物产》。
③ 《杨园先生全集》卷49《沈氏农书·蚕务六畜附》。琏市沈氏的经营模式大体上反映了蚕桑在农家经济中的地位,30亩水田种植水稻以及其他粮食作物,收益银30两,旱地桑叶及蚕茧收益银142.5两,禽畜收益银55.1两。共计收益银287.6两,扣除长工三人工食银49两,织绢工本银90两,禽畜工本银31.3两,积余117.3两。主要来自蚕桑。
④ 沈廷瑞《东畲杂记》,见民国《濮院志》卷14《农工商·农桑》。

的情况可以作为一个佐证:"近镇数村以织帛为业,男子或从事绞线,必常出市买丝卖绢。田功半荒,而衣帛食鲜,醉饱市肆,其逸乐远胜常农";"近村织绢乡人赚钱甚易","工余必入市,闻见奢华,日用易费"。这种农家以织绢为主业,成为家庭经济主要来源,当然把田中农事当作副业,即使"田功半荒",也在所不惜,因此,"凡此等村落,田地不足贵"①。

**(2) 丝绸业市镇的分布及其特色**

太湖流域是传统的蚕桑丝织区,号称"湖丝遍天下",绫绸绢纱行销全国各地乃至海外各国,名冠一时。在生丝及绢绸等商品的生产与流通过程中,太湖周边的市镇网络的集散功能与贸易机制,起着特殊的作用。大批丝绸业市镇分布在太湖东南的扇形地带,其星罗棋布的分布密度,在全国各经济区域中是罕见的。最近的盛泽镇与王江泾镇相距仅六里,南浔镇与震泽镇相距仅九里,远的也不过二三十里。太湖周边的丝绸业市镇就其性质而言,可以区分为丝业市镇与绸业市镇两大类。

丝业市镇著名的有南浔镇、震泽镇、乌青镇、菱湖镇、新市镇、石门镇、塘栖镇、临平镇等。

南浔镇——西距湖州府治(乌程县治附郭)六十一里,北距太湖口十八里,湖州至平望的运河穿越而过,交通发达,又处于湖丝生产地的中心,因而成为湖丝的集散中心。南北向的市河与东西向的运河垂直相交于镇中心,形成商业繁华区,自北栅至南栅长达七里,自东栅至西栅长达三里。它兴起于南宋,至明嘉靖、隆庆年间,日趋兴旺,号称"阛阓鳞次,烟火万家","舟航辐辏",正如万历时本地名人 朱国祯所说:"(南)浔虽镇,一都会也。"清人范颖通也说:"前明中叶,科第极盛","当蚕丝入市,客商云集","彬彬然一大镇会矣"。南浔镇四乡所产湖丝又名辑里丝(七里丝),极负盛名,吸引各地客商,"每当新丝告成,商贾辐辏","列肆喧阗,衢路拥塞"。一方面是"乡农卖丝争赴市",另一方面是"客船大贾来行商"。明清两代南浔镇成为湖丝(辑里丝)的主要集散地②。

震泽镇——地滨太湖,位于吴江县治西南九十里。宋朝称为震泽市,元朝

---

① 民国《双林镇志》卷 15《风俗》。
② 道光《南浔镇志》卷首、凡例。咸丰《南浔镇志》卷 6《古迹》,引朱国祯《修东塘记》。民国《双林镇志》卷 6《古迹》,引范颖通《研北居琐录》。民国《双林镇志》卷 24《物产》。民国《南浔镇志》卷 31《农桑》。

仍是一个小市,景况萧条,仅居民数十家。明朝成化年间居民增至三四百家,市廛繁荣,由市成镇。弘治年间震泽镇有巡检司、寺观等建筑,居民增至千百家,自成市井。正德年间,震泽镇发展为地方三里,居民千家的中等规模的市镇,明清之际,货物并聚,居民增至二三千家①。震泽镇四乡,"居民以蚕桑为业",农家"颇善治桑","视蚕事綦重,故植桑尤多,乡村间殆无旷土"。养蚕农家精于缫丝,"凡折色地丁之课,及夏秋日用皆惟蚕丝是赖"。所缫之丝,比别处更光白,细者可以做纱缎经,俗名经丝;稍粗者多用来织绫,俗名绸丝②。四乡农家生产的经丝、绸丝集中出售于镇上丝行,由丝行转销给各地客商,震泽镇因而成为蚕丝的集散中心,其繁荣程度不亚于南浔镇。

乌青镇——乌镇与青镇相隔一水,分属乌程县与桐乡县,然而近在咫尺,当地人习惯合称乌青镇。南宋时已是颇为著名的商业市镇,南宋末年及元朝末年两度由盛转衰,至明朝成化弘治年间趋于繁荣,镇上店铺、民居鳞次栉比,延接于四栅。到了嘉靖年间出现了"商贾四集,财赋甲于一郡"的盛况:"居民殆万家","宛然府城气象"③。乌青镇的大宗商品是蚕丝。四乡所出,以西乡为上,号称辑里丝(七里丝),北乡次之。每当小满新丝上市时,镇上丝行十分繁忙,"各处大郡商客投行收买",平时则有震泽、盛泽、双林等镇"各处机户零买经纬自织",又有贩子"贸丝诣各镇,卖于机户"④。

菱湖镇——位于湖州府治(归安县治附郭)南四十里。南宋时已经形成市廛,元末毁于战火,明初复兴,设税务司,由市升镇。嘉靖、万历年间迅速趋于繁荣,"第宅连云,阛阓列螺,舟航集鳞",成为归安县的雄镇⑤。菱湖镇四乡盛产蚕丝,万历《湖州府志》说:湖丝"属县俱有,惟出于菱湖洛舍者第一"⑥。小满后新丝市最盛,列肆喧阗,衢路壅塞,菱湖镇前后三十里内所产蚕丝,有农家摇丝船运载至镇。牙行(丝行)则临河收丝,"四五月间,乡人货丝船排比而

---

① 洪武《苏州府志》卷10《商税》。正德《姑苏志》卷18《乡镇》。弘治《吴江县志》卷2《市镇》。嘉靖《吴江县志》卷1《疆域》。乾隆《震泽县志》卷4《疆土·镇市村》。
② 道光《震泽镇志》卷2《风俗》。乾隆《震泽县志》卷4《疆土·物产》;卷25《风俗·生业》。道光《震泽镇志》卷2《物产》。
③ 康熙《乌青文献》卷首《陈观:校正乌青志序》;卷1《建置》;卷2《门坊》。
④ 同上书卷3《土产》。
⑤ 光绪《菱湖镇志》卷1《舆地略·疆域》,引庞太元《菱湖志》。
⑥ 万历《湖州府志》卷3《物产》。

泊",十分热闹①。《茗记》说:"菱湖多出蚕丝,贸易者倍他处",小行买之以饷大行,转售外来客商,"镇人大半衣食于此"②。

新市镇——位于德清县治东北四十五里。兴于宋而盛于明,居民近万户,"街衢市巷之盛,人物屋居之繁,琳宫梵宇之壮,蚕丝粟米货物之盛",为全县之冠。镇西乡北乡盛产桑叶,农家采桑而运至镇上贩卖,形成叶市;新丝上市时,又形成丝市,各地客商前来购买,生意兴隆,当时人说,湖州所出之丝以新市镇"所得者独正"③。

石门镇——位于崇德县治北二十里,俗称石门湾,康熙二年改崇德县为石门县,镇名改为玉溪。石门一带"上下地必植桑","蚕月无不育之家"。晚明人王稚登说:"(石门)地饶桑田,蚕丝成市,四方大贾岁以五月贸丝,积金如丘山。"④晚明以降,石门"农桑视昔更盛",丝市兴旺,"公私取偿丝市","丝市之利胥仰给贾客腰缠,乃驵小侩递润其腹,而后得抵乡民之手"。镇上除丝行外,桑叶行、绸行也生意繁忙,"岁盛时坐贾持衡,行商麇至,资以贸迁","商贾辐辏浮于邑"⑤。

塘栖镇——一名唐栖,位于杭州府治北五十里,与湖州府德清县接界。南宋以前由杭州北上取道于临平镇,塘栖僻处下塘,仍是一个荒村。元末修新开河,塘栖连通杭州;明朝正统年间又修筑塘岸官道,塘栖成为交通要津,"商贾鳞集,临河两岸市肆萃焉"⑥。嘉靖年间,"市区氓橡鳞次栉比,北乡左右越墟,出贩者晨驰夕骛,肩摩迹累"⑦。塘栖镇西乡田少,"遍地宜桑,春夏间一片绿云,几无隙地,剪声梯影,无村不然,出丝之多甲于一邑,为生植大宗"⑧。

临平镇——位于杭州府治东五十七里。南宋时渐趋兴旺,"户口蕃盛,商贾买卖者十倍于昔"。塘栖镇兴起后,临平镇的重要性有所下降,但晚明时仍是大镇,"地不满十里,户不满万人"⑨。经济主要仰赖蚕丝,"海宁、仁和上塘蚕

---

① 天启《吴兴备志》卷29《琐征》。
② 光绪《菱湖镇志》卷1《舆地略·物产》。
③ 正德《新市镇志》卷1《物产》。康熙《德清县志》卷2《市镇》。
④ 王稚登《客越志》。
⑤ 康熙《石门镇志》卷1《纪闻》;卷7《纪文》,贺灿然《石门镇彰宪亭碑记》。
⑥ 光绪《塘栖志》卷1《图说》。
⑦ 同上书卷1《图说》;卷3《桥梁·嘉靖十四年塘栖镇通济桥碑记》。
⑧ 同上书卷18《物产》。
⑨ 沈谦《临平记》卷1《事记》。

丝,于临平市贸易居多"①。

绸业市镇著名的有盛泽镇、濮院镇、王江泾镇、王店镇、双林镇、长安镇、硖石镇等。

盛泽镇——原名青草滩,直至明初仍是一个村落,居民仅五六十家,只有"寅亥市"(即六日一集的村市),嘉靖年间才成为吴江县治西南六十里的居民百家的小市②。不久它就迅速发展成"以绫绸为业"的大镇,"每日中为市,舟楫塞港,街道肩摩",一跃而为居民万户的工商业中心,"丝绸之利日扩,南北商贾咸萃","蕃阜气象诸镇中推为第一"③。刊于天启七年(1627年)的《醒世恒言》,有一篇题为《施润泽滩阙遇友》的小说,以吴江县盛泽镇为背景,如实地反映了晚明时期盛泽镇的繁华情况:"苏州府吴江县离城七十里,有个乡镇,地名盛泽。镇上居民稠广,土俗淳朴,俱以蚕桑为业,男女勤谨,络纬机杼之声通宵彻夜。"又说:"市河两岸,绸丝牙行约有千百余家,远近村坊织成绸匹,俱到此上市。四方商贾来收买的,蜂攒蚁集,挨挤不开。"④吴江县一向以盛产绫绸而著称,"蚕桑盛于两浙",所产绫绸以盛泽为集散地,"凡邑中所产皆聚于盛泽镇","富商大贾数千里辇万金而来,摩肩联袂如一都会",绫罗纱绸运销各地,"衣被遍天下"⑤。

濮院镇——位于桐乡县与秀水县之间,西南距桐乡县治十七里,东北距秀水县治三十六里。旧名永乐市,"收积机产,远方商贾旋至旋行"。明初时,"居者渐繁,人可万余家","民务织丝苎","商旅辐辏"⑥。此地以产濮绸而闻名天下。万历年间,"改土机为纱绸,制作绝工,濮绸之名遂著远近,自后织作尤盛",镇上街巷"接屋连檐,机声盈耳,里人业织者多矣"⑦。万历十九年(1591年)秀水知县立培所撰《翔云观碑记》,盛赞其时濮院镇之繁荣:"迩来市廛栉比,华厦鳞次,机声杼声轧轧相闻,日出锦帛千计,远方大贾携橐群至,众庶熙

---

① 《临平记补遗》卷3《附记》。
② 乾隆《盛湖志》卷下《古迹》。光绪《盛湖志》卷1《沿革》。嘉靖《吴江县志》卷1《地理志·疆域》。
③ 光绪《盛湖志》卷1《沿革》。康熙《吴江县志》卷1《市镇》。
④ 冯梦龙《醒世恒言》卷18《施润泽滩阙遇友》。
⑤ 康熙《吴江县志》卷16《风俗》;卷17《物产》。乾隆《吴江县志》卷5《物产》。
⑥ 万历《秀水县志》卷1《舆地·市镇》。嘉庆《濮川所闻记》卷1《总叙》。
⑦ 嘉庆《濮川所闻记》卷3《织作》。

攘于焉集。"他还特别指出："往亦嘉禾（按：即嘉兴）一巨镇也。"①康熙《桐乡县志》说："（濮院镇）万家烟火，民多织作，绸绢为生，为都省商贾往来之会。"②濮院镇所产纺绸，练丝熟净，质细而滑，且柔韧耐洗涤，故名重远近。著名文人万斯同有一首竹枝词吟咏道："独喜村村蚕事修，一村妇女几家休，织城广幅生丝绢，不数嘉禾濮院绸。"③

王江泾镇——位于秀水县治北三十里永乐乡。旧名闻川市，后有巨姓王氏、江氏在此建房贸易，遂改名为王江泾市。南尽秀水县界，北据吴江县界。明初王江泾商业日趋繁荣，居民骤增，由市升为镇，称王江泾镇。万历年间已成大镇，"多织绸收丝缟之利，居者可七千余家"④。以后发展成"烟户万家"的大镇，"其民多织缯为业，日出千匹，衣被数州郡"⑤。王江泾镇依傍运河（京杭大运河浙江段），长虹桥横跨其上，在闻店桥与市河交会。万历中疏浚陡门至王江泾段运河，堤岸甃石。镇中有市河，市河两岸有三条大街——一里街、丝行街、百岁街，丝行、绸行、茶楼酒肆密集之处，商业繁华，人居稠密。王江泾镇全盛时，镇中祠庙寺观林立，有关圣庙（一名万寿庵）、莲花庵、云深庵、北社庙、东社庙、西社庙、金龙四大王庙、刘王庙、正阳殿、蚕花殿、医仙祠、施王庙、跌隐寺、流福寺、寿生寺、梵音阁、东禅寺、栖真寺、保安讲寺、观音阁等⑥。此种格局，反映了王江泾镇当时丝绸业的兴旺发达所带来的蓬勃生机。

王店镇——位于嘉兴县治东南三十六里，有市河梅溪自西而东沿围三里，故又称梅里。兴盛于明中叶，《乐郊私语》说："王店镇，有工部尚书王逵者世居大彭都官滩里。自逵构屋于梅溪，聚货贸易，因名王店。尚书公子曰令安、孙曰延福，皆成进士，簪缨相继，而王店日渐殷庶，遂成巨镇。"⑦由于这个缘故，王店镇的建置记载最早见于万历《嘉兴府志》，王店镇与新丰镇、新行镇、钟带镇

---

① 嘉庆《濮川所闻记》卷4《文》。
② 康熙《桐乡县志》卷1《市镇》。雍正《浙江通志》卷102《物产》："嘉绵之名颇著，而实不称，惟濮院所产纺绸，练丝熟净，组织亦工，是以一镇之内坐贾持衡，行商麇至，终岁贸易不下数十万金，居民藉此为利。"
③ 嘉庆《濮川所闻记》卷3《织作》。
④ 万历《秀水县志》卷1《舆地志·市镇》。
⑤ 宣统《闻川志稿》卷2《建置志·农桑》。
⑥ 同上书卷2《建置志·祠庙》。
⑦ 康熙《嘉兴府志》卷16《外记》，引《乐郊私语》。

同为嘉兴县四镇①。明朝万历以降,王店镇盛极一时,经济极为发达,"物产之利首推纱布,而蚕丝之广不下吴兴(即湖州),户勤纺织,人多巧制"②。丝绸是王店镇仅次于棉布的第二大产业,所产褚绸、画绢远近闻名,号称"王店褚绸为最,画绢亦甲天下"③。

双林镇——位于湖州府治东南五十四里。旧名东林村,明永乐三年(1405年)改名为双林镇。当时"户不过数百,口不过千余",明末清初增至三千余户,以后又激增至近万户,成为湖州一个富庶的工商业中心。双林镇四乡遍地栽桑,小满之后农家忙于采桑饲蚕,进入繁忙的"蚕月"。由于附近水质清冽,"乡人取以缫丝,洁润异常",有诗曰"汲得凤凰泉畔水,一堆白雪晃新丝"④。用这种优质丝织成的纱绢,即著名的包头纱(绢),深受各地妇女喜爱,号称"通行天下"。明朝成化年间双溪两岸农家都精于织绢,吸引各地商贾纷纷前来采购。成化十一年(1475年)张廉撰《重建成化桥碑铭》说:"溪左右延袤数十里,俗皆织绢,于是四方之商贾咸集以贸易焉。"⑤隆庆、万历年间,"机杼之家相沿比业,巧变百出,有绫有罗,有花纱、绉纱、斗绸之缎;有花有素,有重至十五六两,有轻至二三两;有连为数丈,有开为十方;有方三尺四尺五尺,长至七八尺;其花样有四季花、西湖景致、百子图、八宝龙凤,大小疏密不等","各直省客商云集贸贩,里人贾鬻他方,四时往来不绝"⑥。

长安镇——南宋时已是临安府的大镇,属盐官县,位于县治西北二十五里,为运道所经,"上下两河商贾往来,舟航辐辏,昼夜喧沓"⑦。长安镇米市远近闻名,仅次于米市的是棉布市、绢绸市,所产绵绸、绢、丝带都很有名⑧。

硖石镇——位于海宁县治东北五十里。明末号称"烟火万家"⑨。其地兼产棉布、丝绸,所产紫薇绸远近闻名,"以丹井水缫茧,色微碧","名松阴色,享

---

① 万历《嘉兴府志》卷2《城池》。
② 乾隆《梅里志》卷7《物产》。按:《梅里志》系乾隆时杨谦纂,嘉庆时李富孙补辑,光绪时余懋续补。
③ 民国《梅里备志》卷2《物产》。
④ 民国《双林镇志》卷2《水道》。
⑤ 同上书卷18《户口》;卷12《碑碣》。
⑥ 乾隆《湖州府志》卷41《物产》,引《双林志》。茅应奎《东西林汇考》卷4《土产志》。
⑦ 万历《杭州府志》卷34《市镇》。
⑧ 同治《修川小志》卷7《物产》。
⑨ 嘉庆《硖川续志》卷11《艺文》。

上价"①。

这些市镇都各具特色,而且互相沟通,形成一个丝织业的网络,因而具备了单个市镇所不可能具有的优势,在全国生丝与丝绸交易市场上始终居于领先的地位。

**(3) 丝绸业市镇的经济结构与丝绸贸易**

市镇作为商业与手工业中心,具有商品集散的显著功能。丝绸业市镇也不例外,它的经济结构与经营方式也体现在这方面,即首先是一个丝绸生产与交易的中心。这使得它迥然不同于乡村那种农业经济色彩,也不同于县级以上城市那种行政中心色彩,而更具有时代的特色与生机,体现经济发展的方向与趋势。这种机制在丝绸业市镇的三大支柱——牙行、客商、作坊的联系中显示得淋漓尽致。

牙行:"聚四方商旅"

牙行作为商品生产者与外来客商的中介,一面招徕生产丝、绸的乡人,一面接纳四面八方前来购买丝、绸的客商,从而左右着市面繁荣、生意兴旺,成为市镇商业的枢纽。它资本雄厚,又具有盘根错节的地方势力,控制乡人与机户的生产与经营,垄断市场贸易,成为市镇经济盛衰的标志。

在丝绸业市镇上,经营丝、绸贸易的牙行(丝行、绸行)数量最多,经济实力最强。双林镇上招接各地客商的牙行称为广行或客行,遍布于镇的四栅。当地文献说:"丝业牙行聚四方商旅,饶富立至";"在本镇经纪者,以丝、绵、绸、绢为盛,有资设店获利固易,而精其业者即空手入市,亦可日有收获";"客商赍银来者动以千万计,供应奢华,同行争胜,投客所好以为迎客,无所不至"②。小满后,闽广大贾投行收买新丝,头蚕、二蚕是大市,往往"日出万金";中秋节后客商大多返归,为其服务的"夥友"也四散,此时镇上丝市称为"冷丝市",陆续零星发卖以便与次年新丝市衔接,故当地人说:"买不尽湖丝。"每逢客商多而货物少时,"行家雇船下乡收买,谓之出乡";又有代行家收买的"抄庄",有既买而卖与各行的"掇庄"(或曰贩子),还有代掇庄充作乡货上行出卖的"撑早船",有

---

① 嘉庆《硖川续志》卷5《物产》;卷19《丛谈》。
② 民国《双林镇志》卷15《风俗》。

平时零卖于机户的"折丝庄"①。菱湖镇上的丝行,有大行、小行之分。每当新丝上市,农家用小船把新丝运到镇上,"投主交易";丝行则临河收丝。因此,"四五月间,乡人货丝船排比而泊"②。收丝的牙行,有财力雄厚的大行,也有小本经营的小行。小行又称"抄庄",它所收购的丝主要是转手给大行,一部分出售给买丝客商。此外还有"小领头"(俗称白拉主人):"招乡丝代为之售,稍抽微利。"③

南浔镇的情况大体类似。丝行因其销售对象及经营方式的不同,而有京庄、广庄、经庄、划庄、乡庄等。时人有诗曰:"闾阎填噎驵侩忙,一榜大书丝经行,就中分列京广庄,毕集南粤金陵商。"④京庄也称京行,专门供应苏杭两地织造局所需上等细丝,织成绸绢解往京城,故称京庄(京行)。广庄也称广行,专门招接广东商人,也称客行。乡庄也称乡行,指专门买乡丝的丝行。经庄也称京行,指专门买经造经的丝行,经营专售苏州机户的苏经及专售广东商人的广经。划庄又称小行,专门买进后转手出售给大行。此外还有"招乡丝代为之售,稍抽微利"的"小领头"(俗称白拉主人)。从"镇人大半衣食于此"的描述来看,南浔镇依赖丝行谋生的人占全镇人口的一半以上,绝非夸张之词。乌青镇上,"蚕毕时各处大郡商客投行收买"⑤,这个"行"就是丝行。丝行多于小满后开秤收购,专售于客帮商人,收取千分之十八的佣金。旺季过后,"平时则有震泽、盛泽、双林等镇各处机户零买经纬自织。又有贸丝诣各镇卖于机户,谓之贩子"⑥。

绸业市镇上的绸行与丝行一样兴旺。濮院镇上的绸行又称绸庄,收购四乡农家及镇上机户所生产的绫绸;或由"接手"居间介绍,或由绸行"出庄"收绸。《濮川所闻记》说:"绸既成,有接手持诣绸行售之,每一绸分值若干,谓之佣钱";"绸行日向午赴市收绸,谓之出庄;其善看绸者,谓之看庄;归行再按,谓之复庄"⑦。绸行收绸后,交付练坊练熟,然后转销于各地来镇的客商。绸行招接的客商来自全国各地,"各以其地所宜之货售于客",因而绸行也分别有京

---

① 民国《双林镇志》卷16《物产》。
② 天启《吴兴备志》卷29《琐征》。
③ 光绪《菱湖镇志》卷11《舆地略·物产》。
④ 咸丰《南浔镇志》卷21《农桑》。
⑤⑥ 康熙《乌青镇志》卷3《土产》。
⑦ 嘉庆《濮川所闻记》卷3《织作》。

行、建行、济宁行、湖广行、周村行之分,而以京行财力最雄厚:"京行之货有琉球、蒙古、关东各路之异。"①盛泽镇上绸行极盛,据晚明冯梦龙描述:"市河两岸绸丝牙行约有千百余家,远近村坊织成绸匹,俱到此上市,四方商贾来收买的,蜂攒蚁集,挨挤不开。"②证之以地方志,冯梦龙所说并非小说家言。盛泽镇上的绸行,不仅要收购四乡所产的绫绢,而且吴江县其他地方所产绫绢均以盛泽镇为出口中心,集中向外输出。《吴江县志》说:"吴绫见称往昔","今郡属惟吴江有之,邑西南境多业此","凡邑中所产,皆聚于盛泽镇,天下衣被多赖之"③。要满足各地富商大贾的巨大购买力,如果没有几百家绸行,是难以想象的。盛泽镇的盛衰取决于"商客之盛衰",亦即取决于绸行生意的盛衰。何以故?"盖机户仰食于绸行,绸行仰食于商客,而开张店肆者即胥仰食于此。"④

客商:"坐贾持衡,行商麇至"

丝绸业市镇所出产的丝、绸行销全国乃至海外各国,利润丰厚,各地客商视为财利之渊薮,纷至沓来,镇上富商大贾云集。以产濮绸闻名的濮院镇,"万家灯火,民多织作绸绢为生,为都省商贾往来之会","一镇之内坐贾持衡,行商麇至,终岁贸易不下数十万金"⑤。明末清初人说濮院镇"日出万绸",按照每匹绸价银一两六钱计⑥,"日出万绸"即一万匹,每天的贸易额就达到一万六千两白银,全年贸易额必超过白银一百万两无疑。何况乾隆时人沈廷瑞《东畲杂记》指出,濮院镇"所谓'日出万绸',盖不止也"。可见这个估计还是保守的。南浔镇的情况可以进一步印证濮院镇的估计的可靠性。南浔镇的湖丝贸易额,据温丰《南浔丝市行》说:"一日贸易数万金。"⑦蚕丝贸易的旺季是从小满到中秋,约四个半月(135天),如果一天贸易额以"数万金"的最低点二万两计,那么旺季的贸易额将达白银二百七十万两;如果一天贸易额以四万两计,那么旺

---

① 嘉庆《濮川所闻记》卷3《织作》。沈廷瑞《东畲杂记》。
② 冯梦龙《醒世恒言》卷18《施润泽滩阙遇友》。
③ 康熙《吴江县志》卷17《物产》。乾隆《吴江县志》卷5《物产》。按:康熙《吴江县志》卷17《物产》在此段文字中将盛泽镇误写为震泽镇,其实震泽镇只产丝不产绸。
④ 乾隆《盛湖志》卷下《风俗》。
⑤ 康熙《桐乡县志》卷1《市镇》。雍正《浙江通志》卷102《物产》。
⑥ 根据乾隆《吴江县志》卷38《风俗·生业》。康熙时绸价每两(绸以重量计价)值银一钱,一匹绸轻重不等,重的约十六七两,轻的约二三两。
⑦ 民国《南浔志》卷31《农桑》,引温丰《南浔丝市行》。

季的贸易额将达五百多万两以上。还有人说,南浔镇"湖丝极盛时,出洋十万包"①。每包丝重一千三百二十两,十万包丝重达一亿三千二百万两,如果按一万两银可买丝十二万五千两计,那么湖丝极盛时"出洋十万包"的价值达到白银一千万两以上。可见"一日贸易数万金"并非夸张之词。以上两个典型市镇所显示的客商购买力,是令人叹为观止的,它显示了丝、绸产品在国内外市场上的销售持续旺盛的走势。联系到上节所说新航路发现后的太平洋丝绸之路的繁华景象,人们就不难理解了。

机坊:"雇人织挽"

由于国内外市场对太湖周边市镇所产精美丝、绸的需求量与日俱增,个体劳动的家庭手工业显然难以适应,以雇佣劳动为特征的手工业作坊大量涌现,是晚明时期值得注意的重大变化。《吴江县志》在谈及绫绸之业时强调指出,成化、弘治以后,"土人亦有精其业者,相沿成俗,于是盛泽、黄溪四五十里间,居民尽逐绫绸之利,有力者雇人挽织"②。盛泽、黄溪一带富裕机户"雇人挽织",拥有若干张织机,形成有相当规模的机坊。盛泽镇上受雇为人"佣织"的雇佣劳动者称为"机工"、"曳花儿"等,人数多达几千。《盛湖志》称:"中元夜四乡佣织多人及俗称曳花者约数千计,汇聚东庙并升明桥赌唱山歌,编成新调,喧阗达旦。"③黄溪市的情况也是如此,有一个庞大的雇佣劳动者市场,每天清晨机工们"立长春、泰安二桥,以待人雇织,名曰'走桥',又曰'找做'"。这些待人雇佣者多有一技之长,生意繁忙时,机户为招徕机工,往往百般迁就,"每逢节候,肴馔必更丰焉",因为佣工"或食无兼味,辄去而他适";生意萧条时,机户雇工减少,这些"无人雇织"者,便"沿途求乞以为常"④。吴江县这种"走桥"、"找做",在长洲县一带叫做"唤找",《长洲县志》说:"工匠各有专能,匠有常主,计日受值。有他故则唤无主之匠代之,曰唤找。无主者黎明立桥以待,锻工立花桥,纱工立广化寺桥,以车纺丝者曰车匠,立濂溪坊。什百为群,延颈而望。"⑤

---

① 民国《南浔志》卷4《河渠》,引徐有珂《重浚三十六溇港议》。
② 乾隆《吴江县志》卷38《风俗·生业》。
③ 乾隆《盛湖志》卷下《风俗》。
④ 道光《黄溪志》卷1《疆土·风俗》。
⑤ 康熙《长洲县志》卷3《风俗》。

这种情况在丝绸业市镇是相当普遍的。以出产濮绸而闻名的濮院镇，拥有较多织机的机户，采取作坊形式经营，雇佣各种工匠。镇上每天都有大批待雇者，集结在太平巷等待雇佣，形成与吴江、长洲类似的劳动力市场。《濮川所闻记》说："太平巷，本福善寺，西出正道。阖镇职工、曳工每晨集此以待雇。"①《濮院琐志》也说：镇上工匠"或遇无主，每早向个通衢分立，织工立于左，曳工立于右"②。由于雇佣劳动的盛行，分工越来越细，有络丝、织工、曳工（挽工）牵经、刷边、扎扣、接头、接收、修绸、看庄等，"或人兼数事，或专习一业"③。

市镇作为新兴的经济中心地，兼具生产与流通的双重功能，体现了经济发展的新趋势。镇上牙行、作坊林立，客商云集，商品与资金流通数量巨大效益明显，为新型的雇佣劳动提供了温床，专业化分工带来的精湛工艺，源源不断地生产出一流的丝绸产品，以满足国内以及海外市场日益增长的需求。

"湖丝遍天下"：丝绸贸易

"湖丝遍天下"的成语如实地反映了当时太湖流域生产的生丝与丝绸行销全国各地的实况。各地商帮如徽州商人、山西商人、洞庭商人、龙游商人等，携带巨额资金，纷纷来到这一地区采购生丝与丝绸，然后运销各地。吴承明的论文《论明代国内市场和商人资本》谈到"丝和丝织品的运销"时指出：明代商品丝主要是浙江湖州府的湖丝，其次是四川保宁府的阆丝。湖丝南下杭州，北上苏州，远销福建。嘉兴府也是产丝区，其丝也走苏杭。苏州丝还远销广东。明代丝织业已甚发达，最大的丝织品市场还是在浙江的杭嘉湖一带，其产品有秦晋燕周商人不远数千里前来采购，也销往浙东、江西，主要走向是北运，山东临清万历间有锻店三十二座，长城边的宣化也有苏杭罗缎铺④。汪敬虞的论文《中国近代生丝的对外贸易和缫丝业中资本主义企业的产生》指出，生丝的海上贸易包括东南亚、日本以至美洲和西欧，在很早已见诸文献记载。中日之间的生丝贸易，无论合法的勘合贸易或非法的海盗贸易，在十五六世纪之交，便已相当频繁。17世纪以后，每年的贸易量，一般达到2000担的水平，最高到过3000担。从澳门开往长崎的商船，每船经常装载白丝500担至600担。西班

---

① 嘉庆《濮川所闻记》卷2《地字·坊巷》。
② 《濮院琐志》卷1《机杼》；卷7《杂流》。
③ 同上书卷1《机杼》。
④ 吴承明《中国的现代化：市场与社会》，三联书店，2001年，第131～133页。

牙殖民主义者占据菲律宾以后,通过西班牙商人每年运到美洲的中国生丝有的估计为3000担至5000担,有的估计为8000担至1万担。1637年墨西哥一处以中国生丝为原料的丝织工人,达到1.4万多人①。

由于海外市场对太湖流域一带的生丝(即湖丝),有着持续增长的需求,而且价格昂贵,刺激国内市场价格不断攀升。《吴江县志》有一则引自《黄溪志》的资料,提供了丝与绸的比价:"明嘉靖中,绫绸价每两银八九分,丝每两二分;我朝康熙中,绫绸价每两一钱,丝尚止三四分;今(按:乾隆中)绸价视康熙间增三分之一,而丝价乃倍之。"②由此可见,从明朝嘉靖年间到清朝乾隆年间,丝价由每两值银二分上涨至银六分至八分,增长了三四倍。这种情况,与海外市场对生丝的需求量日益增加有密切关系。从晚明到清初,生丝一直是中国出口的第一位商品,这种状况一直持续到1720年(康熙五十九年)。

全汉昇的论文《自明季至清中叶西属美洲的中国丝货贸易》指出,从1565年以来的两个半世纪西班牙人来往于墨西哥的阿卡普尔科到菲律宾的马尼拉的大帆船,从美洲带来白银,运回中国的丝货(生丝及丝织品)。而明朝的中国,以江浙间的太湖为中心而扩展至东南沿海的广大地区,蚕丝生产事业特别发达,产量越来越多的生丝和丝织品,除供应国内消费外,还有大量剩余可供出口,故能长期成为菲、美间大帆船贸易的主要商品。中国与菲律宾之间的"丝—银贸易",集中于福建漳州府的月港(即后来的海澄)。商人们不断地把湖丝从江浙运往福建。王世懋《闽部疏》说:"凡福(州)之绸、丝,漳(州)之纱、绢……无日不走分水岭,及浦城小关,下吴越如流水。其航大海而去者,尤不可计。皆衣被天下。所仰给他省,独湖丝耳。红不逮京口,闽人货湖丝者,往往染翠红而归织之。"这是说福州、漳州的出口丝织品,其原料丝是由商人从江浙一带购买来的湖丝。徐光启《农政全书》引郭子章《蚕论》也有此一说:"东南之机,三吴、闽、越最夥,取给于湖丝。"这可以与地方志相印证,如万历《兴化府志》说:"民间所织纱帛,(丝)皆资于吴中。"万历《泉州府志》说:"(绢)用湖州头蚕丝为上。"又说:"(纱)亦用湖丝","(丝布)用湖丝"。因此江浙与福建之间的商路上湖丝源源不断地流向福建,正如张瀚《松窗梦语》所说:"浙江……桑麻

---

① 中国社会科学院科研局编《汪敬虞集》,中国社会科学出版社,2001年,第340~341页。
② 乾隆《吴江县志》卷38《风俗·生业》。乾隆《震泽县志》卷25《生业》。

遍野,茧、丝、绵、苎之所出,四方咸取给焉……宁(波)、绍(兴)、温(州)、台(州),并海而南,跨引汀(州)、漳(州),估客往来,人获其利。"广东沿海的澳门是另一个生丝与丝织品的出口港,也是湖丝的一个重要销售市场。乾隆《广州府志》引明修《广州府志》说:"粤缎之质密而匀,其色鲜华光辉滑泽,然必吴蚕之丝所织,若本土之丝则黯然无光,色亦不显,止可行于粤境,远商所不收。粤纱,金陵苏杭皆不及,然亦用吴丝(湖丝),方得光华,不褪色,不沾尘,皱褶易直。"①漳州府的月港以及后来由月港镇升格而成的海澄县,是中国与菲律宾"丝—银贸易"的出发点,由这里运往马尼拉港的中国货物以生丝及各种丝织品为主。全汉昇说:"当日在中国值银一百两的湖丝,运到那里出售,起码得价二倍。除西班牙人外,有时日本商人也到那里收搜购湖丝。当大家在市场上争着购买的时候,湖丝价格更急剧上涨,每斤售银五两,即每担五百两。由于国内和吕宋售价的悬殊,把丝货运到那里出卖的中国商人,往往获得巨额的利润,从而把赚到的银子大量运回本国。吕宋的马尼拉港既然成为湖丝交易中心,我们可以推知,当日以太湖为中心的江浙蚕丝产区是对菲输出的丝货的主要来源,故有不少浙、直(南直隶,指江苏及安徽)丝客都参加吕宋贸易。"他引用徐光启《海防迂说》:"于是有西洋番舶者,市我湖丝购物,走诸国贸易。若吕宋者,其大多会也。而我闽、浙、直商人,乃皆走吕宋诸国。倭所欲得于我者,悉转市之吕宋诸国矣……吕宋者在闽之南,路迂回远矣。而市物又少,价时时腾贵,湖丝有每斤价至五两者。"②

一直到康熙中叶以前,生丝及丝织品始终在外贸出口中占据第一位;即使在1720年以后,茶叶的出口价值超过了生丝与丝织品,但生丝与丝织品的出口量依然十分可观。乾隆二十四年(1759年)李侍尧在一个奏折中说:"外洋各国夷船到粤,贩运出口货物,均以丝货为重,每年贩卖湖丝并绸缎等货自二十余万斤至三十二三万斤不等。统计所买丝货,一岁之中,价值七八十万两,或百余万两……均系江浙等省商民贩运来粤,卖与各行商,转售外夷,载运回

---

① 参看全汉昇《自明季至清中叶西属美洲的中国丝货贸易》,载《中国经济史论丛》第一册,第451~458页。
② 同上书,第459~462页。张海英《明清江南与闽粤地区的经济交流》,载《社会科学》2002年第1期。

国。"①从广州出口的湖丝数量巨大,利润丰厚,刺激湖丝国内市场价格日趋上涨。乾隆二十四年李兆鹏指出:"近年以来,南北丝货腾贵,价值较往岁增至数倍","民间商贩希图重利出卖,洋艘转运多至盈千累万,以致丝价日昂"②。英国学者马士(H. B. Morse)对康熙、乾隆时期英国东印度公司购买湖丝的数量与价格有系统的记载,从中可以看出丝价渐趋上涨的基本趋势③。五口通商以后,湖丝大量经由上海出口,南浔镇丝商到上海经营湖丝出口贸易者逐渐增多,从上海出口的湖丝数量也逐步增长。由此带动了19世纪70年代至20世纪20年代为时50年的湖州蚕桑丝绸事业的黄金时代的出现④。

从以上的描述中大体可以了解江南丝绸业市镇在生丝与丝织品出口贸易中所占的重要地位。

### 4. 江南棉布业市镇与棉布贸易

与中国生丝、丝绸在国际市场上成为畅销品一样,中国棉布在国际市场上也十分畅销。据严中平研究,在"马尼拉大帆船"的远程贸易中,棉布是一种重要商品。西班牙占领菲律宾以后,中国土布很快成为菲律宾群岛土著居民的生活必需品。1591年菲律宾总督发现,菲律宾群岛土著居民因为服用中国衣料,不再种棉织布,所以下令禁止土著居民服用中国衣着原料。1592年这个总督向西班牙国王报告,中国商人收购菲律宾棉花,转眼就从中国运来棉布。棉布已成为中国货在菲律宾销路最大的商品;如果土著居民采用自己种植的棉花自行纺织,那么可以向墨西哥输出40万比索的布匹。然而这不过是一纸空文,以后土著居民还是大量服用中国衣料。中国纺织品还经过马尼拉运销到西属美洲殖民地。早在16世纪末,中国棉布已经在墨西哥市场上排挤了西班牙货。因为中国棉布价廉物美,所以印第安人和黑人都用中国货而不用欧洲货⑤。中国棉布在日本也很受欢迎,在日本与明朝的朝贡贸易或走私贸易中,棉布是仅次于生丝与丝绸的大宗商品,一匹棉布在广州的买价不过白银0.28

---

① 李侍尧《奏请将本年样商已买丝货准其出口折》,载《史料旬刊》第15期。
② 《李兆鹏折》,载《史料旬刊》第15期。
③ 马士对康熙、乾隆时期英国东印度公司购买湖丝的数量与价格有系统记录,从中可以看出湖丝价格逐渐上涨的趋势,每担丝的价银从1699年的137两,上涨到1785年的290~320两。参看中山美绪《清代前期江南的物价动向》,载《东洋史研究》第37卷第4号。
④ 参看拙作《明清江南市镇探微》,第218~221页。
⑤ 严中平《丝绸流向菲律宾 白银流向中国》。

两,在长崎的卖价竟高达 0.50～0.54 两①。据汪敬虞研究,中国棉布远销南洋群岛,在 16 世纪后期有了历史文献的记载。17 世纪初被称为 Canqas 的中国棉布,经由澳门向南洋的望加锡(Macassar)和交趾支那出口。到了 18 世纪初中国对俄国的边境贸易中已经有了棉布,被称为 Kitajka 的中国棉布,在整个 18 世纪的对俄出口中居于首位。18 世纪 30 年代中国手工棉布首次由英国东印度公司运销英国。18 世纪 50 年代以后,西班牙、荷兰、法国、瑞典等欧洲国家也开始运销中国棉布,在长达三个多世纪的过程中,中国棉布的外销数量明显持续增长②。把江南棉布业市镇的蓬勃发展放在这样一个大背景下考察,将会给人们更多的新启示。

**(1) 农家棉作经营的商品经济化**

棉花最早种植于印度次大陆,大约在公元前 2 世纪传入中国,但始终局限在边疆少数民族地区,宋代以降由印度次大陆通过两个方向移植于中国:陆路由中亚细亚进入陕西,海路由海南岛进入广东、福建一带。清乾隆年间松江府上海县的棉花专家褚华所写的《木棉谱》论及棉花的传入,很赞成明朝人丘浚的意见,指出:"汉唐之世木棉虽入贡,中国未有其种,民未以为服,官未以为调。宋元间传入其种,关、陕、闽、广首处其利。盖闽广海舶通商,关陕接壤西域故也。"此处所谓"木棉",就是现在通称的棉花,是一年生的草本作物,而今人所谓"木棉",是多年生的木本作物,即攀枝花之类。以往古籍中常把二者混为一谈,今人在论及棉花起源时也常犯此类错误。

松江府上海县乌泥泾镇是江南最早移植棉花并从事棉纺织业的地方,陶宗仪《辍耕录》说:"闽广多种木棉,纺织为布,名曰吉贝。松江府东去五十里许,曰乌泥泾,其地土硗瘠,民食不给,因谋树艺,以资生业,遂谋种于彼(指闽广)。"褚华《木棉谱》说:"邑(指上海县)产棉花自海峤来,初于邑之乌泥泾种之,今遍地皆是。"正德《松江府志》说:"木棉,宋时乡人始传其种于乌泥泾,今沿海高乡多植之。"③

---

① C. R. Boxer, *The Great Ship from Amacon: Annals of Macao and Old Japan Trade*, 1555 - 1640. Lisbon, 1963, pp. 179 - 181; *The Christian Century in Japan 1549 - 1650*. Berkeley, 1967, pp. 109 - 110. 参看黄启臣、邓开颂《明嘉靖至崇祯年间澳门对外贸易的发展》、《明清时期澳门对外贸易的兴衰》。
② 汪敬虞《从棉纺织品的贸易看中国资本主义的产生》,见《汪敬虞集》,第 367～368 页。
③ 陶宗仪《辍耕录》卷 24《黄道婆》。褚华《木棉谱》(上海掌故丛书)。正德《松江府志》卷 5《土产》。

因此把乌泥泾镇看作"棉花革命"①的策源地是当之无愧的。这一切,又是与黄道婆的名字相联系的。棉花在乌泥泾的引进虽然早于黄道婆回归故里之前,但任何一种作物的引进和推广,必须产生明显的社会经济效益,才具有生命力。黄道婆之前的乌泥泾人引进闽广棉花后,纺织技术是相当原始的。黄道婆把海南岛黎族的纺织技术带回到家乡乌泥泾,教农家"做造杆、弹、纺、织之具,至于错纱、配色、综线、挈花,各有其法"②。这具体的成果便是王逢所说,黄道婆"躬纺木棉,织崖州被以自给,教他姓妇不少倦。未几,被更乌泥泾名天下,仰食者千余家"③。这种意想不到的成功很快影响到附近地区。后人追忆:黄道婆"以广中治木棉之法,教当地轧弹纺织。久之,三百里内外悉司其事"④。从而推动棉花种植与棉纺织业向周边地区的传播,明末清初太仓人吴伟业谈及此事时说:"自上海、嘉定以延及吾州(指太仓州),冈迹高仰,合于土宜。"⑤从中大体可以窥知棉花由乌泥泾传至全县、全府,再传至邻近的太仓、苏州一带的轨迹。《苏州府志》中一些零星记载颇堪寻味:其一是"(棉花)元至正间(1341—1367年)始传此种";其二是"吾邑(指常熟县)海乡之种木棉,实始于元,其种由松江传来"⑥。这与乾嘉考据大师赵翼的研究结论不谋而合:"合诸说观之,盖其(指棉花)种本来自外番,先传于粤,继及于闽,元初始至江南,而江南又始于松江耳。"⑦需要补充一句的是,而松江又始于乌泥泾耳!

元末明初松江冈身以东地带已经普遍种植棉花,洪武三年(1370年)明太祖朱元璋在批复户部关于"请浙西四府秋粮内收(棉)布三十万匹"的奏疏时说:"松江乃产布之地,止令一府输纳。"⑧可见其时松江作为植棉产布之地已颇有名气了。随着棉纺织业的发展,棉花种植愈加普及,"沿海高乡皆种之"⑨。棉花种植在这里的发展与地理条件关系密切,一方面由于近海易淹,远海灌溉

---

① 美国加利福尼亚大学黄宗智教授在《长江三角洲小农家庭与乡村发展》(中华书局,1992年)一书中指出:1350年至1850年间长江三角洲在围绕"棉花革命"的过程中经历了相当程度的商品化。
② 陶宗仪《辍耕录》卷24《黄道婆》。
③ 王逢《梧溪集》卷3《黄道婆祠并序》。按:所谓"崖州被"是海南岛崖州的一种特色花布。
④ 郑光祖《一斑录杂述》卷1。
⑤ 吴伟业《梅村家藏稿》卷10《木棉吟·序》。
⑥ 道光《苏州府志》卷18《物产》。同治《苏州府志》卷20《物产》,引陈三恪《海虞别乘》。
⑦ 赵翼《陔余丛考》卷30"木棉布行于宋末元初"。
⑧ 《明太祖洪武实录》卷56,洪武三年九月辛卯。
⑨ 正德《松江府志》卷5《土产》。

困难,种稻不易;另一方面冈身以东是一片沙壤,土粗而松,且地势高昂,宜于种棉。因此从松江至苏州府属嘉定、太仓一带都是"三分宜稻,七分宜木棉"。明初上海人顾彧的《竹枝词》是这一带的普遍写照:"平川多种木棉花,织布人家罢缉麻,昨日官租科正急,街头多卖木棉纱。"①明中叶以后冈身东西两边农家种植棉花之多已十分引人注目,昆山一带"多种木棉,土人专业纺织";嘉定一带"专种木棉",种稻土地仅及种棉豆土地的十分之一②。从松江府的华亭县、上海县、青浦县到苏州府的嘉定县、太仓州、昆山县、常熟县,以及嘉兴府的嘉善县、平湖县、海盐县,都是著名的棉作区与棉纺织区。苏州府"木棉布诸县皆有之,而嘉定、常熟为盛";海盐县"地产木棉花甚少,而纺之为纱织之为布者,家户习为恒业";平湖县"枲多于桑,布浮于帛";嘉善县的魏塘镇、枫泾镇更是著名的棉纱棉布产地③。

在这些地方的农家经营中,逐渐出现了棉作压倒稻作的格局,棉花种植以及与此相关的纺纱织布的经济收入日益成为农家的主要经济来源,所谓"田家收获输官偿息外","其衣食全赖此"④。嘉靖年间松江人徐献忠的《布赋序》反映了棉作区的普遍状况:"邑人以布缕为业,农氓之困借以稍济";"乡村纺织尤尚精敏,农暇之时,所出布匹以万计,以织助耕"⑤。这种"以织助耕",不同于以往传统小农经济范畴的男耕女织,它已经被商品经济所渗透。农家种植的棉花是作为商品投入市场的,因此棉花集市遍布于各地。每当秋季棉花上市之时,牙行商人忙于收购棉花,转售于外来客商。嘉定县的新泾镇号称"棉花管屦所集",附近农家"春作悉以栽(棉)花为本业","(棉)花才入筐,即为远贩所购","民之公私赖焉"⑥。太仓州的鹤王市是一个远近闻名的棉花交易市场,"每岁木棉有秋,市廛阗溢",远近商贩挟带重资前来收购,生意兴隆,鹤王市因此"沃饶甲于境内"。因为此地农家栽培的棉花色泽纤维均佳,"闽广商人贩归

---

① 万历《上海县志》卷1《风俗》。
② 崇祯《松江府志》卷10《田赋》。万历《嘉定县志》卷7《田赋》。
③ 正德《姑苏志》卷14《土产》。天启《海盐县图经》卷4《方域篇之四·县风土记》。康熙《平湖县志》卷4《风俗志·习俗》。康熙《嘉善县志》卷2《乡镇》。
④ 万历《上海县志》卷1《风俗》。嘉靖《常熟县志》卷3《物产志》。
⑤ 康熙《松江府志》卷4《土产》;卷5《风俗》。
⑥ 万历《嘉定县志》卷3《风俗》。康熙《嘉定县志》卷1《市镇》;卷4《物产》。

其乡,必题鹤王市棉花",鹤王市声誉卓著,"每秋航海来市,无虑数十万金"①。界于华亭、青浦二县间的七宝镇四乡也是棉花的集散地,农家所产棉花"以供纺织,且资远贩,公私赖之"②。很明显,苏松一带农家经营已经卷入了商品经济的漩涡之中,棉花这种农产品,农家或作为自产商品出售,或从市镇购入作为纺纱原料,都与市场发生密切关系,更不必说商贾的大批贩运了。

棉花作为商品进入市场,其价格随着各种因素的作用而波动,起伏幅度很大。明末清初上海县人叶梦珠《阅世编》对于松江府上海县的棉花价格有如下记录:"吾邑地产木棉,行于浙西诸郡,纺绩成布,衣被天下,而民间赋税,公私之费,亦赖以济,故种植之广,与粳稻等。秋收之后,予幼闻木棉百斤一担值银一两六七钱。崇祯初,渐至四五两。甲申(1644年)以后,因南北间阻,布商不行,棉花百斤一担不过值钱二千文,准银五六钱而已。顺治三四年后,布渐行,(棉)花亦渐涨。六年己丑(1649年),(棉)花价每百斤值银三两五六钱。七年(1650年)九月,(棉)花价五两百斤。八年(1651年)三月,九两一担。是时,三四年间递有升降,相去亦不甚悬绝。至十四年丁酉(1667年),每担价止二两五钱。康熙元年(1662年)正月,增至三两。七月以后犹二两百斤也。九月秋,价止一两七八钱,涨至二两五钱。十月,(棉)花价三两有奇。十月终,每担价银四两。十年辛亥(1671年)十一月,(棉)花价每担值钱三千三百,准银亦不下三两。十三年(1674年),上上花每担不过一两九钱。十六年丁巳(1677年)夏,涨至二两六七钱,上者直至三两,积年陈花为之一空,富室之获利者甚众。十八年己未(1679年)秋成,棉花百斤价银止一两五六钱。次年夏,涨至三两。二十年辛酉(1681年)夏,价银三两五六钱。二十一年(1682年)夏五月,上白者每百斤价银四两一钱。二十二年秋成,上白好花每百斤价银一两三四钱。"③大体而言,崇祯初年(1628年)出现一个价格高峰,每担价银四两至五两间;顺治七年(1650年)又出现每担价银五两的高峰;多数年份在每担二两至四两间浮动。

棉作区的农家普遍从事纺纱织布的家庭手工业。这种家庭手工业与传统

---

① 道光《增修鹤市志略》卷上《原始》;卷下《物产》。乾隆《镇洋县志》卷1《物产》。
② 道光《蒲溪小志》卷1《物产》。
③ 叶梦珠《阅世编》卷7《食货四》。

的"男耕女织"时代的家庭副业的根本不同之处在于,它是一种面向市场的商品生产,而且是农家经济的主要来源。一种常见的方式是,"农家纺木棉为纱者,市钱不自织"①。金山卫一带如此,嘉善县以及松江府各县都有此类情况。农家不但把自己生产的棉花纺成纱出售,而且还从市场上买回棉花加工,正如当时人所说:"抱纱入市,易木棉以归,明旦复抱纱以出,无顷刻闲"②;"地产木棉花甚少,而纺之为纱,织之为布者,家户习为恒业,不止乡落,虽城中亦然。往往商贾从旁郡贩棉花列肆吾土,小民以纺织所成,或纱或布,侵晨入市,易木棉以归,仍治而纺织之。明旦复持以易,无顷刻闲。纺者日可得纱四五两,织者日成布一匹。燃脂夜作,男妇或通宵不寐。田家收获输官偿债外,卒岁室庐已空,其衣食全赖此"③;"邑人以布履为业,农氓之困借以稍济","乡村纺织尤尚精敏,农暇之时,所出布匹以万计"④。

  明中叶即已名闻遐迩号称"衣被天下"的松江府棉布,诸如三梭布、尤墩布、卫稀布、飞花布等,大多是农家织机上生产出来的,也就是说,农家的商品化手工业为全国市场提供了名噪一时的棉布精品。宣德年间巡抚侍郎周忱奏准当地以布折税(一匹布相当于米二石),此种布两端织红纱作为标识,谓之"红纱官布"。以后棉布折米的比率下降,布亦绌薄。其后有"三纱布",又称"三梭布",幅宽三尺余,质地细密。成化间乡人把它送给京城达官贵人,流闻禁庭。宫中下令府司织造赭黄、大红、真紫等色,龙凤、斗牛、麒麟等纹,工作胥吏并缘为奸,一匹工本竟至白银百两,弘治初不得不停止。又有云布,据《云间郡志》说,以蚕丝作经而以棉纱作纬织成,谓之"丝布",俗称"云布"。《云间据目钞》说,云布松人久不用,近年有精美如花绒者,价与绫等。以后改为抹绒布,杂用蚕丝为纬,其花纹各种如织锦花,素者更淡雅。又有捺布,促线为之,犹如苏州之捺绸。紫花布以紫色棉花纺纱织成,不加染工。大红布以花子红作染料,鲜明倍于绫罗。丁娘子布又称飞花布,纱极细而精轻,光洁如银,幅阔二尺。小布,幅密而狭,又称扣布。稀布,幅阔纱粗,质地疏松。兼丝布,以白苎或黄草兼丝织成,制作暑服尤佳。药斑布,以皮纸积褶如板,以布幅广狭为

---

①② 正德《金山卫志》下卷1《风俗》。
③ 天启《海盐县图经》卷4《方域编之四·县风土记》。
④ 康熙《松江府志》卷5《风俗》,引徐献忠《布赋序》。

度,簇花样于其上,将染以板覆布,用豆面等调和为糊,刷之候干,入靛缸染成色,晒干后,药斑纹灿烂夺目,俗称浇花布。品种名色多样,大抵各村镇自立名色。从规格大小而言,又有所谓放阔布、新改布、标寸布之类①。叶梦珠说:"标布,出于三林塘者为最精,周浦次之,邑城最下,俱走秦、晋、京、边诸路,每匹约值银一钱五六分";"其较标布稍狭而长者,曰中机,走湖广、江西、两广诸路,价与标布等"②。苏州府的嘉定县、常熟县、昆山县、太仓州一带情况大体相似。所产药斑布、棋花布、斜纹布、兼丝布等,以嘉定、常熟为盛,"商贾贩鬻,近自杭、歙、清济,远至蓟、辽、山、陕"③。所以有"苏布名重四方"之誉。嘉定县钱门塘一带乡村所产丁娘子布,"纱细工良,明时有徽商僦居里中,收买出贩。自是外冈各镇多仿为之,遂俱称钱门塘布"。外冈也因此而兴盛,万历时"四方之巨贾富驵贸花布者,皆集于此"④。

(2) 棉布业市镇的分布状况

长江三角洲大量存在的棉布业市镇,是把本地区发达的棉纺织业与各地市场联系的中介,是沟通棉纺织个体生产者、手工业作坊、牙行与外来客商、各地市场联系的重要渠道,是一个商品交易中心。这一地区之所以能够"衣被天下"⑤,除了棉布品质特别优良之外,还仰赖于四通八达的市镇网络。在长江三角洲,棉布业市镇就其规模与数量而言,是仅次于丝绸业市镇的。

以经营棉花交易为专业的市镇,首推新泾镇、鹤王市。

新泾镇——在嘉定县治东三里,因水而名,"为棉花管履所集,顷年更盛"。每当棉花上市季节,镇上牙行纷纷忙于收购四乡农家出售的棉花,呈现一派繁忙景象:"市中交易,未晓而集。每岁棉花入市,牙行多聚。少年以羽为翼,携灯拦接,乡民莫知所适。抢攘之间甚至亡失货物"⑥。

鹤王市——在太仓州治东北二十四里,东滨大江,西达州城,南控浏河,北

---

① 崇祯《松江府志》卷6《物产》。顾清《旁秋亭杂记》卷上云:"吾乡(松江)折税布曰阔白三梭者,准米二石,纳价银七钱,俗谓之细布;阔白锦布者,准米一石,纳价银三钱,以上至四钱,俗谓之粗布。"
② 叶梦珠《阅世编》卷6《物产》。
③ 正德《姑苏志》卷14《土产》。万历《嘉定县志》卷7《田赋·物产》。
④ 崇祯《外冈志》卷2《物产》;卷1《沿革》。民国《钱门塘乡志》卷1《土产》。
⑤ 正德《松江府志》卷4《风俗》:"俗务纺织,他技不多,而精线绫、三棱布、漆纱方巾、剪绒毯,皆天下第一……要之,吾乡所出,皆切实用。如绫布二物,衣被天下,虽苏杭不及也。"
⑥ 万历《嘉定县志》卷1《市镇》。康熙《嘉定县志》卷1《市镇》。万历《嘉定县志》卷3《风俗》。

抵沙溪,为水陆交通要道。原属昆山县,弘治十年割归太仓州。其沙壤土地适合棉花生长,所产棉花"比之他乡,柔韧而加白,每朵有朱砂斑一点,离市十数里即无"①。因此鹤王市棉花成为优质棉花的代名词,各地商人都闻名前来采购,"闽广人贩归其乡者,市题必曰太仓鹤王市棉花。每秋航海来贾于市,无虑数十万金,为邑首产"。鹤王市经营棉花生意的牙行称为"净花行",开设"净花行"的牙侩因生意兴隆而发财起家的不可计数②。鹤王市地近浏河的出海口,"支干诸河俱通利,大舸小艑往来不绝,以故数十里之货群萃于市中",成为远近数十里所产优质棉花的集散地,"每岁木棉有秋,市廛阗溢",因此鹤王市的富饶"甲于境内"③。

其他如七宝镇、月浦镇、真如镇、外冈镇等也是棉花交易的重要市场。

以经营棉布交易为专业的市镇数量更多,规模更大,成为苏松一带万商云集的商业中心,其佼佼者有:

朱泾镇——原属华亭县,清初先后改归娄县、金山县。其四乡盛产棉花,乡人精于纺织,所产标布质地精细,优于远近闻名的尤墩布。清人赵慎徽笔下的朱泾镇棉布业十分兴旺:"万家烟火似都城,元室曾经置大盈,估客往来多满载,至今人号小临清。"他为这首诗写了注解:"明季多标行,有小临清之目。"④那意思是说,晚明时朱泾镇上从事标布贸易的牙行(即标行)林林总总,各地前来采购布匹的客商(即估客)满载而归,朱泾镇的繁华可以和运河沿线的商业城市临清相媲美。正如清初叶梦珠所说:"前朝(指明朝)标布盛行,富商巨贾操重资而来市者,白银动以数万计,多或数十万两,少亦以万计,故牙行奉布商如王侯。"⑤顾公燮则从另一个侧面记录了晚明时朱泾镇的繁华:"前明数百家布号,皆在松江枫泾、朱泾乐业,而染坊、踹坊、商贾悉从之。"⑥

枫泾镇——界于松江、嘉兴两府之间,一半属于华亭县,一半属于嘉善县。四乡农家多植棉且精于纺织,镇上收购棉布的布号(布行)鳞次栉比,数以百计。农家收获棉花后,以车纺纱,或出售给镇上纱庄(纱行),或自织棉布,借以

---

① 道光《增修鹤王市志略》卷下《物产》。
② 乾隆《镇洋县志》卷1《物产》;卷1《风俗》。
③ 道光《增修鹤王市志略》卷下《物产》;卷上《原始》。
④ 嘉庆《朱泾志》卷1《疆域志·因革》。
⑤ 叶梦珠《阅世编》卷7《食货五》。
⑥ 顾公燮《消夏闲记摘抄》卷中《芙蓉塘》。

为业。镇上纱庄、布号生意兴隆,沈蓉城《枫泾竹枝词》写道:"贸易隆盛百货会,包家桥口集人烟,男携白布来市中,女挈黄花向务前。"这种盛况从明中叶一直持续到清中叶,使枫泾镇长期保持"物阜民殷,巨贾辐辏"的"都会"地位①。

七宝镇——原属华亭县,万历元年析置青浦县后,其北划归青浦县,其南仍归华亭县。四乡所产之棉纱"较西乡为独异",所织之布,有标布、扣布、稀布,尤以稀布(阔一尺二寸,长二丈三尺)最精,号称"龙华稀、七宝稀最驰名";"布之精者为尖,有龙华尖、七宝尖名目"②。标布、扣布、稀布远销各地,刺激当地农家的纺织业。"织布者率日成一匹,其精敏者日可二匹";"比户织作,昼夜不辍,乡镇皆为之,暮成匹布,易钱米以资日用"③。

朱家角镇——在青浦县城西十二里。万历年间已经号称"商贾辏聚,贸易花布"的巨镇,是远近闻名的标布贸易中心,"京省标客往来不绝",每当棉布销售旺季,镇上"布肆黑夜燃灯为市"④。入清以后,标布被本色布、青蓝布所取代,"本色布,南翔、苏州两处庄客收买;青蓝布,估客贩至崇明南北二沙"⑤。

南翔镇——在嘉定县治南二十四里。四乡农家纺纱织布,所产有浆纱、刷线两种。刷线布又名扣布,"光洁而厚,制衣被耐久,远方珍之,布商各字号俱在镇,鉴择尤精,故里中所织甲一邑"⑥。

罗店镇——在嘉定县治东十八里。明中叶已经成为棉布集散中心,"徽商凑集,贸易之盛几埒南翔"⑦。所产棉布有套布、泗泾布、紫花布、斜纹布、棋花布等⑧。

安亭镇——在嘉定县治西南二十四里,其地半属嘉定半属昆山。四乡以盛产药斑布、棋花布而著名。所谓药斑布,即以药涂布染青,干即拂去,青白相间成纹,有楼台、花鸟、山水、人物等图案。所谓棋花布,以青白经纬线缕间织成,状如棋枰。此外还有浆布、黄布、线毯、被囊、高丽布等⑨。

---

① 光绪《枫泾小志》卷1《区域志·食货》;卷10《拾遗》。康熙《嘉善县志》卷2《乡镇》。
② 民国《法华乡志》卷3《土产》。
③ 道光《蒲溪小志》卷1《风俗》;卷1《物产》。
④ 万历《青浦县志》卷2《镇市》。崇祯《松江府志》卷3《镇市》。万历《青浦县志》卷1《风俗》。
⑤ 嘉庆《珠里小志》卷4《物产》。
⑥ 嘉庆《南翔镇志》卷1《疆里·物产》。
⑦ 万历《嘉定县志》卷1《疆域考·市镇》。
⑧ 康熙《嘉定县志》卷4《物产》。光绪《罗店镇志》卷1《疆域志·物产》。
⑨ 康熙《嘉定县志》卷1《疆域·市镇》。嘉庆《安亭志》卷2《土产》。

外冈镇——在嘉定县治西十二里。万历以来外冈布闻名遐迩,成为徽商争购的佳品,"因徽商僦居钱鸣塘(指钱门塘)收买,遂名钱鸣塘布"①。其中紫花布尤佳,价倍于常布。入清以后,外冈布名声更有过之,浆纱布、飞花布堪称绝品,"纱必匀细,工必精良,价逾常布"。布商众口一词:"外冈之布,名曰冈尖,以染浅色,鲜妍可爱,他处不及","故苏郡布商在镇开庄收买"②。

一些棉布业市镇兼业棉纱交易。例如青浦县治西南三十五里的金泽镇,地势低洼,不产棉花,但四乡农家"无论贫富妇女,无不纺织"。农家纺纱织布,把纺成的纱或织成的布,拿到市镇,换成棉花,回来再纺纱织布。这种经营方式带有来料加工性质。镇上收购棉纱棉布的牙行称为"花纱布庄",农家与"花纱布庄"的关系是:"布成持以易花,或即以棉纱易,辗转相乘"③。一些棉布业市镇还兼营棉布加工业,如枫泾镇、朱泾镇、南翔镇、金泽镇、黄渡镇等的染坊业、踹坊业、纺车业、锭子业、布机业,都是当地很有影响的重要行业④。

**(3) 棉布贸易与棉布市场**

牙行是市镇经济结构的中枢,操纵市镇经济的运行:"市中贸易,必经牙行,非是,市不得鬻,人不得售";"贫人持物入市,不许私自交易,横主索值,肆意勒索";举凡"花、布、柴、米、纱、馔,下及粪田之属,皆有牙行,类皆领帖开张"⑤。在棉布业市镇上最有财有势的当推牙行(布庄),所谓"牙行非藉势要之家不能立",说明它们有一定的"势要之家"作为背景,才能垄断市场。各地布商大多通过布行(布庄)之手收购棉布,一种方式是"各省布商先发银于庄(布行),徐收其布";另一种方式是布商携带资金到各市镇直接向布行购买布匹现货⑥。褚华说,他的六世祖在明朝时就是专门招接陕西、山西商人的布行老板,

---

① 崇祯《外冈志》卷2《物产》。
② 乾隆《续外冈志》卷4《物产》。
③ 道光《金泽小志》卷1《风俗》。
④ 枫泾镇上布号林立,收购大量棉布,再由布局整理加工。布局设有染坊、砑坊,棉布毛坯经过染、砑之后方才可以运销外地。据吴遇坤《天愍录》记载,"康熙初,里中多布局,局中多雇染匠、砑匠,皆江宁人,往来成群"。南翔镇上为棉布字号服务的踹坊有十家之多,由坊总长、包头人、踹匠组成,形成一种雇佣关系。朱泾镇及其东南的吕巷市,为棉布业配套的铁锭业与纺车业十分发达,嘉庆《朱泾志》说:"铁锭朱泾最良,时有'朱泾锭子吕巷车'之谚。"金泽镇所制纺车、锭子名胜不亚于朱泾镇,成为附近百里方圆争购的名牌产品。道光《金泽小志》说:"东松郡(松江府),西吴江,南嘉善,北昆山、常熟,咸来购买。"
⑤ 嘉庆《安亭志》卷2《风俗》。光绪《月浦志》卷9《风俗》。
⑥ 叶梦珠《阅世编》卷7《食货5》。咸丰《紫堤村志》卷2《风俗》。

此公"精于陶猗之术",很会经商,"秦晋布商皆主于家,门下客常数十人,为之设肆收买,俟其将成行李时,如估银与布,捆载而去,其利甚厚,以故富甲一邑"①。

牙行一方面凭借势要之家撑腰,另一方面自恃经济实力雄厚,常常成为地方一霸,称为行霸。行霸的特征就是欺行霸市,这些把持布行、花行(棉花牙行)、柴行、米行、猪行的行霸,凭借其地头蛇的优势,擅自抬高或压低物价,"擅取用钱,卖者买者各有抑勒,曰内外用"②。此类行霸可以说各市镇都有,成为"市镇之民害",他们"私立牙行,高低物价,擅取用钱,买者卖者各有抑勒,名曰内用外用,结连光棍,邀人货物,卖布者夺其布,贸花者夺其花,乡人不得自由"③。有的行霸为了把持行市,垄断一方交易,自己制造一些度量衡器具,"其所用秤、斗不与常同,故称名亦异其称,曰桥秤桥斗"④。这些行霸还雇佣一批地痞流氓,专门干一些"打降"(或曰"打行",按:吴方言"降"与"行"同音)与"白拉"(或曰"白赖",按:吴方言"拉"与"赖"同音)的勾当。日本学者上田信最早注意到这个问题,写有论文《围绕明末清初的都市"无赖"的社会关系——打行与脚夫》,其后川胜守注意及此,写有论文《明末清初的打行与访行——旧中国的无赖诸史料》⑤。

很明显,牙行是市镇上新兴势力与守旧势力的混合物,带有自相矛盾的两重性:一方面助长商品经济的发展,借以从中获利;另一方面却利用自己的手破坏商品经济的正常发展。因而行霸成为市镇恶势力的代表,如果没有行霸的指使、怂恿,"打降"("打行")、"白拉"("白赖")之类恶习绝不可能在市镇上横行无忌。正如崇祯《太仓州志》所说:"州为小民害者,旧时棍徒私立牙店,曰行霸。贫民持物入市,如花布米麦之类,不许自交易,横主索值,肆意勒索,曰用钱。今则离市镇几里外,令群不逞要诸路,曰白赖。乡人持物,不论货卖与否,辄攫去,曰:'至某店领价。'乡民且奈何,则随往,有候至日暮半价者,有徒

---

① 褚华《木棉谱》(上海掌故丛书)。
② 光绪《罗店镇志》卷1《疆域考·风俗》。
③ 康熙《嘉定县志》卷4《风俗》。
④ 嘉庆《安亭志》卷2《风俗》。
⑤ 上田信《围绕明末清初的都市"无赖"的社会关系——打行与脚夫》,载《史学杂志》第90卷第11期(1981年)。川胜守《明末清初的打行和访行——旧中国的无赖诸史料》,载《史渊》第119期(1982年)。

呼哭归者,有饥馁嗟怨被殴伤者。如双凤镇孔道,为行霸四截,薪米告匮,至粪田之具不达。又如茜泾镇,以蒲鞋著数里内,乡民夫妇穷日夜捆织,惧为白赖攫,欲达蒲鞋场,有伏地蛇行者。"①据苏松一带人士说,这种风气兴盛于晚明,如万历时范濂说:"恶少打行,盛于苏州……此风沿入松(江),以至万历庚辰(万历八年,1588年)后尤甚。又名撞六市,分列某处某班,肆行强横。"②可见此风在万历以前早已盛行于苏州,蔓延到松江后,万历八年以后尤甚。康熙时苏州府长洲县人褚人获引用《亦巢偶记》说:"打行,闻兴于万历间,至崇祯时尤盛","鼎革以来,官府不知其说,而吏胥又不晓文义,改作降字"③。按照他的说法,此风兴起于万历间,盛行于崇祯间进入清朝以后愈演愈烈。

事实正是如此。康熙二十一年(1682年)至二十三年担任巡抚的余国桂颁布《严禁打降移文》,对此有深刻的分析:"照得打降为害地方,惟三吴有其事,遂有其名。询其根由,始于游手无赖各霸一方,城镇乡村无处不有";"倚靠势力为城社,结连衙蠹为腹心,彼既恃有护身之符,尚何畏乎三尺之法"④。正如上海县周浦镇举人高廷亮向上海知县建议"严禁恶俗五条"所说,其中之一就是"白拉":"其人并不开张店铺,纠集游民,伺客船至镇,拉其货物,或散居民,或散店口,十分货价偿其二三,公行侵蚀。小商资本不过数十金,告官则费时日,资斧愈亏;争论则拳勇相加,反受荼毒。而此辈洋洋自得,甚至乡民以柴米等物入市,悉遭搬抢,以多为少,以贵为贱,名为代卖,实资中饱,致商民俱惴栗远避,市价腾涌,贫民蒿目。"⑤一些工商业发达的中心市镇情况更加严重,例如棉布贸易中心南翔镇,"市井恶少无赖所谓打降、白拉者,是处有之,南翔为甚。打降逞其拳勇,凡抢亲、杠孀、抬神、扎诈诸不法事,多起于若辈。白拉聚集恶党,潜伏道侧,候村民入市,邀夺货物,或私开牙行,客商经过,百计诱致,不罄其资不止"⑥。

至于脚行,则是从事搬运工作的牙行,是搬运工——脚夫的行帮组织,上有脚头,下有脚夫,以行霸为后台,在市镇上把持地段,肆行勒索。有些做法类

---

① 崇祯《太仓州志》卷5《风俗》。
② 范濂《云间据目抄》卷2《记风俗》。
③ 褚人获《坚瓠九集》卷2。
④ 康熙《江南通志》卷65《艺文》。
⑤ 雍正《分建南汇县志》卷19《风俗》。
⑥ 嘉庆《南翔镇志》卷12《杂志·纪事》。

似于打降、白拉。例如法华镇,"镇有脚行,三诚和里谓中行,东西各有一。其间强而黠者为脚头。凡运商货,脚头争昂其值,而朘其余。遇吉凶事则论地段把持掯勒,稍弗遂欲,即恃强生事,屡禁不止"①。再如南翔镇,"拳勇之患,脚夫为甚。其人既不足比数,而闾里恒耻于为伍。人无智愚,客无远近,不过资其力,肩挑背负任彼定价横索,惟恐弗得其欢心。以致货物壅塞河干市口,遂酿成彼等骄横之习日盛一日。而米客受其笼络,米店受其凌虐,米牙受其挟制,彼等且收其无穷之利,贿赂公行,结纳败类,于是焰日以炽,祸日益烈"②。江湾镇也是如此,明清之际嘉定县人士说:"嘉邑(嘉定县)大害,莫甚于脚夫,而脚夫之横,莫甚于南翔、江湾两镇。若辈什百为群,投托势官,结纳豪奴,私自分疆划界。凡商民货物横索脚价,稍不如意,则货抛河下,无人承挑,商贾裹足。"③

  以上这些看来颇具负面影响的陋规恶习,其实是商品经济高度成长的必然产物,或者说是商贾云集市场繁荣的某种衍生物,它们作为市镇经济运作的润滑剂,是不可或缺的。官府屡禁不止的原因就在于此,只要存在发达的商品经济与市场运作,就有行霸、打降、白拉、脚行存在的合理性④。

  松江府苏州府一带的棉布业市镇所集散的棉布品种多、质地精,号称"衣被天下",决非夸张之词。明末清初松江府上海县人叶梦珠说,本地的标布"俱走秦、晋、京、边诸路",中机布"走湖广、江西、两广诸路"⑤。万历《嘉定县志》说,当地出产的斜纹布、药斑布、棋花布、蓝靛布、紫花布等,"商贾贩鬻,近自杭、歙、清、济,远至蓟、辽、山、陕"⑥。充分表明苏松地区的棉布是面向全国市场的。因此,担负着长途贩运的各地商帮功不可没。

  在江南棉布业市镇经营棉布贸易的商帮,首推徽州商人(新安商人),几乎各大市镇都可以看到他们的身影,正所谓"无徽不成镇"。如南翔镇"多徽商侨寓,百货填集,甲于诸镇";罗店镇"徽商凑集,贸易之盛几埒南翔";外冈镇"因徽商僦居钱鸣塘(即钱门塘)收买,(外冈布)遂名钱鸣塘布";钱门塘市"明(朝)

---

① 民国《法华乡志》卷2《风俗》。
② 嘉庆《南翔镇志》卷2《营建·石嵩公建抚宪赵公长生书院碑记》。
③ 民国《江湾里志》卷3《徭役》。
④ 参看拙作《明清江南市镇探微》,第167~170页。
⑤ 叶梦珠《阅世编》卷7《食货五》。
⑥ 万历《嘉定县志》卷6《物产》。

时有徽商僦居里中,收买出贩,自是外冈各镇多仿之,遂称钱门塘布"①。其次是秦晋商人,褚华《木棉谱》说:"秦晋布商皆主于家,门下客常数十人,为之设肆收买。"张春华《沪城岁时衢歌》说:"其行远者为标布,关陕及山左诸省设局于邑收之。"《月浦里志》也说:"有陕西巨商来镇设庄收买布匹。"②再次为闽粤商人,褚华《木棉谱》说:"闽粤人于二三月载糖霜(食用白砂糖)来(上海)卖,秋则不买布而止买花(棉花)以归。"可见除了秋天专门收购棉花以外,福建、广东商人在其他季节是要从上海收购棉布运回去出售的。又如以出产刷线布、紫花布著名的江湾镇,前来收购棉布的布商以广东商人为主,"粤商争购,务求细密,不计阔长",看来是多多益善③。

晚明时代各地客商出于经商需要,编制了行商的路程手册,《水陆路程》便是其中之一。《水陆路程》第七部分标题是《苏松二府至各处水》,意即出入于苏州府、松江府的各条水路交通线。在这个标题下面,有两行小字夹注:"路虽多迁,布客不可少也。"可见是为布商们贩运棉布提供指南的。它列举了以松江府为中心的十五条水路,把各市镇、县城连成一线,反映了当时棉布贸易的商路走向。且略举数例如下。

苏州由嘉兴府至上海县:本府—吴江县—平望驿—王江泾—嘉兴府—东栅口(南六十里至平湖县)—七里桥—嘉善县—张泾会—丰泾(按:应为枫泾)—泖桥寺—朱泾—斜塘桥—松江府跨塘桥—四泾(按:应为泗泾)—七保(按:应为七宝)—龙华寺塔(即黄浦)—上海县(此为外河)。

松江府至乌泥泾:本府出北门—新桥—陈家行—新村桥—新庄(按:应为莘庄)—乌泥泾(纺棉纱脚车始自本处一老妇)④。

以上这些路程显然与布商的贩运事宜关系十分密切,因此除了地名、距离外,还对相关的注意事项也一一注明,例如,"嘉兴至松江,无货勿雇小船,东栅

---

① 康熙《嘉定县志》卷1《疆域·市镇》。万历《嘉定县志》卷1《疆域考·市镇》。崇祯《外冈志》卷1《市镇》。民国《钱门塘乡志》卷1《乡域志·土产》。
② 褚华《木棉谱》(上海掌故丛书)。张春华《沪城岁时衢歌》(上海掌故丛书)。民国《月浦里志》卷5《实业志·商业》。
③ 《木棉谱》。民国《江湾里志》卷4《礼俗志·风俗》。
④ 日本尊经阁文库藏《水陆路程》七《苏松二府至各处水》。参看川胜守《长江三角洲镇市发达和水利》,载《佐藤博士还历纪念中国水利史论集》,收入其新著《明清江南市镇社会史研究》,东京汲古书院,1999年,第177~192页。

口搭小船至嘉善县又搭棉纱船至松江,无虑大船";"松江至苏州,由嘉定、太仓、昆山而去,无风盗之忧。上海梭船(按:即沙船)怕风防潮,南翔北高河曲水少,船不宜大……至上海,或遇水涸,七保(按:应为七宝)、南翔并有骡马而去。港多桥小,雨天难行"①。从中可以窥知当日苏松一带棉布业市镇布商们络绎不绝的繁忙景象。通过行商、坐贾的交易活动,把苏松一带的棉布纳入到全国市场的流通之中。

江南棉布的市场销售量是十分惊人的,叶梦珠说:"前朝(按:指明朝)标布盛行,富商巨贾操重资而来市者,白银动以数万计,多或数十万两,少亦以万计。"②以每匹标布价值白银二钱计,白银一万两可买布五万匹,十万两可买布五十万匹,五十万两可买布二百五十万匹。而这仅仅是到松江来买布的布商个人所携带的资金,可以想象众多布商从松江贩卖出去的棉布数量一定惊人。据吴承明的估计,松江府的棉布上市量,在清代鼎盛时期每年不超过 3000 万匹,以此估计明代不超过 2000 万匹,占全年生产量 3000 万匹的三分之二。清代前期苏松地区年产棉布约 4500 万匹,进入长距离运销的有 4000 万匹③。当然,江南棉布的输出不仅限于苏松地区,例如无锡就号称"布码头",由这里销往江北淮扬高宝一带的棉布,"一岁交易,不下百数十万"④。

这一地区的棉布不但运销全国各地,而且还运销国外。如前所说,中国棉布远销南洋群岛的事实在 16 世纪就见诸文献记载。17 世纪初被称为 Canqas 的中国棉布,经由澳门向南洋的望加锡和交趾支那出口。与此同时,从澳门开往日本的商船,也有同样的记录。1600 年左右,从澳门开往长崎的葡萄牙商船中,经常载有 3000 匹中国手工制造的棉布。16 世纪末中国棉布在菲律宾已经成为最大的中国货,中国棉布还通过马尼拉大帆船运销美洲,因为中国棉布价廉物美,所以印第安人和黑人都用中国货而不用欧洲货。同样原因也使矿主

---

① 日本尊经阁文库藏《水陆路程》七《苏松二府至各处水》。参看川胜守《长江三角洲镇市发达和水利》,载《佐藤博士还历纪念中国水利史论集》,收入其新著《明清江南市镇社会史研究》,东京汲古书院,1999 年,第 177~192 页。
② 叶梦珠《阅世编》卷 7《食货 5》。
③ 吴承明《中国的现代化:市场与社会》,第 131、159 页。
④ 黄卬《锡金识小录》卷 1《备参上·力作之利》。

为矿工供给衣料,不复采用西班牙棉布而用中国棉布①。应该指出,外销的中国棉布,主要是江南出产的棉布。1730年代英国东印度公司已经开始购运"南京棉布"。所谓"南京棉布",是当时洋人对江南棉布的通称,正如一位在上海附近考察的英国植物学家所说:"在上海附近种植的棉花,名曰南京棉花,用它纺织成的棉布,叫做南京棉布。"②后来西方索性把中国棉布叫做"南京",犹如克什米尔盛产羊毛制品,后来人们索性把它叫做"开司米"(克什米尔的谐音)。西班牙、荷兰以及英、美、法等国从1786年到1833年由广东口岸运出"南京棉布"共计4400万余匹③。江南棉布在西方世界和整个海外曾经风靡一时,以江南特有的紫花布制成的长裤,流行于19世纪初的法国市民中间,并且生动地反映在维克托·雨果的笔下。这种被称为"南京棉布"的紫花布裤子,也是1830年代英国绅士的时髦服装,如今还作为文物保留在伦敦的大英博物馆中④。这种盛况与晚明时期江南棉纺织业与棉纺织业市镇的发展,有着密切的关系。

### 三、耶稣会士与早期西学东渐——中国在文化上融入世界

地理大发现后的全球化进程,不仅表现在经济的全球化,而且表现在文化的全球化。其主要标志就是以耶稣会为代表的教会向世界各国派出传教士,在传教布道的同时传播文艺复兴以来的欧洲科学文化。晚明时期进入中国的耶稣会士,通过澳门这个中西经济文化交流的窗口,为中国人带来了令人耳目一新的天主教的同时,带来了西方先进的科学技术与文化,使中国在经济上融入世界的同时,在文化上融入世界。在这种早期西学东渐中,耶稣会士是功不

---

① 汪敬虞《从纺织品的贸易看资本主义的产生》,见《汪敬虞集》,第367～369页。严中平《丝绸流向菲律宾 白银流向中国》。
② R. Fortune, *Three Years' Wanderings in the Northern Provinces of China*. London, 1847, pp. 126, 264-265。参看全汉昇《鸦片战争前江苏的棉纺织业》,载《中国经济史论丛》第二册,香港新亚研究所,1972年,第638～639页。
③ H. B. Morse, *The Chronicles of the East India Company Trading to China 1635-1834*. Vol. Ⅱ-Ⅳ。参看全汉昇《鸦片战争前江苏的棉纺织业》,载《中国经济史论丛》第二册,第640页。
④ 汪敬虞《从纺织品的贸易看资本主义的产生》,见《汪敬虞集》,第369页。严中平《中国棉纺织史稿》,科学出版社,1955年,第32页。

可没的。以往中国的政治界、学术界由于某种原因,对他们的否定性评价是有失公允的。这种倾向至今也并未消失,是值得人们深思的,这也使得本课题的学术价值具有了现实意义。

1. 耶稣会士的东来:利玛窦的前辈

**依纳爵·德·罗耀拉与耶稣会**

欧洲在文艺复兴的后期发生了与它相呼应的宗教改革,这场运动包括两个主要阶段。第一阶段是1517年发生的新教革命,使北欧大多数国家脱离了罗马教会;第二阶段是1560年达到高峰的天主教改革,虽然它并不是一场革命,却体现了革命这个字眼的完整含义,因为它使某些中世纪后期的天主教的主要特征发生了深刻的变化。文艺复兴和宗教改革虽然有着质的区别,但是两者有着内在的密切联系,那就是:两者都是破坏14—15世纪现存秩序的个人主义强大潮流的产物;两者都有着类似的经济背景——资本主义的发展和资产阶级社会的产生;两者都有着回归早期根源的性质,即一个是回到希腊、罗马的文学艺术成就,另一个是回到《圣经》和早期基督教的教义[1]。如果没有耶稣会士的活动,天主教改革不可能像已经发生的那样彻底和成功。耶稣会的创始人是巴斯克地方的一个西班牙贵族——依纳爵·德·罗耀拉(1491—1556年),他入教不久就来到圣地,打算效法耶稣基督守贫忍辱,后来来到巴黎,在巴黎学习期间,他结交了一群虔诚的教徒,在他们帮助之下于1534年创立了耶稣会。在他制定的《耶稣会章程》的信条之四指出:罗马教皇无论是现在还是将来命令我们去办任何旨在净化灵魂和宣扬教义的事情,我们一定去执行,决不欺诈和推诿[2]。1540年教皇庇护三世批准了他们的组织。耶稣会是16世纪宗教狂热所产生的最富有战斗性的修行团,它不仅是一个修道士的社团,而且是一个宣誓要保卫信仰的战士组织。耶稣会士们并不仅仅满足于守卫信仰的阵地,而且急于把信仰传播到地球的遥远角落:非洲、日本、中国、南北美洲[3]。罗耀拉对国外传教团和在欧洲的会员的领导工作有两大特色:原则性和灵活性。他本人就是耶稣会中最早提倡"入乡随俗"原则的人,以后

---

[1] 伯恩斯、拉尔夫《世界文明史》第2卷,第180～181页。
[2] 马拉特斯塔(Edward Malatesta)《范礼安——耶稣会赴华工作的决策人》,载澳门文化司署:《文化杂志》(中文版)第21期(1994年)。
[3] 伯恩斯、拉尔夫《世界文明史》第2卷,第212～214页。

进入中国的耶稣会士都遵循他的"入乡随俗"原则。耶稣会还注重"宽容的精神",成为处理同个人、社会和文化关系的依据,向一切文化伸出友好之手。耶稣会在它成立后的早期,即 16 世纪后三分之二和 17 世纪头三分之一的年代里,特别是它的创始人和某些杰出的成员如范礼安、利玛窦等,都以无保留的尊重对方、爱护对方的态度主动地去接近人们,从而创造性地贯彻宽容精神,尊重文化的多样性[①]。早期耶稣会的哲学同天主教已有的模式之间存在着相当大的差别,他们把人作为宇宙万物的中心,这是典型的文艺复兴思想。早期耶稣会士明确地强调以自己的观点去看待世界和处理问题,对人类本性充满深刻的理解和同情。这些与传统的差异,以及对神职人员知识水平要求之高,可能使得早期耶稣会士的思想向着适应对方和迂回的方面发展[②]。他们在中国的活动也体现了这种精神。

**澳门:耶稣会士进入中国的基地**

澳门不仅是中西贸易的通道,而且是中西文化交流的通道,耶稣会士进入中国,几乎都是通过这个中国第一个对外开放的贸易港口,于是乎澳门就成了耶稣会士向中国传播天主教的基地。1562 年澳门已有三座简陋的教堂,拥有 600 名天主教徒,隶属于马六甲教区。1567 年罗马教廷颁布谕旨,成立澳门教区,任命耶稣会士加内罗为第一任主教,负责远东地区的传教事务。1563 年澳门建立了规模宏大的圣保禄教堂(即三巴寺),澳门的耶稣会士都称为"三巴寺僧"。欧洲的耶稣会士前来中国或远东各国传教,总是先到澳门,寓居三巴寺,在那里研讨传教方法,学习中文等东方语言。因此 1563 年以来三巴寺教士云集,根据黄鸿钊的"澳门三巴寺著名外籍耶稣会士表"统计,有培莱思(Francisco Perez)、加内罗(Melchior Carneiro)、孟三德(Eduardo de Sande)、谢务禄(Alvare de Semedo)、陆若汉(Joao Rodriguez)、傅汎际(Franscisco Furtado)、孟儒望(Joao Monteiro)、徐日升(Tomas Pereira)、安文思(Gabriel de Magalhaes)、林安多(Antonio da Silva)、范礼安(Alexandre Valignani)、罗明坚(Michelle Ruggieri)、利玛窦(Matteo Ricci)、郭居静(Lazaro Cattaneo)、龙

---

① 马拉特斯塔《范礼安——耶稣会赴华工作的决策人》。
② 瑞尔(Ian Rae)《寻找文化的契合点——论早期天主教耶稣会在中国的传教方式》,载澳门文化司署:《文化杂志》(中文版)第 21 期(1994 年)。

华民(Nicolas Longobardi)、王丰肃(Alfonso Vagnoni)、熊三拔(Sebbatino de Ursis)、毕方济(Francesco Sambiasi)、艾儒略(Giulio Aleni)、罗雅谷(Jacobus Rho)、陆安德(Andreas Lobelli)、卫匡国(Martino Martini)、金尼阁(Nicolas Trigault)等[1]。

  来华耶稣会士把澳门的天主教教育和中国内地的传教相结合的办法来培养中国修士,1563年建立会院以后,就开始在会院设立私塾,教育教徒家庭的儿童,这就是澳门公学。1580年罗明坚又在耶稣会会院后面的小山上建立圣马丁经言学校,专门向中国青少年传授教理,其后发展成为一所具有相当规模的教会学府——圣保禄学院(三巴静院)。晚明时期经耶稣会士选拔入会的华籍修士,大多出身于澳门耶稣会公学和圣保禄学院。耶稣会最早的两位华籍会士钟鸣仁、黄鸣沙,就是范礼安从澳门公学的学生中选拔出来的[2]。

  耶稣会士认识到,要想把天主教传播到中国,自己必须首先成为"中国人"。这第一关就是学习中文。在澳门的停留为此提供了条件,他们利用类似于"葡汉辞书"的葡萄牙语与汉语的对照语汇集,以及标注罗马字的"宾主问答私拟"练习会话。例如神父与中国人的对话:

    客曰:师父到这里几年了?
    答曰:才有两年。
    客曰:如今都晓得我们这边官话不晓得?
    答曰:也晓得几句。
    客曰:也讲得?
    答曰:略略学讲几句。

为了适应各种场合,还特地安排文言文与口语的对照:

    相公贵处?  大哥你从哪里来?
    高姓?    你姓甚么?
    有贵干?   有甚么勾当?

---

[1] 黄鸿钊《澳门在中西文化交流中的地位——论基督教的传入与澳门的关系》,载澳门文化司署:《文化杂志》(中文版)第21期(1994年)。
[2] 张文钦《澳门历史文化》,中华书局,1999年,第68页。

尚允。　　　你休怪。

类似的还有"有劳过誉","令尊多纳福","恐污尊目","昨日有劳赐顾,多怠慢","昨日承赐厚意,都未曾少谢,尚允","薄礼也不足为礼","但劳先生尊裁就是"等①。在肇庆成为耶稣会士的基地以后,学习中文的方法也大体如此。

**沙勿略神父:向中国传教的创始人和发起者**

第一个来到中国的耶稣会士是方济各·沙勿略(1506—1552年),这个出身于西班牙巴斯克贵族家庭的子弟,在罗耀拉的精神感召下,参与了创建耶稣会的活动。1540年他接受葡萄牙国王的派遣前往东方传教,1542年抵达葡萄牙在印度的殖民地果阿,开始了他的传教生涯。以后他去了马六甲,在那里见到来自中国的商人,了解有关中国的一些情况,促使他产生前往日本、中国进行"学术传教"的想法。1549年沙勿略一行四人从马六甲出发,三个月后抵达日本鹿儿岛,此后在日本滞留了二十七个月②。在日本的传教活动使他领悟到,要在亚洲成功传教,必须以当地语言与当地人接触,必须用当地语言讲话、阅读、书写,成为社会的一部分,做到"入乡随俗"。日本人告诉他,他们的老师和宗主是中国人。经过艰苦的努力,他终于认识到:要使日本皈依基督,必须首先使中国皈依③。在日本期间,沙勿略写信给在欧洲的耶稣会士说:日本的教义与宗派无不传自中国,一切经文亦均用汉文。中国幅员广大,境内安居乐业,以正义卓越著称,为信仰基督的任何地区所不及。中国人智慧极高,远胜日本人,且善于思考,重视学术。并且透露了他的想法:准备今年前往中国京都,因为如谋发展吾主耶稣基督的真教,中国是最有效的基地④。因此沙勿略建议东印度群岛的葡萄牙总督委任使节前往中国,而他本人作为教廷代表一同前往。葡萄牙总督接受了这个建议,委任沙勿略的朋友佩雷拉(Diogo Pereira)为大使,沙勿略随同前往。由于葡萄牙的马六甲总司令的反对,佩雷拉无法启程,沙勿略只得以偷渡方式进入中国。1552年8月,

---

① 吉屋昭弘《见于传教士资料的明代官话》,载《早大院文学研究部纪要》第35期(1990年)。
② 沈定平《明清之际中西文化交流史——明代:调适与会通》,商务印书馆,2001年,第162~165页。
③ 西比斯(Joseph Sebes)《利玛窦的前辈》,载澳门文化司署:《文化杂志》(中文版)第21期(1994年)。
④ 方豪《方济各沙勿略》,载《中国天主教史人物传》上册,中华书局,1988年,第60页。

在一个中国翻译的陪同下来到广东沿岸的上川岛。《利玛窦中国札记》如此写道:"上川(岛)是一个离中国海岸约30海里的荒芜岛屿。当时它是葡萄牙人和中国人贸易点的所在,只有一片用树枝和稻草胡乱搭成的茅屋。沙勿略到这里时,一心想着他的远征,他马上到葡萄牙和中国商人中间去,询问有什么法子可以进入中国的城市。他获悉,通往大陆的每条道路都被警卫封锁和防守着,外国人要登陆是不可能的。事实上已有极严厉的布告禁止外国人入境,也禁止当地人协助他们这样做。他一点没有被这种威胁所吓倒,但既然没有别的方法入境,他就公开表示要用种种办法偷渡,而且一旦入境,就直接投到当地官员那里,宣布他的使命。"①他与一位中国商人商量好,送他去大陆。但是这个商人并未出现,沙勿略在这个荒凉的小岛上患病以后,得不到药物治疗,又缺乏食物,终于在1552年12月3日死于这个荒岛。尽管他没有实现愿望,但他关于把东方传教的重点放在中国的主张,被后继者所认同,得以贯彻。他的后继者给他高度的评价,正如利玛窦在回忆他的传教事业时,把沙勿略称为"这次传教的创始者和发起人","最初的想法和实现它的最早的努力都是他的,他的死亡和葬礼导致了传教的最后成功,这一情况证明他对创始者和奠基者的称号是当之无愧的。我们深信,当他向他的同道打开中国的大门时,他从他在天国的地位所成就的事业,远超过他在人间奋斗一生中出于热忱所产生的影响。沙勿略是第一个耶稣会士发觉了这个庞大帝国的无数百姓是具有接受福音真理的资质的,他也是第一个抱有希望在他们当中传播信仰的人"②。

然而要想进入中国传教并非易事。一名多明我会士克鲁斯1556年到中国传教,遭到驱逐。1575年几名西班牙奥斯定会士随同中国帆船队从菲律宾

---

① 利玛窦、金尼阁《利玛窦中国札记》,广西师范大学出版社,2001年,第93~94页。费赖之(Louis Pfister)《在华耶稣会士列传及书目》(中华书局,1995年,第4页)记此事:"只有一人愿与同谋,约给费二百元(cruzados),彼将携至岸边,藏伏其家中,然后载之至广东之一港。沙勿略曾作一书云:'我将立时人谒总督。我将告以吾人盖为人见中国皇帝而来。我将出示主教(果阿主教)呈皇帝书,而书称其派我来此传播天主教理也……'"
② 同上书,第89页。费赖之《在华耶稣会士列传及书目》(第5页)记载沙勿略之死:"方济各发热甚剧,所患者或为肋膜炎,百物皆缺。在所居之茅屋中饥寒交迫。十一月二十一日试移居圣克罗切号上养病,然风浪簸动船舶,苦不能耐。翌日复还岛上。……放(血治疗)后圣者晕绝,殆因手术之不善也。热度日增,不能进食。二十四日发谵语,其语有为安敦所不解者,殆为其儿时所操之巴斯克语。余语由其义仆忆而不能充者,则为迭言之:'请您怜恕我的罪过,耶稣,大卫之子,怜悯我吧!'……彼口诵耶稣之名而终。事在1552年12月3日之黎明前也。"

群岛前往福建,要求留在这个国家,遭到拒绝,这几名修道士不得不返回。1579年四名圣方济各会士决心潜入中国,启航后所乘船只在广州附近的小岛之间沉没,遇救后被送往广州,总督下令他们返回马尼拉①。

### 范礼安神父:中国传教事业之父

被利玛窦誉为"中国传教事业之父"②的范礼安(1539—1606年),生长在意大利那不勒斯的一个贵族家庭,获得法学博士学位,曾任修道院院长等职,1573年被委派为从果阿至日本的东印度教区耶稣会的视察员,在东方传教的32年中,在印度21年,在中国和日本11年,直至1606年病逝于澳门,他对中国的传教事业倾注了毕生精力。利玛窦在题为《耶稣会进入中国之努力》的著作中,回顾向中国介绍天主教教义所作的种种努力时首次提到范礼安。他说,正是范礼安重新恢复了进入中国的努力,而这种努力由于与日俱增的阻力几乎已处于半放弃状态,1578年他首次来到澳门时,便深知"中国是个秩序井然的高贵而伟大的王国,相信这样一个聪隽而勤劳的民族决不会将懂得其语言和文化的有教养的耶稣会士拒之于门外的",于是范礼安决定指派若干神甫到澳门学习中文。这样才有罗明坚与利玛窦的到来③。

在范礼安神父的心目中,学习中文的工作必须用另一方面的工作来补充,那就是发现中国文明。早在耶稣会总会长要他写一本沙勿略传时,他就关注这个问题。他在《圣方济各·沙勿略传》的卷首写道:"鉴于欧洲的人们非常想读到关于中国的事情,耶稣会的若干朋友急切希望让大家知道那些事情,因此,只要当时在印度的神父和修士来信一到,他们就赶紧请人译出来,在许多地方印行。"这时,关于中国已经写出和发表的东西还很缺乏。在罗明坚和利玛窦的配合下,范礼安完成了《圣方济各·沙勿略传》,它的第三章题目叫做《论中国的奇迹》。中国是一个文明昌盛之邦,有着与西方文明完全不同的文化,是西方文化以前所不知道的,欧洲长期认为自己就是"全世界"。范礼安神父所描述的中国不是19世纪的欧洲蔚为时尚予以赞颂的中国——一个假货、劣货、小饰品充斥的中国,虽不失其媚人风姿,然而是一个人工雕琢的中国;甚

---

① 龙思泰《早期澳门史》中译本,第192页。
②③ 马拉特斯塔《范礼安——耶稣会赴华工作的决策人》。范礼安于1606年1月20日逝世时,利玛窦写信给教区总管的信中说,范礼安是"中国传教事业之父","他的逝去使我们有孤立之感"。

至不是18世纪哲学家尤其是伏尔泰静观神驰的中国——那是人类理性解脱一切超自然羁绊的胜利的化身;而是16世纪几位修养有素的才智之士——生长于以查士丁尼体制为依归的法学环境里、以古典时代留下的记忆为生的人文主义圈子中的人们,在有人居住的世界的边缘惊喜地发现的中国。范礼安写道:"中国可说是与东方其他王国都不一样,它还要超过它们;这是整个东方最重要最丰富的事物,它在若干方面,例如富饶、完美方面,都非常与欧洲接近,在许多地方犹有过之。"他列举了七大优越之处:(1)它是由单独一个国王统治的领土最辽阔的国家;(2)它是人口最多的国家;(3)全世界没有哪个国家比它更富饶更丰衣足食;(4)物产之丰富似乎没有哪个国家可以相比;(5)似乎没有哪个地区比得上中国山川壮丽、国泰民安;(6)居民是世界上最勤劳的;(7)中国在已发现的国家中是最和平、治理得最好的国家。范礼安用了21页篇幅谈优点,也用7页篇幅谈缺点,那就是缺乏对上帝的认识及其神圣宗教,虽然在治理方法上力求有秩序并小心谨慎,尚不足以防止许多非常严重的混乱。要把关于耶稣基督的信仰引入中国并非轻而易举的,因为"大门关得紧紧的,对于上帝的一切也闭目塞听,那些官吏根本不肯同外国人有任何交往,他们对一切其他国家极为藐视,因而我们看不出有什么办法进入他们那里"①。正如西比斯所说,范礼安是一个以开放思想看待每一样事物的人。当他初到印度这个东方世界时,就决定尽可能去了解每一样关于中国的事情。他在寄往欧洲的信中说,他们是一个伟大而有价值的民族。他在写给耶稣会大主教的信中指出,进入中国的方法要与目前耶稣会在其他有宣道团的国家所采用的方法完全不同。他相信,中国人尊重学问,而且他们愿意以明智的方式聆听任何在他们面前提出的陈述,这一点可以用来打开他们的心扉。据此,他认为,所有派往中国传道的人,都必须学会读、写和讲中国语言,以及熟悉中国文化和风俗习惯。范礼安比沙勿略有利的地方在于,他得益于所开拓的见识,他有更多的时间,因此他取得了比沙勿略更大的成就②。他把罗明坚与利

---

① 裴化行《利玛窦神父传》,商务印书馆,1998年,第56~70页。费赖之《在华耶稣会士列传及书目》(第21~22页)有一考订:"雅利克(de Jarric)神父(《在印度发生的最令人难忘之事》第2卷,第17章)以为别有一书亦出范(礼安)手,书题《中国奇闻》。考耶稣会士雨果(Hugo)所撰书《日本、印度与秘鲁札记》(安特卫普,1605年,883~900页),却著录有书名《中国奇闻》,疑为范(礼安)之遗作,今日尚可完全采录。"

② 西比斯《利玛窦的前辈》。

玛窦派往中国,并且派遣麦安东、孟三德、石方西等神父以及中国修士黄明沙、钟鸣仁,前往中国协助罗明坚、利玛窦的传教事业。

**罗明坚神父:中国传教事业的实际开创者**

出生于意大利那不勒斯的罗明坚获得博士学位后,加入耶稣会,又在修道院、神学院学习神学。1578年罗明坚以神父的身份被派往果阿,开始他的传教生涯。次年,他被派往澳门。这时范礼安已经去了日本,行前给他留下简短的指示,吩咐罗明坚如何为传教事业做艰苦的准备工作。罗明坚满腔热忱地展开工作,首先埋头学习中文,在初步掌握中文以后,用中文编写了传教的书籍,如《天主十诫》、《圣贤花絮》、《信条》、《要理问答》等。后来在两名中国译员的帮助下,把儒家四书之一的《大学》翻译成拉丁文①。为了开展对中国的传教工作,他写信给在日本的范礼安,建议目前正在印度的耶稣会士利玛窦和巴范济来澳门工作,获得范礼安的同意。与此同时,罗明坚随同每年两次前往广州参加交易会的葡萄牙商人一起进入广州,次年又以相同的方式前往广州,但是无法获得在广州的居留权。1582年驻节于广东肇庆的两广总督陈瑞召见澳门的耶稣会士,商谈有关他们的传教请求,罗明坚与巴范济代表主教前往肇庆,他们把教士的服饰改变为中国和尚的服饰,希望能够得到中国官方的好感。在经受两次挫折之后,终于获得两广总督的批准,耶稣会士可以在肇庆建造教堂与住宅。毫无疑问,这是一个巨大的突破,利玛窦把这一突破称为向中国人传教的开始,他对于屡次遭受挫折之后突然得到批准的进展,作了这样的评论:"像这样突如其来的转变,只能归之于上帝的恩典,而不能归之于人类的功绩。我们丝毫不认为它是我们的成就……就在最近,总督本人还在公开文件中不赞成我们的事业,毫不含糊,而且本地的长官甚至不愿看见神甫。但上帝是无可否认的,上帝管辖着时间和时刻,上帝自古以来就规定了这个民族要接受他的光明。"②1582年9月罗明坚和利玛窦在中国使者的护送下,从澳门前往肇庆。于是,耶稣会士在中国的传教工作,由澳门阶段进入肇庆阶段,这是一个划时代的转折。诚如西比斯所说:"这是一个有意义的日子,虽然是范礼安决

---

① 西比斯《利玛窦的前辈》,第61页。沈定平《明清之际中西文化交流史——明代:调适与会通》,第218~223页。
② 利玛窦、金尼阁《利玛窦中国札记》,第109~110页。

定了在中国传道的新方法,罗明坚却是首先将之付诸实践的人。"①在肇庆期间,罗明坚聘请中文教师在利玛窦的帮助下,修订写了四年之久的《天主圣教实录》,于1584年在广州由传教士自己购置的机器付印出版。这是西方传教士写的第一部用中文宣讲教义的著作,在一定程度上适应中国文明的价值观念、道德规范及论证方法,还借用了一些儒家的至理名言②。1588年范礼安决定派罗明坚到罗马去报告当时的传教情况,并请求教皇派大使到中国。但四位教皇一年半之内相继去世,使得派遣正式宣道团的事情无法获得考虑。随着时间的消逝,最好的时机已经错过。罗明坚因为健康状况不佳,再也不能回到中国。1607年在他的家乡与世长辞。沈定平把罗明坚称为在中国传教史上"一位带有悲剧性的人物":"他本来是中国传教事业的实际开创者,可是却从来不是中国传教团的负责人,一直未得到充分的信任和被赋予相应的权力。"但他毕竟是一个开创者,"他是主动将利玛窦引入中国的推荐人,为利氏熟悉中国语言和环境付出了不少心血,尤其为利氏成为适应性(传教)策略的集大成者,做了大量的铺垫和准备"③。

2. 利玛窦神父的"本土化"传教活动

利玛窦(1552—1610年)出生于意大利马塞拉塔城时,正是沙勿略去世的那年。9岁时进入耶稣会学校学习,1568年前往罗马大学学习法律,并且加入耶稣会,继续学习天文、数学、哲学、神学。他师从著名数学家、开普勒和伽利略的同事克拉维斯(Christopher Clavius)攻读哲学、数学,同时学习欧几里得几何学、物理学、托勒密天体力学、地图学和机械学。有了这些学养,使他日后有可能把关于这些学科的代表作翻译成中文。在耶稣会神学家的指导下,他学会了如何对教义进行清楚的解释,为他以后出色的传教奠定了基础。1577年他成为印度耶稣会传道团的成员,次年前往果阿,在圣保禄学院任教,1580年成为神父。1582年,他奉范礼安之召来到澳门。次年,他和罗明坚成功地在

---

① 西比斯《利玛窦的前辈》。
② 沈定平《明清之际中西文化交流史——明代:调适与会通》,第244~245、268~275页。
③ 同上书,第266~287页。费赖之《在华耶稣会士列传及书目》(第29页)提到罗明坚神父的著作:(1)《圣教实录》一卷;(2) 1583年以后作于中国的书信,经《日本近况》著录的计有四通;(3)索默尔沃热尔《书目》补编,著录有罗明坚神父抄本一部,现藏罗马维托利奥—伊曼纽尔图书馆,标题作《中国的人事机构》。

广东肇庆立足,从此,他再未离开过中国,为中国的传教事业贡献了他的一生①。

利玛窦总结了他的前辈在中国传教活动的经验教训,尽可能使天主教本土化,亦即使天主教教义与中国传统儒家学说相结合,谓之"合儒"、"补儒"、"趋儒"。一言以蔽之,尽量中国化。他一度剃去头发,穿上僧服;以后又接受瞿太素的建议脱去僧服,换上儒服。他不惜修改教规,默认对祖先的崇拜,以圣经附会四书五经,因此博得中国士大夫的好感与崇敬。他了解士大夫在中国社会上的地位和影响,要博得他们的信仰,他自己必须首先熟悉儒学。在肇庆、韶州先后滞留15年,埋头钻研儒家经典,乃至过目不忘,令士大夫们大为惊讶,尊称他为"西儒利氏"。方豪最早关注此点,他在《明末清初天主教比附儒家学说之研究》中开宗明义就指出:"一个宗教,要从发源地传播到其他新地区去,如果它不仅希望能在新地区吸收愚夫愚妇,并且也希望获得新地区知识分子的信仰,以便在新地区生根,然后发荣滋长,那末,它必须先吸收当地的文化,迎合当地人的思想、风俗、习惯;第一步,也是最重要的一步,是借重当地人最敬仰的一位或几位先哲的言论,以证实新传入的教义和他们先辈的遗训、固有的文化是可以融会贯通的,是可以接受的,甚至于还可以发扬光大他们原有的文化遗产,那就更受新传教区人民的欢迎了。"他引证了许多利玛窦对于"比附儒家"的自白,其中尤为坦白而恳切,莫过于《辩学遗牍》中所载的《复虞铨部书》。这是他给吏部司官虞淳熙的复信(虞淳熙给利玛窦的信为《虞德园铨部与利西泰先生书》),在复信中利玛窦明白表示,他之所以崇儒,是因为儒家合于天主教,同时也因为佛教既不合于天主教也不合于儒家。他说:"窦自入中国以来,略识文字,则是尧舜周孔而非佛,热心不易,以至于今。区区远人,何德于孔?何非于佛哉?……尧舜周孔皆以修身事上帝为教,则是之;佛氏抗诬上帝,而欲加诸其上,则非之。"②

利玛窦比他的前辈高明之处在于,他对中国有更深刻的观察和领悟,他明白中国人的世界观或者说意识形态是全面的,是一个包括科学、技术、伦理、哲学的有机体,因此他认为有必要把天主教作为一个有机的、全面的世界观来宣

---

① 西比斯《利玛窦的前辈》。
② 方豪《明末清初天主教比附儒家学说之研究》,载《台湾大学文史哲学报》第11期。

扬,要使天主教教义为中国人接受,必须使它成为中国文化的一个组成部分,即天主教的"本土化"。利玛窦身体力行,从生活方式、观念及表述方式、道德规范、礼仪等四个方面推行"本土化"。他接受了中国人的礼节、饮食以及服饰打扮;在谈到天主时,他利用中国古典著作中的"上帝"和"天主"画上等号;他尊敬孔子,允许祭祀祖先与孔子①。

  利玛窦的第一本中文著作《交友论》,把西洋名贤的交友格言翻译成中文,介绍给中国人。他在讲到写作的目的时说:"窦也自最西航海入中华,仰大明天子之文德,古先王之遗教,卜室岭表……今年春时……返棹至豫章……因而赴见建安王……王乃移席握手而言:'凡有德行之君子辱临吾地,未尝不请而友且敬之。西邦为道义之邦,顾闻其论友道何如?'窦退而从述囊少所闻辑成友道一帙。"中国的儒家一向以讲究人伦关系著称,利玛窦在把西方的天主教教义引进儒家人伦领域的同时,巧妙地运用儒家伦理道德观念,如"吾友必仁,则知爱人,知恶人";"友之职,至于义而止焉"。最早结交的知识界人士瞿太素在《大西域利公友论序》中对此赞誉有加:"申敬事天之旨,以裨正学";"以我华文,译彼师授,此心此理,若合契符"。冯应京在《刻〈交友论〉序》中也说:"视西泰子迢遥山海,以交友为务","而益信东海西海此心此理同也"②。利玛窦花了近十年时间用中文撰写的《天主实义》毫无疑问是一本宣扬天主教教义的著作,他说该书的宗旨是:"首先证明了只有一个上帝,他创造了和治理着万物,然后证明人的灵魂不朽以及解释了奖善罚恶,特别是在来世。"③但是利玛窦也注意到与儒家思想的协调,特地援引儒家经典中的字句,论证西方的"天主"就是中国的"上帝",说:"吾天主,乃古经书所称上帝。"他把基督概念中的"爱"与儒家概念中的"仁"等同起来,他说在真正的友谊中,对待别人应当像对待自己一样。他说"仁"的意思可以用两句话来透彻地表达:爱上帝重于爱其他事物,爱别人如爱自己。孔子自己也说过,仁者会爱所有的人。他在《天主实义》中把天主教教义与儒家学说相比附,求同存异,他解释其目的是:"八万里而来,交友请益,但求人与我同,岂愿我与人异耶!"因为这个缘故,冯应京为《天主实

---

① 西比斯《利玛窦的前辈》。
② 朱维铮《利玛窦中文著译集》,复旦大学出版社,2001年,第108~121页。
③ 利玛窦、金尼阁《利玛窦中国札记》,第343页。

义》所写的序言高度赞扬道:"是书也,历引吾六经之语以证其实,而深诋谭空之误。"徐光启也说,他读了《天主实义》后,竟没有发现天主教与儒学有任何抵触之处:"百千万言中,求一语不合忠孝大旨,求一语无益于人心世道者,竟不可得。"①

显然,利玛窦没有向儒家道德体系中的各种伦理亲情挑战,相反地,他主张用天主教教义来完善儒家思想。徐光启把利玛窦的这种做法概括为"易佛补儒",意思就是破除偶像并完善士大夫的行为准则②。利玛窦神父穿着知识阶层的衣服,特别是那种被称为儒士的服装(即儒服)。根据利玛窦的描述,它是一件朴素的道袍,配一顶有点像我们自己的教士所戴的四角帽。他不但以自己的服装,还以自己的传道证明,他确确实实是道的诠释者,但这是基督之道;而且在这两方面,他都是崇拜偶像的和尚的敌手。相反地,他对儒教却不加挑剔,反而赞扬他们,尤其是他们的伟大哲学家孔夫子。利玛窦神父习惯于穿着儒服到处走动,这对于一个外国人是件不寻常的事,因而得到了士大夫的赞许。在这以前,从西方来到中国的外国人都不赞同儒家学说,也不赞成孔夫子本人③。正如斯坦戴特(Nicolas Standaert)所说,两种不同文化的接触的一条重要原则是,在初级阶段一种文化接纳那些或多或少符合它自己文化模式的新的因素,第二步才是接纳并不适应现有模式的东西。外来思想很少有原封不动被接纳的情况,首先要根据原有文化加以剪裁和解释,新的解释可能和原意大有出入,但这通常是最终接纳或抵制的前提。耶稣会传教士在西方接受训练,深识西方思想和神学。他们先从西方的传统来解释中国的传统和思想。中国人有相似的解释过程,根据自己的传统和文化加以解释,进行选择、接纳或排斥。徐光启、李之藻、杨廷筠这样的人物受过彻底的儒家教育或者精通佛学,他们对一些概念也加以选择、接纳或排斥。经过新的解释和选择之后,发生了价值重点的转移。对于徐光启、李之藻之类信徒来说,首要的意义是伦理学的而不是末世学的。这就是天主教在中国的早期"对话基础"。只有通过对话,

---

① 方豪《明末清初天主教比附儒家学说之研究》。方豪《利玛窦交友论新研》,载《台湾大学文史哲学报》第 6 期。林东阳《有关利玛窦所著〈天主实义〉与〈畸人十篇〉的几个问题》,载《大陆杂志》第 56 卷第 1 期。
② 利玛窦、金尼阁《利玛窦中国札记》,第 343 页。
③ 同上书,第 255 页。

才能发现双方的相似点和相异点、共性和个性,开始走上互相充实的道路①。

利玛窦的传教活动因此获得瞿太素、冯应京、徐光启、李之藻、杨廷筠等知名人士的热烈响应,并先后受洗皈依耶稣基督;也得到诸如沈一贯、曹于汴、冯琦、李戴等官僚的支持,使他能够破天荒地进入北京,并且在北京立足,直至病逝于北京。《利玛窦中国札记》详细描述了他进入北京的前前后后情况,弥补了中国史料的缺失。利玛窦沿着运河北上,抵达运河上的重要商业城市也是税关之一的临清,得到临清太监马堂的同意,答应为利玛窦进京朝见皇帝呈献贡品之事报告朝廷。万历二十八年十二月五日(1601年1月8日)明神宗批阅了马堂的奏疏及所附贡品清单,就说:"那座钟在哪里? 我说,那座自鸣钟在哪里? 就是他们在上疏里所说的外国人带给我的那个钟。"皇帝随身的太监答道:"陛下还没有给太监马堂的信回话,外国人怎么能够未经陛下许可就进入皇城呢?"于是明神宗便在马堂的奏疏上批示:"方物解进,(利)玛窦伴送入京。"②万历二十八年十二月二十一日利玛窦由天津进入北京,三天后向明神宗上疏并进献贡品。这份奏疏是经过吏科给事中曹于汴润饰的,利玛窦称曹于汴是"极为仗义的大官",并说,他的奏疏是经过曹于汴修改的③。因此这份奏疏完全是中国式的:"大西洋陪臣利玛窦,谨献土物于皇帝陛下:臣本国遥远,从来贡献不通,递闻天朝之声教文物,窃愿沾被余溉,终身为氓,始为不虚此生,因此辞离本国,航海远来,时历三年,路经三万余里,始达广东。语言未通,有同喑哑,因僦居而习华文,淹留于肇庆韶州府,垂十五年,颇知中国古先圣人之学,于经籍略能记诵,而通其诣。乃复越岭,由江西至南京,又淹留五年。伏念堂堂天朝且招徕四夷,遂奋志努力,径趋阙庭。谨以天主像一幅、天主母像二幅、天主经一本、珍珠镶嵌十字架一座、报时钟二架、《万国图志》一册、西琴一张,奉献于御前。物虽不腆,然从极西来,差足贵异耳……"④至于明神宗的

---

① 斯坦戴特《17世纪中西交流中的天堂与地狱观》,载澳门文化司署:《文化杂志》(中文版)第21期(1994年)。
② 利玛窦、金尼阁《利玛窦中国札记》,第281页。《明神宗实录》卷354,万历二十八年十二月五日。
③ 利玛窦、金尼阁《利玛窦中国札记》,第294、296页。
④ 裴化行《利玛窦神父传》,第330页。利玛窦奏疏不见于《明实录》等中国官方文献,裴化行书中译载了这份奏疏的全文,译者根据萧一山《清代通史》抄录,文字有出入。沈定平《明清之际中西文化交流史——明代:调适与会通》,根据黄伯禄《正教奉褒》、《增订徐文定公集》援引了该疏,比较接近原疏。又见朱维铮《利玛窦中文著译集》,第232~233页。

反应，当然很难在明朝官方文献中见到，利玛窦的回忆录却记载得很具体。他说："当皇帝看到耶稣受难十字架时，他惊奇地站在那里高声说道：'这才是活神仙。'尽管这是中国人一句陈词老调，他却无意之中说出了真相。这个名词在中国至今仍用于耶稣受难十字架，而从那时起，神父们就被称为给皇帝带来了活神仙的人……皇帝自己保留了一个最小的耶稣受难十字架，把它放在他心爱的房间里。"他还说，皇帝派了一名高级太监在这里接待他们。他是经常随侍皇帝的太监之一，皇帝很器重他做事谨慎。他的名字叫田尔耕，他以皇帝的名义庄重地接待了他们。几天之后，皇帝派人向神父们询问他脑子里出现的有关欧洲的每一件事情：风俗、土地的肥沃、建筑、服装、宝石、婚丧，以及欧洲的帝王们。受皇帝指派太监向神父们学习操作自鸣钟的三天时间还没有过去，皇帝就迫不及待地要钟了。钟被遵命搬到他那里去，他非常喜欢它，立刻给这些太监晋级加俸。太监很高兴地把此事报告给神父们，特别是因为从那天起，他们之中有两个人被准许到皇帝面前给钟上发条。皇帝一直把这个小钟放在自己面前，他喜欢看它并听它鸣时。皇帝陛下对这些新奇的钟如此着迷，于是他不仅想看看其他的礼品，也想看看这些送礼来的异国人。太监们向他讲述的情况一点也没有满足他的好奇心。然而他不肯破坏几年前他所定下的规矩，那就是除了太监和妃子们以外，他决不在任何人之前露面。而且他不愿偏爱外国人有甚于他的官员，所以他放弃了他的愿望，继续保持他那顽强的孤寂。他不召见神父们，而是代之以派画师去画神父的等身像，然后把画像拿给他看。皇帝还想知道欧洲的帝王与皇宫的情况，利玛窦把一幅奉献给圣名（基督）的画以及他自己写的简单说明呈给皇帝。由于皇帝对耶稣会士的好感，利玛窦等人受到了一些身居高位的太监们的宴请和拜访。逐渐地他们认识了宫廷里的全部侍从，并和其中一些人建立了持久的友谊[①]。

因为这个缘故，礼部要求驱逐传教士的奏疏一再遭到明神宗的拒绝。另一方面，利玛窦写了一份奏疏，要求皇帝在京城内拨给他们一个安居之处。皇帝虽然没有书面批复，却让大太监口头通知利玛窦，可以放心住在京城里。以后还可以每四个月领到一次津贴。这实在是一个了不起的成功。皇帝的这种宽容态度，极大地影响了高级官僚，为利玛窦在北京居留与传教提供方便。最

---

① 利玛窦、金尼阁《利玛窦中国札记》，第281～286页。

值得注意的是内阁首辅沈一贯。利玛窦神父一直期望拜访这位显贵,他赠送一些西洋小礼物做见面礼,其中一件是乌木精制的凹形日晷仪,主人特别喜爱。他受到沈一贯的款待和挽留,不仅要坐下来谈话还要出席宴会。席间,主人愉快地听取神父们谈论他们正在进行的工作,特别是关于天主教风俗的讲解。利玛窦神父告诉他们,天主教的婚姻只是缔结于这两个人之间,即使皇室也是这样。沈一贯转向参加宴会的其他大臣说:"在一个婚姻如此圣洁的国度里,别的事情看来就不用再问了。仅此就足以说明其他一切都是规范得多么恰当。"他向神父们回赠的礼物远远超过神父们送给他的礼品的价值。经过刑部尚书萧大亨的介绍,利玛窦结识了新任礼部尚书冯琦。因为管理外国人是礼部的职责,冯琦批准了耶稣会士在京城的身份,从而免除了任何干扰之忧,还下令把皇帝批准给他们的米粮和补助金按规定发给他们。此外利玛窦和吏部尚书李戴也成为好朋友,经常应邀到李戴的家中叙谈,讨论对来世的畏惧和希望的事情。几年之后,利玛窦把他与李戴、冯琦等人的谈话写成一本书,即《畸人十篇》[①]。

利玛窦的成功,不仅为他在北京传教,而且为他在北京传播西方科学文化,创造了极佳的条件。

### 3. 西方科学与文化的传播

利玛窦在中国传教的成功固然得益于他的"本土化"策略,更重要的是他带来了欧洲文艺复兴以来的先进的科学文化,令当时的知识阶层耳目一新。西学以前所未见的巨大魅力,深深吸引一批正在探求新知识的士大夫们,短短几年中掀起一个"西学东渐"的高潮。"冰冻三尺非一日之寒",这是一个过程,不是利玛窦到北京后突然形成的,而是利玛窦进入中国后一以贯之的方针。无怪乎西方学者把利玛窦称为"科学家传教士",例如瑞尔(Ian Rae)说:"关于耶稣会传教士的历史一直有一种说法,即传教士是靠他们所掌握的西方科学和数学才取得最初的立足点的。的确,早期的耶稣会传教士,特别是利玛窦神父,敏锐地看到中国人的数学知识虽然并不落后,但却未能将其应用在诸如天文学这样的领域。不过,耶稣会传教士确实希望唤起中国人对欧洲科学的兴

---

[①] 利玛窦、金尼阁《利玛窦中国札记》,第296~298页。

趣,并藉此发展其传教活动。"①他进入中国结识的第一位知识界名流瞿太素之皈依天主教就是深深为科学所折服,利玛窦在他的回忆录中多次提到瞿太素,都强调指出这点:"在结识之初,瞿太素并不泄露他的主要兴趣是搞炼金术……但他们每天交往的结果倒使他放弃了这种邪术,而把他的天才用于严肃和高尚的科学研究。他从研究算学开始,欧洲人的算学要比中国的更简单和更有条理……他接着从事研习丁先生(按:即克拉维斯,Father Clavius)的地球仪和欧几里得的原理,即欧氏的第一书。然后他学习绘制各种日晷的图案,准确地表示时辰,并用几何法则测量物体的高度……经验证明,神父们在这个人身上没有白费时间。大家都已知道,这个雄心勃勃的贵人是一位欧洲教士的学生。欧洲的信仰和科学始终是他所谈论的和崇拜的对象。"②万历十一年(1583年)罗明坚和利玛窦在肇庆成立了现代传教所和圣母堂,并且在那里展览各种西洋物品:三菱镜、宗教画、书籍、日晷、自鸣钟,而以一幅舆地全图最受人注意③。这绝非偶然,因为中国人第一次从地图上看到了外面的世界,必然是兴奋不已的,甚至连高级官员也不例外。知府王泮希望出版这个地图的中文版,利玛窦接受了他的建议,出版了中国最初的世界地图,那就是《山海舆地全图》。在从南京去北京的路上,南京礼部尚书王忠铭,看到利玛窦将要呈献给皇帝的礼品中有一个大木版,上面刻着世界地图(即《山海舆地全图》),附有利玛窦神父用中文写的简略说明。王尚书非常高兴地观看了这幅世界地图,使他感到惊讶的是他能够看到在这样一个小小的表面上雕刻出广阔的世界,包括那么多新国家的名称和他们的习俗一览。他愿意非常仔细地反复观看它,力求记住这个世界的新概念④。当然利玛窦毕竟不是科学家,一些学者认为第一批耶稣会士并非个个都擅长科学或数学,实际上一些耶稣会士的科学知识属于中等水平。因此利玛窦写信给罗马,希望派一二名"好的天文学家"来中国,但是杳无音信。后来利玛窦和中国的天主教学者徐光启、李之藻等人翻译西方的数学著作时,尽管如瑞尔所说"他们(指徐、李)所掌握的数学知识远比他所懂得的丰富得多"⑤,但利玛窦为中国人打开通向西方科学的大

---

① ⑤ 瑞尔《寻找文化的契合点——论早期天主教耶稣会士在中国的传教方式》。
② 利玛窦、金尼阁《利玛窦中国札记》,第173~174页。
③ 方豪《利玛窦年谱》,载《方豪六十自定稿》,台湾学生书局,1969年,第1568~1569页。
④ 《利玛窦中国札记》,第225~226页。

门是功不可没的,以至于可以说,如果没有利玛窦,就不可能造就晚明时代如此众多的科学家及其科学成就。

**《山海舆地全图》与《坤舆万国全图》**

利玛窦在肇庆时期,最有影响的科学创举是把欧洲的地理学以及世界地图首次介绍给中国人。根据利玛窦的回忆录,他在肇庆教堂的接待室的墙上,挂着一幅用欧洲文字标注的世界全图。"有学识的中国人啧啧称羡它,当他们得知它是整个世界的全图时,他们很愿意看到一幅用中文标注的同样的地图",因为"他们对整个世界是什么样子一无所知"。地方长官请利玛窦在译员的帮助下,把他的地图译为中文。结果就出现了一幅《山海舆地全图》:"新图的比例比原图大,从而留有更多的地方去写比我们自己的文字更大的中国字,还加上了新的注释。"[①]当他在南京时,准备前往北京呈献给皇帝的礼品中,就有这幅地图。南京礼部尚书王忠铭看到呈献给皇帝的礼品中,"有一个大木版,上面刻着世界地图,附有利玛窦神父用中文写的简略说明。尚书非常高兴观看了这幅世界地图,使他感到惊讶的是他能看到在这样一个小小的表面上雕刻出广阔的世界,包括那么多新国家的名称和他们的习俗一览";"碰巧这位(南京)总督从南京省(按:指南直隶)某个市长(镇江知府)那里得来一幅世界地图,原是利玛窦神父在肇庆所作的。他非常喜欢这幅地图,并在苏州镂石,并加上一篇赞扬地图的雕刻美观的序文"。"利玛窦一眼就看出,显然他是在看自己的作品。他说他第一次在肇庆刊印这幅地图,把复本送给了他的朋友,它就流传到这里"[②]。可见当时的中国人对利玛窦带来的西方地理学的新观念,是充满好奇,也是极为欢迎的。

利玛窦在中国居留的 28 年中,绘制了多种世界地图,其中影响最大、流传最广的是万历三十年(1602 年)由李之藻为之刊印的《坤舆万国全图》。李之藻一向喜爱地理,曾经绘制中国十五省地图,当他看到利玛窦的世界地图时,才知道天下之大,便雇工刻印了六幅,有一人多高,比原图更加清晰。利玛窦依据欧洲出版的地图(Abraham Ortelius. Theatrum Orbis Terrarum)、中国舆图及通志资料、他本人的实测与见闻札记,这样三方面的资料绘制而成的《坤舆

---

① 利玛窦、金尼阁《利玛窦中国札记》,第 124~125 页。
② 同上书,第 225~226 页。

万国全图》,据说有四种正统版本、十种以上的仿刻本和摹刻本,流传极广。利玛窦编绘的世界地图,打破了中国传统的"天圆地方"观念,让人们了解到中国只是地球的一小部分,大大开拓了士大夫阶层的眼界。但是利玛窦也作了一些迁就,正如利玛窦自己所说:"他们认为天是圆的,但地是方的,他们深信他们的国家就在它的中央。他们不喜欢我们把中国推到东方一角上的地理概念。他们不能理解那种证实大地是球形、由陆地和海洋所组成的说法,而且球体的本性就是无头无尾的。利玛窦因此不得不改变他的设计,他抹去了福岛的第一条子午线,在地图两边留下一道边,使中国正好出现在中央。这更符合他们的想法,使得他们十分高兴而且满意。"[1]人们目前见到的中国历史博物馆收藏的墨线仿绘本《坤舆万国全图》、南京博物院收藏的彩色摹本《坤舆万国全图》,便是这种变通了的样子。这是晚明中外地理学交流的突出成果,理所当然引起后世学者的高度关注。正如邹振环所指出的那样:"1936年的《禹贡》第五卷三四合期上刊出了'利玛窦世界地图专号',其中有洪业的《考利玛窦的世界地图》和陈观胜的《利玛窦对于中国地理学之贡献及其影响》二文,对世界地图的中国藏本作了系统的分析,至今仍是研讨利玛窦世界地图的典范之作。日本学者鲇泽信太郎在1936年先后发表了《利玛窦的世界地图》(载《地球》第26卷第4号)、《月令广义所载之山海舆地全图及其系统》(载《地理学》第12卷第10号),澄清了《两仪玄览图》的刊刻者是李应试,补正了洪业一文之缺。1938年德国卫礼贤以梵蒂冈教廷图书馆的藏本为主,加上世界各地的抄本,完成了意大利文版的《利玛窦坤舆万国全图》(梵蒂冈教廷图书馆1938年版),该书将前人的研究成果全部采入,并著录了中国、日本、伦敦、巴黎所藏的利玛窦'世界地图'照片。"[2]

**《几何原本》**

这是利玛窦与徐光启合作的成功范例。利玛窦早年在罗马学院曾经师从克拉维斯学习欧几里得几何学,来到中国后希望把它介绍给中国人。据利玛窦说,徐光启被委派与利玛窦神父合作准备欧几里得几何学的翻译工作,利玛

---

[1] 利玛窦、金尼阁《利玛窦中国札记》,第125页。据日本学者薮内清说,1602年李之藻刊刻的《坤舆万国全图》,现在日本京都大学等处仍残存三幅。见薮内清《西欧科学和明末的时代》,载《日本学士院纪要》第44卷第2号。
[2] 邹振环《晚清西方地理学在中国》,上海古籍出版社,2000年,第5页。

窦就告诉他,除非有突出的天分的学者,没有人能承担这项任务并坚持到底。因此徐光启自己便担负起这项工作。经过日复一日的勤奋学习和长时间听利玛窦神父讲述,徐光启进步很大,他已能用优美的中国文字写出来他所学到的一切东西;一年之内他们就用清晰而优美的中文体裁出版了一套很像样的《几何原本》前六卷。徐光启还要继续翻译欧氏《几何原本》的其余部分,但利玛窦神父认为就适合他们的目的而言有这六卷已经足够了。后来徐光启把《几何原本》这六卷印成一册出版,并为它写了两篇序言。第一篇(即《译几何原本引》)是以利玛窦神父的名义撰写的,他介绍了原著的那位古代作者,而且赞扬了由利玛窦神父的本师丁先生(克拉维斯)神父对原作所做的阐述以及他的说明和主要注释,这些利玛窦都已译成中文。在第二篇序言(即《刻几何原本序》)里,徐光启对欧洲的科学写了一篇出色的赞颂。"这本书大受中国人的推崇,而且对于他们修订历法起了重大作用。为了更好地理解这本书,有很多人都到利玛窦神父那里,也有很多人到徐保禄(光启)那里求学。在老师的指导下,他们和欧洲人一样很快就接受了欧洲的科学方法,对于较为精致的演证表现出一种心智的敏捷。"[①]

据今人研究,利玛窦和徐光启翻译的《几何原本》,并非古希腊学者欧几里得的原本,而是利玛窦的老师克拉维斯的注释本。前六卷涉及直线和圆的基本性质、比例、相似形,基本上可以自成体系,讲述了平面几何的主要内容,构成了欧几里得几何学的基础与核心,西方也有多种文字的六卷本流传。因此利玛窦主张只翻译前六卷已经足够,是有道理的,并非想留一手[②]。《几何原本》在中国的价值超出了几何学本身,让当时的中国人看到了科学理论的真正代表作,引进了一种科学思维方式。利玛窦在《译几何原本引》中列举几何学的七大用途,如测量天地、测天候、制器、建筑、机械制造、测量、绘制地图,以期唤起中国人的兴趣[③]。徐光启在该书序言中说,学习此书,可以"挈袪其浮气,练其精心","次其定法,发其巧思","百年之后必人人习之"。果然不出所料,以后的长时期内,《几何原本》一版再版,成为一本经典著作。利玛窦和徐光启

---

[①] 利玛窦、金尼阁《利玛窦中国札记》,第364~365页。
[②] 曹增友《传教士与中国科学》,宗教文化出版社,1999年,第112~113页。
[③] 王萍《西方历算学之输入》,载台湾《近代史研究所专刊》第17期(1966年)。

所首创的几何学名词术语,如点、线、直线、平面、曲线、四边形、多边形、平行线、对角线、直角、钝角等,一直沿用至今。

### 《同文算指》与《圜容较义》

与翻译《几何原本》的方式一样,利玛窦与李之藻合作翻译了《同文算指》,系统介绍欧洲笔算的代表作——克拉维斯的《实用数学》,同时兼采中国数学家程大位《算法统宗》,编成一本笔算技法著作。全书分前编二卷、通编八卷,系统介绍西方笔算方法,包括加减乘除直至开方,还附有习题。李之藻在该书序言中对此有概括的介绍:"往游金台,遇西儒利玛窦先生,精言天道,旁及算指,其术不假操觚,第资毛颖,喜其便于日用,退食译之,久而成帙。加减乘除总亦不殊中土。至于奇零分合特自玄畅,多昔贤未发之旨。盈缩勾股,开方测圜,旧法最难,新译弥捷。"①利玛窦在谈到李之藻时充满了赞扬的语气:"李良(即李之藻)也对数学的其他方面有兴趣,他全力以赴协助制作各种数学器具。他掌握了丁先生(克拉维斯)所写的几何学教科书的大部分内容,学会了使用星盘并为自己使用而制作了一具,它运转得极其精确……后来在把丁先生的《实用数学》从拉丁文译为中文时,李良证明对利玛窦神父是一个大帮助,在这部译作中,原著中没有一个细节是被遗忘的。"②徐光启在为该书所写的序言中也强调了这点:"大率与旧术同者,旧所弗及也;与旧术异者,则旧所未之有也。旋取旧术而共读之,共讲之,大率与西术合者,靡弗与理合也;与西术谬者,靡弗与理谬也。"如果说《同文算指》是一本实用的数学书,那么利玛窦与李之藻合译的《圜容较义》则是理论性的著作,它是一本比较图形的几何学著作,其主旨是几何学中的圆。在该书的序言中,李之藻说明在相同边长的各种图形中圆形的面积最大:"试取同周一形,以相参考,等边之形必巨于不等边之形,多边之形必巨于少边之形,最多边者,圜也;最等边者,亦圜也。"因此,圆能包容宇宙万物③。

### 《远西奇器图说》与《泰西水法》

《远西奇器图说》是由耶稣会士邓玉函与王征合作翻译的第一本力学与机

---

① 李之藻《〈同文算指〉序》,载朱维铮《利玛窦中文著译集》,第649~650页。
② 利玛窦、金尼阁《利玛窦中国札记》,第303~304页。
③ 徐光启《刻〈同文算指〉序》,载《利玛窦中文著译集》,第647~648页。李之藻《〈圜容较义〉序》,载《利玛窦中文著译集》,第580~582页。参看王萍《西方历算之输入》。

械学专著。据方豪研究,邓玉函通晓医学、哲学、数学、生物学及矿物学,除本国语言德语外,精通英、法、葡语以及犹太、迦尔代、拉丁、希腊等古文字,是明末来华耶稣会士中学问最渊博者。王征在翻译《远西奇器图说》之前,就喜欢制造器械,他的"自制诸器"有:自行车、自转磨、轮壶(即自鸣钟)、代耕(又称木牛)、连弩、活动兵轮、活动檑木、活揭竿、活春竿、活闸、龙尾、鹤饮、虹吸、恒升、活勺等。他接触耶稣会士后,加入天主教,把教义精华归结为"畏天爱人",并且身体力行①。他们两个人的合作,与利玛窦和徐光启、利玛窦与李之藻的合作一样,《远西奇器图说》上面写着:邓玉函口授、王征译绘。王征在该书的自序中谈到译书的动机时指出,他从耶稣会士那里看到西洋的奇器之图之说不下千百余种,"其器多用小力转大重,或使升高,或令行远,或资修筑,或运刍饷,或使泄注,或上下舫舶,或预防灾祲或潜御物害,或自春自解,或生响生风,诸奇妙器无不备具。有用人力物力者,有用风力水力者,有用轮盘,有用关捩,有用空虚,有即用重为力者。种种妙用,令人心花开爽"②。由此可见西方当时物理学、力学和机械学所达到的新水平,王征为了翻译此书,颇具现代意识地引用了18种参考书:《勾股法义》、《圜容较义》、《盖宪通考》(《浑盖通宪图说》)、《泰西水法》、《几何原本》、《坤舆万国全图》、《简平仪说》、《浑天仪说》、《天问略》、《同文算指》、《天主实义》、《畸人十篇》、《七克》、《自鸣钟说》、《望远镜说》、《职方外纪》、《西学或问》、《西学凡》③。从这一参考书目,人们约略可以窥知当时西学东渐的大体状况。

《泰西水法》是耶稣会士熊三拔与徐光启合作编译的西方农田水利及水利机械专著,万历四十年(1612年)出版,被收入李之藻编撰的天主教丛书《天学初函》中,在徐光启的《农政全书》中可以看到它的前四卷。从徐光启为此书所写的序言可知此书的编译出版与利玛窦的大力推荐有着密切的关系,利玛窦曾经对徐光启说:"薄游数十百国,所见中土(中国)土地人民、声名礼乐实海内冠冕,而其民顾多贫,一遇水旱则有道殣,国计亦诎焉,何也?"④为了解决这一

---

① 方豪《王征之事迹及其输入西洋学术之贡献》,见《方豪六十自定稿》,台湾学生书局,1969年,第326～343页。曹增友《传教士与西方科学》,第154～155页。
② 徐宗泽《明清间耶稣会士译著提要》,中华书局,1989年,第297～298页。
③ 《王征之事迹及其输入西洋学术之贡献》,见《方豪六十自定稿》,第346～347页。
④ 《明清间耶稣会士译著提要》,第308～309页。

国计民生问题,利玛窦向徐光启推荐熊三拔具体介绍这方面的知识。对水利机械素有研究的熊三拔向徐光启等人讲解这方面的知识,徐光启把记录整理成《泰西水法》出版。此书介绍了西方的水利机械——龙尾车(螺旋式提水车)、玉衡车与恒升车(利用吸水管、活塞的提水唧筒),比中国传统的提水工具轻巧而效率高,它是当时欧洲科学的新成就,向中国人展示了螺旋原理、液压技术的具体应用①。

**《崇祯历书》**

中国人自古以来就关心宇宙形态、地球在天空的位置以及它与其他天体的关系。古人相信天象和人世间的政事是相互影响的,天象会干预人间,人事也会感应上天,因此天文学的研究一直不曾间断,很早就达到了相当高的水平。明朝使用的大统历,是对元朝的授时历稍加改动而成的,在漫长的使用过程中,推算日蚀、月蚀多次不准,明中叶以来朝廷上下主张修改历法的呼声相当高涨。利玛窦对天文历法素有研究,向有关部门提议参加历法的修改工作,未获批准。直到万历三十八年(1610年)利玛窦逝世,礼部只是推荐徐光启、李之藻"同译西法",协助改历,但并未付诸实施。到了崇祯二年(1629年)七月朝廷才任命礼部侍郎徐光启督修历法,主持此事的徐光启和李之藻对西方天文学已有深刻的了解,确定改历的方针是以西方历法为基础,聘请耶稣会士龙华民、邓玉函等参加。遗憾的是,这年十一月李之藻从杭州抵京不久即病故,邓玉函也于第二年四月病故,徐光启只得继续推荐耶稣会士汤若望(Jean Adam Schall von Bell)、罗雅谷参加修历工作。徐光启从利玛窦那里学习到不少西方天文历法知识,认为修历非用西法不可,用西法则必须先事翻译。这时归国述职的耶稣会士金尼阁从欧洲带回七千部书,为翻译欧洲的数学、天文学书籍提供了良好的选择,也为改历提供了基础②。设于京师宣武门内天主堂东侧的历局,在徐光启的主持下取得了极大的进展,历时五年终于完成了庞大的《崇祯历书》,共一百三十七卷,分为十一部,即基本五目:法原、法数、法算、法器、会通;节次六目:日躔、恒星、日离、日月交会、五纬星、五星交会。严格地说,它其实是为了改革历法而编撰的一部丛书,详细介绍了第谷的《论新天象》、《新编

---

① 曹增友《传教士与西方科学》,第165～169页。
② 薮内清《西欧科学和明末的时代》。

天文学初阶》、托勒密的《大综合论》、哥白尼的《天体运行论》、开普勒的《论火星的运动》等西方天文学著作。为了进行大规模测算，还根据欧洲数学家的著作，编译了《大测》、《割圆八线表》、《测量全义》。《崇祯历书》编成后还来不及刊印，明朝就灭亡了。清朝初年由耶稣会士汤若望加以删改，以《西洋新历法》为名刊印出版。毋庸置疑，《崇祯历书》有它的局限性，例如依然认为日蚀、月蚀是"无形之灾"，不承认天体自转；又如此书采用了第谷的宇宙学说，比托勒密地心说前进了一步，但是落后于哥白尼的日心说。不过平心而论，对于当时的中国而言，毕竟引进了先进的天文学，因此《崇祯历书》的意义已经越出了历法修改本身，标志着中国传统天文学的转型，开启了中国人认识宇宙的新阶段。

**中西文化交流**

西方哲学著作也在此时被译介给中国读者，例如李之藻与耶稣会士傅汎际合译的《寰有诠》（亚里士多德的《谈天》）、耶稣会士安文思翻译的托马斯·阿奎那的《超性学要》等。其中尤以傅汎际译义、李之藻达词的《名理探》影响最为深远，该书介绍亚里士多德的《逻辑学》，首次把西方的逻辑学引入中国，为后世留下关于概念、判断、推论、演绎、归纳的最初认识。

难能可贵的是，耶稣会士曾经多次回国募集图书。1614年耶稣会士金尼阁返回罗马教廷述职时，成功地募集到教皇保罗五世捐赠的500多册书，加上他与同伴邓玉函在欧洲各国收集到的图书，约计7000多册。1618年金尼阁与另外22名耶稣会士护送这批图书返回中国。这批图书后来通过各种途径流布于各地，其中不少被译成中文，向中国人宣传西方的科学、文化和宗教。这批图书的一部分被北京北堂图书馆收藏，现在仍然可以在国家图书馆看到它们的身影。人们从这些西方古籍（圈内人士称为"摇篮本"）身上，缅怀一段中西文化交流佳话，是别有一番滋味在心头的。

交流总是双向的，有西学东传，就有中学西传。在耶稣会士进入中国之后，这种双向互动就已经开始了。例如第一个试图进入中国的耶稣会士沙勿略，1548年根据一个商人提供的情况，向葡萄牙驻印度总督写了一份报告，涉及中国的宗教习惯、对外国学者的态度、中国的教育方式、中国文化对日本的影响等。这份报告收入《印度及日本记事》，于1552年在欧洲出版。1552年至1582年在欧洲出版了许多耶稣会士印度书信集，其中有些涉及中国，如罗明坚、巴范济、利玛窦等的书信,描述了他们在中国的工作情况。尤其值得注意的是利玛窦的前辈范礼安与罗明坚的著作,范礼安用西班牙文写成的《关于日本使节朝拜罗马教廷的对话》,由耶稣会士孟三德翻译成拉丁文,于1590年在澳门出版,1592年被带回欧洲,由英国地理学家哈克卢(Richard Hakluyt)把涉及中国部分摘译为英文,题为《一篇出色的关于中华帝国及其社会阶层和政府的论文》,编入《英吉利民族的重大航海、航行、交通和发现》1599年的第二版,使范礼安依据在华耶稣会士的报告,介绍中国基本情况的"对话"在欧洲得以流传。罗明坚抵达澳门后,首先编了一本教义答问集,后来在两名译员的帮助下,把儒家四书之一的《大学》翻译成拉丁文。当他返回意大利以后,着手修订这个译本,1593年在波色威诺的《精选文库》中出版,被西方学者称为"儒家古典著作的欧洲第一个译本"①。罗明坚在中国期间收集到大批资料以及绘制的中国地图,回到意大利以后,他终于完成了一本《中国地图集》,有28幅地图以及37页的文字说明,把当时中国的十五个省份(即十三布政使司加上北直隶、南直隶),用中文与拉丁文书写。据本卡尔迪诺《15—17世纪欧洲地图学对中国的介绍》一文说,这本地图"对15个省份进行了分析性的描绘,包括省与省之间的距离,农业生产、矿山、府州、县等行政区的划分。还在府州县里补充了卫和所,即军队和帝国的羽林军所在地。所有这些都清楚地表示在地图集里。另外,还描绘了徒起的地势与主要河流的流向。"令人遗憾的是,在地图出版之前罗明坚因病去世。这项工作以后由另一位耶稣会士卫匡国完成②。

利玛窦在从事西学东传的同时,也关注汉学的西传。早在广东韶州时期,他就和其他耶稣会士一起循序渐进地研读中文经典。为了便于他们学习,利玛窦用拉丁文翻译了(确切些说,是释意)《四书》,还加上许多注释。经过几年的努力,利玛窦终于完成了《四书》的翻译工作。从此以后新来的耶稣会士都拿它派各自的用场,范礼安神父也想请人抄出来给驻日传教士用。因此裴化行神父在写《利玛窦神父传》时,称利玛窦是"欧洲汉学的发端"③。法国汉学家安田朴(Rene Etiemble)说,利玛窦完成的《四书》译本应该说是一些改写和编

---

① 张国刚等《明清传教士与欧洲汉学》,中国社会科学出版社,2001年,第92～95页。西比斯《利玛窦的前辈》。
② 沈定平《明清之际中西文化交流史——明代:调适与会通》,第266～267页。
③ 裴化行《利玛窦神父传》,第153～162页。

译本,"当孔夫子的著作对某些事情保持沉默或不会明确地表态时(如有关上帝的存在、魂魄的灵性、天堂和地狱等),他便毫不犹豫地如同过去圣·托马斯·阿奎那对其师亚里士多德所作的那样,把那些含糊不清和令人置疑的文献'为自己所利用',以使它们具有一种完全正统的意义"①。1612年利玛窦神父的继任者龙华民神父把金尼阁神父派回欧洲向教皇汇报工作。金尼阁神父不仅使宗教当局关心中国和耶稣会士们的事业,而且还为欧洲大众们推出了《由耶稣会神父们从事的基督教远征中国史,取自利玛窦神父的记述》一书。这部著作的994页文字鼓动了许多思想家。以后欧洲的读者便有了以下版本:耶稣会士利玛窦和金尼阁的《基督教远征中华帝国史(1582—1610年)》。我们在其中的第44~45页中读到:"所有中国人的最大哲学家叫作孔夫子,我发现此人诞生于我们的救世主耶稣——基督降临大地上的551年(原文如此),在70多年间就是这样生活的。他除了鼓励其他所有人都学习道德外,既主张身教,又主张心教和以讲学传授。孔子以此为手段而在中国人中获得了极高的名声,以至于认为他在其生活的神圣程度方面超过了在道德方面最出类拔萃的凡人,在世界上的任何地方都没有他那样的人。"②

金尼阁的这本书就是赫赫有名的《利玛窦中国札记》。利玛窦逝世后,他的笔记、手稿、记录等珍贵文献,由金尼阁从澳门带回罗马,把它由意大利文译成拉丁文,并增添了一些有关的传教史和利玛窦本人的内容,附有利玛窦死后哀荣的记述。这个拉丁文本第一版于1615年在德国奥格斯堡出版。它的封面题字是"耶稣会士利玛窦神父的基督教远征中国史会务纪录五卷,致教皇保罗五世,书中首次精确地、忠实地描述了中国的朝廷、风俗、法律、制度以及新的教务问题"。封面上所谓"基督教远征中国史",实际指天主教耶稣会在中国的传教活动③。拉丁文本《基督教远征中国史》出版后,在欧洲不胫而走,先后出现了各种文字的版本,影响十分巨大,人们从中认识了以前非常陌生的中国。它的第一卷有十一章的篇幅介绍中国,例如中华帝国的名称、位置和版图,中华帝国的富饶及其物产,中国人的机械工艺,中国人

---

① 安田朴《中国文化西传欧洲》,商务印书馆,2000年,第251页。
② 同上书,第253~263页。按:引文中"551年"后"(原文如此)"系安田朴所注,"551年"为"551年前"之误。
③ 利玛窦、金尼阁《利玛窦中国札记》中译本序言,第1~2页。

的人文科学、自然科学及学位的运用,中国的政府机构,中国的某些习俗,服装和其他习惯以及奇风异俗,某些迷信的以及其他方面的礼节,中国人的各种宗教派别等。毫无疑问,这是从马可·波罗以来最真切的对中国的观察和介绍。

据张国刚等学者的研究,耶稣会士在中国的将近两百年中写了许多有关中国的著作,其中17世纪刊布的单行本66种、非单行本41种、未刊作品42种。他们对中国的描述由浅入深、由点到面、由全景式概述到专题性研究。除了上述《基督教远征中国史》(即《利玛窦中国札记》)以外,值得注意的是,蓝方济(Lombard)神父的《大中华王国新见解》、《中华王国、日本、莫卧儿王国……新见解》,分别于1602年、1604年在巴黎出版法译本[1]。耶稣会士曾德昭(Alvare de Semedo)1613年来到中国,在中国生活22年,1637年由澳门返回欧洲,开始写作《大中国志》,原文是葡萄牙文,1642年有西班牙文摘译,1643年全文译成意大利文出版以后又有法文本、英文本以及新的葡萄牙文本。此书的第一部三十章,根据作者多年在中国的见闻,记述中国各省状况、中国的语言文字、考试方式、学术、科学、艺术、礼节仪式以及中国的皇帝制度与政府机构等;第二部十三章记述耶稣会士在中国的传教经历。此书的价值就在于它是长期亲身经历的总结,正如作者在本书前言中所说:"我在22年的时间中,有机会观察中国的所有方面,肯定我所写的我所见到的,必定比那些没有仔细观察它们的人所写的东西,更为确实。"他由衷地称赞中国的政府组织和政治制度,并认为中国政府的行事原则源于儒家学说[2]。这一时期值得一提的,还有卫匡国的几本著作。其一是《鞑靼战纪》,它的拉丁文本1654年出版于安特卫普,此后被译成各种欧洲文字。此书记述了清兵入关与明朝灭亡的历史,由于是亲眼所见,属于新闻报道性质。其二是《中国新地图》,1655年以拉丁文初版,是在罗明坚《中国地图集》的基础上完成的,共17幅地图,包括1幅中国全图、15幅分省图、1幅日本地图,并附有170页文字说明,为当时的欧洲人提供了最有价值的中国地理知识。其三是《中国上古史》,1658年以拉丁

---

[1] 张国刚等《明清传教士与欧洲汉学》,第96~99页。
[2] 曾德昭《大中国志》,中译者序言,上海古籍出版社,1998年。《明清传教士与欧洲汉学》,第100~101页。

文出版,向欧洲人介绍从远古至公元前1年的中国历史①。

耶稣会士对中国的介绍与研究,在欧洲引起了巨大的反响,犹如西学东渐在中国引起巨大反响一样。

### 4."西学东渐"与晚明知识界的反响——瞿太素、徐光启、李之藻、杨廷筠

以利玛窦为代表的耶稣会士在这时的传教活动,以及随之而来的西方科学文化的传播,向长期封闭的中华帝国吹进了一股清新的空气,让人们接触到了以前闻所未闻的新思想、新事物,一些敏感的先进的知识分子把耶稣会士看作自己的朋友,如饥似渴地向他们学习,从他们那里汲取新的精神食粮,从而逐渐地改变了世界观和价值观。这种变化对于中国社会的影响无论怎样估价,都不会过分。以下透过若干代表性人物的事例,来剖析"西学东渐"与晚明知识界的反响。

**瞿太素**

瞿太素,名汝夔,苏州府常熟县人。出身于高级官僚的家庭,其父为礼部侍郎兼翰林院学士,从小接受过良好的家庭教育,却不愿走传统的科举仕途的老路,四处漂泊来到广东。在肇庆和韶州,瞿太素和利玛窦开始了接触,两人一见如故,谈得十分投机。利玛窦在他的回忆录中,专门有一章写到此事,标题就是《瞿太素》。他写道:"瞿太素是我们将有机会常常提到的人,他是一个被称为尚书(引者按:瞿太素之父死后被封赠礼部尚书)的第二级高官的儿子,苏州人,是受过良好教育的知识分子……如果继续学习的话,他肯定会得到最高的荣誉。相反地,他变成了一个公开的败家子";在韶州拜会利玛窦时,"他请求利玛窦收他当学生,第二天他邀请老师在他家里吃饭,送给他绸料为礼……在结识之初,瞿太素并不泄露他的主要兴趣是搞炼金术……但他们每天交往的结果倒使他放弃了这种邪术,而把他的天才用于严肃和高尚的科学研究。他从研究算学开始……接着从事研习丁先生的地球仪和欧几里得的原理,即欧氏的第一书。然后他学习各种日晷的图案,准确地表示时辰,并用几何法则测量物体的高度"。这些学习使瞿太素发生了巨大的变化,以至于当地的老百姓都知道,瞿太素"这个雄心勃勃的贵人是一位欧洲传教士的学生,欧

---

① 《明清传教士与欧洲汉学》,第101～103页。

洲的信仰和科学始终是他所谈论的和崇拜的对象。在韶州和他浪迹的任何地方,他无休无止地赞扬和评论欧洲的事物"①。当然瞿太素也对利玛窦产生了巨大影响,精通儒学的他深知天主教要在中国发展,必须首先符合儒家传统熏陶出来的士大夫的眼光,因此瞿太素向利玛窦建议放弃以前的和尚打扮,改穿儒生的服饰,"标志着利玛窦的传教路线在适应占统治地位的儒家思想方面,迈出了决定性的一步"②。虽然瞿太素是最早结识利玛窦神父的,但他皈依天主教却比较晚。利玛窦为此专门写了一章《瞿太素终于皈依了基督》,在谈到他不能入教的原因时指出,第一,他娶妾并生了两个儿子;第二,他对偶像崇拜深有修养。这两点都有悖于天主教的教义,因此他左右摇摆,总是拿不定主意。在反复分析研究教义以后,他最后要求领洗。他的第一步就是和他的妾正式结婚,第二步把家里的全部偶像以及印刷的刻板和有关书籍都送到教堂请求把它们付之一炬。万历三十二年(1605年)的圣母领报节那天(3月16日)接受洗礼,教名依纳爵。瞿太素写了一篇洋洋洒洒的信仰声明,其中写道:"几年前,我有幸遇到泰西远来的真理大师利玛窦和郭居静以及助手钟鸣仁修士,他们是最初告诉我神明的奥秘的人……我谨保证从我接受洗涤灵魂每一种玷污的洗礼之日起,我将把残存在我头脑里的对于伪神和环绕它的不合理的教义的信仰彻底扫除干净。我还保证在我的思想中,决不有意地卑鄙地追求不适当的炫耀个人的那种愿望,也不追求世俗的虚荣以及任何其他虚假而危险的诱惑。"③

应该说,瞿太素的皈依天主教并不是一个简单的改变宗教信仰问题,而是随着对西方科学技术的深入了解,逐渐改变了对西方文明的认识,反映了当时先进的知识分子对于"西学东渐"的积极反应。据利玛窦的回忆,"瞿太素对(利玛窦)神父经常是滔滔不绝加以赞美,还补充说明他所带给中国的科学知

---

① 利玛窦、金尼阁《利玛窦中国札记》,第172~174页。裴化行《利玛窦神父传》说:"瞿太素当然在这些风雅俊秀的进士们中间竭力宣扬其老师'泰西儒士'卓越之处。他在1596年5月19日的信里叙述了他们是多么渴望结识利玛窦。"费赖之《在华耶稣会士列传及书目》说:"有名士瞿太素者,初识玛窦于肇庆,至是至韶州,愿奉玛窦为师。太素初冀从玛窦之仙丹,然所肄习者为宗教真理,与夫数学、几何、重学等课目。太素之玛窦之熏陶,颇有心得,迨至其受洗(1605年)后,玛窦之名遂以大彰,盖太素学者而兼名士,影响舆论实深也。"
② 沈定平《明清之际中西文化交流史——明代:调适与会通》,第337页。
③ 利玛窦、金尼阁《利玛窦中国札记》,第357~359页。

识以及他是怎样开阔了知识界的眼界的,在他到来之前他们的眼界一直是封闭的。根据瞿太素的说法,这就是他为什么如此之受人欢迎,为什么大家都想见他并愿和他在一起的原因"①。正如裴化行神父所说,瞿太素向利玛窦学习西方科学技术,使宋朝已经达到巅峰状态的科学技术(李约瑟语)的走势得到了复兴,他写道:"自从1368年逐出蒙古人以来实际上已经干涸的科学发明之风,就这样一下子又兴起了。不仅如此——而在这方面,利玛窦开创了一个运动……据说,瞿太素还'用非常明晰优美的文词把所学撰写成文章去给别人看'。这对中国的未来具有至关重大的意义,因为,如果说中国现时已成一场文化伦理革命的场所,那是因为从四面八方早有新思想侵入,深入人心,搅乱人们的固有观念,精神的'资产'(如果可以用'资产'一词的话)已经深刻改变。而在十六世纪,这场运动就有其默默无闻的先锋,他们并不是出国考察者,因为谁也不能走出帝国之外去异邦寻求这些新科学,他们只是译者或编者,是他们让读者得以接触外来的著作。且不说那位福建籍秀才和肇庆的其他文人——利玛窦后来如实说这些人迻译他的《万国全图》实在差劲得很,真正开始有用而又谦虚的中介人、把西方文明的成就系统引入远东世界的,是瞿太素。"②显然瞿太素在"西学东渐"过程中的中介作用是不应该低估的。

当然,在"西学东渐"过程中影响最为巨大的,毫无疑问是人称"明末天主教三柱石"的徐光启、李之藻、杨廷筠。

**徐光启**

徐光启,字子先,号玄扈,嘉靖十四年(1562年)出生于松江府上海县这个经济文化发达的地区。他具有强烈的追求新学的愿望,万历十六年(1588年)他来到当时对外交流最频繁的广州,希望与耶稣会士接触,在韶州见到耶稣会士郭居静,进入教堂礼拜天主。万历二十五年在选拔举人的乡试中名列第一,三年后在南京会见了他向往已久的利玛窦,对利玛窦的传教思想十分欣赏,认为天主教可以"补儒易佛"。然而他并没有在利玛窦手下受洗入教。又三年后,当他再度来到南京时,利玛窦已经到了北京,他便跟随耶稣会士罗如望(Joannes de Rocha)学习天主教教义,然后接受洗礼,正式成为天主教徒,教名

---

① 利玛窦、金尼阁《利玛窦中国札记》,第240页。
② 裴化行《利玛窦神父传》,第139~140页。

保禄。关于这些情况,利玛窦有详细的记叙。他说:"郭居静神父在这里(按:指韶州)居留的第二年,发生了一桩真正重要的事情。教堂这盏明灯保禄(指徐光启)在这个教堂成了一名基督徒……他是一个可以期待成大器的人,上天注定了要他美饰这个初生的教会……他是一名出色的知识分子,天资美好,秉性善良。作为士大夫一派中的一员,他特别期望知道的是他们特别保持沉默的事,那就是有关来生和灵魂不朽的确切知识。中国人中无论哪个教派都不完全否定这种不朽。他在偶像崇拜者的怪诞幻想中曾听到许多关于天上的光荣与幸福的事,但是他的敏锐的思想却只能是找到真理方休……1603年他因事返回南京,并拜会了罗如望神父。他进屋时在圣母像前礼拜,而且在首次听到一些基督教的原理后,马上就决定信仰天主教。那一整天直到很晚,他一直安静地思索着基督教信仰的主要条文。他把基督教教义的一份纲要(按:指《天主教要》),还有利玛窦神父教义问答(按:指《天主实义》)的一个抄本带回家去,那里还没有刊行的一个文本。他非常喜爱这两部书,以至他通宵读它们,第二天回去以前,他已经记住了整本的教义纲要。他请罗如望神父尽可能地给他解释某几段,因为他必须年底以前赶回家,而他想要在动身前领洗。"[1]

万历三十三年(1604年)徐光启在前往北京的路上,绕道南京,寄宿于罗如望处,每日望弥撒。当他抵京后,立即与利玛窦联系上,并共享晚餐。他随即通过了最高级的科举考试而进士及第,被钦点为翰林院编修,从而开始了他的仕途生涯,一路官运亨通地升任礼部尚书、文渊阁大学士。他可能是当时担任官职最高的天主教徒,他的达官贵人身份并不影响他对天主教的虔诚信仰,在以后的三十多年中,他多次运用自己的财富、才智和政治影响,支持和推动天主教会活动,正如利玛窦所言,他成为天主教在中国的"柱石"[2]。他在大庭广众中回答天主教的律法的基础是什么时,用了四个字:"易佛补儒"[3]。后来他在翻译熊三拔《泰西水法》而写的序言中再次重申这一观点:"余尝谓其教必可以补儒易佛。"利玛窦逝世后,由龙华民神父接替主教职务,主持中国教区工作。由于龙华民背弃利玛窦宽容的传教方针,多次著文指出,中国典籍中的上

---

[1] 利玛窦、金尼阁《利玛窦中国札记》,第328页。
[2] 比得信(Willard J. Peterson)《杨廷筠、李之藻、徐光启为何会成为基督徒》,载澳门文化司署:《文化杂志》(中文版)第21期(1994年)。
[3] 利玛窦、金尼阁《利玛窦中国札记》,第343页。

帝(天神)并不是圣经中的天主(上帝)的对应词,使矛盾激化。万历四十四年礼部侍郎署南京礼部尚书沈㴶上疏朝廷主张排斥天主教,以崇正学、黜异端、严华夷相号召,提出四条禁止天主教的理由:有窥伺之心、有伤孝道、私习历法、伤风败俗。徐光启挺身而出,写《辨学章疏》护教:"彼国教人皆务修身以事上主,闻中国圣贤之教,亦皆修身事天,理相符合,是以辛苦艰难履危蹈险,来相印证。欲使人人为善,以称上天爱人之意。其说以昭示上帝为宗本,以保救身灵为切要,以忠孝慈爱为工夫,以迁善改过为入门,以忏悔涤除为进修。"他的结论是:"诸陪臣所传事之天之学,真可以补益王化,左右儒术,救正佛法也者。"所谓"左右儒术,救正佛法"云云,其实就是"易佛补儒"①。徐光启的"易佛补儒",强调"查究世事,研求根本","开拓自身,尊崇天国",促使他致力于西方科学的探求。徐光启在与利玛窦等耶稣会士的交往中深刻认识到,"修身事天"的西学是"国家致盛治,保太平"之策②。正如比得信所说:"徐(光启)所发现的一种治学方法——向上天学习的方法,这一方法正如传教士们所示范的那样,这一方法又使他在继承传统的道德价值之上增加了重要地位和约束规条。'天学'集各种学问之大全,并非孕育于任何人的头脑,而是奠基之被概括为'天'的整个外在世界之上。同时这些学问不是受制于当局的法令批准,而是服从于每个人自身的查究实证。"③徐光启之所以成为一个科学家,与他成为一个天主教徒以及对于天主教教义的信仰,是密不可分的。或许可以这样说,如果没有耶稣会士,没有天主教,就没有科学家徐光启。然而,20世纪50年代以来的史家出于人所共知的原因,在评介徐光启这个历史人物时,大多讳言他皈依天主教的情节;他在上海市徐家汇光启公园的坟墓,原先完全是按照天主教徒的葬礼建造的,现在已经被"改造"成丝毫没有天主教色彩的"科学家徐光启之墓"。其实不光徐光启是天主教徒,他的夫人也是天主教徒,他的后人都是天主教徒,以至于徐家汇地区形成了一个绵延数百年的天主教徒群落。这样的历史事实是不应该抹杀的,也是无法抹杀的。

裴化行在《利玛窦神父传》中写到徐光启受洗的情节时,这样高度评价:

---

① 方豪《明末清初天主教比附儒家学说之研究》。
② 《徐光启集》下册,第436页。
③ 比得信《杨廷筠、李之藻、徐光启为何会成为基督徒》。

"就在这时,未来的阁老保禄·徐光启确定不移地归属于教会,以后他成为全中国最大的光明。中国理想中最合乎人情、最高度平衡的一切绝妙地集于他一身,至今也无人不折服(《天主教月刊》1933年为纪念他逝世一百周年用汉语出版的专号,刊载了许多表示这一崇敬心情的文章)。事实上,当我们静观'这位伟大的政治家,看见他位极人臣而始终保持谦逊平易,在比我们困难得多的条件下努力不懈的运用其影响为基督为教会服务的时候',我们不禁联想到与他同时代的那个人——英国人文主义最纯净光辉之一,即圣托马斯·莫尔。"他还饱含感情地说:"就是在这种相当混乱的情况下,利玛窦率人数不多的弟子(其中以后崭露头角的是保禄·徐光启),英勇无畏地继续其促成西方基督教文明和远东儒教文明之间文化伦理接近起来的工作,其深度、强度和影响,现今的史家才开始予以正确估价。"①

**李之藻**

李之藻,字振之,号淳庵居士,嘉靖四十四年(1565年)出生于杭州的书香门第,万历二十六年(1598年)进士及第,次年就开始与利玛窦交往,被利玛窦的人格魅力所折服,服膺于天主教的教义。他与徐光启、杨廷筠并称中国天主教三大柱石,他在"西学东渐"中的贡献可与徐光启相媲美,编译天主教第一部丛书《天学初函》,刊刻利玛窦《万国全图》,翻译利玛窦《同文算指》、《浑盖通宪图说》、《圜容较义》、《乾坤体义》,翻译熊三拔《简平仪说》,翻译《名理探》、《寰宇诠》等。因此方豪说:"西学传入我国,徐李并称始祖。"②万历三十五年李之藻为汪孟朴在杭州重刻《天主实义》所写的序言对利玛窦的传教给予高度的评价:"利先生学术一本事天,谈天之所以为天甚晰,睹世之袭天佞佛也者,而倡言排之,原本师说演为《天主实义》十篇……彼其梯航琛赆,自古不与中国相通,初不闻有所谓羲、文、周、孔之教,故其为说亦初不袭吾濂、洛、关、闽之解,而特于小心昭事大旨,乃与经传所记如券斯合……尝读其书,往往不类近儒,而与上古《素问》、《周髀》、《考工》、《漆园》诸篇默相勘印,顾粹然不诡于正。"他在刻印《天学初函》的题辞中说,天主教的"天学","不脱六经之旨"③。可以看得出来,李之藻对于天主教是十分虔诚的。但是,经过了整整九年,一直到利

---

① 裴化行《利玛窦神父传》,第450、482页。
②③ 方豪《明末清初天主教比附儒家学说之研究》。

玛窦去世前两个月，他才在北京受洗，正式成为天主教徒。

在李之藻眼中，利玛窦是一位"异人"，不远万里甘冒各种风险来到中国，而不企求任何回报，实在是一位"智人"，也是一位"博闻与韬术之人"，崇拜真理反对谬说，勤奋读书，过目成诵，懂得如此之多有关玄学、天文学、地理学、数学等前辈大儒们未曾明了的学问。在利玛窦的感召下，他在公务繁忙之余，从事有关天文、数学著作的翻译出版工作。他的奋斗在1629年伴随《天学初函》的出版达到顶峰。该书收录了当时近乎所有在中国印刷的由传教士们撰写的重要书籍，共十九本之多，另外加上他自己撰写的书籍。全书分为理编和器编两大部分，理编以《天主实义》为首，主要是有关教义的著作九种（附录一种）；器编以《几何原本》为首，主要是有关数学物理的著作十一种，例如《泰西水法》、《远西奇器图说》、《天问略》等。在去世前一年，李之藻还帮助耶稣会士们正式参与朝廷发起的历法修订。

比得信在分析李之藻皈依天主教的原因时，指出了两点，一是他和当时相当数量的士大夫们都为传教士们带入中国的"科学"所吸引；二是他和其他许多人一样，被利玛窦的人格力量所折服。而这两者又是密不可分的，李之藻欣赏利玛窦的科学和美德的完美结合。李之藻说，他曾在万历二十九年目睹利玛窦的世界地图之后作过计算，以证实地球真的是大小如利玛窦所称那样一个圆球。当利玛窦的世界地图出版之时，李之藻认为那是"万世不可易之法"，而且那些经纬度与天宇轨迹相对应，他甚至花了一年时间来计算以推测其形制合"理"。在为该地图所作的注释中，李之藻将地图上的事物与中国有关大千世界分为多极的古训联系起来。李之藻所感兴趣的是"科学"，他谋求学习更多学问和知识，亦即所谓"天学"。因此他在"天学"的名目下，将科学著述和宗教著述一同出版。他在探求"永恒不变之法"，通过有关天体的数字和计算，通过对"东方之海"与"西方之海"具有相同的精神和本性的意识，心甘情愿接受这个永恒的万能的"天主"①。

李之藻在"西学东渐"中的贡献，不仅在当时的科学史上，而且在思想史上，留下了深远的影响。正如裴化行所说："没有他，十七世纪末、十八世纪初

---

① 比得信《杨廷筠、李之藻、徐光启为何会成为基督徒》。

诸如顾炎武、阎若璩等等大学者就无从发展思想。"①

**杨廷筠**

杨廷筠与李之藻是同乡挚友,关系密切,然而两人接受西学的心路历程截然不同。杨廷筠深厚的儒学、佛学修养,使他难以超脱或割舍。这种背景,使他区别于李之藻。正如沈定平所说:"最能反映李、杨二人在学术志趣和素养上的差别,从而影响到他们接受西学的不同方式的,莫过于杨廷筠专注于'形而上'的伦理道德宗教领域,希望从阐明人生性命的真谛和克己自律的道德实践中,重塑儒家的传统价值,以达到匡时救世的目的,充分显示了一个道学家的本色。而李之藻则在恪遵儒家价值观的前提下,更多地关心'形而下'的具体实用之学,关心传统科学技术的现状和发展,俨然博物家的胸怀。"②万历三十年(1602年)杨廷筠在北京会见了利玛窦,讨论"名理"问题,似乎谈得很投机,大有称兄道弟的趋势,但是他对利玛窦所谈西方数学方面的内容一窍不通;利玛窦也认为杨廷筠没有徐光启、李之藻那样"聪明了达"。这种情况一直到十年之后终于发生了变化。万历三十九年四月,李之藻丁忧回到杭州,郭居静神父、金尼阁神父同行。杨廷筠在吊唁李父时遇见了郭、李两神父,表示非常乐意与他们探讨宗教的奥妙。在与两位神父的探讨中,杨廷筠消除了对天主教的疑虑,下定决心抛开其他一切事务,潜心探索"天学"的基本原理。当他大彻大悟之后,表示愿意接受天主教的洗礼,金尼阁神父没有答应,因为他除了妻子之外还有侍妾,这是有悖于天主教教义的。杨廷筠按照教规行事,放弃了侍妾,终于在这一年领洗,成为天主教徒,圣名弥格尔(Michele)③。

杨廷筠撰写的阐述天主教教义的书籍有:《代疑编》、《代疑续编》、《圣水记言》、《鸮鸾不并鸣说》、《西释辨明》、《广放生说》等。在《代疑编》中,他主张儒者不必把天主教看作异端,在"畏天命"、"事上帝"上天主教与儒者之学是一致的。在为耶稣会士庞迪我的著作《七克》所写序言中,他认为天主教教义与儒家学说是"脉脉相符"的。在为耶稣会士艾儒略的著作《西学凡》所写序言中说,中国传统的"天学"几近晦暗,利玛窦等耶稣会士带来的西学能使"天学"重

---

① 裴化行《利玛窦神父传》,第300~301页。
② 沈定平《明清之际中西文化交流史——明代:调适与会通》,第687页。
③ 比得信《杨廷筠、李之藻、徐光启为何会成为基督徒》。

放光芒①。比得信引述西方资料,说明杨廷筠是在李之藻的鼓励下投入天主教怀抱的。他列举了以下几点:第一,他通过阅读书籍,与郭居静、金尼阁两神父的讨论,领悟到那个隐匿于天堂和地球万物之后的"天主",不仅属于"遥远的西方",而且在任何时间任何地点主宰着世界的每个角落;第二,耶稣会士对于佛教徒相信内心和本性是价值观的渊源的谴责,也是对于明末王阳明学派的追随者的谴责;第三,针对杨廷筠关于谈论天主所受磨难是对他的不敬,耶稣会士解释说,在"主"的品格中,"至善"和对人类的关心是突出的优点;第四,明白了这点以后,他不再怀疑地迅速领悟了天主教的真谛,以至于把他的著作题名为《代疑编》②。

杨廷筠在担任官职时期,觉醒到王朝体制动摇的危机意识,对于他成为一个开明派官僚是有积极影响的。他被列入魏忠贤的亲信炮制的《东林党人榜》,并且导致他的罢官,与此不无关系。他在脱离官场隐居乡里时期,燃起了佛教信仰之火,阅读了《华严经》、《金刚经》、《法华经》、《维摩经》、《无量寿经》等,以模范的信仰生活来排遣官场的失意。在耶稣会士和李之藻的影响下,他放弃了佛教,成为一个虔诚的天主教徒,幡然批判佛教,努力维护天主教。他当时写的《天识明辨》以天主教徒的立场彻底批判佛教,《代疑编》、《代疑续编》是对儒教徒疑问的逐一解答,成为他的三部代表作。他的这些著作涉及儒佛两教的广泛范围,激起巨大反响,特别是在反天主教阵营中杨廷筠成为攻击的对象。由于他主张儒道佛三教的宇宙原理与天主教基本一致,被反天主教阵营攻击为背叛中国传统思想的行为,而在天主教阵营内部,则被指摘为天主教信仰的异端。因而杨廷筠在天主教信仰的思想史上是一个非常值得探讨的人物③。

5. "西学"与王学、东林、复社——李贽、邹元标、冯应京、冯琦、方以智

**(1) 王学与思想革命——以李贽为中心**

"西学"能够在晚明得到如此顺利的传播,并且在知识界引起如此强烈的

---

① 方豪《明末清初天主教比附儒家学说之研究》。
② 比得信《杨廷筠、李之藻、徐光启为何会成为基督徒》。
③ 葛谷登《奉教人士杨廷筠》(上),载《一桥研究》第17卷第1号(1992年)。

反响,与晚明时期思想界比较宽松的氛围有极大关系。

明朝前期、中期的思想界沉闷而无新义,科举取士都以宋儒朱熹的经注作为标准,学者们依托于复性与躬行,没有自觉、自由的思想。物极必反,于是乎有陈献章、王守仁的理学革命,希望把个人的思想从圣贤经书中解放出来。陈献章的"小疑则小进,大疑则大进"的主张,开自由思想的先声;而王守仁以己心作为衡量是非的标准,拒绝拜倒在圣贤脚下,更是思想界的一场革命。此后,思想家辈出,都以追求自由为旨归,形成波澜壮阔的个人主义与博爱主义思潮。美国学者狄百瑞(Wm. Theodore de Bary)在他的专著《明代思想中的个人与社会》(Self and Society in Ming Thought)中对此有精深的分析:王守仁心学的最可贵之处在于,强调"以吾心之是非为是非,而不必以孔子之是非为是非"。他在《答罗整庵少宰书》中说:"夫学贵得之心,求之于心而非也,虽其言之出于孔子,不敢以为是也";"夫道,天下之公道也;学,天下之公学也。非朱子可得而私也,非孔子可得而私也"。沉寂而僵化的思想界出现了一股新鲜空气,令人耳目一新。王门弟子王艮创立泰州学派,把这种倾向加以引申、发展,把王学的"不师古"、"不称师"、"流于清谈"、"至于纵肆"的倾向发展到肆无忌惮的地步。泰州学派对礼教发起冲击,到何心隐时,思想已非明教所能羁络,其言行如同英雄、侠客,能手缚龙蛇,随心所欲,从自我抑制中解放出来。如果说泰州学派是王学左派,那么李贽便是王学左派中更加激进的一员,被人们称为"异端之尤"。由于李贽与利玛窦有过一番密切的交往,因此这位"异端之尤"更加值得人们关注。钱穆在《略论王学流变》中指出:"泰州学派由此遂如狂澜之决,徐波石、赵大洲、颜山农、罗近溪、何心隐、李卓吾辈打通儒释,掀翻天下。与其说是泰州派,其实不如说是泰州与龙溪之合流。"王煜也有类似看法,他在《李卓吾杂糅儒道法佛四家思想》中说:"阳明弟子分三派。李氏不感兴趣于谨守阳明思想的江右派嫡系,仰慕浙中派的王畿,过于泰州派的王艮。江右派诸贤中,李氏似稍欣赏罗洪先。"①

李贽(1572—1602),本姓林,原名载贽,号卓吾,又号笃吾,泉州晋江人,出生于泉州世代为商的家族,其一世祖林闾是元末明初泉州的海外巨商,二世祖

---

① 钱穆《中国学术思想史论丛》之七,台北:大东图书公司,1979年,第162页。王煜《明清思想家论集》,台北:联经出版事业公司,1981年,第22~23页。

林弩是兼营国内外贸易的商人,三世祖林通衢是经营四方的商人,四世祖林易庵、五世祖林琛是往来琉球的商人和译员。李贽的直系上代都是海外贸易商人,西南至忽鲁模斯,东北至琉球。而且其先世信奉伊斯兰教,此后各代都与西亚穆斯林民族关系密切。这种家庭背景,使他对外来宗教与外来思想都能以比较平静的态度兼容并蓄,比较容易接受耶稣会士以及他们带来的"西学"。在《林李宗谱》的"历年表"的万历己亥(万历二十七年,1599年)条中,把天主教传入之事记录下来:"是年天主教始入中国"①。由此可见李贽与耶稣会士利玛窦发生密切关系,绝不是偶然的。

李贽与利玛窦的交往,见于李贽的著作,也见于利玛窦的著作,把他们两相比照对读,是饶有兴味的。李贽在给朋友的信中提到他与利玛窦的关系:"承公问及利西泰,西泰大西域人也。到中国十万余里,初航海至南天竺始知有佛,已走四万余里矣。及抵广州南海,然后知我大明国土先有尧舜后有周孔。往南海肇庆几二十载,凡我国书籍无不读⋯⋯今尽能言我此间之言,作此间之文字,行此间之礼仪,是一极标志人也⋯⋯我所见人未有其比。非过亢则过谄,非露聪明则太闷闷聩聩者,皆让之矣。"看得出来,一向以狂狷著称的李贽对被他称为利西泰的利玛窦是推崇备至的,因此他对朋友说:"我已经三度相会"②。出于心仪,李贽还赠诗利玛窦:

逍遥下北溟,迤俪向南征。
刹利标名姓,仙山记水程。
回头十万里,举目九重城。
观国之光未?中天日正明。③

利玛窦在回忆录中,对他们的"三度相会"有详细的记录。他写道:"当时,在南京城里住着一位显贵的公民(按:指焦竑),他原来得过学位中的最高级别。中国人认为这本身就是很高的荣誉。后来,他被罢官免职,闲居在家,养尊处优,但人们还是非常尊敬他。他家里还住着一个有名的和尚(按:指李

---

① 泉州市文物管理委员会、泉州海外交通史博物馆《李贽的家世、故居及其有关问题》,载《泉州文物》第19期(1974年);后以《李贽的家世、故居及其妻墓碑》为题,载于《文物》1975年第1期。
② 李贽《续焚书》卷1《与友人书》。
③ 李贽《焚书》卷6《赠利西泰》。

贽),此人放弃官职,削发为僧,由一名儒生变成一名拜偶像的僧侣,这在中国有教养的人中间是很不寻常的事情。他70岁了,熟悉中国的事情,并且是一位著名的学者,在他所属的教派中有很多的信徒。这两位名人都十分尊重利玛窦神父,特别是那位儒家的叛道者,当人们得知他拜访外国神父后,都惊异不止。不久以前,在一次文人集会上讨论基督之道时,只有他一个人始终保持沉默,因为他认为,基督之道是唯一真正的生命之道。他赠给利玛窦神父一个纸折扇,上面写有他作的两首短诗。"[1]利玛窦所谓"短诗",就是上引李贽《赠利西泰》。

利玛窦再次提到李贽,是在他的回忆录的第十章"他们再度启程去北京"。那是万历二十七年(1599年)利玛窦一行从南京前往北京途中抵达山东济宁时,李贽正好也在此地,是漕运总督刘东星的清客,利玛窦希望得到他们的帮助,于是有了"三度相会"。利玛窦如此写道:"在山东省有一位总督(即漕运总督刘东星),他管辖着所有内河船只,甚至包括给皇城运粮的船只……他的儿子曾由一位名叫李卓吾(按:李贽号卓吾)的朋友介绍,见过利玛窦神父,所以他也从儿子那里听到了很多有关基督信仰的事。恰巧这位李卓吾和总督住在济宁城。船在那里停泊,利玛窦神父派使者去找总督的朋友李卓吾,说是想要拜会总督,谈谈去北京的事……李卓吾听说利玛窦神父要来,马上就转告自己的邻居。总督十分高兴,向神父发出正式邀请……他们热情接待了神父,然后听他谈了一些欧洲的情况以及总督十分关心的有关来生来世的问题。当神父后来要告辞时,总督对他说:'玛窦(他用尊敬的名字称呼西泰),我也想上天堂。'这表明了他所关心的并不是财富和尘世的荣誉,而是自己的永恒得救。利玛窦神父刚一回到船上……总督大驾前来……总督最后上了船,行过正式访问时遵行的常礼,他赞叹不绝神父送给皇帝的礼物……第二天,利玛窦神父正式回访,作为交换礼物,他送给总督一些欧洲饰物,这些东西制作新奇,他们缺乏估价。他在官府中呆了一整天,和李卓吾及总督的孩子共同进餐……总督看见了在南京撰写的、准备觐见皇帝时上呈的文书,其中有些话他不喜欢,因此他认真地另写一份,后来由他的私人书手整齐地重抄一遍。"这是利玛窦和李贽的最后见面,三年后(万历三十年,1602年)李贽遭到礼科都给事中张问

---

[1] 利玛窦、金尼阁《利玛窦中国札记》,第252~253页。

达的弹劾,明神宗下旨以"敢倡乱道,惑世诬民"的罪名,把他逮捕入狱。不久,76岁的李贽在狱中自刎而死。已经在北京的利玛窦得知此事,感到十分痛心,他高度评价李贽是"中国人罕见的范例"。他如此回顾道:"(在济宁时)神父们决定,在一有可能的机会时就报答他们受到的恩德。他们也有意把基督教义的奥妙教给总督和他的朋友李卓吾。当时他们做不到这点,因为他们访问的时间短暂,也因为负责北京之行的人行动匆忙。那之后的三年内,总督和李卓吾都死了。总督在离任前去世,而李卓吾在北京自刎而死。一些不知名的官员(按:指张问达等)向皇帝上章控告李卓吾,谴责他写的书。因此皇帝下诏把他的书全部焚毁,并把他投入囹圄。李卓吾不能忍受公开地遭到贬抑,以致他的名字成为他的敌人的笑谈。作为中国人罕见的范例,他要向他的弟子证明,如他平常告诉他们的那样,他完全不因畏死而动容,并且以这样一死来使他的敌人失望。"①

李贽26岁中乡试举人,30岁被任命为河南辉县教谕,此后历任国子监博士、礼部司务等小官,51岁出任云南姚安知府,三年后任期未满就力辞不干,到麻城龙湖芝佛院隐居著述。在将近20年中,写出了震动当时思想界的《焚书》《续焚书》《藏书》。李贽晚年所写《读书乐》,回忆他在龙湖芝佛院的读书生活,犹感其乐无穷:"天生龙湖,以待卓吾;天生卓吾,乃在龙湖。龙湖卓吾,其乐如何?四时读书,不知其余。读书伊何?会我者多;一与心会,自笑自歌。歌吟不已,继以呼呵,恸哭呼呵,涕泗滂沱。歌非无因,书中有人,我观有人,实获我心。哭非无因,空谭无人;未见其人,实劳我心。"在此诗的引子中,李贽道出了他的读书宗旨:"天幸生我心眼,开卷便见人,便见其人终始之概。夫读书论世,古多有之,或见皮面,或见血脉,或见筋骨,然至骨极矣。纵自谓能洞五脏,其实尚未刺骨也……天幸生我大胆,凡昔人之所忻艳以为贤者,余多以为假,多以为迂腐不才而不切于用。其所鄙者、弃者、唾且骂者,余皆的以为可托国托家而托身也。其是非大戾前人如此,非大胆而何。"②他作为一个思想家对现状与传统不满,现状的"空谭无人",传统贤哲的虚假,"迂腐不才而不切于用",都是他深恶痛绝的,著书立说就是要抨击这种颠倒了的是非。万历十八

---

① 利玛窦、金尼阁《利玛窦中国札记》,第271~273页。
② 李贽《焚书》卷6《读书乐并引》。

年(1590年)在麻城出版的《焚书》充分阐明了李贽的上述思想,向程朱理学宣战:"今之讲周、程、张、朱者,可诛也",因为那些理学家是"口谈道德而心存高官,志在巨富"的两面派,"其与言顾行,行顾言何异乎?以是谓为孔圣之训可乎?翻思此等,反不如市井小夫,身履是事,口便说是事,作生意者但说生意,力田作者但说力田。凿凿有味,真有德之言,令人听之忘厌倦矣"①。万历二十七年《藏书》在南京出版,他自称此书"系千百年是非",并且对传统的衡量是非的标准——以孔子之是非为是非,提出明确的质疑:"千百余年而独无是非者,岂其人无是非哉?咸以孔子之是非为是非,故未尝有是非耳"②,打破了万马齐喑的思想界沉闷的空气,向孔子偶像崇拜发起挑战。这种思想其实在《焚书》中已经初露端倪,他首先论证了"孔子未尝教人之学孔子也";接着论证"夫天生一人,自有一人之用,不待取给于孔子而后足也。若必待取足于孔子,则千古以前无孔子,终不得为人乎?"③尽管李贽的这种思想并没有跳出王守仁的"以吾心之是非为是非"的理论框架,但这在当时毫无疑问是一种摆脱羁绊的先进思想。李贽在南京与利玛窦的"三度相会",渴望吸收先进的"西学",反映了东西方两种先进思想的碰撞与交流的强烈欲望。万历二十八年漕运总督刘东星到南京把李贽接到山东济宁的官署,李贽在那里编了《阳明先生道学抄》(八卷)、《阳明先生年谱》(二卷),表明他在晚年依然以王门弟子自居。从李贽与利玛窦的交往以及思想共鸣看,王学在晚明接受"西学"的潮流中是厥功至伟的。

**(2)东林学派与西学**

裴化行《利玛窦神父传》第五章《退守华中地区》论及西学在中国的传播时,用很大的篇幅提到"东林党"与"东林党人",非常耐人寻味。他如此写道:"十六世纪末叶,士大夫们为整顿选官实际做法作出巨大努力,尤其是要铲除任人唯亲的现象。显宦赵南星及其好友顾宪成从遣走自己的家庭成员入手,力求做到任人唯贤;然而,等他们要推广这一措施之时,就碰上了阉竖及其党羽这批强大集团的阻挠。史书上大书着王阁老与顾宪成之间关于这个问题的

---

① 李贽《焚书》卷2《又与焦弱侯》;卷1《答耿司寇》。
② 李贽《藏书》之《世纪列传总目前论》。
③ 李贽《焚书》卷1《答耿中丞》。

激烈争论。顾宪成对朝政腐败、卖官鬻爵深恶痛绝,便归隐故里无锡,从1594年开始设教席于东林书院,1604年遂有东林党之产生。与利玛窦结成友谊的南京高官中,至少有一人在魏忠贤当政时以东林党最突出代表人物著称,他就是叶向高,这时官职还不太高,以后才在北京为首揆。其他若干大官也同利玛窦交往……"在第七章《福音在南京酝酿》中,他又提及"东林党人":"利玛窦绝对不想抛弃他的欧洲文化成果,而是想把它带给中国朋友,在他们合作下,把它嫁接在远东文化的树干上。表明这一点,最清楚不过的就是1601年南京再版《舆地图》的几篇序。一批中国知识分子(日后似乎都是东林党人)在序里赞扬泰西儒士名'西泰'者(即利玛窦)的文化贡献。"①

这种观点并非只是裴化行一个人的主张,其实关于东林运动与耶稣会传教士之间的关系,是西方学者十分感兴趣的问题。如巴尔托利在所著《耶稣会历史》就曾断言利玛窦的三位弟子兼合作者李之藻、徐光启与杨廷筠都主持过东林书院的某些会议。法国学者谢和耐的研究表明,利玛窦的三位弟子(李之藻、徐光启、杨廷筠)似乎并未主持过东林书院及太湖、南京等其他附属书院的会议,至于"传教士们的主要敌人都在东林党对手们的派别中,而他们的主要盟友则在东林党人中"的看法,倒很接近于事实。谢和耐提出了观察两者关系的更为广阔的视野:如果不只是研究传教士与东林书院关系的狭隘范畴,而着眼于传教士与整个这场运动的关系,那么就会看到它们之间存在"非常全面的相互同情心理","东林党人只会感到与传教士们意气相投","把东林党人与传教士联系起来的似乎是他们观点和利益的一致性"②。

沈定平对此作了深入的分析,特别提到东林学派的中坚人物邹元标与利玛窦的交往,在他的文集中有一篇给利玛窦的信,透露了他与耶稣会士郭居静、利玛窦关系密切。信中说:"得接郭仰老(按:指郭居静神父)已出望外,又得门下(按:指利玛窦神父)手教,真不啻之海岛而见异人也,喜次于面。"又说:"门下二三兄弟欲以天主学行中国,此其意良厚。仆尝窥其奥,与吾国圣人语不异,吾国圣人及诸儒发挥更详尽无余。门下肯信其无异乎?中微有不同者,

---

① 裴化行《利玛窦神父传》,第260~261、300页。
② 谢和耐《入华耶稣会士与中国明末政治和文化形势》,载安田朴《明清间入华耶稣会士和中西文化交流》,巴蜀书社,1993年,第108~109页。

则习尚之不同耳。"为了求同存异,邹元标建议利玛窦去读《易经》:"门下取《易经》读之,'乾'即曰统天,敝邦人未始不知天,不知门下以为然否。"①沈定平还指出杨廷筠不仅与江右王学关系密切,而且与东林书院关系密切,邹元标赞赏杨廷筠的不吝不贪,在他写的一则札记中赞美杨廷筠"委千金之宝如让搏黍,其识度迥人远甚"。两人从此结下长达几十年的友谊,也影响到杨廷筠以后思想的发展。天启二年(1622年)至天启四年杨廷筠先后担任光禄寺少卿、顺天府丞,卷入"党争"而罢官。他确实有着东林书院的背景,不仅向东林书院募集捐款,而且还主持过东林书院的讲会;以后又探访过邹元标创办的首善书院②。

另一个值得注意的人物是冯应京。万历二十九年(1601年)冯应京在担任武昌兵备佥事任上,对于皇帝派出的矿税太监陈奉在湖广的倒行逆施十分不满,向明神宗弹劾陈奉九大罪状。明神宗大怒,先是把冯应京贬为杂职,继而下令逮捕入狱,终于激起湖广民变。就在这一年年初,一个偶然的机会他读到利玛窦的《天学实义》,大为感服,不但提笔为它写了一篇序言,而且于次年受洗皈依天主教。在冯应京的怂恿下,利玛窦的《天学实义》出版(以后更名为《天主实义》)。艾儒略在《大西西泰利先生行迹》中说,利玛窦在与叶向高、李之藻等人的"质疑送难"下,写成《天学实义》,冯应京要他"速梓以传",利玛窦考虑到"文藻未敷,未敢轻许",冯应京对他说:"譬如垂死之人,急需药疗之,如必待包裹装饰,其人已不可起矣。斯文为救世神药,乌可缓也?"于是利玛窦把《天学实义》与《二十五言》一并刊印出版。冯应京写的序言对《天学实义》给予高度评价:"是书也,历引吾六经之语,以证其实,而深诋谭空之误。"把他在与矿税太监的斗争中上级官僚"大隐居朝,逃禅出世",空谈误国的不满,以及对于天主教教义的服膺,流露得淋漓尽致③。

利玛窦对冯应京也极为赏识,在他的回忆录的第十五章《两位引人注目的皈依者》的标题下,以很大的篇幅介绍冯应京。利玛窦认为他是"知识阶层中一个出色人物",是"湖广省第一个起来反对(矿税太监)的官员"。当冯应京听

---

① 邹元标《愿学集》卷3《答西国利玛窦》。方豪《明末清初旅华西人与士大夫之晋接》,见《方豪六十自定稿》,第262页。
② 沈定平《明清之际中西文化交流史——明代:调适与会通》,第675~677页。
③ 方豪《明末清初天主教比附儒家学说之研究》。冯应京《天主实义序》,见朱维铮《利玛窦中文著译集》,第97~98页。

说利玛窦神父在南昌和南京享有盛名,就派他的学生刘元珍去向利玛窦请教。冯应京入狱前,利玛窦去看望过他,从此成为莫逆之交。这种友谊在冯应京的三年监狱生活期间始终继续,冯应京重印了利玛窦的《交友论》,并为此书写了序言;他还重印了利玛窦的教义问答《天主实义》,版本更为完备而充分。利玛窦回忆此书的出版时写了这样一段话:"利玛窦神父把自己教义问答的草稿送给他审阅……他答复道,他非常喜欢这部著作。他要求马上刊行,但利玛窦神父认为自己应再看一遍,作进一步的修订……冯慕冈(冯应京号慕冈)对此的回答是用一个巧妙的寓言形式来表达,应用于基督教教义是十分切合的。他说,从前有一个人被慢性顽疾弄得衰弱不堪,恰好有另一个人满口许诺用一种药来为他恢复健康。病人的朋友说:'好,快去治病吧,他目前的危急需要的是行动而不是许诺。'这时那个陌生人说:'好极啦。我要回家里,用一手秀丽的字体写一副漂亮的药方。'他们对此回答说:'我们关心的是你的药方,不是你那一手漂亮的好字。'寓言到此为止,他对寓言进行了解释:'病人就是中国,她因为昧于你那教义回答的内容,所以多少世纪以来受尽苦难。你有回生之方,而你却宁可修饰文词,不去救当务之急。难道你看不见这样一种政策是怎样影响公共利益的吗?'这仅仅是他论同一个题目的许多篇文章之一。"①

冯应京也有东林学派的背景。台湾学者林东阳在《明末西方宗教文化初传中国的一位重要人物——冯应京》论文中指出:冯应京如此热切于经世之学及其志操卓荦,"其自身与东林党人的渊源"不无关系,"如从其师友求学的层面看,冯氏早岁所师事的邹元标,还有与他互以书札论道的冯琦、丁元荐、曹于汴以及不幸与他受诬系狱的弟子何栋如(江宁人,万历戊戌进士),无不名列于天启五年(1625年)颁示天下的《东林党人榜》"②。

列入《东林党人榜》的冯琦也十分值得关注。利玛窦多次提到冯琦,他写道:"为了保护士大夫一派,官员们迅速利用了皇帝的回批。礼部尚书(按:指冯琦)在另一份文书中指控一些官员和士大夫背弃了他们的主上和宗师孔夫子的教导,崇信邪说,给全国带来莫大的损害。看来好像上苍再一次为了国家

---

① 利玛窦、金尼阁《利玛窦中国札记》,第300~302页。
② 林东阳《明末西方宗教文化初传中国的一位重要人物——冯应京》,转引自沈定平《明清之际中西文化交流史——明代:调适与会通》,第659页。

之福而让对士大夫攻击的回答听起来仿佛是出自一个基督徒之口。"这位口气有点像基督徒的礼部尚书冯琦,对利玛窦留居北京给予很多帮助,利玛窦写道:"此人姓冯,当他被任命为礼部尚书,有权管理神父们时,他批准了他们在北京城的身份,从而免除了任何干扰之忧。他还下令把钦定给他们的米粮和补助金按规定发放给他们。"①利玛窦所写的《畸人十篇》记录了他与冯琦关于天主教教义的讨论,例如"冯大宗伯(按:指冯琦)问余:吾观天地万物,唯人最贵……以今世为本处所者,禽兽之徒也。以天主为薄于人,固无怪耳";又如"从是日大宗伯(按:指冯琦)大有志于天主正道,屡求吾所译圣教要戒,命速译其余又数上疏排空幻之说,期复事上帝之学于中国诸庠。呜呼伤哉!大宗伯大志将遂,忽感疾而卒遂孤余之所望也"。时任顺天府尹的王应麟在为利玛窦所写的碑记中说:"是时大宗伯(礼部尚书)冯公琦访其所学,则崇事天主,俱吾人褆躬善性,据义精确,因是数数疏义,排击空幻之流,欲彰其数"②。

非常清楚,冯琦对西学是推崇备至的,对天主教是虔诚皈依的。日本学者葛谷登称冯琦为"容教人士",他指出,冯琦是反对矿税、声援被弹劾的李贽、倡导正学的正义派官僚,以所谓东林派士人而闻名。他任礼部尚书时一反从来的方针,支持利玛窦留居北京,对新来的天主教表示容教的关心。冯琦的容教与沈㴶、徐如珂的反教,本质在于:伴随天主教势力的扩大,形成取缔宗教结社的对应。在利玛窦进入北京的万历二十九年,亦即冯琦接触天主教的时候,全中国的天主教徒还不满500人;到"南京教难"的前一年即万历四十三年全中国的天主教徒增加到5000人。这期间天主教由于得到士大夫的支持,伴随着教势的扩大,入教者包含相当多的民众。天主教得到士、民(士大夫与民众)两个阶层的尊奉,这在儒教历史上是前所罕见的。有鉴于此,南京礼部侍郎沈㴶与南京礼部郎中徐如珂以为天主教势力的扩大可能形成宗教结社,因此发动了打击天主教的所谓"南京教难"。当徐光启等人站在护教的立场上与沈㴶展开论战时,冯琦早已病故了。但是他的天主教观,或者说对于作为儒教的天主教的看法,已经由利玛窦的《畸人十篇》介绍给了当时人,也流传给了后世。而

---

① 《利玛窦中国札记》,第306、298页。
② 林东阳《有关利玛窦所著〈天主实义〉与〈畸人十篇〉的几个问题》,载《大陆杂志》第56卷第1期。

这些在他的四十六卷的文集《北海集》中是付诸阙如的①。

需要指出的是,长期以来学术界流行的观点认为,东林书院是一个议论政治的讲坛,从而形成了所谓"东林党"。笔者曾撰文辨正,指出东林书院并非议论政治的讲坛,东林并非一个"政党"②。海外学者大多把所谓"东林党"界定为"东林运动"或东林学派,这是比较准确的。顾宪成、高攀龙创建的东林书院,成为晚明书院网络的核心,形成了一个宽泛的学派,他们提倡重新讲读儒家原典,通过讲学纠正弥漫于社会的王学流弊,正如东林书院的华允谊所说:"嘉隆以降,则学术多歧矣。姚江(按:指王守仁)扫除格致,单揭良知,其说深入人心髓,而程朱正脉几处闲位。于是顾端文(宪成)、高忠宪(攀龙)两先生倡复书院阐绎而救正之。"③东林书院的出发点是想要纠正王学的弊端,回复到朱熹那里去,或者至少吸取两者的长处去除两者的短处。顾宪成在回顾儒学发展时明确指出:"……至朱王二子始见异同,遂于儒门开两大局,成一重大公案,故不得不拈出也。尝试观之:弘(治)正(德)以前,天下之尊朱子也甚于尊孔子,究也率流而拘,而人厌之,于是乎激而为王子。正(德)嘉(靖)以后,天下之尊王子也甚于尊孔子,究也率流而狂,而人亦厌之,于是乎转而思朱子。"④高攀龙也作如是观:"国朝自弘(治)正(德)以前,天下之学出于一;自嘉靖以来,天下之学出于二。出于一,宗朱子也;出于二,王文成公之学行也。"在他看来,王学自有其功绩,但流弊不小,王阳明自己也意识到"有流入空虚为脱落新奇之论",及至王学末流则流弊更甚,"益以虚见为实务,任情为率性"⑤。高攀龙还说:"姚江挺豪杰妙悟良知,一破泥文之弊,其功甚伟,岂可不谓孔子之学?然而非孔子之教也,今其弊略见矣。始也扫闻见以明心耳,究且任心而废学,于是乎诗书礼乐轻,而士鲜实悟;始也扫善恶以全念耳,究且任空而废行,于是乎名节忠义轻,而士鲜实修。"⑥由此可见顾宪成、高攀龙创办东林书院的宗旨,意在正

---

① 葛谷登《容教人士冯琦》,载《一桥论丛》第98卷第4号。有关沈潅的资料可见《沈文定公文集》所收《南宫奏牍》,有关徐如珂的资料可见《乾坤正气集》所收《徐念阳公集》。
② 参看拙作《东林非党论》,载《复旦学报》2001年第1期;《东林书院的实态分析——"东林党"论质疑》,载《中国社会科学》2001年第2期。
③ 康熙《东林书院志》卷首《华允谊:东林续志序》。
④ 顾宪成《泾皋藏稿》卷11《日新书院记》。
⑤ 高攀龙《高子遗书》卷9上《王文成公年谱序》。
⑥ 《高子遗书》卷9上《崇文会语序》。

本清源,使士子们了解孔孟以来儒学的正统,正如顾宪成的挚友赵南星所说:"公兄弟(按:指顾宪成、顾允成)与群贤时聚而讲学,其学唯就孔孟宋诸大儒之书阐明之,温故知新,不离乎区盖之间,高明者闻之可入,始学者闻之不骇。"①

很明显,东林学派与王学有一段距离,但是他们也踊跃接受"西学",其原因可能有这样两方面:其一,以利玛窦为代表的耶稣会士重视孔孟以来的儒家经典,与东林学派主张讲读原典的精神相合;其二,东林人士原先为官时大多属于开明派或清流派,希望有所变革,"西学"的传入,让他们呼吸到了新鲜空气。因此积极与耶稣会士配合,致力于传播天主教以及西方科学,这与他们希望"重整道德"的宗旨是一拍即合的②。

(3) 复社人士与"西学"

号称"小东林"的复社,对于耶稣会士与"西学"的态度,也表现出东林学派那样的积极的言论与行动。

所谓复社,可以说是晚明士大夫精英分子谈论诗文的社团组织,结构相当松散,并不是一个严密的组织。同是复社成员的顾炎武在他的《日知录》中有一篇考证"社"的文章,他说:"社之名起于古之国社、里社,故古人以乡为社","后人聚徒结会亦谓之社……万历末,士人相会课文,各取名号,亦曰某社某社"③。万历末年,苏州有拂水文社,以后又有匡社,影响较大的是应社。天启四年(1624年)应社成立于常熟县的唐市,以评论五经文字为宗旨,且有所分工,张溥、朱槐云主《易经》,杨彝、顾梦麟主《诗经》,周铨、周钟主《春秋》,张采、王启荣主《周礼》,杨廷枢、钱旃主《尚书》。由苏州、嘉兴一带士子组成,以后附近地区士子也闻风前来参加。所以朱彝尊说,结社的风气"先自应社始","后与复社、几社合"④。与此同时,各地的文社也陆续兴起,诸如云间几社、浙西闻社、江北南社、江西则社、历亭席社、昆阳云簪社、武林读书社、山左大社等。天启七年(1627年)张采、周镳(周钟之弟)等乡试中举。崇祯元年(1628年)张溥

---

① 赵南星《味檗斋文集》卷10《明南京光禄寺少卿泾阳顾公碑》。
② 参见本书有关东林书院与东林党的章节。
③ 顾炎武《日知录》卷22《社》。朱彝尊《静志居诗话》卷22云:"顾绛,字宁人,昆山人,后更名炎武……宁人早年入复社,与同邑归庄齐名,两人皆耿介不混俗,乡人有'归奇顾怪'之目。"
④ 朱彝尊《静志居诗话》卷21,杨廷枢条、孙淳条、杨彝条。乾隆《唐市志》卷中《人物·文苑》:杨彝,字子常,号谷园,常熟唐市人,与太仓名士顾梦麟合称"杨顾","天下翕然从风",号称"唐市派"。

以覃恩选贡入京,黎元宽、张采等都在礼闱中告捷,张溥获廷对高等,各地贡士入太学者都愿交欢张溥,争识颜面为快。当时江西名士艾南英与江南名士周钟、陈子龙关于科举制艺选文的宗旨存在分歧,显示了江左与江右声气的差异,显然艾南英对应社的尊经复古宗旨有所非议。这样的背景,为复社的出现作了合理的铺垫。朱彝尊说:"复社始于戊辰(崇祯元年),成于己巳(崇祯二年)。"①那意思是说,崇祯元年成立的复社是众多文社之一的复社,崇祯二年成立的复社是"合诸社为一"的众多文社的联合体。

在崇祯二年的尹山大会上,张溥为复社"立条规,定课程",他说:"自世教衰,士子不通经术,但剽耳绘目,几幸弋获于有司。登明堂不能致君,长郡邑不知泽民,人才日下,吏治日偷,皆由于此。溥不度德,不量力,期于四方多士共兴复古学,将使异日者务为有用,因名曰复社。"②在这里,张溥明确标举复社的旗号:"兴复古学"。复社的名称也由此而来。日本学者井上进认为,所谓兴复古学含有兴复绝学之意,所谓古学,是相对于俗学——其典型表现形式为八股文——而言的,是以经学为本质的实学,因为它已经衰微已极,必须大力倡导。复社是一个生员结社的联合体,成员的精力集中于科举制艺,为了科举考试合格才来入社的。张溥以"兴复古学,务为有用"为宗旨,标榜"新学"。所谓新学,在尊经复古的旗号下,主张德与学的分离,追求一材一艺的学问,即经世致用之学,也就是作为"救时之用"的"经世之术"。方以智等人是被赞赏为"任侠"的"君子",是复社中的少数派。考据之学作为"中国之学"的方法论在他们的倡导下得以成立,不仅有个人资质卓越的方以智,而且作为一般的考据家,社中也不乏其人,形成了精密读书、重视考证的风气③。

复社名士方以智(1611—1671),是晚明四公子——桐城方以智(密之)、阳羡陈贞慧(定生)、归德侯方域(朝宗)、如皋冒襄(辟疆)之一,从他身上可以看到复社诸君子对耶稣会士与"西学"的强烈的共鸣,反映了他们努力追求"新学"的心路历程。万历三十九年(1611年),利玛窦死了一年以后,他的灵柩被安葬在北京阜成门外的栅栏墓地,就在这一年,方以智出生在桐城人才辈出之

---

① 《静志居诗话》卷21,孙淳条。吴伟业《梅村家藏稿》卷24文集二《杂文·复社纪事》。
② 陆世仪《复社纪略》卷1。
③ 井上进《复社之学》,载《东洋史研究》第44卷第2号。

地。他之成为复社的成员,与他的家族有着渊源关系。他的曾祖父方学渐(1540—1615)是桐城崇实会馆(书院)的创建者,出于泰州学派,又不同于泰州学派。晚年讲学于徽州的紫阳书院,对徽州的学问产生重大影响。他72岁时,率领弟子三人访问东林书院,与顾宪成、高攀龙等进行20天的学术讨论。方以智的祖父方大镇(1561—1631)立足于心学,调和心学与理学,被视为东林派的官僚,在顾宪成逝世的次年,他上疏请求皇帝登用在野的邹元标等人,以后又在乡里祭祀已故的王艮、罗汝芳、顾宪成三人。方以智的父亲方孔炤(1591—1655),字潜夫,方以智在《物理小识》中常引用"潜夫老"的言论①。有着家学渊源的方以智,年轻时在南京过着放浪的"狂生"生活,但始终在追求"新学"。从他的《膝寓信笔》可以看到,有论述医学、易学、音韵的文字,也有访问耶稣会士毕芳济,质问历算与西洋奇器的文字,以及评论耶稣会士金尼阁《西儒耳目资》的文字。他后来的著作《通雅》、《物理小识》的学问性格和方法,就是在这时形成的。他的代表作《物理小识》引用最多的"西学"书是耶稣会士艾儒略的世界地理书《职方外纪》(引用达50多处)。写于南京时代的《膝寓信笔》提到利玛窦,对他这样一个西洋学者渡海来到中国,读中国书,感服孔子,表示钦佩。并说他读过《天学初函》,还和精通西学、著有《格致草》的熊明遇讨论过此事。由此可见,方以智的《物理小识》介绍的西方光学、声学、力学等知识,与耶稣会士的"西学东渐"有着密切的关系②。

  以上简单勾勒了晚明中国在全球化的背景下,如何在经济、科学、文化等领域融入世界的过程,以及在中国内部所引发的巨大变化。这种变化是历史上前所未有的,它意味着中国历史进入了一个新时代。用这样的视角来观察晚明史,无疑是意味深长的。

---

① 小野和子《明季党社考》,京都同朋舍,1996年,第258~260页。刘岸伟《围绕西学的中日两国的近世——方以智的场合》,载《札幌大学教养部纪要》第39号(1991年)。
② 刘岸伟《围绕西学的中日两国的近世——方以智的场合》。

第一章

张居正与万历新政

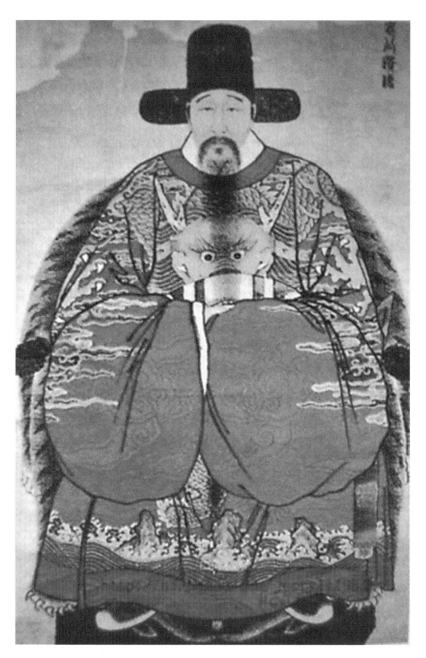

张居正像

## 一、张居正与徐阶、高拱

万历朝堪称有明一代最为繁荣昌盛的一段时光,正是中国融入世界的时代,中国与全球经济发生密切关系的时代,中国伴随"西学东渐"而发生巨变的时代。这一时代的缔造者,并非当时的皇帝——明神宗朱翊钧,因为他还是一个孩子;真正的缔造者是当时代帝摄政的内阁首辅张居正。因此,明神宗对张居正敬重备至,待之以师臣之礼,口口声声称"先生"或"张先生",在下御札时,从不直呼其名,只称"先生"或"元辅";在传旨批奏时,也都不提其名,只写"谕元辅"。群臣附和,在奏章疏稿中,也多不敢直呼其名,只称元辅而已。直到张居正死后,余威尚存,言官奏事,欲仍称元辅,碍于新执政,便改称太师之类①。

张居正,字叔大,号太岳,湖广荆州江陵人,人称张江陵。嘉靖二十六年(1547年)进士,被选为庶吉士。当时的进士多沉迷于谈诗写古文,而张居正独夷然不屑,潜心讲求国家典故与政务之要②。在翰林院任职时,为严嵩起草过一些歌功颂德的文章,和严嵩的关系处得不错。内阁诸大老如徐阶等,都很器重他,竞相推许。嘉靖二十八年,作为翰林院编修的他,上了《论时政疏》,首次展现了他企求改革朝政的思想。在奏疏中,他指出当时的五大政治弊端:宗室骄恣、庶官瘝旷、吏治因循、边备不修、财用大匮。他向当时的皇帝明世宗说明了上疏的缘起:"臣闻明主不恶危切之言以立名,志士不避犯颜之诛以直谏,是以事无遗策,功流万世。"③明世宗最不喜欢臣下向他谏诤,听不得批评意见。小

---

① 王世贞《嘉靖以来首辅传》卷7《张居正传》。王世贞《觚不觚录》。
② 傅维鳞《明书》卷150《张居正传》。
③ 张居正《张文忠公全集》卷12《论时政疏》。

小的翰林院编修的上疏当然不在他的眼里,一如石沉大海,毫无回音。但也没有给张居正带来什么麻烦,和以后的杨继盛、海瑞以上疏致祸相比,要幸运多了。

嘉靖三十二年(1553年),刑部员外郎杨继盛(字仲芳,号椒山,保定容城人)上疏,弹劾内阁首辅严嵩"十大罪":(1)坏祖宗之成法,(2)窃人主之大权,(3)掩君上之治功,(4)纵奸子之僭窃,(5)冒朝廷之军功,(6)引背逆之奸臣,(7)误国家之军机,(8)专黜陟之大柄,(9)失天下之人心,(10)敝天下之风俗。又列举了严嵩的"五大奸":一是陛下之左右皆严嵩之间谍,二是陛下之喉舌皆严嵩之鹰犬,三是陛下之爪牙皆严嵩之瓜葛,四是陛下之耳目皆严嵩之奴隶,五是陛下之臣工皆严嵩之心腹①。以其中的任何一条,都可致严嵩于死地。但当时的明世宗宠信严嵩,把朝政委托给他,自己清虚学道,不御万机,使严嵩得以擅权乱政。在这种情况下,杨继盛的上疏无异于明知山有虎偏向虎山行,他自知弹劾严嵩必定触怒皇帝,必死无疑,还是冒死谏诤,无非是希望造成一种舆论。果然,明世宗不能容忍,下旨将杨继盛下狱处死刑。杨继盛在狱中备受折磨,屡死屡苏,叹息道:"忽然而死,忽然而生,如睡又醒,人之死生固甚易也。"②狱司忌惮严嵩,拘系甚固,杨继盛自疗创伤,剖去腐肉,挤去浓血,痛楚万分。杨继盛就义时年仅四十,他身上有着传统士大夫引以为自豪的名节正气,临刑前吟诗二绝:

　　浩气还太虚,
　　丹心照万古。
　　生前未了事,
　　留与后人补。

　　天王自圣明,
　　制度高千古。
　　平生未报恩,
　　留作忠魂补。③

---

①② 陈建、沈国元《皇明从信录》卷引,嘉靖三十二年正月。《明史》卷209《杨继盛传》。孙逢奇《夏峰先生集》卷5《杨忠愍公传》。
③ 杨继盛《杨忠愍公集》卷3《临刑诗》。陈建、沈国元《皇明从信录》卷引,嘉靖三十四年十一月。

至死对置他于死地的皇上毫无怨言,赤胆忠心,而他的皇上却视他如草芥。这种悲剧令人感慨系之。

嘉靖四十五年(1566年),户部主事海瑞(字汝贤,一字应麟,号刚峰,广东琼山人)仿效贾谊向汉文帝痛哭流涕上《治安策》的榜样,向明世宗上《治安疏》,引起朝野轰动,一时间直声震天下。他以极其激烈的言辞,向明世宗提出警告,要他"翻然悔悟,日视正朝,与宰辅九卿侍从言官讲求天下利害,洗数君道之误"。他毫不掩饰地指摘"君道之误","大端在修醮",所谓"修醮"就是清虚学道,以至于"二十余年不视朝,纲纪弛矣;数行推广事例,名爵滥矣";"天下吏贪将弱,民不聊生,水旱靡时,盗贼滋炽"。他在奏疏中甚至写下了这样锋芒毕露的字句:今赋役增常,万方则效,陛下破产礼佛日甚,室如悬磬,十余年来极矣,天下因陛下改元之号,而臆之曰:"嘉靖者,言家家皆净而无财用也。"真是嬉笑怒骂,无所顾忌。海瑞之所以敢于如此直言不讳地批评皇帝,因为他早把生死置之度外了。上疏前,他买了棺材,诀别了妻子,把后事托付给同乡庶吉士王弘诲。他十分感慨于"今之医国者只一味甘草,处世者只两字乡愿,古治之盛何由而见?"明世宗看了这份奏疏,大发雷霆,气得掷到地上,过了一会,又拿来再三阅读,为之感动叹息"此人可方比干"。过后,又密谕内阁首辅徐阶:"今人心之恨不新其政,此物可见也,他说的都是。"由此可见,海瑞上疏的意图还是明白的,但明世宗为了自己的面子与威望,虽未把他处死,仍将他打入监狱。据说,当时明世宗欲处死海瑞,徐阶从旁劝说:"瑞固草野倨侮,然不过仰恃圣明,以要领之死沽直耳;彼甘于祸,则无务以祸穷之;彼求大名,则无务以名成之,容而置之,彼计失而圣德广矣。"海瑞这才免于一死。不久,明世宗驾崩,海瑞在狱中听到噩耗,悲痛欲绝,呕吐得一片狼藉,继而昏厥过去。苏醒后,终夜痛哭不停,次日披麻戴孝,呼天抢地,如丧考妣①。

杨继盛与海瑞有一些相似之处,都因上疏而招祸。反观张居正的上疏,或许由于措辞巧妙,或许明世宗以为是老生常谈而不屑一顾,也未可知,总之是杳无声息。平心而论,张居正奏疏中的主张是有针对性的,如能稍加改革,政局必定大有改观。但是世宗昏庸,严嵩专权,根本无意于此。张居正在写给友

---

① 《明史》卷226《海瑞传》。焦竑《国朝献征录》卷64,王弘诲《海忠介公传》。海瑞《海忠介公文集》卷首,黄秉石《海忠介公传》。唐鹤征《皇明辅世编》卷5《徐文贞阶》。

人的信中忧心忡忡地说:"长安棋局屡变,江南羽檄旁午,京师十里之外,大盗十百为群,贪风不止,民怨日深,倘有奸人乘一时之衅,则不可胜讳矣。"在他看来,当此危难时期,"非得磊落奇伟之士,大破常格,扫除廓清,不足以弭天下之大患"①。明眼人一看便知,张居正自己就是以"非常磊落奇伟之士"自居的,一旦得志,大权在握,他便要"大破常格,扫除廓清",有一番大动作。他在等待时机。

政坛上,倒严之风依然不断。继杨继盛之后,刑科给事中吴时来上疏弹劾严嵩,遭到遣戍边疆的处分。陆续出现的弹劾严嵩父子的官员,几乎没有一个幸免于难,不是发配充军,就是借故处死。年已八十的严嵩风光依旧,皇帝特许他乘坐肩舆出入禁苑。其子严世蕃代父行使职权,卖官鬻爵,门庭若市,引起有识之士的极大不满,却无法扳倒严氏父子。严氏父子的命运,完全系于皇帝的好恶。

时机终于来了。嘉靖四十一年的某一天,御史邹应龙因避雨进入太监房中,攀谈中听说皇上请方士蓝道行扶乩,沙盘上出现了这样几行字:"贤不竞用,不肖不退耳";"贤如徐阶、杨博,不肖如嵩"。沉迷于道教的明世宗对蓝道行深信不疑,遂有罢黜严嵩之意。邹应龙从太监那里得到"帝由是疏嵩"这样一个机密情报,以为机不可失时不再来,连夜赶写奏疏,极论严嵩父子不法之事,振振有词地说:"臣言不实,乞斩首以谢嵩、世蕃。"②明世宗看了奏疏正中下怀,顺水推舟勒令严嵩致仕、严世蕃等逮捕入狱,提拔邹应龙为通政司参议。明世宗罢了严嵩的官,每每念及其"赞修"之功,竟忽忽不乐,写了一份手札给继任首辅徐阶:"嵩已退,其子已伏辜,敢再言者,当并应龙斩之。"③显然流露出对言官弹劾严嵩的不满情绪。邹应龙弹劾严氏父子原本带有政治投机心理,知道了这些内情之后,深感自危,以至于不敢履新任。还是在徐阶的调护下,才惴惴不安地赴任视事。后世的野史笔记、小说戏曲常把邹应龙描绘成攻倒严嵩的英雄,殊不知此人其实是一个机会主义者。

关于此事,唐鹤征所记与《明史》略有不同,似乎完全出于徐阶一手操纵。

---

① 《张文忠公全集》卷28《答耿楚同》。
② 《明史》卷210《邹应龙传》;卷308《严嵩传》。
③ 同上书卷308《严嵩传》;卷210《邹应龙传》。

唐氏写道：

> 先是，嵩子世蕃卖官鬻爵，恣肆无忌，上亦微知之，念嵩不忍发。会有术者蓝道行以箕仙术进，上颇信眷，事必咨之。（徐）阶因深与之交。上有所问，密封使中官至乩所焚之，不能答，则处中官秽，不能格真神仙。中官乃与方士谋，启示而后焚之，则所答具如旨。道行狡，乃伪为纸封若中官所赏者，及焚而匿其真迹，以伪封应。
>
> 上一日问：今天下何以不治？
>
> 对曰：贤不竞用，不肖不退耳。
>
> 则问：谁为贤、不肖？
>
> 曰：贤者辅臣（徐）阶、尚书（杨）博，不肖者（严）嵩父子。
>
> 上复问：我亦知嵩父子贪，念其奉玄久，且彼诚不肖，上真胡以不震而亟之？
>
> 报云：世蕃罪恶贯盈，固宜速亟，以在辇下，恐震惊皇帝，欲俟外遣，戮为齑粉矣。
>
> 密以告（徐）阶，（徐）阶恐稍迟则圣意解，半夜即遣人邀御史邹应龙具疏，劾嵩父子，诘朝上之。上乐嵩致仕，下其子世蕃狱，戍之。擢应龙五品京职。①

严世蕃遣戍雷州，中途而返，威风依旧。御史林润（字若雨，号念堂，福建莆田人）因曾经弹劾严嵩党羽鄢懋卿，害怕遭到严世蕃的报复，与言官一起上疏揭发严世蕃罪状，为杨继盛翻案。徐阶见皇上对严嵩仍有好感，必欲置严氏父子于死地而后安，老谋深算地向林润等授意，如果此疏牵涉杨继盛，必定触怒皇上，是"彰上过"，将适得其反：不但不能置严氏父子于死地，反而会祸及自身。于是修改疏文，无中生有地揭发严世蕃"外投日本"之类与皇帝毫无关系的罪状。这种深谙帝王心理的权术果真灵验，明世宗降旨：严世蕃斩首抄家，黜严嵩及其孙为平民②。严氏父子恶贯满盈，咎由自取。不过透过弹劾严氏父子的面面观，折射出官僚群体中各色人等的复杂心态，以及政治权术的卑劣

---

① 唐鹤征《皇明辅世编》卷5《徐文贞阶》。
② 《明史》卷210《林润传》；卷308《严嵩传》。

险恶。显然,邹应龙、林润之流是不能同杨继盛同日而语的。

徐阶终于在内阁权力纷争中如愿以偿地成为内阁首辅。徐阶,字子升,号少湖,一号存斋,松江华亭人,生得短小白皙,眉秀目善①。为人能屈能伸,随机应变,不露声色又精于权术。在嘉靖朝后期严嵩专权跋扈的形势下,在内阁共事竟然能安然无恙,充分显示了他智谋与诡谲兼而有之的秉性,不仅保全了自身,而且潜移帝意,最终拔去大奸,拨乱反正。他取严嵩而代之,在内阁直庐朝房墙壁上写了一个条幅:"以威福还主上,以政务还诸司,以用舍刑赏还诸公论。"②尽管有自我标榜的成分在内,但也反映了他拨乱反正的决心。唐鹤征对徐阶标榜"以威福还主上"云云,如此评论:"(徐阶)尽反嵩政,务收人心,用物望严杜筐篚,天下翕然想望风采。初,(徐)阶与(严)嵩同事,天下赂贿多寡,虽不能尽同,阶例不敢拒,每谓人曰:'吾惧以洁形污也。'然为日既久,人亦已不赀矣。时辅臣袁炜数出直,阶请以时邀至直所,同拟旨,上不可,阶谓:'事同众则公,公则百美基;专己则私,私则百弊生。'乃从之。时给事、御史以抨击钩党贵臣过当,上觉而恶之,再下阶,欲有所行遣,阶委曲调剂,得轻论。会问阶得人之难,阶对曰:'大奸似忠,大诈似信,自古记之,知人则哲,唯帝其难,念欲有以易其难者,惟广听纳而已。广听纳,则穷凶极恶,人为我撄之;深情隐匿,人为我发之。未用者不滥进,已用者不滥留。故圣帝明王有言,比察事大言实者行之,其不实者,小则置之,大则薄责而容之,以鼓来者。'上称善良久。"③可见徐阶对于治国用人还是很有一些想法的。他引用门生张居正入裕王(即后来的明穆宗)府讲学,明世宗临终,他又连夜召张居正共谋,起草遗诏,次日晨当朝宣布,朝野上下把他比喻为正德、嘉靖之交总揽朝政的杨廷和再世④。

徐阶在承接严嵩的长期腐败政治之后,致力于政治革新。他是聂双江的门下弟子,是欧阳南野、邹东廓、罗念庵等讲学诸君子的志同道合者。他出任内阁首辅后的心情是复杂的,在给友人的信中说:"即日局面似有更新之机,但人心陷溺已久,非有重望不能转移;诸务废弛已极,非有高才不能整顿。而仆皆无之,此昔贤所以有'有时无人'之叹也。"他还说:"天下事,非一人所能为,

---

① 王世贞《嘉靖以来首辅传》卷5《徐阶传》。
② 唐鹤征《皇明辅世编》卷5《徐文贞阶》。王世贞《嘉靖以来首辅传》卷5《徐阶传》。
③ 《皇明辅世编》卷5《徐文贞阶》。
④ 茅坤《茅鹿门先生文集》卷3《上杨虞坡大司马书》。

惟是倡率则有所在。仆不肖，幸夙闻父师之教、朋友之切磨，而又滥荷圣明之误眷，所谓倡率，不敢辞其咎矣。"①应该说，徐阶的"整顿"、"倡率"并没有停留在口头上，他谨慎地采取了行动。首先他推心置腹地任用严讷为吏部尚书，刷新吏治。《明史·严讷传》谈到严讷出掌吏部，为了扭转严嵩当国"吏道污杂"的局面，大力整顿："讷乃与朝士约，有事白于朝房，毋谒私邸；慎择曹郎，务抑奔竞，振淹滞。又以资格太拘，人才不能尽，仿先朝三途并用法，州县吏政绩异者破格超擢，铨政一新。"这是与徐阶的大力支持——所谓"推心任之"——分不开的，严讷自己对友人说："铨臣与辅臣必同心乃有济，吾掌铨二年，适华亭（徐阶）当国，事无阻。"②徐阶不但全力支持严讷，而且尽量争取皇帝的默许，使吏治刷新得以顺利进行。他向皇帝说："臣闻（严）讷在吏部殊有志，为皇上守法，但请托既绝，控不免怨谤，此却仰赖圣明主张，乃能行其志也。"③为了打破用人论资排辈的旧习，他向皇帝建议："缘循资按格其来已久，（严）讷时初到部，未能即破旧套。今须仰仗圣明，特降一谕，使惟才是用，勿专论资格，庶（严）讷有所遵奉也。"④

嘉靖四十五年十二月十四日，明世宗逝世，由徐阶与张居正起草的世宗遗诏，对于清虚学道的失误有所反省，为那些因"建言"反对清虚学道而获罪的官员恢复名誉和官职，处罚主持这项工作的道士，停止斋醮等，颇有拨乱反正的气势。十二月二十六日明穆宗即位，徐阶起草的登极诏书，强调了遵奉遗诏，起用建言得罪诸臣，处罚道士，停止斋醮，破格擢用贤才，裁革冗员等。嘉靖、隆庆之际的政治交接，徐阶处理得巧妙、妥帖，先是以明世宗遗诏的方式表示先帝自己的悔悟，再以明穆宗遵奉先帝遗诏方式革新政治，避免了"改祖宗之法"的非难⑤。

内阁中，徐阶是元老耆宿，李春芳折节好士，郭朴、陈以勤是忠厚长者，唯独高拱最不安分，躁率而又不得志于言路。高拱对徐阶引用门生，瞒过同僚，起草遗诏，耿耿于怀，在外面散布流言，怂恿御史弹劾徐阶，无非是子女家属的

---

① 徐阶《世经堂集》卷24《复杨明石提学》；卷24《复胡柏泉中丞》。
② 《明史》卷193《严讷传》。
③ 《世经堂集》卷2《答冢宰力行谕》。
④ 同上书卷2《推用某某等谕》。
⑤ 参看中纯夫《徐阶研究》，载《富山大学教养部纪要》第24卷第1号。

第一章　张居正与万历新政

事——其次子多干请，家人横行乡里。徐阶上疏向皇上声辩，并请求退休，故作姿态。朝中官僚交章弹劾高拱，赞誉徐阶，高拱被迫引疾辞官。郭朴也因言官论及，辞官而去。但是徐阶的好景不长，不久又遭到言官弹劾，只得乞求辞职，明穆宗同意了，举朝挽留不成。于是李春芳进而为内阁首辅。此公为人温和，不以势凌人，持论平允，又不事操切，只是抱负、才力不及徐阶远甚。内阁中还有陈以勤、张居正，陈为人端谨，张则恃才傲物，非常蔑视李春芳。李春芳的日子并不好过，他常叹息："徐公乃尔，我安能久，容旦夕乞身耳。"张居正竟当着他的面说："如此，庶保令名。"李春芳为之愕然①。

还在隆庆二年（1568年）与李春芳、陈以勤在内阁共事时，张居正就向明穆宗上了《陈六事疏》，全面阐述了他的治国主张与改革思想。他在这篇奏疏的开头直率而深刻地指出："近来风俗人情积习生弊，有颓靡不振之渐，有积重难返之几，若不稍加改易，恐无以新天下之耳目，一天下之人心。"②所谓必须"稍加改易"的有以下六事：

省议论——"天下之事，虑之贵详，行之贵力，谋在于众，断在于独"；"今后各宜仰体朝廷省事尚实之意，一切章奏务从简切，是非可否，明白直谏，毋得彼此推委，徒托空言"。

振纪纲——"近年以来，纪纲不肃，法度不行，上下务为姑息，百事悉从委徇，以模棱两可谓之调停，以委曲迁就谓之善处"；今后必须"张法纪以肃群工，揽权纲而贞百度。刑赏予夺，一归之公道，而不必曲徇乎私情；政教号令，必断于宸衷，而毋纷更于浮议。法所当加，虽贵近不宥；事有所枉，虽疏贱必伸"。

重诏令——"近日以来，朝廷诏旨多废格不行，抄到各部，盖从停阁。或已题'奉钦依'，一切视为故纸，禁之不止，令之不从"；今后必须做到，"凡大小事务，既奉明旨，数日之内即行题复"。

核名实——"欲用舍赏罚之当，在于综核名实而已"；"惟名实之不核，拣择之不精，所用非其所急，所取非其所求，则上下爵赏不重，而人怀侥幸之心"；今后必须严考课之法，"用舍进退，一以功实为准。毋徒眩于声名，毋尽拘于资格，毋摇之以毁誉，毋杂之以爱憎，毋以一事概其平生，毋以一眚掩其

---

① 《明史》卷193《李春芳传》。
② 《张文忠公全集》卷1《陈六事疏》。

大节"。

固邦本——"欲攘外者必先安内","民安邦固";"矫枉者必过其正,当民穷财尽之时,若不痛加省节,恐不能救也"。

饬武备——"当今之事,其可虑者莫重于边防",今后应该"申严军政,设法训练"。①

这个《陈六事疏》,充分体现了张居正所深信的申不害、韩非的法治思想。他虽以儒术起家,但深知当时政治弊病深重,以儒术不足以矫正,非用申韩法术不可。所陈六事,大多切中时弊,而且切实可行。如果认真照此办理,朝政的改观是大有希望的。因此明穆宗对它颇为赞赏,批示道:"览卿奏,皆深切时务,具见谋国忠悃,所司详议以闻。"②于是都御史王廷(字子正,号南岷,四川南充人)议复振纪纲、重诏令二事,析为八则,呈进后获准推行。兵部也议复饬武备事宜,一议兵,二议将,三议团练乡兵,四议守城堡,五议整饬京营,获准推行。户部议复固邦本,提出财用应予整顿经理者十事,也获准推行③。但内阁首辅李春芳务以安静称帝意,不想有所作为;次辅陈以勤则不置可否,这使张居正明白只有在自己大权在握之后,方可施展抱负。李春芳遭到张居正的蔑视,确实是可以理解的。李春芳过于圆滑世故,正如编撰《世穆两朝编年史》的支大纶(字心易,号华平,浙江嘉善人)所说,李春芳"圆滑善宦","政在徐阶则媚徐,政在高拱则让高。宦官纵横而不能救,中官失位而不敢言"。无怪乎张居正以为此人不足与有为。不久,赵贞吉(字孟静,号大洲,四川内江人)入阁,位居张居正之下,却以前辈自居,直呼张居正为"张子";议论朝廷政事动辄倚老卖老地训斥:"唉!非尔少年辈所解"④。张居正对李、赵二人颇为不满,暗中与司礼监太监李芳等人谋划,召用高拱入阁并兼掌吏部,以遏制赵贞吉,夺李春芳政柄。

隆庆三年,明穆宗果然召回高拱。高拱于隆庆元年五月致仕,隆庆三年十二月再度入阁并兼任吏部尚书。对徐阶衔恨在心的高拱,全盘推翻徐阶在遵奉"遗诏"幌子下推行的新政,并且对已经下野回到家乡的徐阶进行报复,以横

---

① 《张文忠公全集》卷1《陈六事疏》。
② 谷应泰《明史纪事本末》卷61《江陵柄政》。
③ 谈迁《国榷》卷69,隆庆五年五月戊寅。
④ 谈迁《国榷》卷69,隆庆五年五月戊寅。王世贞《嘉靖以来首辅传》卷7《张居正传》。

行乡里罪把徐阶的三子逮捕入狱,把徐家田产四万亩断没入官①。张居正与徐阶的关系是密切的,当嘉靖二十六年(1547年)张居正进士及第成为翰林院庶吉士时,徐阶是吏部左侍郎兼翰林院学士,按照当时的惯例,张居正是徐阶的门生,所以日后张居正在给徐阶的信中都称徐阶为老师。万历十年张居正辗转于病榻之际,还念念不忘老师,为徐阶八十大寿写了《答上师相徐存斋》。张居正与高拱的关系也不一般,他与高拱原来是裕王(即后来的明穆宗)府的同事,关系融洽。有了这次合作,关系更深一层。高拱是官场争斗的老手,入阁后,先后逐去陈以勤、赵贞吉、李春芳、殷士儋,以至于内阁中只剩下高拱和张居正两人。

机遇与挑战总是并存的,内阁中只剩下高拱和张居正两个政治强人,权力争夺使两人之间的矛盾逐渐明朗化,这对张居正既是挑战也是机遇。他们两人表面关系不错,暗中却在较量。高拱企图仰赖司礼监太监陈洪、孟冲遏制冯保,进而排挤张居正;张居正则巧妙地利用冯保,扳倒高拱。

## 二、顾命大臣内讧:张居正、冯保与高拱斗法

明穆宗逝世之前,命高拱、张居正、高仪、冯保为顾命大臣,同心协力辅佐小皇帝朱翊钧。朱翊钧即位后,顾命大臣本当同心协力,才不辜负先皇的托付。然而就在此时此际,顾命大臣之间却为了权力而明争暗斗起来。高拱与冯保的矛盾日趋尖锐化。

在这场较量中,小皇帝朱翊钧站在"大伴"冯保一边。当朱翊钧还是皇太子的时候,冯保就伴随着他,提携掖抱,悉心照料,几乎形影不离。朱翊钧把他称为"大伴"或"冯伴伴",视为亲信。

冯保,号双林,真定府深州人。此人知书达理,又喜爱琴棋书画,颇有一点儒者风度②。由于他的学识涵养在宦官中出类拔萃,官运十分亨通,嘉靖年间

---

① 高拱《高文襄公集》卷7《答存斋徐公》。高拱说:"安敢复以小嫌在念,弄天子之威福,以求快其私哉!"同书卷7《与苏兵备》:"此老(指徐阶)昔仇仆,而仆今反为之者,非矫情也。仆方为国持衡,天下之事自当以天下公理处之,岂复计其私哉!"个中奥秘,令人回味。
② 刘若愚《酌中志》卷5《三朝典礼之臣纪略》。

就成了司礼监太监。

明代宦官不但权重,而且机构庞大,号称"内府",共有二十四衙门,即十二监四司八局。

十二监:司礼监、内官监、御用监、司设监、御马监、神宫监、尚膳监、尚宝监、印绶监、直殿监、尚衣监、都知监;

四司:惜薪司、钟鼓司、宝钞司、混堂司;

八局:兵仗局、银作局、浣衣局、巾帽局、针工局、内织染局、酒醋面局、司苑局。①

这个内府,实际就是宫内小政府,几乎可与宫外的大政府相抗衡。其中尤以司礼监的权力最大,它设掌印太监一员,秉笔太监、随堂太监四五员或八九员。地位最高的是掌印太监,人称"内相",视若外廷的内阁首辅;其次是秉笔太监兼掌东厂太监,视若都察院都御史、内阁次辅;再次是秉笔太监、随堂太监,犹如众辅臣。司礼监的职责是代皇帝批阅公文,凡每日奏进文书,除皇上御笔亲批数本外,都由司礼监太监分批。司礼监太监遵照内阁所票拟(票拟即内阁代皇帝拟旨)字样,用朱笔楷书批在公文上。他们是皇帝的机要秘书,也是耳目与喉舌。司礼监太监每人都有一套工作班子,即所谓"各家私臣":有掌家,职掌一家之事;有管家,办理食物,出纳银两;有上房,管箱柜锁钥;有掌班领班,钤束两班答应宦官;有司房,打发批文书,誊写应奏文书;还有一些看管琐碎事务的宦官②。

隆庆元年(1567年)冯保作为司礼监秉笔太监兼任提督东厂太监。东厂设于永乐十八年(1420年),与先前设立的锦衣卫(掌侍卫、缉捕、刑狱之事)并称厂卫,是直接听命于皇帝的特务机构。其外署设于东安门外以北,其内署在宫内东上北门之北街东,混堂司之南,是冯保为扩张权力,于万历元年设立的。为区别起见,前者称为外厂,后者称为内厂③。

此时的冯保,权势已十分显赫,还想上升一步,成为司礼监掌印太监。而当时掌印太监恰巧空缺,按照惯例,冯保由秉笔太监升任掌印太监是名正言顺

---

① 《明史》卷74《职官志三·宦官》。
② 刘若愚《酌中志》卷16《内臣职掌纪略》。
③ 同上书卷16《内臣职掌纪略》。《明史》卷95《刑法志三》。

的。事不凑巧,冯保以小事冒犯穆宗,内阁首辅高拱一向畏忌冯保权力过于膨胀,便推荐御用监太监陈洪代理。按宫中规矩,掌御用监的太监不能掌司礼监,高拱这种不合常例的推荐显然意在钳制冯保,由此招致冯保的嫉恨。

陈洪受此推荐,对高拱感恩戴德,极力为高拱"内主",互相策应。只是由于此人是个大老粗,没有文化,不久因忤旨而罢官。高拱一不做二不休,还是不推荐冯保,而推荐掌尚膳监的孟冲。孟冲因主管皇上伙食而深得宠信,破例滥竽充数,当上了司礼监掌印太监[1]。

冯保此时对高拱恨之入骨,必欲伺机报复。穆宗一死,冯保就活动于皇后、皇贵妃处,斥逐孟冲,由自己取而代之,而且是作为穆宗的遗诏当众宣布的:"着冯保掌司礼监印"[2]。尽管高拱百般怀疑,为何不在穆宗生前宣布而要在死后宣布,其中颇有矫诏成分,但冯保一跃而成为司礼监掌印太监,已是既成事实了。

有明一代,司礼监掌印太监与掌东厂太监,必定由两人分别担任。原因很简单:这两个职位权力太大,不宜集于一人。东厂太监领钤关防上刻十四字:"钦差总督东厂官校办事太监关防",受皇帝钦差,气焰已极嚣张,不宜兼司礼监掌印太监,控制枢密大权。只在世宗朝太监麦福、黄锦始得兼领二职,此后大多分开。而冯保居然以印带厂,不可一世[3]。冯保与高拱的矛盾终于激化了。

高拱,字肃卿,河南新郑人。嘉靖二十年(1541年)进士及第,时年三十。他与高仪、董份、陆树声、严讷等被选为翰林院庶吉士,两年后进为翰林院编修。嘉靖三十一年他与翰林院检讨陈以勤一起成为裕王(即后来的穆宗)的讲官。在裕王府一直到嘉靖三十九年,他被任命为太常寺卿、署国子监祭酒。作为裕王侍臣的七年半生涯为他日后出任内阁首辅铺平了道路。隆庆年间的内阁辅臣,高拱以外,陈以勤、高仪、殷世儋、张居正无一例外,都是裕王讲官出身。

在高拱出任署国子监祭酒不久,张居正也由裕王讲官调任国子监司业。

---

[1] 王世贞《嘉靖以来首辅传》卷6《高拱传》。
[2] 《高文襄公集》卷43《病榻遗言·顾命纪事》。
[3] 沈德符《万历野获编》卷6《东厂》、《东厂印》。

嘉靖四十一年(1562年)徐阶出任内阁首辅,五十一岁的高拱由祭酒调任礼部左侍郎兼翰林院学士,张居正随后也进入翰林院的史馆。嘉靖四十五年高拱以礼部尚书兼文渊阁大学士,进入内阁参与机务。在内阁中,首辅徐阶以外,有前年入阁的李春芳、严讷,以及与高拱一起入阁的吏部尚书兼翰林院学士郭朴。李春芳和严讷专门以撰写青词贺表而飞黄腾达的,即所谓"青词宰相",高拱却是一个实务型官僚,颇有政治抱负,于是乎徐阶与高拱之间渐生嫌隙。结局是隆庆元年(1567年)五月高拱以"乞休"而结束了为时一年零二月的第一次内阁辅臣时代。到了隆庆三年十二月,吏部尚书杨博致仕,高拱以武英殿大学士第二次入阁,并兼任吏部尚书。隆庆五年五月,六十岁的高拱成了内阁首辅。

　　高拱一向以精明强干自诩,傲视同僚。他对于张居正与冯保的密切关系,早有所知。他后来在回忆录中写道:"荆人(张居正)卖众,别走路径,专交通内臣,阴行事于内。而司礼太监冯保者,狡黠阴狠,敢于为恶而不顾者也。荆人倾身结之,拜为兄弟,谄事无所不至。保有慧仆徐爵,极所信任,即阴事无不与谋。荆人深结之,每招致于家,引入书房,共桌而食,啖以重利。惟其所为皆倾意为之成就。爵深德之,为之斡旋于内,益固其交。于是,三人者遂成一人,而爵无日不在荆人所,喘息相通。荆人每有意指,即捏旨付保,从中批出,以为出自上意,而荆人袖手旁观,佯为不知。此事已久,予甚患之,而莫可奈何。"①

　　高拱与张居正的矛盾由来已久。如果说高拱是当事人,他的回忆录可能掺杂一些情绪,未必客观,那么申时行作为一个旁观者,在回忆录中谈高、张二人的关系,或许比较客观。申时行如此写道:"始,新郑(高拱)再起,与江陵(张居正)比,事无巨细必相与商榷,江陵有所荐引,无不为之。而新郑之门生幕客殷勤杯酒。间以私干请者,皆不得入,则思所以间之。一日,新郑问诸门生:'外间云何?'皆对曰:'师虽秉铨部,实江陵为政,江陵所荐拔皆引为己功,外人知江陵不知师也。'新郑乃渐疏江陵,事皆专决,不复有所咨问。而江陵亦自疑诸为间者,益复以蜚语相煽,两家遂如水火。辛未(隆庆四年)今上在东宫,议以明春出阁讲学,时余(申时行)与王少保元驭为左右中允,新郑皆题升谕德,以余为穆宗日讲官,而元驭掌南院,去东宫讲读校书悉以门生充补。江陵数举

---

① 《高文襄公集》卷43《病榻遗言·矛盾原由上》。

以语人曰：'两中允见为宫僚不用，而用其私人者何也？'新郑为之愧悔，而恨江陵益深。然新郑方操权据位，所为耳目爪牙者率非端人，故时望咸属江陵。两家客百方居间，终莫能解也。"①

隆庆五年（1571年）十一月，殷士儋（字正甫，号文通，山东历城人）致仕，内阁只剩下高、张二人。高拱为了约束张居正，上疏请内阁添人，张居正即拟旨交付冯保，以穆宗名义批出："卿二人同心辅政，不必添人。"这使高拱感到进退两难：一方面，朝中大臣都以为皇上信任内阁辅臣高张二人，不必添员，足可胜任；另一方面，张与冯正在算计自己，假如有别的阁臣在旁可作见证，现在只有二人在阁中，自己一遭弹劾，就要回避，独剩张居正一人，便可与冯保内外为计，置自己于死地②。

隆庆六年三月初，皇太子朱翊钧出阁就学。按历朝旧制，阁臣只看视三日，以后便不复入视。高拱以为皇太子年幼，讲官又是新人，阁臣不在旁有点于心不安，便上疏指出这点，建议阁臣改为五日一叩讲筵看视。不料冯保在旁与高拱唱反调，启奏道："东宫幼小，还着阁臣每日轮流一员看视才好。"穆宗以为言之有理，表示同意。冯保便将"着阁臣每日轮流一员看视才好"的旨意传出。高拱原本想讨好皇上，反而落得个疏慢的嫌疑。而且，阁臣每日轮流到文华殿关注皇太子学习，提供了冯保与张居正交往的机会。高拱后来回忆道：凡轮到张居正"看视"皇太子讲学的日子，冯保必定到文华殿东小房，两人屏退左右，秘密交谈，直到皇太子讲学完毕，方才分手③。

经过这种策划，隆庆六年三月下旬，张居正的幕僚曾省吾（字三省，号确庵，湖广钟祥人）向门生户科给事中曹大埜（字仲平，号荔溪，四川巴县人）授意：皇上（穆宗）病重，不省人事，凡事都由冯太监主行，而冯太监与张相公实为一人，你此时弹劾高阁老，必定成功。张相公一旦秉政，一定大力提拔你④。曹大埜心领神会，立即上疏弹劾高拱"大不忠"十事：

其一，皇上圣体违和，群臣寝食不宁，而高拱谈笑自若，还到姻亲刑部侍郎曹金家饮酒作乐；

其二，皇太子出阁讲读，是国家重务，高拱不能日侍左右，只逢三、八日叩

---

① 申时行《赐闲堂集》卷40《杂记》。吴伯与《国朝内阁名臣事略》卷13。
②③④ 《高文襄公集》卷43《病榻遗言·矛盾原由上》。

见一下，不把皇太子与陛下同等看待；

其三，从高拱复出后，专门从事报复，凡昔日直言高拱过错的官员，如岑用宾等二三十人，全部降斥；

其四，高拱掌管吏部，凡越级提拔的都是亲信门生，如副使曹金是姻亲，超擢为刑部侍郎；给事中韩楫是门生，超擢为右通政使；

其五，高拱为了"蔽塞言路"，每次选授科道官，必须先在吏部训诫，不许擅言大臣过失；

其六，科道官中大多是高拱的心腹，对于高拱的罪恶，都隐晦不言；

其七，昔日权臣严嵩并不兼掌吏部之权，今高拱久掌吏部，官员用舍予夺，都在他掌握之中，权重于严嵩；

其八，高拱亲开贿赂之门，副使董文采，贿赂六百两银子，即授予东宫侍班之职；

其九，高拱以私恨黜吴时来，害徐阶，党庇太监陈洪；

其十，擅自把俺答汗归顺之功据为己有。①

应该说，这"大不忠十事"并非不实之词，但这一奏疏上得不是时候。当时穆宗对高拱正有所依赖，视为股肱，不可或缺，加之重病缠身，心情不畅，看了此疏立即大怒，下令处治曹大埜。司礼监冯保不得不按皇上意思拟旨："曹大埜这厮，排陷辅臣，着降调外任。"拟旨后，赶紧趁还未发下之机，与张居正商量。张居正看了冯保所拟的圣旨，稍作修改，抹去"这厮排陷辅臣"及"降"字，改成："曹大埜妄言，调外任"。冯保再送给皇上过目，然后发出执行。高拱受曹大埜弹劾，知道后面有人指使，立即作出反击。一面上疏"乞休"，引来兵部尚书杨博、给事中雒遵等人上疏请求皇上挽留，造成声势；一面策动言官攻击曹大埜，其中御史张集的奏疏以含沙射影的语句暗指冯保、张居正。疏内写道："昔赵高杀李斯，而贻秦祸甚烈。又先帝时，严嵩纳天下之贿，厚结中官为心腹，俾彰己之忠，而媒蘖夏言之傲，遂使夏言受诛，而己独蒙眷，中外蒙蔽离间者二十余年。而后事发，则天下困穷已甚。"②

张居正见了这一奏疏，顿时脸红气急，良久，揪出疏中的"辫子"，奋起大

---

① 朱国祯《皇明大事记》卷38《阁臣》。谈迁《国榷》卷67，隆庆六年三月己酉。
② 《高文襄公集》卷43《病榻遗言·矛盾原由上》。朱国祯《皇明大事记》卷38《阁臣》。

喊:"这御史如何比皇上为秦二世?予遂拟票,该衙门知道以上。"冯保则把此疏扣留不发,以杜后继者,并派散本太监到内阁传言:"万岁爷爷说:张集如何比我为秦二世!"同时又公开扬言:"上怒,本(指张集奏疏)在御前,意叵测,将欲廷杖为民矣。""廷杖时,我便问他:今日谁是赵高?"①

这些消息不胫而走,张集早已吓得魂不附体,每日在朝房听拿,以为必遭廷杖,便买了南蛇胆、棺木,吩咐家人预备后事。张居正的门客见状,询问道:"这事如何了?"张居正轻描淡写地说:"再困他几日,使他尝此滋味也。"虽然冯保已将张集奏疏留中不发,但其揭帖(抄本)早已流转各衙门,加上曹大埜事件,言官们都攘臂切齿要弹劾张居正。张居正的密友、郎中王篆对张居正说:"张集一日不了,则添一日说话。见今人情如此,而尚可激之乎?"张居正当即派王篆到朝房对张集说:"张相公致意,君第归家,本已不下,无事矣!"张集虽然从朝房回到家里,但此事已闹得沸沸扬扬②。

高拱也不想把事情闹大,便在朝房约见科道官,劝他们以君父为重,不必再提此事。张居正也专程赴高府向高拱致歉。

高拱问:"公何言?"

张居正嗫嚅再三,才说:"曹大埜事,谓我不与知,亦不敢如此说。今事已如此,愿公赦吾之罪。"

高拱举手指天说:"天地、鬼神、祖宗、先帝之灵在上,我平日如何厚公,公今日乃如此,如何负心如此?"

张居正说:"以此责我,我将何辞。但愿公赦吾之罪,吾必痛自惩改,若再敢负心,吾有七子,当一日而死!"

高拱乘机问道:"昨姚旷封送密帖与冯保,不图吾见之。问之,则曰遗诏耳。我当国,事当我行,公奈何瞒我而自送遗诏与保乎?且封帖厚且半寸,皆何所言?安知非谋我之事乎?"

张居正低头说:"公以此责我,我何地自容?今但愿赦罪,容改过耳。"

高拱见张居正已悔过,便不再追究,淡然地说:"公不须困心,滋科道啧啧有言,吾已托四科官遍告力止之矣。"③一场风波总算暂时平息。

---

①② 《高文襄公集》卷43《病榻遗言·矛盾原由上》。朱国桢《皇明大事记》卷38《阁臣》。
③ 《高文襄公集》卷43《病榻遗言·矛盾原由上》。

在高拱看来,事情既已败露,总有再发之时。穆宗死后,冯保与张居正的交结愈益加甚,彼此间或遣使往来,或密帖相传,一日数次,旁若无人。高拱不能容忍自己大权旁落,决定拿冯保开刀。

高拱多次向小皇帝表示:"老臣谬膺托孤之任,不敢不竭股肱之力。"因此,他向皇上请求,今后凡有内降命令、府部章奏,都应公听并观,博咨详核,而一切都必须折中于自己①。意图显而易见,他要扩大内阁权力,遏制司礼监太监冯保,不让他过多干预朝政。高拱唯恐冯保凭借内府大权,疏通皇后、贵妃门路,难以收拾,决定先下手为强。

高拱首先与由他引荐入阁的高仪相商,对他说,现在新主年幼,冯、张两人所作所为,必成社稷之忧。要想去掉此二人,有碍于先帝之托。委而不顾,不忠;依违取容,则有负于先帝之托,更不忠。怎么办呢?

高仪(字子象,号南宇,浙江钱塘人)隆庆六年四月以礼部尚书兼文渊阁大学士入阁办事,人轻言微,不愿卷入这场政治赌博,便顾左右而言他:"天道六十年一周。昔正德初,刘瑾弄权,其时内阁刘晦庵(刘健),河南人;谢木斋(谢迁),浙人;李西涯(李东阳),楚人。乃西涯通瑾取容,而二公遂去。今六十年矣,事又相符,岂非天哉!"

高拱不以为然:"吾安得为刘晦庵,彼时武庙(即明武宗)已十有五,西涯只暗通瑾取容,尚顾忌行迹,故晦庵止于去。今上才十龄,荆人(张居正)阴狠更甚,而不止与保交通,不顾行迹,凡吾一言,当即报保知。凡荆人之谋,皆保为之也,凡保之为皆荆人为之谋也。明欺主幼以为得计。如此,吾尚可以济国家之事哉!"

高仪不表态,只是反问:"然则如何?"

高拱说:"昨受顾命时,公不听吾奏言乎?其曰誓死者,盖已见势不可为,业以死许先皇,不复有其身也。今惟有死而已。吾只据正理、正法而行,其济,国之福也;不济,则得正而毙,犹可以见先皇于地下。且上登极后,即当行事,彼朋谋从中相左,则争之费力,不如预以言之。吾今即于登极日,且先疏上五事,明正事体,使君父做主,政有所归,盖不惟止权阉之假者,而亦以防彼之串通,捏上假内批,以行私害人也。若得行,则再陈致治保邦之策;若不得行,则

---

① 文秉《定陵注略》卷1《逼逐新郑》。

任彼朋谋倾陷,死生不复顾矣。"①

显然,高拱早就有所谋划。在官场,在内阁,他奋斗了多年,虽也遭受过挫折,但最终还是胜利了,排斥了他的对手。他最不能容忍大权旁落,听任摆布,如果落到这一地步,还不如斗个鱼死网破。所以已经拟好了陈五事疏,准备在新皇上登极时,立即呈上,攻倒冯保,然后钳制张居正。对于这种近乎赌博的政治较量,高仪感到没有把握,便不置可否地对高拱说:"公言允当,自是大丈夫事。然祸福未可逆视,吾固不敢赞公行,亦不敢劝公止也。"②他采取明哲保身的超然态度。

高拱自视甚高,把事情的复杂性估计过低。他决定《陈五事疏》采用阁臣联名的方式,高仪那边已打过招呼,当然还得征求张居正的意见。他派心腹韩楫(字伯通,号元川,山西蒲州人)把此事通报张居正:"行且建不世功,与公共之。"张居正当面一口答应,还伴笑道:"去此阉(指冯保),若腐鼠耳。即功,胡百世也!"等韩楫一走,张居正立即派人告诉冯保,要他早作准备,二人合力斥逐高拱③。

果然,六月初十日,高拱上疏陈新政所急五事,题目是《特陈紧切事宜以仰裨新政事》。关于这事,《明史·高拱传》只写了一句话:"拱以主上幼冲,惩中官专政,条请黜司礼,权还之内阁。"《嘉靖以来首辅传》也是一笔带过:"大指使政治归内阁而不旁落。"不过都点到了高拱上疏的用意所在。《明实录》关于此疏,也只是一个摘要,大大冲淡了高拱意在"惩中官专政"的微言大义。高拱自己写的《病榻遗言》所载此疏,是全文,从中可以窥知高拱写此疏的良苦用心。他所要说的新政所急五事,大体如下:

第一,今后令司礼监每日将该衙门应奏事件,开一小揭帖,写明某件不该答,某件该答,某件该衙门知道,及是知道了之类。皇上御门时收拾袖中,待各官奏事,取出一览,照件亲答。至于临时裁决,如朝官数少,奏请查究,则答曰:着该衙门查点其纠奏失仪者,重则锦衣卫拿了,次则法司提了问,轻则饶他,亦须亲答。

第二,今后乞命该监官查复旧规,将内外一应章奏,除通政司本外,其余尽

---

①② 《高文襄公集》卷44《病榻遗言·矛盾原由下》。
③ 王世贞《嘉靖以来首辅传》卷7《张居正传》。

数呈览,果系停当,然后发行。庶下情得通,奸弊可烛,而皇上亦得以晓天下之事。

第三,伏望于每二七日临朝之后,御文华殿,令臣等随入叩见,有当奏者就便陈奏,无则叩头而出。此外若有紧切事情,容臣等不时请见。其开讲之时,臣皆日侍左右,有当奏者即于讲后奏之。

第四,今后伏乞皇上,一应章奏俱发内阁看详拟票上进,若不当上意,仍发内阁再详拟上。若或有未经发拟径自内批者,容臣等执奏明白,方可施行。

第五,今后伏望皇上,干凡一切奏本,尽行发下,倘有未发者,容原具本之人仍具原本请乞明旨。①

一看便知,高拱此疏表面上是以顾命大臣、内阁首辅的身份在辅导小皇帝如何处理朝政,连细节也一一交代清楚;而隐含于内的深层用意,就在于"请黜司礼,权还之内阁"②。但此疏由高拱、张居正、高仪联名,具有三位顾命大臣按照先皇付托,悉心辅佐之意,给人的印象并非专为冯保而发,用心可谓良苦。高拱的本意,是想当然的:神宗阅后,转发内阁拟票,然后由神宗照准,便可将大权收归内阁,再发动言官弹劾冯保,由内阁票拟罢黜,便水到渠成。

然而,冯保毕竟不是等闲之辈,接到高拱的上疏后,并不转送内阁,而由他自己代皇上拟票曰:"知道了,遵祖制。"短短六字,高拱一看便知,这是皇上不予理会的委婉表达方式③。于是,他再上第二疏,强调了"本月初十日恭上紧切事宜五件"的重要性,指出:"臣等第一条奏未发票,即未蒙明白允行,恐失人心之望","伏望皇上鉴察,发下臣等拟票"。冯保无可奈何,于第四天将高拱奏疏发下内阁拟票。高拱便草拟皇上批语:"览卿等所奏,甚于时政有裨,具见忠荩,俱依议行。"④

高拱以为时机成熟,便要他的门生故吏上疏弹劾冯保。高拱自恃与言官

---

① 《高文襄公集》卷44《病榻遗言·矛盾原由下》。并参看《明神宗实录》卷2,隆庆六年六月丁卯。按:高拱此疏于六月初十日(甲子)上,《实录》系于六月十三日(丁卯),有误。
② 《明史》卷213《高拱传》。
③ 关于此事,吴伯与《内阁名臣事略》卷9《高文襄公状略》这样说:高拱的奏疏呈进后,冯保"私念如此则事权悉归内阁,而司礼益轻,乃请上批云:照旧制行。公(高拱)见之,毅然曰:'安有十岁天子能裁决政事者乎?'"此话终于被冯保抓住,作为把柄,导致日后高拱的下台。
④ 《明神宗实录》卷2,隆庆六年六月丁卯。

们关系不错,招之即来,发动一场舆论攻势,迫使冯保下台是有把握的①。

按照高拱的部署,首先发难的是以工科给事中程文(字载道,号碧川,江西东乡人)为首的一批言官。他们弹劾冯保"四逆六罪"、"三大奸",罪名都骇人听闻,而且措辞毫不掩饰,直截了当,欲置冯保于死地。比如"不可赦"罪第一条,便是"冯保平日造进诲淫之器,以荡圣心;私进邪燥之药,以损圣体。先帝因以成疾,遂至弥留"。显然指冯保为害死穆宗的元凶。第二条是冯保玩弄"矫诏"手段升任司礼监掌印太监。第三条是将穆宗遗嘱在穆宗死后以邸报方式公布,内中有皇太子"依三阁臣并司礼监辅导"字句,一时人皆传抄,传遍四方。第四条是神宗登极典礼时,冯保在皇帝御坐旁站立,是逼挟天子而共受文武百官之朝拜。其他还有耗国不仁、窃盗名器、贩鬻弄权之类罪状。这些言官们要皇上"敕下三法司,亟将冯保拿问,明正典刑。如有巧进邪说,曲为保救者,亦望圣明察之"②。这前一句,不仅要把冯保罢官,而且要他的性命;这后一句,含沙射影指向张居正,不使冯保有回旋的余地。

接着,便是吏科给事中雒遵(字道行,号泾坡,陕西泾阳人)的弹劾,直斥冯保为"僭横":"方今司礼太监冯保,僭窃横肆,坏乱朝纲,若不明法大斥其罪,则祸本未除,其何以号令天下,而保社稷哉!"他愤然指责冯保,"不过一侍从之臣",竟敢在皇上即位之日,立于御座之旁,"文武百官果敬拜皇上耶?抑拜冯保耶?"因此,要皇上将冯保付之法司,究其僭横情罪,大置法典③。

礼科都给事中陆树德(字与成,号阜南,松江华亭人)也在弹劾疏中谴责冯保:"刚愎自用,险恶不悛,机巧善于逢迎,变诈熟于窥伺,暴虐久著,贿赂彰闻。"他特别指出冯保成为司礼监掌印太监是个阴谋:"五月二十六日卯时,先帝崩逝;辰时,忽传冯保掌司礼监。大小臣工无不失色,始而骇,既而疑;骇者骇祸机之隐伏,疑者疑传奏之不真。举相谓曰:果先帝意乎?则数日之前何不传示于弥留之后?是可疑也。"因此他主张将冯保及其亲信全部罢黜④。

广西道试御史胡涍(字原荆,号莲渠,常州无锡人)也上疏弹劾冯保窥伺名

---

① 王世贞《嘉靖以来首辅传》卷6《高拱传》。
② 《高文襄公集》卷44《病榻遗言·矛盾原由下》。
③ 《明史》卷234《雒于仁传》。《高文襄公集》卷44《病榻遗言·矛盾原由下》。
④ 《高文襄公集》卷44《病榻遗言·矛盾原由下》。《明史》卷227《陆树德传》。

器,原先掌司礼监印务的孟冲未闻革某用某令旨即被冯保取代。所传令旨出自冯保,臣等相顾骇愕。请皇上严驭近习,毋惑诡谀①。

高拱为防止冯保将奏疏留中不发,事先要上疏者将副本以揭帖形式送至内阁,一方面造成倒冯舆论,另一方面高拱正好"从中拟旨",驱逐冯保②。

冯保虽然老谋深算,对嘉靖以来朝中的权力斗争早已司空见惯,但如今自己挨整,毕竟有点手足无措。他唯恐百官面奏皇上,局面难以收拾,便派亲信徐爵向张居正请教对策。张居正说:"勿惧,便好将计就计为之。"张居正不是高仪之辈,他精通申韩的权谋术数,深知协助高拱逐去冯保对自己并无好处,反之,协助冯保逐去高拱,自己便可升为首辅。他是"深中多谋"之人,"耻居拱下,阴与保结为生死交,方思所以倾拱"③。现在时机到了,于是献计,要冯保饰词激怒皇后、皇贵妃,借刀杀人。张、冯秘密策划,双方的亲信姚旷、徐爵,连夜开东华门,三番五次来往定计。

关于此事,《明史》卷305《冯保传》说:冯保终于抓住了高拱对内阁同僚说的"十岁太子如何治天下"一句话,到皇后、皇贵妃面前攻击高拱,说:"拱斥太子为十岁孩子,如何作人主"。后、妃听了大惊,神宗听了面色立即大变④。申时行作为一个亲历者在回忆录中所写的,比《明史》更准确传神:在高拱上了陈新政所急五事疏后,"上御文华殿讲读毕,即与阁臣面决政事,具仪式以请,(冯)保念以为审尔,则事权悉归内阁,而司礼益轻,欲格其奏,乃请上批云:'照旧制行'。使文书内臣持到(内)阁,新郑(高拱)言:'此疏不发阁议拟,而旨从中出者何也?'内臣以御批对,新郑曰:'安有十岁天子而能裁决政事者乎?'内臣还报,保失色,故谬其词以激上(神宗)曰:'高阁老云:十岁孩子安能决事。'上怒,入奏两圣母,皆相持而哭。是日,给事、御史论劾保恣横不法疏凡七上,保益惶急,而故善江陵(张居正),则使所亲问计,江陵方恶新郑(高拱),欲乘机逐之,则以计授保。明日,召部院诸大臣于会极门……"⑤由此可见,下面这一

---

① 《明神宗实录》卷2,隆庆六年六月己巳。《明史》卷215《胡涍传》。朱彝尊《静志居诗话》卷13,胡涍条:胡涍因此事卷入政治斗争漩涡,终至落职为民,"任侠结客,所识穷乏多受其恩"。
② 《明史》卷213《高拱传》。
③ 文秉《定陵注略》卷1《逼逐新郑》。
④ 《明史》卷305《冯保传》。吴伯与《国朝内阁名臣事略》卷9《高文襄公状略》:冯保抓住高拱所说"安有十岁天子能裁决政事者乎!"遂谬其辞以激上曰:"高阁老言十岁孩子安能决事!"
⑤ 申时行《赐闲堂集》卷40《杂记》。

幕戏是张居正与冯保二人一手导演的。

六月十六日早朝,宫中传出话来:"有旨,召内阁、五府、六部众皆至!"高拱满以为是皇上要下令处分冯保,颇为兴高采烈。高仪因惧祸,卧病在家。张居正前几天往天寿山视察穆宗陵地,归途中暑,正在家中调理,经多次催促,才姗姗来迟,扶曳而入。高拱见了他,难以抑制兴奋的情绪,连声说:"今日之事,必是为昨科道本。有问,我当对,我必以正理正法为言,言必忤意,公可就此处,我去则无事矣。"张居正心中有数,表面上不置可否地敷衍了一句:"公只是这样说。"①

高、张一行来到会极门时,太监王蓁已捧圣旨出,文武百官下跪接旨。只听得王蓁说:"张老先生接旨!"接下去,王蓁念道:"皇后懿旨、皇贵妃令旨、皇帝圣旨:说与内阁、五府、六部等衙门官员,我大行皇帝宾天先一日,召内阁三臣在御榻前,同我母子三人亲受遗嘱。说:东宫年小,要你们辅佐。今有大学士高拱专权擅政,把朝廷威福都强夺自专,通不许皇帝主管。不知他要何为?我母子三人惊惧不宁。高拱便着回籍闲住,不许停留。你每大臣受国家厚恩,当思竭忠报主,如何只阿附权臣,蔑视幼主,姑且不究。今后都要洗心涤虑,用心办事。如再有这等的,处以典刑。钦此。"②

今日之事大大出乎高拱的预料。先是王太监所说"张老先生接旨"一句,便大有蹊跷,他是首辅,为何不说"高老先生接旨"而说"张老先生接旨"?已经感到大事不妙。愈往下听,愈觉得不对劲,想不到遭斥逐的不是冯保而是他自己,顿时浑身瘫软,直冒冷汗。据王世贞的描述,高拱"面色如死灰,汗陡下如雨,伏地不能起",在一旁的张居正"掖之起",又"使两吏扶携出"③。不过高拱毕竟是老政客,对此多少也作过一些考虑,在上五事疏之前,就和高仪提及"若不得行,则任彼朋辈倾陷,死生不复顾矣";今日奉旨前,又与张居正说起"言必忤意,公可就此处,我去则无事矣"④。只是结局来得太突然,而且已经无法挽

---

① 《高文襄公集》卷44《病榻遗言·矛盾原由下》。
② 朱国祯《皇明大事记》卷36《纪事》。何乔远《名山藏》卷29《典谟纪·穆宗》。《明实录》卷2,隆庆六年六月庚午。字句大同小异,如"东宫年少,要你们辅佐"一句,《名山藏》作"东宫年少,赖尔辅导",《明实录》作"东宫年少,要他每辅佐"。据申时行说,之所以敕称皇帝圣旨、皇后懿旨、皇贵妃令旨,是因为当时"两宫未有徽号"(见《赐闲堂集》卷40《杂记》)。
③ 王世贞《嘉靖以来首辅传》卷6《高拱传》。《明史·高拱传》也说:"拱伏地不能起,居正掖之出。"
④ 《高文襄公集》卷44《病榻遗言·矛盾原由下》。《嘉靖以来首辅传》卷6《高拱传》。

回,当他接到"回籍闲住,不许停留"的旨意后,便决定次日即离京返乡。

目睹此事的申时行事后回忆道:"上初即位,其大珰冯保尝干故司礼陈洪,逐孟冲而夺其处。方用事居中,新郑(高拱)首上疏……皇帝圣旨、皇后懿旨、皇贵妃令旨(如同上引)……新郑即日就道,乘驴车出国门,都人骇叹。上特召江陵面奖为忠臣,由是宫禁事皆决于保,而朝廷政务悉归阁中,江陵得行一意,无挠阻者矣。"①

张居正为了避嫌,与高仪联名上疏,请皇后、皇贵妃、皇帝收回成命,挽留高拱。张居正的这篇奏疏写得颇为情真意切,丝毫没有落井下石的意味,张居正说:"臣不胜战惧,不胜惶忧。臣等看得高拱历事三朝三十余年,小心谨慎,未尝有过。虽其议论侃直,外貌威严,而中实过于谨畏,临事兢慎如恐弗胜……每惟先帝付托之重,国家忧患之殷,日夜兢兢,惟以不克负荷为惧,岂敢有一毫专权之心哉!"他还为高拱的陈五事疏辩解,"其意盖欲复祖制,明职掌,以仰裨新政于万一。词虽少直,意实无他。又与臣等彼此商榷,联名同上,亦非独拱意也。若皇上以此罪拱,则臣等之罪亦何所逃?"他希望皇上能考虑到高拱是顾命大臣,"未有显过,遂被罢斥,传之四方,殊骇观听,亦非先帝所以付托之意也","如以申明职掌为阁臣之罪,则乞将臣等与拱一体罢斥"②。

在不明真相的人看来张居正果然君子坦荡荡,挺身与高拱分担责任,百端为高拱评功摆好,希望皇上予以挽留。然而联系到他连日来与冯保密谋策划如何斥逐高拱的活动,人们不禁对张居正的虚情假意感到愕然,对于这种政治家特有的两面派面孔感到汗颜!

张居正的奏疏呈上后,得到皇帝的圣旨:"卿等不可党护负国"③,显然不同意让高拱继续留任。这其实是在张居正的预料之中的。

第二天一早,高拱赶去辞朝。张居正对高拱说:"我为公乞恩驰驿行。"所谓驰驿行,即高级官僚外出享受公家驿站交通的优惠特权。张居正的意思是让高拱离京时体面一点,高拱却不领这个情,回绝道:"行则行矣,何驰驿为?"还顺便挖苦他一句:"公必不可如此,独不畏'党护负国'之旨再出耶!"张居正

---

① 申时行《赐闲堂集》卷40《杂记》。
② 《高文襄公集》卷44《病榻遗言·矛盾原由下》。《明神宗实录》卷2,隆庆六年六月庚午。
③ 《明神宗实录》卷2,隆庆六年六月庚午。

尴尬地应了一句："公到底只是如此。"①

高拱辞朝后，仓促乘一辆骡车离开京城，出宣武门踏上返乡的归路。张居正所说为高拱"乞恩驰驿行"，倒并非敷衍之词，果然在高拱辞朝后上疏，说高拱原籍河南，去京师一千五百余里，长途跋涉，实为苦难，伏望皇上垂念旧劳，特赐驰驿回籍。这一点得到了恩准②。

据说，高拱出京途中十分狼狈，"缇骑兵番，跟踪逼逐"，"囊箧攘夺无遗"，"仆婢多逃，资斧尽丧"，"出都门二十余里，馁甚，止野店为食"③。高拱一行来到良乡真空寺，有亲朋故友前来接风送饭。高拱刚下车，便见一吏手持文书随入寺中，问明后，才知是张居正差来的何文书。何文书把驰驿勘合交给高拱，并转告："此老爷驰驿勘合也。张爷已票旨准驰驿矣。本部即写勘合侍候，待旨下，即送上也。"到了此时此地，高拱仍耿耿于怀，他始终认为他的下台是张、冯串通一气的阴谋，上疏挽留、请驰驿都是张居正做给别人看的政治手腕。高拱那傲视一切的习性压抑不住地流露出来，不无讥讽地对何文书说："安知上之必准乎？安知再无'党护'之说乎？而预写勘合以来，则其理可知矣。夫欲上本救我则上本救我，欲言党护负国则言党护负国，欲乞驰驿则乞驰驿，欲准驰驿则准驰驿……"说得激动，河南老家人们形容两面三刀的民间俗语竟脱口而出："俗言云：'又做师婆又做鬼'，'吹笛捏眼，打鼓弄琵琶，三起三落'。"意在讽刺张居正任意拨弄皇上于掌股之中。饭毕，高拱负气不愿乘驿而行，仍想上骡车，送行的亲朋故友再三相劝，他也思忖：虽是张居正的安排，但既称君命，安敢不受！于是弃骡车，改乘驿而行④。

卧病在家的高仪，听到高拱"回籍闲住"的消息后，大惊失色，担心牵连到自己，忧心忡忡，病情加剧，呕血三日而死⑤。高仪入阁办事才一个多月，穆宗死，与高、张一起为顾命大臣，在两位铁腕人物的倾轧之中，虚与委蛇，在权力斗争达到白热化时，他卧病不出，避免了麻烦。他身为高官，"雅饬如书生，自视恂恂无他技，及见权势煊赫，群然风靡者，若无有也。雅恬素绝纷华珍玩之

---

① ⑤ 《高文襄公集》卷44《病榻遗言·矛盾原由下》。
② 《明神宗实录》卷2，隆庆六年六月壬午。
③ 文秉《定陵注略》卷1《逼逐新郑》。吴伯与《国朝内阁名臣事略》载："新郑去国门，下士方首鼠窜避，公(张四维)特赴宫詹命，自获鹿取道于逆旅。江陵知之，迎谓公曰：'上方震怒，安得私见罪人。'公(张四维)曰：'昔事高公，犹今事公(张居正)也，去而远之谓交谊何？'闻者称服。"
④ 王世贞《嘉靖以来首辅传》卷6《高拱传》。

好,家不蓄姬媵,独文史自娱,官三十年,世业不增尺寸"①。他简静寡欲,旧庐焚毁后并未再建,一直寄居于他人篱下,一生秉礼循法,过着清贫生活,死后差点无以殡殓②。

三位顾命大臣,一逐,一死,剩下张居正一人,理所当然地成为内阁首辅,一人独当辅佐皇帝的重任。张居正与冯保联手斥逐高拱,两人结成了权力联盟,内阁与司礼监的关系达到前所未有的牢不可破,为张居正日后厉行改革,实施新政,奠定了坚实的基础。正如申时行所说:"由是,宫禁事皆决于保,而朝廷政务悉归阁中,江陵得行一意,无阻挠者矣。"③

六月十九日,明神宗在平台单独召见张居正。与乾清宫相对的云台门,两旁向后,东曰后左门,西曰后右门,也称云台左右门,这就是平台,是皇帝召见阁臣等官僚的地方。

张居正因为视察穆宗陵墓,中暑致病,在家调理。十九日清晨,接到宫中内侍传达圣旨,宣召入宫。他立刻赶来,见皇上早已在平台宝座上等候了。

神宗命张居正到宝座前,对他慰劳一番。张居正叩头承旨后,神宗说:"凡事要先生尽心辅佐。"并追述先皇之言说:"先生忠臣。"在斥逐高拱之后,听到皇上如此表态,张居正再三顿首谢恩,感激得不能仰视,索性伏地启奏道:"臣叨受先帝厚恩,亲承顾命,敢不竭力尽忠,以图报称。方今国家要务,惟在遵守祖制,不必纷纷更改。至于讲学亲贤,爱民节用,又君道所当先者,伏望圣明留意。"④这是张居正作为内阁首辅第一次向皇上陈明施政纲领及辅佐宗旨,这个极力主张对弊政扫除廓清的人,此时只字不提改革,而强调遵守祖制,不必纷纷更改,用心颇为良苦,非不为也,是不能也。地位尚未稳固,时机还不成熟。他是个深沉有城府,人莫能测⑤的政治家。

神宗望着这位身材颀长、眉目清秀、长须至腹⑥的长者,说道:"先生说的是。"

张居正叮嘱皇上:"目今天气盛暑,望皇上在宫中,慎起居,节饮食,以保养

---

① 徐象梅《两浙名贤录》卷14《礼部尚书文渊阁大学士高子象仪》。
② 《明史》卷193《高仪传》。
③ 申时行《赐闲堂集》卷40《杂记》。
④ 《明神宗实录》卷2,隆庆六年六月癸酉。
⑤⑥ 傅维鳞《明书》卷150《张居正传》。

圣躬,茂膺万福。"神宗答道:"知道了。"随即吩咐左右内侍:"与先生酒饭吃!"还颁赐白银五十两,苎丝四表里(即衣料面子、里子各四套),内中有蟒龙、斗牛各一匹①。

这次平台召见,是朱翊钧即位后第一次单独与内阁首辅张居正的对话。在神宗方面,一则表示感谢他为父皇陵寝奔波的辛苦;二则在高拱被逐的情况下,要张先生尽心辅佐。在张居正方面,一则对皇上的信任与厚爱表示感谢;二则以顾命大臣、内阁首辅的身份告诫皇上,遵守祖制,讲学亲贤,爱民节用。

张居正叩头谢恩退出后,觉得意犹未尽,立即写了《谢召见疏》,呈给小皇帝。这是他十年辅佐生涯中向神宗上的第一份奏疏。除了表示谢意的客套话,他着重表达了秉公为国的思想:"人臣之道,必秉公为国,不恤其私,乃谓之忠。臣少受父师之训,于此一字,讲明甚熟……臣之区区,但当矢坚素履,罄竭猷为。为祖宗谨守成宪,不敢以臆见纷更;为国家爱养人才,不敢以私意用舍。"他还希望皇上"思祖宗缔造之艰,念皇考顾遗之重,继今益讲学勤政,亲贤远奸,使宫府一体,上下一心,以成雍熙悠悠之治"②。他所提出的几条原则,颇为真切地反映了要想有所作为的心态。

## 三、"王大臣案"——张、冯权力联盟的强化

高拱回籍闲住,冯保胜利了。但冯保心里还不踏实,提防高拱东山再起。事实上,高拱下台几年后又上台,可能性是存在的。于是紧接着策划了以诬陷高拱为宗旨的"王大臣案"。

万历元年(1573年)正月十九日,小皇帝朱翊钧按例出宫视朝。清早,皇帝的轿子刚出乾清门,晨霭迷蒙中,有一太监打扮的男子,由西阶下直奔过来,被守卫人员抓住。搜查结果,查得该人衣中藏有刀、剑各一把,缚于两腋下。初步审讯后,知道此人名叫"王大臣",是常州府武进县人,其余一概不说。司礼

---

① 召见对话均见《明神宗实录》卷2,隆庆六年六月癸酉;张居正《张文忠公全集》卷2《奏疏二·谢召见疏》。
② 《张文忠公全集》卷2《奏疏二·谢召见疏》。

监掌印太监冯保将此事奏告皇上,皇上下旨:"王大臣拿送东厂究问,还差的当办事校尉着实缉访来说。"①

正月二十二日,张居正向明神宗上奏:"适见司礼监太监冯保奏称:十九日圣驾出宫视朝,有一男子身挟二刃,直上宫门礓磋,当即拿获。臣等不胜惊惧震骇……虽其人当即擒获,逆谋未成,然未然之防尤宜加慎。臣等窃详,宫廷之内侍卫严谨,若非平昔曾行之人,则道路生疏,岂能一径便到! 观其挟刃之直上,则其造蓄逆谋殆非一日。中间又必有主使勾引之人。据其所供姓名、籍贯,恐亦非真。伏乞敕下缉事问刑衙门,仔细究问,多方缉访,务得下落,永绝祸本。"张居正的意思十分明显,要顺藤摸瓜,查出"王大臣"的幕后主使人与宫内勾引人。皇上当即批复:"卿等说的是。这逆犯挟刃入内,蓄谋非小。着问刑缉事衙门仔细研访主逆勾引之人,务究的实。该日守门内官,着司礼监拿来打问具奏,守卫法司提了问。"②

在官样文章的掩盖下,一场政治阴谋正在悄悄酝酿、发作。因为皇帝有旨,"王大臣"拿送东厂究问,而东厂正是冯保主管的部门,一切便按冯保的谋划进行。

因为高拱是受害者,而且是无辜的,所以他后来的回忆录对此案的始末记述得特别详细。根据他的记录,事情经过是这样的:

正月十九日早朝,皇上出乾清门,见一内使(宦官)行走慌张,左右上前捕获,搜查后得知,此人是无须男子,穿内使巾服,冒充内使。审讯后,知其本名章龙,从总兵戚继光处来。

张居正听说后,急忙派人对冯保说:"奈何称戚总兵,禁勿复言。此自有作用,可借以沐高氏灭口。"③随即票拟谕旨一道:"着冯保鞫问,追究主使之人。"冯保派人把刀、剑各一把置于王大臣怀中、袖中,随后亲自去东厂审问,关闭门窗,屏退左右,密语王大臣(章龙)道:"汝只说是高阁老使汝来刺朝廷,我当与汝官做,永享富贵。"随后嘱咐心腹长伙(当差的)辛儒,赏银二十两,要他与王

---

① 《万历起居注》,万历元年正月十九日庚子。
② 同上书,万历元年正月二十二日癸卯。《明神宗实录》卷9,万历元年正月癸卯。
③ 此说与何乔远《名山藏》所记略同:"……冯保鞫之,曰:'南兵王大臣。''奚自?'曰:'自戚总兵。'保使密报居正,而居正令保附耳曰:'戚公方握南北军,据危疑地。且禁毋妄指。此中自有用,可借以除高氏。'"(见该书《臣林记·隆庆臣·高拱传》)

大臣朝夕共处,教他诬陷高拱指使行刺的口供。待审讯时,又教他诬陷:"高阁老家人李宝、高本、高来与同谋。"①冯保当即差东厂小校飞驰河南新郑县,捉拿高拱的家人高宝、高本、高来,以定高拱之罪。

一时间,朝廷内外,京城间巷,人们莫不汹汹骇愕,不知所措。张居正与吏部尚书杨博(字维约,号虞坡,山西蒲州人)商量:"此事当何如处?"杨博说:"此事关系重大,若果为之,恐惹事端,且大臣人人自危,似乎不可。"张居正颇为沮丧。杨博与都察院左都御使葛守礼(字与立,号与川,山东德平人)同年,关系相当深厚,便将此事透露给葛守礼。葛又把这一消息告诉右都御史陈省(字孔霞,号约斋,福建长乐人)。陈省原是张居正的幕僚,当即向张居正打小报告。但消息已不胫而走。太仆卿李幼滋(字元树,号义河,湖广应城人)是张居正同乡,一听此事,不顾疾病缠身,支撑起身体赶往张府,对张居正说:"公奈何为此事?"张居正说:"何谓我为?"李幼滋说:"朝廷拿得外人,而公即令追究主使之人。今厂中(东厂)称主使者即是高老。万代恶名必归于公,将何以自解?"张居正矢口否认:"我为此事忧,不如死,奈何谓我为之!"②

当时科道颇为不平,欲上疏陈明此事,又畏惧张居正,不敢贸然上奏。而刑科诸给事中互相议论:"此事关我刑科,若无一言,遂使国家有此一事,吾辈何以见人!"于是写了奏疏,建议将王大臣从东厂送出,由三法司审理。为取得张居正的首肯,这些刑科给事中赴朝房向张居正解释。张居正极力劝阻,告诉他们"事已成矣"。

科道官们连等五日,从朝至暮,不见张居正的踪影。御史钟继英(字乐华,广东东莞人)按捺不住,便上疏影射此事。对于此疏,张居正虽然票拟谕旨"令回话",但唯恐更多的科道官上疏言事,不好收拾,颇为踌躇,便去午门关圣庙求签。但见那签文写道:

  才发君心天已知,何须问我决嫌疑。
  愿子改图从孝弟,不愁家室不相宜。

正文的注解是这样写的:"所谋不善,何必祷神,宜决于心,改过自新。"

然而张居正主意已决,不想中途变卦,便令锦衣卫左都督朱希孝(字纯卿,

---

①② 高拱《高文襄公文集》卷44《病榻遗言》。朱国祯《皇明大事记》卷38《阁臣》。

凤阳怀远人)等官员去东厂,会同冯保一起审讯。

二月十九日,原本风和日丽,朱希孝一行来到东厂,突然风沙大作,黑雾弥漫,不一会,又雨雹不止。东厂理刑官白一清对两个问刑千户说:"天意若此,可不畏乎!高老系顾命元老,此事本无影响,而强以诬之。我辈皆有身家妻子,他日能免诛夷之祸耶?二君受冯公公厚恩,当进一忠言为是。况王大臣言语不一,而二君所取招由,乃言历历有据,是何所据?"这两个问官千户回答:"此四字(按:指'历历有据')是张阁老亲笔改的。"白一清又说:"汝当死矣。东厂机密狱情,安得送阁下改乎!汝若言此,则其说长矣。"

等了些时辰,天色稍稍开朗,会审开始。按照惯例,厂卫审案必先加刑。于是先打王大臣十五大板。王大臣大叫:"原说与我官做,永享富贵。如何打我?"

冯保打断他的话,喝问:"是谁主使你来?"

王大臣瞪目仰面说:"是你使我来,你岂不知?却又问我。"

冯保气得面色如土,又强问:"你昨日说是高阁老使你来刺朝廷,如何今日不说?"

王大臣答:"你教我说来,我何曾认得高阁老?"

朱希孝见状不妙,恐怕王大臣把隐情和盘托出,厉声喝道:"这奴才,连问官也攀扯,一片胡说,只该打死。"又对冯保说:"冯公公,不必问他。"

在一片尴尬中,会审草草收场。

冯保还不罢休,进宫后还是以"高老行刺"奏明皇上。皇帝身边一位年逾七旬的殷太监听后,跪下启奏:"万岁爷爷,不要听他。那高阁老是个忠臣,他如何干这等事!他是臣下,来行刺,将何为?必无此事,不要听他。"随后又对冯保说:"冯家(原注:宫内宦官同行列者相互称呼以姓,曰某家),万岁爷爷年幼,你当干些好事,扶助万岁爷爷。如何干这等事!那高胡子是正直忠臣,受顾命的,谁不知道?那张蛮子夺他首相,故要杀他灭口。你我是内官,又不做他首相,你只替张蛮子出力为何?你若干了此事,我辈内官必然受祸,不知死多少哩!使不得,使不得。"

冯保听了,大为沮丧又无言以对。出去后,又有太监张宏对他说此事不可。冯保才省悟到此事棘手,即差人报告张居正:"内边有人说话,事不谐矣。"张居正知道事已不济,便对科道官说:"此事我当为处,只不妨碍高老便了,你每不必上本吧!"

第二天(二月二十日)夜里,王大臣被押往法司审讯时,他已中毒而哑,不能说话了。显然已被灭口。二十一日,三法司会审,已无法提问,当即宣判处决,匆匆了事①。

这是高拱回忆录《病榻遗言》关于王大臣案的追述,细节颇为具体,读来不由人不信其为真。

申时行作为这一事件的目击者,也写了回忆录,可以证实高拱所说并非虚构。他说:"(王)大臣者浙中佣奴,以浮荡入都,与小竖交匿窃其牌帽,阑入禁门,群阉觉其有异,捕送东厂。保素恨新郑(高拱),未有以中之,阿意者遂欲因事锻炼,乃以双剑置(王)大臣两掖间,云受新郑指入内行刺,图不轨。榜掠不胜楚,遂诬服。为言新郑状貌及居址城郭云云……是时道府以兵卫环新郑家而守之,祸且不测。然众论皆知其冤,颇尤江陵,江陵迫公议,亟从中调剂,保意解,乃独归罪(王)大臣,论斩。新郑得无恙。"②

参阅其他文献,如《名山藏》、《国榷》、《涌幢小品》、《万历野获编》及《明史》,便知高拱所说大体可信,而且另有一些细节还可与其相互佐证。

其一,关于杨博。《名山藏》载,张居正与杨博商量王大臣案如何处理时,杨博说:"事大,迫之恐起大狱。抑上神圣英锐,待公平察。高公虽粗暴,天日在上,乃无此事。"③当葛守礼与杨博劝张居正时,杨博说:"愿相公持公议,扶元气。厂中(按:指东厂太监冯保)宁有良心?倘株连者众,事更有不可知者。"张居正表示愿意挽回,但不知后局如何了结,杨博为他出了个主意:"相公患不任耳,任何难结,须得一有力世家与国休戚者,乃可委按。"张居正领悟,松口说:"上前度处之。"④这就是朱希孝出面会审的由来。在会审前,杨博还为朱希孝、葛守礼策划一计,派锦衣卫校尉透风给王大臣,令其翻供,同时又命高拱家人(仆人)夹杂于众人之中,要王大臣辨认同谋者。这是很关键的一着,王大臣案由此得以澄清,舆论盛赞杨博有长者之风⑤。

其二,关于葛守礼。《国榷》说,左都御史葛守礼获悉王大臣案发,拉着吏

---

① 以上均见《高文襄公集》卷44《病榻遗言·毒害深谋》。朱国祯《皇明大事记》卷38《阁臣》。
② 申时行《赐闲堂集》卷40《杂记》。
③④ 何乔远《名山藏》卷□□(原文如此)《臣林记·隆庆臣·高拱传》。
⑤ 《明史》卷214《杨博传》。

部尚书杨博去见张居正,于是展开了一场唇枪舌剑般的交锋。

张居正说:"东厂狱具矣。同谋人至,即疏处之。"

葛守礼说:"守礼敢附乱臣党耶,愿以百口保高拱。"张居正沉默不语。葛守礼又说:"先时如贵溪(夏言)、分宜(严嵩)、华亭(徐阶)、新郑(高拱),递相倾轧,相名坐损,可鉴也。"

张居正愤愤然说:"二公意我甘心高公耶?"奋起入内,取出一份东厂揭帖给二人看,意思是此案系东厂所为,与己无关。而揭帖中张居正亲笔加了四字"历历有据",自己忘记了。葛守礼识得张居正笔迹,便笑而把揭帖藏入袖中。张居正此时才省悟,讪讪地说:"彼法理不谙,我为易数字耳。"

葛守礼乘机规劝道:"机密重情,不即上闻,先政府耶? 吾两人非谓公甘心新郑,以回天非公不能。"张居正领悟后作揖谢道:"苟可效,敢不任,第后局何以结?"杨博说:"公患不任耳,任何难,须世臣乃可共。"①

关于此事,《寄园寄所寄》所说略同:"张江陵欲甘心高新郑,左都葛守礼与冢宰杨博力争之。居正愤曰:'二公意我甘心高公耶?'奋入内,取厂中揭帖,投博曰:'是何与我事?'中有居正窜改四字,曰'历历有据',居正忘之。守礼识其字,笑纳诸袖,居正觉曰:'彼法理不谙,为易数字耳。'礼曰:'机密重情,不即上闻,先政府耶? 吾二人非谓相公甘心高公,以回天非相公不能。'居正揖谢曰:'苟可效,敢不任。'高公卒无虞。"②

其三,关于朱希孝。《国榷》说,张居正上奏神宗,命冯保与左都御史葛守礼、锦衣卫左都督朱希孝会审。朱希孝知道此事棘手,受命后恐惧而哭,急忙找张居正。张居正要他去见杨博。杨博对朱希孝说:"欲借公全朝廷宰相体耳,何忍陷公!"③

《万历野获编》说:"时掌锦衣卫太傅朱希孝,虽江陵幕客,故与新郑厚,心怜而力救之。且行数千金与诸大珰。而诸珰中亦有善新郑者,力解于慈圣(太后)之前。"④朱希孝在会审前,派锦衣卫校尉秘密提审王大臣,问:"何自来?"答:"来自(冯)保所。语尽出保口。"校尉对王大臣说:"入宫谋逆者法族,奈何

---

①③ 谈迁《国榷》卷68,万历元年正月庚子。
② 赵吉士《寄园寄所寄》卷1囊底寄《智术》,张江陵条。
④ 沈德符《万历野获编》卷18《王大臣》。王世贞《嘉靖以来首辅传》卷6《高拱传》也说:"希孝行数万金以贿保用事者,且赂三宫左右。"

甘此？若吐实,或免罪。"王大臣茫然而哭:"始绐我,主使者罪大辟,自首无恙,官且赏。岂知此,当实言。"及至会审,朱希孝令高府家人混杂于诸校尉中,要王大臣辨认同谋人,王大臣无法辨认(原本就无同谋)。朱希孝又诘问王大臣:刀剑从何而来？王大臣答:"冯家奴辛儒所予。"冯保恐怕事情败露,便让王大臣饮生漆酒,使之咽喉变哑,再也无法吐露真情①。

高拱毕竟是当事人,谈及此事,不免有点感情用事,这也容易引起人们的怀疑。参证了上述文献以后,此事的真相便不容置疑了。天启初年任礼部尚书兼文渊阁大学士的朱国祯(字文宁,湖州乌程人),曾耳闻目睹此事,他的说法或许较为客观:"王大臣一事,高中玄(拱)谓张太岳(居正)欲借此陷害灭族,太岳又自鸣其揪解之功。看来张欲杀高甚的。张不如是之痴,或中有小人,窥而欲做,则不可知。一曰冯保之意,庶几得之。"②

经过以上这些幕后活动,王大臣匆匆处死,此案不了了之。

事隔十年,到了万历十一年(1583年)张居正已死,冯保已下台,皇帝朱翊钧忽然对当年的王大臣案发生疑问,命刑部录进王大臣供词,详加审阅。然后,大为不满地发出谕旨:"此事如何这每就了？查问官与冯保质对!"当时的内阁首辅张四维(字子维,号凤磐,山西蒲州人)是了解内情的,知道追查下去伊于胡底？便委婉地劝告皇上:"事经十年,原问官,厂即冯保,卫乃朱希孝。今罪犯已决,希孝又死。"那意思是说,此案已死无对证,追查不清了。另一大臣也奏:"王大臣系冯保潜引,亦无的据。若复加根究,恐骇观听。"于是朱翊钧才放弃了追根刨底的念头③。

在神宗即位时,冯保联合张居正,借助皇后、皇贵妃之手,把高拱赶走,只是在权力争夺中玩弄政治手腕而已。因为当时高拱突然袭击在先,企图趁冯保立足未稳之机,把他一举击倒。而冯保为了巩固已经到手的权力与地位,以迅雷不及掩耳之势,打得高拱措手不及,败下阵来。这场龙虎斗,不过是有明一代最高权力层面明争暗斗的另一幕而已,不足为奇。王大臣案则不同。那时高拱已经下野,难以构成对冯保、张居正的威胁,冯保、张居正却无中生有地

---

① 谈迁《国榷》卷68,万历元年正月庚子。
② 朱国祯《涌幢小品》卷9《阁臣相构》。
③ 《明神宗实录》卷134,万历十一年闰二月乙卯。

借王大臣案诬陷株连,无所不用其极,企图置高氏一门于灭门的境地。政治斗争的险恶,政治家的冷酷,实在令人毛骨悚然。

透过王大臣案,冯保和张居正向人们显示了他们的默契配合,也显示了他们无可动摇的权力联盟,为他们辅佐幼主,推行新政,创造了一个较为理想的政治氛围。

### 四、万历新政的展开

高拱被逐后,张居正成为内阁首辅。高拱虽然被取代,但其政绩已为张居正新政奠定了基础,这实在是一个饶有兴味的话题。

王世贞《嘉靖以来首辅传》对高拱有这样的评价:"拱为人有才气,英锐勃发,议论蜂起。而性迫急,不能容物,又不能藏蓄需忍,有所忤,触之立碎。每张目怒视,恶声继之,即左右皆为之辟易。既渐得志,则婴视百辟,朝登暮削,唯意之师,亡敢有抗者。"又说:"拱刚愎强忮,幸其早败,虽有小才,乌足道哉。"[1]王氏不愧为大家,三言两语把高拱的秉性刻画得可谓入木三分,但说他"虽有小才,乌足道哉",则似乎有点过于武断。

高拱任内阁首辅不到一年(仅十一个月),如果从第二次入阁的隆庆三年十二月算起,到隆庆六年六月,掌权达两年半时间,不少政绩颇为引人注目,例如在张居正的协助下达成隆庆和议,推行考课政策,山东新河的开凿,海外贸易的开放等,很难以"乌足道哉"一笔抹杀。

王世贞对于高拱以内阁辅臣兼掌吏部颇有非议,他说:"故事,居内阁者不当出理(吏)部事,理(吏)部事,不当复与阁务。拱称掌,不言兼,当为部臣矣。"[2]又说:"隆庆庚午(四年),大学士高公拱起掌吏部,赵公贞吉出兼掌都察院,俱免奏事承旨……拱绾绶历年两司内外考察,至居首揆,尚握铨柄,出而启事,入而条旨,尤为异闻。"[3]由此可以窥视高拱此人的权势欲,但换一个视角

---

[1] 王世贞《嘉靖以来首辅传》卷6《高拱传》;卷8《申时行传》。
[2] 同上书卷6《高拱传》。
[3] 王世贞《弇山堂别集》卷7《皇明异典述二·内阁兼掌部院》。

看,此举为他改革吏治,推行考课政策,提供了方便。

高拱对于官僚的考察,有自己的深思熟虑。他在《论考察》一文中指出了以往文官考察的弊端,例如"以六年之官而考于三二人,以六年之事而核之于三二日,则岂能得其善恶之真!"又如"每考察时,所去之人前后不相上下,其数未足则必取盈,其数已足即不复闻。天下岂有六年之间不肖者皆有定数?"因此他主张:"今宜以黜汰之事,令(吏部)考功司、(都察院)河南道行于三、六、九年考满之时,于理为得……然又有未及三、六、九年考满而改节恣肆者,则考察亦不可无,但不必定在六年,只偶一为之,去其太甚者数人示戒而已。"①意在把以前考察中的"略"、"粗"、"暧昧"、"匆剧",改变为"详"、"精"、"明白"、"从容"。

在《再论考察》一文中,他对文官的考察"八法"——曰贪,曰酷,曰不谨,曰罢(疲)软、冠带闲住,曰老、曰疾、致仕、曰才力不及、曰浮躁浅露、降调外任等,认为在执行过程中的弊端,最明显的莫过于"含糊暧昧"四字,具体地说:"曰贪而已,更不列其贪之状……余皆然,徒加之名,不指其实。不止罔者无以压服其心,即当其罪者亦无以压服其心。"因此他主张:"今诚宜于考察时,令部院官务核名实,某也贪,必列其贪之事……余皆然。明言直指,与天下共罪之……而其平日体访,亦必务详慎的确。"②

高拱是和张居正一样的铁腕首辅,都力图以法治国,以法治吏,在革新吏治方面都引入了强化管理的制度化手段,因此从高拱的考课法到张居正的考成法,有着内在有机联系。在嘉靖末至万历初的历史转变关头,独断专行型的内阁首辅政治是完全必要的。在共同的时代背景之下,他们两者之间的连续性是不言自明的③。

从隆庆六年六月到万历三年八月,在内阁与张居正共事的,仅李调阳一人。其后,阁臣虽先后增加了张四维、申时行、马自强。但是,直到万历十年六月张居正死,朝廷大事无一不取决于张居正一人,其他阁臣皆无实权。这就是独断专行型首辅政治。

内宫也为此提供了前所未有的条件,两宫皇太后与小皇帝放手让张居正

---

① 《高文襄公集》卷29《论考察》。
② 同上书卷31《再论考察》。
③ 参看樱井俊郎《隆庆时代的内阁政治——以高拱的考课政策为中心》,载小野和子编《明末清初的社会与文化》,日本京都大学人文科学研究所,1996年,第27~59页。

独揽朝政,所谓"中外大柄悉以委之"。张居正当仁不让,"慨然以天下为己任"①。正如王世贞所说:"居正之为政,大约以尊主权、明赏罚、一号令,万里之外,朝下而夕奉行,如疾雷迅风,无所不披靡。"②

万历五年(1577年)八月张居正向皇上表白他为了推行新政不惜鞠躬尽瘁的内心世界,他说:先帝"临终亲握臣手,嘱以大事","用是盟心自矢虽才薄力屡,无能树植鸿巨,以答殊眷。惟于国家之事,不论大小,不择闲剧,凡力所能为,分所当为者,咸愿毕智竭力以图之。嫌怨有所弗避,劳瘁有所弗辞,惟务程功集事,而不敢有一毫觊恩谋利之心"③。为了贯彻自己在《陈六事疏》中所勾画的新政主张,他不遗余力,遵循申、韩法治主义,综合名实,信赏必罚,雷厉风行,大刀阔斧,扫除廓清,大破常格,无所顾忌。其一往无前的政治家魄力,不尚空谈躬行实践的施政绩效,在明代历史上罕见其匹。

新政从以下几个方面渐次展开。

第一,整顿吏治,改变颓靡之风。

隆庆六年(1572年)七月,张居正代神宗皇帝拟写了对文武群臣的戒谕。他在向皇上说明其宗旨时,这样写道:"人心陷溺已久,宿垢未能尽除,若不特行戒谕,明示以正大光明之路,则众心无所适从,化理何由而致?"④七月十六日早朝,神宗特召吏部官捧出宣读。群臣侧耳倾听皇上对目前吏治败坏的批评:"乃自近岁以来,士习浇离,官方玩缺,钻窥隙窦,巧为猎取之谋;鼓煽朋俦,公肆挤排之术,诋老成廉退为无用,谓谗佞便捷为有才。爱恶横生,恩仇交错,遂使朝廷威福之柄徒为人臣酬报之资。"

接下来,又听到皇上准备大事廓清的决心:"朕初承大统,深烛弊源,亟欲大事芟除,用以廓清氛浊。""自今以后,其尚精白乃心,恪恭乃职,毋怀私以罔上,毋持禄以养交,毋依阿典忍以随时,毋尊沓詟訾以乱政。""当虚心鉴物,毋任情于好恶,以开邪枉之门;有官守者,或内或外,各宜分猷念以济艰难;有言责者,公是公非,各宜奋谠直以资听纳。"⑤

张居正凭借内阁首辅代帝拟旨的特权,把自己"大事芟除,廓清氛浊"的思

---

① 《明史》卷213《张居正传》。
② 王世贞《嘉靖以来首辅传》卷7《张居正传》。
③ 《张文忠公全集》卷5《纂修成书辞恩命疏》。
④⑤ 《明神宗实录》卷3,隆庆六年七月己亥。《张文忠公全集》卷2《请戒谕群臣疏》。

想变成了皇帝的旨意,告诫各级官员崇养德望,砥砺廉隅。在造成了整顿的气氛以后,张居正在万历元年六月正式提出整顿吏治的有力措施——考成法。

在传统官僚政治时代,政府职能的运作,很大程度上仰赖于公文的传递与处理,一言以蔽之,那是一种公文政治,极易滋生官僚主义、文牍主义、形式主义之类弊端。例如:六部、都察院有复奏,而发至地方巡抚、巡按复勘时,地方官或是考虑到事情不易行,或是有所按核,或是两方各执一词要加以对质,大多以私相轧,扣押公文,拖延至数十年而不决,终于不了了之,搁置起来成为一堆废纸①。

有鉴于此,张居正检讨了近年来各级衙门章奏中反映出来的种种积弊:"章奏虽多,各衙门题复,殆无虚日,然敷奏虽勤,而实效盖鲜。"例如,"言官议建一法,朝廷曰可,置邮而传之四方,则言官之责已矣,不必其法之果便否也";"部臣议厘一弊,朝廷曰可,置邮而传之四方,则部臣之责已矣,不必其弊之果厘否也"。又如,"某罪当提问矣,或碍于请托之私,概从延缓";"某事当议处矣,或牵于可否之说,难于报闻";"征发期会,动经岁月。催督稽埝验,取具空文。虽屡奉明旨,不曰'着实奉行',必曰'该科记着'"。因此之故,"上之督之者虽谆谆,而下之听之者恒藐藐"。张居正对此大为不满,他甚至引用民间鄙谚加以比喻:"姑口顽而妇耳顺",说"今之从政者殆类于此"②。萎靡不振到这种地步,不整顿还当了得!

张居正提及隆庆年间他写的《陈六事疏》,内有"重诏令"一款,曾对此有所议论。吏部发文,欲各衙门皆立勘合文簿,下达各地巡抚、巡按官,公文处理明立程限。但是,没有听说各衙门有如期执行者,寝格如初。对于这种积重难返的官场积弊,他忍无可忍,认为是违反《大明会典》所规定的祖宗成宪。因此必须制订一种明确可行又易于检查监督的制度,这就是他的考成法。

考成法的出发点似乎很低,其实是寓有深意的。它规定:凡六部、都察院将各类章奏及圣旨,转行给各该衙门,事先酌量路程远近,规定处理程期,并置立文簿存照,每月底予以注销。除通行章奏不必查考者之外,其他转行覆勘、提问议处、催督查核等公文,另造处理文册两本,注明公文内容提要及规定处

---

① 王世贞《嘉靖以来首辅传》卷7《张居正传》。
② 《张文忠公全集》卷3《请稽查章奏随事考成以修实政疏》。

理程限,一式两份,一份送六科注销,一份送内阁查考。六科据此逐一候查,下月陆续完销。上下半年各总结汇查一次,分类检查簿内事件有无违限未予注销。如有耽搁拖延,即开列上报,并下各衙门责问,令其讲明原委。次年春夏季再次通查上年未处理完的事件,秋冬二季也照此进行,直到查明完销为止。如有不照此规定执行的衙门、官员,必加追究。巡抚、巡按拖延耽搁,由六部举报;六部、都察院在注销时容隐欺蔽,由六科举报;六科缴本具奏时容隐欺蔽,由内阁举报。如此,月有考,岁有稽,使声必中实,事可责成①。

这样就形成了一个考成系统:以内阁稽查六科,六科稽查六部、都察院,六部、都察院稽查巡抚、巡按。确立起一个健全的行政及公文运作系统。在这个系统中最关键的是六科。所谓六科,是指设立于洪武六年(1373年)的吏、户、礼、兵、刑、工六科,各设给事中,辅助皇帝处理章奏,稽查驳正六部之违误。六部尚书是二品衔,六科都给事中仅七品衔,但对六部的封驳、纠劾权却操在六科手中,以小官钳制大官,以六科监察六部,这是明朝的创举。张居正则把六科的这种职能予以扩大,使之直接向内阁负责,成为内阁控制政府各部门的重要助手。

神宗完全支持考成法的推行,他在张居正的奏疏上批示:"卿等说的是。事不考成,何由底绩!此所奏都依议。其积年未完事件系紧要及年远难完的,明白奏请开除,毋费文移烦扰。"②皇帝批准后,大权集于内阁,政令必责实效,从六部到地方政府,办理公文,必须按时查考,所谓月有考,岁有稽,以求法之必行,言之必效,朝下令而夕奉行,政体为之肃清。

考成法推行的效果究竟如何?

据万历六年(1578年)正月户科给事中石应岳(字钟质,号介峰,福建龙岩人)等的报告,它是有成效的:"自考成之法一立,数十年废弛丛积之政,渐次修举。今逾岁终,例当纠举。臣等节据吏部等衙门开报……逐款稽查,共一百三十七事,计按抚诸臣胡执礼、郑国仕等七十六员,完报属愆期,法当参奏。但其中接管有先后,历任有深浅,伏乞圣明区别多寡,量加罚治一二。"神宗立即批复:"这各官且饶这遭。今后查参考成,还要分别在任久近议罚。"③可见考成法

---

①② 《张文忠公全集》卷3《请稽查章奏随事考成以修实政疏》。
③ 《明神宗实录》卷71,万历六年正月乙巳。

的实施是认真的,有成效的。不过也暴露出一些问题。在一百三十七件中有七十六人愆期,比例超过一半,说明积重难返,骤然绳之以法,谈何容易!

在传统政治中,官僚主义、文牍主义、形式主义是顽固而保守的陈年积习,或许是官僚政治运作中不可或缺的伴生物、润滑剂吧,只能限制,难以铲除。无论监察部门议建一法,抑或行政部门议厘一弊,习惯程序是:写一公文,上报朝廷,获得批准后,通过邮递部门传之四方,便算大功告成。至于各衙门是否照办,办得成效如何,根本不问不闻。于是,一批批公文从京师发出,经过长途跋涉的公文旅行,进入各级衙门以后,便束之高阁,一一归档,欺上瞒下,并不着实奉行。因循、积习,年久日深。张居正偏要反其道而行之,扫除廓清,严加整顿,给各级官员施加压力,不得再像以往那样混日子,要克服多么大的阻力是可以想象的。

从宏观视角看来,考成法只是张居正整顿吏治的一个方面。他按照综核名实,信赏必罚原则,强调公诠选、专责成、行久任、严考察。

所谓公诠选,是官员的用舍进退,一以功实为准,不徒眩虚名,不尽拘资格,不摇之毁誉,不杂之爱憎,不以一事概生平,不以一眚掩大节。这是功利主义的用人标准。他用人先求其平淡,而后求其聪明,以能办事为主,不计较其他,故才路大开,不觉人才匮乏。事实上,万历初期无论文臣还是武将,都是人才辈出,蔚为大观。

所谓专责成,是既用一人便假以事权,俾得展布;勤加指导,俾可成就;笃于信任,俾免沮丧。人臣能具诚担任,是国家之宝,能够荐达保护,即使蒙嫌树怨,亦所不避。

所谓行久任,是官员必须久任,才能熟习事理,善于行政,否则,事之成效难见,贤否难分,无从综核名实。他反对官不久任,事不责成,更调太繁,迁转太骤,资格太拘,毁誉失实。

所谓严考察,是定期考察或随事考成或探访告诫。定期考察即一定期限届满时,考察官员政绩,以定升降去留。京官六年一考察,外官三年一考察,谓之京察、外察。随事考成即对于每件公事要限期办完,不得拖延推诿。探访告诫即对中外大臣之奏报是否符合事实,必加以探访,以减少官样文章,对隐瞒不报或奏报不实,严加惩处。

在他扫除廓清、大破常格的政治革新中,造成了一种雷厉风行的氛围,大小臣工鳃鳃奉职,中外淬砺,莫敢有偷心。这应该说是了不起的成功。

第二,革新政治,培养人才。

万历三年(1575年)五月,张居正向神宗提出饬学政以振兴人才的奏疏,阐述了整顿教育的主张。其要点在于,请皇上指示吏部,凡所在督学官员必须选择方正博学之士,督学使者不得日坐都城中虚谈贾誉,应经常亲历所部郡邑,兴廉举孝,如有博士弟子群聚徒党,虚论高议,受事请谒者,严加惩处,务必倡导敦本尚实之风①。

张居正批评了近年以来轻视督学之臣的风气,而身负此责的官员,也罕能有以自重。这些官员既无卓行实学,以压服士人之心,又务为虚谈,沽名钓誉,卖法养交。更有甚者,公开幸门,明招请托。这批人养尊处优,惮于巡历各地,苦于校阅书卷,高坐会城,计日等待升官。因此,士习日敝,民伪日滋,以驰骛奔趋为良图,以剽窃渔猎为捷径,平常没有德业,当官没有功绩。有些是传统旧习,有些是时代熏陶,要想凭一时之努力,扫除廓清,是很难的,不过张居正却想有所厘革,有所整顿。当然,他也深知其难:"良以积习日久,振蛊为艰;冷面难施,浮言可畏。奉公守法者,上未必即知,而已被伤于众口;因循颓靡者,上不必即黜,而且博誉于一时。故宁抗朝廷之明诏,而不敢违私门之请托。"张居正感慨系之地一言以蔽之:"盖今之从政者,大抵皆然,又不独学校一事而已。"②对今之从政者作如此这般估价,其深刻的洞察力,鞭辟入里,惊世骇俗。这是他实施新政的出发点,无怪乎他一再强调要矫枉过正,实在是积习太深,不过正就不能矫枉。

为此,他制订了十八条规章,主要内容如下:

一是今后各提学官督率教官、生儒,务将平日所习经书义理,着实讲求,躬行实践,以需它日之用,不许别创书院,群聚徒党,及号召它方游食无行之徒,空谈废业,因而启奔竞之门,开请托之路。

二是若有平日不务学业,嘱托公事,或捏造歌谣,兴灭词讼,及败伦伤化,过恶彰著者,体访得实,不必品其文艺,即行革退。

三是天下利病,诸人皆许直言,唯生员不许。

---

① 张居正《新刻张太岳先生诗文集》卷47《太师张文忠公行实》。
② 《张文忠公全集》卷4《请申旧章饬学政以振兴人才疏》。

四是各省提学官,奉敕专督学校,不许借事枉道,奔趋抚按官,干求荐举。

五是该管地方,每年务要巡视考校一遍,不许移文代委。

六是今后岁考,不谙文理者,廪膳十年以上,发本处充吏;六年以上,罢黜为民。①

神宗接到此疏,于同年五月初三日批复,表示赞同,他指出:"学校人才所系,近来各提学官不能饬躬端范,精勤考阅,只虚谈要誉,卖法市恩,殊失祖宗专官造士之意。卿等所奏俱深切时弊,依拟再行申饬。所开条件一一备载敕内,着各官着实遵行。有仍前违怠旷职的,吏部、都察院要指实考察奏黜,不许徇情。"②

张居正所提出的第一条最为厉害,为了制止空谈废业,堵塞奔竞之门,杜绝请托之路,竟然明令规定"不许别创书院,群聚徒党"。而且说干就干,万历七年(1579年)正月,神宗发布诏令:毁天下书院。这个诏令,以常州知府施观民私创书院赃私狼藉为借口,不仅将他所创书院捣毁,而且明确宣布,各地方凡是私建书院,遵照皇明祖制,都改为公廨衙门,书院的田粮查归里甲。此后,再不许聚徒游食,扰害地方。同年七月十月,又重申此禁,明令不许创立书院,以杜绝聚徒讲学、奔竞嘱托之弊③。从中不难看出,"不许别创书院"的规定,并非官样文章。根据神宗诏令,毁了应天等府书院六十四处,一律改为公廨衙门。这一措施当然是矫枉过正的,激起了众多儒生的反感。著名的何心隐事件便是一例。

何心隐,本名梁汝元,字夫山,江西永丰人。闻泰州学派王艮(字敬止,江西吉水人)讲学,慨然以传道自任,师事颜钧(一名铎,字山农,江西永新人),创建聚和堂书院,延聘塾师教育乡族子弟。后更名为何心隐,游学南北,到处聚徒讲学。这本已触犯了当时的规定,何况他还率性而行,在讲学时讥议朝政,更加违反了生员不许议论天下利病的规定,遂由此被湖广巡抚逮捕。《明实录》记载此事说:"江西永丰人梁汝元,聚徒讲学,讥议朝政。吉水人罗巽亦与之游。汝元扬言,江陵首辅专制朝政,必当入都,嚣言逐之。首辅微闻其语,露

---

① 《张文忠公全集》卷4《请申旧章饬学政以振兴人才疏》。
② 同上书卷4《请申旧章饬学政以振兴人才疏》。《明神宗实录》卷38,万历三年五月庚子。
③ 钱一本《万历邸钞》万历七年己卯卷,春正月,毁天下书院条。按:《万历邸钞》编者为钱一本,系据日本学者小野和子的考证。

意有司,令拘押之。有司承风旨,毙之狱。"①关于他的死,《万历野获编》说得更具体:"时有江西永丰人梁汝元,以讲学为名,鸠聚徒众,讥切时政……江陵恚怒,示意地方官物色之。诸官方居为奇货。适曾光起事(按:指曾光散布妖言惑众事),遂窜入二人姓名,谓且从光反。汝元先逮至,拷死。"②当时的离经叛道思想家李贽为此写了一篇纪念文章,对何心隐赞扬备至,对张居正颇多指责。他说:"人莫不畏死,公(何心隐)独不畏死,而直欲博一死以成名";"公今已死矣,吾恐一死而遂湮没无闻也。今观其时武昌上下,人几数万,无一人识公者,无不知公之为冤也。方其揭榜通衢,列公罪状,聚而观者咸指其诬……非惟得罪于张相者,有所憾于张相而云然……而咸谓杀公以媚张相者之为非人也"③。何心隐之死是否冤屈,姑且不论。其实聚徒讲学、讥议朝政,在当时是违禁之事,也是他致死的根本原因。

不过,这一事件从侧面反映,张居正为了贯彻他的主张,严禁聚众讲学,空谈废业,是不遗余力的。而神宗的大力支持,更使他无所顾忌。

### 五、余懋学、傅应祯、刘台与政治逆流

万历新政由于过于严厉、过于操切,从一开始就遭到猛烈的反对,引来诸多怨声,一时甚嚣尘上。鉴于新政切中时弊,成效卓著,反对者难以抓住把柄,便从攻击张居正个人品行、离间神宗与张居正关系下手,以达到迫使张居正下台,中断新政的目的。

要攻击张居正,找一些话题,其实是并不太难的。

譬如,有的卜属见张居正权势显赫,争相拍马奉承,阿谀献媚。有人为了升官,向张居正赠送黄金制成的对联,上面写道:

> 日月并明,万国仰大明天子
> 丘山为岳,四方颂太岳相公④

---

① 《明神宗实录》卷95,万历八年正月己未。
② 沈德符《万历野获编》卷18《汝人遁隐》。
③ 李贽《焚书》卷3《何心隐论》。
④ 吕毖《明朝小史》卷14《万历纪》。

居然把张居正与皇帝相提并论,是颇有一点僭妄嫌疑的。

又如,皇太后、皇帝把朝廷大权全部委托给张居正,而他本人又独断专行,对言官的议论极为反感。正如王世贞所说:"一事小不合,诘责随下,敕令其长加考察。以故御史、给事中虽畏居正,然中多不平。"①这些御史、给事中又偏偏有不少耿介之士,喜欢反潮流,把对新政的不满与对张居正本人的非议纠缠在一起。

再如,人们对张居正显赫之后善于敛财,议论蜂起。有的说,严嵩被抄家,十分之九的财产进入宫中,后又逸出,大半落入宗室朱忠僖家,"而其最精者十二归江陵(张居正)","江陵受他馈遗亦如之,然不能当分宜(严嵩)之半计"②。虽然不如严嵩,也令人望而生畏了。

张居正忙于营建自己的安乐窝,也引起了人们的注意。万历元年他在江陵城东建造张太师府第,神宗不但为他亲笔书写了堂匾、楼匾、对联,而且还拿出了一大笔内帑,作为建造资金。上行下效,于是全楚官员纷纷出资纳贿。这座豪华的府第,历时三年才建成,耗资达二十万两银子,而张居正自己拿出来的还不到十分之一③。他还在京师建造了一座同样豪华的官邸,据目击者说,"其壮丽不减王公"。他死后,这座建筑改为全楚会馆(湖广同乡会馆)④。由此推知,其规模之大非一般住宅所可比拟。

一些阿谀奉承之徒为讨好张居正,千方百计为其儿子参加会试"开后门"、"通路子"。万历二年沈一贯主考会试,同僚以张居正之子相托,沈一贯说:"某于阅卷鬼神临之,私安敢?"对方说:"相公功在社稷,录其子不为私。"沈一贯说:"所以糊名易书者何?既知其人矣,谓非私不可。"将要发榜时,同僚再次请求:"公不可,得毋累吾辈何!"沈一贯说:"休矣,复相公(张居正),第云:沈生不可。"又说:"如有复我者,当鸣鼓于堂乃出。"发榜后,张居正"为拂然久矣"⑤。然而其他主考官并非如此,张居正之子的跃登龙门,其中颇有花样。

凡此种种是很容易引起人们非议的。

---

① 王世贞《嘉靖以来首辅传》卷7《张居正传》。
② 王世贞《觚不觚录》。
③ 《嘉靖以来首辅传》卷7《张居正传》。光绪《重修荆州府志》卷7《地理志·古迹》引《江陵志余》。
④ 光绪《顺天府志》卷70《故事志·杂事》。
⑤ 徐象梅《两浙名贤录》卷14《吏部尚书中极殿大学士沈肩吾一贯》。

平心而论，这些事情在当时的上层官僚中是司空见惯的。如果张居正是一个平庸之辈，人们也许置若罔闻。然而张居正偏偏是一个大破常格的人，不在乎别人如何议论。他正在推行的新政招致一些人的不满，于是人们由此入手，掀起了反对新政的逆流。另一方面，张居正对言官钳制甚严，引来给事中、御史们极大反感。《五茸志逸》有一则逸闻，颇足以从侧面印证此点。该逸闻云："曹介人述江陵相公钤束台省，台省不敢扬眉吐舌，绝无一人轻言说者。士人因编一噱语云：江陵谓选郎科道最难得人，即如孔门四科，未必人人可用。文选曰：'德行如回何如？'张公曰：'回也于吾言，无所不说（借读言说之说），未可用也。''文学如商何如？'张公曰：'商也人闻圣道而说，出见纷华而说，未可用也。''政事如术何如？'张公曰：'非不说子之道，未可用也。''然则政事如由，但恐其好勇耳。'张公曰：'子见南子，子路不说。尽可用，尽可用。'选郎唯唯而退。"①此噱语或为杜撰，但说张居正钤束科道官过严，当不太离谱，这必然要引起科道官的反感。

以上种种因素交织在一起，使形势趋于复杂化。

第一个出来弹劾张居正的，是人称"抗劲喜事者"南京户科给事中余懋学。余懋学，字行之，徽州婺源人，隆庆二年进士，万历初擢为南京户科给事中。万历二年五月，翰林院有白燕，内阁有碧莲花早开，张居正把它们当作祥瑞献给皇上。此事遭到冯保的当面批评："主上冲年，不可以异物启玩好。"②碍于冯保的特殊地位，张居正没有话好说。不料余懋学也抓住此事大做文章，上疏弹劾张居正，大意是说，帝方忧旱，下诏罪己，与百官图修禳，而张居正却献祥瑞，非大臣应有之宜③。小小给事中也敢借此为口实，对内阁首辅说三道四，张居正心中十分嫉恨，只是不便发作。

到了万历三年（1575年）二月，余懋学再次弹劾张居正。他上疏言五事：崇敦大、亲謇谔、慎名器、戒纷更、防谀佞，从对张居正的个人攻击扩展到对新政的非议。在"崇敦大"中，非议考成法，说："陛下临御以来，立考成之典，复久任之规，申考宪之条，严迟限之罚。大小臣工鳃鳃奉职。然政严则苦，法密则

---

① 吴履震《五茸志逸》卷2《曹介人述江陵相公钤束台省条》。
② 《明史》卷305《冯保传》。
③ 同上书卷235《余懋学传》。《皇明文海》卷419，焦闳《大司空余公传》。

扰,非所以培元气存大体也。"希望皇上"本之和平","依于忠厚",不要"数下切责之旨","专尚刻核之实",应该"宽严相济","政是以和"①。这显然是与新政唱反调②,反映了一般官员对于考成法过于严厉的不满情绪。

考成法原本仰赖六科控制六部,不料六科官员却出面反对考成法,这是明目张胆向张居正挑战。令张居正难以容忍的是,余懋学在"防谀佞"中竟暗指张居正、冯保为谀佞之臣。他说:"至涿州桥工告完,天下明知为圣母济人利物之仁,而该部议功,乃至夸述阁臣、司礼之绩,例虽沿旧,词涉献谀。"③含沙射影,指桑骂槐,一向是言官们常用的笔法,张居正岂有不知,他看了此疏,勃然大怒④。

神宗皇帝对于余懋学搅乱新政极为不满,下旨切责:"余懋学职居言责,不思体朝廷励精图治之意,乃假借敦大之说邀买人心,此必得受赃官富豪贿赂,为之游说。似这等乱政险人,本当依律论治,念系言官,故从宽革职为民,永不叙用。"⑤

余懋学反对新政,反对考成法,是毋庸置疑的,至于说他"受赃官富豪贿赂,为之游说",则未必。此人还是清正廉洁的,在罢官回乡途中,路过徽州府诚,适逢歙县、休宁、婺源等五县民众争议丝绢不妥,他又上了《豁释丝绢大辟疏》⑥。此时他已无官一身轻了,却还要上疏言事,其忠心忧民之情也可见一斑。

如果说余懋学上疏只不过是反对新政逆流的序幕,那么万历三年年底至万历四年年初,傅应祯与刘台的上疏便是重头戏。

万历三年十二月二十一日,河南道试御史傅应祯以尖刻的措辞上疏言三事:存敬畏以纯君德,蠲租税以苏民困,叙言官以疏忠说。傅应祯,字公善,号慎所,江西安福人,隆庆五年进士,曾任零陵知县,万历初出任御史。这篇奏疏

---

① 《万历邸钞》万历三年乙亥卷,春正月庚辰。吴亮《万历疏钞》卷1,余懋学《陈五议以襄化理疏》。按:《万历疏钞》编者为吴亮,系小野和子的考证。
② 《明史》卷235《余懋学传》:"时居正方务综核,而懋学疏与之忤。"
③ 《万历疏钞》卷1,余懋学《陈五议以襄化理疏》。
④ 《万历邸钞》万历三年乙亥卷,春正月庚辰:"懋学疏陈五事……居正怒。"
⑤ 同上书万历三年乙亥卷,春正月庚辰。《明神宗实录》卷35,万历三年二年庚辰。
⑥ 康熙《婺源县志》卷12《艺文》。参看小野和子《东林党和张居正》,载其所编《明清时代的政治和社会》,第63~102页。

名为言三事,实为弹劾张居正误国、讽谏神宗失德,写得毫无顾忌。

其中第一事要皇上常"存敬畏以纯君德",是批评神宗的。他写道:"臣闻今岁雷震端门兽吻,地震于京师直省,不下数次……虽由大小臣工失职,曾未见(皇上)下修省一语,以回天意,晏然而遂无事。岂真以天变不足畏乎!要亦敬天之心未纯也。""遣太监往真定府抽扣,原非国初令典,事创于正统间也。先朝用李芳之言,停止前差,地方稍稍苏息。今不能纳科臣之谏,必欲差往,奈何甘心效中朝失德故事。岂真以祖宗不足法乎!要亦法祖之心未纯也。""臣又近闻户科给事中朱东光陈言保治,不过一二语直切时事,犹未若古人臣之解衣危论,折槛抗疏也。几于触犯雷霆,奏本流中。岂真以人言不足恤乎!要亦侧席求贤之心未纯也。"一大圈兜下来,傅应祯终于把张居正和王安石挂起钩来:"此'三不足'之说,王安石所以误神宗,陛下肯自误耶?"①

文章写得漂亮,思想却颇为迂腐。所谓"三不足",即天变不足畏、祖宗不足法、人言不足恤,是王安石变法的精神支柱,难能可贵,无可非议。任何改革者如果没有这三不足思想,势必一事无成。傅应祯却以此指责神宗皇帝"自误",其实是在攻击内阁首辅张居正以三不足误皇上,从而流露出他对新政的不满。

其中第三事"叙言官以疏忠说",是为余懋学翻案。他说:"南京余懋学陈五事,真切时弊,其间不无指摘太过。皇上将余懋学禁锢终身,不复再用。无非寓仁恕于惩戒之内,使言官慎重而不敢轻也。远近臣民不悟,遂谓朝廷之讳直言如此,其逐谏官又如此。相与思,相感叹,凡事之有关于朝政者,皆萎缩不敢陈矣",希望皇上将余懋学重新起用②。

这是不可能的。神宗支持张居正实施新政,岂能半途而废,又岂能有人反对便改弦更张。尤其使他不能容忍的是,傅应祯竟敢以"三不足"对他进行污蔑,他愤愤然写了一道圣旨:"朕以冲昧为君,朝夕兢兢……傅应祯无端以'三不足'诬朕,又自甘欲与余懋学同罪。这厮每必然阴构党与,欲以威胁朝廷,摇乱国是。着锦衣卫拿送镇抚司好生打着问了来说!"③

---

①② 《万历疏钞》卷1,傅应祯《披血诚陈肤议以光圣洁疏》。《万历邸钞》万历四年丙子卷,春正月。文秉《定陵注略》卷2《建言诸臣》。
③ 《明神宗实录》卷45,万历三年十二月乙酉。

傅应祯的下场比余懋学惨多了。在镇抚司诏狱中,受到严刑拷打。因为皇上圣旨明言:"好生打着问",要追究"阴构党与"之事。傅应祯一点也不招认①,被打成重伤。给事中徐贞明(字伯继,号孺东,江西贵溪人)赤脚潜入狱中,为他送药粥;御史李祯(字维卿,陕西安化人)与同官乔岩等也相继入狱慰问②。十二月二十三日,傅应祯被押往浙江定海充军③。

到了万历四年(1576年)正月,神宗在文华殿讲读完毕,对张居正谈起傅应祯,仍心有余恨。

神宗问:"昨傅应祯以'三不足'之说讪朕,朕欲廷杖之,先生不肯,何也?"

张居正答:"此无知小人,若论其罪,死有余辜。但皇上即位以来,圣德宽厚,海内共仰,此何足以介圣怀。且昨旨一出,人心亦当儆惧,无敢有妄言者矣。国家政事或宽或严,行仁行义,惟皇上主意。"

神宗说:"前有救应祯者,既疏称其母老。朕查应祯止有父在,而顾言母,欺朕如是!"

张居正说:"言官不暇致详,何足深罪!"

神宗对在旁的阁臣吕调阳、张四维问道:"昨文书房持应祯疏到阁,二先生何故不出一语?须同心报国,不得避忽。"

吕调阳、张四维听到皇上如此责问,赶忙表态:"臣等敢不同心!"④

这场君臣对话,反映了神宗皇帝与张居正步调的完全一致,向反对新政者显示了毫不退让的强硬态度。而且看来神宗对傅应祯的痛恨比张居正更深一层,竟然打算廷杖,若不是张居正出面劝阻,傅应祯此番不是死于杖下,也要重伤致残了。

言官中颇有一些不怕死的人。傅应祯的同乡、巡按辽东御史刘台居然挺身而出,写了长达五千字的奏疏,弹劾张居正,使反对新政的逆流达于顶点。

刘台,字子畏,江西安福人,隆庆五年进士,授刑部主事,万历初改御史,巡按辽东。他对于张居正钳制言论,动辄斥责言官植党营私、动摇国是,人莫敢

---

① 《皇明文海》卷911,邹元标《南大理寺丞慎所傅公状》。《明史》卷229《傅应祯传》。
② 康熙《安福县志》卷3《傅应祯传》。《明史》卷221《李祯传》。
③ 《明神宗实录》卷45,万历三年十二月丁亥。康熙《安福县志》卷3《傅应祯传》。
④ 《万历邸钞》万历四年丙子卷,春正月,逮系辽东巡按御史刘台至京究治条。《明神宗实录》卷46,万历四年庚子。

与之争，久已不满。他虽是张居正所选拔的士人，但不愿因此而缄口沉默。他扬言："忠臣不私，私臣不忠，终不可以荐举之私恩忘君父之大义。"①于是他就在傅应祯充军一个月后，即万历四年正月二十三日，写了《恳乞圣明节辅臣权势疏》，弹劾张居正。他不像傅应祯那样以"三不足"之说影射张居正，而是直截了当地指名道姓，谴责张居正"擅作威福"，并说"畏居正者甚于畏陛下，感居正者甚于感陛下"，这种离间皇帝与首辅的手法是极易奏效的。

刘台在奏疏中首先从内阁事权谈起，意在证明张居正擅权。他说，成祖皇帝始置内阁，参与机密大事，当时拟议于内者，官阶未峻，则无专擅之萌；干理于外者，职掌素定，则无总揽之弊。二百年来，其间遵守祖宗之法者固多，而擅作威福之权者亦有。其作威作福，犹恐人议论，惴惴然避宰相之名。但是，"自内阁大学士张居正专政以来，每每自当必曰：吾相天下，何事不可作出，何人不可进退。大小臣工，内外远近非畏其威，则怀其德"。他以算总账的口气，给张居正作了一个鉴定："居正自高拱逐去后，擅威福者三四年矣"②。

接着，刘台紧紧抓住张居正标榜的"吾守祖宗之法"这一挡箭牌，层层批驳，指责他根本不把祖宗之法放在眼里：

> 往者王大臣狱兴，诬连高拱。夫拱擅则有矣，逆未闻也。公议籍籍不平。（居正）密为书令公勿惊死，恐己负杀大臣名。夫逐之诬之，宰相威也；已而私书安之，宰相福也。祖宗之法若是乎？
>
> 今诏旨一下，果严耶，居正曰：我费多少力方如此。由是人不敢不先谢之，是人畏居正甚于畏陛下。果温也，居正则曰：我费多少力方如此。由是人不敢不先谢之，是人怀居正甚于怀陛下矣……祖宗之法如是乎？
>
> 居正条陈章奏考成，有曰：各省抚按凡考成章奏，每二季该部各造册二本，一本送内阁，一本送科。抚按延迟，该部举之；该部隐蔽，该科举之；该科隐蔽，阁臣举之。夫部院分理邦事，举而劾之其职也；科臣封驳

---

① 康熙《安福县志》卷3《刘台传》。按：张居正主考会试，刘台中第七，廷试时张居正是读卷官，刘台中二甲第四，刘台列部属官三年，张居正荐举他为辽东御史。
② 《万历疏钞》卷18，刘台《恳乞圣明节辅臣权势疏》。《万历邸钞》万历四年丙子卷，春正月，逮系辽东巡按御史刘台至京究治条。

奏疏,举而劾之其职也。阁臣无印信,衔列翰林,翰林之职备顾问,不侵政事,祖宗制也。居正创为是说,不过欲制胁科臣,总听己令耳……祖宗之法应如是耶?①

在咄咄逼人的驳斥之后,刘台揭发张居正作威作福的事例:(1)"为固宠计,献白燕、白莲,致诏旨切责,传笑天下";(2)"为择好田宅计,指授该府道,诬辽王以重罪。今武冈王又议罪矣";(3)"为子弟连中乡试,而许御史某以京堂,布政某以巡抚。今年嫡子又起觊心矣";(4)"入阁未几,而富冠全楚,果何致之耶?宫室舆马,妻妾奉御,有同王侯,果何供之耶"。为了激起皇上对首辅的愤恨,刘台说:"当此之时,谏人主易,言大臣难。而为大臣者,每一闻人言,则藉人主之宠,激人主之怒,或曰诽谤,或曰奸党,或曰怨望,或罪一人而畏惕乎众,或连人以阴杜乎后……于是有一种无籍之恶徒,起而附会之,言者之祸益烈,大臣之恶日滋,而天下国家之事日去矣……"②

神宗皇帝看了这个奏疏如此露骨的攻击,大为光火,以为是"诬枉忠良,肆言排击,意在构党植私,不顾国家成败",下令锦衣卫将他逮捕③。张居正不能容忍的是:刘台把前两次弹劾联系在一起,说余懋学的上疏是"隐言张居正之辅政操切",傅应祯的上疏是"比王安石之辅政不职";并且多次攻击他以权谋私,什么"子弟何功,而尽列巍科",什么"家殷甲于全楚,道路宣言",什么"居正之贪不在文吏而在武臣,不在腹里而在边鄙"等等④。他显得有点被动,不得不向皇上当面辩明:"台与傅应祯素厚,应祯之言,实有所主。彼见应祯谪戍,三御史又以连累得罪⑤,妄自惊疑,惧将来之不免,故无顾忌而发愤于臣。以为排击辅臣,既可免于公法,又足以沽直声而希后用。此为臣致谤之由。"他还颇带感情地对皇上慨叹:自遭刘台弹劾,"其门巷寥寂,可设雀罗";"国朝二百余年并未有门生排陷师长,而今有之"⑥。

张居正因遭弹劾,于次日(二十四日)向皇上递交了辞呈。神宗赶紧劝慰:

---

① ② 《万历疏钞》卷 18,刘台《恳乞圣明节辅臣权势疏》。《万历邸钞》万历四年丙子卷,春正月,逮系辽东巡按御史刘台至京究治条。
③ 《明神宗实录》卷 46,万历四年正月丁巳。
④ 康熙《安福县志》卷 3《刘台传》。
⑤ 指为傅应祯上疏求情的工科给事中徐贞明、广东道御史李祯、陕西道御史乔岩。
⑥ 《万历邸钞》万历四年丙子卷,春正月,逮系辽东巡按御史刘台至京究治条。

"卿赤忠为国,不独简在朕心,实天地祖宗所共降监。彼谗邪小人,已有旨重处。卿宜以朕为念,速出辅理,勿介浮言。"①

二十五日,张居正再次提出辞呈,他说,现在朝廷庶事尚未尽康,海内黎元尚未咸若,确实不是言去之时。"但言者以臣为擅作威福,而臣所以代主行政者,非威也,则福也取其近似而议之。事事皆可以作威,事事皆可以作福。虽皇上圣明,万万不为。投杼而以身俯谤,岂臣节所宜有乎!"神宗不接受他的辞职,再次劝慰道:"卿精诚可贯天日,虽负重处危,鬼神犹当护佑,谗邪阴计岂能上干天道!朕亦知卿贞心不二,决非众口所能摇惕……卿宜即出视事,勉终先帝顾托,勿复再辞。"②

内阁次辅张四维、吏部尚书张翰,因刘台把他们列为张居正引用的亲信,也上疏请求辞职。神宗不同意③。

据说,张居正向神宗递交辞呈时,激动得伏地痛哭流涕,不肯起身。神宗走下御座,手掖张居正站起,对张居正说:"先生起,吾为逮台,竟其狱以慰先生。"再三慰问,张居正仍不肯出朝视事④。神宗只得于二十六日派遣司礼监太监孙隆,拿着他的亲笔手敕及赏赐品,到张居正府第慰问。孙隆当面向张居正传达了皇上的谕旨:"先帝以朕幼小,付托先生。先生尽赤忠以辅佐朕,不辞劳,不避怨,不居功,皇天后土祖宗必共鉴知。独此畜物为党丧心,狂发悖言,动摇社稷,自有祖宗法度。先生不必如此介意,只思先帝顾命,朕所倚任,保安社稷为重,即出辅理,朕实眷眷伫望。特赐烧割一分、手盒二副、长春酒十瓶,用示关怀。先生其佩承之,慎勿再辞。"⑤

张居正捧读御笔宣谕后,立即上疏谢恩,说:"司礼监太监孙隆恭捧到臣私寓,臣焚香望阙,叩头祇领,捧诵未毕,涕泪交零……既特乎皇卜昭鉴,则呶呶之口诚无足为轻重,虽嫌怨弗辞。"神宗看了此疏说:"览卿奏,知卿勉出辅理,朕心乃悦。"⑥

张居正以遭弹劾而提出辞职,足见守旧势力之强大,使他产生畏难情绪,

---

① 《张文忠公全集》卷4《被言乞休疏》。
② 同上书卷4《被言乞休疏》。《明神宗实录》卷46,万历四年正月己未。
③ 《明神宗实录》卷46,万历四年正月己未。
④ 王世贞《嘉靖以来首辅传》卷7《张居正传》。《明史》卷229《刘台传》。
⑤⑥ 《张文忠公全集》卷4《谢恩疏》。《明神宗实录》卷46,万历四年正月庚申。

意欲急流勇退。可见张居正也是一个常人,并非坚不可摧。

几天后,刘台披枷戴铐地从辽东械送至北京,押入锦衣卫诏狱。在狱中,受尽严刑拷打的刘台,没有屈服,言辞更加厉害。众人莫不为其处境危险而担忧,刘台却慷慨自若①。镇抚司审讯后,便拟"廷杖遣戍"上报。张居正虽然对刘台恨之入骨,还是请求免于廷杖。他不得不这样做,因为上次傅应祯谤讪皇上,他曾请求免于廷杖,这次刘台仅诬诋内阁首辅,更应请求免于廷杖。所以他在奏疏中说:"前傅应祯诬揭圣德,至再三恳宥免杖,天下莫不称仁。今(刘)台所诬诋者臣,比之君父恳矣,若欲尽法,是臣所恶于天下者事上,而爱君父不如爱己,臣不敢也。"②神宗当然只能同意,便对张居正说:"台谗狠奸人,卿犹申救,可谓忠忘之至矣。"③于是下旨将刘台削籍为民。

余懋学、傅应祯、刘台掀起了不大不小的政治逆流,在神宗与张居正通力一致的反击下,终于被击退了。但付出了沉重的政治代价,留下了不可弥补的后遗症。人们对于他们的同情多于憎恨,在政坛上留下了深深的烙印。汤显祖有诗曰:

> 哀刘泣玉太淋漓,
> 棋后何须更说棋。
> 闻道辽阳严谴日,
> 无人敢作送行诗。④

## 六、围绕张居正"夺情"的政治风波

张居正在神宗支持下仍一如既往地实施新政,同时又以辅臣兼帝师的身份,时时注意对皇帝的教育、诱导。万历四年十月,少师兼太师、吏部尚书、中极殿大学士张居正九年考满。十九日,神宗对这位首辅以一品九年考满,向吏部下了一道圣旨:"朕元辅受命皇考,匡弼朕躬,勋德茂著。兹一品九年考绩,

---

① 康熙《安福县志》卷3《刘台传》。
②③ 《明神宗实录》卷46,万历四年正月丁巳。
④ 陈田《明诗纪事》庚签卷2,汤显祖《题东光驿壁刘侍御台绝命处》。

恩礼宜隆。着加进左柱国,升太傅,支伯爵俸,兼官照旧。给予应得诰命,还写敕奖励,赐宴礼部,荫一子尚宝司司丞,以称朕褒答忠劳至意。"①并命文书房宦官前往张府,赐银五十两,苎丝四表里,其中大红织金胸背斗牛一表里,羊三只,茶饭五桌,酒三十瓶,新钞五千贯。

面对如此皇恩隆遇,张居正不免有点诚惶诚恐,立即上疏辞免恩命,说自己"学术迂疏,行能浅薄,朝夕献纳,不过口耳章句之粗;手足拮据,率皆法制品式之末。心力徒竭,绩效罔闻"。面对非常之赏,不胜感激惶惧之至②。

第二天,神宗又特遣司礼监随堂太监孙秀,带着他的亲笔手谕前往张府,再次表示恩赏之意,请勿再辞。尔后,又命文书房太监孙得胜带去奖励敕书一道。张居正又上疏表示感谢和辞免之意③。

次日,神宗再下圣旨,说张先生忠劳独茂,功在社稷,泽被生民,所加之恩犹未惬于朕志,卿宜勉遵成命,副朕眷怀,所辞不允。张居正还是上疏辞免,情辞颇为恳切,大意是,人之受享,各有分量,受过其量,鲜不为灾;早夜思维,如负芒刺。神宗降旨:"朕以卿精忠大勋,经邦论道,厥惟其人,特晋崇阶,允孚公论……安得以盛满为嫌,过执谦逊。"④张居正接旨后,还是辞免。神宗不得已,准予辞去太傅衔与伯爵禄,以遂其劳谦之意。

父荣子亦随之而贵。万历五年(1577年)二月,张居正次子嗣修会试中式。三月,张居正因其子将预殿试,请求回避读卷。神宗不允:"读卷重要,卿为元辅,秉公进贤,不必回避。"⑤这场殿试不过形式而已,结果当然是在意料之中的:张嗣修进士及第。张居正少不得谢恩一番。适逢神宗讲读完毕,张居正便向皇上说:"臣男嗣修,钦蒙圣恩,赐进士及第。"神宗回答得很直爽:"先生大功,朕说不尽,只看顾先生的子孙。"⑥很明显,神宗是以如此"看顾先生的子孙"作为报答的。如果说有什么科场舞弊的话,这算得上最大的舞弊。这年五月,神宗又下旨,荫张居正次子张嗣修为锦衣卫正千户,世袭穆宗朝所敕荫⑦。

---

① 《明神宗实录》卷55,万历四年十月丙子。
② 《张文忠公全集》卷5《考满辞免恩命疏》。
③ 同上书卷5《考满辞手敕加恩疏》。
④ 同上书卷5《再辞恩命疏》、《三辞恩命疏》。《明神宗实录》卷55,万历四年十月丙子。
⑤ 《明神宗实录》卷59,万历五年二月乙丑。
⑥ 《万历邸钞》万历五年丁丑卷,三月壬寅策士条。
⑦ 《明神宗实录》卷62,万历五年五月辛丑。

正当张居正志得意满之时,噩耗传来:父亲病故。对于一般人而言,老父的去世不过是家庭私事。然而对于张居正这样众目睽睽的首辅大臣而言,如何处理亡父的丧事竟蒙上了一层浓烈的政治色彩。人言可畏,终于酿成了轰动一时的"夺情"风波。

张居正的父亲张文明,字治卿,号观澜,在科场仕途上一直困顿得很,连考七次乡试,都名落孙山。在 20 岁那年补了个府学生,一直到死,还是个府学生。父以子贵,儿既为内阁首辅,父就非同一般了。皇恩浩荡之下,张文明飘飘然了。张居正在给湖广地方官的信中不得不承认:"老父高年,素怀坦率,家人仆辈,颇闻有凭势凌铄乡里,混扰有司者,皆不能制。"①万历五年,74 岁的张文明患病,张居正本想请假省亲。恰逢宫中筹备皇上大婚,作为内阁首辅,他是无法脱身的,只得定在大婚以后再告假。

张居正思念父亲张文明、母亲赵氏春秋已高,本想请求皇上赐假一月,回乡为二老祝寿,又念身负重任,请假之事难以启齿。因此常缅然长思,伤心落泪。皇上也看出张先生近日面容清瘦,问左右侍从:"张先生连日貌若有大忧,固忧勤国家者,得亡有二人念乎?"左右叩头答道,正是思念二老。于是皇太后、皇帝拿出内帑,派人送到荆州张府。神宗皇帝手谕张先生,说明这是"朕致先生父母"的心意。张文明收到太后、皇帝的赏赐,感动得五体投地,向来使再三跪拜说:"臣文明死无以报,愿藉手臣子以报陛下。"张居正也对皇上如此恩礼隆异,越发不敢提出回乡省亲的事,但心事毕竟放不下,便写信给叔父,想把父母接来北京奉养。岂料张文明不同意,回信严词剀切:"肩巨任者不可以圭撮计功,受大恩者不可以寻常论报,老人幸未见衰,儿无多设不然之虑,为老人过计,徒令奉国不专耳。"为了解除儿子的后顾之忧,张文明每天要家童抬轿携酒,与二三老者游行于山水之间,固作矫健状,以示无恙。因此友人从江陵赴京,总是向张居正报告"大父善饭"的好消息。不料某日清晨登王粲楼,冒霜露寝得病,十一天以后便与世长辞②。

原本想在万历六年夏初回江陵探望老父,不料,万历五年九月十三日父亲遽尔病逝。二十五日,噩耗传到北京。次日,张居正的同僚、内阁辅臣吕调阳

---

① 《张文忠公全集》卷 25《与楚抚赵汝泉言严家范禁请托》。
② 张居正《新刻张太岳先生诗文集》卷 47《太师张文忠公行实》。

与张四维上疏奏明皇上,引用先朝杨溥、金幼孜、李贤的"夺情"起复故事,请求皇上挽留张居正。

按照当时官僚的"丁忧"制度,承重祖父母及嫡亲父母丧事,以闻丧月日为始,不计闰月的二十七个月,须在家丁忧①。服丧期满后,再出来视事,谓之起复。但也有特例,宣德元年(1426年)正月,礼部尚书兼武英殿大学士金幼孜(名善,以字行,号退暗,江西新淦人)母死丁忧,宣宗下诏起复。宣德四年八月,内阁大学士杨溥(字弘济,湖广石首人)以母丧丁忧离职,随即起复。成化二年(1466年)三月,内阁大学士李贤(字原德,河南邓州人)遭父丧,宪宗下诏起复,三辞不许②。这些都是丁忧夺情的先例。

但是,这样做不符合明代的典制:"国初令,百官闻丧,不待报即去官。后京官有勘合,在外官有引,起复有程限,夺丧、短丧、匿丧有禁,视昔加严云。"对于官僚匿丧者,正统七年(1442年)有令:"俱发原籍为民。"正统十二年又有令:"内外大小官员丁忧者,不许保奏夺情起复。"③可见按照祖宗旧制,官员丁忧,不许夺情起复,所以吕调阳、张四维要援引前朝金幼滋、李贤、杨溥的特例,希望皇上夺情。当时内阁虽有三位辅臣,但大权集中在张居正一人手中,一旦他离职二十七个月,吕调阳、张四维唯恐难以收拾残局。

神宗本人深感不可一日无"元辅张先生",不愿他丁忧归里,更不愿新政中途夭折。所以他接到吕调阳、张四维的奏疏后,立即下旨:"元辅张先生亲受先帝付托,佐朕冲年,安定社稷,关系至重。况有往例,卿等亟当为朕劝勉,毋事过恸。"他还写了手札给张居正:"朕今览二辅所奏,得知先生之父弃世十余日了,痛悼良久。先生哀痛之心,当不知如何哩!然天降先生,非寻常者比。亲承先帝付托,辅朕冲幼,社稷奠安,天下太平。莫大之忠,自古罕有。先生父灵,必是欢妥。今宜以朕为念,勉抑哀情,以成大孝。朕幸甚,天下幸甚。"④接着,神宗又谕吏部:"元辅朕切倚赖,岂可一日离朕!父制当守,君父尤重,准过七七,照旧入阁办事,侍讲侍读期满日随朝。该部即往谕朕意。"⑤次日,神宗又

---

①③ 万历《大明会典》卷11《吏部十·丁忧》。
② 《明史》卷147《金幼孜传》;卷148《杨溥传》;卷176《李贤传》。
④ 《张文忠公全集》卷6《闻忧谢降谕宣慰疏》。
⑤ 《明神宗实录》卷67,万历五年九月己卯。

赏赐张居正银两等,以供丧事之用①。

张居正闻命,对皇上哀号:"臣幸未死,报国之日长,且国家非有金革之事,而令臣墨绖在阙廷,非盛世所当有。"

皇上泫然流涕:"卿笃孝至情,朕非不感动,但念朕当十龄皇考见背,丁宁以朕属卿,卿尽心辅导。今海内乂安,蛮貊率服,朕垂拱仰成,顷刻离卿不得,安谓远待三年?且卿身系社稷安危,又岂金革之事可比!其勉遵前旨,以副我皇考委托之重。"

张居正闻诏后,三天水浆不入口,又叩心雪涕上疏:"先帝不知臣不肖,临终属臣以大事,臣何敢中道弃去!但念生离臣父十有九年,即死不及殡,攀号莫及,愿赐臣归葬,使得身自负土加一篑丘垄之上,过此以往,死生惟陛下所用之,臣死且不朽矣。"

神宗看了奏疏,焦然不宁,手谕张先生:"卿言终是常理,今朕冲年,国家事重,岂常时可同!连日不面,朕心如有所失。七七之期犹以为远,卿平日所言,朕无一不从,今日此事却望卿从。"又降旨给内阁:"元辅必不可离,朕即百疏不允。"吕调阳、张四维把皇上的旨意转达给张居正,张居正竟然号啕大哭②。然而张居正毕竟是张居正,他并不想真的丁忧守制,离开政坛,但碍于传统的伦理纲常,又不敢冒天下之大不韪,颇伤脑筋。

按人之常情及祖宗旧制,必须丁忧守制。但张居正不是一个按常规办事的人,常说:有非常之人,然后有非常之事,何惜訾议!况且大权在握,新政正在展开,他不愿因丁忧而离任二十七个月。碍于祖宗旧制与舆论压力,必须策划一个两全之计。就在吕调阳、张四维上疏皇上"夺情"之前,他与司礼监掌印太监冯保迅速作了一番谋划,竭力促成皇上夺情之局。文秉在《定陵注略》中,写到"万历五年九月,大学士张居正丁父艰,上命夺情视事"之后,透露了其中的内情:

> 大珰冯保,挟冲主,操重柄,江陵(张居正)素卑事之。新郑(高拱)既逐,保德江陵甚,凡事无不相呼应如桴鼓。江陵闻父讣,念事权在握,势不可已,密与保谋夺情之局已定,然后报讣。次辅蒲州(张四维)进揭,即

---

① 《明神宗实录》卷67,万历五年九月庚辰。
② 张居正《新刻张太岳先生诗文集》卷47《太师张文忠公行实》。

微露其一斑……疏入,漏下已二鼓。昧爽,特旨从中出,留之。香币油蜡之赐以千百计,内阁将司礼之命络绎而至,附耳蹴踵。江陵时作擎曲状,令小厮扶掖内阁,乃叩头谢,强之立而受,云:"此头寄上冯公公也。"①

由此可见,"夺情"虽出于皇上旨意,却是张居正与冯保事前谋划好的。这一点神宗并不知情。冯保要皇上一而再、再而三地降旨挽留元辅张先生;而张居正为掩人耳目,也一而再、再而三地上疏乞求归里守制。演了一幕十分逼真的戏文。

九月二十六日,当张居正在私寓接到皇上派司礼监太监李佑送来的御礼后,立即上疏说:"本月二十五日,得臣原籍家书,知臣父张文明以九月十五日病故。臣一闻讣音,五内崩裂。兹者伏蒙皇上亲洒宸翰,颁赐御礼……臣不忠不孝,祸延臣父,乃蒙圣慈曲轸哀怜犬马余生,慰谕优渥。臣哀毁昏迷,不能措词,惟有哭泣而已。"②

次日,张居正对皇上派司礼监太监魏朝将太后与皇上赏赐的香烛布匹等物恭捧到私第,表示感谢:"臣一家父子,殁者衔环结草,存者碎首捐躯,犹不足以仰报圣恩于万一也。"③

为了应付舆论,张居正不得不做一点表面文章。九月底,他正式向皇帝上疏乞恩守制,以表示他对皇帝"夺情"的反应:"臣在忧苦之中,一闻命下,惊惶无措。臣闻非常之恩者,宜有非常之报。夫非常者,非常理之所能拘也。"

这其中,话里有话,他强调了"非常"一语,及"非常理之所能拘"一句,用在此处委实有点牵强附会,只是为下文作铺垫罢了:"如皇上之于臣,若是之恳笃者,此所谓非常之恩也。臣于此时,举其草芥贱躯,摩顶放踵,粉为微尘,犹不足以仰答于万一;又何暇顾旁人之非议,徇匹夫之小节,而拘拘于常理之内乎!"④

由于张居正的本意是希望皇上"夺情",但是又不得不按惯例向皇上乞恩"守制",所以这篇《乞恩守制疏》写得颇费周章。一方面乞恩守制,另一方面却

---

① 文秉《定陵注略》卷1《江陵夺情》。《万历邸钞》所记略同。
② 《张文忠公全集》卷6《闻忧谢降谕宣慰疏》。
③ 同上书卷6《谢遣官赐赙疏》。
④ 同上书卷6《乞恩守制疏》。

第一章 张居正与万历新政

强调"非常理之所能拘","何暇顾旁人之非议,徇匹夫之小节"。这分明是在向皇上表明他的决心,如果皇上坚持"夺情",他可以置常理、小节于不顾,以反潮流的姿态坚守岗位。《明实录》的编者在记述张居正的《乞恩守制疏》时,也看出了这层意思,写下了这样的按语:"观此,而夺情之本谋尽露矣。"①可谓一语道破其中奥秘。"夺情"本是皇帝以强制手段剥夺大臣的丁忧服丧之情,一般大臣大多不愿意接受"夺情"。张居正则不然,他可以不择手段,不顾旁人的非议,与冯保策划了"夺情"之局,但又不能公开提请皇上"夺情",实在用心良苦。

神宗从一开始就坚定不移地主张"夺情",不愿意张居正因丁忧守制离他而去,致使新政停顿。有鉴于此,他对张居正《乞恩守制疏》的批示是很明确的:"朕冲年垂拱仰成,顷刻离卿不得,安能远待三年!且卿身系社稷安危,又岂金革之事可比。其强抑哀情,勉遵前旨,以副我皇考委托之重,毋得固辞。"②

十月初五日张居正再次上疏乞恩守制:"臣于国家,粪土草芥之臣耳。先帝不知臣不肖,临终托臣以大事,叮咛付嘱,言犹在耳。中道而背之,虽施于交友,然且不可,乃敢以此事吾君父,而自蹈于诛夷之罪乎!"③虽然是"乞恩守制",流露出来的仍是不忍遽尔离去之意。神宗当天批复,仍坚持成命:"连日不得卿面,朕心如有所失。七七之期犹以为远,矧曰三年!卿平日所言,朕无一不从,今日此事却望卿从朕,毋得再有所陈。"④

十月初八日,张居正三疏乞恩守制。神宗仍不同意,当天下旨:"朕为天下留卿,岂不轸卿迫切至情,忍相违拒。但今日卿实不可离朕左右。着司礼监差随堂官一员,同卿子编修嗣修驰驿前去营葬卿父,完日即迎卿母来京侍养,用全孝思。"⑤同时又派司礼监太监带去亲笔敕谕一道,除了重申挽留之意,还告诉他,已决定差司礼监随堂太监随同其子一起赴江陵安排丧事,并迎接其母来京云云⑥。

既然皇上再三挽留,并作了妥善安排,张居正便顺水推舟,不再坚持乞恩守制,而向皇上提出"在官守制"的折中方案。他在奏疏中强调皇上大婚之期

---

① 《明神宗实录》卷68,万历五年十月丙戌。
② 《张文忠公全集》卷6《乞恩守制疏》。
③ 同上书卷6《再乞守制疏》。
④ 同上书卷6《三乞守制疏》。《明神宗实录》卷68,万历五年十月戊子。
⑤ 同上左书卷6《三乞守制疏》。同上右书卷68,万历五年十月辛卯。
⑥ 同上左书卷6《谢降谕慰留疏》。同上右书卷68,万历五年十月辛卯。

迫近,"乃一旦委而去之,不思效一手一足之力,虽居田里,于心宁安?"因此不再坚持前请,遵旨在家中服丧七七四十九天,"候七七满日,不随朝,赴阁办事,且侍讲读……容令在官守制。所有应支薪俸准令尽数辞免;一应祭祀吉礼俱不敢与;入侍讲读及在阁办事俱容青衣角带;出归私第仍以衰赴居丧;凡章奏应具衔者仍容加'守制'二字。使执事不废于公朝,下情得展于私室"①。神宗除了对他所提明春允假归葬之事不同意外,其他一概允准。

这就是张居正的"在官守制"。为了表明他的虔诚之心,特地辞去俸禄。神宗过意不去,向内府及各衙门降旨:"元辅张先生俸禄都辞了,他平素清廉,恐用度不足,着光禄寺每日送酒饭一桌,各该衙门每月送米十石、香油二百斤、茶叶三十斤、盐一百斤、黄白蜡烛一百支、柴二十杠、炭三十包,服满日止。"②所得之数,远远超过了他的俸禄③。如果加上"不可胜计"的"其余横赐"④,那就更可观了。神宗以这种方式表明了他对张居正"在官守制"的全力支持。

"夺情起复"之局终于定了下来。张居正以"在官守制"的形式,于七七之后仍入阁办事,大权在握。岂料,这一安排激起一些官僚的强烈反对,其声势之咄咄逼人,实为神宗与张居正始料不及。

反对得最为激烈的是翰林院编修吴中行(字子道,常州武进人)、检讨赵用贤(字汝师,苏州常熟人)、刑部员外郎艾穆(字和父,湖广平江人)、主事沈思孝(字纯父,浙江嘉兴人)。他们分别写了措辞严厉的奏疏,弹劾张居正。

十月十八日,吴中行首先上疏。疏文写得颇有感染力:"元辅夙夜在公,勤劳最久。谓父子相别十九年矣,则子之由壮至强,由强至艾;与其父从衰至白,从白得老,音容相睽,彼此未睹。而今长逝于数千里外,遂成永诀。乃不得匍匐苫块,一凭棺临穴,其情有弗堪者。"接下来,笔锋一转,点到了"夺情"的焦点不在于丁忧本身,而在于政治:"皇上之特眷元辅者,不以其贤乎,域中之共仰元辅者,又不以其贤乎!贤者礼义之宗也,矧位当天下之重任,则身系海内之具瞻,必正己然后可以正百官,而后可以正万民,其理有必然者。今皇上之所

---

① 《张文忠公全集》卷6《乞暂遵谕旨辞俸守制预允归葬疏》。《明神宗实录》卷68,万历五年十月丙申。
② 同上左书卷6《谢内府供给疏》。
③ 《明神宗实录》卷69,万历五年十月己未条称"直逾俸赐"。
④ 朱国祯《涌幢小品》卷9《张太岳》。

以必留,与元辅之所以不容不留者,其微权深意,非圆神通方者,未可告语。彼暇观邈听之夫,拘曲守常之士,人人然也,或因其不去之迹而归以不韪之疑,安能家喻户晓,不使之无里谈巷议乎!"他还含沙射影地揭露"夺情"的幕后活动:"乃内阁二辅政首题之疏方以讣闻,遂以例请,亦谬矣!至台省诸谏官乞留之疏,实为赘辞,犹昧成宪,抑又谬矣!"他特别强调丁忧守制的祖宗成宪是不可违背的:"国家令甲丁忧守制二十七个月为满,虽庸人小吏匿丧有律……而未尝以介胄之士处辅弼之臣,即有往例可稽,亦三年未终,而非一日不去之谓也,且当时诤之后世讥之。"①

吴中行把奏疏呈上后,将副本送给张居正过目,张居正愕然问道:"疏进耶?"吴中行答:"未进,不敢白也。"②

十月十九日,赵用贤上疏——《星变陈言以维人纪以定国是疏》。他谴责张居正"能以君臣之义为效忠于数年,不能以父子之情少尽于一日";要求皇上"如先朝杨溥、李贤故事,听其暂还守制,刻期赴阙。庶父子音容乖暌阻绝于十有九年者,得区区稍伸,其痛于临穴凭棺之一恸也"③。接着他把笔锋转到了朝政上:"陛下所以不允辅臣之请者,岂非谓朝廷政令赖以观法者乎。"④字里行间充斥着讥讽意味。

十月二十日,艾穆、沈思孝联名上疏——《容辅臣守制以植纲常疏》。疏文的措辞极为严厉:"居正今以例留,而厚颜就列,为异时国家有大庆贺、大祭祀,为元辅大臣者,若云避之,则于君父大义不可;欲出,则于父子至情又不安。臣不知斯时陛下何以处居正,居正何以自处?""陛下之留居正也,动曰为社稷故。夫社稷所重莫如纲常,而元辅大臣者,纲常之表也,纲常不顾,何社稷之能安?"⑤

这些人的上疏谴责"夺情",立论的出发点当然是传统伦理纲常,其中又夹

---

① 吴中行《赐余堂集》卷1《植纲常疏》。《万历疏钞》卷5,吴中行《因变陈言明大义以植纲常疏》。按:《万历疏钞》的编者吴亮是吴中行之子。
② 《明史》卷229《吴中行传》。
③ 《万历疏钞》卷5,赵用贤《星变陈言以维人纪以定国事疏》。《明史》卷229《赵用贤传》。光绪《重修常昭合志》卷25《赵用贤传》。
④ 《明神宗实录》卷68,万历五年十月己巳。
⑤ 《万历疏钞》卷5,艾穆、沈思孝《容辅臣守制以植纲常疏》。《万历邸钞》万历五年丁丑卷,冬十月乙卯。《明史》卷229《艾穆传》。

杂对张居正新政的不满情绪,使"夺情"之争蒙上了浓厚的政治色彩。奏疏呈进后,司礼监掌印太监冯保将它们留中数日不发,让张居正票拟朱旨。张居正怒不可遏,与冯保商定,对此四人实施廷杖,以非常手段制止此风蔓延。

礼部尚书马自强(字体健,号乾庵,陕西同州人)料知事情不妙,出面向张居正进谏:"外议藉藉……相公自处,息此纷争。"张居正一时语塞,竟把往日矜持风度抛得一干二净,当着马自强跪下,一手捻着胡须,口中念念有词:"公饶我,公饶我。"①

吏部右侍郎申时行与翰林院掌院学士王锡爵一起,向张居正请求宽恕上疏反对"夺情"的官员,张居正不同意。申时行便密谋于锦衣卫缇帅,稍加通融,"时时馈橐饘"②。

翰林院掌院学士王锡爵(字元驭,号荆石,苏州太仓人)会集翰林、宗伯以下数十人求解于张居正,张居正拒而不见。王锡爵径直闯入张府,为上疏诸人求情。张居正说:"圣怒不可测。"王锡爵说:"即圣怒,亦为老先生而怒。"张居正无言以对,突然下跪,举手索刀作刎颈状,并说:"上强留我,而诸子力逐我,且杀我耶!"又连声喊道:"你来杀我,你来杀我。"吓得王锡爵赶忙逃出,他深知此事已不可挽回了③。

这样一来,"夺情"的幕后戏,终于闹到了台前。十月二十二日,神宗降旨:命锦衣卫逮吴、赵、艾、沈四人至午门前廷杖。吴、赵二人各杖六十,发回原籍为民,永不叙用;艾、沈二人各杖八十,发极边充军,遇赦不宥④。

吴中行获悉廷杖的圣旨后,显得意外的镇定。向南拜别母亲殷氏,说:"儿死矣,有子事吾母也。"然后告别夫人毛氏,说:"知子能事母抚孤,吾长逝无所恨。"说毕,准备跃马而出,锦衣卫缇骑已到了家门。吴中行回首对儿子吴亮喊道:"取酒来!"然后,一饮而尽,才入步随缇骑银铛而去⑤。

---

① 《万历邸钞》万历五年丁丑卷,冬十月乙卯。朱国祯《涌幢小品》卷9《张太岳》。朱国祯《皇明大事记》卷38《阁臣》。
② 吴伯与《明朝内阁名臣事略》卷13《申文定公状略》。
③ 《明神宗实录》卷68,万历五年十月乙巳。《万历邸钞》万历五年丁丑卷,冬十月乙卯。《涌幢小品》卷9《张太岳》。
④ 《明神宗实录》卷68,万历五年十月乙巳。
⑤ 赵南星《味檗斋文集》卷9《明侍读学士复庵吴公传》。黄宗羲《明文海》卷390传三《名臣》,赵南星《明侍读学士复庵吴公传》。

据说,吴、赵、艾、沈四人廷杖那天,"阴云勿结,天鼓大鸣,惨黯者移时"①。艾穆事后回忆当时那令人胆战心寒的情景,这样写道:廷杖时,长安街上聚集了数以万计的人群,御林军环立廷中,围成几圈,手持戈戟杖木者林林而立。司礼监十余人手捧驾帖而来,先喝一声:"带犯人上来!"千百人应声大喊,响彻长安街上空。然后由太监宣读驾帖,先杖吴、赵六十棍,后杖艾、沈八十棍②。

四君子受廷杖后,锦衣卫校尉用布条把他们拖出长安门,用门板抬走。

吴中行杖毕,口耳鼻都在流血,抬出后,几乎已经气绝。中书舍人秦柱(字汝立,号余山,常州无锡人)带了医生赶来,治疗后才苏醒。故人好友前来探视,士兵立即讯问记录。不久,厂卫之命随至,吴中行仓促裹伤而行,彻夜呻吟不止。大腿及臀部腐肉剜去几十块,方圆盈尺,深几逾寸。事后吴中行对赵南星说:"方杖时,江陵使监奴守视,欲毙之,其恶如此。"③

赵用贤身体肥胖,受杖刑后,肉腐烂溃落如掌。其妻把掉落的肉腌腊之后收藏起来,留作刻骨铭心的纪念④。

艾穆、沈思孝受杖后,加镣关入诏狱。三天后,用门板抬出都城,因受伤过重而不省人事。艾穆遣戍凉州卫,沈思孝遣戍神电卫。艾穆是张居正的同乡(同是湖广人),遭如此严惩,张居正仍有点悻悻然,对人说:"昔分宜(严嵩)未有同乡攻击者,我不得比分宜矣。"⑤朱彝尊记沈思孝曰:"先生封事,大触江陵之怒,杖毕即加镣铐,复下狱,三日始釒解发戍。既抵岭南,巡抚欲杀之,以媚政府,遽以尺符召之行。至恩平,先生袖匕首示县令曰:'巡抚必欲杀我,我当与俱毙,不然,伏尸军府中,令天下士大夫皆知巡抚所杀也。'县令密以告巡抚,其归也,胡元瑞赠诗云:'豆蔻花前千里梦,桄榔树下十年人。'"⑥

用廷杖这种酷刑来惩罚臣僚,是明朝开国皇帝朱元璋的发明。他奉"以重典驭臣下"为圭臬,务使其唯唯诺诺;否则,即施以廷杖。永嘉侯朱亮祖父子当

---

① 《明神宗实录》卷68,万历五年十月乙巳。赵南星所写《明侍读学士复庵吴公传》也说:廷杖时,"天晴,阴云倏起,雷隆隆动城阙"。
② 艾穆《艾熙亭先生文集》卷4《恩谴记》。
③ 赵南星《味檗斋文集》卷9《明侍读学士复庵吴公传》。《明神宗实录》卷68,万历五年十月乙巳。《明史》卷229《吴中行传》。
④ 《明史》卷229《赵用贤传》。
⑤ 同上书卷229《艾穆传》;卷229《沈思孝传》。
⑥ 朱彝尊《静志居诗话》卷15《沈思孝》。

廷鞭死,工部尚书薛祥毙于杖下,便是两个显例。他的子孙继承了这一衣钵,廷杖之事几乎史不绝书。一些官员无辜被杖,天下以为至荣,终身令人倾慕。病态社会所酿成的病态心理,是正常社会的正常人难以理解的。当时的日讲官许国(字维桢,徽州歙县人)对被杖诸公倾慕之至,赠吴中行玉杯一只,上镌一诗:

> 斑斑者何？卞生泪。
> 英英者何？兰生气。
> 追之琢之,永成器。

他又赠赵用贤犀杯一只,上镌一诗:

> 文羊一角,其理沉黝。
> 不惜剖心,宁辞碎首。
> 黄流在中,为君子寿。①

几十年以后,朱彝尊提及此事仍充满无限感慨:"江陵夺情,事在万历五年七月,迨十月之朔,彗星见,大内火。于是既望三日,吴公疏上;次日,赵检讨用贤疏上;又次日,艾员外穆、沈主事思孝疏上。江陵怒不可止,而诸公均受杖矣……许文穆(许国)以庶子充日讲官,为吴赵二公饯,镌玉杯一,铭曰:'斑斑者何？卞生泪。英英者何？兰生气。追之琢之,永成器。'以赠吴公。犀杯一,铭曰:'文羊一角,其理沉黝。不惜剖心,宁辞碎首。黄流在中,为君子寿。'以赠赵公。玉杯今不见,犀者为吾乡何少卿蘸音所得,余尝饮此作歌。"②

当吴中行等人因上疏获罪后,翰林侍讲——赵士皋、张位、于慎行、李长春,以及修撰——习孔教、沈懋学等人,纷纷上疏申救。但奏疏受阻,无法呈进。沈懋学(字君典,号少林,一号白云山樵,宁国宣城人)写信给他的同年、张居正之子张嗣修③,请他为之疏通。日前,张嗣修曾致书沈懋学,为其父"夺情"辩解,说:"今日之事尽孝于忠,行权于经。"沈懋学复信一封,说:"老师之留,为世道计。而诸子之疏,亦为世道计。独奈何视为狂童,斥为仇党乎……人心疑

---

① 《万历邸钞》万历五年丁丑卷,冬十月乙卯。
② 《静志居诗话》卷15《吴中行》。
③ 《明神宗实录》、《万历邸钞》,谈迁《国榷》作张懋修,《明史》卷216《沈懋学传》作张嗣修。按:沈懋学万历五年进士,张嗣修也于此年成进士,故为同年。据此,沈懋学复信之人应为张嗣修。

则奸雄指,善言阻则谀佞从风。天下将有假豪杰非常之说,以伺其意旨,而忠言日远,富贵之徒日近。"意欲张嗣修出面劝父稍加宽容。尔后又发出一信,再申前信未尽之意:"老师之留,原出圣明眷注。且古人豪杰为天下安危,一己之虚名弗顾也,亦安得以常行议之。顾皇上留之既恳矣,老师亦不忍恝然请归矣。而保留之疏似出逢迎,此诸君所以有激而言也⋯⋯而廷杖之举,老师竟不力救,门下亦不进一言。老师不得称纯臣,门下不得称诤子矣。往者不可谏,来者犹可追,惟门下深思预图之。"①书信寄出三封,但无一回音②。

沈懋学又写信给南京都察院右都御史李幼滋(字元树,号义河,湖广应城人),说:"师相之去宜决,台省之留宜止",希望这位张居正的姻亲能出来斡旋。李幼滋回信说:"以若所言,宋儒头巾语,此宋之所以终不竞也。今师相不奔丧,是圣贤之道,直接揖逊征诛而得其传者,若竖儒腐生安能知之!"③李幼滋其人以讲学博名,与张居正关系非同一般,每次会见,常晤谈竟日。对于此次张居正"夺情",他是大力支持的,但在公开场合又故作伉直姿态,故而沈懋学写信向他求援,不料遭到如此这般训斥。沈懋学一气之下,便引疾归乡。

关于沈懋学此举,后人颇为赞誉,朱彝尊说:"君典(沈懋学字君典)少任侠,兼精技勇,能上马舞丈八矟⋯⋯既登状头,是年第二人,即江陵相君子嗣修。江陵方欲引以相助,会夺情之举,君典贻书嗣修谓:'相君天子师表,奈何弃纲常,饱人以口实。'嗣修恧不能答也。又贻书李尚书义河,辞颇激切,义河发书,嬉笑而已。君典乃与吴编修子道、赵检讨汝师谋,各上疏,吴赵受杖,而君典疏草,为人所持,不果进。然江陵业恨其异己,而海内皆服其风节矣。"④

与李幼滋相类似的是左都御史陈瓒(字廷裸,号雨亭,苏州常熟人),此人久病休息在家,得知此事,以为机不可失,时不再来,急忙写信给礼部尚书马自强。信中说:"师相之事,公卿宜乞留,宗伯亟倡之。疏上,慎勿遗我名。"马自

---

① 《万历邸钞》万历五年丁丑卷,冬十月乙卯,附录。
② 《明神宗实录》卷 68,万历五年十月乙巳。《国榷》卷 70,万历五年十月乙巳。
③ 《万历邸钞》万历五年丁丑卷,冬十月乙卯,附录。文秉《定陵注略》卷 1《江陵夺情》。《明神宗实录》卷 70,万历五年十二月癸未。
④ 朱彝尊《静志居诗话》卷 15《沈懋学》。按:"李尚书义河",原文作"李尚书养河"。

强接信后大为叹息,在其信后批道:"此老之病必不起,以其心先死也。"①

十月二十三日,宫中传出神宗对群臣的敕谕:"群奸小人,藐朕冲年,忌惮元辅忠正,不便己私,借纲常之说,肆挤排之计。欲使朕孤立于上,得以任意自恣。兹已薄示处分,再有党奸怀邪,欺君无上,必罪不宥。"②当时民间流言蜚语四出,正巧,张居正再疏乞归那天,天上出现彗星(民间俗称扫帚星),大如灯盏,颜色苍白,长达数丈,从尾箕星座至斗牛星座,直逼女宿星座③。于是,街谈巷议,甚至有人在西长安门贴出榜书,说张居正谋反。神宗这一敕谕传出,各种谤议才稍稍平息④。

尽管反对"夺情"的人已经受到严惩,皇帝也再三表示挽留张居正,以显示"夺情"出于上意。但是,反对"夺情"者,仍大有人在。

十月二十四日,刑部办事进士邹元标(字尔瞻,号南皋,江西吉水人)再次弹劾张居正"夺情"。邹元标立朝以方严见惮,这道《亟论辅臣回籍守制疏》写得比吴、赵、艾、沈更为厉害。他从否定张居正新政出发,以为此人不堪重用,批评皇上以"夺情"挽留张居正是错误的决断。他说:"今观居正之于父也,凭棺泪奠,未尽送终之礼;在京守制,尚贪相位之尊,果能正身而正人耶?""皇上为居正计者,不可一日而留矣……皇上之留居正,岂以其有利社稷耶?不知居正之在位也,才虽可为,学术则偏;志虽欲为,自用太甚。诸所施设,乖张者难以数举。"他列举了进贤未广、决囚太滥、言路未通、民隐未周等事例为证。他还颇为放肆地引用皇上挽留元辅敕谕中的话——"朕学尚未成,志尚未定,先生既去,前功尽隳"加以讥刺,说道:"幸而居正丁艰,犹可挽留。脱不幸遂捐馆舍(意即死亡),陛下之学将终不成,志将终不定耶?"然后,笔锋一转,对张居正进行猛烈抨击:"臣观居正疏言,是有非常之人,然后办非常之事。若以奔丧为常事,而不屑为者。不知人惟尽此五常之道,然后谓之人。今有人于此亲生而不顾,亲死而不葬,犹自号于世曰:我非常人也。世不以为丧心,则以为禽兽,可谓非常之人哉?""又曰:不顾旁人之非议,徇匹夫之小节。三年之丧,果可谓

---

① 《万历邸钞》万历六年戊寅卷,三月甲寅。文秉《定陵注略》卷1《江陵夺情》。谈迁《国榷》卷70,万历五年十月辛丑。
② 《明神宗实录》卷68,万历五年十月丙午。《万历邸钞》万历五年丁丑冬十月乙卯,附录。
③ 《国榷》卷70,万历五年十月戊子。
④ 同上书卷70,万历五年十月丙午。

小节乎？先朝李贤夺情起复，罗伦力排斥之。居正之不归，无情可夺，无复可起，远非贤之俦矣。"①

邹元标写成此疏后，揣入怀中，上朝时，适见吴中行等人受廷杖。邹元标在一旁发愤切齿顿足，怒不可遏。等廷杖完毕，向太监提交奏疏，谎称："我是告假本。"又厚加贿赂，才使此疏得以呈进。这种犯颜极谏的精神确实可嘉。

结局自然是可以预料的。当天圣旨下："邹元标这厮，狂躁可恶，但上疏前未见昨日谕内大议，姑着照艾穆例处治。以后再有迷顽不悟的，必遵祖宗法度置之重典不饶。"②邹元标遭廷杖八十，发谪极边卫所贵州都匀卫。

据沈德符说，廷杖诸人，吴、赵稍轻，沈、艾较重，邹元标受伤最深。沈思孝事后回忆当时情景："杖之日，交右股于左足之上，以故伤其半，出则剔去腐肉，以黑羊生割其臀，敷之疮上，用药缝裹，始得再生。"在发配途中，血还涔涔而下。邹元标事后对沈德符说：每遇天阴，腿骨间常隐隐作痛，因此晚年不能作深揖③。艾穆遭廷杖后，谪戍西陲，写《出都》诗一首：

病向西风一促装，寥寥征雁塞云长。
流沙万里无愁远，去国孤踪信若狂。
楚客江鱼身可葬，汉臣马革骨犹香。
青山到处皆吾土，岂必湘南是故乡。④

邹元标充军的地方贵州都匀卫，辟处万山丛中，他却怡然处之，静下心来研究理学⑤。

"夺情"风波至此已稍稍平息。万历五年十月二十六日，张居正向神宗谈起他的苦衷：

今言者已诋臣为不孝矣，斥臣为贪位矣，詈臣为禽兽矣。此天下之

---

① 邹元标《邹忠介公奏疏》卷1《论辅臣回籍守制疏》。《万历疏钞》卷5，邹元标《亟斥辅臣回籍守制以正纲常疏》。文秉《定陵注略》卷1《江陵夺情》。《明神宗实录》卷68，万历五年十月丁未。乾隆《吉安府志》卷40《邹元标传》。
② 《邹忠介公奏疏》卷1《论辅臣回籍守制疏》。
③ 沈德符《万历野获编》卷18《廷杖》。朱彝尊《静志居诗话》卷15，邹元标条："先文恪公进言曰：'元标在先朝，直言受杖，至今余痛未除也。'"
④ 《静志居诗话》卷17《艾穆》。
⑤ 邹漪《启祯野乘》一集卷3《邹忠介传》。

大辱也,然臣不以为耻也。

今诸臣已被谴斥,臣不敢又救解于事后,为欺世盗名之事。前已奏称遵谕暂出,今亦不敢因人有言,又行请乞,以自背其初心。但连日触事今惊心,忧深虑切。①

神宗当然给予安慰:"卿为朕倍加恩恤,曲全父子之情;卿为朕抑情顾命,实尽君臣之义,于纲常人纪何有一毫之损……卿务勉遵谕旨,以终顾托。"②

转瞬间,张居正父丧七七四十九日期满。十一月初五日,神宗命鸿胪寺少卿陈学曾传旨给张居正,父丧七七期满,请他于初六日入阁办事。到了初六那天,神宗特差文书官孙斌宣召,要张居正到平台接受召见。

这是"夺情"以来君臣二人的首次会晤。

神宗说:"先生孝情已尽了。朕为社稷屈留先生,先生只想父皇付托的意思,成全始终,才是大忠大孝。"

张居正听了悲哀哽咽地说:"伏奉皇上前后谕旨,委曲恳切,臣愚敢不仰体?又昔承先帝执手顾托,誓当以死图报,今日岂敢背违。但臣赋性愚直,凡事止知一心为国,不能曲徇人情,一以致丛集怨仇,久妨贤路。今日若得早赐放归,不惟得尽父子微情,亦可保全晚节。"这当然是一种姿态,并非真的想就此辞官不干。

神宗也深知其意,只得好生劝慰:"先生精忠为国之心,天地祖宗知道,圣母与朕知道。那群奸人乘机排挤的,自有祖宗的法度治他,先生不必介怀。"

少顷,神宗又说:"今日好日子,先生可就阁办事。"说罢,赏赐银五十两、彩缎四表里,并命左右太监:"与张先生酒饭吃!"用膳毕,张居正在太监孙斌陪同下前往内阁处理公务③。

内阁也实在少不得张居正。前些日子,他虽然居丧在家,但一应大事仍非他拍板不可。事实上他在闻父丧一二日以后,在家办丧事的同时,从未间断公务的处理。内阁办事人员不断拿着公文到张府,请他票拟谕旨,然后禀报次辅吕调阳、张四维。有时候,吕调阳、张四维索性每天去张府请示。司礼监掌印

---

①② 《张文忠公全集》卷6《乞恢圣度宥愚蒙以全国体疏》。《明神宗实录》卷68,万历五年十月己酉。
③ 同上左书卷6《谢召见疏》。同上右书卷69,万历五年十一月戊午。

太监冯保也常常派人赶赴张府,请问"某人某事张先生云何"。张居正虽然居丧,但仍以政务为重,来者不拒,一一应付自如。自从廷杖五君子后,他为了接见官员方便起见,索性在丧服中穿了官服①。接待官员谈公事,就脱去丧服;办丧事时,套上丧服衰绖。他确实是一个不曲徇于人情世故,嫌怨有所不避的磊落奇伟之士。

确实,"夺情"事件可算得上万历五年政坛上的一件大事,其影响之大,震动了朝野上下,民间里巷也沸沸扬扬。然而伦理纲常的力量不论多么可畏,还是敌不过强大的政权力量。在反对"夺情"的人群中,有一些人打着维护伦理纲常的幌子,对张居正其人和万历新政有所非议,企图迫使张居正离职守制,从而达到中断新政的目的。也有一些人出于纯粹的道德层面考虑,为端正世风民俗,而犯颜极谏。他们的立论或许有些迂腐,但不畏权势、敢讲真话的高风亮节,实在可嘉。至于张居正,在衡量了新政与守制之间的轻重后,毅然冒天下之大不韪,策划"夺情"之局,并固执到底,毫不退让。其手段固然不足为训,其精神却令人感动。显示了他对各种谤议在所不顾的政治家风度,也透露了这个铁腕人物对权位的贪恋心态。至于神宗皇帝,出于对元辅张先生的依赖,不可须臾或缺,新政不可半途而废,百般挽留。事后有人以为:"江陵公之夺情,本出上意。"②殊不知,由神宗出面表达的意见,其实是张居正本人的愿望,他只是在按照张居正、冯保的策划亦步亦趋罢了。然而这样的"夺情之局",究竟是祸是福,颇难逆料。

### 七、新政的深化:财政经济改革(上)

新政是从政治改革入手的,政治改革取得一定成效之后,转入财政经济改革。它要面对长期积累下来的国匮民穷老大难问题,非大动干戈不可。而这样做,必须以综核名实、信赏必罚为原则,以考成法为手段,方可保证有令必行、有禁必止,才能使改革不流于形式。

---

① 《万历邸钞》万历五年丁丑卷,冬十月戊午。《明神宗实录》卷69,万历五年十一月戊午。
② 赵善政《宾退录》。

财政经济困难由来已久,远的姑且不说,嘉靖、隆庆年间国库几乎年年亏空。据全汉昇、李龙华研究,从嘉靖七年(1528年)到隆庆五年(1571年)太仓银库每年收入、支出银两数量比较的结果,没有一年盈余,全是亏空。

表4 嘉靖七年至隆庆五年太仓银库收支数

| 年 份 | 岁入银数(两) | 岁出银数(两) | 盈亏约数(两) |
| --- | --- | --- | --- |
| 嘉靖七年(1528年) | 1300000 | 2410000 | 亏 1110000 |
| 嘉靖二十七年 | 2000000 | 3470000 | 亏 1470000 |
| 嘉靖二十八年 | 3957116 | 4122727 | 亏 165611 |
| 嘉靖三十年 | 2000000 | 2950000 | 亏 390000 |
| 嘉靖三十一年 | 2000000 | 5310000 | 亏 3310000 |
| 嘉靖三十二年 | 2000000 | 5730000 | 亏 3730000 |
| 嘉靖三十三年 | 2000000 | 4550000 | 亏 2550000 |
| 嘉靖三十四年 | 2000000 | 4290000 | 亏 2290000 |
| 嘉靖三十五年 | 2000000 | 3860000 | 亏 1860000 |
| 嘉靖三十六年 | 2000000 | 3020000 | 亏 1020000 |
| 嘉靖四十二年 | 2200000 | 3400000 | 亏 1200000 |
| 嘉靖四十三年 | 2470000 | 3630000 | 亏 1160000 |
| 嘉靖四十四年 | 2200000 | 3700000 | 亏 1500000 |
| 隆庆元年(1567年) | 2014200 | 5530000 | 亏 3515800 |
| 隆庆二年 | 2300000 | 4400000 | 亏 2100000 |
| 隆庆三年 | 2300000 | 3790000 | 亏 1149000 |
| 隆庆四年 | 2300000 | 3800000 | 亏 1500000 |
| 隆庆五年 | 3100000 | 3200000 | 亏 100000 |

资料来源:全汉昇、李龙华《明中叶太仓岁出银两研究》,载《香港中文大学中国文化研究所学报》第6卷第1期。

无怪乎隆庆三年穆宗皇帝向户部索取银两时,张居正向皇上大叹苦经:每年所入不过二百五十余万两,而一年支出达四百余万两,每年亏空一百五十余万两,无从措处①。鉴于财政拮据、百姓穷困的状况,张居正与同僚向皇上建议,政府有关部门必须"加以牧养",民有穷饿或遇灾荒,应免除过重的赋税。

---

① 《张文忠公全集》卷1《请停取银两疏》。

又鉴于太仓所储粮食足支八年,而大内帑藏银两短缺,民间又苦于输粟而终岁勤动,不得休暇。为使国与民皆免受其害,请求把百姓缴纳的粮食,十分之三以上改折银两。这一建议在当时并未采纳,若干年以后才获得实施①。

张居正执政后,为了摆脱困境,开源节流双管齐下,加强理财的力度。他从汉武帝时代的理财家桑弘羊"民不益赋而天下用"的思路出发,提出"不加赋而上用足"的方针,但这必须由严格的考成法予以保证。他在给地方官的信中如此说:"考成一事,行之数年,自可不加赋而上用足。"②"不加赋而上用足"是一个高招,有别于那些只会乞求加赋以足国用的庸才。张居正所谓"不加赋而上用足"不是一句漂亮的门面语,而是有具体措施保证的,那就是"惩贪污以足民"、"理逋赋以足国",两手并下,整治贪官污吏化公为私,整治势豪奸猾拖欠赋税,以截留他们的非法所得为手段,增加国家财政收入。

万历四年(1576年)七月,张居正向神宗建议,将明年春季例行考核官员与蠲逋赋、安民生结合起来。他阐明了这样一个道理:致理之道莫要于安民,欲安民又必加意于牧民之官。经过前几年的整顿,地方官莫不争自淬励,修炼职业。但是,虚文矫饰旧习尚存,剥下奉上以希声誉,奔走趋承以求荐举,征发期会以完簿书,苟且草率以逭罪责,诸如此类不一而足。因此,当明春外官考察之期,希望皇上特敕吏部预先虚心访核各级官员贤否,以安静宜民为上考,沿袭旧套虚心伪饰为下考。以此为标准,层层考核。如果抚按官不能悉心甄别属官贤否,而以旧套了事,那么抚按官便考为不称职,吏部宜秉公黜革;如果吏部不能悉心精核,而以旧套了事,那么吏部官便考定为不称职,朝廷宜秉公更置。只有以这种态度才能解决逋赋(拖欠赋税)问题。长期以来,势豪大户侵欺积猾,规避赋税,地方官畏纵而不敢过问,反将下户贫民责令包赔;另一方面,各级政府不能约己省事,无名之征求过多,以致民力殚竭,反不能完公家之赋。近几年来,因推行考成法,各级官员担心降罚,便不分缓急,一概严刑追缴。更有甚者,又以资贪吏之橐囊。因此在整理逋赋时,还应注意对下户贫民的减免工作,以苏民困③。

---

① 张居正《新刻张太岳先生诗文集》卷47《太师张文忠公行实》。
② 《张文忠公全集》卷20《答山东巡抚李渐庵言吏治河漕》。
③ 同上书卷5《请择有司蠲逋赋以安民生疏》。

神宗对这一道理是理解的,他在七月初六日接到张居正的奏疏时,当天就批示吏、户二部:"朕奉天子注存邦本,欲固国安民,必得良有司加意牧养。近来各地方官虽颇知守己奉法,然虚文粉饰旧习未除。今朝觐考察在迩,吏部访察贤否,惟牧爱宜民为最,有虚文趋谒、剥下奉上,以要浮誉者,考语虽优,必置下等,并抚按官一体论黜。"关于逋赋,神宗指出:"钱粮拖欠,原非小民,尽是势豪奸猾影射侵欺,以致亏损常赋。今朝廷既于例外施恩,各抚按官共严督有司,详核人户等则,均数减免,务使小民得沾实惠。"①

由此可见,在理财思想方面,神宗皇帝与张居正有相当多的共同点,使万历新政的财政经济改革得以顺利进行。据日本学者岩井茂树研究,这种改革可以概括为以下四个方面。

第一,抑制国家财政和宫廷财政的支出。其中包括削减南京官的编制,终止或削减宫廷的织造项目,节约宫廷的节庆、宴会开支,抑制大规模的工程、营造等。

第二,强化对于边镇的钱粮与屯田的管理工作,以减轻边镇军饷日趋增大的财政压力。

第三,为了解决地方的"民困"与政府的"国匮",限制各种既得利益。诸如对于官僚利用驿站特权的限制,削减驿站开支,抑制宗藩的冒滥,削减生员的定额等。

第四,强化户部的财政事务管理机能。支持改革的户部尚书王国光(字汝观,山西阳城人)为此采取了一系列措施:对征收赋税的簿册进行大规模整理;督促户部的十三清吏司的各员外郎、主事等官员的出勤;进行边疆军饷的实态调查,制订边疆军饷政策;加强地方政府对户部报告财政状况,使户部在把握全国财政状况的基础上运营财政。②

不过,财政经济方面最重大的改革,当推清丈田粮与推广一条鞭法。以下先述清丈田粮。

张居正认为,在土地兼并中,田赋之弊端百出,其大者有飞诡、影射、养号、

---

① 《明神宗实录》卷52,万历四年七月丁酉。
② 参看岩井茂树《张居正财政的课题和方法》,载岩见宏、谷口规矩雄编《明末清初期的研究》,京都大学人文科学研究所,1989年,第225~269页。

挂虚、过都、受献,久久相沿引为故业,于是豪民有田无粮(税),而穷民无田有粮(税),穷民势单力薄无可奈何。及县官征税,贫民鬻子不能输纳,则其势不得不行摊派,天下尽受其病。因此非清丈不可①。他对田赋的侵欺拖欠极为不满,仅仅依赖考成法已难以解决,必须采取重新清丈的大动作。他对应天巡抚宋仪望(字望之,号阳山,江西永丰人)说:"来翰谓苏松田赋不均,侵欺拖欠云云,读之使人扼腕","不于此时剔刷宿弊,为国家建经久之策,更待何人!"又对福建巡抚耿定向(字在伦,号楚侗,湖广黄安人)说:"丈田、赈饥、驿传诸议,读之再三,心快然如有所获";"丈田一事,拨之人情,必云不便","丈地亩,清浮粮,为闽人立经久之计"②。

经过充分酝酿,终于在万历六年(1578年)十一月正式由神宗下令在福建省首先试行清丈田粮。神宗在谕旨中说:"以福建田粮不均,偏累小民,命抚按着实清丈。"③从福建的一些地方志的零星记载中,可以约略窥知当时清丈的一些情况:福州府——"万历七年正月,丈量官民田亩";其法为:"履亩丈量,均匀摊补,其亩视田高下为差,其则以原县额为定,截长补短,彼此适均"④。福宁州——"万历七年,朝廷为浮粮累民,令丈田……悉将官民田地清丈,补足原额,而以官未匀摊通州";"今田地依丈量新额赋税","颁刻书册"⑤。很明显,福建的清丈,包括丈地亩、清浮粮两个方面,官民田地统为一则起课,而田地视其肥瘠定为上中下三则征收税粮。这些原则后来在各地清丈中得到了推广。

万历八年九月,福建清丈完毕。张居正会同阁僚张四维、申时行及户部尚书张学颜等人决定把福建清丈之法推行到全国各地,"所在强宗豪民,敢有挠法者","皆请下明旨切责"⑥。同时以朝廷名义颁布各省直(隶)清丈田粮八款,确定了在全国推行清丈的方针方法。其中前五条为政策性规定:(1)清丈田粮以税粮是否漏失为前提,失者丈,全者免。(2)清丈工作由各布政使总管,分守兵备道分管,府州县官专管本境。(3)田有官、民、屯数等,粮有上、中、下数则,清丈时逐一查勘明白,使不得诡混。(4)清丈后,复本征之粮,如民种屯地

---

① ⑥ 张居正《新刻张太岳先生诗文集》卷47《太师张文忠公行实》。
② 见《张文忠公全集》以下各篇:《答应天巡抚宋阳山论均粮足民》、《答福建巡抚耿楚侗谈王霸之辩》、《答福建巡抚耿楚侗》、《答福建巡抚耿楚侗言理财安民》。
③ 《明神宗实录》卷81,万历六年十一月丙子。
④ 万历《福州府志》卷75《时事》,卷7《食货·户赋》。
⑤ 万历《福宁州志》卷4《食货志》。

者,即纳屯粮;军种民地者,即纳民粮。(5)清丈中,有自首历年诡占及开垦未报者,免罪;首报不实者,连坐;豪右隐占者,发遣重处。

后三条则为技术性规定,即关于丈量的日期、丈量的计算方法及经费等事项①。

清丈令颁布后,地方官必须切实执行,否则严惩不贷。万历九年十二月,松江知府阎邦宁、汝州知府郭四维、安庆知府叶梦熊、徽州府掌印官李好问等,因清丈田粮"怠缓",遭到朝廷处分——"各住俸戴罪管事"②,便是严惩怠缓以儆效尤,体现清丈令的强大政治压力的突出事例。

在朝廷的强大政治压力下,从万历八年到万历十一年(1580—1583年),清丈工作在全国陆续完成。《明实录》记录了各督抚向户部提交的清丈报告,从中大体可以看到全国清丈工作完成的大体进程:福建,万历八年九月庚辰;顺天,万历九年四月己未;山东,万历九年九月乙亥;江西,万历九年十二月己亥;保定,万历十年正月庚午;大同,万历十年正月庚午;辽东,万历十年三月甲子;蓟辽,万历十年三月丁卯;山西,万历十年三月甲戌;宣府,万历十年七月丙辰;应天,万历十年七月辛酉;贵州,万历十年七月癸亥;广西,万历十年七月甲子;浙江,万历十年七月己卯;凤阳,万历十年八月庚寅;河南,万历十年九月戊午;湖广,万历十年十月癸丑;宁夏,万历十年十一月乙卯;四川,万历十年十一月戊午;广东,万历十年十二月壬辰;陕西,万历十年十二月戊申;陕西三边,万历十一年正月丁卯;甘肃,万历十一年二月戊戌;云南,万历十一年五月庚子。

这是各地督抚上报清丈成果的时间。清丈后编制册籍、统计田亩面积与税粮,均需时日,故实际清丈完成时间当早于此。大体而言,全国性清丈在万历九年、十年这两年内展开并陆续完成,进度还是比较一致的。

清丈的方式,大体是以百姓自丈与官府复丈相结合为原则。这是吸取了嘉靖、隆庆年间某些地区局部性清丈的经验以后制订的,所以考察嘉隆时期的清丈方式,有助于了解万历清丈。

例如,嘉靖二十年(1541年)溧阳知县沈炼的丈量,其法颇为细致。先划分一县田地为东、西、南、北四区,并草拟一幅形似的地图,选县中大老四人,充当

---

① 《明神宗实录》卷106,万历八年十一月丙子。
② 同上书卷119,万历九年十二月己亥。

东西南北四区之区老,每一区老各执一区之图,再将区内田地每十里或数十里为一坂,制成一坂之地图。若干坂汇总成区图,上报于县衙门。官府再在区中佥报诚实能干者若干人为坂老,各执坂图,遍行于坂中,或以一里为丘,或以半里为丘,制成丘图。丘中又选若干人为丘老,各执丘图,至丘中备查田地山塘段数,一一填补。如发现有隐漏,则加以惩罚①。

又如,隆庆元年(1567年)海宁县的清丈,把全县三十二都分为三段,每段置段长二名,每十里置都长一名,每里置图长一名,选殷实、老成、公正之人担任,负责清丈事宜。先由业田人户将自己所有田地山荡丈量一番。每日一丘,各立木片于田中,上写:某字第几号田、丘,系某人得业,东至西若干,南至北若干,积里若干及四至。由段长、都长、图长将清丈所得填注手册一本,送县衙门备查考②。

这样就在清丈之后形成了清丈图册,即清丈后新编制的鱼鳞图册。隆庆六年(1572年)和州知州康诰在《丈田方略》中讲到此中图册的绘制,其法颇为细致:刊刻一版,用薄竹纸一张印刷,上写:某里某都民某,民田(或官田)一处,坐落某地(名),东至某田,西至某田,南至某田,北至某田;并开载以下各项:原田若干亩,用价若干买到某田,或承佃某绝田,或系祖遗田业。以下空白半幅,用来书写田形。丈量步算已明,即在图上写弓口亩数,后再写年月日以及四至、佃户、里老、书算姓名③。此种图册编成后,官府再派人复查核实。据顾鼎臣说:"府州县官重复查勘的确,分别界址,沿丘履亩检踏丈量明白,申呈上司。应开垦者,召人开垦;应改正者,照旧改正;应除豁者,奏请除豁……然后刊刻成书,收储官库,印行给散各该区图,永为稽考。"④这种复丈要耗费巨大的人力物力,困难不小。一些地方往往采取较灵活的抽丈办法,即随机选取一丘田地加以复核,以检验自丈的可靠性。这称为"随意间抽掣量"⑤。经过复丈后,将新的鱼鳞图册、归户实征册上报巡抚衙门,以确定新的税粮摊派与征收方法。

---

① 顾炎武《天下郡国利病书》卷25《江南》。
② 万历《杭州府志》卷7《国朝事纪》。
③⑤ 顾炎武《天下郡国利病书》卷34《江南》。
④ 顾鼎臣《顾文康公文集》卷1《陈愚见铲积弊以裨新政疏》。

万历清丈少数地方草率从事,全部仰赖自丈,没有进行履亩复丈①。多数地方大体上采用嘉隆时期的自丈与复丈相结合的方法。如常州府武进县,知县孙一俊于万历十年(1582年)丈量该县田亩,"每图设立图正付、弓书算手六名,于该图里排内佥充清丈。又于空役中佥点黄册书手二名,管造乡总,则于空役粮长内佥免督造"②。又如苏州府长洲县,自丈之后,官府派人"携册临图复丈",如果"弓口数目相同,验过等则无异,即与印记'丈验相同'四字于册,以便攒造归户(实征文册)"③。

万历九、十两年,清丈在全国各地普遍展开后,由于各地方官的指导思想与态度不同,清丈的效果迥然各异,利弊得失也各不相同。一般说,凡认真按照张居正制订的准则大力清丈,"诸所谤议,皆所不恤",就不同程度地体现出清丈田粮在当时具有的合理性。

第一,清丈之后,田有定数,赋有定额,部分地改变了税粮负担不均的状况。正如嘉兴府海盐县人所说:"吾乡田地丈量以后,经界既正,润色无难。若于每册推收过割之年,清查在册之总撒,抽对旧籍之号数,无心差误者听改,有意裁除者必罪。尚可支持四五十年不至于大紊。"④清丈可使田亩经界清楚,税粮负担落实,在一个时期中(如四五十年)不至于紊乱,不能不承认是一个显著成效。北直隶河间府沧州,万历八年以前,豪宦广占田地,逃避赋役,负担不均。地方官奉命清丈,"清浮粮,苏民困",细分该州田地如下:民地(1674.13顷),实在行差民地(1088.79顷),优免民地(461.55顷),寄庄民地(123.79顷),灶地(3099.29顷),实在行差灶地(2791.15顷),寄庄灶地(308.14顷)⑤。各类田地分明,再按科则征税,就比较明确——"不分肥瘠、高洼之异,一例催征",因此"清丈之后,田有定数,赋有定额,有粮无地之民得以脱虎口矣"⑥。

第二,清丈出不少隐匿田地,使政府所掌握的、承担税粮的耕地面积有明显增加,平均每亩耕地摊派到的税粮有所减轻。例如南直隶宁国府南宁县,万历九年清丈,列出田、地、秧田、水荡四类,耕地"较原额丈出有余",在分摊税粮

---

① 万历《汶上县志》卷4《政纪志·土田》。
② 万历《常州府志》卷4《户口》。
③ 康熙《长洲县志》卷12《徭役》。
④ 天启《海盐县图经》卷5《食货篇·田土》。
⑤⑥ 万历《沧州志》卷3《田赋志》。

时,把田一亩按八分七厘七毫征税,山地一亩按一分三厘三毫征税①。显然,清丈后田一亩只分摊到原先87.7%的税粮,山地一亩只分摊到原先13.3%的税粮,负担明显减轻了。浙江衢州府的情况与此相类似。该府所属西安县,清丈后不仅改变了原先田地缺额、部分税粮无所着落的状况,而且新增了一些田地,除补足原额外,净增田六顷一十三亩,地一百七顷四十五亩。将这些清丈出来的田地均摊到全县承担税粮田地中,结果每田一亩只需分摊原先98%的税粮,每地一亩只需分摊原先67%的税粮,水淤田每三亩承担一亩的税粮,山荒地每二亩承担一亩税粮②。该府所属江山县也是如此。万历十年清丈后,田亩面积总额有所增加,税粮按清丈面积摊折,田每亩折作九分二厘,即只承担原先的92%的税粮;地一亩折作七分九厘,即只承担原先的79%的税粮③。

这种情况似乎是全国性的通例。山东巡抚何起鸣、巡按陈功在万历九年九月的清丈报告中指出:丈出(新增)民地三十六万三千四百八十七顷、屯地二千二百六十八顷,较原额增加近50%;但是全省税粮"悉照旧,往日荒地包赔者,以余地均减"④。江西巡抚王宗载在万历九年十二月的清丈报告中说:江西六十六州县清丈后,在原额外丈出六万一千四百五十九顷五十四亩,约为原额的30%,"免另行升科,即将抵消该省节年小民包赔虚粮"⑤。蓟辽总督吴兑在万历十年二月的清丈报告中说:"议以多余之地,补失额之粮。"⑥显然,清丈后承担税粮的耕地面积有较大幅度的增加,是不争的事实,无疑减轻了每亩耕地的负担。

第三,北方地区在清丈中统一亩制,改变了先前存在的大亩、小亩相差悬殊的情况,一律以二百四十步为一亩。很多地方清丈后耕地面积有明显增加,与亩制的变化有很大关系。山东济南府青城县,万历十年清丈后,耕地面积较原额增加七百余顷。该县清丈前原额为:

官民地　　2364.84顷

官地　　　83.05顷

---

① 康熙《宁国府志》卷8《田赋》。
② 天启《衢州府志》卷8《国计志》。
③ 天启《江山县志》卷3《籍赋志》。
④ 《明神宗实录》卷116,万历九年九月乙亥。
⑤ 同上书卷119,万历九年十二月乙亥。
⑥ 同上书卷121,万历十年二月丁酉。

民地　　　2281.79 顷

清丈后新额为：

　　实在地　　3039.09 顷
　　上地　　　499.11 顷
　　中地　　　1674.88 顷
　　下地　　　368.42 顷
　　成熟地　　469.38 顷
　　荒地　　　27.28 顷①

　　正如《青城县志》在解释该县"突然增地六百七十四顷"时所说,除了该县"地狭易于综核"的原因外,主要由于清丈以前"地不分上中下,三百四步作一亩,至万历十年清丈,地分上中下,以二百四十步作一亩。较之原额,每亩涨出六十四步,地安得不增？"②

　　济南府武定州商河县的情况也是如此。万历九年清丈后,耕地较原额增加三千顷（原额七千九百三十八顷五十二亩,新额一万零二百一十六顷十二亩）。而这一地区的清丈,"大奸巨猾隐匿无算",主持清丈的官吏又"惮于改正,一切苟简从事",隐匿田产查出很少,耕地面积增加三分之一,主要是大亩改小亩的缘故③。

　　兖州府沂州也属此种类型。万历九年清丈前,以六百四十八步为一亩,清丈后,统以二百四十步为一亩,耕地面积因此较原额增加三倍：

　　原额地　　　　　　11075.34 顷
　　清丈后计地　　　　32234.91 顷④

　　此外,广平府、河间府都有"将大亩改作小亩","以小亩起科"⑤的事例。

　　第四,清丈不仅统一了亩制,地无分南北,均以二百四十步为一亩,而且在此基础上划一了官田与民田的科则,即所谓"官民田一则",改变了以前官田与民田科则不一的弊端：官田科则过重,豪民多占轻则民田,小民多占重则官田的不合理状况。地方志关于万历清丈的记载中,"官民田地山塘均为一则",

---

① ②　万历《青城县志》卷1《土田》。
③　万历《商河县志》卷3《食货志》。
④　万历《沂州志》卷3《田赋》。
⑤　万历《威县志》卷3《田赋》。万历《交河县志》卷3《赋役志》。

"议将官民(田)并为一则"①之类记载几乎比比皆是。官田民田税粮科则一元化后,大体上确立了根据田质优劣的上中下三则科税方法。万历清丈前税粮科则十分繁琐,如江西新建县官田分十三则,从最高的每亩五斗九升七勺到最低的每亩一斗二升四合一勺,共分十三个等级;民田分四则,从每亩一斗五升五合五勺到每亩三合,共分四则十二等。此外还有官地四则、民地二则,以及官山、民山、官塘、民塘各四则②。又如江西弋阳县,万历清丈前均分八则:上晚官田、中晚官田、下晚官田、下早官田、上晚民田、中晚民田、下晚民田、下早民田。清丈后,定为三则:上则有水源肥田、中则瘠薄田、下则无水高潦田。在科税时,上则田以一亩实为一亩,中则田以一亩五分实为一亩,下则田以二亩实为一亩。一律按实亩科则统一征秋税米及夏税丝、绵、布等③。

清丈后,大多数地方都以上中下三则起科。这种税粮科则较之清丈前简化多了。官民田并为一则,统一按上中下三则科税,是赋税制度简化的重要一步,与同时推广于全国的一条鞭法是相呼应的。

第五,在清丈的基础上重新编制(或修订)鱼鳞图册,江南尤为显著。嘉兴府海盐县万历清丈时,对明初编制的鱼鳞图册进行复核,"其法将田土分段立号,算实弓口亩数,备书坐落、都分、里分、业主姓名及田爿四至,挨次入册,藏之县库。盖一准国初鱼鳞(图册)之旧,而总核之"④。万历三十九年(1611年)知县乔拱璧议及此次新编鱼鳞图册时指出:"鱼鳞册乃原丈之粮,其中号段,卖者照此号而除,买者照此号而收,号内有分收若干者,俱照除注明。"⑤这表明,万历清丈后新编鱼鳞图册,在以后30年中,民间土地所有权转移时广泛地被用来作为凭证。常州府、镇江府也是如此。万历十年常州府清丈后,"尝造鱼鳞图","每图实费数金","推求缮写不啻再三"⑥。可见重新编制鱼鳞图册的工作是颇受官府重视的。该府所属武进县把编制鱼鳞图册作为清丈的主要手段。每乡、都以四境为界,境内田地划分为丘,丘与丘紧相挨接,绘为图册,如鱼鳞之相比;田地不论按官、民、高、圩、腴、瘠、山、荡,一一注明;后写业主姓

---

① 康熙《婺源县志》卷7《食货》。崇祯《开化县志》卷3《赋役志》。
② 万历《江西赋役全书》。
③ 万历《弋阳县志》卷5《田赋》。
④ 天启《海盐县图经》卷5《食货篇·土田》。
⑤ 同上书卷6《食货篇·役法》。
⑥ 万历《常州府志》卷4《钱谷》。

名、年月、买卖开注。这就是"人虽变迁不一,田则一定不移,是之谓'以田为母,以人为子',子依乎母而的的可据"①。临近的镇江府清丈后,也"必如国初之制造鱼鳞图","田有区段,各有四至,内开某人见业。乡有封界,又有大四至,内计为田若干,自一亩至万亩,自一里至万里。各以邻界挨次而往,造成一图。则一县之田土、山乡、水乡、陆乡、洲田,与沿河有水利常稔之田,其间道路之所占几何,皆按图可见"②。

情况表明,万历清丈后编制的鱼鳞图册,较之洪武时期的鱼鳞图册更为完备。明清之际陆世仪所写《论鱼鳞图册》一文,论及鱼鳞图册的重要性,提出若要厘正赋役,"莫若废黄册,专用鱼鳞图册","凡赋税徭役一以鱼鳞图册为主,即所谓坐图还粮也"③。废黄册用鱼鳞图册,此言并非始于陆世仪。隆庆时海瑞尝欲行之于吴中,即一条鞭法之雏形。所谓废黄册,即废人户;所谓用鱼鳞图册,即以田为主——"坐图还粮"。这一趋势反映赋役由人户向土地转移的历史发展进程。陆世仪的议论,是以万历清丈后重新编制鱼鳞图册的史实为背景的。清初,黄册已极罕见,而作为度地而税的依据的鱼鳞图册仍在通行。

当然,万历清丈并非尽善尽美,有一利必有一弊。清丈带有局部调整土地关系及赋役负担的意味,如果在旧的土地关系遭到破坏的情况下,清丈就比较顺利。反之,在没有经过社会动乱的情况下,进行土地清丈,使税粮负担合理化,其阻力是相当大的。

万历九年五月,大同巡抚贾应元、巡按茹宗舜上疏弹劾饶阳王府镇国中尉廷仆、潞成王府奉国将军俊樟等,"阻挠丈地"。并指出,并非大同一地如此,请求朝廷"通行天下王府,各严谕宗室,凡置买田土,俱听抚按官查勘明白"。朝廷十分重视此事,处分了俊樟等人,并下令各地抚按:"丈地均粮,但有执违阻挠,不分宗室、官宦、军民,据法奏来重处。"④阻力不仅来自王府,更多的来自官僚豪绅。万历九年十二月,江西巡抚王宗载在给朝廷的报告中指出:"及清丈命下,建德县豪民徐宗武等阻挠丈量,徽宁兵备道程拱展复为部民党护。"⑤江南是财赋重地,也是清丈的重点地区,张居正一再表示:"吴中财赋之区,一向

---

① ② 顾炎武《天下郡国利病书》卷23《江南》。
③ 《皇朝经世文编》卷29《户政·赋役》。
④ 《明神宗实录》卷112,万历九年五月庚午。
⑤ 同上书卷119,万历九年十二月己亥。

苦于赋役不均,豪右挠法,致使官民两困,仆甚患之。"①然而反对势力很大,"豪右挠法"的现象非常严重。嘉兴府所属嘉兴县、秀水县清丈之际,豪绅们贿赂清丈官吏,隐瞒田地三万三千五百亩,"全不输粮",由嘉善县摊赔。有些地方,豪绅们推荐地痞流氓担任清丈的书算,任意地挪移隐瞒;新的鱼鳞图册未编成,即销毁旧册,使之无凭据可查,"听其欺隐,妄报羡余,大开骗局"②。这是一个方面。另一方面,张居正作为一个政治改革家,遵循申韩的法治精神,贯彻"综核名实,信赏必罚"的方针,严格推行考成法,使"中外淬砺,莫敢有偷心",形成自上而下的强大政治压力,不少地方官为了在清丈中确保税粮原额不致减少,不惜弄虚作假,采取"缩弓"、"加田"、"加税"等手段,以增加田亩面积,邀功受赏。于是便出现了一系列不合理现象。万历后期人唐鹤征对此有很透辟的分析:"万历初年,江陵(张居正)奉旨遍宇内而丈焉。初意止期均赋,不期增额也。奉行太过,悉求增以为功。然围筑开垦为日已久,从实步之,未有不增者。始虚其无增,则严刑峻法,山场沟荡悉丈,为田增额过当。及至归户,则上行其私,下恣其弊,所增之额全不在官矣。故畏法者取盈虚丈,仍有赋而无田;巧法者阴缩增额,终有田而无赋。于今二十年来,积弊日增大。"③

显然,弊端是由于官吏"悉求增以为功"而引起的。为了使清丈后田亩面积有明显增加,不惜采取欺骗手段,最常见的就是"缩弓取盈"与"虚增地亩"。有的地方官在清丈时,"恐田不足原数,顾乃促其弓步",而使"田亩溢出额外"④。有的地方官在清丈时奉户部之命:"不许轻失原额",于是不得不"缩弓取盈"⑤。都是缩小丈量的弓尺以求增加面积。这种做法其实就是以每亩面积小于二百四十步,取得虚假的田亩溢额,以蒙骗上司。有的地方官采取更简单的手法,在丈量时虽以二百四十步为一亩,丈量后"竟将实田一亩虚增二分七厘"⑥。把实田一亩丈量成一亩二分七厘,即虚增了 27%。有的地方官在清丈后,发现"亏折原额田七万八千八百七十五亩",便仿照"虚粮事例","每熟田一

---

① 《张文忠公全集》卷29《答应天巡抚胡雅斋言严治善爱》。
② 江东之《瑞阳阿集》卷1《改正虚粮疏》。
③ 万历《常州府志》卷4《钱谷》。
④ 万历《宁德县志》卷1《舆地志·山川》。
⑤ 康熙《高安县志》卷4《亩课》。
⑥ 崇祯《开化县志》卷3《赋役志·土田》。

亩加虚粮田一分六毛"①。那就是把根本不存在的"虚粮田"洒派到熟田上,以土地所有者每亩承担110.6%的税粮的办法来掩盖田亩增加的假象。

短缩弓步,虚增顷亩,或将非耕地荒地一概当作耕地,使清丈越出了范围,因而失去了它所固有的"均粮"(均税)意义。朝廷在万历十年九月察觉之后,立即下诏宣布清丈不实应予更正:"各省直清丈田粮……如有短缩弓步,虚增地亩,及将山坡、湖荡、屋基、坟墓并积荒地土,升则派粮,贻累军民者,抚按官摘查明实,准于更正。但不许概行复丈,反复劳扰。"②然而此时清丈已近尾声,诸多弊端已难消除。

尽管有种种弊端,但万历清丈的成绩是不能抹杀的。清丈后,全国丈出(新增)耕地面积是一个相当可观的数字。大多数可以从各地总督、巡抚、巡按向朝廷提交的清丈报告中获得比较确切的统计数字。

表5 万历清丈耕地增额数

| 地　区 | 丈出(新增)耕地田亩(顷) | 地　区 | 丈出(新增)耕地田亩(顷) |
| --- | --- | --- | --- |
| 北直隶 | 33255.00 | 陕　西 | 3988.32 |
| 南直隶 | 49898.70 | 四　川 | 264520.00 |
| 浙　江 | 45896.15 | 广　东 | 80194.64 |
| 江　西 | 61459.54 | 广　西 | 768.87 |
| 湖　广 | 551903.54 | 云　南 | 15084.34 |
| 福　建 | 2315.00 | 贵　州 | 1594.95 |
| 山　东 | 365755.00 |  |  |
| 山　西 | 6100.00 | 总　计 | 1547058.60 |
| 河　南 | 64324.55 |  |  |

资料来源:北直隶、南直隶、浙江、江西、湖广、山东、山西、河南、陕西、四川、广东、广西、贵州等地根据《明实录》所载清丈报告提供的数字;福建、云南的清丈报告无田亩数字,则根据《福建通志》、《云南通志》与万历《明会典》所载田亩数字估算。

---

① 康熙《溧水县志》卷4《田赋》。
② 《明神宗实录》卷178,万历十年九月辛酉。本段参考:西村元照《关于明后期的丈量》,载《史林》第54卷第5期(1971年);西村元照《张居正的土地丈量——对于全体像和历史意义的把握》,载《东洋史研究》第30卷第1、2、3期(1971年);川胜守《中国封建国家的统治结构》,东京大学出版会,1980年,第223~404页;赵冈、陈钟毅《中国土地制度史》,台北:联经出版事业公司,1982年,第80~108页。

由上表可知,万历清丈后南北直隶及十三布政司共丈量出新增耕地:1547058.60顷。此外还有所谓"九边"地区清丈所得的数字也不应忽略。它们是:大同,70251.19顷;辽东,32578.70顷;蓟辽,10817.11顷;宣府,63110.36顷;延绥,39753.42顷;陕西三边,18990.00顷;甘肃,45993.35顷。"九边"地区总计:281484.13顷。

将上述两个统计数字相加,即可得出万历清丈后全国新增耕地面积:1828542.73顷。这一数字与万历《明会典》所载万历六年全国耕地面积(南北直隶与十三布政司共有耕地:5182155.01顷)两相比较,增长率为35.29%。万历清丈的成就于此可见一斑。

## 八、新政的深化:财政经济改革(下)

一条鞭或一条编是一种改革赋役的新法,早在嘉靖时期已经在部分地区出现,张居正发现了它的合理性,把它推广到全国。

明代赋役及其变革十分复杂,而《明史》又说得含糊其辞,给研究者带来不少麻烦。近几十年来中外学者特别是日本学者经过深入细致的实证研究,使人们对它有了比较清晰的认识。

一条鞭法的创造性贡献在于,把赋税(夏税、秋粮)与徭役(正役、杂役)以货币即银两形式折纳,并在征收方法上简化为一次编审,"随粮带征",为赋税、徭役趋向一元化,迈开了重要的一步。

赋、役这种传统的榨取手段,前者以实物(粮食、布帛)为主,后者以劳动力的直接形式为主,要使之转化为货币形式,必须以经济相当发展,特别是商品经济相当发展为前提。在农业、手工业产品还不能大批量在市场上转化为货币的时代,赋役的货币化是不可能的。王安石变法时推行免役法(雇役法),实质就是企图以钱代役,使徭役转化为货币,愿望是好的,何以行不通?说到底是社会条件还不具备。

到明中叶,这种条件具备了。商业性农业的发展,各级市场的星罗棋布,商品与货币流通量的增大,使商品经济发展到一个新阶段。特别是对外贸易中白银的大量流入,解决了贫银的中国对白银(货币)的迫切需求。商品经济的发展促使白银作为货币在市场上广泛流通,大部分商品都已用银计价。在这种货币银本位化的背景下,英宗正统初年(1436年)宣布弛用银之禁,国家财政收支改用银两计算,原来以米、钞支给的官俸也改用银两计算。赋税作为国家财政的主要收入,当然要作相应的改革。

宣德八年(1433年)江南巡抚周忱在松江府等地,把原来纳米的一部分赋税改纳银两,按平米(正米加耗米)四石合银一两(即平米一石等于银0.25两)的折算率缴纳。正统元年,浙江、江西、湖广、南直隶、广东、广西、福建等地也陆续推行此法,税粮平米四百万石折银一百万两。这种由税粮改折的银两称为折粮银,由户部铸成银锭,又叫做金花银,意即精良之银。弘治年间(1488—1505年),北方税粮也大部分折纳银两。

与此相适应,弘治、正德年间在徭役的佥派方式上也发生了变化:以银代役,出现了一批折纳银两的役目,形成了与力差相对而言的银差。凡各项徭役(主要是杂役),每名折收银两若干,由政府雇人充役。银差的出现,是徭役全面货币化(银纳化)的开端,为一条鞭法以雇役代替差役、统征银两奠定了基础。

根据日本学者栗林宣夫研究,一条鞭法由来已久。他列举以下史实为证:成化十五年(1479年),南畿巡抚王恕评定均徭册,丁银由丁、地共派,即均徭中的银差统称为丁银。此外,景泰年间江西的岁办法,天顺年间浙江海盐县的甲首钱,成化、弘治之际广东的均平银,正德末年福建的八分法,都是丁、地(粮)共派、通县均派、输银贮官的方式。他认为,这些都是把里甲各种负担统一起来,合群目为一纲的方式,已经带有一条鞭的意味①。

正是在这种背景下,嘉靖九年(1530年)户部尚书梁材根据桂萼关于"审编徭役"的奏疏,提出革除赋役制度弊病的方案:"合将十甲丁、粮总于一里,各里丁、粮总于一县,各州县丁、粮总于一府,各府丁、粮总于一布政司,布政司通将一省丁、粮,均派一省徭役,内量除优免之数,每粮一石编银若干,每丁审银若干,斟酌繁简,通融科派。"第二年(即嘉靖十年)御史傅汉臣把这种"通将一省

---

① 栗林宣夫《关于一条鞭法的形成》,载"清水博士追悼纪念"明代史论丛编纂委员会《清水博士追悼纪念·明代史论丛》,东京大安出版社,1962年。

丁、粮,均派一省徭役"的方法,称为"一条编法"①。按傅汉臣"顷行一条编法"的说法,当时已有不少地方在实行一条编法,把一切徭役折成银两,再把役银按人丁与税粮两个方面加以平均摊派,这就是把赋、役简化为一次编审,即一条鞭编审。栗林宣夫认为,《明实录》嘉靖十年三月己酉条所载傅汉臣奏言"顷行一条编法",乃是他所列举的丁地共派、通县均派、合群目为一纲的一条鞭方式发展趋势的反映②。

此后,南方各地陆续有一条鞭法推行的记载。嘉靖十二年南直隶宁国府,有所谓"十年一条编派":"宁国府自今军需,不论该年里甲,并于该府丁、粮总算,一条编派。"③嘉靖十六年苏州府、松江府出现了"照田多寡为轻重,凡大小差役总其徭役数目,一条鞭征充"④。嘉靖二十年湖州知府张铎在"申请均摊税粮议"中说,苏州府"里甲丁田、均徭银力等差","民壮力役,每年随粮带征之法,委果明白简易,经久可行",主张仿照按田"均派税粮、均徭、里甲等项"⑤。但是浙江一条鞭法的推行,却要到嘉靖末年庞尚鹏巡按浙江时。嘉靖四十四年巡按御史庞尚鹏"洞悉两役为民大害,乃始核一县各办所费,各役工食之数目,一切照亩分派,随秋粮带征","岁入之官,听官自为买办,自为雇役",实行一条鞭法⑥。这是庞尚鹏把余姚、平湖等地已在试行的做法加以推广的结果。余姚知县周鸣在嘉靖四十二年就已"申银力二差一概征银","雇募役法始平著为令"⑦。平湖知县顾廷对也在推行"条鞭均徭法"⑧。庞尚鹏鉴于此种改革确有可取之处,在题为"均徭役以杜偏累以纾民困"的奏疏中说:"近该臣查得余姚、平湖二县原著有均徭一条鞭之法,凡岁编徭役俱于十甲内通融随粮带征,行之有年,事尤简便。盖以十年之差而责之一年,则重而难;以一年之役而均之十年,则轻而易。官免编审之劳,民受均平之赐。"⑨他称此法为"均徭一条鞭",是针对"势豪之嘱托,奸巧之规避"所作的改革,规定"每岁通计概县丁、

---

① 《明世宗实录》卷123,嘉靖十年三月己酉。
② 栗林宣夫《关于一条鞭法的形成》。
③ 嘉靖《徽州府志》卷8《食货志》。参看《关于一条鞭法的形成》。
④ 乾隆《苏州府志》卷11《田赋·徭役》。嘉庆《松江府志》卷27《田赋志·役法》。
⑤ 万历《湖州府志》卷11《赋役》。
⑥ 顾炎武《天下郡国利病书》卷84《浙江二》。
⑦ 乾隆《余姚县志》卷10《田赋》。
⑧ 乾隆《平湖县志》卷12《宦绩》。
⑨ 庞尚鹏《百可亭摘稿》卷1《均徭役以杜偏累以纾民困疏》。

田，约复士大夫之家外，通融派银，定值雇役"①。

虽然苏州府、松江府较浙江早行一条鞭法，但海瑞在隆庆年间出任应天巡抚时又将庞尚鹏的做法在辖境内加以推广。隆庆三年（1569年），海瑞把均徭、均费等银，不分银力二差，俱一条鞭征银，在官听候支解。其法颇详备："十甲丁、粮总于一里，各里丁、粮总于一州县，州县总于府，府总于布政司，通计一省粮，均派一省徭役"，于是均徭、里甲与两税合而为一，凡一县丁、粮毕输于官，官为佥募，以免一岁之役②。

至于江西，稍晚于江浙。嘉靖三十五年，江西巡抚蔡克廉曾议及一条鞭，主张各州县统计粮差（赋役）诸额，不轮甲，通十年均派。嘉靖四十五年江西巡抚周如斗再次议及一条鞭法。但都没有实行③。隆庆四年朝廷题准江西布政司所属州县实行一条鞭法，指出："各项差役逐一较量轻重，系力差者，则计其代当工食之费，量为增减；系银差者，则计其扛解、交纳之费，加以增耗。通计一岁共用银若干，照依丁、粮编派，开载各户由帖，立限征收。"④福建则晚于江西，据日本学者黑木国泰研究，万历四年庞尚鹏出任福建巡抚，着手推行一条鞭法。其特点是田赋与徭役合并，一条鞭与清丈同时进行⑤。

由于地区差异以及经济发展水平的悬殊，北方地区推行一条鞭法的阻力很大。根据日本学者片冈芝子研究，在北方官僚心目中，一条鞭法的弊端简直大得不得了。例如山东某些地区在嘉靖二十年以后试行一条鞭法，引来极大非议。葛守礼说，一条鞭法"不开仓口，不论贫富，栝其总数，一例均摊，下户已累矣"⑥。李开先说，嘉靖二十年以来推行的一条鞭法"名虽一条鞭，实则杀民一刀刀也"。由于阻力太大，以后北方的赋役仍照旧例，暂不实行一条鞭法⑦。

万历新政的意义在于：排除干扰，把一条鞭法推广到北方及其他还未实行

---

① 万历《新昌县志》卷12《民赋志》。
② 乾隆《苏州府志》卷11《田赋·役法》。
③ 万历《南昌府志》卷8《典制·差役》。参看栗林宣夫《关于一条鞭法的形成》。
④ 陈仁锡《皇明世法录》卷39《赋役》。
⑤ 黑木国泰《福建的一条鞭法》，载"山根幸夫教授退休纪念"明代史论丛编纂委员会《山根幸夫教授退休纪念·明代史论丛》，东京汲古书院，1990年。
⑥ 葛守礼《葛端肃公集》卷15《与姜蒙泉中丞论田赋》。
⑦ 李开先《李中麓闲居集》卷12《苏息民困或问》。参看片冈芝子《华北的土地所有与一条鞭法》，载《清水博士追悼纪念·明代史论丛》。

一条鞭法的地区。把过去按户、丁派役的方法改为按丁、地派役,也就是说,把徭役的一部分摊派到地亩(即税粮)中去,并且折纳银两(货币)。与此同时,税粮中一部分漕粮白粮必须征米外,其他实物都改为折收银两(货币),由官府统一征收、解运。以北直隶广平府为例,较具体地察看一下实行一条鞭法后赋役制度的变化:夏税、秋粮以及马草、驿传、马价、种马草料、均徭(银差、力差、听差)与里甲各项,全部折成银两,然后按照地亩与人丁的等则,加以均摊。日本学者川胜守把它制成三个表格①,现征引于下。

表6　万历年间邯郸县税粮、均徭、里甲折银统计

单位:两

| 项　目 | 起运存留折银 | 各场折价该项解银 | 合　计 |
| --- | --- | --- | --- |
| 夏　税 | 1651.9 | 15.3 | 1667.3 |
| 秋　粮 | 5191.4 | 79.7 | 5271.1 |
| 马　草 | 4937.4 | 49.7 | 4987.2 |
| 驿传银 |  |  | 2421.7 |
| 马　价 | 1050.0(1992.0) | 19.9 | 3061.9 |
| 种马草料银 | 590.0 | 5.9 | 595.9 |
| 均徭(银力听) | 9181.0 | 28.4 | 9209.4 |
| 里　甲 |  |  | 834.9 |
| 共　计 | 24593.7 | 198.9 | 25049.4 |

表7　万历年间邯郸县地亩征银统计

单位:两

| 项　目 | 面积(亩) | 每亩征银 | 合　计 |
| --- | --- | --- | --- |
| 有优免中地 | 38223 | 0.58 | 2252.2 |
| 无优免中地 | 260466 | 0.82 | 16602.2 |
| 寄庄加倍中地 | 14950 | 1.04 | 1565.6 |
| 有优免下地 | 2630 | 0.33 | 89.0 |
| 无优免下地 | 83701 | 0.46 | 3933.2 |

---

① 川胜守《中国封建国家的统治结构》,第401页。

续 表

| 项　目 | 面积(亩) | 每亩征银 | 合　计 |
|---|---|---|---|
| 寄庄加倍下地 | 4020 | 0.59 | 237.2 |
| 共　计 | 403990 | | 24679.4 |

表8　万历年间邯郸县人丁征银统计

单位：两

| 户　则 | 人　丁 | 每丁征银 | 合　计 |
|---|---|---|---|
| 上　中 | 2 | 0.88 | 1.76 |
| 上　下 | 5 | 0.77 | 3.85 |
| 中　上 | 17 | 0.66 | 11.22 |
| 中　中 | 23 | 0.55 | 12.65 |
| 中　下 | 22 | 0.44 | 9.68 |
| 下　上 | 55 | 0.33 | 18.15 |
| 下　中 | 401 | 0.22 | 88.22 |
| 下　下 | 29376 | 0.11 | 3220.36 |
| 共　计 | 29901 | | 3365.89 |

经过大力推广，一条鞭法不仅在南方各地普遍展开，而且也渐次遍及北方各地，这在万历年间编撰的地方志中留下了丰富的记录，略举数例于下。

山东

汶上县——按均徭、里甲出于门、丁，旧有头户、贴户、见年之名，其费不赀。自条鞭行而民始苏矣……官募柜头，官表种马，则民出役钱安坐无事，地之系于平民犹士夫也，名之编于排甲犹客户也，诡寄诸弊不革自清矣。①

东昌府——万历十五年条鞭法行，吏无巧法，民鲜危役。②

河南

罗山县——知县应存初立为一条鞭法，条鞭法以各项银差并力差工食合

---

① 万历《汶上县志》卷4《政纪志・赋役》。
② 万历《东昌府志》卷12《户役志》。

为一处,计银若干数,然后照丁之高下,粮之多寡,以之征派出银。①

山西

泽州——自条鞭之议出,而无艺之征息,里胥之穴窒矣。②

陕西

同官县——今唯条鞭一立,画一可守,庶称宜民之善术。③

华阳县——万历中,檄行条鞭……总里甲钱力各项,一切通派,输银在官,官自分办。④

日本学者谷口规矩雄对华北一条鞭法的展开作了深入研究,从他列举华北一条鞭法实施状况表,可以获得一个总体印象,故摘引如下⑤。

表9　万历年间华北一条鞭法实施状况

| 时　间 | 地　点 | 资料来源 |
| --- | --- | --- |
| 万历四年(1576年) | 兖州府曹县 | 《天下郡国利病书·山东上》 |
| 万历六年 | 兖州府东阿县 | 《明神宗实录》卷161 |
| 万历六年 | 真定府灵寿县 | 康熙县志卷4《田赋》 |
| 万历八年 | 河间府沧州 | 万历州志卷3《田赋》 |
| 万历八年 | 兖州府曹州 | 康熙州志卷8《田赋》 |
| 万历十一年 | 青州府 | 万历府志卷5《徭役》 |
| 万历十二年 | 开封府中牟县 | 天启县志卷2 |
| 万历十二年 | 开封府扶沟县 | 光绪县志卷6《田赋》 |
| 万历十二年 | 河南府新安县 | 乾隆府志卷15《艺文》 |
| 万历十三年 | 归德府宁陵县 | 《去伪斋集》卷5 |
| 万历十三年 | 汝宁府上蔡县 | 康熙县志卷15《艺文》 |
| 万历十三年 | 济南府章丘县 | 万历县志卷12《条鞭》 |
| 万历十四年 | 汝宁府光山县 | 乾隆县志卷12《田粮》 |
| 万历十五年 | 兖州府单县 | 康熙县志卷4 |
| 万历十五年 | 东昌府冠县 | 万历县志卷3《田赋》 |
| 万历十六年 | 济南府沾化县 | 万历县志卷3 |

---

① 顾炎武《天下郡国利病书》卷52《河南》。
② 万历《泽州志》卷7《籍赋志·税粮》。
③ 万历《同官县志》卷3《田赋》。
④ 万历《华阳县志》卷4《食货》。
⑤ 谷口规矩雄《明代华北一条鞭法的展开》,载岩见弘、谷口规矩雄编《明末清初期的研究》,第301～350页。

续 表

| 时　间 | 地　点 | 资料来源 |
|---|---|---|
| 万历十八年 | 保定府安州县 | 乾隆州志卷 4 |
| 万历十九年 | 太原府保德州 | 康熙州志卷 4《田赋》 |
| 万历十九年 | 大名府东明县 | 乾隆县志卷 3 |
| 万历二十年 | 青州府益都县 | 《天下郡国利病书·山东下》 |
| 万历二十一年 | 太原府榆次县 | 万历县志卷 3《赋役》 |
| 万历二十二年 | 西安府同州 | 天启州志卷 5《食货》 |
| 万历二十三年 | 大同府应州 | 万历州志卷 3《食货》 |
| 万历二十三年 | 永平府滦州 | 万历州志《壤则二》 |

原先北方均徭、里甲出于门、丁，故有门银、丁银。万历年间推行一条鞭法后，废止了门银，设立了新的地银。文献中有这样的说法："旧法，编审均徭，有丁银、门银，而无地银。"①山东籍官员于慎行在谈到"条鞭便否"时说："所谓条鞭者，自万历初年敝邑（山东东阿县）旧尹白君始议行之，至今且二十年，邑士民皆称其便。而他邑则有谓不便者，此有故焉……夫条鞭者，一切之名而非一定之名也。如粮不分厫口总收分解，亦谓之条鞭；差不分户则以丁为准，亦谓之条鞭；粮差合而为一皆出于地，亦谓之条鞭。丁不分上下一体出银，此丁之条鞭；地不分上下一体出银，此地之条鞭。其名虽同而其实不相盖也。敝邑所谓条鞭者，税粮不分厫口，总收起解；差役则除去三等九则之名，止照丁、地编派。丁不论贫富，每丁出银若干；地不论厚薄，每亩出银若干。上柜征收，招募应役，而里甲之银附焉。此敝邑条鞭之略也……今东省州邑百有八城，有如敝邑之称便者，不知其几何……又有说天下有治人无治法，敝邑所以至今称便者，以十余年来长吏皆得其人，能润色而损益之也……统论此法，便于南者多，便于北者少，便于粮者多，便于差者少。"②

一条鞭法的实行在赋役变革的进程中具有重大意义，它至少部分地改变了过去赋役负担不均的状况。当然，这是相对而论的。万历《泽州志》说："先是，条鞭之法未行，胥人同里老相因缘为奸利，巧立会敛之名，以鱼肉吾民而啖

---

① 万历《兖州府志》卷 15《户役志》。
② 于慎行《谷城山馆文集》卷 34《与抚台宋公论赋役书》。

之,乡民生不见官府,乌知赋额或相倍徙,而莫可究诘其故。"①万历《章丘县志》说:"本县未行条鞭之先,乡官、举监、生员,各照例优免粮银、丁银之外,一应杂办差银毫不与及,其种地百姓有三等九则之丁银……其均徭银力二差,马夫、马价、盐钞、里甲,一应杂差银两,俱派于地内。又有大户收头之赔费,斗(级)、禁(子)、铺兵、头役之苦累。"②顺天府尹施笃鉴于此种情况,条陈编审事宜,指出:"方今地亩人丁日渐减少,且额外增役有加无已。细访其故,或富豪并吞地土,或势要强占户丁,或飞洒于诡寄,或漏网于影射,有司坐视,莫敢谁何。遂致闾阎小民甘心抛荒田产,逃移四方,又何在乎丁粮渐减而赋役愈重耶!"③

南方的情况犹有过之,庞尚鹏、海瑞力图改变这种局面。庞尚鹏在巡按浙江时,针对赋役的弊端,指出:"赋役不均实由于优免之太滥",因此他议立"十段锦之法","凡官吏、举监、生员、军灶匠丁,系例应优免者,即将应免之数开列名册前如或各甲内俱有丁粮,止从一甲内优免,其余免剩者,挨造入册,与民一体编差"④。他还指出,奸民以诡寄、花分等手段,避重就轻,频年告免,造成"轻重愈失其平"的状况,这种趋势必须加以制止,而一条鞭法乃是制止的手段之一⑤。海瑞也认识到这一点,早就对均徭十分重视,他在任淳安知县时就说过:"民间不苦朝廷正差,独苦均徭里役,富者破产,贫者逃亡,图图有之,是诚未可轻议也。"⑥他一出任应天巡抚便大力推行他所谓的"便民良法"——一条鞭法,他在公布的"督抚条约"中说:"均徭银力二差,近日题准总一条鞭编银,不得已而为补偏救弊之法,一时良法也。"⑦

一条鞭法实施以后,在南方取得了明显的效果。时人评论庞尚鹏的改革时说:"庞尚鹏巡按浙江时,乃奏请行一条鞭法,其法通府州县十岁中夏税秋粮,存留起运额若干,均徭里甲土贡雇募加银额若干通为一条鞭,总征而均支之也。其征收不轮甲,通一县丁粮均派之……盖轮甲则递年十甲充一岁之役,条鞭则合一邑之丁粮充一年之役也;轮甲则十年一差,出骤多易困,条鞭令每

---

① 万历《泽州志》卷7《籍赋志·税粮》。
② 万历《章丘县志》卷12《条鞭法》。
③ 《明神宗实录》卷31,万历二年十一月丙辰。
④ 庞尚鹏《百可亭摘稿》卷1《厘宿弊以赋役疏》。
⑤ 庞尚鹏《百可亭摘稿》卷1《均徭役以杜偏累以纾民困疏》。
⑥ 《海瑞集》上编《均徭申汶》。
⑦ 同上书上编《督抚条约》。

年出办,所出少易输……诸役钱分给主之,官承募人,势不得复取赢于民,而民如限输钱讫闭户卧,可无复追呼之扰,此役法之善者也。"孙承泽在肯定庞尚鹏之后,对张居正把一条鞭法推广到全国也给予充分的肯定:"后江陵相当国,复下制申饬海内通行者将百年……"①后人评论海瑞的改革时说:"赖巡抚海公均田粮,行一条鞭法,从此役无偏累,人始知有种田之利,而城中富室始肯买田,乡间贫民始不肯轻弃其田矣。至今田不荒芜,人不逃窜,钱粮不拖欠。"②这固然难免有夸大之处,但一条鞭法把徭役由户丁编派改为丁田编派,不仅可以保证官府能顺利地征收到条鞭银,而且也意味着徭役负担较前合理化,则是不可否认的事实。这对于改变正德、嘉靖以来役法的流弊是有一定作用的。所以当时人说:"正嘉以来事日增役日繁,在小民利于官产,而官产则少;在优免人户利于民田,以省杂徭,而买者卖者或以官作民,或以民作官,以各就其利。于是民间减价出鬻者日益多,而差役之并于佃户者日益甚","革现年之法为条鞭"之后,"向来丛弊为之一清"③。

由于南北经济情况以及赋役通行习惯的差异,而一条鞭法主要是依据南方情况制订的,因此推行于北方以后,在一个短时期内必然会带来一些不便。万历初期北方官僚议论纷纷,例如万历五年户科给事中光懋上疏说,一条鞭法便于江南而不便于江北,建议北方赋役仍照旧例,不要强行一条鞭法④。山东兖州府东阿县人于慎行在论及一条鞭法时,既承认其优越性,也指出其局限性,他说:"统论此法,便于南者多,便于北者少,便于粮者多,便于差者少。"⑤

这种意见并非毫无根据的无稽之谈,部分由于脱离当地具体情况生搬硬套,部分由于土地负担加重不利于豪绅富户,部分由于土地贫瘠,而引起此种议论,情况比较复杂。当时人已有所察觉。唐鹤征说,一条鞭法"行之山东者,齐鲁之民群起哗焉",什么道理呢?"盖条编主田为算,而每丁折田二亩。江南地土沃饶,以田为富,故赋役一出于田,赋重而役轻……齐鲁土瘠而少产,其富在户,故赋主田而役主户,赋轻而役重。以轻带重,田不足供,安得不困?"⑥而

---

① 孙承泽《春明梦余录》卷35《户部·一条鞭》。
②③ 顾炎武《天下郡国利病书》卷14《江南》。
④ 《明神宗实录》卷58,万历五年正月辛亥。
⑤ 于慎行《谷城山馆文集》卷34《与抚台宋公论赋役书》。
⑥ 《天下郡国利病书》卷23《江南》。

万历《章丘县志》分析得更深一层:"本县未行条鞭之先,乡官、举监、生员各照例优免粮银、丁银之外,一应杂办差银,毫不与及其种地",行条鞭之后,"士大夫所免止于例,例有限,而所加者因乎地,地无穷,地愈多银愈加,致使新行所加派者反多于旧例之所优免者","而犹以其(民户)所减派之银数,加派于有地士夫之家",因而此法"便于庶民而不便于士夫","无怪乎乡官、举监、生员之屡屡陈诉也"①。看来一条鞭法"便于庶民而不便于士夫",才是问题的症结所在。

因为这个关系,所以反对言论一时甚嚣尘上。

有的说:"差分九等,粮独不可九等三等,而乃一条鞭乎!名虽一条鞭,实乃杀民一刃刀也。典卖田产,市鬻女男,离弃乡井,若死牢禁,不惟下户,中户亦有之矣。"②有的说:一条鞭法无视土地肥瘠与贫富差别,"贫民之地皆不售者,非沙碱则不毛,富人之田膏沃易治,所得子粒比贫民或加十倍,一例纳粮,贫者何以堪乎?"③

但是,这些反对意见并没有导致一条鞭法的取消。随着时间的推移,一条鞭法的可取之处逐渐显示出来。当时人说:"近议有便有不便者,夫条编非尽便也,相提而论,便多于不便也。"④可谓持平之论。即使认为一条鞭法不便的于慎行,也不得不承认从实行一条鞭法以来二十年,"邑士称其便",这主要表现在:税粮总收起解,差役照丁地编派,按丁征银与按亩征银,官府出银雇役,大户免除妄费,解消见年里长,无诡寄请托等⑤。正是基于这一基本事实,万历以来编撰的地方志大多称赞一条鞭法。崇祯《历乘》所列举的"条鞭十利"是有代表性的。

一利:通轻重苦乐于一里十甲之中,则丁粮均而徭户不苦难;

二利:法当优免者不得割他地以利荫;

三利:钱输于官而需索不行;

四利:折阅不赔累;

五利:合银力二差并公私诸费,则一人无丛役;

---

① 万历《章丘县志》卷12《条鞭法》。
② 李开先《李中麓闲居集》卷12《苏息民困或问》。
③ 葛守礼《葛端肃公集》卷15《与姜鸣泉中丞论田赋》。
④ 顾炎武《天下郡国利病书》卷41,山东。
⑤ 于慎行《谷城山馆文集》卷34《与抚台宋公论赋役书》。

六利：去正副二户则贫富平；

七利：承禀有制而侵渔无所穴；

八利：官给银募人，而募人不得反复抑勒；

九利：富者得弛担，而贫者无加额；

十利：银有定例则册籍清而诡寄无所容。①

但是，到了明末，由于政治腐败，一条鞭法得"规制顿紊，不能尽遵"，成为一大社会问题。有的说："虽然条鞭已折差役，而里徭之科派不止，则条鞭之名实舛。"②有的说："名一条鞭"，"不啻十条鞭"③，即条外有条，鞭外有鞭。这些弊端的根源，与其说是一条鞭法的本身，倒不如说是地方官不能尽遵一条鞭法的规制。正如明末人所分析的那样："今均徭变为条鞭"，"始未尝不善，久之弊生，非其法之罪也"④。

用历史的眼光看问题，一条鞭法是赋役发展史上一大进步。它把各种徭役折成银两（货币），与田赋折成的银两（货币）合成一个总数，统一征解，使赋役简单化。所谓通计一省丁粮均派一省徭役，即按比例分别把役的折色银分摊到丁与地（税）上，统征丁银、地银。比较而言，田多粮（税）多者出银就多些，这不能不认为较前相对合理化了。而赋役一律以银（货币）为计量单位，是符合当时整个社会商品经济发展趋势的⑤。

总而言之，万历新政的财政经济改革的效果是显而易见的。由于开源节流双管齐下，财政赤字渐趋消失，史称："太仓粟可支数年，冏寺积金不下四百余万。"⑥此话是有坚实的事实根据的。

户部管辖的太仓的收入，从嘉靖、隆庆年间每年二百万两白银，到万历初期，激增至三百万两至四百万两之间⑦。从隆庆八年（1572年）到万历五年（1577年），这一变化十分显著。根据《明实录》中"太仓银库实在银数"的记录，

---

①④　崇祯《历乘》卷7《赋役考》。

②　《皇朝经世文编》卷29任源祥《问条编征收之法》。

③　顺治《襄阳府志》卷6《里甲》。

⑤　参看拙作《一条鞭法的由来与发展》，载《明史研究论丛》第一辑，江苏人民出版社，1982年，第124～151页。

⑥　谈迁《国榷》卷71，万历十年六月丙午。《明神宗实录》卷125，万历十年六月丙午。

⑦　全汉昇、李龙华《明中叶后太仓岁入银两研究》，载《香港中文大学中国文化研究所学报》第5卷第1期。

大致呈现以下态势：

| | |
|---|---|
| 隆庆六年六月 | 2525616 两 |
| 六年十月 | 2833850 两 |
| 六年十一月 | 4385875 两 |
| 万历三年四月 | 4813600 两 |
| 三年六月 | 5043000 两 |
| 五年四月 | 4984160 两① |

据户部报告，隆庆元年(1567年)前后，京师仓库储存的粮食约七百万石，可支给京营官军两年消费；到了万历五年，京师仓库储存的粮食足可供六年消费②。

兵部管辖的太仆寺（即所谓囧寺）的白银收入，到万历五年一举突破四百万两大关③。

从隆庆元年到万历二十年(1592年)，太仓银库岁入银两增长明显。如果把嘉靖二十七年(1548年)太仓银库岁入银2000000两定为指数100，那么隆庆元年至万历二十年间太仓银库岁入银两及其指数，可列表如下。

表10　隆庆元年至万历二十年太仓岁入银两及指数变化

| 年　份 | 岁入银数（两） | 指　数 |
|---|---|---|
| 隆庆元年(1567年) | 2014200 | 100.71 |
| 隆庆二年 | 2300000 | 115.00 |
| 隆庆三年 | 2300000 | 115.00 |
| 隆庆四年 | 2300000 | 115.00 |
| 隆庆五年 | 3100000 | 155.00 |
| 万历元年(1573年) | 2819153 | 140.96 |
| 万历五年 | 4359400 | 217.97 |
| 万历六年 | 3559800 | 177.99 |
| 万历八年 | 2845483 | 142.27 |
| 万历九年 | 3704281 | 185.21 |
| 万历十一年 | 3720000 | 186.00 |

---

①②③ 岩井茂树《张居正财政的课题和方法》，载岩见弘、谷口规矩雄编《明末清初期的研究》，第225～270页。

续 表

| 年　份 | 岁入银数(两) | 指　数 |
|---|---|---|
| 万历十三年 | 3700000 | 185.00 |
| 万历十四年 | 3890000 | 194.50 |
| 万历十八年 | 3270000 | 163.50 |
| 万历二十年 | 4512000 | 225.60 |

资料来源：全汉昇、李龙华《明中叶后太仓岁入银两研究》，载《香港中文大学中国文化研究所学报》第 5 卷第 1 期。

这是万历新政所带来的变化。万历时期成为明朝最为富庶的几十年，绝不是偶然的。

# 第二章

# 明神宗：十岁登极的小皇帝

明神宗朱翊钧

## 一、从皇太子到小皇帝

朱翊钧登极后,改年号为万历,人称万历皇帝;死后,庙号神宗,史称明神宗。他出生的时候,祖父明世宗当朝,父亲(即后来的明穆宗)还是个亲王——裕王。据说,嘉靖十八年(1539年)二月,嘉靖皇帝册立第二子为皇太子,三子为裕王,四子为景王。大礼举行完毕,各王府太监持所赐册宝归府,误将皇太子册宝与裕王册宝调错,太子拿到的是裕王册宝,而太子册宝却到了裕王府。其时太子已身患绝症,不久便夭折,年仅十四岁。这一差错引起朝廷内外骇怪,因为裕王与景王虽排行三、四,其实同岁,大臣们颇以为皇上有所偏袒。景王于册封四年之后去世,人们纷纷议论,以为册宝之兆久定于冥冥之中。终世宗一朝,太子死后,未再建储位,但皇位继承人已非裕王莫属了[①]。

嘉靖四十五年(1566年)十二月十四日,明世宗死。十二月二十六日,裕王即位,改明年为隆庆元年,这就是明穆宗。穆宗共生育四个儿子,长子、次子先后夭折,仅存三子翊钧、四子翊镠。穆宗的三子、四子均为李氏所生。李氏,顺天府漷县人。其父李伟(字世奇)为避乱,携家迁居京师。不久,李氏被选入裕王府,作为宫人。嘉靖四十二年生朱翊钧。穆宗即位后,于隆庆元年(1567年)册封李氏为贵妃[②]。隆庆二年,李贵妃又生翊镠,四岁时册封为潞王[③]。

朱翊钧生于嘉靖四十二年八月十七日酉时。那时他的两位兄长已经去世,而弟弟还未出世,深得父亲喜爱,意欲将来册立为太子。

---

① 沈德符《万历野获编》卷4《太子册宝》。
② 郑汝璧《皇明帝后纪略》。《明史》卷114《后妃传》。
③ 《明史》卷120《诸王传》。

隆庆二年（1568年）春，张居正以内阁辅臣身份，向穆宗上《请册立东宫疏》，建议及早册立朱翊钧为太子。他向皇上指出，太子是国之大本，从来圣明帝王莫不预定储位，表示对宗庙、社稷的尊重。张居正说，当初他在裕王府邸时，就知道皇子聪明岐嶷，睿质凤成。去年皇上登极之初，礼部官员就曾疏请册立皇太子，而皇上以为皇子年幼，拟先赐名而后册立。本朝早立皇太子不乏先例：宣宗于宣德三年（1428年）立英宗为皇太子，时年两岁；宪宗于成化十一年（1475年）立孝宗为皇太子，时年六岁；孝宗于弘治五年（1492年）立武宗为皇太子，时尚未满岁。现在皇子已六岁，伏望皇上于今春吉旦，早立储宫之位，以定国本，以慰群情①。

这一建议被穆宗采纳。隆庆二年三月初八日，为了册立皇太子，穆宗亲自告于奉先殿。奉先殿即皇极殿，俗称金銮殿，在皇极门内，居中向南，金砖玉瓦，巍然屹立于须弥座台基上，南向九间，是紫禁城内最大的建筑物。殿中设宝座，四周环绕六根沥粉金漆巨大蟠龙柱，顶上罩蟠龙井。这个庄严肃穆的宫殿是皇帝举行隆重仪式的场所②。穆宗派英国公张溶、镇远侯顾寰、驸马都尉邬景和、安卿伯张铉等祭告郊庙社稷③。

三月初九日，穆宗在皇极殿传制：册立皇子为皇太子。命成国公朱希忠为正使持节，大学士徐阶为副使，捧册宝诣文华殿行礼。朱希忠，字贞卿，凤阳怀远人。嘉靖十五年（1536年）承袭父亲朱凤的爵位（成国公），其后又掌五军都督府，是当朝一位元老重臣④。徐阶，字子升，号少湖，一号存斋，松江华亭人，嘉靖二年进士，历官礼部尚书、东阁大学士，嘉靖四十二年取代严嵩成为内阁首辅。世宗卒，穆宗立，他以顾命大臣仍为内阁首辅⑤。由他们两人作为正副使节，主持皇太子册立典礼，显示了穆宗对太子的珍爱。

册立皇太子的册文，是一篇典型的官样文章，它以皇帝的口气写道："盖闻万国之本，属在元良；主器之重，归于长子。朕躬膺景命，嗣托丕图，远惟古昔早建之文，近考祖宗相承之典，爰遵天序，式正储闱。咨尔元子，日表粹和，天

---

① 张居正《张文忠公全集》卷1《请册立东宫疏》。
② 刘若愚《酌中志》卷17《大内规制纪略》。
③ 《明穆宗实录》卷18，隆庆二年三月庚申。
④ 《明史》卷145《朱能传附朱希忠》。
⑤ 王世贞《嘉靖以来首辅传》卷5《徐阶传》。

资颖异。诞祥虹渚,凤彰出震之符;毓德龙楼,允协继离之望。是用授尔册宝,立为皇太子,正位东宫……"①

这一天,穆宗颁诏天下。诏书中重申"预定储贰,所以隆国本而系人心"的道理,表彰朱翊钧"英姿岐嶷,睿质温文,仁孝之德凤成,中外之情元属"。还向臣民表白,册立皇太子实在是出于群臣的再三恳请。为了普天同庆,皇帝特地颁布"宽恤事宜",除了对宗室子女、亲王郡王及其他皇室亲戚,还有两京文官,在外文武官员,各边将领及各处军职人员,都给予优惠。此外,还申明了对臣民的皇恩:

——自隆庆二年三月十一日以前,凡官吏军民犯法,除真犯死罪,及驱骗侵欺钱粮等,罪在不赦外,其余不论已发觉未发觉、已结正未结正,一概赦免;

——浙江等处布政司,并南直隶、北直隶府州县,隆庆二年分秋粮(农业税),除漕运四百万石外,其余各存留地方者,减免十分之三;

——南直隶、浙江原先派征蓝靛、槐花、栀子、红花等染料,今后都准予免派,由工部召商买送织染局应用;

——各处逃亡人户,愿复业者,免除差役二年。山东、淮扬、凤阳等处抛荒田土,许诸人告官承种,免除粮差(赋税徭役)五年②。

三月初十日,以册立东宫礼成,穆宗在皇极殿接受群臣上表称贺;六岁的皇太子朱翊钧则在文华殿东廊接受群臣上笺行礼③。

这一切对于一个娃娃来说,似乎在演戏。然而在他的父皇看来,却是非同小可的头等大事,皇太子是他的接班人(所谓储贰),非得着力调教不可。于是,到了隆庆六年(1572年)二月,皇太子十岁时,穆宗亲自为他选择了教官(即东宫辅导)。皇太子的老师都是当时声名显赫的高级官僚:高仪、张四维、余有丁、陈栋、马自强、陶大临、陈经邦、何洛文、沈鲤、张秩、沈渊、许国、马维文、徐继申。到了三月,皇太子就正式"出阁就学",开始接受传统文化与伦理道德的训练,以便有朝一日成为一个称职的皇帝。

一天,朱翊钧在御道西侧遇见内阁辅臣,客气地说:"先生良苦翊赞。"辅臣顿首答谢:"愿殿下勤学。"朱翊钧回答:"方读《三字经》。"少顷又说:"先生

①② 《明穆宗实录》卷18,隆庆二年三月辛酉。
③ 同上书卷18,隆庆二年三月壬午。

且休矣。"①朱翊钧孝顺而聪明。某日,穆宗在宫中骑马奔驰,他见了劝谏道:"陛下天下主,独骑而骋,宁无衔橛忧!"那意思是,你一个人骑马驰骋,不怕摔下来吗?儿子天真无邪的爱,让穆宗感到说不出的欣慰,立即下马,爱抚了一番。朱翊钧对陈皇后也很孝敬。陈皇后不是他的生母,而是嫡母,又居于别宫。他每天早晨起床后,必定要随生母李贵妃到别宫去向陈皇后请安,称为"候起居"。陈皇后无子,很喜欢翊钧,每天早晨听到太子与贵妃的脚步声,心情特别欢快。见到翊钧,便拿出经书,询问他的学习情况。翊钧无不对答如流,在旁的李贵妃心中也窃窃自喜。由于翊钧的沟通,两宫日益和睦②。

然而,这个准备时间委实太短暂了。朱翊钧出阁就学仅两个月,父皇就驾崩了。

隆庆六年正月下旬,穆宗患病,且伴有热疮。在宫中调理一个多月后,稍有好转。闰二月十二日,病后首次视朝。森严的紫禁城内响起了沉闷的钟声,文武百官闻声入班。内阁首辅高拱与次辅张居正从内阁出来,徐徐北上,过会极门③,抬眼望去,御路中央穆宗的轿子已经在那里等候了,但见穆宗并不乘轿,却径自向文华殿④走去。高拱心中颇为疑惑:"上不御座,竟往文华殿耶!"⑤立即趋步向前迎去,几个内使也急急赶来传呼:"宣阁下!"高拱、张居正听召后赶忙向穆宗座轿停放的地方。穆宗走下金台,面带愠色,向前走去,内使们环跪于轿子两旁。穆宗见到了高拱,脸色平缓了些,走上前去拉住高拱的衣服。高拱早在穆宗还是裕王时就在他身边担任教官,关系很融洽,便问道:"皇上为何发怒,今将何往?"

穆宗答道:"吾不还宫矣。"

高拱劝解道:"皇上不还宫,当何之?望皇上还宫为是。"穆宗稍作沉思,表示同意:"你送我。"

高拱赶紧回答:"臣送皇上。"⑥

---

① 吕毖《明朝小史》卷14《万历纪》。
② 《明史》卷20《神宗本纪》。
③ 刘若愚《酌中志》卷17《大内规制纪略》:"过皇极门再东,曰会极门,凡京官上本接本俱于此,各项本奉旨批抄,亦必由此处。会极门里向东南入,曰内阁,辅臣票本清禁处也。"
④ 文华殿在会极门东向南,是皇帝与大臣商议国事的地方。
⑤ 高拱《高文襄公文集》卷43《病榻遗言·顾命纪事》。
⑥ 同上书卷43《病榻遗言·顾命纪事》。何乔远《名山藏》卷29《典谟纪·穆宗》。对话均引原文,以下同。

这时,穆宗那紧抓高拱衣服的手松开了,握住高拱的手,一面露出手腕上的疮,说:"看,吾疮尚未落痂也。"高拱随穆宗走上金台,穆宗连声说:"祖宗二百年天下,以至今日。国有长君,社稷之福。争奈东宫小哩!"一语一顿足,连说了几遍。他自知不久于人世,而太子(即东宫)还小,令他担忧。穆宗今日一反常态,其源盖出于此。

穆宗在高拱一行陪同下,一直走到乾清门,并进入乾清宫的寝殿。穆宗登上御榻坐定,右手仍握住高拱的手不放。从御路一直到寝殿,穆宗始终握住高拱的手不放,时时颜色相顾,眷恋之情蔼然,言谈间还流下了眼泪①。其临危托孤的心情已流露无遗了。

这时内阁次辅张居正、成国公朱希忠都进入了寝殿,在御榻前向皇上请安。站在皇上身边的高拱一手被皇上握住,只能鞠躬,不能屈膝叩头,面对同僚的叩拜颇为尴尬。穆宗看出了高拱局促不安,得体地松开了手。高拱赶紧走到御榻下,向皇上叩头,并与张居正、朱希忠一行退出寝宫,在门外候旨。

须臾,穆宗遣内侍召入高拱等人。高、张、朱站立于丹墀,恭候圣旨纶音。穆宗却命他们再向前,待三人在御榻前立定,他缓缓说道:"朕一时恍惚。自古帝王后事……卿等详虑而行。"②三人叩头后,退出乾清门外候旨。少顷,内侍高声传旨:"着高阁老在宫门外,莫去!"高拱随即对张居正说:"我留,公出,形迹轻重唯为公矣。公当同留,吾为奏之。"便对内侍说:"奏知圣上,二臣都不敢去。"③

到薄暮时分,内侍传旨:"高阁老宿宫门。"高拱碍于宫内礼仪,回奏道:"祖宗法度甚严,乾清宫系大内,外臣不得入,昼且不可,况夜宿乎!臣等不敢宿此,然不敢去,当出端门宿于西阙内臣房。有召即至,有传示,即以上对,举足便到,非远也。"显然,穆宗在正月大病后,心有余悸,已经在考虑后事了,今日召见三位大臣就流露了"后事卿等详虑而行"的心思。自知去日无多,应预作安排,所以才命阁老在宫内过夜。高拱不愧足智多谋,想出了两全其美的办法,在离乾清宫咫尺之遥的西阙太监直庐过夜,静候传唤。既然内阁辅臣留宿

---

① 《高文襄公文集》卷43《病榻遗言·顾命纪事》。
② 同上书卷43《病榻遗言·顾命纪事》。省略号处,系高拱自注:"下此二句听不真,意是预备后事。"
③ 同上书卷43《病榻遗言·顾命纪事》。何乔远《名山藏》卷29《典谟纪·穆宗》。

西阙,那班五府六部大臣也都不敢回家,只得留宿朝内,谓之"朝宿"。以后几天亦复如此。不久,内侍传来消息:"圣体稍安。"高拱兴奋得马上写了一个札子呈上:"臣闻圣体稍安,不胜庆幸。今府部大臣皆尚朝宿不散,宜降旨,令各回办事,以安人心。而臣等仍昼夜在内,不敢去。"穆宗以为然,立即降旨,命百官散去。而高拱、张居正仍每日问安如初。过了四天,穆宗觉得身体"益平愈",便遣内侍慰劳高、张,命他们回家,一场虚惊才算过去①。

有一天,穆宗兴致较好,乘坐轿子来到内阁,高拱、张居正大吃一惊,急忙出迎,俯伏在地。穆宗将两人扶起,挽着高拱的手臂,仰望天空良久,欲语还休。高拱挽扶穆宗行至乾清门,穆宗才说了一句话:"第还阁,别有论。"到了第二天,又寂然无声息。善于机变的张居正从旁细细观察皇上脸色:"色若黄叶,而骨立神朽",已经病入膏肓。虑有不测,便暗自写了关于皇上后事处分十余条,密封后派人送给司礼监太监冯保。

五月二十二日,宫中传出"上不豫增剧"的消息。五月二十五日又传出"上疾大渐"的消息②。这一天,穆宗召见内阁辅臣高拱、张居正、高仪,到乾清宫受顾命。高拱等人急急忙忙进入寝殿东偏室,但见穆宗倚坐在御榻上,皇后、皇贵妃隔着帏帘坐在御榻边,皇太子朱翊钧立在御榻左面③。

此时坐在御榻边的皇后,即孝安皇后陈氏。陈皇后无子,被穆宗移居别宫,抑郁而病。外廷传闻此事,议论纷纷。不久,陈皇后还是回到了坤宁宫。坐在皇后身边的皇贵妃李氏,是皇太子朱翊钧的生母。

高拱等人跪在穆宗御榻下。倚坐在御榻上的穆宗命高拱伸手上来,抓住高拱的手,一面望着身边的后妃,一面对高拱托孤,断断续续地说:"以天下累先生","事与冯保商榷而行"④。尔后,便命司礼监太监冯保宣读遗嘱。遗嘱有

---

① 《高文襄公文集》卷43《病榻遗言·顾命纪事》。何乔远《名山藏》卷29《典谟纪·穆宗》。
② 《名山藏》卷29《典谟纪·穆宗》。《明穆宗实录》卷70,隆庆六年五月己酉。
③ 《明实录》说:"中宫及皇贵妃咸在御榻边,东宫立于左。"《病榻遗言》说:"皇后、皇贵妃拥于榻,太子立榻右。"一说左,一说右,大约是视角不同。据吴伯与《国朝内阁名臣事略》卷9《高文襄公状略》所载:"上倚坐御榻上,中宫及皇贵妃咸在御榻边,东宫立于左,公等跪御榻下。"在皇帝眼里,皇太子立于御榻左边,在高拱眼里,皇太子立于御榻右边。
④ 王世贞《嘉靖以来首辅传》卷6《高拱传》。高拱为了强调穆宗遗诏系冯保、张居正专擅,对穆宗执手嘱托之事只字不提,反而说,当时"上已昏沉不省"。同时接受顾命的张居正事后回忆此事说:"先帝临终,亲执臣手,以皇上见托。"(《张文忠公全集》卷8《乞鉴别忠邪以定国事疏》)可见当时穆宗并未昏迷。

两道,一道是给皇太子的,一道是给顾命大臣的。

给皇太子的遗嘱写道:"遗诏,与皇太子。朕不豫,皇帝你做,一应礼仪自有该部题请而行。你要依三辅臣并司礼监辅导,进学修德,用贤使能,无事荒怠,保守帝业。"①给顾命大臣的遗嘱写道:"朕嗣祖宗大统,今方六年。偶得此疾,遽不能起,有负先皇付托。东宫幼小,朕今付之卿等三臣,同司礼监协心辅佐,遵守祖制,保固皇图。卿等功在社稷,万世不泯。"②这个遗嘱引起外廷大臣议论纷纷。高拱极力扬言是张居正与冯保所拟,并非皇上本意,尤其对于其中"卿等同司礼监协心辅佐"一句,攻击最力。这不免有点过分,且不说穆宗托孤时曾亲口对他说"事与冯保商榷而行",可以为证。而且,当时在场的皇贵妃即后来的慈圣皇太后,万历六年(1578年)二月在一道慈谕中说"司礼冯保,尔等亲受顾命"云云,更是确证③。由此可见,穆宗的遗嘱虽为张居正与冯保所拟,但并未违背穆宗原意。《实录》纂修官在修史时疏于考订,为调和矛盾,竟将遗嘱中"卿等同司礼监协心辅佐"一句删除。见于《实录》的遗嘱是这样的:"朕嗣祖宗大统,今方六年。偶得此疾,遽不能起,有负先皇付托。东宫幼小,朕今付之卿等三臣,宜协心辅佐……"④高拱亲受顾命,又领受了遗嘱文本,在回忆录《病榻遗言》中抄录了遗嘱的全文,明白写着"同司礼监协心辅佐"一句。而且他事后还多次对这一句话发表议论,以为"自古有国以来,未曾有宦官受顾命之事"⑤。《实录》的这种删削,出于某种政治意图,掩盖事实真相,实在不足为训。

且说高拱等听完穆宗顾命之辞,大为悲痛,边哭边奏:"臣受皇上厚恩誓以死报。东宫虽幼,祖宗法度有在,臣务竭尽忠力辅佐。东宫如有不得行者,臣不敢爱其死。望皇上无以后事为忧。"⑥且奏且哭,奏完便长号不止。在旁的皇后、贵妃也失声痛哭。少顷,内侍扶起高拱等人,三人长号而出。

第二天,即五月二十六日,穆宗死于乾清宫。他生于嘉靖十六年(1537年)正月二十三日,卒于隆庆六年(1572年)五月二十六日,终年三十六岁(虚岁),

---

① 《高文襄公文集》卷43《病榻遗言·顾命纪事》。
② 吴伯与《国朝内阁名臣事略》卷9《高文襄公状略》。《高文襄公文集》卷43《病榻遗言·顾命纪事》。何乔远《名山藏》卷29《典谟纪·穆宗》。
③ 《明神宗实录》卷72,万历六年二月壬午。
④ 同上书卷77,隆庆六年五月己酉。
⑤⑥ 《高文襄公文集》卷43《病榻遗言·顾命纪事》。

在位六年。次日发丧,向全国颁布遗诏:"朕以凉德,缵奉丕图,君主万方,于兹六载,夙夜兢兢,图惟化理,惟恐有辜先帝付托。乃今遘疾弥笃,殆不能兴。夫生之有死,如昼之有夜,自古圣贤其孰能免?惟是维体得人,神器有主,朕即弃世,亦复何憾!皇太子聪明仁孝,令德天成,宜嗣皇帝位。其恪守祖宗成宪,讲学亲贤,节用爱人,以绵宗社无疆之祚。内外文武群臣协心辅佐,共保灵长,斯朕志毕矣。其葬礼悉遵先帝遗制,以日易月二十七日释服,毋禁音乐嫁娶。宗室亲王,藩屏是寄,不可辄离本国。各处镇守、巡抚、总兵等官,及都、布、按三司官员,严固封疆,安抚军民,不许擅离职守。闻丧之日,止于本处朝夕哭临三日,进香遣官代行。广东、广西、四川、云南、贵州及各布政司,七品以下衙门俱免进香。诏谕中外,咸使闻之。"①

一切都有条不紊地按照遗诏的规定在进行着。从遗诏可以看出穆宗的秉性与风格,他不要大事声张。他是明朝历代帝王中最不显眼的一个,在位时间只比惠帝(建文)、仁宗(洪熙)稍长一点,而无法与其他诸帝相比拟。他虽是一个平庸皇帝,却也有自己的特色:清静、宽仁,所谓"清静合轨汉帝,宽仁比迹宋宗"②。把他与汉文帝、宋太宗相提并论,未免有点溢美,不过清静宽仁倒是事实。他一上台,就一改先皇(明世宗)的苛政,"黜不经之祀,绝无名之狱,除烦苛,节浮冗,恤贫困,理冤滞,崇奖遗逸,汰斥险邪"③。据说,他在裕王府时,厨师常烩制一道名菜——驴肠,令他爱不释口。即位后,问明侍从,才知是烩驴肠,于心不忍,下令光禄寺停止制作此菜。并对侍从说明道理:"若尔,则光禄寺必日杀一驴,以备宣索,吾不忍也。"④每逢岁时游娱行幸,光禄寺为供膳煞费苦心,必提前将菜单呈上,请旨裁定。穆宗总是选取最简单的方案,以示节俭。他是一个"刚德内用,柔道外理"型帝王。在宫闱掖庭极为严格,"周防慎察,严肃整齐,无敢出声";而临朝理政,与大臣接触,则施以宽仁柔道,"臣庶廷谒,小不如仪,常假借宽宥左右近侍,未尝轻降辞色"⑤。

穆宗死后第二天,礼部左侍郎王希烈前往天寿山相度陵墓⑥。九月十一日,穆宗的梓宫(棺材)起程运往昭陵。九月十九日辰时,迁梓宫入皇堂,行题

---

① 《明穆宗实录》卷70,隆庆六年五月庚戌。
② 何乔远《名山藏》卷29《典谟纪·穆宗》。
③④⑤ 《明穆宗实录》卷70,隆庆六年九月壬寅。
⑥ 《明神宗实录》卷1,隆庆六年五月辛亥。

神主礼毕。未时,掩闭玄宫,葬礼完成①。

国不可一日无君。既有先帝付托,穆宗死后第三天,即五月二十八日,内阁首辅高拱等上疏"劝进",希望皇太子早日即位,并拟就登极仪注。

五月三十日,文武百官在会极门上表"劝进"。朱翊钧接到劝进表后,为了表示某种姿态,遵从某种礼仪,没有同意。他谕答道:"览所进笺,俱见卿等忧国至意,顾于哀痛方切,维统之事岂忍遽闻,所请不准。"②

六月初一日,天刚亮,有日蚀。百官忙于穆宗丧事,哭临于思善门;哭临毕,又赴礼部行护日礼③。少顷,朱翊钧身穿缞服来到文华殿。文华殿在会极门东侧,是皇帝与大臣议事的地方,前殿匾额写着"绳愆纠谬"四个大字。他在这匾下再次受到百官劝进。朱翊钧召内阁辅臣入内,交谈片刻,立即传谕:"卿等为宗社至计,言益谆切,披览之余,愈增哀痛,岂忍遽即大位,所请不允。"④

六月二日,朱翊钧缞服至文华殿,百官第三次劝进。这次,他不再推辞了。召见内阁、五府、六部官僚,稍作商议,传出谕旨:"卿等合词陈情至再至三,已悉忠恳。天位至重,诚难久虚,况遗命在躬,不敢固逊,勉从所请。"⑤

六月初三日,礼部呈上登极仪注。六月初十日,皇太子朱翊钧正式举行即位典礼,宣布改明年为万历元年。这样,他就成了明朝第十三代皇帝,即明神宗。

他即位后第一件事便是按照惯例颁发大赦诏书,开列了十几条大赦事宜,诸如:

——自隆庆六年六月初十日以前,官吏军民人等,凡是犯有窃盗、逃军、匿名文书、未及害人谋杀人而不死者,悉免处死。至于犯该死罪,监禁十五年以上,笃疾者免死释放;

——宗室往年因事减革俸禄者,诏书到日,全革者准支三分,二分者准全支;

——宗室子女奏请名封选婚者,即题复施行;

---

① 《明神宗实录》卷5,隆庆六年九月庚子。《张文忠公全集》卷2《山陵礼成奉慰疏》。
② 同上左书卷1,隆庆六年五月甲寅。
③ 谈迁《国榷》卷68,隆庆六年六月乙卯。
④ 《明神宗实录》卷2,隆庆六年六月乙卯。
⑤ 同上书卷2,隆庆六年六月丙辰。

——凡在凤阳高墙内禁锢的宗室，本人已故，所遗子孙妻妾无罪拘系，未及放回者，奏请释放；

——自嘉靖四十三年至隆庆元年拖欠钱粮（赋税），除金花银外，悉从减免；隆庆二年至四年拖欠钱粮，减免十分之三；

——陕西、苏州、杭州、嘉兴、湖州、应天等处，差人坐守织造之丝绸等项，悉皆停免；

——自嘉靖四十五年十二月以后至隆庆六年五月以前，因上疏建言获罪诸臣，如果情非挟私，才力堪用者，议拟具奏起用。①

## 二、视朝、日讲与经筵

斥逐内阁首辅高拱，令其回籍闲住，是朱翊钧即位后的第一件大事。此事虽然是冯保与张居正一手策划的，但是，如果没有皇后、皇贵妃与他本人的同意，绝不可能采取如此断然措施。几年以后，神宗对高拱怨恨之心依然未消。万历六年（1578年）九月高拱死时，高拱夫人张氏上疏陈乞恤典，神宗看了奏疏后愤愤地说："高拱不忠，欺负朕躬，他妻还来乞恩，不该准他！"还是张居正说情，一再提及"拱向待先帝潜邸有旧劳，宜与恤典"之后，才同意高拱复原职、与祭葬的政治待遇②。

作为一个皇帝，尽管年幼，权力仍是至高无上的。况且神宗与乃父颇异，有点类似其祖父，是一个有头脑有才干的人。十岁登极的他，也要按照规定视朝，当然有些是纯粹礼仪举动，但也不尽然，在视朝时常常就朝政大事有所指示。如果以为内有两宫皇太后"垂帘听政"，司礼监太监冯保提携，外有内阁首辅张居正统揽大权，神宗是一个任人摆布的玩偶，未免失之偏颇了。

神宗的政治头脑是不容置疑的。父皇临终前再三叮嘱，要他依靠顾命大臣，因而他对张居正、冯保极为尊重，视为左右手，日常政务大多由他们两人处理。他对于张居正的革新主张持积极支持的态度，在很多问题上所见略同。

---

① 《明神宗实录》卷2，隆庆六年六月甲子。
② 文秉《定陵注略》卷1《逼逐新郑》。

他力图振新朝政,一改前朝萎靡不振状况。

其一,他主张简才图治。即位伊始,吏部送上一个考察条规,谈的是官吏考察事宜,涉及吏治整顿,着重议论裁汰冗官问题。该条规指出:各衙门事有繁简,人有绳驳,难以一律,有则汰黜数人亦不为多,无则不黜一人亦不为少。这是神宗即位后要面对的一大难题,他的批复是这样的:"卿等务要尽心甄别,毋纵匪人,毋枉善类,以称朕简才图治之意。"①

他所说的"毋纵匪人",不是浮泛套语。隆庆六年(1572年)十月二十三日视朝时,因湖广随州知州周行贪墨太甚,革职为民,交巡按御史审讯,并就此事发诏书给吏部,以严厉的口气指出:"近来查勘官员久不获伸,抚按官所干何事?便令上章完报,不得推委故纵!"②

其二,他很有主见,对臣下妄言极反感。隆庆六年十月二十四日,他看了广西道御史胡涍(字原荆,号莲渠,常州无锡人)的奏疏。胡涍有点迂腐,借"妖星见懿庆宫"为事由,认定这次星变应在宫妾无疑,便信口议论嘉靖、隆庆两朝宫妾闭塞后廷,老者不知所终,少者实怀怨望,寡妇旷女愁苦万状。由此,他提出当务之急是释放宫女,建议神宗掖廷中未曾蒙先帝宠幸的宫女,无论老少,一概放遣出宫。为了增强说服力,此公还不伦不类地引经据典,说什么"唐高不君,则天为虐,几危社稷。此固不足为皇上言,然往古覆辙,亦当为鉴"云云③。

原来十月初三夜有星象之变,到十九日夜晚,原先如弹丸般的星变成大如灯盏,赤黄色,光芒四射。对于崇敬天变的神宗及其臣子们,这是非同小可的事。神宗儆惧得连夜在室外祈祷。第二天,张居正对皇上说:"君臣一体,请行内外诸司痛加修省,仍请奏两宫圣母,宫闱之内同加修省。"神宗表示赞同,便给礼部写去一道谕旨要他们查一下旧例。礼部查了旧例后立即奏报,请如嘉靖四十二年(1563年)火星迭行之例,百官青衣角带办事五日。神宗当即批示:"你每为臣的都要体朕敬畏天戒之意,着实尽心修举职业,共图消弭,毋徒为修

---

① 《明神宗实录》卷2,隆庆六年六月癸未。
② 同上书卷6,隆庆六年十月丙子。
③ 同上书卷6,隆庆六年十月丁丑。《明史》卷215《陈吾德传附胡涍》。谈迁《国榷》卷68,隆庆六年十月丁丑。

省虚文。"①

神宗要臣下体会他"敬畏天戒之意","毋徒为修省虚文",偏偏来了个胡涍,把天变归咎于后廷,要皇上释放宫女,无疑把偌大的天戒的起因落到皇帝身上,显然是大胆妄言。这个胡涍,在神宗即位六日后,曾上疏对冯保代孟冲掌司礼监,并召用南京守备太监张宏,有所微词,奏请皇上严驭近习,毋惑谄谀,亏损圣德②。引起神宗与冯保不满。此时他又上疏要遣放宫女,神宗忍无可忍。次日,文华殿讲读刚完,神宗便拿出胡涍的奏本,指着其中"唐高不君,则天为虐"一句,叫张居正看,接着责问:"所指为谁?"张居正淡淡地解释道:"涍疏本为放宫女尔,乃漫及此言,虽狂谬,心似无他。"神宗怒气未消,降旨诘责胡涍。胡涍接旨后,诚惶诚恐地上疏引罪,终于落个革职为民的处分③。

两天以后,兵科都给事中李已(字子复,号月滨,河南磁州人)上疏为胡涍求情,说:"人君善政不一,莫大于赏谏臣;疵政不一,莫大于黜谏臣","胡涍官居御史,补过拾遗,绳愆纠谬,乃职分所宜。今一语有违,即行遣斥,恐自今以后,阿言顺旨者多,犯颜触忌者少",希望皇上或加薄惩,或令复职。李已的话不无道理,但神宗决不收回成命④。

到了万历元年(1573年)正月十二日,户科给事中冯时雨(字化之,号昆峰,苏州长洲人)上疏重提此事。他条陈六事,其第五事是"释幽怨",与胡涍相呼应,主张将掖廷宫女逐一查阅,凡未经先帝御幸者,全部放出;其第六事是"宥罪言",为胡涍求情,量行起用。神宗此时心情早已平静,对他所陈前四事——"笃孝恩"、"广延纳"、"重题覆"、"革传奉"表示赞许,对后两事(释放宫女、起用胡涍)不予考虑⑤。他在奏疏上批示:本朝事体与前代不同,今在宫妇女不过千数,侍奉两宫,执事六局,尚不够用;又多衰老,出无所归。胡涍狂悖诬上,朕念系言官,姑从轻处,如何与他饰词求用!⑥

关于宫女,他有自己的看法,用以侍奉两宫皇太后,并执事宫中六局还不够用,怎么谈得上遣散!因此,不容他人说三道四。对于宫女失职,则处罚极

---

① 《明神宗实录》卷6,隆庆六年十月丙辰。
② 《明史》卷215《陈吾德传附胡涍》。
③ 《明神宗实录》卷6,隆庆六年十月戊寅。
④ 同上书卷6,隆庆六年十月庚辰。
⑤ 同上书卷9,万历元年正月癸巳。
⑥ 钱一本《万历邸钞》万历元年癸酉卷,春正月庚子。

严。万历元年十一月某天,张居正在文华殿与皇上谈及宫女张秋菊逸火事件,向神宗说:"此人系先帝潜邸旧人,素放肆。圣母止欲笞五十,朕曰:'此人罪大不可宥。杖之三十,发安乐堂煎药矣。'"张居正附和道:"圣母慈仁,不忍伤物。皇上君主天下,若舍有罪而不惩,何以统驭万民!"神宗说:"然。法固有可宽者,亦有不当宽者。"张居正说:"诚如圣谕。昔诸葛亮言,宫中府中俱为一体,陟罚臧否,不宜异同。正此之谓。"①神宗与张居正是颇有共同语言的——"法固有可宽者,亦有不当宽者",日后他支持张居正按"综核名实,信赏必罚"原则实拖新政,是有思想基础的。

其三,小皇帝对于那些把上朝当作儿戏,想来就来、不想来就不来的大臣,不能容忍。隆庆六年十二月初六日,他按例视朝,命令检查出席人数,竟有抚宁侯朱冈等 173 名文武官员不来上朝。他当即表示予以严惩:各罚俸三个月!② 万历元年正月十九日,他视朝时,纠仪御史面奏:查点文武官员失朝者共计有新宁伯谭国佐等 119 名。他还是予以严惩:各罚俸三个月③。万历二年二月二十三日,他视朝时又命御史纠查失朝者,一查,数目惊人,竟有抚宁侯朱冈等 274 人不来上朝。于是传旨:各夺俸一个月④。既然皇上如此顶真,以后失朝者明显减少。这就是他所谓"法有不当宽者"的显例。

其四,对于抓住别人小节,随意弹劾的言官,他决不宽恕。万历元年二月春分,他派遣成国公朱希忠代祭大明于朝日坛,兵部尚书谭纶(字子理,号二华,湖广宜黄人)陪祭。谭纶近日身体小恙,陪祭时咳嗽之声连连不已。此事被言官景嵩(福建道御史)、雒遵(吏科都给事中)、韩必显(山西道御史)抓住,小题大做,弹劾谭纶"大不敬",说什么"岂不能将祀事于一时者,能寄万乘于有事",言下之意,谭纶如此表现,不配当兵部尚书。神宗接到这个弹劾奏疏,颇不以为然,便语带讽刺地批复:"咳嗽小疾易愈,本兵(兵部尚书)难于得人。这所奏,着吏部看了,就问景嵩等要用何人? 会同吏科推举来看。"⑤吏部没有领会这道上谕所包含的讽刺意味,认真地向皇上题复谭纶失仪事,指出:"抡选本

---

① 《明神宗实录》卷 19,万历元年十一月辛巳。
② 同上书卷 8,隆庆六年十二月戊午。
③ 《万历起居注》,万历元年正月十九日庚子。
④ 《明神宗实录》卷 22,万历二年二月戊辰。
⑤ 同上书卷 10,万历元年二月癸亥。

兵委难得人,进退大臣当处以礼,若以一嗽之故,敕令致仕,非唯不近人情,亦且有失国礼。"这正中神宗下怀,立即批示:"咳嗽小失,何至去一大臣!这厮每一经论劾,即百计搜求,阴唆党排,不胜不止。若用舍予夺不由朝廷,朕将何以治天下?"①于是降旨:雒遵、景嵩、韩必显各降三级,调外任。对于谭纶,只是稍加警告而已:以陪祀失仪,罚俸一个月,着照旧供职。这种处理方式,比那些言官要高明多了。

不过,小皇帝毕竟初视朝政,一切都感到陌生,因而对于辅臣张居正事事仰赖,尊崇备至,开口即称"元辅张先生",总是以先生相待。张居正也尽心尽责地辅导小皇帝处理朝政,大至朝廷用人之事,小至宫中节俭之事,无不一一关照。神宗总是一一听从、采纳。

隆庆六年十二月,接近年关了。张居正在讲读后向皇上启奏,以先帝丧期未过为由,春节期间宫中请勿设宴,并免去元宵灯火。神宗以为然,说:"烟火灯架,昨已谕免办。"又说:"宫中侍圣母膳甚简,每斋素食。或遇佳节小坐,但增甜食果品一桌,亦不用乐。"张居正说:"如此,不但见陛下追思先帝之孝,且节财俭用,自是人主美德,愿陛下常持此心。"神宗表示嘉纳,便传谕光禄寺:"节间宫中酒饭桌俱免办。"据称,仅此一举,节约银子七百余两②。

到了万历二年又近年关时,神宗又问张居正:"元夕(即正月十五元宵)鳌山烟火祖制乎?"言外之意是,前年与去年元宵烟火都已停止,今年总可以不停了吧!何况又是祖宗之制,年年如此的。张居正当然知道此意,回答道:"非也。始成化间,以奉母后,然当时谏者不独言官,即如翰林亦有三四人上疏。嘉靖中尝间举,亦以奉神,非为游观。隆庆以来,乃岁供元夕之娱,靡费无益,是在新政所当节省。"神宗还是个孩子,当然想搞一下元宵烟火,尽兴玩玩,听了张居正的话,只得更改初衷,接口道:"然。夫鳌山者聚灯为棚耳,第悬灯殿上,亦自足观,安用此!"在一旁侍候的司礼监太监冯保深知皇上心意,为了不致太扫兴,便插话:"他日治平久,或可间一举,以彰盛事。"毕竟是从小形影不离的"大伴",道出皇上的心思,神宗一听高兴地说:"朕观一度,即与千百观同。"张居正却不让步,严肃地说:明年虽然丧服之祭已经结束,但是接下来还

---

① 《万历邸钞》万历元年癸酉卷,二月癸未。《明神宗实录》卷10,万历元年二月戊辰。
② 《明神宗实录》卷8,隆庆六年十二月甲戌。

有皇上大婚、潞王出阁等大事,"每事率费钱数十万金,天下民力殚绌,有司计无所出。及今之事,时加意撙节,稍蓄以待用"。那意思还是要皇上注意节俭。神宗知趣地说:"朕极知民穷,如先生言。"张居正紧追不放:"即如圣节元旦,明例赏赐各十余万,无名之费太多,其他纵不得已,亦当量省。"①

神宗对张居正的意见表示全部接受,决定明年元夕停止烟火鳌山活动。张居正巧妙地把节省宫廷开支的思想化作了神宗的行动,神宗即位伊始,宫廷内部就出现了一番新气象。

为了使神宗知人善任,万历二年十二月,张居正与吏部尚书张瀚(字子文,号元洲,杭州仁和人)、兵部尚书谭纶,特制御屏(职官书屏)一座,绘全国疆域,登录知府以上官员姓名籍贯,以供皇上省览。张居正为此上疏作了说明,强调了以下几点:"安民之要,在于知人;辨论官材,必考其素。顾人主尊居九重,坐运四海,于臣下之姓名贯址,尚不能知,又安能一一别其能否而黜陟之乎";"考之前史,唐太宗以天下刺史姓名,书于御座屏风,坐卧观览";"我成祖文皇帝尝书中外官姓名于武英殿南廊";"仰惟皇上天挺睿明,励精图治。今春朝觐考察,亲奖廉能。顷者,吏部奏除,躬临诠选。其加意于吏治人才如此。顾今天下疆里尚未悉知,诸司职务尚未尽熟,虽欲审别,其道无由"②。

在接到张居正的奏疏后,神宗表示嘉悦,当即同意将屏风收进,设于文华殿后殿。次日,讲读毕,神宗将屏风细看了一遍。张居正在一旁解释道:天下幅员广阔,皇上一举目便可坐照山川地理形胜,以及文武职官,希望皇上于用人名实时加留意。神宗说:"先生费心,朕知道了。"③这道"职官书屏"对初理朝政的神宗,起到了很好的启蒙作用。

神宗深知元辅张先生的用心良苦,为了表示他的积极态度,特命太监在宫中赶制牙牌一块,亲笔手书十二事,要工匠镌刻在牙牌上。这十二事是:谨天成、任贤能、亲贤臣、远嬖佞、明赏罚、谨出入、慎起居、节饮食、收放心、存敬畏、纳忠言、节财用。以此作为自己的座右铭,用以自警。万历三年四月初四日在文华殿讲读毕,他拿出牙牌给张居正、吕调阳过目。张居正颇为称赞,说这些

---

① 《明神宗实录》卷33,万历二年闰十二月庚寅。谈迁《国榷》卷69,万历二年闰十二月庚寅。
② 《张文公全集》卷3《进职官书屏疏》。《明神宗实录》卷31,万历二年十二月壬子。
③ 《明神宗实录》卷31,万历二年十二月壬子。

话把修身齐家治国平天下之道全包括在里面了,可以终身奉行。今后皇上所行与所写如有不合的地方,左右臣下得执牌以谏①。神宗欣然同意。

皇帝与元辅之间政见如此一致,关系如此融洽,为历朝所罕见。以下几件事,更进一步显示他们之间君臣关系确实非同一般。

万历二年五月八日,神宗在文华殿讲读毕,听说元辅张先生偶患腹痛,便亲手调制辣面一碗,并赐镶金象牙筷二双,要次辅吕调阳陪张先生一起吃。其意图是要以辣热攻治腹痛②,从中可以看到君臣之间充满人情味的一面。

过了些时日,神宗在宫中传皇太后旨意,询问近侍太监:"元辅张先生父母存乎?"左右回答:"先生父母俱存,年俱七十,甚康健。"

到了五月十九日视朝的日子,神宗给张居正写了手谕:"闻先生父母俱存,年各古稀,康健荣享,朕心嘉悦,特赐大红蟒衣一袭,银钱二十两,又玉花坠七件、彩衣纱六匹,乃奉圣母恩赐。咸钦承,著家童往赍之。外银钱二十两,是先生的。"命文书官刘东把手谕及赏物送至内阁,张居正叩头祗领后,感激涕零,立即写了谢恩疏给皇上,说:"恩出非常,感同罔极";"士而知己,许身尚不为难;臣之受恩,捐躯岂足云报"。并且表示,立即派遣僮仆星夜兼程赶往江陵老家,归奉亲欢,传子孙为世宝③。张居正对于皇太后和皇帝亲如家人般的关怀,充满了感激之情。

万历三年七月十七日,神宗至文华殿讲读,得知张居正患病不能侍读,立即遣太监前往张府探问病情,并命太医院使徐伟随同前去诊视,又手封药一囊,命太监守候服毕复命④。七月十九日,张居正病愈入阁办事。消息传进宫内,有顷,太监丘得用传皇太后及皇帝旨意,对张居正慰劳再三,并赐银八宝二十两⑤。从中可以窥知,在神宗心目中,元辅张先生是须臾不可或缺的,许多朝廷大事都要与他商量。

万历三年四月某天,神宗讲读刚完,张居正拿了陆炳之子陆铎的奏疏,请皇上裁定。陆炳,字文孚,浙江平湖人,母为世宗乳媪,炳从入宫,历任锦衣卫

---

① 《明神宗实录》卷37,万历三年四月壬申。
② 同上书卷25,万历二年五月辛巳。
③ 《张文忠公全集》卷3《谢恩赍父母疏》。
④ 《明神宗实录》卷40,万历三年七月癸丑。
⑤ 同上书卷4,万历三年七月乙卯。

副千户。嘉靖十八年(1539年)随帝南巡至河南卫辉,半夜行宫起火,陆炳冒死救出皇上。从此深受宠幸,官至左都督,掌锦衣卫事,权势倾天下。隆庆年间被弹劾,穆宗下法司穷治,抄了他的家,并追赃数十万两银子①。过了5年,陆家资财罄竭,已无可追,陆铎便上疏乞求免予追赃。神宗看了奏疏,问张居正:"此事先生以为何如?"张居正回答:"陆炳功罪自不相掩……论炳之罪,未与反逆同科,而翊主保驾之功不能庇一孤子,世祖在天之灵必不安于心者矣。"

神宗说:"既如此,先生宜为一处。"

张居正说:"事关重大,臣等岂敢擅专。"

神宗说:"不然。国家之事,孰不赖先生辅理,何嫌之有!"

张居正叩头承旨出。次日,宫中传旨:"陆炳生前功罪及家产果否尽绝,着法司从公勘议。"于是,法司奏复:陆炳家产已勘明尽绝。神宗同意宥其余赃,此事便圆满了结②。

神宗待两宫皇太后极孝,耳提而命,唯唯诺诺,从不违抗。他的生母慈圣太后信奉佛教,很是虔诚。她要在京师附近的涿州建造一座娘娘庙,祭祀碧霞元君。司礼监太监为讨好太后,竭力促成其事。万历二年四月,冯保传慈圣太后谕:"圣母发银三千两,与工部修建涿州娘娘庙。"这件事可难为了工部。在此之前工部已奉太后谕,由圣母赐银五万两在涿州修建胡良河及北关外桥梁,为此工部补添了两万两银子③。现在又要修建庙宇,三千两银子何济于事!于是工部奏复皇上:此端一开,渐不可长,伏乞皇上劝回成命。工科给事中吴文佳(字士美,号凤泉,湖广景陵人)也上疏表示此事不妥:"娘娘庙不知所由起,窃闻畿辅众庶奔走崇奉,风俗日非,犹望皇上下禁止之令。"户科给事中赵参鲁(字宗传,号心堂,浙江鄞县人)也说:"发银建庙以奉佛祈福,尽皆诞妄","若以大赈穷民,其于祈福禳灾多矣"④。神宗统统不予理睬。

但是,在太后意见与张居正意见不一致时,他还是听张居正的。万历二年九月,刑部奏请处决在押囚犯,慈圣太后听说后,借口皇上冲年,仍宜停刑。神

---

① 《明史》卷307《陆炳传》。徐阶《世经堂集》卷17《陆公墓志铭》。
② 谈迁《国榷》卷69,万历三年四月壬午。《明神宗实录》卷37,万历三年四月壬戌。
③ 《明神宗实录》卷28,万历三年八月癸丑。
④ 同上书卷24,万历二年四月戊午、壬戌。李维桢《大泌山房集》卷79《吴公墓志铭》。《明史》卷221《赵参鲁传》。

宗把太后这一懿旨转告张居正,希望能获得谅解。张居正是主张法治的,对于停刑很不赞成,便解释道:"圣母好生之心敢不将顺,但上即位以来停刑者再矣。春生秋杀,天道不偏废,恐良莠不除,反害嘉谷。"神宗觉得有理,说:"然。朕徐为圣母言之。"在征得太后同意后,便下令照例行刑①。

到了这年十月,法司奏审录罪囚,太后听说后又主张停刑。张居正向皇上开导说:"皇上若奉天道,乃天虽好生,然春夏与秋冬并运,雨露与雷雪互施……今看审录揭帖,各囚所犯皆情罪深重,概加怜悯,则被其害者独何辜,而不为偿抵乎!"神宗说:"圣母崇奉佛教,故不忍动刑耳。"张居正说:"佛氏虽慈悲为教,然其徒常言:地狱有刀山、剑树、礁舂、炮烙等刑,比之王法万分惨刻,安在其为不杀乎?"神宗听了大笑。张居正说:"嘉靖初年,法司奏应决犯囚,不过七八十人……至中年后,世宗奉玄,又好祥瑞,每逢有吉祥事,即停止刑。故今审录重囚至四百余人,盖积岁免刑之故也……臣窃以为宜如祖宗旧制,每岁一行为便。"神宗深以然,返宫向太后奏明后,第二天便降旨处决死囚三十余人②。这事既反映了皇太后的开明豁达,也反映了神宗的冷静理智,不以母子亲情影响朝廷大政方针。

更为难能可贵的是,小皇帝每次视朝,都亲览奏章,十分认真。万历三年十月某天,直隶巡按御史暴孟奇、张宪翔各有一题本奏报审决重囚事,是万历二年十一月奏进的。他看了以后感到奇怪:"今此直隶巡按非孟奇、宪翔矣,何奏本仍是二臣名,又中间月日差谬,何也?"便命文书官持疏到内阁问明所以然。少顷,张居正来了。神宗当面质询:"今年已有旨免刑,何真定巡按又报决囚?且本后称万历二年十一月,何也?"张居正回答:"臣等通阅所奏,乃去年差刑部主事刘体道会同关内关外巡按御史暴孟奇、张宪翔处决囚犯,事完即具本,付刘体道亲赍复命,非二臣差人来奏者。"神宗又问:"即如是,何故至今始封进?"张居正答:"旧时刑部司属多借审决差便道回籍,臣于精微批定限,率优假一年,所乃相沿宿弊。此奏该去年二御史付之刘体道亲赍,而体道待疏回籍,今已限满复命,至始封进耳。"神宗听了大为不满:"岂有北直隶地方去年处囚,今年始复命者!宜令该科参看。"那意思是要刑科予以查处。第二天,他便

---

① 《明神宗实录》卷29,万历二年九月辛巳。
② 同上书卷30,万历二年十月癸丑。

下旨:"刘体道著都察院提了问。差官审决限期,着法司定拟来说。"都察院遵旨提问后,将刘体道谪为外任官①。

这一事件使大臣们大吃一惊,感叹皇上于章奏无不亲览,其精察一至于此。这位十岁登极的小皇帝颇有一点励精图治之意,力图一改前朝政局弊端,有所作为。正是基于这种考虑,他放手让张居正总揽朝政,自己则潜心于日讲与经筵。

皇太子出阁讲学,是太祖朱元璋定下的祖制。当时朱元璋命学士宋濂(号景濂,又号玄真子,浙江金华人)在大本堂向皇太子、诸王讲授儒家经典。后又改至文华殿,世宗时改至便殿。讲学的内容,先读四书,次读经或史。讲毕,侍书官侍习写字;写毕,各官叩头退出。读书三月后,有一次温习背诵。至于写字,春夏秋三季每日百字,冬季每日五十字。凡节假日或大风雨雪、隆寒盛暑,日讲暂停。朱翊钧作为皇太子出阁讲学,也按部就班进行。隆庆六年改设皇太子座于文华殿之东厢房。每日讲读,各官先诣文华门外东西向序立,候穆宗御日讲毕,皇太子出阁升座。凡太子初讲时,阁臣连侍五日,以后每逢三、八日必至,拜出后,各讲官再进入开讲②。

所讲内容,大多是四书。由穆宗的日讲与经筵,便可见一斑。吴履震《五茸志逸》记载内阁首辅为皇帝开讲《大学》,这样写道:"隆庆戊辰(二年)三月三日,上在朝,见百僚于文华之幄次。是日也,始开筵劝讲故事,该首辅口讲,不撰讲章。于是少师华亭徐公(阶)讲大学之道首节,庄诵正文三四回,讲曰:'夫大人者,继天立极,有天下国家之大责任者也。有此大责任,岂可无此大学问?此大学之道安在?在明明德焉,在亲民焉,在止于至善焉!人所得于天者,本是虚灵,欲障之则不明。正如一片明镜,尘埃蔽之始昏矣。磨刮去之,依然朗照。故明之云者,在学问以复其初也。此明德者乃烝民所同具,习染之则不新。正如一领新衣,垢腻污之始旧矣。洗涤去之,依然如新。故新之云者,在学问以变其习也。此明德本是粹然至善,惟执持不固则不止。正如一所安宅,主人移徙不定,始失所安矣。知其为善,终始住定,有何改易,故止之云者,在学问之功持衡于人己间,必至此而后可也。修此三者,乃是大人之道,大人之

---
① 《明神宗实录》卷43,万历三年十月癸未。
② 《明史》卷55《礼志》。

学。古之二帝三王务此而已,伏在留神日新其德。'上乃赐茶而退。闻者莫不悚然悦服。"①

朱翊钧即位后,虽身为皇帝,但讲学仍不停辍。因为有先皇遗言,要他"进学修德"、"用贤使能"。作为顾命大臣的张居正,对此更是顶真。

隆庆六年六月,张居正向神宗上疏,要他在秋凉之际开始皇帝的日讲。他在疏文中说,帝王虽具神圣之资,仍须以务学为急,而辅弼大臣的第一要务,便是培养君德,开导圣学。更何况亲受先帝顾托,当时拳拳以讲学亲贤为嘱的遗言,还在耳边。鉴于先皇丧事还未过去,张居正援引弘治朝先例②,定于八月中旬择日,于文华殿先行日讲,至于经筵会讲,推迟到明年春天再举行。对于这种合乎祖宗成宪的安排,神宗是必须接受的,他立即批复同意:"览卿等奏,具见忠爱,八月择吉先御日讲,经筵候明春举行。"③

第二天,张居正便为皇上排定了视朝与日讲的日程表。在张居正看来,对于十岁的小皇帝而言,"视朝又不如勤学为实务",所以在处理视朝与讲读的关系时,把讲读放在第一位。具体安排是:每逢三、六、九日(含十三、十六、十九与二十三、二十六、二十九日)视朝,其余日子都到文华殿讲读。也就是说,一旬之中,三天视朝,七天讲读,除了大寒大暑,一概不得停辍讲习之功。对于这个日程表,神宗表示接受,他批复道:"今后除大礼大节,并朔望升殿,及遇有大事不时宣召大臣咨问外,每月定以三六九日御门听政,余日俱免朝参,只御文华殿讲读。"④

八月十三日,神宗来到宣治门⑤视朝。张居正不愧是讲究综合名实的人,作风雷厉风行,在上朝时递上《日讲仪注》,把日前议定的日讲事宜具体化为以下八条:

——皇上在东宫讲读《大学》、《尚书》,今各于每日接续讲读,先读《大学》十遍,次读《尚书》十遍,讲官随即进讲。

——讲读毕,皇上进暖阁少憩。司礼监将各衙门章奏进上御览。臣等退

---

① 吴履震《五茸志逸》卷1,隆庆戊辰春三月三。
② 弘治十八年大学士刘健以孝宗皇帝山陵甫毕,题请先行日讲,至次年二月开始经筵。
③ 《张文忠公全集》卷2《乞崇圣学以隆圣治疏》。《明神宗实录》卷4,隆庆六年八月辛酉。
④ 《张文忠公全集》卷2《请酌定朝讲日期疏》。《明神宗实录》卷4,隆庆六年八月壬戌。
⑤ 宣治门在皇极门(奉天门)之右,也叫西角门,与它向对称的是宏政门(东角门)。见刘若愚《酌中志》卷17《大内规制记略》。

在西厢房伺候,皇上如有所咨询,即召臣等至御前,将本中事情一一明白敷奏。

——览本后,臣等率正字官①恭候皇上进字毕。若皇上欲再进暖阁少憩,臣等仍退西厢房伺候。若皇上不进暖阁,臣等即率讲官再进午讲。

——近午初时,进讲《通鉴》节要,讲官务将前代兴亡事实,直讲明白。讲毕各退,皇上还宫。

——每日各官讲毕,皇上有疑,乞即下问。臣等再用俗语讲解,务求明白。

——每月三六九视朝之日,暂免讲读。仍望皇上于宫中有暇,将讲读过经书从容温习,或看字体法帖,随意写字一幅,不拘多少,工夫不致间断。

——每日定以日出时,请皇上早膳毕,出御讲读。午膳毕,还宫。

——非遇大寒大暑,不辍讲读。本日若遇风雨,传旨暂免。②

张居正考虑到原有讲官人数不够,讲读后又要写字,须配备侍书恭伺左右,开说笔法,于是便命东宫讲官马自强、陶大临、陈绶邦、何雒文、沈鲤,侍班官丁士美,并为日讲官,马继艾、徐继中仍为侍书官③。

隆庆六年十二月十七日,神宗在文华殿讲读毕,张居正率讲官向他呈上一部《帝鉴图说》。这是张居正要马自强等讲官考究历代帝王事迹编写的,选取"善可为德者"八十一事,"恶可为戒者"三十六事,每一事绘一图,后面附以传记本文。此书图文并茂,因而称为图说;又取唐太宗以史为鉴之意,题名为《帝鉴图说》。张居正为此写了《进〈帝鉴图说〉疏》,阐明编书的宗旨,是为了让皇上"视其善者,取以为师,从之如不及;视其恶者,用以为戒,畏之如探汤。每兴一念,行一事,即稽古以验今,因人而自考"。张居正把奏疏面呈皇上,神宗随手翻阅,朗诵了几句,便抬眼对张先生等说:"先生每起!"于是张居正走近御案,把奏疏读完,又捧出《帝鉴图说》呈上。神宗起立,翻阅图说。张居正一一指陈,神宗也应声说出一些大意,其中不待指陈能自言其义者,十居四五④。此后,神宗一直把《帝鉴图说》置于座右,每逢讲读之日,便叫张居正解说,习以为常。而且还下令把君臣之间的这一佳话"宣付史馆",意在"昭示君臣交修

---

① 正字官,从九品,掌缮写装潢。
② 《张文忠公全集》卷2《拟日讲仪注疏》。《明神宗实录》卷4,隆庆六年八月丙寅。
③ 《明神宗实录》卷4,隆庆六年八月丁卯。
④ 同上书卷8,隆庆六年十二月己巳。《张文忠公全集》卷6《进〈帝鉴图说〉疏》。

之义"①。

转眼间,到了万历元年新年。这是朱翊钧即位改元后第一个春节。正月初一日,他驾临皇极殿,在金碧辉煌的宝殿里,接受百官朝贺②。正月初五日,他传谕内阁:"初七开日讲。"其实,作为皇帝也有节假日,按常例要到正月二十一日。大臣及讲官对皇上节假日还未结束就开始讲读,十分钦佩,交口称赞他"好学之笃"③。

正月初十日,张居正遵照祖宗成宪,上疏请开经筵④。自宋以来,为皇帝讲解经传史鉴而特设的讲席,称为经筵。明初沿袭此举,但无定日,也无定所。英宗即位后,始着为常仪,以每月逢二日,皇帝御文华殿进讲,月凡三次(二、十二、二十二日),寒暑及有故暂免。其仪制比日讲隆重得多。由勋臣一人知经筵事,内阁辅臣或知经筵事或同知经筵事,尚书、都御史、通政使、大理卿及学士等侍班,翰林春坊及国子监祭酒二员进讲,春坊官二员展书,给事中、御史二员侍仪,鸿胪寺、锦衣卫堂上官各一员供事鸣赞。礼部择请先期设御座于文华殿。文华殿虽比诸殿规模小,但特别精致,用绿色琉璃瓦盖成,左右为两春坊,也就是皇帝的便殿,经筵就在这里进行。中间设御座,龙屏向南,又设御案于御座之东,设讲案于御座之南。是日,司礼监太监先陈所讲四书经史各一册于御案,另一册置于讲官之讲案,讲官各撰讲章(讲义),置于册内。皇帝升座,知经筵及侍班等官于丹陛上五拜三叩头,然后开讲⑤。

正月十六日,神宗给知经筵官朱希忠、张居正及同知经筵官吕调阳三人各一道敕谕,宣布定于二月初二日举行经筵,命朱希忠、张居正、吕调阳分直侍讲,张居正、吕调阳及陶大临、丁士美、陈经邦、何雒文、沈鲤、许国,日侍讲读,要他们在讲解中明白敷陈,委曲开导,着重阐明理欲消长之端,政治得失之故,人才忠邪之辨,统业兴替之由⑥。

二月初二日,神宗如期开经筵。

经筵仪式十分烦琐。从陆深(初名荣,字子渊,号俨山,松江上海人)所撰

---

① 张居正《新刻张太岳先生诗文集》卷47《太师张文忠公行实》。
② 《明神宗实录》卷9,万历元年正月壬午。
③ 《万历起居注》,万历元年正月五日丙戌。《明神宗实录》卷9,万历元年正月戊子。
④ 《张文忠公全集》卷3《请开经筵疏》。《万历起居注》,万历元年正月十日辛卯。
⑤ 朱国祯《涌幢小品》卷2《经筵词》。《明史》卷55《礼志》。
⑥ 《明神宗实录》卷9,万历元年正月丁未。

《经筵词》记述嘉靖朝情况,可窥其一斑。仪式由鸿胪寺官员主持,当他宣布进讲后,一名讲官从东班出,另一名讲官从西班出,到讲案前北向并立,鞠躬叩头,展书官上前展书,东班讲官至讲案前报告今日讲四书中的某一部分,西班讲官报告今日讲经史中的某一部分。这是遵照祖制:先四书而后经史,四书东而经史西。经筵官员们分东西两班侍立,都身穿大红袍,展书官以下官员则穿青绿锦绣服。给事中、御史与侍仪官,东西各三人,站立一旁,以备观察。进讲完毕,鸿胪寺官员出班中跪,赞礼毕,两班官员都转身北向,恭听皇上吩咐:"官人每吃酒饭。"全体下跪承旨。于是光禄寺在奉天门之东庑设宴款待参加经筵的官员们。按照惯例,皇帝赐宴以经筵最为精美,而且还允许各官带随从人员、堂吏及家童,拿了饭盒筐篮之类,收拾吃不完的酒菜,然后分班北向叩头谢恩而退①。

这种场景与经筵的严肃性形成强烈反差。每逢经筵之日,讲官们都事先在家中将衣冠带履熏香,而且前一天必须斋戒沐浴,以示虔诚而不敢亵渎之意。到了文华殿还要表现出诚惶诚恐的样子,一举一动都必须合乎礼仪。然而讲课之后却可以大吃一顿,吃不了还可以带回去,实在大失风度。把"经"与"筵"连在一起,称为"经筵",其初衷大概就在于此吧!恭恭敬敬地向皇上讲解四书五经之后,大家便退到一旁饱尝皇上赏赐的美酒佳肴,自由自在地大快朵颐,与前一日斋戒沐浴虔诚可鞠的样子一对照,实在滑稽得很。明末时曾任经筵展书官的杨士聪,有一则关于经筵的趣闻,颇能反映当事者对经筵的看法。他说:崇祯九年二月二十日,"经筵届期,诸臣候于文华门外,大雪不止。至午后,上不出,传免。午门外设宴已久遂撤去。余时当展书,颇惮其难,戏语同官曰:经筵进讲,不过老生常谈,何如将此宴便赐诸人,岂不省事。旁一内珰赞曰:此位先生讲的是,大雪如此,只是赐宴,即与经了筵的一样。同官皆笑。余因述今早来时,遇一宿科省员于长安门,彼此班役相问,其人曰:怪得雪中如此早来,原来今日该吃经筵。且说经筵如何可吃?与'经了筵'之云正相类也"②。真是绝妙佳语,"吃经筵"、"经了筵",难道不是对经筵的一种讽刺?

不过,年仅十岁的小皇帝对经筵是认真的。对于深奥难懂而又枯燥乏味

---

① 朱国祯《涌幢小品》卷2《经筵词》。
② 杨士聪《玉堂荟记》(不分卷)。

的四书五经,居然端拱倾听,目不旁询,十分认真。第二天视朝完毕,他来到文华殿,突然对张居正说:"昨日经筵讲《大学》的讲官,差了一字,朕欲面正之,恐惧惭。"张居正只好代讲官请求宽恕:"讲官密迩天威,小有差错,伏望圣慈包容。"又说:"人有罪过,若出于无心之失,虽大亦可宽容。"神宗回答:"然。"①五月初二日,神宗下旨:以后经筵春讲,二月十二日起,至五月初二日免;秋讲,八月十二日起,至十月初二日免,永为定例②。

张居正见皇上睿智日开,学业有所上进,便上《进讲章疏》,要皇上明白,义理必时习而后能悦,学问必温故而后知新,要他将平日讲过经书,再加寻绎,融会贯通。张居正还将今年所进讲章反复校阅,编成《大学》一本,《虞书》一本,《通鉴》一本,装潢进呈。神宗留下备览,仍命继续编进,刊版流传③。

万历二年四月,神宗开始学习属对。属对即对课,是塾师教学生做诗的一种方法。教师出上句,学生作虚实平仄对应的下句,以联系对仗。这种文字音韵的基本训练,当时颇为文人所重视,皇帝也不例外。他每天要辅臣拟对句呈上,由他对应下句,然后交辅臣修改。四月初九日,辅臣拟上联"天地泰",他对下联"日月明"。张居正高兴地引述前朝故事说:宣宗皇帝曾随成祖皇帝巡幸北京。端午节在御苑练习骑射,骑射毕,成祖又出对"万方玉帛风云会",宣宗应声对云"一统江山日月明"。成祖大喜,对十五岁的孙子赞赏有加。张居正由此联系到神宗第一次所作对联,适与宣宗所对相合,表示"不胜庆忭"④。

万历三年二月,张居正提请皇上修复祖宗故事,令日讲官记注起居,兼录诏谕制敕,凡郊祀、耕籍、幸学、大阅,皆令侍从。又选择史官供奉文字已久者六人,日居馆局中,编摩诸司章奏,其大臣便殿独对,有密勿谋议,得闻史臣者,令入对大臣记述,送史局诠次。这意图很明显,是把皇帝的一举一动、一言一行置于较透明的格局之中,以便制衡⑤。关于记录皇帝起居言行的起居注官及起居注,其实并不是新话题,它由来已久。明朝建立后,沿用旧制,设起居注官,日侍皇帝左右,记录言行。洪武十四年(1381年)主张以重典驭臣下的明太

---

① 《万历起居注》,万历元年二月三日甲申。
② 《明神宗实录》卷13,万历元年五月辛巳。
③ 同上书卷20,万历元年十二月乙丑。
④ 同上书卷24,万历二年四月癸丑。
⑤ 张居正《新刻张太岳先生诗文集》卷47《太师张文忠公行实》。

祖朱元璋,在严惩胡惟庸党案、废除中书省及丞相制度不久,也废除了起居注制度,其意图是不言自明的。由于张居正的努力,使起居注制度得以延续,今日我们能够看到《万历起居注》,得归功于张居正与明神宗。

明神宗对于明朝历史上的敏感话题——建文帝,也有自己的看法。即位伊始他就下诏为建文朝尽节诸臣在家乡建庙祭祀,并颁布《苗裔恤录》,对他们的后裔给予抚恤;又在南京建表忠祠,祭祀徐辉祖、方孝孺等人①。看来,他对被明成祖朱棣赶下台的建文帝颇有一点追怀景仰之情。万历二年十月十七日,讲读完毕后,他在文华殿与辅臣从容谈起建文帝的事,提出一个思虑已久的问题:"闻建文当年逃逸,果否?"寥寥数语,却揭示了明朝历史上一桩搞不清楚的无头公案。

张居正也说不出个所以然,便如实回答:"国史不载此事,但先朝故老相传,言建文当靖难师入城,即削发披缁从间道走出,后云游四方,人无知道。至正统间,忽于云南邮壁上题诗一首,有'沦落江湖数十秋'之句。有一御史觉其有异,召而问之,老僧坐地不跪,曰:'吾欲归骨故园。'乃验知为建文也。御史以闻,遂驿召来京,入宫验之,良是。是年七八十矣。莫知其所终。"②

关于建文帝的下落,众说纷纭,莫衷一是。清初人朱彝尊说:"建文四年事迹,革除之后,文献俱不足征。相传长陵用王景议,葬以天子之礼。然钟山之麓,一抔安在?祀典无闻。则其说妄也。其曰:'葬之西山'。既不封不树矣,安得又表曰:'天下大师之塔'。要其说更妄也。自弘治中,礼部主事杨循吉首请追谥建文君;隆庆初,东莞布衣谭清海请复革除年号,告之高庙,而追上建文君谥。"③这件事一直要到明末才搞定,给建文谥皇帝号,庙号惠宗。可见在万历时仍有争议,张居正只能姑妄言之。

但神宗并不把它当作传闻,故妄听之完事。他兴致十足地必欲追根究底,要张居正把建文帝题壁诗统统背诵给他听。听罢慨然兴叹,又命张居正抄写进览。全诗如下:

---

① 建文元年(1399年)燕王朱棣以"清君侧"为名,发动靖难之役。建文四年,攻破首都南京,建文帝下落不明(一说焚死,一说潜逃)。朱棣取而代之,是为明成祖。建文帝的旧臣齐泰、黄子澄、方孝孺及其家族,或被杀,或发遣为奴,罪人转相牵连,称为"瓜蔓抄"。
② 《明神宗实录》卷30,万历二年十月戊午。祝允明《野记》(《历代小史》卷79)谈及建文帝传闻,与张居正所说大体相近。
③ 朱彝尊《静志居诗话》卷17《顾锡畴》。

>沦落江湖数十秋,
>归来白发已盈头。
>乾坤有恨家何在,
>江汉无情水自流。
>长乐宫中云气散,
>朝云阁上雨声愁。
>新蒲细柳年年绿,
>野老吞声哭未休。①

张居正遵命录其诗以进,但以为是萎靡之音,规劝皇上:"此亡国之事,失位之辞,但可为戒,不足观也。臣谨录圣祖皇陵碑及御制文集进览,以见创业之艰难,圣谟之弘远。"②他不愿意小皇帝纠缠于建文帝这个复杂人物,力图把注意力引开。

张居正所谓皇陵碑,就是开国皇帝太祖朱元璋所写的自传体碑文,现仍巍然屹立于凤阳皇陵边上。朱元璋在这篇碑文之中,十分率直真切毫不掩饰忌讳地叙述了他的家世及参加红巾军起义的经过,用近乎口语的韵文写出,读来朗朗上口。

"殡无棺郭,被体恶裳。浮掩三尺,奠何肴浆。"——写家中贫穷,父母病死无法安葬。

"众各为计,云水飘扬。我何作为,百无所长。依亲自辱,仰天茫茫。既非可倚,侣影相将。突朝烟而急进,暮投古寺以趋跄。仰穷崖崔巍而倚碧,听猿啼夜月而凄凉。魂悠悠而觅父母无有,志落魄而侘傺。西风鹤唳,俄淅沥以飞霜。身如蓬逐风而不止,心滚滚乎沸扬。"——写他走投无路,只得到皇觉寺(当地原名乌(於)觉寺)当小和尚,四方云游的生涯。

"住方三载,而有雄者跳梁。初起汝颍,次及凤阳南厢。未几陷城,深高城隍。拒守不去,号令彰彰。友人寄书,云及趋降。既忧且惧,无可筹详。旁有觉者,将欲声扬。当此之际,逼迫而无已,试与知者相商。乃告之曰:果束手以待罪,亦奋臂而相戕。知者为我画计,且默祷以阴阳。如其言往卜,去守之何

---

① 孙承泽《春明梦余录》卷70《陵园》。按:首句另作"沦落江湖四十秋"。
② 《明神宗实录》卷30,万历二年十月戊午。

祥？神乃阴阳乎有警，其气郁郁乎洋洋。卜逃卜守则不吉，将就凶而不妨。"①——写小时放牛伙伴汤和劝他投奔红巾军而踌躇再三的经过。

碑文写得颇具个性，读来如见其人，如闻其声，确实是一篇不可多得的奇文。

朱翊钧读了老祖宗写的《皇陵碑》，感慨系之。第二天在文华殿对张居正谈了他的读后感："先生，《皇陵碑》朕览之数遍，不胜感痛。"张居正趁势诱导："自古圣人受艰辛苦楚，未有如我圣祖者也。当此流离转徙，至无以糊口，仁祖、文淳皇后（指朱元璋的父母）去世时，皆不能具棺殓，藁葬而已。盖天将命我圣祖拯溺亨屯，故先使备尝艰苦。正孟子所谓动心忍性增益其所不能者也。故我圣祖自淮右起义师，即以伐暴救民为心。既登大宝，衣浣濯之衣，所得元人水晶宫漏，立命碎之；有以陈友谅所用镂金床者，即投于火。孝慈皇后（朱元璋发妻马氏）亲为将士补缝衣鞋，在位三十余年，克勤克俭，犹如一日。及将仙逝之年，犹下令劝课农桑，各处里老、粮长至京师者，皆召见赐官，问以民间疾苦。臣窃以为我圣祖以天之心为心，故能创造洪业，传之皇上。在皇上今以圣祖之心为心，乃能永保洪业，传之无疆。"朱翊钧当然心领神会，便答应道："朕不敢不勉行法祖，尚赖先生辅导。"②

神宗已日渐明白读书的好处。万历二年十月二十二日，当他赴文华殿讲读完毕，便对辅臣说："今宫中宫女、内官，俱令读书。"这比他的老祖宗高明多了。朱元璋即位后，为了防止宦官干政，不准他们读书识字。这其实是一种愚民政策。朱元璋根本不曾料到，在他的子孙后代当政时，宦官势力日趋高涨。问题不在于是否读书识字，关键在于皇帝自身。张居正明白个中利害关系，立即表示赞同："读书最好，人能通古今，知义理，自然不越于规矩。但此中须有激劝之方，访其肯读书学者，遇有差遣，或各衙门有管事缺，即拔用之，则人知奋励，他日人才亦如此出矣。"③

有明一代列朝皇帝，大多对日讲、经筵很马虎，往往敷衍了事。神宗则不然，一登极，就根据张居正的安排，每天天刚亮就到文华殿听儒臣讲读经书，少

---

① 朱元璋《太祖文集》卷14《御制皇陵碑》。
② 《明神宗实录》卷30，万历二年十月戊午。
③ 同上书卷30，万历二年十月癸亥。

憩片刻,又御讲筵,再读史书,直至午膳后才返回大内。只有每逢三六九常朝之日才暂停讲读。如此坚持达十年之久。时人惊叹:"主上早岁励精,真可只千古矣。"①

神宗聪明好学,他写过一首咏月诗颇显功力:

> 团圆一轮月,
> 清光何皎洁。
> 惟有圣人心,
> 可以喻澄澈。②

他的聪明好学还表现在酷爱书法,写得一手好字。他的书法,初摹赵孟頫,后好章草③。因为他的字写得好,后人传言,文华殿的匾额"学二帝三王治天下大经大法",是神宗御笔。《定陵注略》这么说,《明实录》也这么说。一个10岁少年能写出如此擘窠大字,实属不易。不过,据在内廷当太监多年的刘若愚说,文华殿后殿匾额"学二帝三王治天下大经大法"十二字,"乃慈圣老娘娘御书,后人以为神宗御书",据他说,文华殿前殿匾额"绳愆纠谬"也是慈圣老娘娘(慈圣老娘娘即朱翊钧的生母)④御书。刘说似较为可信。即便如此,这一传闻本身已经说明朱翊钧的精于书法殆非虚言。

隆庆六年十一月十日他在文华殿讲读完毕,突发兴致,当场写了几幅盈尺大字,赏赐给辅臣,给张居正的是"元辅"、"良臣",给吕调阳的是"辅政"⑤。张居正接到皇上的墨宝,激动不已,特地上疏称赞:"笔意遒劲飞动,有鸾翔凤翥之形","究其精微,穷其墨妙,一点一画动以古人为法"⑥。过了几天,朱翊钧又引用《尚书·说命》赞美宰辅大臣的词句,写了"尔惟盐梅"、"汝作舟楫"大字两幅,命文书房宦官送到内阁,赐给张居正。张居正再次上疏称赞皇上"墨宝淋漓"、"琼章灿烂"⑦。

万历二年三月某天,朱翊钧当面对张居正说:"朕欲赐先生等及九卿掌印

---

① 沈德符《万历野获编》卷2《冲圣日讲》。史玄《旧京遗事》。
②③ 文秉《定陵注略》卷1《圣明天纵》。
④ 刘若愚《酌中志》卷17《大内规制纪略》。
⑤ 《明神宗实录》卷7,隆庆六年十一月壬辰。
⑥ 《张文忠公全集》卷2《谢御笔大书疏》。
⑦ 同上书卷2《再谢御书疏》。

官并日讲官,各大书一幅,以寓期勉之意。先生可于二十五日来看朕写。"到了二十五日,讲读完毕,但见太监捧泥金彩笺数十幅,皇上健笔如飞,大书"宅揆保衡"、"同心夹辅"各一幅,"正己率属"九幅,"责难陈善"五幅,"敬畏"两幅,字皆逾尺,顷刻即就①。次日(二十六日)是视朝的日子,早朝后,神宗郑重其事地命司礼监太监在会极门颁发御书。把"宅揆保衡"赐给张居正,"同心夹辅"赐给吕调阳,"正己率属"九幅赐给六部、都察院、通政司、大理寺掌印官,"责难陈善"五幅赐给日讲官,"敬畏"两幅赐给正字官②。张居正事后称颂皇上"翰墨之微","臻夫佳妙","二十余纸,八十余字,咄嗟之间,摇笔立就。初若不经意,而锋颖所落,奇秀天成"③。

早在神宗写"宅揆保衡"时,张居正就委婉地批评皇上:"上幸响意文字,即操觚染翰,非帝王要务,亦无不究极精微,动以古人为法,臣知所以事上矣。"④万历二年闰十二月十七日,神宗讲读毕,召张居正至暖阁,又挥笔写了"弼予一人永保天命"八字,赐给张居正。张居正抓住时机批评皇上,过分热衷于书法大不可取。他固然肯定皇上留心翰墨成效可嘉,"虽前代人主善书者无以复逾",接下来话锋一转说"帝王之学,当务其大者",便列举汉成帝知音律、能吹箫度曲,六朝梁元帝、陈后主以及隋炀帝、宋徽宗、宋宁宗等,皆能文章善画然无救于乱亡。有鉴于此,他规劝皇上:"宜及时讲求治理,以圣帝明王为法。若写字一事,不过假此以收放心,虽直逼钟、王,亦有何益?"⑤话说得直截了当,毫不客气,显示了这位权臣的铁腕性格。此后,神宗不再向群臣炫耀他的书法了。

不过,他的书法却日趋完美。晚明人沈德符(字景倩,又字虎臣,浙江嘉兴人)是万历年间的举人,对"今上御笔"推崇备至。他说:"今上自髫年即工八法,如赐江陵(张居正)、吴门(申时行)诸公堂匾,已极伟丽。其后渐入神化。幼时曾见中贵手中所捧御书金扇,龙翔凤翥,令人惊羡。嗣后,又从太仓相公(王锡爵)家,尽得观批答诸诏旨,其中亦间有改窜,运笔之妙有严柳所不逮者。

---

① 《明神宗实录》卷23,万历二年三月庚子。《定陵注略》卷1《圣明天纵》。
② 同上书卷23,万历二年三月辛丑。
③ 《张文忠公全集》卷3《谢御笔大书疏》。
④ 张居正《新刻张太岳先生诗文集》卷47《太师张文忠公行实》。
⑤ 《明神宗实录》卷23,万历二年闰十二月丁亥。

真可谓天纵多能矣。"①由此一斑也可见朱翊钧并非一般王孙公子饱食终日无所事事之辈，英年才华横溢，实非列祖列宗所可比拟。万历二十一年(1593年)，内阁首辅王锡爵仰慕皇上书法精妙，敦请赐字，有幸得神宗御笔大字。此后神宗不再以书法赏赐大臣②。令人遗憾的是，世人仅知宋徽宗善书，而不知明神宗也是一位书法大家。

神宗不仅书法精妙，对诗词书画的鉴赏也有浓厚兴趣与学养。清初学者朱彝尊《静志居诗话》记一逸闻，透露出若干信息。朱氏谓："宋制，祖宗翰墨储藏于玉堂之署。观陈骙《中兴馆阁前后录》道君墨迹俱存。此康誉之得题'年年花鸟无穷根，尽在苍梧夕照中'之句也。迨元，而奎章、宣文之间，旧典不改。明则藏之大内，词臣未由睹矣。万历九年，帝御文华殿，宣召入直史臣五人，文端(王家屏)居首，其余修撰则沈公懋孝、张公元忭，编修则刘公元震、邓公以赞也。既进见，示以景陵(宣宗)御笔'元兔图'圝以淡墨，作满月胎，上有桂子垂枝，下藉软草，兔居其中，并臻妙境。谕诸臣题诗与轴，并得用私印识之。阅三日，诗成进御，自首辅张文忠(居正)外，凡三十有五人。当日讽咏优游，不事促迫，彩花银叶，赐予便蕃。自永、宣以来，词林盛事，遇此罕矣。"③

## 三、大婚

神宗一天天长大，万历四年(1576年)五月间，他开始束发。古代男孩成童时束发为髻，因而束发为成童的代称。对于已成为皇帝的朱翊钧而言，束发非比一般。因此束发大礼在宫中视为一个重要礼仪举行。接着宫中又着手为皇上大婚做筹备工作。承运库太监崔敏等人为了皇上大婚需用金珠宝石等物品，援引先例，要户部加紧采买。由于张居正推行开源节流的财政改革，主张节省宫中不必要的开支，户科都给事中光懋(字子英，号吾山，山东阳信人)上疏指出，各边军费及修河、开海、蠲赈都要大笔开支。皇上所需金珠宝石照例

---

① 沈德符《万历野获编》卷2《今上御笔》。
② 同上书卷2《今上待冯保》。
③ 朱彝尊《静志居诗话》卷15《王家屏》。

应由内府(按:指主管宫内财政的机构)负责,而户部是主管国家财政,供给军国之需的机构。命户部为宫内采买金珠,不合章程。户部也持这种看法,所以向皇上建议:拟如光懋所言。神宗看了这一奏疏,不予批准,依旧根据承讫库太监所请,命户部采买大婚需用金珠宝石①。神宗一如乃父穆宗,常常标榜自己"躬行俭约",其实是装点门面的。万历四年(1576年)十二月某天,他来到文华殿讲读,撩起身穿龙袍问张居正:"此袍何色?"张居正回答说:"青色。"神宗立即予以纠正说,不是青色而是紫色,因为穿久了褪色成这个样子。张居正本来就主张节俭,听皇上如此说,便乘机规劝:既然此色易褪,请少做几件。世宗皇帝的衣服不尚华靡,只取其耐穿。每穿一袍,不穿到破旧是不更换的。而先帝(穆宗)则不然,一件新衣穿一次就不要了。希望皇上以皇祖(世宗)为榜样,如果节约一件衣服,那么民间百姓几十人可有衣穿;如果轻易丢弃一件衣服,那么民间就有几十人要挨冻。神宗原本是借穿旧衣标榜自己节俭的,不料元辅张先生却发了一大通议论,他只能点头称是②。但是他对大婚采买金珠宝石的巨额开支,却毫不吝啬。后来,根据户部的报告,为了皇上大婚,采买各色珍珠重达八万两,足色金二千八百两,九成色金一百两,八成色金一百两③。委实是一笔不小的开支。

大婚的准备工作已在紧锣密鼓地进行中。万历五年正月,神宗的嫡母仁圣皇太后、生母慈圣皇太后为此宣谕礼部,为皇上选婚——选择皇后。为了迎接大婚,兴师动众地把乾清宫(皇帝寝宫)修缮一新。不久宫中传出两宫皇太后的旨意,要重修慈庆宫与慈宁宫——两宫皇太后的常御之所,表面上说是要主管衙门将慈庆、慈宁两宫"修理见新,只做迎面",实际是要重修。辅臣张居正委婉地说明,慈庆宫、慈宁宫万历二年(1574年)时曾大修过,巍崇隆固,彩绚辉煌,距今还不到三年,壮丽如故,不必重修。况且日前工部及工科屡次上疏,提及"工役繁兴,用度不给"。对此,皇上已有圣旨:"以后不急工程,一切停止。"如果现在无端又兴此役,岂不显得皇上明旨不信于人。神宗不得已,接受了这一劝谏,命文书房太监口传圣旨:"先生忠言,已奏上圣母停止了。"④

---

① 《明神宗实录》卷51,万历四年六月丁丑。
② 同上书卷57,万历四年十二月庚寅。
③ 同上书卷62,万历五年五月辛丑。
④ 《张文忠公全集》卷5《请停内工疏》。《明神宗实录》卷62,万历五年五月戊申。

万历五年八月初四日,仁圣皇太后、慈圣皇太后鉴于已选定锦衣卫指挥使王伟长女为皇后,传谕礼部:大婚之时一应礼仪,要该部会同翰林院议定①。八月初六日,钦天监遵旨报告:选择大婚吉期宜用十二月。张居正以为今年十二月似嫌太早,明年十二月又太迟,于是奏请两宫皇太后准予更改,他指出:"祖宗列圣婚期,多在十六岁出幼之年……今皇上圣龄方在十五,中宫(皇后)亦止十四岁。若在来年十二月,则过选婚之期一年有余,于事体未便。若即今年十二月,则又太早。"但是钦天监这个专管观察天象、推算节气历法的机构,却一口咬定"一年之间,只利十二月,余月皆有碍。"张居正一向对天变节气之类不甚相信,对钦天监的这一推断颇不以为然。他认为,帝王之礼,与士人庶民之礼不同,"凡时日禁忌,皆民间俗尚",不必尽拘泥于此。他说:"臣居正素性愚昧,不信阴阳选择之说。凡有举动,只据事理之当为,时势之可为者,即为之,未尝拘混时日,牵合趋避。"正巧,皇太后的意思也以为明年二三月举行大婚较妥。张居正便建议选择此时,不迟不早,最为协中②。当天,文书官口传皇太后谕旨:"先生说的是,今定以明年三月。"次日,神宗也降旨:"朕奉圣母慈谕,着于明年三月内择吉行礼。"③神宗大婚的吉期就这样定下来了:明年三月内择吉举行。

　　皇帝的大婚礼仪十分繁琐。先期须向皇后行纳采问名礼,而且得由元老重臣作为正副使节前往。礼部遵照皇上旨意,决定由英国公张溶为正使,大学士张居正为副使。但张居正还在服丧期间,一直是青衣角带入阁办公,不适宜参与如此吉庆大典。神宗也知道张居正有所顾虑,特地差文书官邱得用向张居正口传圣旨,转告了太后的慈谕:"这大礼还著元辅一行,以重其事。"又要邱得用传达他本人的旨意:"忠孝难以两尽。先生一向青衣角带办事,固是尽孝。但如今吉期已近,先生还宜暂易吉服在阁办事,以应吉典。出到私宅,任行服制。"正月十七日,神宗特地要文书官给张居正送去坐蟒、胸背蟒衣各一袭,说是圣母赏赐的,并要元辅张先生从正月十九日起,身穿吉服入朝办事④。不料,此事遭到户科给事中李涞(字源甫,号养愚,江西雩都人)的反对。他以为张居

---

① 《明神宗实录》卷65,万历五年八月己未。
② 《张文忠公全集》卷5《奏请圣母裁定大婚吉期疏》。
③ 《明神宗实录》卷65,万历五年八月辛酉。
④ 《万历起居注》,万历六年正月十八日。《明神宗实录》卷71,万历六年正月庚午。

正丁忧守制,有丧在身,不宜任副使。他说:"皇上之留居正,固以军国重事,不可无社稷臣,大婚副使与经国筹边不同。况肇举大礼,以守制者行之,将事违其宜,非所以为观。乞别简大臣任使,以光盛典。"①这话说得并非毫无道理,只是有点不合时宜,神宗当然不高兴。

于是,他命文书官拿了李涞的奏本及他的手札,送到内阁,让张先生过目。手札类似便条、信函,不比圣旨,行文较随意,充分显示神宗的个性。手札中写道:"昨李涞说,大婚礼不宜命先生供事。这厮却不知出自圣母面谕朕,说先生尽忠尽不的孝。重其事,才命上公(即英国公)、元辅执事行礼。先生岂敢以臣下私情,违误朝廷大事!先朝夺情起复的,未闻不朝参、居官、食禄,今先生都辞了,乃议大礼亦不与,可乎?看来,今小人包藏祸心的还有,每遇一事,即借言离间。朕今已鉴明了,本要重处他,因时下喜事将近,姑且记着,从容处他。先生只遵圣母慈命要紧,明日起暂从吉服,勿得因此辄事陈辞。"②张居正接到圣母与皇上的谕旨、手札后,当天(正月十八日)立即上疏请皇上另派大臣充当副使。其实这种自谦,完全是一种姿态。在他心中早已接受了这一委派,对李涞之流的议论不屑一顾。他说:"圣母与皇上以腹心手足待臣,实与群臣不同。故凡国家大事,皆欲臣为之管理;而臣亦妄信其愚,不敢以群臣自处。凡可以虑忠效劳者,皆不避形迹,不拘常理,而贸然承之。"态度非常明朗,他将不拘常礼地参加皇上大婚的一切礼仪活动。神宗再次坚持成命:"只遵慈命,勿以小人之言自阻。"③于是张居正便从正月十九日起,遵旨身穿吉服入朝办公,与往昔毫无两样地参与一切吉庆大典。

随着皇帝大婚日子的临近,朱翊钧的生母慈圣皇太后向元辅张先生提出,即日从乾清宫搬回慈宁宫的想法。为了表示郑重起见,慈圣皇太后差司礼监随堂太监张鲸、慈宁宫管事太监谨柯,一同到张居正私第传达她的慈谕。她在慈谕中写道:"皇帝大婚在迩,我当还本宫,不得如前时,常常守着看管。恐皇帝不似前向学勤政,有累圣德,为此深虑。先生亲受先帝付托,有师保之责,此别不同。今特申之,故谕。外赐坐蟒、蟒衣各一袭,彩缎八表里,银二百两,用

---

① 《明神宗实录》卷71,万历六年正月庚午。
② 《万历起居注》,万历六年正月十八日。
③ 《明神宗实录》卷71,万历六年正月庚午。《张文忠公全集》卷6《请别遣大臣以重大礼疏》。

示拳拳恳切至意。"①张居正捧读慈谕之后,不由得想起当年皇上即位时,圣母欲迁居慈宁宫的往事。当时正是他上疏劝圣母留在乾清宫的,他曾说:皇上年龄还小,圣母慈驾还是暂时居住乾清宫,与皇上朝夕相处为好,俟皇上大婚之后,再移居也来得及。圣母接受了这一建议,便与皇上同住在乾清宫暖阁。阁中两床东西相向,太后、皇上对榻而寝。太后对皇上管束极严,规定宫女三十岁以下者不许在皇上左右供事;皇上每日视朝、讲读之后,立即返回乾清宫侍奉圣母;除非得到太后许可,不得迈出殿门一步;饮食起居都有节度,小有违越,即当面谴责。因此,神宗即位以来多年,举动没有大的过失,仍保持着莹粹纯真的秉性,实赖母后训迪调护之功②。耳提面命,无异于垂帘听政。一晃几年过去了,慈圣皇太后遵照前议,要搬回慈宁宫去了,希望张居正能担当起师保之责——元辅与帝师的双重职责,代她看管好皇帝。

  张居正一向对慈圣皇太后极为尊重,对她的为人甚为钦佩,接到慈谕后,立即上疏,向太后致谢。在奏疏中,张居正追怀当年先帝托付的情景,对太后担当起对小皇帝躬亲教育的责任,给予极高的评价。他说:"使非礼之言不得一闻于耳,邪媟之事不敢一陈于前";"凡面命耳提,谆谆教戒,不曰亲近贤辅,则曰听纳忠言;不曰怀保小民,则曰节省浮费。盖我圣母之于皇上,恩则慈母也,义则严师也"③。这些话并非吹捧,事实确实如此。所以当皇太后提出要迁回本宫时,张居正颇感踌躇,终于提出了一个折中方案:今日暂回慈宁宫,明日仍返乾清宫,与皇上同处待到册立皇后之后,再定居于慈宁宫。这就有了一个缓冲与过渡的时间,慈圣皇太后接受了这一建议④。

  正月二十七日,神宗在皇极殿十分隆重地宣布:"以都督同知王伟长女为皇后,遣英国公张溶、大学士张居正持节行纳采问名礼。"⑤纳采问名礼是古代婚礼程式的第一步。据《大唐开元礼》的规定,按照儒家"六礼"的原则,有纳采、问名、纳吉、纳征、请期、亲迎六个步骤。纳采,原意为纳其采择,由男方派使者到女方送求婚礼物。纳采那一天,使者公服执雁来到女家门口,女方主人

---

① 《张文忠公全集》卷6《谢皇太后慈谕疏》。
② 《万历起居注》,万历六年正月二十一日。
③ 《张文忠公全集》卷6《谢太后慈谕疏》。
④ 《明神宗实录》卷71,万历六年正月癸酉。
⑤ 同上书卷71,万历六年正月己卯。

出迎，入门升堂，使者授雁，以雁为挚，取其顺阴阳往来之义。问名，即纳采礼毕，使者回到门外，执雁问名——询问女方姓名。女方家长再次迎使者入内，设酒食招待。

皇帝的纳采问名礼极为隆重。预先要选择日子，祭告天地、宗庙。到了纳采问名的前一天，在奉天殿设皇帝御座，由鸿胪寺在皇帝御座前设置节案、制案。所谓节案，就是供置符节——使者所持凭证的几案；所谓制案，就是供置纳采问名制书（皇帝写的诏书）的几案。内官监与礼部把纳采问名的礼物陈列于文楼下，教坊司则在殿内设置中和乐的乐器、乐队。到了那天早晨，皇上头戴衮冕身穿龙袍来到奉天殿，按照常仪升座，文武官员一律身穿朝服，叩头完毕，分左右两班站立。这时由传制官宣读制书：兹选取都督同知王伟女为皇后，命卿等持节行纳采问名礼。正副使取符节、制书，放入彩轿中，仪仗队、乐队前导，中门中道前行，出大明门外。正副使换吉服，乘马前往皇后府第行礼。礼官宣布：奉旨建后，遣使行纳采问名礼。正副使捧制书、符节先行，主婚人随行，在正堂放下制书、符节。然后行礼，正副使持节，随答问名表退出，将符节、表案放入彩轿中。一行人等在正副使带领下，经大明门进至奉天门外，把答问名表、符节交给司礼监太监，捧入复命。纳采问名礼宣告结束①。

慈圣皇太后是一位负责的母亲，当她即将离开乾清宫时，特地给将要完婚的儿子发去一道慈谕。万历六年二月初二日慈圣皇太后给皇帝的慈谕写道："说与皇帝知道，尔婚礼将成，我当还本宫。凡尔动静食息，俱不得如前时闻见训教，为此忧思。尔一身为天地神人之主，所系非轻。尔务要万分涵养，节饮食，慎起居，依从老成人谏劝。不可溺爱衽席，任用非人，以贻我忧。这个便可以祈大永命，虽虞舜大孝不过如此。尔敬承之勿违。"②神宗把这个慈谕拿给张居正看了。张居正乘机劝谏皇上，要仰体慈心，服膺明训。不但要听从母后面命，尤要重视执行。那就是说，大婚之后，皇上视朝与讲学应该比以前更加勤勉，日常生活起居要万分保爱撙节，兢兢业业，如同母后在身边一样。神宗当然明白，母后离开乾清宫，已将日后管教的责任托付给了这位元辅兼帝师的张

---

① 万历《大明会典》卷 67，礼部二十五婚礼一《皇帝纳后仪·纳采问名》。
② 《万历起居注》，万历六年二月二日。《明神宗实录》卷 72，万历六年二月癸未。

先生,所以他向张先生表示:"朕当拳拳服膺,尚赖卿等朝夕诲纳。"①

与此同时,慈圣皇太后还发出两道谕旨。一道给内夫人(乾清宫宫女领班)等:"说与夫人、牌子(管事太监)知道,我今还宫,皇帝、皇后食息起居,俱是尔等奉侍,务要万分小心,督率答应的并执事官人,勤谨答应,不可斯须违慢。如皇帝、皇后少违道理,亦须从容谏劝,勿得因而阿谀,以致败度败礼。亦不可造捏他人是非,暗图报复恩怨。如有所闻,罪之不恕。"一道给司礼监太监冯保:"说与司礼监太监冯保等知道,尔等俱以累朝耆旧老成重臣,冯保又亲受先帝顾命,中外倚毗,已非一日。但念皇帝冲年,皇后新进,我今还本宫,不得如前时照管。所赖尔等重臣,万分留心,务引君于当道,志于仁义。倘一切动静之间,不由于理,不合于义,俱要一一劝谏,务要纳之于正,勿得因而顺从,致伤圣德。尔等其敬承之勿替。"②

就在这一天,神宗在皇极殿宣布:聘都督同知王伟长女为皇后。并派遣定国公徐文璧、大学士吕调阳、张四维等行纳吉纳征告期礼。纳吉,即男方把问名后占卜的好结果通知女方。纳征,也称纳币,即男方将聘礼送往女方。告期,也称请期,男方占卜得结婚吉日,把日期通知女方。纳吉、纳征、告期礼,大多与纳采问名礼相似,所不同的是,纳吉、纳征、告期礼物更为丰富。

二月初八日,十六岁的神宗按照礼仪进行上巾礼(加冠礼),这是大婚前必不可少的一项礼仪。按照祖宗旧制,前一天,内使监太监就在奉天殿正中布置御冠席,又在南面设立冕服案、香案、宝案。到了这一天,举行隆重礼仪,百官拱手加额高呼:万岁!万岁!万万岁!典仪官高唱:礼毕!侍仪官入奏:礼毕。皇帝起身离开,乐声大作,百官依次退出。然后,皇帝改服通天冠、绛纱袍,入宫拜谒皇太后③。

二月十九日,神宗在皇极门宣布:遣英国公张溶充正使持节,大学士张居正等捧制敕册宝,前往皇后府第,举行奉迎礼,宣读册立皇后册书。然后迎皇后进入宫中。接下来便是举行合卺礼。合卺礼是古代结婚仪式。《礼记·昏仪》说:"合卺而酳。"据孔颖达的解释,把一个瓠分为两个瓢,称为卺,丈夫与妻

---

① 《张文忠公全集》卷6《乞遵守慈谕疏》。
② 《万历起居注》,万历六年二月二日。《明神宗实录》卷72,万历六年二月癸亥。
③ 万历《大明会典》卷63,礼部二十冠礼一。《明史》卷54《礼志·皇帝加元服仪》。

子各执一瓢,舀酒漱口,就是所谓合卺。后来把婚礼雅称合卺,典出于此。不过皇帝与皇后的合卺礼所用的瓢,要讲究多了。举行合卺礼的那天,太监先在正宫殿内设皇帝座于东,皇后座于西,在帝后座位正中稍南设置酒案,上面放着四个金爵(酒器)和两个卺。待皇帝、皇后谒奉先殿之后,内侍与女官请皇帝、皇后各就更衣处,皇帝换上皮弁服,皇后也更衣,来到内殿。女官取金爵酌酒呈上,帝后饮毕;女官再送上菜肴。然后由女官以卺酌酒,帝后合和以进。礼毕,帝后再到更衣处换上便服①。

二月二十日,合卺礼的次日,帝后一起举行朝见两宫皇太后礼。二十一日早晨,皇帝穿冕服,皇后穿礼服一起前往两宫皇太后处举行谢恩礼。谢恩礼毕,神宗来到皇极殿,以册立中宫(皇后)诏告天下②。二十二日,神宗以大婚礼成,接受文武百官上朝庆贺。与此同时,神宗传旨:"册刘氏为昭妃,杨氏为宜妃,礼部具仪,择日来闻。"③三月初三日,神宗在皇极殿宣布:册刘氏为昭妃,杨氏为宜妃,遣徐文壁、杨炳持节,吕调阳、张四维捧册,举行册立仪式④。三月初四日,以皇帝大婚礼成,礼部遵旨加两宫皇太后尊号:仁圣皇太后为仁圣懿安皇太后,慈圣皇太后为慈圣宣文皇太后,并为此祭告天地、宗庙、社稷⑤。神宗从此开始了新的宫闱生活。

## 四、张居正归葬

万历六年(1578年)二月二十八日,张居正因皇上大婚礼成,向神宗递上了《乞归葬疏》,要求请假回家安葬父亲。神宗不同意,回答说:"卿受遗先帝,辅朕冲年,殚忠宣劳,勋猷茂著。兹朕嘉礼初成,复奉圣母慈谕拳拳,以朕属卿,养德保躬,倚毗方切,岂可朝夕离朕左右!况前已遣司礼监官营葬,今又何必亲行。宜遵先后谕旨,勉留匡弼,用安朕与圣母之心,乃为大忠至孝。所请

---

① 万历《大明会典》卷67,礼部二十五婚礼一《皇帝纳后仪》。
② 《明神宗实录》卷72,万历六年二月辛丑、万历六年二月壬寅。
③ 同上书卷72,万历六年二月癸卯。
④ 同上书卷73,万历六年三月甲寅。
⑤ 同上书卷73,万历六年三月乙卯。

不允。"①

二十九日,张居正再次上疏乞求归葬。疏文写得十分恳切:"痛念先臣生臣兄弟三人,爱臣尤笃。自违晨夕,十有九年,一旦讣闻,遂成永诀。生不得侍养焉,殁不得视含焉,今念及此,五内崩裂……数月以来,志意衰沮,形容憔悴,惟含忉饮泣,屈指计日,以俟嘉礼之成,冀以俯遂其初愿耳……比得家信,言臣父葬期,择于四月十六日。如蒙圣慈垂怜,早赐俞允,给臣数月之假……是今虽暂旷于数月,而后乃毕力于终身。皇上亦何惜此数月之假,而不以作臣终身之忠乎!"②神宗终于被感动了,批准了他的请假,但限期返京:"葬毕,就着差太监魏朝敦趣上道,奉卿母同来,限至五月中旬到京。"③

神宗虽然批准张居正归葬,总是不放心,于三月十日派司礼监太监王臻到张居正府第,一是赏赐路费银五百两,二是对一些朝政大事有所关照,希望他按时返回。王臻面交了皇上的手谕,那上面写道:"朕大礼甫成,倚毗先生方切,岂可一日相离!但先生情词迫切,不得已准暂给假襄事,以尽先生孝情。长途保重,到家少要过恸,以朕为念,方是大孝。五月中旬,就要先生同母到京,万勿迟延,致朕悬望。又先生此行,虽非久别,然国事尚宜留心。今赐先生'帝赉忠良'银记一颗,若闻朝政有缺,可即实封奏闻。"④神宗流露了对张居正的无限信任,要他在家中对内阁事务进行遥控。

三月十一日,是神宗在文华殿讲读的日子,张居正到文华殿向皇上当面辞行。神宗在文华殿西室召见了张居正,两人之间进行了一场颇动感情的对话。张居正说:"臣仰荷天恩,准假归葬。今特降手谕,赐路费银两……及银记一颗。臣仰戴恩眷非常,捐躯难报。"神宗说:"先生近前来些!"张居正走到御座前,神宗望着他,关照道:"圣母与朕意,原不肯放先生回,只因先生情词恳切,恐致伤怀,特此允行。先生到家事毕,即望速来。国家事重,先生去了,朕何所倚托?"张居正叩头谢恩,然后说:"臣之此行,万非得已。然臣虽暂违,犬马之心,实无时刻不在皇上左右。伏望皇上宝爱圣躬。今大婚之后起居食息尤宜谨慎。这一件第一紧要事,臣为此日夜放心不下。伏望圣明万分撙节保爱。

---

① 《万历起居注》,万历六年二月二十八日。
② 《张文忠公全集》卷7《再乞归葬疏》。
③ 《万历起居注》,万历六年二月十九日。
④ 同上书,万历六年三月十日。《明神宗实录》卷73,万历六年三月辛酉。

又数年以来,事无大小,皇上悉以委之于臣,不复劳心。今后皇上却须自家留心。莫说臣数月之别,未必便有差误,古语说:'一日二日万几。'一事不谨,或贻四海之忧。自今各衙门章奏,望皇上一一省览,亲自裁决。有关系者,召内阁诸臣,与之商榷而行。"神宗说:"先生忠爱,朕知道了。"张居正说:"臣屡荷圣母恩爱,以服色不便。不敢到宫门前叩谢,伏望皇上为臣转奏。"神宗说:"知道了。长途保重,到家勿过哀。"张居正不胜感恋,竟伏地痛哭起来。神宗劝慰道:"先生少要悲痛。"话还未完,自己也哽咽流涕。张居正见此情景,赶忙叩头告退。只听得神宗对左右侍从说:"我有好些话,要与先生说,见他悲伤,我亦哽咽,说不得了。"①

神宗之于张居正,除了严肃的君臣关系之外,还多了一份师生亲情,成年累月在一起探讨新政,相得益彰。一旦张居正离去,神宗实在舍不得。一则他身边确实少不得张先生,二则新政正在展开,张居正离开之后唯恐有变。张居正告辞后,神宗依恋之情犹然,便命文书宫孙斌与文华殿暖阁管事太监李忠,一起前往张府,转达他的情意。慈圣皇太后也派慈宁宫管事太监李旺前往张府,赏赐银八宝豆叶六十两,作旅途赏人之用,并口头传达她的慈谕:"先生行之后,皇上无所倚托。先生既舍不得皇帝,到家事毕,早早就来,不要待人催取。"②这段话,其实道出了神宗母子共同的心情,都希望张居正尽快返回,主持朝政。

三月十三日,神宗照例视朝。这一天是张居正离京的日子,他特命司礼监太监张宏到京郊为张居正饯行,张居正拜别前来送行的同僚,即启程上路③。

张居正走后,次辅吕调阳本应代理阁务。神宗却于三月十五日下了一道手谕给吕调阳等人,一切国家大事不得擅作决定。他在手谕中特别强调:"一切事务都宜照旧,若各衙门有乘机变乱的,卿等宜即奏知处治。大事还待元辅来行。"④这样,一方面,显示了神宗支持张居正推行新政的决心,不准各衙门乘元辅离京之机变乱新政;另一方面,也表露了他对内阁辅臣中位居第二的吕调阳不甚信赖。这对吕调阳而言,处境相当难堪。所以他领旨后,立即回奏:"遇

---

① 《张文忠公全集》卷7《召对纪事》、《谢召见面辞疏》。
② 《明神宗实录》卷73,万历六年三月壬戌。
③ 《张文忠公全集》卷7《谢遣官郊饯疏》。《明神宗实录》卷73,万历六年三月甲子。
④ 《明神宗实录》卷73,万历六年三月丙寅。

有事情重大费处分,亦先奏闻皇上,待居正至日定议请行。"①不过他内心却很苦闷:新入阁的马自强虽曾与张居正有过矛盾,但此次蒙他提携,颇为感恩戴德;张四维、申时行都是张居正的亲信;吕调阳不过摆设而已。此时恰逢辽东捷报传来,神宗不仅归功于张居正调度有方,而且撇开吕调阳,派出使者快马加鞭赶到江陵,要张居正拟定赏赐条例。此事着实让吕调阳感到内惭之极②。既然自己是可有可无的,况且身体又欠佳,便于四月十一日向神宗再次提出辞呈,这是他第六次上疏"乞归"了。神宗不想让他在这时辞去,劝他继续留任,并派御医为他看病。吕调阳赶忙上疏致谢,乞归之事只好暂缓。

四月十六日,张居正之父张文明的棺材葬入了太晖山。这是皇上敕赐的坟地。既然皇太后、皇帝都如此重视元辅之父的葬礼,各级地方官员岂敢怠慢!参加葬礼的官员,有神宗派来营葬的司礼监太监魏朝、工部主事徐应聘,有专程前来谕祭的礼部主事曹诰,有护送张居正的尚宝司少卿郑钦、锦衣卫指挥佥事史继书,有湖广巡抚陈瑞、抚治郧襄都御史徐学谟,以及其他地方官员。

归葬已毕,照理张居正该启程返京了。他考虑到正值酷暑,老母年迈,难耐旅途炎热之苦,便上疏神宗,请求推迟归期。大约在八九月间天气凉爽时,扶持母亲一同赴京③。神宗接到奏疏后,明确表示不得宽限,并派文书官拿了此疏到内阁传谕:"朕日夜望其早来,如何又有此奏!"于是,内阁与都察院等各部门官员纷纷上疏,请皇上敦促张居正尽快返京④。神宗当即发出圣旨:"朕日夜望卿至,如何却请宽限!着留先差太监魏朝,待秋凉伴送老母北来,卿宜作速上道,务于五月终到京,以慰朕怀,方是大忠大孝。"同时又写了一道敕谕,差锦衣卫负责官员星夜赶往江陵,守催张居正,务必于五月末回京办公,允许留下太监魏朝,待秋凉后伴送张母北上⑤。

五月十六日,锦衣卫指挥佥事翟汝敬抵达江陵张府,开读皇帝敕谕:"朕念卿孝心恳切,不忍固违,暂准回籍襄事,限五月中旬回京,实非得已。自卿行

---

① 《明神宗实录》卷73,万历六年三月丙寅。
② 王世贞《嘉靖以来首辅传》卷8《申时行传》。《明史》卷213《张居正传》。
③ 《张文忠公全集》卷7《请宽限疏》。《明神宗实录》卷4,万历六年四月更戌。
④ 《明史》卷213《张居正传》。
⑤ 《明神宗实录》卷74,万历六年四月庚寅。《张文忠公全集》卷7《奉谕还朝疏》。

后,朕拳拳注念,朝夕计日待旋。兹览来奏,复请宽假,欲待秋凉,奉母同来,殊乖朕望。兹特命锦衣卫指挥佥事翟汝敬驰驿星夜前去,守催起程。卿母既高年畏热,着先差太监魏朝,留待秋凉,伴送来京。卿可即日兼程就道,务于五月末旬回阁办事。"为了表示对元辅张先生的尊重,神宗还让翟汝敬捎去书信一封,信中写道:"元辅张先生:自先生辞行之后,朕心日夜悬念,朝廷大政俱暂停以待。今葬事既毕,即宜遵旨早来,如何又欲宽限!兹特遣锦衣卫堂上官赍敕催取。敕到,即促装就道,以慰朕怀……"①

如此郑重其事的催促,张居正岂敢违旨!当即于五月二十日起程北上。张居正所过之处,地方长官都亲自迎送,行长跪礼,并身为前驱开道。路经襄阳,襄王也破例迎候,为张居正设宴接风。按照当时惯例,虽位居公侯的元老重臣,谒见藩王(亲王)时,也要执臣礼。张居正还不具备公侯头衔,见襄王时仅执宾主之礼,不过作一长揖而已;宴请时,还位居上座②。足见张居正权势显赫,连藩王也不敢怠慢。这在明代实属罕见。按照礼仪,天子出行,到藩王境内,藩王须出迎拜谒。但也有不少例外,武宗巡游频繁,均未见藩王出迎拜谒之事。只有嘉靖十八年(1539年)世宗至承天府,预先敕谕路近藩王出城候驾,于是赵王迎于磁州,汝王迎于卫辉,郑王迎于新郑,徽王迎于钧州,唐王迎于南阳。明朝旧制规定,藩王非迎驾及扫墓,不许出城一步。唯独此次张居正路过,襄王、唐王都出郊迎谒,而且主宾倒置,不是张居正行朝见伏谒之礼,而是襄王、唐王以奉迎为幸事。当时人议论纷纷,以为张居正"僭紊至此,安得不败!"③

张居正原拟五月底赶回北京,途中遇到滂沱大雨耽搁了一些时日。六月十五日张居正抵达北京城郊,神宗特命司礼监太监何进在真空寺设宴接风。何进还口传圣旨:"若午时分(按:中午)进城,便着张先生在朝房稍候,朕即召见于平台。若未时分(按:午后)进城,着先生径到宅安歇,次日早,免朝召见。"④足见神宗对张居正企盼之心切,也足见他对元辅张先生的尊重确实无以复加。十六日一早,文武百官列班迎接张居正入朝。神宗随即在文华殿西室

---

① 《张文忠公全集》卷7《奉谕还朝疏》。
② 《明史》卷213《张居正传》。
③ 沈德符《万历野获编》卷4《亲王迎谒》。
④ 《张文忠公全集》卷7《谢遣官郊迎疏》。

召见张居正。君臣之间不过小别三月,似乎久别重逢,有许多衷肠要诉说。两人进行了多年罕见的一次长谈。

神宗先开口:"先生此行,忠孝两全了。"

张居正答谢:"臣一念乌鸟私情,若非圣慈曲体,何由得遂。感恩图报之忱,言不能宣,惟有刻之肺腑而已。"

神宗说:"暑天长路,先生远来辛苦。"

张居正叩头谢恩,并为违限超假向皇上请罪。

神宗安慰道:"朕见先生来,甚喜。两宫圣母亦喜。"

张居正也表达了对皇上及太后的挂念,说:"臣违远阙庭,倏忽三月,然犬马之心,未尝一日不在皇上左右。不图今日重睹天颜,又闻圣母慈躬万福,臣不胜庆忭。"

神宗说:"先生忠爱,朕知道了。"接着便转换话题,问道:"先生沿途见稼穑何如?"

张居正便报告了经过河南、畿辅(今河北)等地麦子丰收、稻苗茂盛。

神宗又问:"黎民安否?"

张居正答:"各处抚按有司官来见,臣必仰诵皇上奉天保民至意,谆谆告诫,令其加意爱养百姓,凡事务实,勿事虚文。臣见各官兢兢奉法,委与先年不同。以是黎民感德,皆安生乐业,实有太平之象。"

神宗又问:"今边事何如?"

张居正答:"昨在途中,见山西及陕西三边督、抚、总兵官,具有密报,说虏酋俺答(蒙古鞑靼部首领)西行,为挨落达子(蒙古瓦剌部)所败,损伤甚多,俺答仅以身免。此事虽未知虚实,然以臣策之,虏酋真有取败之道。夫夷狄相攻,中国之利,此皆皇上威德远播,故边境乂安,四夷宾服。"说完便叩头称贺。鞑靼、瓦剌是明朝北边大患,隆庆年间根据张居正等人的建议,对俺答实行封贡互市,封俺答为顺义王,加以笼络。

神宗听了说:"此先生辅佐之功。"张居正则就此事引导皇上,切不可轻视俺答,仍应封贡如初,使之感德益深,永不背离。神宗听了喜滋滋的,再三首肯:"先生说的是。"

要谈的话差不多了,神宗为了表示关怀,对张居正说:"先生沿途辛苦;今日见后,且在家休息十日了进阁。"还吩咐司礼监太监张宏引导张居正到慈庆宫、慈宁宫,朝谒两宫皇太后①。

到了九月十五日,张居正母赵氏在司礼监太监魏朝伴护下,抵达京郊。神宗特命司礼监太监李佑到郊外慰劳,两宫皇太后也遣太监张仲举、李用前往郊外慰劳②。稍事休息后,魏朝陪同张母进城。一路上,仪从煊赫,路人围观如堵③。三天后,神宗及两宫皇太后命太监前往张府,赏赐张母金银珠宝等大量财物。

这一切是何等的恩宠,何等的荣耀!皇帝与皇太后对张居正母亲如此恩礼有加,如此亲如家人,实为君臣关系所罕见。正如《明史》所说,皇帝与皇太后对待张母,"几用家人礼"④。对待皇亲国戚的恩礼与此相比,也有所不及。处处透露了神宗与元辅张先生的关系非同寻常,神宗母子与张居正母子之间,既有君臣关系的一面,也有超越君臣关系的两家人之间的人情关系。帝王也是人,也有人情世故,只是很少流露罢了。

还在张居正归葬江陵时,神宗收到了户部员外郎王用汲(字明受,福建晋江人)弹劾张居正专擅朝政的奏疏。这篇题为《为乞察总宪大臣欺罔以重正气以彰国事》的奏疏,从张居正归葬时官僚间的纠葛写起,名义上是弹劾都御史陈炌,实则攻击张居正喜好阿谀奉承。事情的原由是这样的:张居正父亲的葬礼,湖广的各级官员都到了,唯独巡按御史赵应元(字文宗,号仁斋,陕西泾阳人)不来,张居正心中有点怏怏然,虽未显露,还是被他的门客现任都御史王篆察觉到了。事后赵应元接到新任命,托病推辞。王篆抓住此事,嘱咐都御史陈炌弹劾赵应元有意规避,终于使赵应元遭到皇帝降旨除名的处分。王用汲对此不胜愤慨,向皇上递上了这份奏疏,以澄清事实真相。王用汲说,臣近读邸报,内叙四月十六日张居正葬父于太晖山之原,湖广官员毕集,独巡按御史赵应元不见。数月后,赵应元因患病乞休,都御史陈炌求阅辅臣,参论赵托病欺罔。文章就由此做下去。他以为皇上只知其一不知其二:"陛下但见炌之论劾应元,恣肆任情,巧为趋避,即罢黜之有余辜也。至其意之所从来,不为其事,而为其人;不为此事,而为他事。陛下安得而知之。"反之,"凡附宰臣者,亦窃

---

① 《张文忠公全集》卷7《谢召见疏》。《明神宗实录》卷76,万历六年六月丙申。
② 《明神宗实录》卷79,万历六年九月癸亥。
③④ 《明史》卷213《张居正传》。

得各酬其私"。下面几句话是全疏的关键,分量最重:"以臣观之,天下无事不私,无人不私,独陛下一人公耳。陛下又不躬自听断,而委政于众所阿奉之大臣。大臣益得成其私而无所顾忌,小臣益苦行私而无所诉告,是驱天下而使之奔走乎私门矣。"①

这里所说"众所阿奉之大臣",与上面所说的"宰臣",都是直指张居正的。这还不算,王用汲居然教训起皇上来了:"陛下何不日取庶政而勤习之,内外章奏躬自省览,先以意可否焉,然后宣付辅臣,俾之商榷。"②这分明是在挑唆皇上亲政,从张居正那里夺权。幸亏这份奏疏呈进时,张居正在江陵,吕调阳卧病在家,由张四维代帝拟旨:将王用汲革职为民。神宗对王用汲的大胆妄言十分恼火,同意张四维所拟意见,亲笔写了一道谕旨:"都御史总司风纪,御史不法,得以指实参治,此是祖宗宪制。赵应元差回,既托疾乞休,明系蔑视法纪,岂可置之不问!朕特斥之。这厮乃敢逞肆浮词,越职妄奏,好生怀奸比党,挠乱国是。本当重处,姑从轻,着革了职为民。再有这等的,并这厮重治不饶。"③

待张居正回京看到此疏时,王用汲已处分完毕。张居正以为处理太轻,迁怒于张四维,对他严词厉色,几天后才消气④。还在余怒未消之时,张居正意气用事地给皇上写了《乞鉴别忠邪以定国事疏》。张居正在疏文中一语道明:"用汲之言,阳为论炌,实阴攻臣也。"然后逐条批驳。这在张居正的奏疏中实属罕见。他一向对弹劾自己的奏疏以高屋建瓴的姿态予以反击,从不纠缠于细节。这次却一反常态,逐一辩解,明显使自己处于被动招架的地步。他特意指出:王用汲的动机——"皇上当独揽朝纲,不宜委政于众所阿附之元辅"。这是张居正最为敏感的事,于是他有点激动地写道:"夫国之安危,在于所任,今但当论辅臣之贤不贤耳。使以臣为不贤耶,则当亟赐罢黜,别求贤者而任之;如以臣为贤也,皇上以一身居于九重之上,视听翼为,不能独运,不委之于臣而谁委耶?先帝临终,亲执臣手,以皇上见托。今日之事,臣不以天下之重任自任,而谁任耶?"⑤这些话,未免太过于自信,太过于目空一切。尽管皇帝对他十分信任,一切朝政都委托他全权处理。但是,神宗毕竟已经完婚,已经成年。张居

---

① ② ③ 《万历邸钞》万历六年戊寅卷,六月壬寅。
④ 《明史》卷 229《王用汲传》。
⑤ 《张文忠公全集》卷 8《乞鉴别忠邪以定国事疏》。

正再以天下舍我其谁的口气讲话,难免引起皇上的反感。这一层,张居正在得意之际是不会考虑到的。不过他透过王用汲的奏疏,隐约看到人们对新政的不满情绪,对他本人的不满情绪。这种危险性,他是看得很透彻的,向来置之不理,这次却有点惶惶然了,需要皇上出面讲几句话。神宗仍一如既往地支持他,在他的奏疏后面批示:"奸邪小人不得遂其徇私自便之计,假公伺隙,肆为谗谮者,累累有之。览奏,忠义奋激,朕心深切感动。今后如再有讪言祷张,挠乱国是的,朕必遵祖宗法度,置之重典不宥。"①

此后,虽不再有王用汲那样的攻击,但张居正已逐渐感到压力,这个一向不屈不挠的铁腕人物,心中开始考虑"乞休"的念头。只是时机还不成熟,皇上的耕藉礼、谒陵礼还未举行,怎忍言去!


### 五、耕藉礼与谒陵礼

随着神宗步入成年,传统的耕藉礼与谒陵礼提上了议事日程。

先秦时代,天子的公田称为藉田,为了表示对土地神、谷物神的崇拜,为了表示对农业生产的重视,天子定期举行耕种藉田的礼仪。《诗经·噫嘻》就是周成王举行耕藉礼仪所唱的乐歌。在春天降临大地之际,天子在群臣陪同下,亲自到藉田上操起农具耕田,以期告诫农官要勤于王田上的农事。这种习俗代代相沿,到明代完全成了一种虚有其名的纯粹礼仪形式。洪武二年(1369年)明太祖在祭祀先农坛后,举行耕藉礼,在太常卿引导下,手持耒耜在土地上推三下(称为"三推"),然后三公推五下(称为"五推"),尚书等官员推九下(称为"九推")②。礼部根据祖宗旧制,题请皇上于万历七年(1579年)二月二十五日举行耕藉礼。不巧得很,十七岁的神宗于同年正月出疹,视朝、讲读都暂免,在宫中服药静摄③。鉴于这种特殊情况,张居正向神宗提出:"出疹之后,最忌风寒。伏望善加珍摄,耕藉之礼改于明岁举行。"④

---

① 《张文忠公全集》卷8《乞鉴别忠邪以定国事疏》。
② 万历《大明会典》卷51《礼部·耕藉》。
③ 《明神宗实录》卷83,万历七年正月庚午。
④ 同上书卷84,万历七年二月丙子。

皇帝出疹,引起皇太后的不安。笃信佛事的慈圣皇太后为此向菩萨许愿:待皇帝身体康复后,要举办法会超度僧众。果然,文书官口传慈圣皇太后慈谕:"前因皇上出疹,曾许僧人于戒坛设法度众。今圣躬万安,宜酬还此愿。"张居正不信这套,也不想在宫中搞什么佛事法会,回奏太后:"窃惟戒坛一事,奉有世宗皇帝严旨禁革,彼时僧人聚集以数万众,恐有奸人乘之,致生意外之变,非独败坏风俗而已。隆庆以来僧徒无岁不冀望此事,去年四月间,游食之徒街填巷溢。及奉明旨驱逐,将妖僧如灯置之于法然后敛戢。今岂宜又开此端!"①既然元辅如此说,太后也只得作罢。

神宗身体康复后,根据礼部的建议,于万历七年三月初九日恢复视朝。这是他病后首次视朝。前一天,神宗派文书官到内阁告诉张先生:"朕明日御朝,切欲与先生一见。奈先生前有旨,不在朝参之列。明日未朝之时,先于平台召见,说与先生知之。"

次日黎明,神宗祭告奉先殿后,来到平台。张居正入见,首先叩头对皇上身体康复表示祝贺。神宗说:"朕久未视朝,国家事多劳先生费心。"张居正说:"臣久不睹天颜,朝夕仰念,今蒙特赐召见,下情无任欢欣。但圣体虽安,还宜保重。至于国家事务,臣当尽忠干理,皇上免劳挂怀。"神宗说:"先生忠爱,朕知道了。"随即命近侍太监赏赐一些银两、绸缎之类,接着又说:"先生近前,看朕容色。"张居正走到御座前跪下,神宗抓住他的手,让他细看自己的脸色。然后告诉张先生:"朕日进膳四次,每次俱两碗,但不用荤。"张居正以长者的身份叮嘱道:"病后加餐,诚为可喜。但元气初复,亦宜节调,过多恐伤脾胃。然不但饮食宜节,臣前奏,疹后最患风寒与房事,尤望圣明加慎。"神宗说:"今圣母朝夕视朕起居,未尝暂离,三宫俱未宣召。先生忠爱,朕悉知。"皇上把他的日常生活也向张先生报告了,说明他已经注意到了"疹后最患风寒与房事"。随即又关照张先生,经筵于十二日恢复,而日讲则拖到五月上旬再开始②。

张居正叩头退出后,御门才传来上朝的钟声。神宗来到皇极门,接受百官的称贺。视朝毕,他又匆匆赶赴慈庆宫、慈宁宫,去拜见皇太后。

万历八年二月十八日,神宗举行耕藉礼。场面极为隆重,当朝的元老重臣

---

① 《明神宗实录》卷84,万历七年二月癸未。
② 《张文忠公全集》卷8《召见纪事》。《明神宗实录》卷85,万历七年三月甲寅。

们都参加了。神宗命定国公徐文壁、彰武伯杨炳、大学士张居正充当三公,大学士张四维、兵部尚书方逢时、吏部尚书王国光、户部尚书王宗伊、礼部尚书潘成、戎政兵部尚书杨兆、刑部尚书严清、都御史陈炌、吴兑充当九卿,举行五推、九推礼①。次日,神宗为耕藉礼的顺利完成,赏赐参加耕藉礼的三公九卿(即徐、杨、张、张、方、王、王、潘、杨、严、陈、吴)以绸缎等物,其他执事官员人等也分别赏赐银布等物②。

耕藉礼成之后,接下来是谒陵礼。这是神宗即位以来首次以皇帝身份与皇太后前往天寿山祭谒祖陵,因此十分重视。为了操办此事,他特地向光禄寺提出,要把节省的膳费中拿出十万两银子供开支。户科给事中郝维乔(字子迁,号中岩,河南扶沟人)等上奏,指出:区区十万两积余恐怕不够开支,希望能由宫中内库调拨银两,供谒陵开支③。神宗不接受,下令仍从前旨。但十万两银子哪里够用!不久,神宗又命太监高福传达圣旨:随驾扈卫官军所需六万两银子,要政府拨给。张居正不便反对,便委婉指出:隆庆二年(1568年)穆宗谒陵时,此项费用均由宫中内库提供,由政府拨给不合旧例,既然宫中内库缺乏,拟由户、兵二部从太仓折草银、太仆寺马价银这两项税收中,各动支三万两,以济急需④。神宗同意了。

三月十二日,神宗奉两宫皇太后并率后妃一行,在众大臣的陪同下,从京城出发,抵达巩华城行宫。蓟辽总督梁梦龙(字乾吉,号鸣泉,北直隶真定人)、昌平总兵杨四畏(字敬甫,号知庵,辽东辽阳人),以及昌平州官吏与学校师生,赶往行宫朝见皇上。次日一早,神宗一行从巩华城出发,午时驻跸感恩殿。这次谒陵,皇室人员、文武百官及扈卫官军构成一支庞大的队伍,一路浩浩荡荡,地方官迎送接待,无异一次大骚扰,对百姓更是一场大灾难。神宗似乎也想到了这一层,便传谕户部:"朕兹躬谒山陵,经过地方百姓劳苦,本年分田租量与蠲免,以示优恤,尔部酌开分数来看。"⑤那意思是要户部确定减免的比例。

三月十四日,神宗一行抵达天寿山。这里是明成祖以下各代皇帝与皇后

---

① 《明神宗实录》卷96,万历八年二月戊子。
② 同上书卷96,万历八年二月己丑。
③ 同上书卷96,万历八年二月庚寅。
④ 同上书卷97,万历八年三月己酉。
⑤ 同上书卷97,万历八年三月壬子。

陵墓的所在地,位于昌平州的西北、八达岭的东南、居庸关的正东,现在称为"十三陵"的地方。神宗与两宫皇太后率后妃,首先拜谒长陵(成祖陵)、永陵(世宗陵)、昭陵(穆宗陵),举行春祭礼。然后派徐文壁、李言恭、陈玉谟、杜继宪、陈景行、李伟等勋戚贵族,分别祭扫献陵(仁宗陵)、景陵(宣宗陵)、裕陵(英宗陵)、茂陵(宪宗陵)、泰陵(孝宗陵)、康陵(武宗陵)。春祭礼完毕后,当天仍住在感恩殿。当神宗与两宫皇太后听说当地供水有困难,便立即启程赶回巩华城①。次日,神宗一行从巩华城出发,途中驻跸功德寿行宫,随即乘坐龙舟返回京师。

这次谒陵之行,神宗自以为节省,"往来皆乘马,诸供亿悉从省约,虽六军万乘,车徒众盛,而所过秋毫无犯"②。

耕藉礼与谒陵礼,标志着十八岁的神宗已经成年,他独立治理朝政的条件成熟了。张居正作为顾命大臣,辅佐幼帝的任务似乎可以告一段落了。他不想让人们议论自己把持朝政不放,深感"高位不可以久窃,大权不可以久居",便于三月二十二日向神宗提出"乞休"请求,意在归政于皇上。这篇奏疏写得颇有情感:"臣一介草茅,行能浅薄,不自意遭际先皇,拔之侍从之班,畀以论思之任。壬申之事(即隆庆六年穆宗顾命之事),又亲扬末命,以皇上为托。臣受事以来,夙夜兢惧,恒恐付托不效,有累先帝之明。又不自意特荷圣慈眷礼优崇,信任专笃,臣亦遂忘其愚陋,毕智竭力,图报国恩。嫌怨有所弗避,劳瘁有所弗辞,盖九年于兹矣。"这九年来,他任重力微,积劳过虑,形神顿惫,血气早衰。虽然仅年过半百,但须发变白,已呈未老先衰之态。从此以后,昔日的聪明智虑将日就昏蒙,如不早日辞去,恐将使王事不终,前功尽弃。这是他深为忧虑的。所以他又说:"每自思维,高位不可以久窃,大权不可以久居。然不敢遽尔乞身者,以时未可尔。今赖天地祖宗洪佑,中外安宁。大礼大婚,耕藉祭祀,鸿仪巨典,一一修举。圣志已定,圣德日新,朝廷之上忠贤济济。以皇上之明圣,令诸臣得佐下风,以致升平保鸿业无难也。臣于是乃敢拜手稽首而归政焉。"有鉴于此,张居正向皇上提出请求"赐臣骸骨生还故乡,庶臣节得以终

---

① 《明神宗实录》卷97,万历八年三月癸丑。
② 同上书卷97,万历八年三月甲寅。

全"①。这篇奏疏不加掩饰地透露了张居正辅政九年之后的真实心态。尽管他对权位是热衷的贪恋的,但也不得不作深长的计议,以免前功尽弃,中途翻车(也就是他所谓"弩力免于中蹶")。尽管他位极人臣,功高权重,皇太后、皇帝对他尊重备至,恩礼有加,但伴君如伴虎的后果也不得不有所考虑。况且已经过了精力最旺盛的时期,繁重的政务,错综的人际关系,新政的重重阻力,都令他形神憔悴,疲惫不堪。与其中途翻车,不如急流勇退。他的这一归政乞休请求,既是一种政治姿态,也是一种自谋策略。

此时此地的张居正仿佛隐约地有一种身后必不保的预感。他在给湖广巡按朱琏的信中,谈起为他建造"三诏亭"的事,说:"作三诏亭,意甚厚。但异日时异势殊,高台倾,曲沼平,吾居且不能有,此不过五里铺上一接官亭耳。乌睹所谓三诏哉!盖骑虎之势自难中下,所以霍光、宇文护终于不免。"②张居正归葬亡父时,一天之内接连收到皇上三道诏书,湖广地方官引为一时之盛,在江陵建造三诏亭以资纪念。此事竟使张居正生出盛极必衰的感叹,联想到骑虎难下之势,联想到历史上两个与他类似的大臣——霍光、宇文护。

霍光,西汉河东平阳(今山西临汾)人,字子孟,与桑弘羊同受汉武帝遗诏辅佐年幼的汉昭帝,任大司马、大将军,封博乐侯。汉昭帝死,他迎立昌邑王刘贺为帝,不久又废刘贺,迎立汉宣帝。前后执政达二十年之久。但汉宣帝却视霍光为芒刺在背,霍光死后,株连家族,形成一桩惨案。当时民间俗语说:"威震主者不畜,霍氏之祸盟于骖乘。"③也就是说,霍光及其家族的政治灾祸源于霍光的威权震主。

宇文护,北周代郡武川(今内蒙古武川)人,西魏时任大将军、司空。继宇文泰执掌西魏朝政,次年拥立宇文觉登大士位,建立北周,自任大冢宰,专断朝政。以后又废宇文觉,另立宇文毓;继而又杀宇文毓,另立宇文邕(周武帝)。结果与霍光一样"威震主者不畜",为宇文邕所杀。

张居正联想到霍光、宇文护这些威权震主的权臣的下场,不免有点惶恐,所以想急流勇退。然而神宗却一点思想准备也没有。这时的他,虽然已有张

---

① 《张文忠公全集》卷9《归政乞休疏》,《明神宗实录》卷97,万历八年三月辛酉。
② 沈德符《万历野获编》卷9《三诏亭》。
③ 《汉书》卷68《霍光传》。

居正威权震主的感受,却还不曾有芒刺在背的体验。于是便毫不犹豫地下旨挽留:"卿受遗先帝,为朕元辅,忠勤匪懈,勋绩日隆。朕垂拱受成,倚毗正切,岂得一日离朕!如何遽以归政乞休为请,使朕恻然不宁。卿宜思先帝叮咛顾托之意,以社稷为重,永图襄赞,用慰朕怀,慎无再辞。"①

两天后,张居正再次上疏乞休。他在奏疏中流露了近来惴惴不安的心情:"自壬申(隆庆六年)受事,以至于今,惴惴之心无一日不临于渊谷。"这个铁腕人物原来每天都如临深渊如履薄冰,实在是出乎意料的。他说:"中遭家难,南北奔驰。神敝于思虑之烦,力疲于担负之重。以致心血耗损,筋力尪惫,外若勉强支持,中实疲惫已盛。餐荼茹荼,苦自知之。恒恐一日颠仆,有负重托。"为此他提出一个折中方案:只是请假,并非辞职,不过是请长假,"数年之间暂停鞭策,少休足力",国家或有大事,皇上一旦召唤,朝闻命而夕就道②。

神宗有点踌躇了。以他的早熟和敏感,不可能不曾意识到元辅张先生的威权震主,也并非不想早日亲操政柄,只是如此重大的人事更动,他做不了主,事情还得通过"垂帘听政"的母后才行。于是,他把元辅张先生要求请假的事,向皇太后请示。慈圣皇太后的态度很坚决,恳切挽留张先生,对神宗说:"待辅尔到三十岁,那时再作商量。"神宗这才拒绝了张居正的请假。他提起笔来写了一道手谕,把慈圣皇太后的慈谕原原本本地告诉张先生。司礼监太监孙秀、文书房太监邱得用奉旨前往张府递送皇上的手谕。张居正叩头拜读,但见皇上如此写道:"谕元辅少师张先生:朕面奉圣母慈谕云:'与张先生说,各大典礼虽是修举,内外一切政务,尔尚未能裁决,边事尤为紧要。张先生亲受先帝付托,岂忍言去!待辅尔到三十岁,那时再作商量。先生今后再不必兴此念。'朕恭录以示先生,务仰体圣母与朕拳拳倚毗至意,以终先帝凭几顾命,方全节臣大义。"③显然,慈圣皇太后对神宗亲政还不放心,对张居正的信赖仍一如既往,所以斩钉截铁地定下要张居正辅佐神宗到三十岁的规矩。

皇太后如此明白无误又毫无商量余地的表态,大大出乎神宗和张居正的预料。这一决定使神宗颇为尴尬,在母后眼里,自己还是个孩子——"内外一

---

①② 《张文忠公全集》卷9《再乞休致疏》。
③ 同上书卷9《谢圣谕疏》。《明神宗实录》卷97,万历八年三月癸丑。《太师张文忠公行实》记此事曰:"上赐太师龙笺手敕曰:自今以往三十年,愿先生无复出口矣。太师遂不得辞。"

切政务,尔尚未能裁决",不得不打消亲政的念头。所谓辅佐到三十岁云云,似乎意味着张居正在世一日,亲政便一日无望。物极必反,神宗对张居正从崇敬到怨恨的转变,这是一个很重要的伏笔,埋伏下一旦张居正死去必将有所发泄的心理因素。对于张居正而言,皇太后既然说"今后再不必兴此念",岂敢再提"乞休"之事。但他内心的两难考虑已经明朗化了。他答应即日赴阁供职,却总有点如临深渊、如履薄冰的担忧。他在给亲家、刑部尚书王之诰(字告若,湖广石首人)的信中透露了这种心情:"弟德薄享厚,日夕栗栗,惧颠踬之遄及耳。顷者乞归,实揣分虞危,万非得已。且欲因而启主上以新政,期君臣于有终。乃不克如愿,而委任愈笃,负载愈重,孱弱之躯终不知所税驾矣。奈何,奈何!"①在他权势最鼎盛、事业最成功的时刻,他担忧中道颠蹶,当然并非杞人忧天。归政给神宗,神宗并非不想接受,只是皇太后发话了:"待辅尔到三十岁,那时再作商量",还有十几年的路要走。神宗和张居正都感到为难,又不得不继续走下去。

张居正在家中调理数日后,即赴内阁办公,一切仍与往昔没有什么两样。只是张居正似乎有意识地逐渐"归政"于皇上,让神宗直接处理政务。在张先生的多年辅佐之下,神宗对朝政已渐具定见,处理章奏及一应政务也日见老练。万历八年(1580年)四月以后所处理的几件事,都透露出他的英才之气。

这年闰四月间,户部以各地方政府积谷备荒大多不到预定的数额,巡抚、巡按等封疆大吏敷衍塞责,既不举报,也无上报清册,因而拟议了"交代盘验"、"蓄积划一"等规章。神宗对此事的处理意见是:"积谷备荒乃有司急务……地方官若能视国如家,就中经画处置,何至窒碍难行!但上不核实考成,下以虚文塞责,甚有仓廒朽坏,升合无储,捍报虚数。一遇灾荒,乃请剔项钱粮赈济,抚按有司相率欺罔,岂朝廷设官为民之意!今姑依议行,查核有仍前弊,部科各从实参处。"②州县政府积谷备荒往往形同虚文,神宗的批示是抓到点子上的。

巡按广东监察御史梅淳上疏,为综核吏治,必须自下而上议论,责成守令以考察其僚属,责成司道以考察其守令,责成抚按以考察其司道,务必做到"名

---
① 《张文忠公全集》卷27《答司寇王西石》。
② 《明神宗实录》卷99,万历八年闰四月戊申。

实不混,朋比莫容"。吏部对这一奏疏的意见是:"宜如议申饬"。神宗阅后表示不同意,强调指出:"抚按有徇私避怨,肆行欺罔者,即着部科体访得实,据法参奏,则人心自儆,积习可除,不必申饬。若部科知而不言,则欺罔之罪又在部科,定行一体处治。"①在他看来,只要六部、六科对巡抚、巡按官员抓得很紧,那么地方吏治积弊指日可除;反之,则唯六部、六科是问。

以上两件事,都反映了神宗对六部、六科官员的严格要求,要他们按照考成法的要求,承担起责任,对地方抚按官虚文塞责、徇私避怨等弊政,严加督查,据法参奏,那么吏治状况便会好转,这与张居正整顿吏治的宗旨是一致的。

再如,对于各级官吏违例驰驿——假公济私滥用国家驿站交通,严格查处,也体现了万历新政的精神。事情是由都察院上报的。山东巡抚何起鸣(字应岐,号来山,四川内江人)和巡按钱岱(字汝瞻,苏州常熟人)弹劾江西布政使吕鸣珂、浙江按察使李承式、严州知府杨守仁、淮安知府宋伯华、宁州知州陆宗龙等人"违例驰驿"。神宗对此不能容忍,立即批示:"清查驿递,明旨禁敕,何啻三令五申。昨圣母特遣皇亲为朕祈嗣,亦俱给与路费,不用一夫一马。为臣者乃不体朝廷德意,抗违明旨,玩法殃民。本当重治,姑从宽处。吕鸣珂、李承式各降三级,杨守仁、宋伯华各降六级调用,陆宗龙革职为民。经过有司驿递阿奉者,抚按官提问具奏。"②对于违例驰驿的事,务必严惩,这是神宗的出发点,他所说的"姑从宽处",其实是够严厉的了——在驿站占便宜的官员们落得个降级、革职的处分。违例驰驿的事屡禁不绝,一方面是官吏凭借特权假公济私,另一方面是驿站主管官员有意阿谀奉承,化公为私,两者一拍即合。此种积弊倘不严惩,是难以铲除的,必令违例者视为畏途,方能奏效。

对于河南巡抚周镒的处理也是如此。周镒遇事躲闪,不肯实心办事,遭到六科给事中的弹劾。吏部对科臣弹劾周镒的疏本的题覆意见,是将周镒调往南京。神宗嫌处理过宽,不同意此类庸碌之辈易地为官,直截了当地下令周镒致仕,实质是给他一个革职的处分。对此,张居正十分欣赏,在神宗讲读完毕后,谈及此事时指出:"昨日吏部覆科臣论河南巡抚周镒本,原拟调南京。用蒙

---

① 《明神宗实录》卷99,万历八年闰四月戊申。
② 钱谦益《牧斋初学集》卷76《文林郎湖广道监察御史钱府君墓表》。《明神宗实录》卷100,万历八年五月己巳。

皇上特令致仕。臣等仰服圣断极当。近来各处抚按官实心干理者少。周镒遇事躲闪，不肯实心干理。今皇上罢此一人，则四方诸臣从此愈知警戒矣。"①可谓两人所见略同。

关于地方官员虚报邀功事例的处理，也透露出这种精神。万历九年(1581年)六月，保定巡抚辛自修(字子吉，号慎轩，河南襄城人)奏参祁州知州李际观捏报税粮一千八百余石，请求朝廷重加罚处，作为官员们欺君罔上之戒。捏报一千八百余石税粮，原本是区区小事，何况官场上下哪里没有虚报邀功的弊端。神宗却十分顶真，一面下令"李际观欺上要功，姑着以原职降三级调用"；一面又指责"前屡有旨，捏报欺罔，着部、科从实参奏。今该科何独无言？"这是申斥六科给事中监察不力。于是科臣姚学岗(字汝孝，号顺山，湖广武陵人)等急忙上疏引罪，为自己辩解说："原无本揭到科，无从稽考，乞赐矜宥。"神宗对这种开脱之词很不满意，狠狠教训道："科臣以看详章奏为职，况前屡有明旨通下，不着实遵行，修举本职，徒掇拾浮词，草率塞责，至于臣下朋比欺罔，四方幽隐情弊，却都缄默不言，岂朝廷耳目之任！这事情既无本册到科，姑免究。今后再有这等，定行重治不饶。"②对官吏虚报邀功，六科疏于职守之事，表示了不妥协的态度。神宗从少年步入成年，从幼稚走向成熟，他已经不必元辅张先生搀扶，可以独立行事了。但是他还要在强有力的元辅扶持下处理朝政，对于一个权力欲极强的皇帝而言，这种长期遭受压抑的心情，是难以承受的，总有一天要爆发出来。

---

① 《明神宗实录》卷101，万历八年六月庚申。
② 同上书卷113，万历九年六月癸卯。

第三章

张居正之死与明神宗亲政

张居正塑像

## 一、张居正之死

长期的重负,使张居正身心交瘁,体质日趋衰弱。万历九年(1581年)七月,他病倒了,一连几天不能到内阁办公。神宗获悉后,派遣御医四员前往张府诊视。为感谢皇恩,张居正上疏致谢,在疏文中他谈到了患病的缘由:"臣自入夏以来,因体弱过劳,内伤气血,外冒盛暑,以致积热伏于肠胃,流为下部热症。又多服凉药,反令脾胃受伤,饮食减少,四肢无力,立秋以后转更增剧。"他怕惊动皇上,故而没有请假。现今皇上派了御医来诊视,便乘致谢之机,提出请假——要求"特赐旬月假限,暂解阁务",希望皇上照准①。神宗对张先生病情的严重性并不了解,以为稍加调理即可痊愈,所以命他"慎加调摄,不妨兼理阁务"②。这就意味着,不同意他请假,要他边治疗边处理公务。随后又命文书官孙斌前往张府探望病情,并带去赏赐的活猪、活羊各一口,甜酱瓜茄一坛,白米二石,酒十瓶③。

过了几天,神宗又派司礼监太监张鲸赴张府,送去他的亲笔御札:"张少师:朕数日不见先生,闻调理将痊可。兹赐银八十两,蟒衣一袭,用示眷念。先生其钦承之。月初新凉,可进阁矣。"张居正上疏致谢,以为"帝星垂照,人间灾祟当不禳而自除。天语定期,凉入秋中,必勿药石而有喜矣"④。不日,神宗又派文书官邱得用去探视张先生病痊之状,催促张先生早日进见⑤。八月十一

---

① 张居正《张文忠公全集》卷10《患病谢医并乞假调理疏》。
② 《明神宗实录》卷114,万历九年七月戊寅。
③ 《张文忠公全集》卷10《谢赐粥米食品疏》。
④ 《明神宗实录》卷114,万历九年七月丁亥。《张文忠公全集》卷10《谢圣谕存问并赐银两等物疏》。
⑤ 《张文忠公全集》卷10《谢遣中使趣召并赐银八宝等物疏》。

日,神宗到文华殿讲读。张居正病愈后首次入宫进见。次日,神宗参加经筵,张居正也去了,两人谈及了宫中专选淑女之事①。

这次患病,是张居正操劳过度、身体虚弱的一个信号,幸而康复。神宗很高兴,在十一月二十一日,张居正十二年考满之时,对他大加嘉奖。又特遣司礼监太监张诚带去亲笔敕谕一道:"卿亲受先帝遗嘱,辅朕十年,四海升平,外夷宾服。实赖卿匡弼之功,精忠大勋,朕言不能述,官不能酬。兹历十二年考绩,特于常典外,赐银一百两,坐蟒、蟒衣各一袭,岁加禄米二百石,薄示褒眷。先生其钦承之,勿辞。"②这一天,神宗还命司礼监掌印太监冯保传谕吏、礼二部:"元辅张居正受先帝顾命,夙夜在公,任劳任怨,虽称十二年考满,实在阁办事十有五年,忠勋与常不同,恩荫例当从厚,其酌议来看。"③吏部议论后认为,张居正的恩数,不应拘泥于以往的杨廷和、徐阶旧例。神宗以为然,着张居正支伯爵禄,加上柱国、太傅,兼官照旧,给予应得诰命,写敕奖励,赐宴礼部,荫一子尚宝司丞。随即命司礼监造文字号太傅牙牌一面,赐给张居正④。张居正对如此厚重的皇恩不敢承受,两次上疏辞免恩命,再三强调:"天道所最忌者,非望之福;明主所深惜者,无功之赏";"反复思维,如坠渊谷"⑤。神宗见他如此推辞,便准他辞免伯爵禄、上柱国衔及礼部宴⑥。

万历十年二月,张居正旧病复发。他去年秋天患的"下部热症",就是痔疮,稍加调理,病根未除,缠绵至今。他这种"下部热症"的起因,据王世贞说:"得之多御内而不给,则日饵房中药,发强阳而燥,则又饮寒剂泄之,其下成痔。而脾胃不能进食。"⑦因此张居正的病根不在痔疮,而在内部。此事,沈德符所见与王世贞略同,他说:"张江陵当国,以饵房中药过多,毒发于首,冬月遂不御貂帽。"⑧可见张居正的内热不仅发于下部,也发于上部,而且毒已深入脑部,即使治愈痔疮,也难免一死。

不过当时张居正还是一味治疗痔疮,为此他向神宗请假:"俯赐宽假二旬、

---

① 《明神宗实录》卷115,万历九年八月壬寅、八月癸卯。
②③ 同上书卷118,万历九年十一月辛巳。
④ 同上书卷118,万历九年十一月癸未。
⑤ 《张文忠公全集》卷10《考满谢恩命疏》、《再辞恩命疏》。
⑥ 《明神宗实录》卷118,万历九年十一月丁亥。
⑦ 王世贞《嘉靖以来首辅传》卷8《申时行传》。
⑧ 沈德符《万历野获编》卷9《貂帽腰舆》。

一月,暂免朝参侍讲。至于阁中事务,票拟题奏等项,容臣私寓办理。"①到了三月九日,病情不见好转,张居正再次请假。神宗又予照准,而且关照说:"卿其慎加调摄,不妨兼理阁务,痊可即出辅理。"②三月十五日,神宗派司礼监太监张鲸赴张府探视病情。当时张居正作了痔疮割治手术,不能行动,只能伏枕叩头,以谢皇恩③。三月二十七日,神宗又遣文书官吴忠到张府问候。张居正仍不能起床,伏枕叩头而已。事后上疏说:"臣宿患虽除,而血气大损,数日以来,脾胃虚弱,不思饮食,四肢无力,寸步难移,须得再假二十余日。"④

张居正久病不愈,朝中官僚上至六部尚书、翰林、言官,下至部曹、冗散,无不设斋醮于寺庙,为之祈祷。有的人甚至抛弃本职工作,朝夕奔走,做佛事、摆道场,仲夏时节,曝身于炎阳之下⑤。其政治功利明显压倒道德伦理。吕毖就此事洋洋洒洒议论了一番,把各界官僚的丑态暴露无遗:"内阁张居正久疾不愈。上时下谕问疾,大出金帛为药资。六部大臣、九卿五府、公侯伯俱为设醮视厘。已而,翰林科道继之。已而,吏礼二部属继之。已而,他部属、中书行人之类继之。已而,五城兵马、七十二卫经历之类继之。于仲夏赤日,舍职业而朝夕奔走焉。其同乡门生故吏,有再举至三举者。每司香,宰官大僚执炉日中,当拜表章则长跪,竟疾弗起。至有赂道士,俾数更端以息膝力者。所拜章必书副以红纸红锦幕其前后,呈江陵。江陵深居不出,厚赂其家人,以求一启齿,或见而颔之,取笔点其丽语一二。自是,争募词客,不惮金帛费,取其一颔而已。不旬日,南都(南京)仿之,尤以精诚相尚,其厚者亦再三举。自是,山陕楚闽淮漕,巡抚巡按藩臬,无不醮者。"⑥当然,朝廷官员中也有一些清流名士,不为所动,如以后名噪天下的顾宪成,当时不过是个户部主事,但文章已为一时宗尚,风格特立独行。据赵南星回忆:"是时,江陵当国方横,举国若风中之蒲苇,公(顾宪成)与南乐魏公允中、漳浦刘公廷兰,慷慨论议,持天下之名教是非,江陵闻之不平。江陵大病,举朝醵金为祭,祷于神,公拒不预,同曹代为署

---

① 《张文忠公全集》卷10《给假治疾疏》。
② 《明神宗实录》卷122,万历十年三月丁卯。
③ 《张文忠公全集》卷10《给假谢恩疏》。
④ 《明神宗实录》卷122,万历十年三月乙酉。《张文忠公全集》卷10《恭谢赐问疏》。
⑤ 王世贞《嘉靖以来首辅传》卷8《申时行传》。
⑥ 吕毖《明朝小史》卷14《万历纪》。

名,公使人涂灭之。"①

五月初五,端阳佳节到了。神宗照例赏赐三位辅臣上等珍品。又想到这天是张居正的诞辰,便派太监孙赴张府,带去银一百两、蟒衣红苎丝四套、银福寿字四十两,以及食品等物②。六月九日,张居正鉴于病情愈加严重,向神宗提出退休的请求。他在奏疏中说:"及今若不早求休退,必然不得生还",希望皇上"早赐骸骨,生还乡里"③。神宗当然不会同意,回答说:"朕久不见卿,朝夕殊念,方计日待出,如何遽有此奏!朕览之,惕然不宁。仍准给假调理,卿宜安心静摄。痊可即出辅理,用慰朕怀。"④十一日,张居正再次上疏乞休,话说得很透彻,也很哀伤:"今日精力已竭,强留于此,不过行尸走肉耳,将焉用之!"⑤神宗仍不同意,对他说:"卿受皇考顾命,夙夜勤劳,弼成治理。朕方虚己仰承,眷倚甚切,卿何忍遽欲摈朕而去!览之心动。其专心静摄,以俟辅理。"⑥为了表示慰留之心,神宗于十四日遣司礼监太监魏朝抵张府探视,并带去亲笔手谕:"朕自冲龄登极,赖先生启沃佐理,心无不尽。迄今十载,海内升平。朕垂拱受成,先生真足以光先帝顾命。朕方切永赖,乃屡以疾辞,忍离朕耶!朕知先生竭力国事,致此劳瘁。然不妨在京调理,阁务且总大纲,令次辅等办理。先生其专精神,省思虑,自然康复。庶慰朕朝夕拳拳至意。"⑦

这些天,张居正的病情日趋恶化。六月十八日,神宗派司礼监太监张鲸前往张府,送去亲笔手谕:"太师张先生:今日闻先生病势不豫,朕为深虑。国家大计当为朕一言之。"这显然是要张先生嘱托后事了。张居正也自知去日无多,便勉强支撑起病体,写了一本密揭。所谓密揭,也称密奏,它比一般奏本狭而短,里面的字写得较大,外面用文渊阁印密封,直接送到皇帝那里,左右近侍无从得知⑧。张居正的这个密揭没有讲别的事,只是推荐两名新人入阁,一个是潘晟(字思明,号水帘,浙江新昌人),一个是余有丁(字丙仲,号同麓,浙江鄞

---

① 赵南星《味檗斋文集》卷10《明南京光禄寺少卿泾阳顾公碑》。
② 《明神宗实录》卷124,万历十年五月壬戌。
③ 同上书卷125,万历十年六月乙未。《张文忠公全集》卷10《乞骸骨归里疏》。
④⑤ 《张文忠公全集》卷10《再恳生还疏》。
⑥ 《明神宗实录》卷125,万历十年六月丁酉。
⑦ 同上书卷125,万历十年六月庚子。
⑧ 陈继儒《眉公见闻录》卷6。

县人）①。次日，神宗视朝，当即按张先生的荐举宣布：原任太子太保、礼部尚书潘晟，着以原官兼武英殿大学士；掌詹事府事、吏部左侍郎余有丁升为礼部尚书兼文渊阁大学士，俱入阁办事②。

万历十年六月二十日，太师兼太子太师、吏部尚书、中极殿大学士张居正病逝。

噩耗传到宫中，神宗震悼，下令辍朝一日。次日（二十一日）派司礼监太监张诚为张居正治丧，并赏赐治丧费白银五百两，以及其他应用物品③。对于张居正之死，神宗给予最为崇高的待遇。给他谥号文忠，赠上柱国衔，荫一子为尚宝司丞，并遣官造葬。特命四品京卿、锦衣卫堂上官、司礼监太监等护丧，归葬江陵④。

七月二十九日，在司礼监太监陈政等护送下，张居正的灵柩，张居正母赵氏一行，驰驿返回江陵。张居正的灵柩及护丧人员，共乘七十余艘船只，用船夫等三千余人，船队前后绵延十余里，浩浩荡荡向荆州进发⑤。

张居正临终前，除了推荐潘晟、余有丁，还推荐户部尚书张学颜、兵部尚书梁梦龙、礼部尚书徐学谟、工部尚书曾省吾，以及侍郎许国、陈经邦、王篆等人，说这些人都"大可用"。神宗把这些人的姓名粘贴于御屏上，以备他日选用。这些人都是张居正多年来一手提拔的亲信。梁梦龙、曾省吾是他的门生，王篆是他的长子敬修的亲家，徐学谟则是张居正归葬老父时的抚治郧襄都御史，为张府出力甚多。独有潘晟是冯保的老师，冯保为了张居正死后在内阁中安插一个亲信，极力怂恿张居正推荐潘晟。他自己则在神宗面前又为之美言，终于将赋闲在家的潘晟起为武英殿大学士，派行人赶赴浙江新昌，召他驰驿来京。次辅张四维深知申时行不愿位居潘晟之下，于是两人一起向给事中、御史们吹风，示意他们上疏弹劾潘晟⑥。

御史雷士祯（初名士煌，字国柱，陕西朝邑人）心领神会，上疏弹劾潘晟"清华久玷，不闻亮节异能，廉耻尽捐，但有甘言媚色"。并且揭潘晟的老底，说他

---

① 《明神宗实录》卷25，万历十年六月甲辰。
② 同上书卷125，万历十年六月乙巳。
③ 《万历起居注》，万历十年六月二十一日丁未。
④ 《明神宗实录》卷125，万历十年六月丙午。《明史》卷213《张居正传》。
⑤⑥ 同上左书卷126，万历十年七月甲申。王世贞《嘉靖以来首辅传》卷8《申时行传》。

初任礼部尚书时,秽迹昭彰,先帝常加斥责;他再起之后,舆情又深恶痛绝,皇上又予以斥革。像这种鄙夫,优游林下已经过分了,现在竟然要委以重任,岂不是为贪荣竞进之徒开方便之门吗?希望皇上收回成命,更择耆硕之人①。神宗考虑到潘晟是张居正临终遗疏所荐,传旨:"潘晟元辅遗疏所荐,这本如何以旧事渎扰!"不同意收回成命。无奈给事中张鼎思、王继光、孙玮、牛惟炳,御史魏允贞、王国等人接二连三地上疏弹劾潘晟,气势很盛。潘晟还有一点自知之明,立即上疏辞职,张四维迅速作出反应,代皇上拟旨:"放之归!"神宗只得顺水推舟,着潘晟以新衔致仕②。

这时潘晟已在赴京途中,行至杭州,突然接到"着以新衔致仕"的圣旨,委顿丧气地折回新昌。对他来说,无异于当众出丑。冯保小病在家调理,闻讯后气愤地说:"我小病也,而遽无我!"③潘晟是冯保、张居正极力推荐的,如今遭阁臣的拒绝与言官的弹劾,终于迫使他未任而辞。这是一个政治信号:张居正已死,冯保失去了外廷的支撑;这两个人树敌众多,结怨甚深,清算的时机到了。而促成这一转机的是在张居正死后升任内阁首辅的张四维。据《国朝内阁名臣事略》记载:"自江陵柄国,以刑名一切,痛惩海内,其治若束湿,人心嚣然。比既殁,而亲信用事之人尚居要地,与权珰(冯)保为表里,相与墨守其遗法,阁中议多龃龉不行。公(张四维)燕居深念,间为同官申公(申时行)言:'此难以显争,而可默夺。今海内厌苦操切久矣,若以意示四方中丞,直指令稍以宽大从事,而吾辈无深求刻责,宜可稍安人心。'会皇嗣诞生,公喜而曰:'时不可失!'乃手书劝上宜以大庆施惠天下,省督责,缓征徭,居遗逸,恤灾眚,以养国家元气。而出诸司所拟宽条,属申公(时行)损益凡数十事以进。上欣然命行之。席江陵宠者悍公,嗾御史劾公,上曰:'元辅忠臣,御使何得妄言!'持其章不下,手诏趣公出,而悍公者愈不安。"④皇帝与内阁这种政治态度的变化,明白无误地预示着新的政治导向:张居正时代已经结束了。

---

① 《明神宗实录》卷125,万历十年六月乙酉。焦竑《国朝献征录》卷65《雷公墓志》。
② 钱一本《万历邸钞》万历十年壬午卷,冬十月甲戌。
③ 王世贞《嘉靖以来首辅传》卷8《申时行传》。
④ 吴伯与《国朝内阁名臣事略》卷13《张文毅传略》。

## 二、斥逐冯保

两宫皇太后对司礼监太监冯保一向十分信赖,还在神宗大婚前,慈圣皇太后特别关照冯保,要他"万分留心,引君当道,勿得顺从,致伤圣德"①。皇太后的意思是要冯保对皇上严加管束,不可稍有放纵。冯保当然唯太后意旨是从,寸步不离地看管小皇帝。《明史》卷305《冯保传》说:"慈圣皇太后遇帝严,(冯)保倚太后势,数挟持帝,帝甚畏之。时与小内竖戏,见(冯)保入,辄正襟危坐,曰:大伴来矣!"神宗对冯保的畏惧心理,于此可见一斑。连皇帝也对冯保怀有畏惧之心,这使冯保得意忘形,颐指气使,俨然成了宫中炙手可热的实权人物,气焰嚣张得很。据说,神宗的生母李太后(即慈圣皇太后)之父,也就是神宗的外祖父、武清侯李伟见了冯保,也叩头唯谨,尊称他为"老公公"。冯保对这位当朝皇上的外公的这种恭敬礼节,居然安然受之,只是小屈膝答:"皇亲免礼!"如此而已。驸马见了他叩头,他甚至倨傲得垂手小扶,根本不还礼②。实在有点忘乎所以了。

乾清宫执事太监孙海、客用是神宗的近侍宦官,关系十分亲昵。为了讨好皇上,这两个太监常以狗马拳棍,引导皇上习武。这是冯保极为反感的,他自诩知书达理,琴棋书画也略知一二,对皇上,"凡事导引以文",颇以"蒙养之绩"为功③。

万历八年某一天,神宗在孙海、客用诱导下,喝醉了酒,佩剑夜游。孙海、客用因平日受冯保笞辱太甚,不堪忍受,便以言语激怒已醉的皇上,将身边两名小太监(冯保养子)打成重伤。然后骑马到冯保住所,大呼冯保之名。冯保十分恐惧,抱起巨石支撑大门。第二天,冯保赶紧把昨晚的事报告了慈圣皇太后④。慈圣皇太后一反常态,换上了青布袍,头上也不戴簪珥,怒气冲冲地扬言:欲特召阁部大臣,谒告太庙,将废神宗,另立潞王(神宗弟)为帝。故意让这一消息在宫中四处传播。神宗得知后,此惊非同小可,赶忙前去向慈圣皇太后

---

① 《明神宗实录》卷72,万历六年二月癸未。
② 王世贞《觚不觚录》。
③ 刘若愚《酌中志》卷5《三朝典礼之臣纪略》。
④ 《万历邸钞》万历八年庚辰卷,十一月戊寅。王世贞《嘉靖以来首辅传》卷7《张居正传》。

请罪。慈圣皇太后对他数落道:"天下大器岂独尔可承耶?"命冯保取出《汉书·霍光传》,要他看看废立的先例,扬言要召见潞王。神宗跪在地上哭泣多时,皇太后才肯宽恕。于是,神宗便把身边的近侍太监孙海、客用斥逐出宫,其他几个冯保看不顺眼的太监孙得秀、温祥、周海等也逐出宫去,"私家闲住",以后又谪为净军①。事后,神宗自然很生气,尤其是冯保从旁怂恿太后整他,从此深恨冯保②。但一时又无可奈何,只得宣谕司礼监冯保:"孙海、客用凡事引诱,无所不为,着降作小火者,发去(南京)孝陵种菜。尔等司礼监并管事牌子,既受朝廷爵禄,我一时昏迷,以致有错,尔等就该力谏方可,尔等图我一时欢喜不言。我今奉圣母圣谕教诲我,我今改过,奸邪已去。今后但有奸邪的小人,尔等司礼监并管事牌子,一同举名来奏。"并命文书房官邱得用将此旨宣示内阁③。话中显然带有对冯保的指责意味。

第二天,神宗还把怨气发泄到张居正身上,对他没有及时提醒表示不满:"昨朕有御笔帖子,先生看来未曾?孙海、客用,朕越思趣恼,这厮乱国坏法,朕今又降做小火者,发去南京孝陵种菜。先生等既为辅臣,辅弼朕躬,宗庙社稷所系非轻,焉忍坐视不言?先生等既知此事,就该谏朕,教朕为尧舜之君,先生也为尧舜之臣。"④张居正接旨后,写了一个奏疏给神宗,进行开导。先是夸奖他自从即位以来,讲学勤政极为认真。寥寥数语以后,笔锋一转,直言不讳地批评皇上,近几个月来,稍不如前:"宫中起居,颇失常度。"但是身隔外廷,不知宫中之事,即有所闻,也不敢轻信。几天前曾问过文书官:"近臣闻皇上夜间游行,左右近习皆持短棍兵器,此何为者?"文书官回答说:"并无此事。"便以为所闻为妄传。直至读了御笔帖子,因而询问,才知孙海、客用两人每日引诱皇上游宴别宫,而且身穿窄袖小衣,长街走马,挟持刀仗,沉迷于奇巧戏玩之物。幸而圣母及时教诫,皇上幡然悔悟,屏去奸邪,引咎自责。张居正希望皇上除恶务尽,谄佞希宠的近侍宦官不止孙海、客用两人,如司礼监太监孙德秀、温恭,兵仗局掌印太监周海等人,罪也不在孙海、客用之下,应该一体降黜⑤。这一事

---

① 刘若愚《酌中志》卷5《三朝典礼之臣纪略》。文秉《定陵注略》卷1《慈圣壸范》。
② 《定陵注略》卷1《慈圣壸范》。
③ 《明神宗实录》卷106,万历八年十一月戊寅。《张文忠公全集》卷9《请处治邪佞内臣疏》。
④ 同上左书卷106,万历八年十一月戊寅。同上右书卷9《请清汰近习疏》。
⑤ 《万历邸钞》万历八年庚寅卷,十一月戊寅。《张文忠公全集》卷9《请清汰近习疏》。《明神宗实录》卷106,万历八年十一月戊寅。

件虽然已了结,但神宗对冯保的关系从此由信赖、畏惧转为怀疑、怨恨。

孙海、客用引导神宗夜游一事,是冯保向慈圣皇太后告密的。此事《明史》卷305《冯保传》说得最清楚:"(神宗)所昵孙海、客用为乾清宫管事牌子,屡诱帝夜游别宫,小衣窄袖,走马持刀,又数进奇巧之物,帝深宠信。保白于太后,召帝切责。"事后,冯保又要张居正代神宗起草罪己诏,向内阁辅臣检讨认错。而张居正所写罪己诏,措辞又过于抑损,十八岁的神宗的自尊心受到极大打击。《冯保传》说:"帝年已十八,览之,内惭,然迫于太后,不得不下。"冯保还借张居正之手,乘机排斥了太监中的异己分子。张居正在奏疏中所开列的谄佞希宠太监名单,完全是冯保提供的。《冯保传》说:"居正乃上疏切谏,又缘保意,劾去司礼监秉笔孙德秀、温太及掌兵仗局周海,而令诸内侍俱自陈。由是,保所不悦者斥退殆尽。"①

冯保依仗太后宠幸,张居正支持,有恃无恐,对神宗钳制过甚,必然要引起反感。一旦时机成熟,他的垮台是在意料之中的。正如《明史》卷305《冯保传》所说:"后保益横肆,即帝有所赏罚,非出保口,无敢行者。帝积不能堪,而保内倚太后,外倚居正,帝不能去也。"事实确是如此。某天,神宗讲读完毕,兴致大发,书写大字赏赐辅臣及九卿等。冯保在一旁侍候。突然,神宗以笔饱濡墨水猛地掷向冯保的大红衣衫上。顿时冯保的红衣上几乎溅满了墨渍。冯保此惊非比寻常,连张居正也面色大变,手足无措。神宗却若无其事地书写完毕,起身返回乾清宫。后来申时行的长子对沈德符谈起这一轶闻,颇为感叹:"此时上意已作李辅国、鱼朝恩之想,而冯珰尚以少主视之,了不悟也。"②李辅国、鱼朝恩是唐代安史之乱后两名飞扬跋扈的宦官,因权势过盛为唐代宗所杀。神宗把冯保比喻为李辅国、鱼朝恩,久已有剪除之意。

张居正一死,冯保失去了外廷的强有力支持者,剪除冯保的时机成熟了。司礼监秉笔太监张鲸为神宗秘密策划了除去冯保的计划。张鲸原先的顶头上司张宏,是老于世故的太监,侦知了这一情况,暗中劝张鲸:"司礼冯公前辈,有骨力人,留着他好多哩!"③张鲸不予理睬,令其门客乐新声将倒冯信息传至外

---

① 关于斥退太监的姓名,诸书所记不一。《张居正奏疏》作孙德秀、温恭、周海;《明史》作孙德秀、温太、周海;刘若愚《酌中志》作孙德秀、温祥、周海。
② 沈德符《万历野获编》卷2《今上待冯保》。
③ 刘若愚《酌中志》卷5《三朝典礼之臣纪略》。

廷。无独有偶。在此之前言官们上疏弹劾吏部尚书王国光,牵连到内阁首辅张四维。次辅申时行怀疑是冯保在暗中捣鬼,便对张四维说:"事迫矣!"那意思是,与冯保摊牌时机到了,先下手为强,后下手遭殃。便四下寻觅言官,揭发冯保及其亲信徐爵等人"表里奸利"的罪状①。于是便有十二月初七日江东之弹劾徐爵、十二月初八日李植弹劾冯保的奏疏相继出现②。

十二月初七日,山东道御史江东之(字长信,徽州歙县人)上疏弹劾冯保的亲信书记官、锦衣卫同知徐爵。江东之在奏疏中说:"锦衣卫指挥同知徐爵,嘉靖间犯罪发遣,潜逃在京,贪缘武职锦衣卫,又复倚势张威,窃弄朝政,如王国光之欺侮,陛下黜之,爵乃扬言曰:此我罪之冯司礼者也;梁梦龙之谦谨,陛下用之,爵乃扬言曰:此我荐之冯司礼者也。爵果能进言于冯保,保果信任爵与否,臣不敢知,但爵身为锦衣卫官,未尝一日至锦衣卫堂上。臣每巡视皇城,辄遇爵由东安门进,守卫官军不敢问其行踪,不知爵奉何职役,而出入禁门欲何谋议,而常居直庐也。且梦龙谢恩之日,即往拜爵门,举酒款洽,二鼓始返,朝臣及市井细民无不知之。夫冯保服劳年久,未闻干预外政,爵指之以邀惠大臣,是误保不能永其终誉者爵也。梦龙初掌铨衡,未闻亲为不善,爵诱之以交结近侍,是误梦龙不能正其始进者爵也。虽然,误保与梦龙此犹小者。陛下德追尧舜,威服中外,大小臣工奉法唯谨,而爵以狎邪小人,窃弄于下,虚张声势,肆无忌惮,不敬之罪孰有大于爵哉!伏乞圣明大奋乾纲,将徐爵敕下法司追论原罪,或不即加显戮,亟行窜逐,庶内臣无由招议,得保其近侍之荣,外臣无由贪缘,可塞其官邪之径,将见宫府肃清,而威权不下移矣!"江东之还在奏疏中揭发吏部尚书梁梦龙用银子三万两,托徐爵贿赂冯保,谋求吏部尚书之肥缺。又将孙女许聘冯保弟为儿媳,谢恩之日往徐爵家拜谒。"受命公朝,拜恩私室,清明之世,岂容有此举动。"③神宗下令将徐爵逮入诏狱严加审讯,送刑部拟斩。至于梁梦龙暂时没有碰他,待到御史邓炼、赵楷等人分别上疏再加弹劾时,神宗便勒令他致仕④。郭子章在为江东之写的墓志铭如此说:"锦衣卫指挥徐爵倚(冯)保出入禁闼,舐痔兼东,鸣鹉吞腐。公(江东之)劾爵,因以撼(冯)保,并

---

① 《明神宗实录》卷131,万历十年十二月戊子。
② 江东之《瑞阳阿集》卷首,魏禧《明右佥都御史江公传》。
③ 同上书卷首,沈思孝《明故中议大夫都察院右佥都御史念所江公墓志铭》。
④ 《明神宗实录》卷131,万历十年十二月辛卯。

及梁太宰。上怒,诛爵逐保。一时挟炭之子趣冶之门者气夺。"①可见江东之此疏的威力非同小可,正中神宗下怀。

十二月初八日,江西道御史李植(牢汝培,山西大同人)上疏,指名道姓地弹劾冯保当诛十二罪。李植的这个奏疏终于导致权势不可一世的权阉冯保的下台。然而,不知什么缘故,《实录》、《邸钞》都不记载此疏的内容。《万历疏钞》收录了李植此疏的全文。他在疏文中说:"司礼监掌印太监冯保,狠毒异常,奸贪无比,窃弄威福,包藏祸心,十年于兹矣。"接着,他揭发冯保当诛之罪十二条:

——宦官张大受、书手徐爵都是太监李彬亲信,本该论死,逃回后,被冯保任为股肱心腹,一个升为乾清宫管事太监,一个升为锦衣卫指挥;

——冯保掌管东厂,凡罢斥官员潜往京师者,用作私室爪牙,掌管司礼监,将有过罪宦官置于根本重地;

——引用徐爵,参与批阅章奏。凡重大机务,紧密军情,未经皇上御览,未送内阁票拟,徐爵已事先知晓,漏泄于外。徐爵擅入宫禁,窥伺皇上起居,探察圣母动静,戏言亵语无不与闻,宣扬于外。因为这个缘故,奔竞者慕其威灵,巧宦者附其声势,其门如市,而权倾中外;

——永宁公主选婚,冯保受贿,驸马曲庇入选;

——皇上赐乳母戴圣夫人庄田银两,冯保先勒索二千五百两;

——宫内御用监采买珠玉珍玩等物,冯保拣低劣者呈进,贵重者尽入私囊。赃罚库历年籍没的抄家物资,冯保以赝易真,将古器重宝窃为己有;

——二十四监宦官,凡有富名,冯保必搜求隐过,吓骗其钱财;有病故者,冯保必封锁房屋而检括其家资。因此,冯保私宅所藏,可当朝廷一年贡赋之入;

——冯保的宅第店房遍布京师,不能悉数。为自己造寿坟于北山口,其花园之壮丽堪与皇帝西苑媲美。又在原籍深州建造私宅,规模之华峻,不亚于藩王府第,共五千四百八十间,名为一藏;

——冯保擅作威福,恣意凌辱临淮侯、刘皇亲等勋戚;

——冯保之弟冯佑在皇太后所居慈庆宫高声辱骂太监,冯保之侄冯邦宁

---

① 《瑞阳阿集》卷首郭子章《明中议大夫都察院右金都御史念所江公墓志铭》。

兄弟竟在皇帝诏选九嫔之中,挑选绝色美女二人,纳为侍妾;

——冯保以一宦官,竟敢僭用皇上之黄帐;

——潞王分封,皇上令冯保先择善地。冯保开具地方,呈皇上者为此,呈圣母者为彼,欺君罔上,莫此为甚。

最后,李植请皇上将冯保、张大受、徐爵处死,将冯佑、冯邦宁等问罪①。

神宗早就对这个令他畏惧的"大伴"产生了厌恶心理,必欲除之而后快,接到这一奏本,立即降旨:"冯保欺君蠹国,罪恶深重,本当显戮。念系皇考付托,效劳日久,姑从宽着降奉御,发南京新房闲佐。还赏银一千两,衣服二箱。"这还算是念在"大伴"多年掖抱陪伴的情分上,看在先帝顾命付托上,给予宽大处理,虽然革了职,剥夺了权力,却给他聊养余生的一笔财产。对冯保的弟侄就不客气了,一概革职,发原籍为民。至于张大受等,都降做小火者(专事苦役的小宦官),遣送到南京孝陵司香火②。

冯保的下场是耐人寻味的,也是他自己始料不及的。他作为宫内地位最高的太监,须臾不离地在皇上身边侍候,时刻不停地沟通宫廷与政府之间的信息,向两宫皇太后通报外廷动态,以及皇上生活起居。神宗对他的"大伴"产生了一种两难心情:作为自己的耳目喉舌,一刻也离不开他;又对他存有畏惧戒备的心理。随着岁月的流逝,这种矛盾日趋明朗化。据说,李植弹劾冯保的奏疏呈进时,冯保正在私宅休沐。神宗在如何处分冯保的问题上有点踌躇,张鲸等太监乘机揭发冯保的罪恶,怂恿皇上传旨:"着冯保私宅闲住"云云。神宗对冯保还有点心有余悸,担心地说:"冯伴伴来奈何?""若大伴来我不管。"张鲸为他壮胆:"既奉皇爷处分,渠怎敢来!""既有旨,冯某必不敢违。"③冯保的命运就这样定了下来,十二月初八日皇上降旨"发南京新房闲住",圣旨传出,人们以为处分太轻。浙江道监察御史王国(字之桢,陕西耀州人)上疏,力言冯保罪大恶极,应按法律重处。他列举了冯保欺君误国之罪十条:一是擅权肆恶,独揽朝政,潜引充军在逃人犯徐爵,结为腹心;二是大开贿赂,勒索沿边诸将领,或

---

① 吴亮《万历疏钞》卷 20,李植《奸险近臣久肆欺罔罪大恶极恳乞乾断亟赐重戮以彰国法以安社稷疏》。
② 谈迁《国榷》卷 71,万历十年十月己亥。
③ 文秉《定陵注略》卷 1《江陵覆车》。刘若愚《酌中志》卷 5《三朝典礼之臣纪略》。《明史》卷 305《冯保传》。

二三万,或数十万两;三是盗窃内府珍宝,或藏于私宅,或送于原籍;四是敛天下之财物以肥身家,括天下之宝货以为玩好;五是纵容其侄冯邦柱等,强梁生事,强夺京城内外平民庄田;六是所积金玉珍宝,富过于国,至于外国奇异之物,为陛下所未有者;七是擅作威福,人人畏惧;八是冯保称徐爵为樵野先生,徐爵称冯保为大德恩主,终日引入宫内,密谋诡计;九是近日辅臣张居正病故,冯保令徐爵勒索其家名琴七张、夜明珠九颗、珍珠帘五副、金三万两、银十万两;十是原任工部尚书曾省吾、现任吏部左侍郎王篆,勾结冯保,相倚为奸,曾省吾送冯保金五千两、银三万两,王篆送冯保玉带十束、银二万两,图谋升官。有鉴于以上种种罪恶,王国希望皇上比照武宗皇帝处死权阉刘瑾的事例,如法重处冯保,以清内奸;斥革曾省吾、王篆,以清外奸[①]。

  王国所揭发的当然有根有据,无奈神宗主意早定,并不想处死冯保,而是要他到南京养老。王国对皇上的心意揣摩未透,要求处死冯保,显然是自讨没趣——神宗下令将王国调往南京别衙门待用。不久,御史李廷彦也上疏揭冯保贪纵不法诸事,意欲重处冯保。神宗对此人再次上疏渎扰有点光火了,下令李廷彦停职反省[②]。

  神宗对冯保的处理是手下留情的,他不忍心处死从小形影不离的"大伴",但对冯保聚敛的财富却极为关注,毫不放松。李植、王国在揭露冯保罪状时,都着力于具体列举冯保接受贿赂、搜刮财富的细节与数字,显然迎合了皇上的贪财心理。几天之后,神宗下令籍没冯保、张大受、徐爵等人的家产,户部在抄家之后向皇上报告:抄没冯保田产变卖折银一万九千余两;工部在抄家之后向皇上报告:冯保住宅变卖折银六万九千余两[③]。显然比李、王两人揭发的数字要小多了,而且没有提及金银珠宝等浮财。神宗派司礼监太监张鲸会同锦衣卫主官刘守有等人,将冯保在京城内外的房屋全部查封,清点浮财。但报告上来的数字,仍不能令他满意。其中原因不外乎两点:一是查抄官员中饱私囊,乘机大捞外快;二是冯保早已将家财作了转移隐匿。据御史毛在揭发,锦衣卫掌卫事都督同知刘守有与负责抄家的一干人等,在查封冯保、徐爵、张大受、周

---

① 《万历疏钞》卷20,王国《逆恶中当交通内外包藏祸心恳乞圣明重加究治以正国法疏》。
② 《明神宗实录》卷131,万历十年十二月甲午。
③ 《万历邸钞》万历十一年癸未卷,春正月。

海等人财产时,监守自盗,"搬运鼠窃,报官者十一二耳";各犯家属也买通关节,"转为方便",使财产大量转移①。抄没的财产仅仅是原有的十分之一二,一部分由官员们据为己有,一部分由家属贿赂官员偷运出去,如此二一添作五,送进宫中的只是一小部分。刘守有等监守自盗事发,总督东厂太监张鲸奉皇上圣旨处理此事,勒令他们把贪污盗窃的金银、睛绿珠石、帽顶、玉带、书画、新旧钱币、各色蟒衣、苎丝绸绢等全部上交,甚至把他们家中的财产扫荡一空②。这下神宗才稍稍满意。其实,冯保从神宗眼皮底下堂而皇之地带走了不少价值连城的珍宝。据南京兵部郎中陈希美报告,冯保由北京抵达南京时,"犹携带佞儿数十辈,装载辎重骡车二十辆",这其中是些什么就无从知晓了③。

权阉冯保从此结束了他的政治生命,黯然地消失于政坛。以后又悄无声息地死去,葬于南京皇厂④。

### 三、亲操政柄

张居正与冯保,一死一去,神宗挣脱了昔日钳制他的大手,亲操政柄,可以完全按照自己的心意行事了。朝廷内外一下子失去了两个令人望而生畏的铁腕人物,长期受压制的言官们如释重负,顿时活跃非凡。政坛上乱糟糟闹哄哄,叽叽喳喳,嘈杂不堪。政治风云的变幻令人莫测,君主专制时代,皇帝个人的是非好恶主宰一切。昔日炙手可热的冯保,一道圣旨,逐出紫禁城,发往南京闲住,似乎是一个政治信号。对于政治气候嗅觉特别灵敏,原是官僚的本性,他们中的投机分子更是急不可耐,以为大显身手的机会到了。既然冯保可以攻倒,张居正有何不可!言官们从中窥知皇上之意已移,便交章弹劾张居正⑤。

万历十年(1582年)十二月十四日,善于窥伺的陕西道御史杨四知首先出

---

① 《明神宗实录》卷132,万历十一年正月乙丑。
② 同上书卷133,万历十一年二月丙戌。
③ 《万历疏钞》卷20,陈希美《罪人既得天讨难容乞圣明亟加诛戮以绳乱萌以安宗社疏》。
④ 刘若愚《酌中志》卷5《三朝典礼之臣纪略》。
⑤ 沈德符《万历野获编》卷4《废辽王》。

马,弹劾已故太师张居正十四大罪,无非是什么"贪滥潜窃,招权树党,忘亲欺君,蔽主殃民"云云①。杨四知的奏疏与前几年傅应祯、刘台的奏疏相比,并没有多少新鲜内容,也没有惊人的说服力,但两者的命运截然不同。前者激起神宗盛怒,对上疏者严加惩处;后者却正中下怀,欣然同意,显然是帝王独裁心理在作祟。尽管神宗对张居正尊重备至,言听计从,但十年来这位元辅兼帝师对他管束过严、干涉过多,甚至对他的宫闱生活也说三道四,使神宗由厌恶而引发出逆反心理。张居正以顾命大匡、元辅兼帝师的身份辅政十年,将小皇帝置于严格的管束之下,使他从不敢随心所欲。张居正以严师对待学生的态度对待神宗,一次神宗读《论语》,误将"色勃如也"之"勃"字读作"背"音,张居正厉声纠声纠正:"当作勃字。"其声如雷鸣,神宗"悚然而惊",在场的同僚们无不大惊失色②。慈圣皇太后为配合张居正的调教,在宫中对神宗严加教训,"常常守着看管","使非礼之言不得一闻于耳,邪媟之事不敢一陈于前","帝或不读书,即召使长跪",或有过错,也"召帝长跪,数其过,帝涕泣请改乃止"。神宗对张居正内心极为忌惮,慈圣皇太后动辄谴责神宗:"使张先生闻,奈何!"③尤其令他不能容忍的是,张居正威权震主,十年来,他这个皇帝所受掣肘实在太多。听命于太后犹有可言,受元辅摆布难以长期忍耐,但毕竟强制忍耐了。

内阁辅臣,其职权轻重往往因人而异、因时而异。据章潢在《图书编》中说,永乐初建内阁,于东阁门内取翰林解缙等七人在阁办事,以备顾问,官衔学士而已。终永乐之世,杨士奇、杨荣官止五品。至仁宗朝,其意渐失,乃升杨士奇为礼部侍郎,加少保转少傅,兼华盖殿大学士;杨荣为太常卿,进太子少傅兼谨身殿大学士;杨溥为太常卿兼翰林学士。此三杨破格之始。但宣德以前内阁与外九卿为平交,执礼持法不相顾忌。宣德以后,三杨权重,渐柄朝政。英宗九岁登极,凡事启太后,太后避专,令内阁议行,此内阁票旨之所由始。及景泰易储之后,虽天子亦藉内阁以为己用,但其官品仍不脱学士之衔。天顺初,李贤始以兵部侍郎升吏部尚书兼翰林学士入阁,薛宣由大理卿升礼部侍郎兼翰林学士入阁。成化、弘治多由侍郎升尚书入阁,若先升尚书,则无入阁之命。

---

① 《明神宗实录》卷131,万历十年十二月戊戌。
② 谷应泰《明史纪事本末》卷61《江陵柄政》。
③ 《张文忠公全集》卷6《谢皇太后慈谕疏》。《明史》卷114《后妃传》。

至正德初,刘瑾乱政,其党焦芳直以吏部尚书入阁。至张孚敬则直以相体自尊,危坐诸卿之上①。严嵩、高拱的职权已无所不统,张居正犹有过之。当时人沈德符对此洞察尤深,他说,张居正受顾命辅政,"宫府一体,百辟从风,相权之重,本朝罕俪。部臣拱手受成,比于威君严父,又有加焉"②。所谓"宫府一体"云云,即把内宫(皇帝)与外廷(政府)的事权集于一身,货真价实的威权震主!

蓄之既久,其发必速。现在既然亲操政柄,不把威权震主达十年之久的张居正的余威压下去,何以树立自己的威权!杨四知的奏疏写得不怎么样,却提供了一个极佳的时机。于是神宗立即在此疏上批示:"居正朕虚心委任,宠待甚隆,不思尽忠报国,顾乃怙宠行私,殊负恩眷。念系皇考付托,待朕冲龄,有十年辅佐之功,今已殁,姑贷不究,以全始终。"对于他的亲信庞清、冯昕、游七之流则严惩不贷,下令锦衣卫捉拿,送镇抚司严刑审讯。不过,张居正的事情似乎很难与神宗分割得一清二楚,其间千丝万缕的关系颇难说明道清。于是神宗又在圣旨后面特意加了一句:"仍谕大小臣工,其奉公守法,各修职业,以图自效,不必追言往事。"③所谓"不必追言往事"云云,就是不要翻陈年老账。

神宗下令惩处的张居正亲信,以游七最为跋扈。游七名守礼,号楚滨,是张府的家人(家奴)。张居正权倾一时,他狐假虎威,作威作福,花钱买了个幕职清衔,与士大夫往来宴会。一般无耻官僚为巴结张居正,无不买通游七的关节,拍马唯恐不及。此人可与冯保的亲信徐爵相比拟,冯保被劾,徐爵论斩;张居正被劾,游七下镇抚司狱。不久,徐爵死,而游七却幸免于死④。

但是,言官们并不满足于严惩张居正的亲信,也不愿就此缄默,他们偏偏要"追言往事"。就在杨四知上疏四天之后(十二月十八日),四川道御史孙继先(字荫甫,一字世胤,号南川,山西盂县人)上疏,不仅弹劾张居正,而且全面地"追言往事"。要求皇上把以前因弹劾张居正而遭罢黜的官员,如吴中行、赵用贤、艾穆、沈思孝、邹元标、余懋学、傅应祯、王用汲等,一概重新起用⑤。与此同时,吏科给事中陈与郊、云南道御史向日红等,也上疏翻此旧案。神宗自感

---

① 章潢《图书编》卷85《内阁》。
② 沈德符《万历野获编》卷9《阁部轻重》。
③ 《明神宗实录》卷131,万历十年十二月戊戌。
④ 沈德符《万历野获编》卷9《五七九传》。
⑤ 《明神宗实录》卷131,万历十年十二月壬寅。《明史》卷229《孙继先传》。

被动,为了把张居正威权震主的影响消除干净,他决心重新起用那些因反对张居正而遭惩处的官员,为此他不得不承担一点责任,检讨几句。他的圣旨是这么写的:"朕一时误听奸恶小人之言,以致降罚失中。这本内有名建言得罪的,(俱)起用。王国光着复原职致仕,郭惟贤着复原职,其余有降非其罪的,吏部都查明奏来。"①神宗既已说"不必追言往事",又向"追言往事"的言官们妥协,允许他们翻案,这是他亲操政柄后面临的一大难题。这个口子一开,引起了一连串的连锁反应,官僚间互相弹劾的奏章如雪片般飞向乾清宫。

山西道御史魏允贞(字懋忠,号见泉,大名府南乐县人)上疏弹劾吏部历任尚书张瀚、王国光、梁梦龙阿谀张居正、冯保,在吏郎会推之前,秘密受意于张居正、冯保,"名氏已定,然后会推,九卿科道徒取充数",因此,吏部选拔的官员十分之九并非凭德器才望而晋升②。御史张应诏弹劾刑部尚书殷正茂(字养实,号石汀,徽州歙县人)、总督两广兵部尚书陈瑞(字孔麟,福建长乐人),以金银珠宝贿赂张居正、冯保及张居正家奴游七。神宗当即降旨,命殷正茂、陈瑞致仕③。御史黄钟(字律元,号丽江,苏州长洲县人)弹劾湖广巡抚陈省为讨好张居正,重加贿赂,并派兵数百,防护江陵的张居正老家,每年为此耗费饷银数千两。又因为张居正的缘故,把荆州旧城古迹拆除,重新规划。神宗接到这一奏疏,立即下令将陈省革职为民④。

神宗每天处理这些弹劾奏章,有点不耐烦了,如此互相攻击下去,伊于胡底! 他终于光火了,愤愤然指责这些言官:"在前权奸结党行私,科道官寂无一言,及罪人斥逐,却纷纷攻击不已,有伤国体。"这分明是在谴责这些鼓舌如簧、走笔如神的言官们,太善于见风使舵、随机应变了。年轻的神宗对官僚们这种避祸趋利又自视甚高的卑劣习气,已有所领教,所以寥寥数语便把此辈心态刻画得入木三分。这种当官的诀窍大抵也是一种顽固的传统,对此,他不能容忍。于是训斥道:"有显迹的既已处治了,其余许令省改修职,不必再行搜索。以后再怙恶怀奸,仍前恣肆的,指实参来重究!"⑤他的意思很明显,劣迹昭彰的

---

① 《万历邸钞》万历十年壬午卷,十二月,录用建言诸臣。
② 《明神宗实录》卷131,万历十年十二月丙午。
③ 同上书卷132,万历十一年正月壬戌。
④ 同上书卷132,万历十一年正月戊辰。
⑤ 同上书卷132,万历十一年正月庚午。萧彦《掖垣人鉴》卷16。

主要党羽已经处治了,不必再继续株连、搜索,政局应该平静下来了。然而,神宗自己打开的闸门,已经难以关闭。弹劾张、冯的口子一开,岂能立时三刻堵住,官场上,人们仍在忙于"搜索"。

南京刑科给事中阮子孝弹劾张居正的三个儿子(张嗣修、张敬修、张懋修)、吏部侍郎(今闲住)王篆的两个儿子(王之鼎、王之衡),都属"滥登科第"。神宗毫不犹豫地令内阁拟旨,将五个"滥登科第"者予以革黜。首辅张四维没有盲从,并未简单地照拟"革黜"之旨,因为他本人与此事也有一些干系。他上疏说明情况,主张区别对待:张居正的几个儿子按其科举学业都可录取,只是两科连中三人,又都占取高第,因此引起士论的妒忌,谤议失实。至于王篆的两个儿子,不知学业如何,应予复试,决定是否可用。他建议张居正的两个在翰林院供职的儿子,调至别的衙门,在部属供职的一个儿子,可以照旧;王篆的两个儿子,由吏部与都察院在午门前出题复试①。这其实不失为一个平息舆论的解决办法,神宗却不满意,亲自降旨:"张懋修等并王之鼎、王之衡都着革了职为民。张居正、王篆结连冯保,罔上行私,冯保弟侄及名下,已皆革职治罪了,居正、篆诸子,不论进取公私,都一体斥去。"②不分青红皂白,全部革职为民。平心而论,张居正的三个儿子连连进士及第,并非全仗自己的真才实学,主持其事的官僚们为了阿谀张居正,做了些小动作,使他们跃登龙门。不过最后都由神宗裁定,他心中最明白,这是他对元辅的一种报答。现在既然元辅已死,而且罪状已经揭发,这种报答当然应该取消,可见完全是功利主义的处理方式。

神宗亲政后,为了树立自己的威信,致力于打击威权震主的张居正、冯保,扫清其余党。这是他亲操政柄独自做出的最为重大的决策,正如他屡次在谕旨中申明的那样:"冯保、张居正事,出朕独断。"③但是,他并不想把朝廷上下搞得乱七八糟,使他无法治理,所以再三强调不要违旨搜索往事,重翻旧账。这是一个两难选择。打倒张、冯,就意味着否定新政,排除张、冯政治集团。这种政争所引起的副作用,也是他始料不及的。正如当时人陈继儒(字仲醇,号眉

---

① 《明神宗实录》卷132,万历十一年正月癸酉。
② 《万历邸钞》万历十一年癸未卷,正月癸酉。
③ 《明神宗实录》卷160,万历十三年四月戊辰。

公,松江华亭人)所说:"属官论劾上司,时论以为快。但此端一开,其始则以廉论贪,其究必以贪论贪矣,又其究必以贪论廉矣。使主上得以贱视大臣,而宪长与郡县和同,为政可畏也。"①发展到后来,士大夫意气用事,争名逐利,互相攻击无所不用其极,乃至结党营私,是非不分。如果说万历一朝朋党之争,其源盖出于此,也不算过分。

大学士许国在万历十一年四月的一份奏疏中敏感地察觉到这种势头,作了透彻的分析:"窃见近日以来士习险陂,人情反复,国是动摇。盖昔之专恣在权贵,今之专恣乃在下僚,昔之颠倒是非、肆言无忌在小人,今之颠倒是非、肆言无忌乃在号为君子者。彼以其发于感激、动于意气,干冒刑谪,搏击权豪,偶成一二事,自负以不世之节、非常之功,持此以立赤帜,号召一等浮薄轻进好言喜事之人,党同伐异,诬上行私。公卿大臣动见掣肘,一不快意便攘臂而起……乃扬扬自谓得志,每敢阻挠,日甚一日。如御史江东之、给事中王士性、御史李植同日三疏联袂而上,哗然群攻吏部尚书杨巍,并及大学士申时行,横口诋排,期以必胜,此何为者哉?……夫正人固指邪人为邪,邪人亦指正人为邪,惟在辨其所以为邪正之实而已。古今治乱之几实决于此……伏望皇上将臣先赐罢斥以谢言者,然后徐议诸臣孰是孰非,孰邪孰正,孰轻孰重……切责科道官今后务虚心平气分别人品,先公义而后私怨,毋缉缉翩翩以构谗,毋翕翕訿訿以立党,各守职分,务期共济,庶以定国家之议,而消党比之私,臣即填沟壑无恨……"②虽然神宗对他的奏疏赞许为"忠猷谠论",但许国担忧的"党同伐异"之风不但没有收敛,反而愈演愈烈。

## 四、围绕刘台平反的纷争

神宗接受言官们的意见,重新起用因反对张居正新政而遭惩处的官员们,开启了平反与翻案的纠纷。在这一风潮中,纠缠得最多的莫过于刘台案。

平心而论,刘台反对张居正新政,遭到惩处,可谓咎由自取。但是刘台既

---

① 陈继儒《安得长者言》。
② 吴伯与《国朝内阁名臣事略》卷14,许国《乞辨邪正以消党比疏》。

已革职为民,事情本该了结,张居正却穷追不舍。对此,沈德符写了一篇极富洞察力的评论:"江右刘侍郎(台),江陵(张居正)辛未(隆庆五年)内录士,受知甚深,以比部郎(刑部主事)改西台(御史),出按辽左。时方奏捷,故事,按臣主查核,不主报功。刘不谙台规,以捷上闻。江陵票旨诘责太峻,刘遂疑惧,露章数千言,劾江陵诸不法,颇中肯綮。"刘台的奏疏毕竟触到了张居正的痛处,尤其是门生弹劾座师,使他无法容忍,心中久久不快。沈德符接着说:"江陵虽盛怒,然内愧且服,止从削籍。但每对客,辞色多露愤恚不堪意。诣者思中之,诬其在辽时婪肆,抚按从而勘实之。又令刘台乡人告刘居乡诸不法状,亦对簿追赃。"①以后刘台所遭厄运,虽出于无耻官吏向张居正献媚之举,根子却在张居正,他容不得刘台,必欲置之死地而后快。

刘台革职后回到家乡江西安福县,地方官揣摩张居正心意,怂恿刘台的仇人出来诬告。这就是康熙《安福县志》为刘台立传时所说:"(刘台)得生还,居二年,居正嗾江西抚臣王宗载诱其仇家诬奏他事,文致其狱。"②这个仇家就是江西安福所舍人谢燿,他上疏诬告刘台,说他"恶迹甚多",在辽东贪赃数万两银子③。僻处乡间的谢燿何由得知刘台在辽东的事情?显然是信口雌黄。神宗为与张居正保持一致,立即下旨:命该抚按提问具疏。同时又派文书房太监邱得用到内阁传旨:"刘台这厮,先年枉害忠良,朕意要打死他。因先生论救,饶了。今却有这等暴横害人。本内说,辽东贪赃数万。着拿解来京。"张居正想得周到,拿解来京,查无实据怎么办?于是便回奏说:"若拿解本犯,不免并逮干证,宜下抚按鞠问。"④也就是说,把此案交给江西巡抚王宗载、巡按陈世宝去处理,而王、陈两人早已对张居正的意图心领神会,欲加刘台之罪,何患无辞!另一方面,刘台在巡按辽东时的同僚、辽东巡抚张学颜(字子愚,号心斋,广平府肥乡县人)此时已升任户部尚书,揣摩张居正的心意,诬告刘台在辽东巡按任内"私赎锾"(贪污)。这就为张居正提供了把柄。张居正立即命江西巡抚王宗载搜求刘台的罪证。王宗载对巡按陈世宝说:"了此狱,政府乃以巡抚处公。"与此同时,辽东巡抚于应昌也对刘台"捏报虚赃"。于是,陈世宝对刘台

---

① 沈德符《万历野获编》卷19《台省》。
② 康熙《安福县志》卷3《刘台传》。
③④ 文秉《定陵注略》卷1《江陵擅政》。

严刑逼供,使刘台"苦楚万状"①。

万历五年(1577年),江西巡抚王宗载、巡按陈世宝会奏:"刘台合门济恶,灭宗害民,应发边远充军终身。伊父刘震龙,伊弟刘国八并刘允鉴等,分别徒杖。"经都察院审定后,神宗批准依拟执行②。就这样,刘台被遣戍广西浔州,父亲、弟弟遭到徒刑杖刑的处分。后来,刘台死在戍所,衣服棺材全无,十分凄凉③。据说,刘台的死与张居正的死是同一天,何其巧合乃尔!④ 刘台的死实在太可悲了,身遭诬陷,死得不明不白。

万历十一年正月,御史江东之首先弹劾陷害刘台而升官的都察院右佥都御史王宗载、御史于应昌(陈世宝早已呕血暴死)等"合谋宰杀直臣刘台",取媚于张居正。江东之弹劾其顶头上司王宗载的奏疏写道:"顷者陛下召台臣请复建言之官,天下臣民感激泣下,以为主上如天之尊,不难于误听之悔,使困抑之臣复见天日,唯是死者不可复生,忠义之魂不得闻见,陛下即重哀矜亦无可施,此人心所以感戴圣恩益切,而追恨邪臣益深也。故大学士张居正十年勤劳,不可谓无辅理之功,但才太高、性太拗、权太专、心太险,媚己者立跻要地,异己者坠之重渊,是以邪佞之徒趋媚太甚,以成居正之恶。如原任御史刘台论劾居正,其词严义正,忠义之心不出赵世卿、余懋学、赵用贤、邹元标下也,台不死,当与诸臣并用矣。奈何(右)佥都御史王宗载前任江西巡抚,欲杀台以快居正心,门生属官承受密谋,用银五十两买其仇家代创诬本,遣人伴送来京妄奏。辽东巡抚御史于应昌奉旨查勘,同心狐猸,逼胁司属捏报虚赃,宗载复啖江西巡按御史陈世宝曰:了此狱,政府以巡抚处公。遂拟台远戍。台家产不足偿赃十一,乃宥充军,该死人犯代为完赃,以实其罪。所以凌虐台者万状。台至浔州身死,衣衿棺木俱无,行道之人莫不流涕曰:此长安故刘御史也,何罪而至此极耶! 是杀台之惨,主谋者宗载,行凶者则于应昌、陈世宝也! 世宝呕血暴卒,天实报之,臣无论矣。外参照得(右)佥都御史王宗载甘为冯保义子,自恃居正私人,阿附权势,谋害忠良,法当首论也;巡按御史于应昌诬赃以陷僚友,枉法以媚要津,当以从论者也。宗载系臣堂官,臣执礼素恭,岂敢沽强直之名;应昌

---

①③ 《明神宗实录》卷132,万历十一年正月戊辰。
② 文秉《定陵注略》卷1《江陵擅政》。
④ 康熙《安福县志》卷3《刘台传》。

系臣同官,臣与人素厚,岂敢为刻薄之行! 但二臣惟知有权门,不知有天子,杀人可为将何事不可为? 所以臣义激于中,虽私情不暇恤,况为死御史以论生御史,臣独何心! 伏乞陛下察臣愚忠,怜刘台之无罪,敕下吏部谅加恤典,将王宗载、于应昌亟赐革职,敕下法司查照先朝杨顺、路楷谋杀忠臣沈练事例究问抵罪,臣东之不胜激切待命。"①江东之认为,刘台在辽东"不持一钱",于应昌是"捏报虚赃",导致刘台丧命,王宗载、于应昌应该抵命②。

这时的王宗载是江东之的顶头上司,按照都察院的惯例,御史上封事,必须以副本报长官。江东之拿了副本进衙门,王宗载迎上去问:"江御史何言?"江东之答:"为死御史鸣冤。"王宗载问:"为谁?"江东之答:"刘台也。"王宗载顿时垂头丧气而退③。

万历十一年二月,江西巡抚贾如式上疏弹劾诬陷刘台的谢燿等人。贾如式揭发了一些鲜为人知的内幕:刘台的同宗,原任国子监监丞刘伯朝、举人刘寿康与刘台有宿怨,欲乘机中伤刘台使之遭奇祸,以邀张居正欢心。适逢刘台买谢燿家土地,因价格不合引起谢燿仇恨。刘伯朝等唆使谢燿诬告刘台,吉安推官陈绅也极力怂恿。官府勘问时,刘伯朝出庭对质,使刘台有口难辩。至于辽东"赃银"五千两,刘台无力退赔,牵累当地富室代纳。贾如式因此建议都察院究处刘伯朝、陈绅,由江西巡抚提审刘寿康、谢燿。神宗批复:"着抚按官提问。"④

经过各级衙门对刘台案重新审理,同年九月刑部把复核结果上报给神宗:"故御史刘台戍死一事,该江西巡抚曹文野勘得,原任巡抚王宗载先以密帖示署安福县事推官陈绅,嗾谢燿诬奏台。台族人博士刘伯朝、举人刘寿康合谋构之,绅出资助燿赴京奏讦。事下宗载与巡按陈世宝问,共相诬捏,以成其罪……又该辽抚李如松勘得,原任御史刘台各赃俱无指证。原奉勘承委各官,巡按御史于应昌勘详失于明允,分守参政张崇功、分巡副使周于德会审断案殊

---

① 江东之《瑞阳阿集》卷首,魏禧《明右佥都御史江公传》。
② 《明神宗实录》卷132,万历十一年正月戊辰。
③ 《明史》卷236《江东之传》。《瑞阳阿集》卷首,魏禧《江东之传》云:"故事,御史上疏必以副(本)白堂上官,工严服捧疏升堂,宗载迎,谓公曰:'江御史何言?'公曰:'言公杀人媚人耳。'宗载失气反走。于是上大怒,戍宗载、应昌于边。"
④ 《明神宗实录》卷133,万历十一年二月戊申。此疏误将陈绅写作刘绅。

欠精详,管粮通判陈柱、薛思敬虚生赃私,勘报不实,均属有罪。"①有鉴于此,刑部等衙门议决如下:

一是王宗载,应照律文"官司故入人罪,全人者以全论",议充军;

二是于应昌,应照律文"奉旨推案问事,报上不以实者",拟判徒刑;

三是谢燿,依"诬告人因而致死随行有服亲属人"律,判绞刑,仍令谢燿名下赔偿路费,又将财产一半断付刘台家供养赡费②。

神宗看了刑部等衙门的报告,提笔批示:"这厮每挟私枉法,陷害无辜,险狠可恶。王宗载主谋杀人,律应反抵,着发边卫充军;于应昌承勘虚捏,姑依拟,与陈绅、刘伯朝都革了职为民;张崇方、周于德俱降一级调用;陈柱、薛思敬着辽东抚按官提了问;谢燿监候定决。"③相比较而言,神宗的决定比刑部要宽一些,除王宗载依拟充军外,于应昌由徒刑改为革职,谢燿由绞刑改为监候定决。

刘台被诬陷而遭遣戍,冤死戍所,家属也遭连累,实属冤案一桩。至此平反昭雪,安福县人士为了表彰他与傅应祯,为他们建立祠堂,寄托思念之情④。作为一种冲击波,凡参与迫害刘台的官员都难辞其咎。言官们当然不会轻易放过这些人。

刑科给事中刘尚志题参原任大理寺寺丞贺一桂,揭发了这样一个事实:王宗载之所以能事先得到谢燿的奏稿,是贺一桂授意陈绅干的。据此,贺一桂应罢黜究问。他又指出,陈世宝与王宗载同时受理刘台案,王宗载已受处分,陈世宝虽死不宜独免。神宗批示:"贺一桂黜为民,陈世宝原官诰敕俱行追夺。"⑤

工科给事中王毓阳(字春裕,号解竹,陕西绥德人)奏参原任吏部左侍郎王篆,"假故相姻戚,引用朋党王宗载等,陷害忠良,元凶巨蠹,不宜使优游田甲"。神宗批示:"王篆黜为民。"⑥

御史孙继先(字荫甫,号南川,山西盂县人)和曾乾亨(字于健,号健斋,江西吉水人)分别上疏弹劾现任兵部尚书张学颜在任辽东巡抚时诬陷刘台贪赃,

---

① ② 《明神宗实录》卷141,万历十一年九月壬午。
③ 《万历邸钞》万历十一年癸未卷,九月。
④ 同治《安福县志》卷3《营建·祠》。
⑤ 《明神宗实录》卷141,万历十一年九月甲午。
⑥ 同上书卷141,万历十一年丁酉。

理应受惩。孙继先揭露张学颜与刘台之间鲜为人知的纠葛:刘台巡按辽东时,巡抚张学颜有杀降冒功、以败报捷等劣迹,日夜惴惴不安,唯恐刘台向朝廷举报,便派人侦伺刘台动静。当刘台起草弹劾张居正疏稿时,门下刺探偶见"张"字,误以为弹劾张学颜。张学颜茫然若失,急忙拜谒刘台,要求通融免劾。哪知刘台为人耿介迂执,全无策略,直率地回敬道:"豺狼当道,安问狐狸!台所论者,大学士张居正也。安能与你问是非哉!"张学颜听到刘台当面斥责自己,恨之入骨。不久,张学颜升任户部尚书,决计报复,罗织刘台罪状,无中生有地诬陷他贪赃一万两,报告给张居正。张居正遭刘台弹劾后心中愤闷之极,正欲借惩治刘台以钳制天下舆论,得到张学颜的诬赃报告,以为奇货可居。一面发往辽东,要于应昌追查;一面发往江西,要王宗载勘问。有鉴于此,孙继先断言:"是死台者,臣不敢曰他人,而曰学颜……学颜可置之不问耶!"事实表明,张学颜确实"狐媚存心,狠毒用事",是导致刘台遭戍致死的罪魁。其他陷害者已严惩,张学颜当然不能逍遥法外①。

但是神宗一反常态,百般回护张学颜,不但不予处分,反而谴责揭发此事的孙继先:"刘台被诬事情,各经该官员都从重处分了,如何又提词牵引,排诋没大臣!孙继先狂躁妄言,姑降一级调外任。"②

御史曾乾亨不服,再次上疏弹劾张学颜。神宗仍不动摇,下旨斥责:"曾乾亨这厮,本意欲党救冯景隆,却乃捏词排陷大臣。彼刘台之事,俱已有旨处分。今后再有借言刘台之事诬陷大臣的,必重加处治。曾乾亨故着降一级调外任。"③

张学颜本人因遭弹劾,感到压力,上疏极力否认诬陷刘台之事,并表示要辞职,以明心迹。神宗连忙好言挽留④。看来,神宗鉴于辽东边事重大,将才难得,不愿处分李成梁,更不愿意颇有才干的张学颜辞去兵部尚书这个要职。

神宗对于刘台案的处理带有明显的平反昭雪的意义,不论动机如何,承认过去的错误,不再文过饰非,总是值得赞许的。与此适成对照的是,为辽王宪㷋翻案,从而引发出对已故张居正的追加处分,完全是意气用事,寻找事端,借

---

① ② 文秉《定陵注略》卷2《建言诸臣》。《万历邸钞》万历十一年癸未卷,冬十月。
③ 《万历邸钞》万历十一年癸未卷,冬十月。《明神宗实录》卷142,万历十一年十月庚戌。
④ 《明神宗实录》卷142,万历十一年十月庚戌、乙卯。

题发挥,不但一无可取之处,而且酿成此后长时期的政局混乱,可谓搬起石头砸自己的脚。

## 五、辽王案与查抄张府

辽王朱植,是明朝开国皇帝朱元璋的第十五子,洪武十一年(1378年)封卫王,二十五年改封辽王,次年就藩辽东广宁,以宫室未成,暂驻大凌河北树栅为营。燕王朱棣靖难起兵,辽王朱植与宁王朱权奉召还京(当时都城在南京),朱植改封于湖广荆州。以后世代相袭。嘉靖十六年(1537年)辽王的第七代传人朱致格死,子朱宪㸅嗣位。辽王朱宪㸅以信奉道教为世宗(嘉靖皇帝)所宠。他是个性喜方术,秉性淫虐之徒,见皇上学道奉玄,也假装崇事道教,以献媚于上。果然博得皇上欢心,特赐道号"清徽忠孝真人",赐金印一枚及法衣法带等物。他在荆州街上出行,每每身穿皇上所赐衣冠,开道者高举"诸鬼免迎"牌以及拷鬼械具之类。路人见此不伦不类模样,既可骇又可笑。更为荒唐的是,堂堂藩王竟入齐民百姓家为之斋醮,自称法术无边,索取高额酬金,无赖之极。又炫耀符咒妖术,欲得活人首级,曾割街上醉民顾长保之头,一城为之惊怪①。

辽王府在荆州城北,建于永乐二年(1404年),以后又不断增修,备极豪华。弘治中建宝训堂,为辽王府内堂,用以收藏列代皇帝所赐宸翰。另有味秘草堂,专门收藏图书,朱宪㸅的文集便以此为名——《味秘草堂集》。辽王府之外还有成趣园,位于荆州子城外东北,印水为池,负土为阜,步檐曲阁。辽邸内园又有素香厅、听莺亭,还有曲密华房,是辽王曲宴之地;又有苏州房,为歌舞妓女所在。时人有诗曰:"湘帘尘暗锦屏空,香径年深鲜迹重。眷月似怜红袖尽,乱移花影入房栊。"②

隆庆元年(1567年),御史陈省上疏弹劾辽王各种横行不法行为。次年,巡按御史郜光先(字子孝,号文川,山西长治人)弹劾辽王十三大罪。朝廷命刑部侍郎洪朝选(字舜臣,号芳州,福建同安人)前往荆州查勘。洪朝选查得辽王

---

① 沈德符《万历野获编》卷4《辽王封真人》。
② 光绪《重修荆州府志》卷7《地理志·古迹》,引《江陵志余》。

"淫虐僭拟"等罪状。穆宗获悉后大怒,本拟处死辽王,念他是宗室亲戚,免于一死,废为庶人,禁锢凤阳高墙。从此辽王便成了废藩。

其间还有一个插曲。副使施笃臣对辽王结怨甚深,洪朝选到荆州后,施笃臣伪造辽王书信,贿赂洪朝选。施笃臣反过来以此为把柄,要挟辽王。辽王岂肯就范,便不管三七二十一,树起一面大白旗,上写"讼冤之纛"四个大字。这下给施笃臣揪住尾巴,一面报告辽王谋反,一面派五百兵卒团团围住辽王府邸。洪朝选返京报告查勘结果,只列举"淫虐僭拟"等罪状,只字不提"讼冤之纛"。张居正家在荆州,原先与辽王府有矛盾,嫌洪朝选没有向朝廷揭发辽王谋反情节。洪朝选一气之下,辞官回家乡同安。张居正便嘱咐福建巡抚劳堪罗织洪朝选罪状。辽王被废后,辽府宗人全归楚王管辖,并由广元王带管辽府事宜。

平心而论,辽王被废与张居正并无直接关系,本不应牵连到他。但政治毕竟是政治,它的发展颇难预料。

在万历十年(1582年)十二月,陕西道御史杨四知弹劾张居正十四罪的五天之后,兵科给事中孙玮(字纯玉,一字以贞,号蓝石,陕西渭南人)首先提出这桩公案,并把它与张居正联系起来。

原来,福建巡抚劳堪为讨好张居正,命同安知县罗织洪朝选罪状,然后由他飞章奏明朝廷。朝廷命未下,劳堪便将洪朝选逮捕入狱,绝其饮食三日,致使洪朝选饿死狱中,还不准殓尸,任其腐烂。张居正死后,洪朝选之子洪竞(都察院检校)向朝廷诉冤。劳堪此时已升为都察院左副都御史,还未赴京,听说洪竞诉冤,立即写信给冯保,将洪竞革职廷杖,遣归乡里①。孙玮揭发此事,并指责劳堪贪虐,"倚法作奸,杀人媚势,神人共愤,国法难容","希居正意,杀朝选媚之,极其惨酷。至其子洪竞赴阙控诉,堪飞书冯保,廷杖几死"。神宗接疏后,只是罢去了劳堪的官,并未追究张居正的责任②。

既然有人出面讲话,洪竞便于万历十二年正月上疏为父申冤:"臣父子于居正初无异也。及勘辽狱,父轻罪以全朝廷亲亲之恩,而居正始憾父矣。及父辞朝一疏,有权势主使之语,而居正益怒父矣。世仇刘梦龙等乘其隙行间,父

---

① 《明史》卷241《孙玮传》。
② 《明神宗实录》卷131,万历十年十二月癸卯。

与邹进士(元标)、吴编修(中行)私通造作,言语激怒居正,居正杀父之意不可解矣。(劳)堪受居正之意,遂肆豺狼之毒。"洪竞还揭发了劳堪害死其父的经过,然后说:"父冤虽伸,元凶未惩……臣区区之愚,愿与劳堪同死,不愿与劳堪同生。"①

洪竞的奏疏写得声泪俱下,读者无不为之感动,但神宗的批示却冷静得很:"这事情屡有旨处分了。曾否冤抑不明,着法司从公勘明了来说。"②

都察院左副都御史丘橓(字茂实,山东诸城人)上疏条陈三事,其第二事便是"请均处邪媚之臣"。他说,福建巡抚劳堪害死侍郎洪朝选,以及江西巡抚害死刘台,都是张居正的授意,"杀其仇以献媚,其妄杀之罪亦同。今宗载充军,而堪止罢官,又不几失刑乎!"③不知为何,神宗仍不同意严惩劳堪,他说:"劳堪不必再勘,与张一鲲都革了职为民。"④劳堪既未严惩,张居正当然也就牵连不上。

这时有一个险恶小人——云南道御史羊可立(河南汝阳人)在一份奏疏中无中生有地说:"已故大学士张居正隐占废辽府第田土,乞严行查勘。"⑤其险恶用心在于,唯有如此这般,才可以将张居正与废辽事件相联系。其实辽王被废完全是咎由自取,况且是在隆庆二年,当时张居正还是内阁第四把手,即使要追究责任,也应该算在第一把手高拱身上。神宗对羊可立的揭发,虽然并未轻信,只是命湖广巡按、巡抚调查核实以后报告,却容忍对张居正弹劾的逐步升级。

此论一出,久欲伺机翻案的辽王家属以为时机已到,便由辽王次妃王氏出面,向朝廷呈进《大奸巨恶丛计谋陷亲王强占钦赐祖寝霸夺产业势侵全室疏》。疏中除了为辽王辨冤,特别强调,已废辽王家财,"金宝万计,悉入居正府"⑥。素有聚敛财富癖好的神宗,看了这一句话,以为由此抓住了籍没张居正家财的

---

① 《明神宗实录》卷145,万历十二年正月丙午。《万历邸钞》万历十二年甲申卷,二月,削劳堪籍为民条。
② 《万历邸钞》万历十二年甲申卷,二月,削劳堪籍为民条。
③ 《明神宗实录》卷147,万历十二年三月癸巳。《万历邸钞》万历十二年甲申卷,正月。
④ 《万历邸钞》万历十二年甲申卷,二月,削劳堪籍为民条。《明神宗实录》卷147,万历十二年三月癸未。
⑤ 《明神宗实录》卷147,万历十二年三月壬午。
⑥ 《万历邸钞》万历十二年甲申卷,四月,籍张居正家条。《明神宗实录》卷148,万历十二年四月乙卯。

把柄。他早就对张居正的家财有所垂涎,抄没了冯保家财后,就想对张家动手,只是找不到合适的理由。现在终于可以如愿了,所以迅速作出反应,下了一道圣旨:"张居正侵盗王府金宝,伊父占葬王坟,掘毁人墓,罪犯深重。你等如何通不究拟?着司礼监张诚、刑侍丘橓、左给事杨王相、锦衣卫都指挥曹应魁,前去会同抚按官,查照本内王府仓基房屋,并湖池洲田,及一应财产,都抄没入官,变卖解京。原占坟地归湘府军校看守,积欠税课追并完纳。还将王氏奏内金银宝玩等物,务要根查明白,一并追解。如有透漏、容藏、庇护的,拿来重治。差去官员还写敕与他,并将辽府废革情由从公勘明,上紧奏报定夺。"①

这道圣旨,对于已死的张居正及其家属,不啻是政治上的彻底否定,是万历一朝政治生活中最令人震惊的事件,使张居正从政治峰巅一下子跌入万丈深渊。促使神宗对先前尊重备至的"元辅张先生"如此无情地下毒手的原因是复杂的。他亲操政柄后,必须完全肃清张居正威权震主的影响,无疑是最主要的原因。早在一年之前,他看了大理寺呈上的张居正亲信游七、冯昕在狱中的供词后,就下令剥夺他亲手颁赐给张居正的一切政治荣誉,将其子张简修等革职为民,就是为此目的采取的措施。然而人们无论如何没有料到,事态竟会发展到查抄张府的地步。

此旨一出,朝野震动。许多有正义感的官员挺身而出,为已故张居正求情,希望皇上宽恕。这与张居正在世时那些阿谀奉承之徒有天壤之别:那时是趋炎附势,这时是逆流而动,要担风险。其中最引人注目的是圣旨下达第二天,都察院左都御史赵锦(字元朴,号麟阳,浙江余姚人)上疏极力谏阻。赵锦曾在万历初年对张居正的新政颇多訾议,以为太过"操切",张居正获悉后,授意言官弹劾他"讲学谈禅,妄议朝政",迫使他辞官而去②。如果为泄私愤,他完全可以乘机落井下石。然而他却仗义执言,以嘉靖朝抄没严嵩家财连累江西百姓的教训("所籍之物强半出于无辜之民"),劝谏皇上三思而行。他分析道:"居正之家,臣等不敢谓其一无所藏,然比之冯保,万分不侔……今居正之罪迁延日久,即有微藏,亦多散灭。况人心愤恨,言常过当。"万一再有当年抄没严

---

① 《万历邸钞》万历十二年甲申卷,四月,籍张居正家条。《明神宗实录》卷148,万历十二年四月乙卯。
② 《明史》卷210《赵锦传》。

府之事,那么"流毒三楚更有十倍于江西之民者"。他还指出,皇上对张居正的惩罚过于严酷,必令今后的大臣恐惧。既然已剥夺其封谥,斥其子弟为民,已是正罚。"居正生平操切,垄断富贵,决裂名教,故四方归怨,实无异志。且受先皇顾命,辅上冲龄,夙夜勤劳,中外宁谧,功安可泯!惟陛下不忘帷幄之谊,庶全国体。"①这些话说得合情合理,无论张居正如何擅权,如何操切,毕竟功大于过,断不至于受抄家之严惩。但神宗听不进去,居然声称:"张居正负朕恩眷,蔑法恣情,至侵占王府坟地产业,岂可姑息!尔等大臣乃辄行申救?"②

谈迁在记述赵锦的这一奏疏之后,附录了沈德符的一段言论,堪称持平之见。沈德符说:"张江陵身辅冲圣,自负不世之功,其得罪名教,特其身当之耳。江陵功罪约略相当,身后言者指为奇货。如杨四知追论其贪,谓银火盆三百,诸公子碎玉碗玉杯数百,此孰从而见之?有谓归葬沿途五步凿一井,十步盖一庐,则又理外之论矣——然则杨何不明纠当事之政府,而追讨朽骨之权臣也!"③这不仅是在抨击杨四知、羊可立之流,而且是在影射翻脸不认人的神宗皇帝。

刑部侍郎丘橓奉命前往荆州查抄张府家产的消息传出后,侍讲官于慎行(字可远,更字无垢,山东东阿人)致书丘橓,希望他奉旨办事时手下留情。于慎行实在算不上张居正的亲信,当年张居正"夺情",他偕同官上疏反对,张居正听说后,责备他说:"子吾所厚,亦为此耶?"他从容答道:"正以公见厚故耳。"张居正怫然而去。不久,于慎行以疾辞官④。张居正死后,他被重新起用,获悉皇上要查抄张居正家产,不计前嫌,挺身讲几句公道话,着实难能可贵。他给丘橓的信写得很有水平,对官场的人情世故、世态炎凉刻画得鞭辟入里,流露出一派凛然正气:"生行滥竽词林,阅有年岁,江陵始末皆所目睹,其殚精毕智,勤劳于国家,与其阴祸深机结怨于上下者,皆颇能窥其大概,而未易更仆数也。当其秉政之时,举朝争颂其功,不敢言其过。至于今日既败,举朝争索其罪,不敢举其功。皆非情实也……其生平,显为名高而阴为厚实,以法绳天下而间结以恩。故其深交密戚则有赂,路人则不敢。债帅巨卿,一以当十者则有赂,庶

---

① 谈迁《国榷》卷74,万历十二年四月丙辰。《明神宗实录》卷148,万历十二年四月丙辰。
② 《明神宗实录》卷148,万历十二年四月丙辰。
③ 《国榷》卷72,万历十二年四月丙辰。
④ 《明史》卷217《于慎行传》。

吏则不敢。得其门而入者则有赂,外望则不敢。此其所入亦有限矣。且此老以盖世之功自豪,固不敢为诬鄙,而以传世之业期其子,又不使滥其交游。其所关通窃借者,不过范登、冯昕二三鼠辈。而其父弟家居,或以其间隙微有网罗,如此而已,则所入亦有限矣……若欲根究株连,全楚公私重受其累……江陵太夫人年八十,老矣。累然诸子皆佻缥书生不涉世事,籍没之后,一簪不得着身,必至落魄流离,无所栖止,此行道所为酸楚,而士林伤心者也。望于事宁罪定之日,疏请于上,允以聚庐之居,或为之私谕,有司恤以立锥之地,使生者不至为栾郤之族,死者不至为若敖之鬼,亦朝廷帷盖之仁也。"①在当时情况下,讲这种公道话,是要有点魄力的。正如《明史》卷 217《于慎行传》所说,于慎行致丘橓书,"词极恳挚,时论韪之"。

丘橓,字懋实(亦作茂实),号月林,其先祖山东寿光人,始祖彦成迁居山东诸城之柴沟,传五世至橓。家贫,负笈就师。嘉靖二十二年(1543 年)举乡试第二,二十九年成进士。为官后,屡屡上疏抨击时政,言辞激切,无所顾忌,因此被革职为民②。万历初年,言官交荐,张居正以为"此子怪行,非经德也",拒不召用。到了万历十一年(1583 年)秋,才起用为左副都御史。他对张居正本有积怨,于慎行的劝谏当然充耳不闻,不但不手下留情,反而极尽勒索之能事。未抵荆州,先期命地方官登录张府人口,一些老弱妇孺躲避于空房,来不及退出,门已封闭,饿死十余人③。地方官员奉丘橓之命查抄张府,锱铢必究。不日即把查抄结果上报:江陵原住宅内,金二千四百余两,银十万七千七百余两,金器三千七百一十余两,金首饰九百余两,银器五千二百余两,银首饰一万余两,玉带一十六条,蟒衣、绸缎、纱罗、珍珠、宝石、玳瑁尚未清点④。不久,刑部主事韩济也上报,查抄张居正在京房产等物,折银一万零六百两,另有御赐匾额四面,敕谕二面⑤。

---

① 于慎行《谷城山馆文集》卷 34《与司寇丘公论江陵事疏》。朱彝尊《静志居诗话》卷 13,张居正条引于慎行《致丘橓书》,评曰"此足以当爱书"。朱彝尊认为,"江陵之秉国成,可谓安不忘危,得制治保邦之要矣。近灵寿傅维鳞撰《明史记》,乃与分宜合传,毋乃过欤!"
② 乾隆《诸城县志》卷 31《丘橓传》。
③ 《明史》卷 226《丘橓传》。谈迁《国榷》卷 72,万历十二年四月丙寅。
④ 《万历邸钞》万历十二年甲申卷,四月,籍张居正家条。《明神宗实录》卷 148,万历十二年四月乙卯。
⑤ 《明神宗实录》卷 149,万历十二年五月庚辰。

这一结果与神宗事先的预计相去甚远。张居正为官谈不上清廉,但与严嵩、冯保相比,毕竟要好多了。尤其在他显贵之极时,自持甚严,很少接受部下馈赠。辽帅李成梁受封伯爵,为表示感激,特遣使者赠张居正黄金千两、白银万两,遭到婉拒。张居正对来使说:"若主以血战功封一官,我若受之,是且得罪于高皇帝。其毋再渎!"①在荆州张府所抄没的家产,大多是其父亲兄弟平时搜敛到手的,数目不算太多。于是丘橓等便大加拷问,穷追硬索。张居正的三子懋修经不起拷掠,屈打成招,枉供曾向曾省吾、王篆、傅作舟、高志进各家转移隐匿财产,约值银三十万两,其实是子虚乌有之事②。长子张敬修(原任礼部主事)实在受不了如此这般折磨,自缢身亡,以一死表示无力的抗议。临终前留下了一纸绝命书,真实地记录了张府所遭抄家浩劫的情况:"忆自四月二十一日闻报,二十二日移居旧宅,男女惊骇之状惨不忍言。至五月初五日,丘侍郎到府。初七日提敬修面审,其当事噂沓之形,与吏卒咆哮之景,皆平生所未经受者,而况体关三木,首戴幪巾乎!……在敬修固不足惜,独是屈坐先公以二百万银数。不知先公自历官以来,清介之声传播海内,不惟变产竭资不能完,即粉身碎骨亦难充者!且又要诬扳曾确庵(省吾)寄银十五万,王少方(篆)寄银十万,傅大川(作舟)寄银五万。云:'从则已,不从则奉天命行事!'恐吓之言,令人落胆……嗟乎!人孰不贪生畏死,而敬修遭时如此,度后日决无生路……不得已而托之片楮。啮指以明剖心。此帖送各位当道一目,勿谓敬修为匹夫小节,而甘为沟渎之行也。祖宗祭祀,与祖母、老母馈粥,有诸弟在,足以承奉,吾死可决矣……丘侍郎,任抚按,活阎王!你也有父母妻子之念,奉天命而来,如得其情,则哀矜勿喜可也,何忍陷人如此酷烈……"③

在绝命书中,张敬修流露了面临死神时的求生欲望。五月初十写完了这份绝命书,梦中得到吉兆,以为事情会有转机,没有自缢。到了十二日会审时,"逼勒扳诬,慑以非刑,颐指气使,听其死生",实在走投无路,才自缢而死。《诸城县志》为丘橓立传时,颇多溢美之词,如"比抵荆州,张氏筐箧所寄,惟坐王篆、曾省吾数家,余无连蔓者"云云④。看了张敬修的绝命书对丘侍郎的控诉,

---

① 《国榷》卷72,万历十二年四月丙寅。
② 同上书卷72,万历十二年五月癸卯。
③ 《张文忠公全集》附录。朱东润《张居正大传》,湖北人民出版社,1981年,第393~395页。
④ 乾隆《诸城县志》卷31《丘橓传》。

便可知丘橓实在是一个惨无人道的冷血动物,无怪乎荆州人要说他"胸次浅隘,好为名高,不近人情"①。

张敬修自缢身亡,消息传到京城,朝廷为之震惊。申时行在给湖广巡抚的信中流露了身为内阁首辅的忐忑不安心情:"江陵籍没之事出自圣怒,势不能挽,而吾辈将命行事,审法求情要当于无可奈何之中,而求有可少宽之路。且如抄没财产明旨也,一毫一缕岂得不严为搜求!至于鞫审之际或刑至童仆可矣,诸子尝忝衣冠,非有叛逆缘坐之罪及拷掠之旨,而概被以刑具,窘辱备至,此敬修所以死也。亦可悯矣。昨见传来遗帖,行道之人皆为陨涕。此上关国体,下系人心,岂渺小哉?死者不可复作,而生者尚可曲全,奄奄之老,茕茕之诸孤,若不加抚恤,脱有它变,则地方诸公不得不任其责矣……"②

神宗认为这是地方官疏于防范,下令逮捕荆州知府郝如松。刑科给事中刘尚志为郝如松求情,乞求免于逮问,反而激怒神宗,嫌其渎扰,下令夺其俸三月③。

刑部尚书潘季驯(字时良,号印川,湖州乌程人)闻讯,仗义执言。他上疏神宗:"陛下闻张敬修自缢,而赫然罪其守臣,曾不齿及财物之多寡。仰见保全旧臣后裔之初心,顾诚虑严旨既下,该府防闲倍密,逾八之母,柔脆之子若媳,恐惧莫必旦暮。伏乞特降恩纶,将居正家属暂行保放。"④又上疏直言,"治居正狱太急","居正家属毙狱者已十数人"。不怕触怒皇上,为张居正讼冤⑤。内阁辅臣申时行也感到有些过分,写信给丘橓,请他手下留情:"伏审衔命宵征王事劳苦,甚以为念。江陵财产搜籍入官,天威已彰,国法已尽矣。至于奄奄待毙之老母,茕茕无倚之诸孤,行道之人皆为怜悯。受诏籍产,不闻孥戮,此仁人所动心也。死者不可复起,而生者尚可曲全,圣德好生,既已籍人之财,亦不欲戕人之命,而门下海内人望,以慎狱敬刑为职,亦岂肯使覆盆有不照之冤,比屋有

---

① 光绪《重修荆州府志》卷78《杂记志·纪事》。
② 申时行《赐闲堂集》卷35《答李岷山巡抚》。
③④ 《明神宗实录》卷149,万历十二年五月癸卯。
⑤ 《明史》卷223《潘季驯传》。黄宗羲《明文海》卷448,王锡爵《印川潘公墓志铭》。朱彝尊《静志居诗话》卷13,潘季驯条:"印川自嘉靖乙丑受命治河,至万历庚辰工成,着有《宸断大工录》。先后四总河务,晚辑《河防一览》,其大指谓:'通漕于河,则治河即以治漕;会河于淮,则治淮即以治河;合河淮同入于海,则治河淮即以治海。'立意在筑堤束水,借水刷沙,以此奏功。百年以来俱守其指画,可谓能捍大患者。"

不辜之叹哉！仆非为江陵惜，为国体惜耳。"①

有鉴于此，申时行向神宗建议："窃见故臣居正虽以苛刻擅专，自干宪典，然天威有赫，籍没其家，则国典已正，众愤已泄矣。若其八旬老母衣食供给不周，子孙死亡相继，仰窥圣心必有恻然不忍者。"希望皇上从宽发落。神宗迫于大臣压力，降下一旨："张居正大负恩眷，遗祸及亲。伊母垂毙失所，委为可悯，着拨与空宅一所，田地十顷，以资赡养。便马上差人传与张诚等遵旨行。"②申时行此时的心境是复杂的，他在写给湖广巡抚的信中流露了身为内阁首辅介于皇帝与廷臣之间进退两难的忐忑不安心情。他说："惟急令亲族保拘讼系，续食可以延旦夕之命，幸留意攀累之象原由追胁，如此，则事无完朝，全楚骚动矣。"③

但对于抄没张府财产，神宗丝毫不予放松。司礼监太监张诚多年在旁侍候，深知皇上秉性，抄没后立即奏报："抄没故相张居正住宅、坟地、财物及诰命、牌坊等，并分路解进。"神宗特别叮嘱："居正太师等加官已削，原给诰命及特降谕札都追缴。石兽等物，并应拆牌坊，变价解京……隐匿收寄者勘实追并。其侵占府第、王坟等罪，又干碍人员，候勘明辽府事日，并拟奏夺。"④之后他又命有关衙门将抄没张居正在京财产共一百十扛，全部送内府查收⑤。还要张诚把荆州张府财物，迅速押解来京，来不及变卖的，交由当地巡抚巡按官员陆续起解，不许延缓。张诚奏命于十一月将抄没财产一百扛，解回北京，送入内库⑥。神宗还不肯罢休。日前，刑部尚书潘季驯等人曾在奏疏中提及张府饿死多人。对于这一情节，他耿耿于怀，下令张诚查明回奏。张诚是此次抄家的领衔主管官员，当然以大事化小、小事化了为上策，便回奏说：缢死只二人，回避了饿死多少人这一事实。神宗却把这两个数字混为一谈，叫文书官传旨给内阁："张诚本说居正家属缢死止是二人，如何说饿死十余人？着出旨查问。"辅臣申时行只得出面打圆场："臣等前见诸大臣疏内曾有此言，问之则云：出湖

---

① 申时行《赐闲堂集》卷35《答丘月林侍郎》。
② 《明神宗实录》卷149，万历十二年五月癸卯。《万历邸钞》万历十二年甲申卷，六月己酉，给张居正母养赡条。
③ 申时行《赐闲堂集》卷35《答李岷山巡抚》。
④ 《明神宗实录》卷150，万历十二年六月戊午。
⑤ 同上书卷151，万历十二年七月戊子。
⑥ 同上书卷153，万历十二年九月庚子；卷155，万历十二年十一月戊寅、丙戌。

广抚按承差口。彼时大臣欲仰祈圣恩宽宥罪孽,惟知横写其可怜之状,一时轻信,无所逃罪。若加追究,则必提科承差,方可质对。往返旬月之间,大臣俱当待罪,衙门事务未免耽误,伏乞宽宥。"看了申时行的奏疏,神宗知他在回护潘季驯等大臣,余怒未消,仍令严查。事有凑巧,有一个工科给事中杨毓阳出来认罪,说他曾经讲过饿死十余人之事,不知为风闻所误。其实是代人受过。神宗要追查的并不是他,又不能置之不理,便下令剥夺杨毓阳薪俸一年,以示惩戒①。

事情还未了结。江西道御史李植政治嗅觉特灵,在这次事变中表现得很活跃,这时希旨上疏,矛头直指潘季驯,通篇充斥无耻谰言:"故辅居正,挟权阉之重柄,藐皇上于冲龄,残害忠良,荼毒海内,即斩棺断尸尚有余罪。夫何季驯,昔为私党,深衔卵翼之恩;今藉恤旧,甘为跖犬之吠。不曰居正之罪宜诛,而曰损德伤体。奉差籍没诸臣少加推问,季驯又倡言惑众。至谓铜楞铁夹,断肢解体,拷毙数命,饿死十人。询之楚人,以为并无此事。季驯不惟诳皇上于前,而且欺皇上于今日矣。若不速行斥逐,恐以下讪上,以臣议君,相率成风,莫知底止。"②这些话都是顺着皇上旨意而说的,当然正中下怀。神宗抓住时机,责令潘季驯回话,潘季驯只得回话认罪。于是神宗下旨:"潘季驯疏纵罪犯,纵放复拘,怀无君之心,本当重究处治,念系大臣,着革了职为民,其诰命等项,俱着追夺入官。"③就这样,把一个敢于在张府遭祸时挺身保护的正直官僚打了下去。

神宗决定查抄张居正家产以来,一直甚为怀疑"诸大臣党庇"。现在李植弹劾潘季驯"党庇居正"④,深得他的欢心,便下诏吏部,把李植连同先前弹劾有功的江东之、羊可立三人,以"尽忠言事,揭发大奸有功",将他们"不次擢用"。吏部遵旨,擢李植为太仆寺少卿,江东之为光禄寺少卿,羊可立为尚宝司少卿⑤。这三个以整人发迹的政治暴发户骤然成了皇上的红人。

上有所倡导,下必效尤,官场上互相怀疑攻击,一派乌烟瘴气。明末学者

---

① 《明神宗实录》卷151,万历十二年七月己卯。
② 同上书卷151,万历十二年七月己丑。
③ 《万历邸钞》万历十二年甲申卷。
④ 《明史》卷223《潘季驯传》。
⑤ 《明神宗实录》卷151,万历十二年七月庚子。

文秉(字荪符,苏州吴县人大学士文震孟之子)对此有洞察入微的评判:"江陵在位,大小臣工咸以保留献媚为事,直谓朝无人焉可也。迨江陵殁,而后来权势远不相及,于是气节自负者咸欲以建白自见。顾九列大老犹仍向前陋习,群指为跃冶,合喙以攻之,而大臣与小臣水火矣。辛海两中丞挺然独立,南北两院之席俱不暇暖,是大臣与大臣水火矣。又有奔走权门,甘心吠尧者,小臣复与小臣水火矣。"①

翻案风刮到此时,再发展下去,必然是"废辽必复",必然是"居正且戮尸",舆论气势汹汹。果然不出所料,万历十二年八月九日,神宗命文书官宋坤向内阁传旨,要各衙门一起议论有关辽王事宜,并且定下调子:"拟辽复爵,及重治居正罪。"②此事非同小可,一向胆小怕事的申时行也不敢随便附和皇上行事,他向皇上奏明:"居正罪状已着,法无可加。(辽王)觊觎之端修废第于民穷财尽之时,复废国于宗多禄少之日,举朝无一人以为宜者。"把神宗的旨意顶了回去。神宗自知理亏,环顾左右,说了一句话:"内阁言是。"不得不将恢复辽王原爵——替辽王翻案之议搁置起来。但重论居正之罪仍不放过。

都察院等衙门遵旨,呈上了参劾故相张居正的奏章,神宗在上面作了如下批示:"张居正诬蔑亲藩,侵夺王坟府第,钳制言官,蔽塞朕聪。私占废辽地亩,假以丈量,庶希骚动海内。专权乱政,罔上负恩,谋国不忠。本当断棺戮尸,念效劳有年,姑免尽法追论。伊属张居易、张嗣修、张顺、张书都着永戍烟瘴地面,永远充军。你都察院还将居正罪状榜示各省直地方知道。"③

张居正死后竟然遭到神宗如此无情的惩处,是他本人生前始料不及的,也是与神宗当初尊崇备至的态度大相径庭的。帝王视臣子若草芥,可以捧上云霄,也可打入地狱,即使有盖世之功的张居正也概莫能外。时人议论道:"自世庙迄今,居首揆者,大多江陵以前以攻击得之,故去位受惨祸。"④此话有一定的道理,夏言、严嵩、高拱、张居正莫不如此。但他只注意到同僚互相攻击的一面,而忽略了最为关键的皇帝本人态度的变化。张居正以雷厉风行的改革而树敌过多,以威权震主而获罪于皇帝,才是根本原因。

---

① 文秉《定陵注略》卷 2《大臣党比》。
② 《明神宗实录》卷 152,万历十二年八月丙辰。
③ 《万历邸钞》万历十二年甲申卷。《明神宗实录》卷 152,万历十二年八月丙辰。
④ 伍袁萃《林居漫录》(别集)卷 1。

司礼监太监张诚因此次抄家有功,神宗命荫其弟侄一人为锦衣卫百户。以后,张诚继张宏为司礼监掌印太监,并兼掌东厂及内官监,权势可与冯保相比拟。在很多方面也与冯保相似,喜爱读书,规谏神宗每每引经据典,或暗地讥骂,无所顾忌①。

张居正的政治生涯,居然与宦官相始终,虽然纯属偶然巧合,但也透露了那种制度的必然性。他夺得内阁首辅之位,得力于司礼监太监冯保,海内共知。他受宠于皇帝、太后,恩礼无以复加,都假手于太监。他的居丧、夺情、治丧、归葬,无不有太监参与。到他病故,皇上又派司礼监太监陈政护丧归乡。无怪乎当时人要感慨系之:"一切殊典,皆出中贵人手。而最后被弹,以至籍没,亦以属司礼张诚。岂所谓君以此始,必以此终乎!"②

神宗在平反冤狱的同时,亲手制造了一桩更大的冤案,留给他的子孙们去平反,多么具有讽刺意味!天启二年(1622年)熹宗给张居正恢复原官,给予祭葬礼仪,张府房产没有变卖的一并发还。崇祯三年(1630年),思宗又给还张居正后人官荫与诰命。时人评论道:当大明王朝行将崩溃之时,皇上"抚髀思江陵,而后知得庸相百不若得救时相一也"③。人们感慨于此,在江陵张居正故宅题诗抒怀,有两句云:"恩怨尽时方论定,封疆危日见才难。"④此堪称史诗,也是张居正身后功过是非的真实写照。因此,《太师张文忠公行实》对张居正的评价还不算过誉:"太师处性淡泊,遇事有执持,外壮而内平,无所矫饰,事求当诸理,不拘文牵俗。居常慕子房、邺侯之为人,贵在实造,不为文言虚辞。自登仕籍,伉厉守高,不植党与,暨入政府,调剂宇内,遂杜绝私门,戒阍者无敢通一刺为人造请。已,诸公咸亮其特介,不为私谒,门外寝不见长者车……太师湛静沉默,声色不露,以身系天下轻重者若而年,虽操心坚正,风节凛凛……"⑤

以历史学家冷静客观的眼光看来,张居正辅佐小皇帝,为革除积弊,创建新政,而呕心沥血,鞠躬尽瘁,其功绩是不可抹杀的。《明神宗实录》的纂修官给张居正的"盖棺论定",写得还算平直公允,较少意气用事的成分。一方面确

---

① 刘若愚《酌中志》卷5《三朝典礼之臣纪略》。
② 沈德符《万历野获编》卷9《江陵始终宦官》。
③ 林潞《张江陵论》,见《重修荆州府志》卷29《杂记志·纪文》。
④ 《重修荆州府志》卷79《杂记志·纪文》。
⑤ 张居正《新刻张太岳先生文集》卷47《太师张文忠公行实》。

认张居正"沉深机警,多智数……受顾命于主少国疑之际,遂去首辅,手揽大政。劝上力守祖宗法度,上亦悉心听纳。十年海内肃清,四夷詟服,太仓粟可支数年,同寺积金至四百余万。成君德,抑近幸,严考成,综名实,清邮传,核地亩,询经济之才也",真是功不可没。另一方面,张居正也有过失,尽管过不掩功,但也足以使他陷入无法摆脱的困境:"偏衷多忌,小器易盈,钳制言官,倚信佞幸。方其怙宠夺情时,本根已断矣。威权震主,祸萌骖乘。何怪乎身死未几,而戮辱随之。识者谓:居正功在社稷,过在身家"①,对张居正作了一个恰如其分的评价。历任礼部尚书、东阁大学士的于慎行面对这一变故,不无感慨地说:"万历初年,江陵用事,与冯珰相倚,共操大权。于君德挟持,不为无益。惟凭借太后,携持人主,束缚钤制,不得伸缩。主上圣明,虽在冲龄,心已默忌。故祸机一发不可收。世徒以江陵摧抑言官操切政体为致祸之端,以夺请起复、二子及第为得罪之本,固皆有之,而非其所以败也。江陵之所以败,惟操弄之权,钤制太过耳。"②其中分析得不落俗套,入木三分,与《明实录》所谓"威权震主,祸萌骖乘"可以互相参证。正如海瑞所说:"居正工于谋国,拙于谋身。"③

### 六、申时行辅政时期

万历十一年(1583年)四月初五日,内阁首辅张四维接到父亲病逝的讣闻,向皇帝提出丁忧归葬的请求。这次,明神宗不再"夺情",一则自己已经亲政,再则张四维毕竟不是张居正,并非须臾不可或缺。张四维在张居正死后一年中主持内阁政务,一改先前张居正的"操切烦苛",推行所谓"宽大之政",深得明神宗的欢心。据《国朝内阁名臣事略》说:"异时江陵(按:指张居正)私人遣斥殆尽,公(按:指张四维)请诏台省举骨鲠端亮之臣,或起自岩穴,或拔自下僚,期月间耆贤在列,朝廷改观焉。公一秉政,而涤烦苛,锄荒秽,拔根株窟穴之奸于主上之侧,其沉谋秘画,有人所不及知者。然公口不言功,而言者或攘

---

① 《明神宗实录》卷125,万历十年六月丙午。
② 于慎行《谷山笔麈》卷4相鉴。
③ 谈迁《国榷》卷71,万历十年六月丙午。

以为功,公亦不自明也。盖自是上益重公,一日,上视朝,公立金台侧,眩晕欲仆,上曰:'张先生不耐早寒',命中使扶送至阁。从驾阅寿宫(按:指预建之陵墓),陟峻岭,上顾近侍曰:'可令二人掖张先生。'其优眷如此。亡何,以父丧归,赐赙襚特厚,公辞上于文华殿,劝上以法祖孝亲、讲学勤政、清心寡欲、惜财爱民、保终如始,因泣下。上为之动容,慰劳甚至。"①

张四维丁忧归里后,申时行与余有丁、许国在内阁主持政务,在矫枉过正的同时冀存大体,不想引起更大震动。但言官们仍龂龂不已,唯恐天下不乱。吏部尚书杨巍奋起坦言:此辈言官是想在口语文字之间起大狱。言官们于是哗然诋毁杨巍是佞阿吴门(按:指申时行),竞请罢斥。申时行、杨巍只得避位,许国奋然与申、杨保持同步,内阁只剩下余有丁一人。余有丁上疏向皇上指出:"申某、许某皆名贤倾德,臣不及远甚,二臣即去,宜先罢臣。且言官以发奸为职,大臣以国体为重,与其失奸,毋宁重国。"明神宗感悟,下手札慰谕二辅臣,杨巍也复位②。

张四维丁忧归葬,正好发生籍没张居正家产、重定张居正罪状的大事件,他避开了难堪的处境。一直到万历十三年十月病故于家乡,这两年多张四维再未过问朝政。一切的矛盾都落到了申时行的身上。先前申时行以吏部左侍郎兼东阁大学士入参机务时,张居正大权独揽,同官画诺而已,他虽委蛇其间,但也时有补救,以"平居如对君父,梦寐毋忘国家"为座右铭。张四维出任内阁首辅时,对次辅申时行说:"人言今良莠之余要在芟刈。"申时行说:"吾以为肃杀之后应有阳春。"此时适逢皇长子出生,申时行对张四维说:"宜乘此施惠。"于是在"大庆"诏书中颁布了一系列"宽大之政",如省烦扰、缓征徭、守成宪、举遗逸、恤灾荒、酌驰传、停丈量、平刑狱、禁科罚、罢工作等,人情大悦③。

张居正遭到严厉批判后,朝廷内外的政治风气大变,一些人高唱君权不可旁落,辅臣不可僭越,当年因反对张居正"夺情"而遭到惩处如今重新起用的官员们尤其如此。吴中行便是一个代表,他在万历十二年的一份奏疏中就再三强调这种观点,力图形成一种舆论导向,他说:"臣闻惟辟作威,惟辟作福,盖言

---

① 吴伯与《国朝内阁名臣事略》卷13《张文毅传略》。
② 徐象梅《两浙名贤录》卷14《户部尚书建极殿大学士余仲丙有丁》。
③ 吴伯与《国朝内阁名臣事略》卷13《申文定状略》。

君权不可一日移也。又闻之忠臣不私,私臣不忠,盖言臣义不容一念杂也。今皇上乾纲高照,励精图理,百僚奉职,四海响风,真千载一时矣!而犹有弊习相沿,举国莫知其非者一二事。臣谓:借留贤之名而保辅臣,此谄谀之极也,甚可耻也。臣谓:皆去谗之名而参言官,此壅蔽之渐也,不可长也……辅臣者股肱也,惕厉有年,其人之邪正,岂能逃圣鉴哉!或因事乞归,或被言投劾,亘去亘留,听之朝廷耳。何迩年以来每遇辅臣辞位,必群然起而留之,颂功赞德,累牍联章,此其心何心哉?"①显然他对于继续留用张居正的同僚如申时行等人,是很不满意的,一如当年弹劾张居正那样,他的言辞依然激烈,而且早已作好罢官的准备,写了"乞休疏",说:"今大臣持衡当舍旧图新,化枉为直之日也,而顷之搜摘似过疑虑未安,因视臣等二三人者初为故相(按:指张居正)之仇,或作同舟之敌,市虎可揣。"②但是皇帝没有同意他"乞休"。在这种形势下,申时行的处境是可想而知的。

因此申时行出任内阁首辅之后,张居正的前车之鉴令他心有余悸,更加小心谨慎,一方面推行宽大之政,另一方面事事务承帝意,使明神宗的权力欲得到充分的满足,以减轻压力。然而申时行并非无所事事,明神宗也需要他的辅助,当削籍御史张文熙上疏指责阁臣专政事,明神宗立即反驳:"朕于事难于尽知,常访内阁,若内阁诸事不闻,设此官何用?"申时行也申辩:"阁臣不职即罢斥可耳,何得并其职任尽削之乎?言者徒见前人之弊习,欲防后人之将来,不知专擅在人不在法,择人以守法则可,因人而废法则不可。"③

万历十二年三月,御史丁此吕上疏,抓住张居正之子张嗣修科考之事,牵连当时的主考官、现在的内阁辅臣申时行、余有丁、许国有阿谀奉承的嫌疑;应天主试高启愚的试题"舜亦以命禹",是张居正的"逆萌"云云。申时行等当即上疏声辩:"乡会场中,内帘所看系是誊过朱卷,止有字号而无姓名,又无笔迹,难容私意。"吏部尚书杨巍题复说:"'舜亦以命禹',谓古帝王相传之道,不外乎尧既以此命舜,舜亦以此命禹耳。若谓禅继之事不知出何注疏?"显然,丁此吕的发难过于牵强附会,明神宗下旨:"言官论列,须审雅正,据实秉公,岂可逞臆

---

① 吴中行《赐余堂集》卷1《正朝廷疏》(万历十二年四月十二日)。
② 同上书卷1《乞休一疏》(万历十二年四月二十日)。
③ 吴伯与《国朝内阁名臣事略》卷13《申文定状略》。

造言,诬善乱政!丁此吕姑着调外任用。再有这等的,你部查照前旨,不时议处,以清言路。"①然而言官们不肯罢休,继续对执政者发动攻势。给事中王士性上疏弹劾吏部尚书杨巍"阿媚阁臣,谪降言官,阻塞言路";御史江东之、李植也相继上疏附和。明神宗命文书房内官李陵拿了以上三份奏疏来到内阁,口传圣旨:"元辅拟与温旨,高启愚冠带闲住,丁此吕着留用。"许国立即上疏指出:"留用(丁)此吕无以安首辅及(杨)巍之心。"次日又上疏说:"近日一等浮薄轻进好言喜事之人,诬上行私,公卿大臣动见掣肘,乞降温旨挽留(申)时行、(杨)巍,以全大臣之体,调用(丁)此吕,以安大臣之心。"明神宗这才下了一道态度明朗的圣旨:"元辅忠诚敬慎,朕依毗方切,这浮言不必介意,宜尽心佐理,以副眷怀。(杨)巍老成持正,如何说他'阿媚',着安心供职。你们言官论人须要分别邪正,岂可一概论斥!高启愚着革了职为民。"申时行、许国、杨巍各自上疏乞求罢官,皇帝不允。这下事情闹大了,户部尚书王遴,刑部尚书潘季驯,工部尚书杨北,左都御史赵锦,吏部侍郎沈鲤、陆光祖,工部侍郎何起鸣、褚铁,左副都御史石星,大理寺卿温纯,吏科都给事中齐世臣等纷纷上疏,为申时行等辩护,极言申时行等三臣之不可去。其中潘季驯的言辞最为激烈,痛斥言官"邪议蜂起,国是大摇",坦言"如(申)时行之翼翼忠勤,杨巍之侃侃正直,乃目之为邪媚,是非紊乱,忠佞混淆"②。双方剑拔弩张,刑部主事张正鹄反驳王遴等的挽留疏,言辞颇为尖刻:"我祖宗特严奸党之禁,二百年来并无大臣纷纷保留宰辅之事。"南京礼部郎中汪应蛟指责杨巍论劾丁此吕使之摈调外任;御史江东之等攻击杨巍"邪媚阿附";陆光祖等"排击言官";御史李廷彦斥责陆光祖"喜谄佞斥忠良"③。

万历十三年四月十七日④,神宗因天旱不雨,由文武百官陪同,步行出大明门,来到南郊,进行祈祷。礼拜后,他召见辅臣及九卿,说:"天时亢旱,虽由朕不德,亦因天下有司贪赃坏法,剥害小民,不肯爱养百姓,以致上干天和,今后还着该部慎加选用。"申时行回奏:"皇上为民祈祷,不惮勤劳,一念精诚,天心必然感格。其屡祷未应,皆臣等奉职无状所致。今天下有司官果然不能仰体皇上德意,着实奉行。臣等当即与该部商量申饬。"神宗说:"还着都察院行文

---

①②③ 文秉《定陵注略》卷2《大臣党比》,万历十二年三月。
④ 申时行《召对录》误作万历十三年五月十九日,今据《明实录》改正。

与他每知道,务令着实奉行,毋事虚文。"申时行说:"今后如有不着实奉行,虚文塞责者,容臣等请皇上重法惩治。"神宗说:"先生每说的是。"①

皇帝前往郊坛祈雨,在当时具有极浓烈的政治色彩,尤其是神宗责备百官失职,"上干天和",被一些机灵的言官抓住,乘机大做文章。李植之流近来劣迹昭彰,引起人们不满,浙江道监察御史蔡系周借皇上祈天求雨之机,上疏弹劾太仆寺少卿李植。他说:"古者朝有权臣,狱有冤囚,则旱。(李)植数为人言:'至尊呼我为儿,每观没入宝玩,则喜我。'其无忌惮如此。陛下欲雪杠,而刑部尚书(潘季驯)之杠先不得雪。今日之旱,实由于植。"②江西道御史孙愈贤等人也交章纠弹李植。江东之、羊可立与李植之流同气相求同声相应,见同党遭到攻击,立即上疏反击,力图把水搅浑,把蔡系周、孙愈贤等人一律划为"怀冯保、张居正私恩"的"奸党"③。

奏疏由皇帝那里转送到内阁,申时行看到羊可立疏中说"一时奸党怀冯保、张居正私恩者,造为无影之言"云云,特别气愤,立即奏告皇上:"(孙)愈贤等疏尚未处分,(羊)可立何由争之?且问可立:奸党为谁,有何实迹?"神宗是偏袒羊可立、江东之、李植等人的,但见申时行如此光火,只得充当和事老。不过,第二天他确实给都察院发了一个手札:"谏官务存国家大体,何得以私灭公,挑激争端,淆乱国是。自今各修尔职,不许琐词渎扰。敢有仍前不悛,重治无贷。"这是在谴责蔡系周、孙愈贤,也是在督责都察院加紧对御史们的管束。与此同时,他又在羊可立的奏疏上批示:"冯保、张居正事出朕独断,久已处分,谁敢怀私报复,自干宪典!以后不许借言奸党,攻讦争辩,违者罪之。"④表面上是批评羊可立等人,实际上是借此回避人们对李植等的追究。

事情趋于复杂化。几天后,京城盛传一份匿名揭帖,假借孙愈贤、蔡系周二御史之名义,说大学士许国图谋攻倒李植等人,授意于二御史,让他们出面纠弹。对于这种刻印揭帖搅乱视听的匿名者,刑科给事中刘尚志(字行甫,号景孟,安庆怀宁人)上疏予以抨击。他认为这一事件与去年涂改吏部尚书杨巍

---

① 申时行《召对录》(《四库全书存目丛书》史部第 49 册)。《明神宗实录》卷 160,万历十三年四月戊午。
② 《明史》卷 236《李植传》。《明神宗实录》卷 160,万历十三年四月戊辰。
③ 《明神宗实录》卷 160,万历十三年四月戊辰。
④ 同上书卷 162,万历十三年六月丁卯。

的春帖,今年又在礼部尚书沈鲤门上张贴传单等事,阴谋如出一手。字里行间流露出对李植、江东之、羊可立的怀疑,因而锋芒一转,直言不讳地写道:"乃有一辈言事之臣,妆缀旧闻。不曰交冯保,则曰不终丧;不曰杖言官,则曰毁书院。诸如丈田、铸钱、捕盗、多杀之类,鼓己如簧之舌,而刺刺不休……岂欲将万历十年以前,凡(与)居正共事之臣皆谓之党,尽行罢斥而后已乎!"①一语道出了近年来政治斗争中一种值得注意的倾向:企图把万历十年以前与张居正共事的官员全部赶下台。这种倾向由李植之流反映出来,却迎合了神宗的意图。因此他在批阅这一奏疏时,对于匿名揭帖,下令东厂、锦衣卫、五城兵马司严密缉拿,至于后面所讲的那种倾向,含糊其辞地说:"章疏就事直陈,不得撼拾旧事,烦言渎扰。"②

由李植的事牵涉到前刑部尚书潘季驯,因为后者是遭到诬陷而罢官的。于是御史董子行上疏为潘季驯申辩。他说,李植论劾潘季驯不过二罪:所谓冯邦宁之狱为无君之罪,此是大罪,并非真罪;所谓轻信人言张居正家死十数人,此虽小罪,却是真罪。"罪非真而显斥之,罪非大而重法之,陛下必有不忍于心者矣"。话说得很直率,要皇上回答众目睽睽的难题,勇气可谓不小。紧接着御史李栋上疏称颂潘季驯治理河道有功,"两河之岸屹如长城,咸曰此潘尚书功也"。神宗岂肯承认处分潘季驯有错,看了两本奏章后,下令将此二人剥夺俸禄一年,以示惩戒③。丝毫不肯在李植的事情上松口。

转机终于被机敏的申时行抓住了。

神宗为了营建自己的寿宫(即死后的陵墓),由前任礼部尚书徐学谟(字叔明,一字子言,号大室山人,苏州嘉定人)选择大峪山吉壤,申时行赞成其事。万历十三年八月初一日,神宗决定在大峪山营建寿宫,派申时行前往视察。不料,太仆寺少卿李植、光禄寺少卿江东之、尚宝司少卿羊可立三人借题发挥,无事生非,上疏说大峪山并非吉壤,由于申时行与徐学谟关系密切,便同意徐学谟的选择云云,企图一举攻倒申时行。

申时行心中明白,这是皇上钦定的吉壤,他决定抓住此事,把这三个人的嚣张气焰压下去,便上疏向皇上辩解。神宗自知此事与申时行毫不相干,气愤

---

① ② 《明神宗实录》卷162,万历十三年六月丁卯。
③ 同上书卷163,万历十三年七月甲戌。

地严词斥责李植等三人:"阁臣职在佐理,岂责以堪舆使(风水先生)耶!"下令将李植等三人夺俸半年。又命太监传谕内阁,安慰申时行:"大峪(山)佳美毓秀,出朕钦定。又奉两宫圣母阅视,原无与卿事。李植等亦在扈行,初无卜言。今吉舆方兴,辄敢狂肆诬构!朕志已定,不必另择,卿其安心辅理。"①

李植等人借寿宫之议攻击申时行是有预谋的,几天后,这一事件终于真相大白。他们企图借口寿宫选址不妥攻倒内阁首辅申时行,预谋另推次辅王锡爵继任,并荐引通晓堪舆的刑部侍郎张岳(字汝宗,号龙峰,浙江余姚人)、太常寺卿何源(字仲深,号心泉,江西广昌人)入阁。这种政治阴谋难登大雅之堂,理所当然遭到王、张、何三人的拒绝,纷纷上疏明志。

王锡爵的《因事抗言求去疏》写得尤为真切感人。他因遭小人利用而引咎自责,以为当辞官而去,理由有三:"大臣不能帅群臣,当去;师不能训子,当去;老成而为恶少年所推,亦当去。"他对当前政坛的不良风气给予痛斥:"诸臣近乃创为一种风尚,以为普天之下除却建言之臣,别无人品;建言之中除却搜刮张冯旧事,别无同志……臣尝私譬张居正之门客,如群倡之倚市,劳来送往,取适一时耳。今冰山既泮,黄犬成空,士有怵轮渍酒不忘死生之交者鲜矣。况本非(王)安石,谁为章、蔡?""今大学士申时行泊然处中,唾面不拭,以强陪诸臣之频笑,不过为重国体、惜人才耳。乃诸臣见其弱,则愈以为不足畏而凌之;受其容,则愈以为縻我而疑之;被言,则以为嗾人攻之;求去而票允,则以为逐之;票留,则以为苦之;或票虽留而旨欠温,则以为阳顺上意而阴忌之。喘息纵横,千荆万棘,令人无路可趋,无门可解。皇上试观典籍,自古及今岂有人臣操天子之权,小臣制大臣之命,至此极而朝不乱国是不淆者乎!"②王锡爵不因为李植等人是自己门生而与之相呼应,也不因为与张居正有宿怨而大张挞伐,取中时行而代之,大义凛然谴责那批"建言之臣",令李植、江东之、羊可立辈无地自容。对此三人,神宗虽有所切责,却始终不肯罢斥,看了王锡爵的奏疏,才改变主意。这时,御史韩国桢(字柱甫,号洙泉,苏州长洲人)、给事中陈与郊(字广野,号玉阳仙史,浙江海宁人)等言官,也纷纷上疏论劾李植之流的无耻行径,

---

① 《明神宗实录》卷164,万历十三年八月己亥。申时行《赐闲堂集》卷40《杂记》。
② 吴伯与《国朝内阁名臣事略》卷15《王文肃公状略》。《明神宗实录》卷164,万历十三年八月己酉。

于是神宗批示：李、江、羊三人各降三级。吏部遵旨奏复：李植降为户部员外郎，江东之降为兵部员外郎，羊可立降为大理寺评事①。

多年后，申时行回忆起这件往事，仍然对皇上的"英断"念念不忘。他说："初，上幸天寿山展谒诸陵……乃命礼部选举谙地理者与钦天监官协同相择，乃推南京刑部尚书陈道基、通政司参议梁子琦、听补佥事胡宥与监官张邦垣、杨汝常偕往。子琦刚愎自用，与众议不合，乃独献吉地八处，俟上临阅。地在断崖深谷……上意不怿，并报罢，而定形龙、大峪两山，命定国公文璧、辅臣时行及司礼监太监张宏率相择官复阅。时道贯、宥已辞去，独子琦在，礼部谓其好胜喜争，前所奏地皆报罢，不列其名。子琦怒，遂疏论尚书徐学谟，而语侵余。上恶之，勒令闲住。及驾再阅，定于大峪山，敕工部择日兴工。时御史李植、江东之与子琦厚善，欲因事起衅，乃与御史羊可立共疏，言大峪山非吉壤，并劾监官张邦垣等欺罔，而遍行金钱赂上所亲信小竖——当时号为'十俊'者，数以蜚语动上。时銮舆已四出，供费浩繁，而将作之费已巨万，九卿皆有忧色，各具疏请上独断。上乃召辅臣时行等入见于感恩殿东室，命降植等三级。植等前以论籍江陵升太仆、光禄、尚宝各少卿，至是复授员外郎、主事。而寿宫之议息矣。余始被命阅视，第以首臣在行，原未习形家之说，而阁臣职业从来未有以相地为轻重者，诸臣别有拥戴，欲击去余与新安（许国）等，而上英断终不为所荧惑也。"②

就这样，李植、江东之、羊可立不但降了三级，而且还从京师谪调外地。李植贬为绥德知州，不久引疾归乡。江东之贬为霍州知州，不久也以病免职。羊可立贬为山东佥事③。这三个人以打击别人抬高自己为能事，曾不可一世，红了三年以后黯然消失，颇为士论所哂笑。

神宗在申时行的辅佐下，逐渐显露励精图治的英才之气。

在用人方面，他强调实绩而不拘资格。万历十一年（1583年）九月，吏部推升宣大总督郑洛为协理京营戎政，四川巡抚孙光裕为南京大理寺卿。郑洛，字禹秀，保定安肃人，万历二年在山西巡抚任上，万历七年在宣大总督任上，对于

---

① 《明神宗实录》卷164，万历十三年八月己酉。
② 申时行《赐闲堂集》卷40《杂记》。
③ 《明史》卷236《李植传》；卷236《江东之传》。

督责俺答贡市,确保边境安宁,运筹有方①。兵部以为应予提升。至于孙光裕,则因为担任巡抚多年,按资历应予升迁。

兵部的奏疏呈进后,神宗不以为然,便招来申时行,谈了他对这次人事调动的看法。他说:"(郑)洛在边镇,节省钱粮,是好官,边上该用他。如推他京营,放在闲散。孙光裕在任未久,如何又推升?"申时行答:"(郑)洛在边九年,劳绩已久。(孙)光裕先任应天巡抚三年,今任四川(巡抚)又一年,资俸应及。"神宗说:"既卿等所奏,朕已点用。今后但凡各处要紧事情重大的,不必以资格历俸为则,必须推其堪任用的。"②在这里,神宗明确表示,这次既已决定,下不为例。今后提升官员,不必拘泥于资历,而应看其能力是否堪任。以后洮河用兵,神宗下诏把郑洛调为陕西甘肃山西经略③,发挥其筹边安邦的才能,再次体现人尽其才的精神。

万历十三年五月十九日,神宗在按例视朝之后,在平台召见内阁辅臣议论朝政,重点仍在用人问题上。神宗把一份奏章递给申时行,说:"此陕西巡按御史董子行疏也。"申时行一边披览一边说:"臣昨日见董御史揭,能知其略。其一说抚镇官当亲自巡历地方,其二说巡抚当久责成,其三……"申时行正在查找文句时,神宗插话予以补正:"是说方面官也。"申时行接着说:"是。沿边兵备宜加优异。其四言沿边同知、通判等官宜慎选用、破格、迁除。言亦多切。"神宗说:"不然。边事重大,抚镇不亲历地方,专委小官,岂不误事!"申时行说:"诚如圣鉴,边事全赖抚镇,若每年巡历地方,下人不敢欺,自能尽心料理。巡抚迁转,昨蒙皇上以方弘静任浅,不准推升,臣等深服圣断。久任法行,不惟人才得以展布而百姓亦得相安。"神宗说:"然。即有年久者,宁加俸加衔,不可轻易更动。此疏先生将去看来,今日政事再与先生商之。"④

据《明实录》的编者说,这次平台召见辅臣,是孝宗以后的第一次⑤。其实,万历七年神宗曾于平台召见张居正,不过当时只是寒暄,并未议论朝政。神宗在平台召见辅臣,议论朝政,这确乎是第一次。神宗居然把停止了近百年的"辅臣召对之典"予以恢复,足见他励精图治欲望的强烈。

---

①③ 《明史》卷222《郑洛传》。
② 《明神宗实录》卷141,万历十一年九月乙巳。
④⑤ 《明神宗实录》卷161,万历十三年五月己丑。朱国祯《皇明大事记》卷39《神宗》。

这期间,神宗委派徐贞明开发京畿附近水田,颇值得注意①。

徐贞明,字孺东,江西贵溪人。隆庆五年(1571年)进士,万历三年(1575年)他由浙江山阴知县调任工科给事中时,曾上疏条陈水利。他指出,神京雄踞上游,兵食宜取之于附近,今皆仰食东南,军船夫役之费浩大,常以数石致一石。京师附近诸府,有支河、涧泉的地方,都可以灌溉成水田。如果仿效南方农夫指导耕艺,那么北起辽海,南滨青齐,都成良田。神宗看了这一奏疏,把它转给有关部门研究。工部尚书郭朝宾(字尚甫,号黄涯,山东汶上人)借口"水田劳民,请俟异日",事情便被束之高阁②。但徐贞明并不灰心,在贬官为南直隶太平府知事后,把他的上述主张系统化,写成《潞水客谈》一书。巡关御史苏瓒、湖广道监察御史徐待极力推崇其说可行,工科都给事中王敬民还特地上疏向皇帝推荐。以"西北水利议"为核心的《潞水客谈》的主要内容可以概括为以下五点:(1)京畿的物质基础是依存于从江南运来的漕粮四百万石,这种经济结构导致南方与北方之间赋役负担的格差应予消解;(2)开掘沟洫,分流河道,克服当地的水患;(3)强化北方防备体制的人力基础与物质基础;(4)恢复以农本思想为基础的地域社会的秩序;(5)增加王府庄田自身的产量,从而削减朝廷宗禄的开支。

他特别强调要改变南粮北调体制,其主要手段就是在京畿周边地区增加粮食的生产量,逐步削减从江南运来的漕粮数量。为此,必须开发京畿的水利与田土。具体而言,"畿辅诸郡皆可行也,盍先之于京东永平之地;京东永平之地皆可行也,盍先之于近山濒海之地";"京东辅郡,而蓟又重镇,固股肱神京,缓急所必须者,矧今地负山控海,负山则泉深而土泽,控海则湖淤而壤沃"。为了开发京东永平地区,必须开发滦河、潮河、滹沱河、桑乾河、卫河等流域的水利③。

万历十三年神宗把徐贞明提拔为尚宝司卿,特赐敕令,前往京师附近州县,与地方官勘议落实京畿水田开发事宜。徐贞明在京东州县踏勘之后,提出了实施方案,得到户部尚书毕锵(字廷鸣,号松坡,池州石埭人)的支持。于是,

---

① 《明神宗实录》卷165,万历十三年九月戊子。
② 同上书卷44,万历三年十一月己酉。《明史》卷223《徐贞明传》。
③ 参看田口宏二朗《关于明末畿辅地域的水利开发事业——徐贞明和滹沱河工》,载《史学杂志》第106编第6号。

神宗任命徐贞明兼监察御史领垦田使,地方官阻挠者可随时劾治。到次年二月,已开垦水田三万九千余亩。由于太监勋戚们唯恐"水田兴而己失其利",纷纷在神宗面前散布流言蜚语①。神宗疑惑不决,在万历十四年三月初六日视朝完毕,特地在暖阁召见内阁辅臣申时行等商议此事。他说:"近开水田,人情甚称不便,不宜强行。"申时行附和说:"前者科道官纷纷建议,谓京东地方田地荒芜,废弃可惜,相应开垦。京南常有水患,每年大水至时淹没民田数多,相应疏通,故有此举。昨御史既言滹沱河难治,宜且暂停。若开垦荒田,则蓟州等处开成已五六万亩,不宜遽罢。"神宗说:"南方地下,北方地高,南地湿润,北地碱燥,且如去岁天旱,井泉干竭,水田如何可做?"申时行只得随声附和说:"臣等愚意亦只欲开垦荒田,不欲尽开水田。"②京畿水田开发的尝试因此中途停罢,未免令人有点遗憾。

二十多年后,赋闲在家的申时行,对于在京东推广水田一事耿耿于怀,他回忆道:"京东诸州县多卑洼沮洳弥望,或云可开水田如江南耕耨法,岁收自倍,而徐尚宝贞明特主其说,具在《潞水客谈》。余深是之,乃请旨下近京郡县酌量修举,以尚宝兼宪职董其事。尚宝从河间经始,工费无所出,至令人募化筑堤捍水,颇有绪。乃之蓟州招南兵之习农者,使画地耕作,仍给之饷,一时农兵大集,垦田以亿计,亩收一锺。抚臣及司道方次第开报,而北人官京师者倡言水田既成,则必仿江南起税,是嫁祸也,乃从中挠之。御史王之栋疏请罢役,而中官在上左右者多北人,争言水田之不便,上意亦动。会朝毕,召余及同官于皇极门,面谕以水田当罢。余对言:'高田宜黍麦,下田宜粳稻,今民间游惰,下田皆弃不耕,荒芜寖多,故议开垦,非欲尽废已熟之田地。'上云:'荒田可开,水田不可做。'余退而极陈利便,而上意竟不可回,遂切责尚宝以为扰民,而初议尽格矣。彼中开垦已成,收获甚富,一闻诏下,尽拆毁堤岸,斥为闲田,垂成之功废于一旦,良可惜也。余归已二十年,而乡人自北来者云:京东稻田颇广,白粲辄输京师供上用,其值减于往时。盖农兵留彼中,自行开垦,不关有司,而人亦无挠之者。"③由此可见徐贞明关于京东水田开发的设想是有先见之明的,

---

① 《明史》卷223《徐贞明传》。《明神宗实录》卷172,万历十四年三月癸卯。
② 《明神宗实录》卷172,万历十四年三月辛丑。
③ 申时行《赐闲堂集》卷40《杂记》。

神宗惑于北方籍官员的反对而改变初衷,十分可惜。

神宗亲政后的独断专行,关于京东水田不过小事一桩。更大的问题是,名义上要内阁拟票,实际上常常推翻重拟,万历十五年(1587年)三月关于顾宪成、王德新二人的处置便是一个突出事例。

这年三月十三日,神宗患病初愈,多日未视朝,便把内阁辅臣召到皇极门暖阁议事。一见面,神宗便说:"朕偶有微疾,不得出朝,先生每挂心。"不等申时行等叩头致谢完毕,就从袖中拿出两份奏疏,交给申时行①。

申时行一看,原来是前两天吏部员外郎顾宪成(字叔时,号泾阳,常州无锡人)、刑部主事王德新(字应明,江西安福人)的奏疏。顾宪成在奏疏中,就科道官高维崧等四人参劾工部尚书何起鸣,而遭谴谪之事,希望皇上无论对于大臣、小臣、近臣、远臣,皆视为一体。言外颇有谴责阁臣之意。万历十五年是丁亥年,适逢京察(京官考察),官场俗称丁亥大计。身为吏部官员的顾宪成上疏调和对立两派大臣的纷争,强调"各务自反"②。王德新在奏疏中说,高维崧不宜谪降,何起鸣结纳左右,以簧鼓清甘,斧钺不避,事非出于皇上宸断③。

神宗虽然身体初安,肝火却很旺,要内阁拟票,重处顾、王二臣。申时行等以为不当重处,只拟罚俸。神宗一听肝火又旺了,说:"如今用人,哪一个不是朕主张,二主事肆言,却说不是朕独断,好生狂妄!"申时行见皇上动火,忙附和说:"皇上天纵聪明,乾纲独运,即今朝廷政事,各衙门章奏,无一件不经御览,无一事不出圣裁。司属小臣不知妄言,原无损于皇上圣德。"

神宗怒气未消:"臣下事君上,也有个道理。他每把朕全不在意。朕非幼冲之时,如何说左右簧鼓!先生每拟的太轻,还改票来!"申时行劝慰道:"二臣狂妄,罪实难逭。但臣等仰见皇上明并日月,量同天地,区区小臣不足以亵雷霆之威。即谕拟及臣等,宁使臣等受诬谤,不必轻动圣怒。"神宗说:"先生每是朕股肱,与别的不同,须要为朕任怨。若只要外边好看,难为君上。"申时行说:"臣等受皇上厚恩,虽犬马无知,也当图报,敢不任怨。"神宗说:"他每说话,必有主使之人,着追究出来。"申时行赶忙解释:"建言的也有几样,有忠实的人,

---

① 申时行《召对录》。
② 顾宪成《泾皋藏稿》卷1《睹事激衷恭陈第一切务恳切圣明特赐省纳以端政本以回人心事疏》。
③ 《明神宗实录》卷184,万历十五年三月壬寅。文秉《定陵注略》卷2《大臣党比》。《明史》卷231《顾宪成传》;卷220《辛自修传》。

出自己见,不知忌讳者。有愚昧的人,不谙事体,道听途说者,未必出于主使……"神宗打断申时行的话,反驳道:"还是沽名卖直的多。若不重处,不肯休歇。前有旨各衙门戒谕司属,通不准依,也问他!"申时行还想申辩,神宗突然打住话头,吩咐道:"先生每便将去改票来!"申时行等只得叩头告退①。

回到内阁,申时行立即遵旨改票,并呈上奏疏稍加说明:顾、王二臣虽同为司属官,同样属于越位上疏,但词旨各异,王德新所谓"事非宸断",情出揣摩;顾宪成但逞浮词,意尚和缓。处理时,似当稍有分别②。神宗仍不满意,自己动笔写了处理意见:关于顾宪成,因"党护高维嵩等,肆言沽名,好生浮躁,着降三级调外任用。前有特谕各部司属欲陈所见的,都禀呈堂官定议具奏。顾宪成曾否呈禀堂上官,也着回将话来";关于王德新,"朕亲览章奏,何事不由独断!近日独用何起鸣,言官们挟私攻击,故降罚示惩。如何说是左右簧鼓?王德新这厮妄言揣疑,肆口非议,视朕为何如主?好生狂恣。这必有造言主使之人,着锦衣卫拿送镇抚司追究明白了来说"。镇抚司把王德新究问以后,查不出主使之人,神宗只得降旨:"王德新这厮既知国家事体悉由独断,何又捏词疑谤,好生欺肆反复,既无主使之人,姑不再究,着革了职为民当差。"③

后人在评述此事时,曾提及顾宪成万历十四年(1586年)秋入京补官的当口,专程去拜谒同乡王锡爵。王锡爵关切地问:"公家居久,知都下近来有一异事乎?"顾宪成当然不知,便请教他:"愿闻之。"王锡爵妙趣横生:"庙堂所是,外人必以为非;庙堂所非,外人必以为是。不亦异乎?"顾宪成的应对更加妙不可言:"又有一异事,外人所是,庙堂必以为非;外人所非,庙堂必以为是。"王锡爵听了大笑而起④。顾、王二人洞察时政的奥妙,谈笑谐谑之间,把皇上偏执、大臣党比刻画得惟妙惟肖。不曾料到的是,还不到一年,顾宪成竟因此而连降三级,由京官谪调外任。

神宗是个权力欲很强的皇帝。张居正辅政时实际是代帝摄政,使这种权力欲受到了压抑。物极必反,亲政以后受到长期压抑的权力欲肆无忌惮地发

---

① 申时行《召对录》。
② 《明神宗实录》卷184,万历十五年三月壬寅。
③ 《万历邸钞》万历十五年丁亥卷,三月,谪吏部稽勋司员外郎顾宪成三级调外任条。《明神宗实录》卷184,万历十五年三月壬寅。文秉《定陵注略》卷2《大臣党比》。
④ 《定陵注略》卷2《大臣党比》。

泄出来，无所顾忌地得到满足，他处理朝政的口头禅竟是："朕亲览章奏，何事不由独断！"①

为了满足他的权力欲，甚至派遣锦衣卫校尉作为自己的耳目，去侦听法司的审讯工作。锦衣卫掌侍卫、缉捕、刑狱之事，由皇帝直接指挥。他所隶属的镇抚司，掌刑名，设监狱，谓之诏狱。明朝开国皇帝朱元璋创设这一机构，屡兴大狱。在这一点上神宗酷似他的老祖宗。万历十五年十一月，太常寺参劾大兴县知县王偕擅责乐舞生事，下法司审讯。这种芝麻绿豆小事，皇帝照例不必过问，神宗却不然，秘密派遣锦衣卫校尉二人前去侦听，并命此二人把招词听记下来奏报。刑部尚书李世达（字子成，号渐庵，陕西泾阳人）委婉地拒绝，借口人犯未齐，尚未开审，希望明日来听记。到了第二天，刑部巡风主事孙承荣又推托祖宗旧制一向没有校尉在旁观察法司审理之先例，予以拒绝，如果奉有皇上密旨，也应在密室潜听。这两个锦衣卫校尉碰壁后，回宫向皇上汇报，还添油加醋地描绘一番。神宗一听大怒，一面令文书官传谕内阁，意欲将此案移交锦衣卫镇抚司审问；一面又令文书官传圣旨给刑部，大兴问罪之师："先年严尚书在部，亦曾着人听记，如今为何不容？从公问理，没有私弊，如何怕人听记？"②吓得刑部尚书李世达慌忙请罪。几天后，神宗怒气稍解，仅对法司官员夺俸二月以示处分，审讯仍由法司进行。

刑科都给事中唐尧钦（字寅可，号韦轩，福建长泰人）等偏要争个明白，上疏就锦衣卫校尉入法司听记一事大发议论：校尉专管缉访，可施行于民间，不可加于部院。而且听记法司审讯原非祖宗旧制。严清为刑部尚书时，镇抚司校尉押犯人到部，开庭时站立一旁，并非听记。何况法司审理一事须经许多官员之手，岂容纵枉，大可不必取信于校尉之口。这些话显然是在反驳皇上给刑部的口谕，说得有根有据，神宗无法发作，只得退一步为自己辩解："奉旨究问人犯，皇祖时曾有听记，非自今日始。"坚持要锦衣卫校尉入法司听记。终于激起御史郭万里、文德以及给事中和震、郭显忠、梅国楼、侯先春等人的反对，纷纷上疏力言其不可，希望皇上重体统、慎使令、停伺察，以杜作伪③。神宗就是

---

① 沈德符《万历野获编》卷9《三诏亭》。
② 《明神宗实录》卷192，万历十五年十一月乙未。《万历邸钞》万历十五年丁亥卷，十一月，差人刑部听记条。
③ 《万历邸钞》万历十五年丁亥卷，十一月，差人刑部听记条。

不听,我行我素。

在这种情况下,申时行这个内阁首辅实在难当。既要调和于皇上的独断与言官的议论之间,又要应付皇上别出心裁的见解,让他这个饱学之士颇感捉襟见肘。不妨略举两例,一件是关于唐太宗与魏徵的评论,一件是关于边防军务的看法。

先举第一例。万历十六年(1588年)二月初一日,经筵完毕,阁臣们起身告辞,刚走到文华门附近,被赶上来的内侍叫住。少顷,司礼监太监张诚拿了《贞观政要》一书前来,对阁臣们说:"上问先生,魏徵何如人?"这其实是一个早有定论的问题。《贞观政要》分类收录了唐太宗与魏徵、房玄龄、杜如晦等大臣关于朝政的对话,以及关于贞观之治的奏疏之类。魏徵是唐太宗时的谏议大夫,以善于进谏而著称于史,其言论大多记载于《贞观政要》。唐太宗与魏徵的关系,堪称历史上君臣关系的楷模。

对于张诚传达的神宗提问,申时行答道:"魏徵事唐太宗,能犯颜谏诤,补过拾遗,亦贤臣也。"张诚随即把皇上对魏徵的看法转告申时行:"魏徵先事李密,后事建成,又事太宗,忘君事仇之人,固非贤者。"诚然,魏徵早年追随李密,降唐后,追随太子李建成,任太子洗马,玄武门之变后,又追随唐太宗,但并不足以否定他的贤能。所以申时行回答:"以大义责徵,诚如明谕。第其事太宗却能尽忠。即如伊尹就桀后,佐汤成代夏,大功即称元圣。管仲事纠后佐桓公,一匡天下,孔子遂称其仁。即如我太祖开创之时,刘基、陶安、詹同辈,皆元旧臣,顾其人可用否耳。魏徵强谏如十思十渐,至今称为说论,不可以人废言也。"张诚听后,立即返回文华殿转告皇上。神宗仍不改初衷,再命张诚前去传达他关于唐太宗的评价:"唐太宗胁父弑兄,家法不正,岂为令主?"申时行说:"太宗于伦理果有亏欠,闺门亦多惭德,第纳谏一事为帝土盛美,故后世贤之。若如我太祖家法,贻之圣子神孙,真足度越千古。皇上当遵守其前代帝王,唯尧舜禹汤文武为可师,唐太宗何足言哉!"张诚再次返回文华殿转述,又到文华门对阁臣传达皇上意见,在经筵中不再讲《贞观政要》,而改讲《礼记》。申时行说:"《记》中多格言正论,开讲极为有意。第宋儒云:读经则师其意,读史则师其迹。在孝宗朝尝命阁臣纂辑《通鉴》以备经筵,若将《通鉴》与《礼经》(《周礼》)开讲,则知今古成败得失,足为省戒之功。"张诚汇报后,神宗复命张诚传谕申时行,坚持他对魏徵的看法,认为"魏徵忘君事仇,大节已亏,纵有善言,亦是虚饰,何足采择!"决定在经筵中停讲《贞观政要》。据说,在旁的讲官听了这场讨论,对于皇上留意经史,评论古今的深思熟虑,莫不叹服①。

  这一场由太监来回传达的讨论,反映了申时行与神宗对魏徵、唐太宗的不同评价。当然,申时行的见解略胜一筹。毫无疑问,神宗是从一个帝王的角度来看待一切的,对魏徵、唐太宗的评判标准偏重于伦理道德,以为伦理道德有亏,其他就不足称道。这未免有点以偏概全之嫌。对于历史人物,道德评价与历史评价应该兼顾,而以历史评价为主。神宗当然不会这样考虑。他之所以讨厌魏徵,在于此人能犯颜直谏,他根本不想仿效唐太宗的从谏如流,也不希望看到大臣像魏徵那样不断谏诤。因此申时行这个内阁首辅是相当难以辅政的。

  再举第二例。万历十八年(1590年)七月二十六日,神宗视朝完毕后,在皇极门暖阁召见阁臣申时行、许国、王家屏,讨论的中心议题是边防军务。

  神宗拿出陕西巡抚赵可怀奏报边防军情公文,一面递给申时行,一面说:"朕阅陕西督抚梅友松等所奏,说虏王引兵过河,侵犯内地。这事情是如何?"

  申时行回答:"近日洮州失事,杀将损军。臣等正切忧虑。"指的是"西虏"虎落赤等四千骑兵进犯旧洮州古尔占堡,流掠洮州、岷州,副总兵李联芳追击包家山,中伏而死,全军溃败,把总、千总、中军等阵亡。

  神宗说:"番人也是朕之赤子,番人地方都是祖宗开拓的封疆。督抚官奉有敕书,受朝廷委托,平日所干何事?既不预先整理防范,到虏酋过河侵犯,才来奏报,可见边备废弛。皇祖时,各边失事,督抚官都拿来重处,朝廷自有法度。"

  申时行说:"皇上责备督抚以不能修举边务,仰见圣明英断,边臣亦当心服。如今正要责成他,着他选将练兵,及时整理。"

  神宗说:"近时督抚等官,平日把将官轻贱凌虐,牵制掣肘,不得展布,有事却才用他。且如今各边但有些功劳,督抚官有升有赏,都认做自己的功。及至失实,便推与将官及些小武官,虚文搪塞。"

  申时行说:"各边文武将吏,各有职掌,功罪须要核实。如总督、巡抚只是

---

① 《明神宗实录》卷195,万历十六年二月乙丑。崇祯《吴县志》卷40《申时行传》。沈德符《万历野获编》卷2《贞观政要》。

督率调度,若临战阵,定用武官。武官自总兵以下有副总兵,有参将、游击、守备,各分信地。如有失实,自当论罪。"

神宗说:"古时文臣如杜预,身不跨鞍,射不穿札;诸葛亮纶巾羽扇,都能将兵立功,何必定是武臣!"

申时行说:"此两人都是名臣,古来绝少人才,自是难得。臣等遵奉圣谕,即当传与兵部,转谕督抚诸臣,尽心经理,以纾皇上宵旰之心。"

神宗说:"将官也要拣选好的,必谋勇兼全,曾经战阵的才好。"

申时行说:"将才难得,如今都是选择用的。但是款贡以来,边将经战阵的也少了。"

神宗说:"重赏之下,必有勇夫。要好的也有,只是不善用他。虽有关张之勇,也不济事。"

申时行说:"近日科道官建言,要举将才。臣等曾对兵部说及早题复,着九卿科道官会同推举。"

神宗说:"前日有御史荐两个将官。"

申时行说:"荐的将官,一个是王化熙,曾提督巡捕,臣等亲见他,也是个中常之才,只宜腹里(内地)总兵。一个是尹秉衡,先年是个好将官,如今老了。"

神宗说:"这不论他年老。赵充国也是老将,只要有谋略。"

申时行说:"将在谋,不在勇。圣见高明,非臣等愚昧所及。"

神宗说:"朕在九重之内,边上事不能悉知,卿等为朕股肱,宜常为朕用心分理。如今边备废弛,不止陕西。或差有风力的科道或九卿前去,如军伍有该补足的,钱粮有该措处的,着一一整顿。《商书》云:事事有备无患。趁如今收拾还好,往后大坏,愈难收拾了。"①

申时行告辞以后,对皇上留意边防,明习政事,表示敬佩。他毕竟是一介文人,对边防军务所知甚少。谈迁在记述此事时曾写下如此按语:"上念西陲,故召谕辅臣,而辅臣故旅进退,于边事愦愦也。王化熙、尹秉衡俱未当推毂,余无其人乎!果夙夜在公,宜立举其人以对,而芒无所应。徒为梅友松等缓颊,养交市德……危而不持,颠而不扶,则焉用彼相哉?噫!假江陵而在,当不汶

---

① 以上均见申时行《召对录》;《万历邸钞》万历十八年庚寅卷,七月,召见申时行于皇极门条;文秉《定陵注略》卷1《圣明天纵》。

汶如是矣。"①对申时行的批评深刻而不偏激,尖锐而不苛求,确实申时行无法与张居正相提并论。由于他事事处处顺从皇上,因此颇受神宗器重。御史万国钦上疏弹劾申时行"无事不欺君,而于边事尤欺之甚;无事不误国,而于边事尤误之甚",神宗挺身为申时行辩护:"元辅忠诚清慎,朕所鉴知,近时召议边事,参酌机宜,甚称朕意。万国钦如何任私诬蔑,好生狂躁,本当重处,念系言官,姑着降一级调外任用。"②因此申时行被人讥为"软熟"之相。

---

① 谈迁《国榷》卷75,万历十八年七月乙丑。
② 《定陵注略》卷2《建言诸臣》,万历十八年条。

# 第四章 万历三大征

壬辰倭乱（东莱城之战）

万历一朝最值得注意的大事,除了张居正与万历新政之外,莫过于万历三大征,即平定宁夏哱拜叛乱、东征御倭援朝、平定播州杨应龙叛乱,在西北、东北、西南几乎同时展开三次重大军事行动。一方面显示了明王朝国力的强盛,颇有重整天朝雄风之气概;另一方面反映了万历朝关注边事,力图改变祖辈在边事上无所作为的倾向。因此尽管万历朝受人非议之处甚多,但万历三大征却是其最受人赞许的政绩。茅瑞征《万历三大征考》、瞿九思《万历武功录》的出现,绝不是偶然的。

## 一、平定宁夏哱拜叛乱

申时行在卸任以后议论到这一事件,比较客观地分析了它的起因:"洮河失事后,议者动称贡市失策,宜绝款决战。适遣官阅边,皆以刻核相尚,而宁夏党中丞尤苛,敛齍施失人心,镇兵刘东阳、许朝遂乘众怒杀中丞,据城以叛。"①

明朝建立后,游牧于蒙古地区的鞑靼、瓦剌各部,与中原王朝长期对立。有明一代,北方边防一直是当务之急,东起鸭绿江,西抵嘉峪关,绵亘万里,分兵把守,有所谓九边重镇:辽东、宣府、大同、延绥、宁夏、甘肃、蓟州、固原及山西偏关。鞑靼部的俺答汗统一蒙古各部后,于隆庆五年(1571年)接受明朝皇帝的册封,称为顺义王,在沿边各地开展和平的贸易活动。然而隆庆和议利弊参半。"俺答封贡"实际只是一种松散的羁縻关系,随时都可能发生问题。神宗即位后,沿边一度发生军事冲突。由于边将梁梦龙、李成梁、戚继光等人按照张居正的方略,拼力抵御,紧张关系才渐趋平静。万历十年(1582年)俺答

---

① 申时行《赐闲堂集》卷40《杂记》。

死,神宗特地厚加优恤,并改封其子黄台吉为顺义王。黄台吉死,其子扯力克嗣为顺义王,然而对明朝的关系已是"顺逆不常"①。扯力克所部庄秃赖、卜失兔、火落赤等经常出没于塞下,多次进犯甘、凉、洮、岷、西宁之间。万历十八年扯力克以赴青海礼佛为名,率部东来,游牧于青海的火落赤部、真相部挟以为重,蠢蠢欲动,关中大震。神宗闻讯,派右佥都御史郑洛(字禹秀,保定安肃人)为陕西、甘肃、山西等七镇经略,前往西北边疆,停止扯力克贡市②。神宗对郑洛颇为器重,原本要他以经略兼领总督之职,郑洛只接受七镇经略,坚决推辞总督之职,阁臣王锡爵推荐魏学曾(字惟贯,陕西泾阳人)以兵部尚书总督陕西、延宁、甘肃军务。宁夏镇作为九边之一,在陕西都指挥使司之下,有总兵、副总兵、参将、守备、都指挥使、指挥使、千户、百户等军事组织,下辖宁夏卫、左屯卫、前卫、右屯卫、中屯卫以及灵州、花马池等要地。

万历二十年出任监军御史的梅国桢把"边事"划分为三个阶段。从洪武至嘉靖为第一阶段,"虏无岁不犯,我无岁不备,各军虽有战守之劳,无克削之苦";从隆庆至万历十八年为第二阶段,"和议既成,不修战守,各军虽有克削之苦,无操作之劳";从万历十八年至二十年为第三阶段,"外实修和,内欲兼战,修和则仍不免以克削为媚虏之资,兼战则徒有操练无望首功"③。

万历十九年二月,郑洛要宁夏巡抚党馨调兵去甘肃,党馨派游击土文秀前去。于是发生了哱拜叛乱。

哱拜,蒙古鞑靼部人。嘉靖中,因得罪其部长,父兄都被杀,便投靠明朝边将郑印,屡立战功,升至参将。《万历三大征考》指出:万历五年(1577年),以游击统标下二营、家丁千余,请得专敕钤束,总督侍郎石茂华、巡抚都御史罗凤翱以闻,报可。于是哱拜开始率领一军达十年之久,授参将,一切标兵都隶属于哱拜麾下④。哱拜因而声势渐大,私自招兵买马,组成一支苍头军,以求一逞。万历十七年哱拜因年迈以副总兵致仕,由儿子哱承恩袭为指挥使,充巡抚门下旗牌官,积资巨万⑤。当经略郑洛征兵宁夏,巡抚党馨议遣游击土文秀西

---

① 《明史》卷327《鞑靼传》。
② 同上书卷222《郑洛传》。
③ 梅国桢《西征集》卷1《第一疏》。参看冈野昌子《万历二十年宁夏兵变》,载小野和子编《明末清初的社会与文化》,第597页。
④ 茅瑞征(苕上愚公)《万历三大征考·哱氏》。
⑤ 《明史》卷228《魏学曾传》。嘉庆《宁夏府志》卷22《杂记·纪事》。

援时,哱拜自请以巡抚标下兵偕子哱承恩前往。党馨无法拒绝,却厌恶其专擅,事事加以裁抑,不给增调马匹。哱拜怏怏而去,至青海,见各镇兵马弱不经战,更加跋扈无忌。兵还宁夏后,党馨命副使石继芳逮捕哱拜的亲信入狱,还要治哱拜冒粮之罪。哱拜更加怨望,煽动部众作乱①。

当然,这是有主客观因素的。其一,"承恩自调赴青海还,心轻边卒孱弱,益翘喜自负,而抚臣(党)馨每加裁抑,且欲核青海虚粮,以此怨次骨";其二,"会哱云、文秀亦怨馨,以常许谐云守备谕约,而文秀迁游击,弗优礼故也";其三,"(党)馨御将卒严刻,铢两之奸,绳以军法,众亦不附"②。这三方面的因素错综在一起,为叛乱提供了条件。其实,兵变的发生,是矛盾长期积累的结果。据林延清研究,从正德四年(1509年)至崇祯十七年(1644年)的130多年中,规模较大的兵变达60余次,平均每年爆发一次③。据冈野昌子研究,兵变与士兵待遇及欠饷问题密切相关。明代边防军中广泛存在"家丁",它可以大别为二:一为军队所属的免除杂役、有期限的"在营家丁";二为属于将帅私人的"随任家丁",而以后者为多。它的来源也有三:或从卫所军士中来,或由招募而来,或从非汉民族中选择武勇出色、具有通译等特殊能力者。这些"家丁"所支给的粮饷是一般士兵的两倍至十倍。万历初年,出现了一个将帅拥有二三千名家丁的现象。要养如此庞大的家丁队伍,军饷是可观的,超过了个人的负担水平,逐渐由私人支出转变为公家支出。这种具有公私两重性的"家丁"的不断增多,导致军费大增,国库不堪重负。另一方面,当时的"家丁"身份在一般军士之下,待遇却在军士之上,于是一般军士与"家丁"之间,"在营家丁"与"随任家丁"之间,汉人"家丁"与非汉人"家丁"之间,有力将帅的"家丁"与废闲将帅的"家丁"之间,发生形形色色的矛盾与倾轧。然而他们面临同样的境遇:随着数量的增加,一部分家丁和当时一般士兵同样领不到粮饷。因此从万历十年开始,西北边境各地兵变频频发生,例如:万历十年宁夏灵州土军杨文遇、马景之乱;万历十一年山西灵武关军士李现之乱;万历十六年延绥神木军士之乱,以及甘肃营兵之乱。由此可见,万历二十年宁夏兵变绝非偶然现象④。这种分

---

① 谷应泰《明史纪事本末》卷83《平哱拜》。
② 茅瑞征(苕上愚公)《万历三大征考·哱氏》。
③ 林延清《论明代兵变的经济原因和历史作用》,载《明史研究论丛》第4辑,第368~372页。
④ 冈野昌子《万历二十年宁夏兵变》,载《明末清初的社会与文化》,第587~623页。

析是极具深度的。

万历二十年(1592年)二月十八日,哱拜指使与他歃血为盟的刘东旸纠众发难。叛军推刘东旸为会长。刘东旸是靖虏卫人,"狂易有异志",而总兵张维忠一向在军中毫无威望,被部众看轻。当刘东旸纠集叛军进入帅府,张维忠惊悸万状不能弹压①。叛军涌进巡抚衙署,河西副使石继芳翻墙逃跑,千总黄培忠报告张维忠,要他鸣号集合官军擒拿叛贼,张维忠不听,只身前往排解纠纷。当张维忠乘着轿子赶来时,被叛军拥入书院,一言不发,只是叮咛哱拜劝阻。这时叛军已入内抓住躲藏于水洞的党馨,立即处死;又抓住副使石继芳,杀死于奎星楼下。叛军焚公署,收印符,释囚犯。张维忠吓得双腿战栗,面无人色,被叛军放回,要他向朝廷报告:"党馨侵粮激变"②。

二月二十日,许朝与叛军合流。三边总督魏学曾获悉叛乱消息,派遣标下张云、郜宠前去劝降毫无成效。哱拜的义子哱云以及土文秀也与叛乱合流。二月二十五日,刘东旸向总兵张维忠索取敕印,张维忠交出后畏罪自缢而死。刘东旸自称总兵,一切听从哱拜为主谋,授予哱承恩、许朝为副总兵,土文秀、哱云为参将。面对官军的招降,刘东旸宣称:"必欲我降,请授我总兵,许朝等副参,专备宁夏。否则,与套骑(河套蒙古骑兵)驰闯潼关也。"③二月二十七日从河西至玉泉的四十七个城堡相继陷落,整个陕西为之震动。

总督魏学曾一面派兵沿河堵截,不使叛军南渡;一面率部阻击河套部骑兵,使之无法连成一体,迫使哱拜等龟缩于宁夏镇城之内。哱承恩登上南城向下喊话:"吾父子万死为国捍边,蒙恩至上将。抚臣(党馨)捐削激变,自取灭亡。吾父子勒部曲待命,当事不察,反以为罪。今首恶具在,乃不罪倡乱罪戡乱者。吾宁保此完城,结塞北自全耳。"④官军以粮饷不继,进攻受阻,徒唤奈何。

此次宁夏叛乱,河西望风披靡,河东全陕震动,引起朝廷重视。神宗鉴于前不久前往宁夏视察的尚宝少卿失职,斥责他"奉使辱命,徇私酿乱,欺君罔上,遗害地方",给他一个降职的处分⑤。大臣们纷纷向皇上献策,尽快平定

---

① 茅瑞征《万历三大征考·哱氏》。
② 钱一本《万历邸钞》万历二十年壬辰卷,二月,宁夏兵变条。茅瑞征《万历三大征考·哱氏》。嘉庆《宁夏府志》卷22《杂记·纪事》。
③ 《万历三大征考·哱氏》。谷应泰《明史纪事本末》卷63《平哱拜》。
④ 《明史纪事本末》卷63《平哱拜》。
⑤ 《万历邸钞》万历二十年壬辰卷,四月,谪尚宝少卿条。

叛乱。

一是兵部尚书石星上疏向神宗指出，宁夏叛卒猖獗，一时难以荡平，可以掘黄河大坝，用水淹没宁夏镇城。他说："黄河大坝之水，比宁夏西塔顶高数丈，若决坝灌城，贼可立厄。但城中宗室生灵甚众，相应亟行魏学曾遣敢死士，持钦定赏格，明示祸福，全城中人自为计。如数日内不擒斩逆酋来献者，即将坝水决开，一城之人尽为鱼鳖。"①这一方案得到神宗认可，以后果然采用决河灌城的方法，始作俑者便是兵部尚书石星。

二是浙江道御史梅国桢(字克生,湖广麻城人)上疏，向神宗推荐原任总兵李成梁(字汝契，朝鲜人)，以为李成梁屡经战阵，其子李如松(字子茂)是大将之才，如梅、如樟等也是少年英杰，可以马到成功。兵科给事中王德完表示反对，以为李成梁既已解除兵权，又重新授予，甚为非策。神宗权衡利弊，以平叛为重，批准了梅国桢的建议，下旨："着李成梁去。"②于是兵部便命李成梁出征宁夏。此时李成梁正在辽东，便命其子李如松先行，由御史梅国桢监军。

三是甘肃巡抚叶梦熊向神宗请命，愿率兵征讨宁夏叛军。兵部议复，叶梦熊慷慨请行，毅然以讨贼为己任，且自甘肃去宁夏不远，伏望皇上即令叶梦熊以远官星夜前去，协同魏学曾扑灭逆贼。神宗立即照准，下旨："叶梦熊慷慨以杀贼自任，忠义可嘉。着以原官提兵星夜前赴该镇，协同魏学曾、朱正色，一心并力，刻期灭贼。"③

为了尽快讨平宁夏，神宗下令赏魏学曾大红苎丝麒麟(服)一袭，银四十两。并且颁布赏格：擒哱拜、哱承恩者，封伯爵世袭，赏银万两；擒哱云、土文秀、刘东旸、许朝者，赏银五千两，升都督、指挥、同知，世袭指挥使④。

然而，重赏并非万能。总督魏学曾向皇上大叹苦经：宁夏叛逆未平，套部骑兵又从旁侵扰，势难两头兼顾。请求皇上下令增发宣府、大同兵马助战。兵部尚书石星对魏学曾顾此失彼的处境有所谅解，要宣大总督挑选精锐兵丁，速发总兵李如松统领，兼程前进。神宗批准了这一请求，下旨："魏学曾刻期剿

---

① 《万历邸钞》万历二十年壬辰卷，四月，兵部尚书论宁夏乱卒猖獗条。
② 瞿九思《万历武功录》卷8《哱拜哱承恩列传》。沈德符《万历野获编》卷19《御史与边功》。《万历邸钞》，万历二十年壬辰卷，四月，御史梅国桢疏荐条。
③ 《万历邸钞》万历二十年壬辰卷，四月，甘肃巡抚叶梦熊讨宁夏贼条。
④ 同上书万历二十年壬辰卷，四月，颁赏魏学曾条。茅瑞征《万历三大征考·哱氏》。

贼,功在垂成。宣大兵可亟催前去助战御虏,毋得迟延……"①此时形势仍然没有转机,陕西巡按向朝廷报告:陕西十分危急,"自前月攻城,业已垂入,因各官兵心不齐,遂被贼伤,以贼气益骄,守城益固。又悉镇城金帛唉虏助逆,我兵进取往往为其败衅。昨用云梯攻城,被贼截住,迄今十日尚未回还。粮饷一百余车,尽数抢去。督臣魏学曾自花马池抵灵州,被贼围截,若非许参将救之,亦几不免。"这位陕西巡按还向朝廷报告哱承恩、刘东旸僭称伪号的事:"逆贼哱承恩,先因邪术诳惑,今敢潜为伪号。刘东旸为一字混天王,又擅写通行榜文,以惑众鼓乱,声言已入庆阳,据省会。"②

到了六月,宁夏战事仍无进展。神宗对魏学曾督师无方流露出明显的不满情绪,指责道:"魏学曾讨贼数月未平,且容胡虏助逆,漫无经略,多是诸将怠玩,中间又有希功忌能观望的。念系用兵之际,都且不究。"他还吩咐兵部尚书石星,赐魏学曾尚方宝剑一把,从新申明军令,将帅有不用命的,便于军前斩首示众③。领受了重赏和尚方宝剑的魏学曾依然束手无策,居然向皇上提议以招安代替征战。神宗大怒,以为是奇耻大辱,狠狠地训斥道:"叛贼抵拒王师,屡生变诈。魏学曾每凭懦将,堕其奸计,好生负委任!这招安事情不得轻信……堂堂天朝,因此么小丑,连兵累月,未克荡平,岂不辱国。秋高马肥,事在须臾。若复延迟怠误,罪有所归。"④

在此期间,都御史叶梦熊到达灵州,调来神炮器四百车。李如松、梅国桢率辽阳、宣府、大同兵抵达宁夏城南,切断哱拜与蒙古军的联络。但是魏学曾仍然无所作为。七月初,神宗接到宁夏监军御史梅国桢的报告,得知魏学曾督战不力,领兵无方种种劣迹,诸如军中无旌旗、无金鼓、无号令、无行伍,粮饷断绝,战马饿死过半,弓箭奇缺,四人合摊一箭云云。国家之兵制法纪荡然无存。给事中许子伟也上疏指责魏学曾"惑于招抚,误国事"⑤。神宗几天前还嘉奖魏学曾加太子少保衔,如今接到奏疏,对于魏学曾如此玩忽职守大为震惊,立即下令逮捕魏学曾至京师审讯,任命叶梦熊以兵部右侍郎总督陕西三边军务,并

---

① 《万历邸钞》万历二十年壬辰卷,五月,督李如松兼程进讨宁夏贼条。
② 同上书万历二十年壬辰卷,五月,孛承恩刘东旸僭称伪号条。
③ 同上书万历二十年壬辰卷,六月,赐魏学曾御剑条。
④ 同上书万历二十年壬辰卷,六月,魏学曾请招安宁夏贼条。
⑤ 同上书万历二十年壬辰卷,八月,逮系总督魏学曾条。《明史》卷228《梅国桢传》。

赐尚方宝剑①。神宗就此事作了如下部署:

一是"主帅军令不严,何以督率军士!梅国桢既具疏前来,可即马上传与叶梦熊知,着他申明前旨:总副官(总兵、副总兵)及三品以上,有抗违妒功的便指名参来重治;其三品以下的,以军法从事";

二是"其决(黄河)水灌城之谋,毋得异同误事";

三是"军士久困,着重赏他";

四是"魏学曾着锦衣卫察的当官校扭解来京(审)问";

五是"还着监军梅国桢记录功罪,不时参奏"。②

兵部尚书石星对皇上临阵更换督臣有所顾虑,以为可能导致将心不一,希望皇上收回成命。神宗毫不犹豫地把这一主张驳了回去,他批复道:"宁夏讨贼无功,皆因主帅军令不肃。叶梦熊既受新命,军中事宜受他节制,听他便宜行事,诸将不用命的,就以军法处斩。"③神宗及时更换总督,是此次平叛取胜的英明举措。魏学曾兵临宁夏城下,举棋不定,坐误战机。于慎行评论道:"攻城之法,有当急,有当缓……在我为声罪之师,在彼有不赦之辟,急之则变从内生,不战而溃;缓之则彼得为谋,其势日成。故不可不急也。朔方哱氏之变,使总督之臣提兵急趋,掩其未备,数夕之间可以授首。而游却无定,逗挠不前,师老财殚,贼势日盛。"④此话言之有理。

其实,魏学曾的招安主张,兵临城下又游却无定,与兵部尚书石星的态度有很大关系。石星就是魏学曾招安主张的积极支持者,在此之前,石星写信给魏学曾,谈了他对平定宁夏的看法:"不佞老矣,仅一褓中儿,诚不欲以滥杀种祸,彼能束手,则死囚数人足代了事也。"⑤对于盘踞宁夏的叛乱集团而言,这不啻是一种不切实际的妄想。事到如今,已非血战一场不可了。

叶梦熊接任后,一反魏学曾之所为。他是一个有胆略,敢于任事的官员,为了尽快结束战事,决定立即决黄河水灌宁夏城。位于黄河西北岸的宁夏城

---

① 徐象梅《两浙名贤录》卷14,吏部尚书建极殿大学士赵如迈志皋条指出,这一人事变动是内阁辅臣赵志皋提出的:"魏总督学曾合诸镇兵讨之,久无功,上怒,亟逮学曾,下之狱。(赵志)皋荐叶巡抚梦龙代,又请赐监军御史梅国桢尚方剑,诛不用命者。"
② 《万历邸钞》万历二十年壬辰卷,八月,逮系总督魏学曾条。
③ 《明神宗实录》卷251,万历二十年八月戊子。《万历邸钞》万历二十年壬辰卷,八月,逮系总督魏学曾条。
④⑤ 谈迁《国榷》卷76,万历二十年八月辛卯。

低于黄河水面,城西北地势更低下,且与金波、三塔诸湖相近,东南又近观音湖、新渠、红花渠,形如釜底。为了决河灌城,官军先在宁夏城四周筑堤,使河水不外溢,直冲宁夏城内。七月十七日至十八日,长约一千七百丈的长堤筑成。于是叶梦熊下令掘黄河大坝,水灌宁夏城。汹涌的黄河水流向宁夏城下,把整个宁夏城浸泡在滔滔洪水之中。从七月二十日开始,洪水逐渐流入城内。八月初一日,宁夏城外水深达八九尺;城内一片惊慌,"城中乏谷,士尽食马,马余五百骑。民食树皮败靴,死相属"①。不久,东城墙崩溃百余丈,城外围堤也溃坍二十余丈的缺口。

八月十二日,监军御史梅国桢向宁夏叛军发去檄文,限令在收到檄文三日后,开关迎接官军入城中,叛军断然拒绝,饥民蜂拥至衙署请求招安,又遭弹压。叛乱集团在等待河套部的救援,企图内外夹击,置围城官军于死地。果然,八月二十一日河套部着力兔率骑兵前来解宁夏之围。总兵李如松与麻贵、李如樟左右夹击,叛将着力兔兵败,奔至贺兰山,退至塞外。李如松挫败着力兔,是平定宁夏叛乱的关键一仗,使困守宁夏的叛乱集团陷于孤立无援的境地。谈迁说:"哱氏勾虏(河套部),则我再受敌,疲于奔命,势难断也。李如松身击虏,驱之塞外,则哱氏孤,直阱耳,授首有日。"②

九月初,对宁夏城发动总攻的时机成熟了。浙兵及西南地区的苗兵、庄浪兵作为增援部队到达。九月三日,总督叶梦熊在军中发布嘉奖令:有能先登城者赏银万两。九月五日,宁夏城北关由于长期浸水,城墙崩塌;九月八日,南关城墙也崩塌。叶梦熊一面调舟筏佯攻北关,诱使哱承恩、许朝奔赴北关应战;一面命令李如松、萧如薰在南关埋伏精锐兵力,待机攻城。关内军民里应外合,官军由南关进入城内,百姓焚香拜迎③。年届七十的老总兵牛秉忠率先登城,梅国桢大喊:"老将军登城矣,余何怯也!"④大军一鼓作气冲进宁夏城。哱承恩见南城陷落,率军退入大城,并派人向叶梦熊乞求宽贷,暗中却筑垒断堑,加紧防守。宁夏城分南城、大城,都是重险,破了南城要破大城并非易事。硬攻不行,只有智取。

---

① 茅瑞征《万历三大征考·哱氏》。
② 《国榷》卷76,万历二十年九月壬申。
③ 瞿九思《万历武功录》卷8《哱拜哱承恩列传》。嘉庆《宁夏府志》卷22《杂记·纪事》。
④ 谈迁《国榷》卷76,万历二十年九月甲子。谷应泰《明史纪事本末》卷63《平哱拜》。

这时有个名叫李登的卖油郎,挑着担子在街上边走边唱:"痈之不决,而狃于瘠;危巢不覆,而令枭止。"①监军梅国桢把此人招来,授予他三封信,到大城去见哱承恩,巧施离间计。

李登此人跛一足瞎一眼,一路上不引人注目。他见了哱承恩,交了一封信,并劝说:哱氏有安塞功,监军深为可惜,请杀刘东旸、许朝以自赎。李登又到了刘东旸、许朝处,向二人交了信件,对他们说:首乱是哱氏,将军本汉臣,何必横身代人受祸!望能度时审势,转祸为福。这个离间计并不高明,但是在叛军行将分崩离析之际,发生了效力。九月九日,官军包围愈来愈紧,刘东旸叹息:何以一败而是!佯装疯疾,杀死土文秀,并扬言:好头颈,毋令他人砍之。九月十六日,哱承恩与毕邪气走南关,杀许朝及其子许万锺,毕邪气又走北关,杀刘东旸。哱承恩把这二人的首级悬挂于城上。于是李如松、杨文率军登城,萧如薰、麻贵、刘承嗣随后跟进,宁夏大城平静地落入官军之手②。

但是哱承恩还拥有一支不小的武装力量——苍头军。总督叶梦熊在灵州闻讯后下令:如不立即灭哱氏者,当服尚方剑!九月十七日,哱承恩骑马去南门谒见梅国桢时,被参将杨文擒服。李如松紧急提兵包围哱拜家,哱拜畏罪自缢,阖家自焚。李如樟部卒何世恩从火中斩得哱拜首级,又活捉哱拜次子哱承宠、养子哱洪大、王文德、何应时等。九月十八日,总督叶梦熊、巡抚朱正色、御史梅国桢等官员进入宁夏大城。宁夏哱拜叛乱至此宣告平定。

九月二十四日,兵部接到叶梦熊派快马送来的红黄二旗捷报,立即奏报皇上。神宗降旨:"逆贼负固,久逃大诛,兹闻平定捷音,朕心慰悦。待督抚官奏报至日,告庙宣捷,大行升赏,以答忠劳。"③

在平定宁夏叛乱的战争中,叶梦熊显然比魏学曾棋高一着。他作为总督,一直驻扎在灵州,而不到宁夏城下,一方面显示大帅的威重,另一方面表明他不与诸将争功的高姿态。哱承恩投降后,监军梅国桢没有立即解除其武装,叶梦熊当机立断,对哱氏父子采取果断措施,除恶务尽,不留后患。

十一月,叶梦熊班师回潮,押解叛军头目哱承恩、哱承宠等抵达京师。神

---

① 《明史纪事本末》卷63《平哱拜》。
② 茅瑞征《万历三大征考·哱氏》。
③ 《万历邸钞》万历二十年壬辰卷,九月,壬申宁夏平条。

宗特地亲临朝门接受群臣祝贺,随即下诏,将哱承恩等人处以磔刑。

宁夏哱拜叛乱的平定,宣扬了明朝在西北边境的国威,沿边的蒙古各部慑于威势,相当长一个时期不敢轻易入塞骚扰。

### 二、东征御倭援朝

由于立场的不同,日本方面把这场侵略朝鲜达七年之久的战争,轻描淡写地称为"文禄、庆长之役"(按:文禄、庆长为后阳成天皇的年号),朝鲜方面则称为"壬辰、丁酉之倭乱"(按:壬辰、丁酉即1592年、1597年)。

据日本学者的研究,丰臣秀吉出兵朝鲜的目的,是利用朝鲜的跳板"假道入明",侵略大陆,以实现其"大东亚构想"。铃木良一援引"前田家所藏文书",披露了丰臣秀吉在天正二十年(1592年)五月十八日的一封信,其中提及构建以北京为首都的"大东亚帝国"的梦想,现在已为众所周知①。丰臣秀吉征服明朝的构想的客观背景是东亚局势的变化导致明朝国际地位的低下,其主观背景则是丰臣秀吉政权统一全国后出现的战争体制②。丰臣秀吉出任"关白"后,在书简中署名时常用假名(日文字母)书写"てんか",这个词不仅意味着"殿下",同时具有"天下"的意思,野心勃勃地想统治世界③。中田易直在《近世对外关系史的研究》中也持此种观点:丰臣秀吉在推进国内统一政策的过程中,已经显示出强硬的威胁外交倾向。天正二十年的"唐入"图谋是其吞并全世界计划的一部分。天正十九年敦促吕宋岛朝贡的文书,反映了这种外交性格。其中说:"自壮岁领国家,不历十年,而不遗弹丸黑子之地。域中悉统一也,遥之三韩、琉球远邦异域,款塞来享。今也欲征大明国,盖非吾所为,天所授也。"④

---

① 三田村泰助《明帝国和倭寇》,载《东洋历史》(8),人物往来社,1967年,第318~325页。铃木良一《秀吉的"朝鲜征伐"》,载《历史学研究》第155号。
② 《信长和秀吉》,载《日本史之谜和发现》(9),每日新闻社,1979年,第65~67页。
③ 《明帝国和倭寇》,第323~324页。
④ 中田易直《近世对外关系史的研究》,吉川弘文馆,1984年,第121~122页。日本学者也有另外的观点,例如:西嶋定生《中国古代国家和东亚世界》第六章《东亚世界和日本史》之八《秀吉的朝鲜出兵及其国际环境》(东京大学出版会,1983年,第635~636页)中写道:丰臣秀吉出兵朝鲜的目的,以向大陆侵攻的协力体制作为维持已达成的国内统一的手段;出兵的名目是与大明国恢复国交,尤其是复活勘合贸易。

万历二十年日本"关白"(皇帝的辅佐大臣,参与一切政务的重要官员)丰臣秀吉派小西行长、加藤清正、黑田长政等将领率二十万大军出征朝鲜,于四月十三日在朝鲜釜山登陆。日军从釜山附近分兵三路向京城进发,中路小西行长,东路加藤清正,西路黑田长政,以势如破竹之势向北进袭。据朝鲜柳成龙《惩毖录》记载,形势十分严峻,在经过天下太平二百年之后,突遇战争,君臣束手无策,百姓逃亡山谷,守土者望风迎降。朝鲜国王沉湎于享乐,疏虞防务。日军从釜山登陆二十天后,就攻陷了王京(汉城),俘虏了两名王子。国王从王京逃往开城。日军迫近开城,国王北渡大同江,逃往平壤。八道几乎尽遭沦陷,朝鲜国王向明朝请求援助的使节络绎于道①。据李光涛的研究,丰臣秀吉事先已明示动兵日期,作为试探朝鲜态度之计,可噬则噬,可止则止。然而朝鲜方面犹欲苟冀无事,唯以迁就弥缝为国策,而曰"勿致生衅",这样的措置,直与睡熟了一般。因而丰臣秀吉愈加生心,知道朝鲜易与,于是彼乃为一决定之辞曰:"是何异断睡人之头乎?"由这一句话,可见其时的朝鲜不免有些处置失策了②。丰臣秀吉获悉朝鲜京都汉城已经攻占的消息,考虑征服明朝的时间问题,提出了二十五条所谓"大陆经略计划",拟把天皇移行至北京(第十八条),日本的天皇拟由后阳成天皇的皇子良仁亲王或皇弟智仁亲王出任③。丰臣秀吉自己拟移驻日明贸易要港——宁波。

五月上旬,辽东巡抚郝杰(字彦甫,号少泉,山西蔚州人)向兵部报告了朝鲜的紧急情况。郝杰说:"据朝鲜国王咨称,本年四月十三日,有倭船四百余只,从大洋挂篷,直犯朝鲜,围金鱼山镇地方,本镇将领等督兵交战,贼势方炽,镇城外人家尽被焚烧。"④兵部把这一军情向神宗奏报,神宗当即作出决定:"这倭报紧急,你部里即便马上差人,于辽东、山东沿海省直等处,着督抚镇道等官,严加操练,整饬防御,毋致疏虞。"⑤

对于这突如其来的形势剧变,明朝的有关官员颇为疑惑不解,甚至怀疑其中有诈。朝鲜李朝《宣祖实录》中有关记载耐人寻味:

——"壬辰五月戊子……时变起仓卒,讹言传播辽左,煽言朝鲜与日本连

---

① 茅瑞征《万历三大征考·倭上》。谷应泰《明史纪事本末》卷62《援朝鲜》。
② 李光涛《朝鲜"壬辰倭祸"酿衅史事》,载《历史语言研究所集刊》第40本。
③ 《信长和秀吉》,载《日本史之谜和发现》(9),第76~77页。
④⑤ 《万历邸钞》万历二十年壬辰卷,五月,倭奴侵朝鲜条。

结,诡言被兵,国王与本国猛士避入北道,以他人为假王,托言被兵,实为日本向导。流闻于上国,朝廷疑信相半。兵部尚书石星密谕辽东遣崔世臣、林世禄等以探审贼情为名,实欲驰至平壤,请与国王相会,审其真伪而归。"

——"六月癸巳,天朝差官崔世臣、林世禄等,以探审贼情到平壤。上以黑团领接见于行宫,仍问皇上万福,仍言彼邦不幸,为贼侵突,边臣失御,且因升平既久,民不知兵,旬日之间连陷内邑,势益鸱张。寡人失守宗祧,奔避至此,贻朝廷忧恤,重劳诸大人,惭惧益深。"

——"盖是时天朝闻我国尝有与倭通信之事,且因浙江人误闻贡骗(于日本)等语,不知其为倭之买去而诈言其受贡也,方疑我国之折而为倭。及闻关白平秀吉大起兵侵攻朝鲜,以为我国之向导。继闻都城陷没之言,兵部尚书石星问我国使臣曰:'你国乃天下强兵处,何以旬日之内王京遽陷乎?'"①

这种疑虑并非空穴来风。据日本学者北岛万次说:1590年(宣祖二十三年,万历十八年,天正十八年)十一月,丰臣秀吉在聚乐第引见朝鲜通信使一行。这个通信使是来祝贺丰臣秀吉统一日本全国的,丰臣秀吉则想把他们当作服属使节,让使节带回的答书中要朝鲜国王充当"征明向导"。丰臣秀吉通过各种途径篡夺日本国王的地位,阴谋席卷琉球、朝鲜,吞并中国。明朝的上层官员把这个倭奴入犯计划报告了皇帝。同年十一月,明朝确认丰臣秀吉的征明计划的真实性,加固沿岸防备②。

小西行长于六月十五日攻占平壤。在咸镜道方面的加藤清正俘虏了临海君、顺和君二王子。攻占平壤后,日军不再北进。市村瓒次郎《东洋史统》分析日军攻占平壤后不再北进的原因时指出:首先是日本海军的失利,当时朝鲜海军在李舜臣指挥下,在巨济岛玉浦冲之战、闲山岛之战大败日军。据《惩毖录》记载,李舜臣发明龟甲船,这是一种用铁甲包装的战船,前后左右布满火炮,横冲直撞,行动自如,日本军舰一遇上龟甲船立即粉身碎骨。其次是朝鲜各地义兵蜂起,保家卫国,义无反顾。庆尚道、忠清道、全罗道、京畿道等地的官吏、军人、学者,纷纷组织义军,抗击入侵的日军,使日军深感兵力不足,捉襟见肘③。

---

① 参看李光涛《朝鲜"壬辰倭祸"酿衅史事》。
② 北岛万次《壬辰倭乱期的朝鲜和明》,载荒野泰典等编《亚细亚之中的日本史(2)·外交和战争》,东京大学出版会,1992年,第128~129页、131~132页。
③ 三田村泰助《明帝国和倭寇》,第338~340页。

明神宗根据朝鲜派来的参判申点的报告,得知朝鲜国王处境危险,存没未保,特别关照兵部:"朝鲜危急,请益援兵,你部里看议了来说。王来,可择一善地居之。"①尽管有一些传闻,神宗还是毫不犹豫地作出了东征御倭援朝、接纳朝鲜国王避难的决定。

　　兵部遵旨出兵,但对敌情估计过低,只派游击史儒率少量兵马前往平壤。由于不熟悉地理,又遭连日淫雨,史儒兵败阵亡。副总兵祖承训随后统兵三千渡鸭绿江增援,又遭挫败,仅祖承训只身逃回。

　　初战失利的消息传到京师,朝野为之震动。神宗决定采取大动作,任命兵部侍郎宋应昌(字时祥,号桐冈,浙江杭州人)为蓟保辽东等处备倭经略,员外刘黄裳、主事袁黄赞画军前。同时还任命正在宁夏平叛战场的提督陕西讨逆军务总兵李如松为提督蓟辽保定山东军务,克期东征。兵部尚书石星推荐沈惟敬"可佐缓急",以游击将军衔赴军前②。宋应昌受命后,即去山海关整军备战,声称平日讲求一字阵法,用兵一万,造车三百六十辆,火炮七万二千门,弓弩二万七千副,毡牌各二千面,弩箭数百万枝,火药铅子及轰雷、地雷、石子、神球、火龙、火枪等,要兵部给予钱粮,制造备用③。这显然是受前两次仓促出兵招致败绩的影响,给人以怯敌的感觉。御史郭实抓住此事上疏参劾宋应昌出任经略不称职。宋应昌乐得顺水推舟,请求辞职。

　　这一下惹恼了神宗,下旨谴责宋、郭二人。他说:"宋应昌已奉命经略,只为郭实一言,遂畏避不肯前去。沿海边务,责成何人?浮言反重于朝命,国纪何在?倭报已紧,宋应昌可即日择行。九卿科道依违观望,今亦不必会议。郭实怀私妄奏,阻挠国事,着降极边杂职用。再有渎扰的,一并究治。"④神宗所说的九卿科道依违观望者,首当其冲的就是兵部尚书石星。他对东征没有把握,寄希望于"招抚",因此派市井无赖出身而精通日语的嘉兴人沈惟敬以游击将军头衔前往平壤探听虚实。关于沈惟敬其人,《万历野获编》如是说:"沈惟敬,浙江平湖人,本名家支属,少年曾从军,及见甲寅倭事。后贫落,入京师,好烧

---

① 《万历邸钞》万历二十年壬辰卷,七月,朝鲜请乞内附条。
② 茅瑞征《万历三大征考·倭上》。该书谓:"兵部尚书石星度越江事倭,且罢奔命,募能入倭关说者,于是游客沈惟敬请往宣谕,以数骑走倭营刺情形归报,石大惑之。会中朝简侍郎宋应昌经略以员外郎刘黄裳、主事袁黄赞画,大司马以沈惟敬可佐缓急,题假游击,赴军前。"
③④ 《万历邸钞》万历二十年壬辰卷,八月,以宋应昌经略蓟保辽东等处备倭条,谪御史郭实极边杂职条。

炼,与方士及无赖辈游。石司马(星)妾父袁姓者,亦嗜炉火,因与沈善。会有温州人沈嘉旺从倭逃归,自鬻于沈,或云漳州人,实降日本,入寇被擒脱狱。沈得之为更姓名,然莫能明也。嘉旺既习倭事,且云关白无他意,始求贡中国,为朝鲜所遏,以故举兵。不过折柬可致。袁信其说,以闻之司马……司马大喜,立题授神机三营游击将军。"①沈惟敬受命前往朝鲜义州,表面上是"宣谕倭营",实际上是寻求和议。随即在平壤城北降福山下与日将小西行长会谈,小西对沈惟敬诡称:"天朝幸按兵不动,我亦不久当还,当以大同江为界,平壤以西尽归朝鲜。"小西与沈还达成了休战五十天的"协议"②。沈惟敬返回后向兵部作了汇报。朝廷官员议论后,以为倭寇多变诈,不可信,我军利于速战速决,便催促宋应昌立即统兵出击。

史籍说:"宋应昌有口才,酷好术数,为山东巡抚时,倭寇朝鲜,警报旁午,守檄登、莱两府收鸡蛋数万。或问何用,曰:'倭寇舟来,我以鸡蛋掷之,舟滑站立不住,悉成擒矣。'远近闻者大笑。兰溪(赵志皋)在政府,独奇之,擢为兵部侍郎,总督征倭军务。又有方士张君就者,挟变幻小术,守延置幕中。既至辽东,则索民间桌二百张迭加高数丈,张披发持剑立桌上,施符演法,号于众曰:'三日后当有天兵十万助我灭倭。'次夜,张潜入娼家宿,与一武弁争,抉其目负伤遁去,宋大沮丧,复谬言:'我有神术,当令倭酋自缚来降。'呜呼,朝廷纵乏人,奈何令此辈当一面,褻中国之威灵,而取外夷之轻侮哉!"③

当时倭警告急,有人献策:可征用江南沙船沙兵,兵科向朝廷题请,神宗下旨派御史、总兵各一员前往征募。兵部武选司员外伍袁萃向兵部尚书石星言明真相:"所谓沙船者,乃太仓、崇明等捕鱼之具;所谓沙兵者,非兵也,即捕鱼之人耳,只能于海滨行驶,不入海洋,不习水战,将焉用之?且彼岂肯舍累世之业而趋不可必之利哉?即迫于威令,而船之坚固者、人之勇悍者未必来也。止之便。"石星说:"业已奉旨矣,何可中止?"伍袁萃说:"无已,合更请,但行抚按招募,勿遣文武官以滋骚扰。"后来果然召得百余艘沙船,都是朽烂不堪,随船二千兵员,都是市井乌合之众,石星派一名游击率领,行至天津,遇上大风,船

---

① 沈德符《万历野获编》卷17《沈惟敬》。
② 谷应泰《明史纪事本末》卷62《援朝鲜》。北岛万次《壬辰倭乱期的朝鲜和明》,载《亚细亚之中的日本史(2)·外交和战争》,第141~143页。
③ 文秉《定陵注略》卷2《建言诸臣》,万历二十年七月条。

多倾覆,那名游击溺水丧命。石星懊悔莫及。时人叹曰:"朝廷以虚声集事,每每如此!"①

十一月,沈惟敬再度来到义州,朝鲜国王接见了他,并表示:"小邦(朝鲜)与贼有万世必报之仇,前日坚守五十日之约,以待天兵,今反有意许和,以堂堂天朝,岂和小丑(日本)讲和乎!"沈惟敬仍与小西行长进行会谈,指出:尔国诚欲通贡,岂必假道朝鲜? 敕下廷议,若无别情,必查开市旧路,一依前规定夺。对于沈惟敬的讲和,并谋求以大同江划界,李如松、宋应昌持批判立场,认为沈惟敬的狡诈有"辱国辱君"之罪②。

十二月,提督李如松从宁夏赶来,以蓟州、辽东、保定、山东等处军务提督的名义派往朝鲜。李如松是名将李成梁之子,从小跟随父亲征战,深谙兵机韬略,又熟悉朝鲜情况。神宗任命他为东征提督,是最佳选择。为了激励李如松所部将士的士气,神宗特发十万两银子犒慰,并宣布重悬赏格,以期战则必胜。

李如松接到沈惟敬的报告,倭酋小西行长愿接受封贡,请退至平壤以西,以大同江为界。李如松不信此言,怒斥沈惟敬险邪,要斩首处死。参谋李应试从旁劝说,正可将计就计,出奇兵偷袭③。兵不厌诈,李如松这个一向骁勇善战的将领,这番要尝试一下智取的谋略。他事先派沈惟敬去平壤,与倭将小西行长约定:李提督即将抵达平壤附近的肃宁馆,举行封贡大典。

万历二十一年(1593年)正月初四日,李如松率部至肃宁馆,小西行长特遣牙将二十人迎接封使。李如松突然喝令拿下,捉住三人,其余牙将逃回报告。小西行长大惊,问沈惟敬:这大概是翻译没有把意思转达明白吧? 然后再派亲信小西飞等随沈惟敬前往说明。李如松为了迷惑对方,对他们抚慰备至。正月初六日,李如松率军抵平壤城下,小西行长在风月楼瞩望,派部下夹道迎接。李如松布置将士整营入城,诸将逡巡未入,对方看出破绽,登城据守。一场决战不可避免。

李如松察看平壤地形,东南两面临江,西面枕山陡立,北面牡丹台高耸险

---

① 文秉《定陵注略》卷2《建言诸臣》,万历二十年七月条。
② 北岛万次《壬辰倭乱期的朝鲜和明》,载《亚细亚之中的日本史(2)·外交和战争》,第134~135页。
③ 谷应泰《明史纪事本末》卷62《援朝鲜》。李宣根《大韩国史》第5卷,韩国出版公社,1980年,第12~73页。

要。正月初八日黎明,一场激战爆发。据《万历三大征考》描述:"倭炮矢如雨,军稍却,李将军手戮一人,我师气齐奋声震天。倭方轻南面为丽兵,承训等乃卸装露明盔甲。倭急分兵拒堵,李将军已督杨元等从小西门先登,李如柏等从大西门入,火药并发,毒烟蔽空。方战酣时,吴惟忠中铅洞胸,血殷踵犹奋呼督战。而李将军坐骑毙于炮,易马驰堕堑,鼻端出火,麾兵愈进。我师无不一当百,前队贸首,后劲已踵,突舞于堞,倭遂气夺宵遁。"①迫使倭军退保风月楼。半夜,小西行长提兵渡过大同江,退保龙山②。

李如松初战告捷,给朝廷的战报称:"本月初六日至平壤城下,初八日登城克捷。斩获倭级一千五百有余,烧死六千有余,出城外落水淹死五千有余。"③明朝军队乘胜追击,一气收复开城、黄海、京畿、江源四道,日军退守王京。李如松率轻骑向碧蹄馆进发,一月二十七日,在碧蹄馆迎击日军。碧蹄馆之战,李如松兵败,退往临津江南岸的坡州。碧蹄馆之败,明朝军队的锐气受挫,李如松上奏皇上感叹"众寡不敌,臣病甚,请以他人代其任"。经略宋应昌则倾向于议和④。宋应昌根据沈惟敬的建议向小西行长送去"宣谕":"汝等果能涤志湔非,尽还朝鲜故土,并还两王嗣及陪臣等,归报关白,上章谢罪,本部即当奏题,封尔关白为日本国王。"⑤于是派游击周宏谟与沈惟敬前去谈判。四月八日,双方在汉城府龙山和议,达成以下四点协议:(1)返还先前加藤清正俘虏的朝鲜二王子;(2)日军从汉城撤往釜山浦;(3)布阵于开城的明军在日军撤出汉城的同时撤退;(4)明朝派讲和使节赴日本⑥。

四月十八日,日军放弃王京南撤,退保釜山,汉江以南千余里朝鲜故土得以收复。

根据协议,明朝议和使节谢用梓、徐一贯抵达日本名护屋(名古屋),谒见丰臣秀吉,丰臣秀吉于六月二十八日提出议和七项条件:(1)迎明朝皇帝之女备为日本天皇之后妃;(2)两国年来因间隙而断绝的勘合贸易应予恢复,希望

---

① 茅瑞征《万历三大征考·倭上》。
② 《明史》卷238《李成梁传附李如松》。谷应泰《明史纪事本末》卷62《援朝鲜》。茅瑞征《万历三大征考·倭上》。
③ 《万历邸钞》万历二十一年癸巳卷,正月,李如松进攻朝鲜平壤条。
④ 北岛万次《壬辰倭乱期的朝鲜和明》,《亚细亚之中的日本史(2)·外交和战争》,第146~148页。
⑤ 宋应昌《经略复国要编》卷7《宣谕平行长》。
⑥ 《壬辰倭乱期的朝鲜和明》,《亚细亚之中的日本史(2)·外交和战争》,第150~151页。

官船商船往来;(3)明朝大臣与日本大名之间交换通好不变的誓词;(4)朝鲜一分为二,北部四道及京城返回朝鲜,南部四道给予日本;(5)以朝鲜王子及大臣一二作为人质,送往日本;(6)归还去年俘虏的朝鲜二王子给朝鲜;(7)朝鲜大臣向日本提出誓词。明朝方面提出三项条件:(1)返还朝鲜全部领土;(2)朝鲜二王子归国;(3)丰臣秀吉谢罪①。

九月间,日本方面请求封贡。朝廷通知经略宋应昌,不宜允许。宋应昌上疏申辩,他未曾答应封贡。兵部尚书石星也上疏申辩:"近日议论愈多,观听愈淆,其势必至尽没将士血战之劳,大陷经略叵测之谋,臣之狗马愚衷,亦且死不瞑目。"②神宗对此两人的奏疏明确表态:"朕以大信受降,岂追既往。可传谕宋应昌严备,劝彼归岛,上表称臣,永为属国,仍免入贡。"③

不久,兵部职方司主事曾伟芳指出:"为今之计,宜朝鲜自为守,吊死问孤,练兵积粟",其国王可令"退闲",另立光海君,或"令众建王族"④。神宗对他所说"宜朝鲜自为守"颇表赞许,至于更换国王一事,则以为不可。几天后,神宗致书朝鲜国王,就此次战事,向朝鲜方面表明态度:"尔国虽介海中,传祚最久……乃近者倭奴一人,而王城不守,原野暴骨,庙社为墟。追思丧败之因,岂尽适然之故! 或言王偷玩细娱,信惑群小,不恤民命,不修军实,启侮海盗,已非一朝,而臣下未有言者。前车既覆,后车不可不戒哉! 惠徼福于尔祖,及我师战胜之威,俾王之君臣父子相保,岂不甚幸。第不知王新从播越之余,归见黍离之故宫,烧残之丘陇,与素服郊迎之士众,噬脐疾首,何以为心;改弦易辙,何以为计? 朕之视王,虽称外藩,然朝聘礼文之外,原无烦王一兵一役。今日之事,止以大义发愤,哀存式微,固非王之责德于朕也。大兵且撤,王今自还国而治之,尺寸之土,朕无与焉。其可更以越国救援为常事,使尔国恃之而不设备,则处堂厝火,行复自及。猝有他变,朕不能为王谋矣。"⑤

这是神宗对十几天前朝鲜国王上表谢贺的答词,虽然以天朝对外藩敕书

---

① 三田村泰助《明帝国和倭寇》,第342～344页。《信长和秀吉》,载《日本史之谜和发现》(9),第60页。李宣根《大韩国史》第5卷,第74～125页。崔韶子《明清时代中韩关系史研究》,汉城梨花女子大学出版部,1997年,第42～51页。
② 《万历邸钞》万历二十一年九月癸巳卷,九月,兵部尚书石星求罢条。
③ 谈迁《国榷》卷76,万历二十一年九月壬戌。
④ 同上书卷76,万历二十一年九月庚午。
⑤ 同上书卷76,万历二十一年九月丙子。《明神宗实录》卷264,万历二十一年九月丙子。

的形式发出,不乏居高临下之意,但内容并无盛气凌人之处。在这封国书中,神宗还透露了即将从朝鲜撤兵之意。因此,当十月间蓟辽总督顾养谦(字益卿,号冲庵,南直隶通州人)上疏力主从朝鲜撤兵时,神宗立即批准了①。十二月,神宗下令:大兵尽撤。并要顾养谦代替宋应昌赴朝鲜料理撤兵事宜,蓟镇防务暂令顺天巡抚代管。神宗还强调,虽然撤兵,"但倭情狡诈,未可遽称事完"②。

兵是撤了,至于是否要同意日本的封贡请求,朝廷一时议论不决。蓟辽总督、朝鲜经略顾养谦于万历二十二年四月初六日上疏,主张"封"与"贡"要么"并许",要么"并绝",其实他是倾向于"并许"的。神宗下旨要兵部会同九卿科道议论此事③。五月初一日,九卿科道会议后,尚书陈有年、侍郎赵参鲁、科道官林材等上疏,以"罢款议守"为主,兵部尚书石星把大臣们的意见报告皇上,神宗以为"事大未可轻拟"④。御史杨绍程极力反对封贡,他援引以往的历史为鉴,永乐时一朝贡,渐不如约,窥探内地,频入寇掠;至嘉靖晚年,东南沿海受祸更烈。这些都是封贡带来的祸害。因此他主张尽快制止封议,敦促朝鲜练兵防守,我兵撤还境上以待⑤。礼部郎中何乔远,科道官赵完璧、王德完、逯中立、徐观澜、顾龙、陈惟芝、唐一鹏等,以及蓟辽都御史韩取善,都接连上疏反对封贡。

在众多反对"封贡"的声音中,福建巡抚许孚远的议论最为有力,也最有针对性,是知己知彼的慎重决策,与一般迂腐官僚的夜郎自大式盲目反对迥然不同。叶向高为许孚远写的墓志铭,对此有一个简略概括:"(许孚远)晋金都御史出抚闽。时平秀吉(即丰臣秀吉)猖狂岛中,滨海岌岌。朝议主封贡。先生侦得其情形,具言:其废主僭位,六十六州劫以威,上下怨毒,势必败。堂堂天朝奈何假之名器,而与之市。疏上,议乃格。"⑥孙鑛所写的许孚远神道碑,也有类似的说法:"(许孚远)晋右金都御史,巡抚福建。时倭扰朝鲜,浪传乞封,本兵议许之,众论不然。方纷纭未定,然其端原自闽发之。公至福建,密募死士,

---

① ⑤　谷应泰《明史纪事本末》卷62《援朝鲜》。
②　《万历邸钞》万历二十一年癸巳卷,十二月,宋应昌撤兵自朝鲜回京条。
③　《明神宗实录》卷272,万历二十二年四月甲寅。
④　同上书卷273,万历二十二年五月戊寅。
⑥　叶向高《苍霞草》卷16《嘉议大夫兵部左侍郎赠南京工部尚书许敬庵先生墓志铭》。

往彼国侦焉……已而侦者来,悉得彼诡谋,并诸岛酋相仇状。疏闻于朝,谓发兵击之为上策,御之中策,不可轻与对。本兵至胶执,见之亦悚然,至亲见司礼道其实,谓即切责某数语,罢封贡最善。后奸人惑之,乃复摇动卒之。倭患得息者,用公中策也。"①

  这一情况,说来话长。万历二十年十二月许孚远在福建巡抚任上,接受兵部尚书石星的秘密使命——"前往外国,打探倭情"。许孚远物色到史世用,要他装扮成商人搭乘泉州府同安县许豫的商船,前往日本萨摩搜集情报;与许豫商船同行的海商张一孚、张一治等,则赴京都、大阪一带以贸易掩护,打探"倭情"。万历二十二年一月二十四日,许豫归国,三月一日向许孚远作了汇报,三月十五日张一学、张一治也向许孚远作了汇报。根据以上情报,许孚远于五月六日写了题为"请计处倭酋疏"的奏章,上报朝廷。他首先报告了"打探倭情"的始末,根据打探到的情报,他分析了丰臣秀吉的情况:"平秀吉此酋起于厮役,由丙戌(万历十四年,1586 年)到今(万历二十二年,1594 年),不七八年,而篡夺国柄,诈降诸岛,絷其子弟,臣其父兄,不可谓无奸雄之智。兴兵朝鲜,席卷数道,非我皇上赫焉震怒,命将东征,则朝鲜君臣几于尽为俘虏,不可谓无攻伐之谋。整造战舰以数千计,征兵诸州以数十万计,皆曩时所未有,日夜图度,思得一逞,不可谓无窥中国之心……"但是他也指出丰臣秀吉色厉内荏的另一面:"倭酋倡乱,惟在平秀吉一人,诸州酋长多面降而心异,中间有可以义感者,有可以利诱者。秀吉原无亲戚子弟、股肱心膂之人,倘得非常奇士密往图之,五间俱起,神秘莫测,则不倾兵戈而元凶可擒,一获元凶倭乱顿弭。"因此,许孚远对于经略总督等大臣听信沈惟敬之流的一面之词,错误估计形势,颇为不满。他认为,以"封贡"求和是靠不住的:"议者多谓封贡不成,倭必大举入寇,不知秀吉妄图情形久著,封贡亦来,不封贡亦来,特迟速之间耳。"②许孚远所论事关重大,在《明神宗实录》中留下了记载:"先是,尚书石星遣指挥史世用等,往日本侦探倭情。世用与同安海商许豫偕往,逾年始归,报福建巡抚许孚远。豫之伙商张一孚、张一治亦随续报,互有异同。孚远备述以闻,因请敕谕日本诸酋长,擒斩秀吉,朝廷不封凶逆,而封能除凶逆者。又云:莫妙于用间,莫急

---

① 孙镰《月峰先生居业次编》卷 4《明故兵部左侍郎赠南京工部尚书许公神道碑》。
② 许孚远《敬和堂集》之抚闽稿《请计处倭酋疏》。

于备御,莫重于征剿。疏下兵部。"①

许孚远的奏疏在朝廷中引起了相当大的反响。内阁首辅王锡爵一直十分关心此事。早在许孚远上疏之前,两人之间就"封贡"一事有过书信往还。待到"打探倭情"的人回来,许孚远写了《请计处倭酋疏》送到朝廷的同时,他特地致函王锡爵表明自己的观点:"倭酋请封,廷论不决。适此中侦探倭情还报,因以转闻阙下,具体事理详在疏中。孚远本属疆吏,非不欲藉权变羁縻之说稍缓兵防,偷安在此。顾念国家事体关系甚重,不容规避而无言。且此事行之,脱有后患,悔之无及。"②许孚远反对"封贡"的主张在朝廷中发生了影响。但是主张"封贡"的势力依然不可小觑③。万历二十二年八月,总督顾养谦上疏神宗,呈上了"封贡"的具体方案:贡道宜定在宁波,关白(丰臣秀吉)宜封为日本国王,请皇上选择才力武臣为使节,宣谕小西行长率军归国,便于封贡如约④。同年九月,神宗在嘉奖东征有功官员的同时,责问兵部:"朕前见廷臣争讲东倭封贡事宜,自奉旨停罢后,如何再无人言及倭事? 你部里亦未见有奇谋长策来奏,不知善后之计安在? 今宣捷告庙,为录前功,此事尚未完结。朕宫中将此倭情细思之,或遣兵驱去,或待再来出兵征之,或不许贡但许市。这三策,你部里可斟酌复奏。"⑤神宗对廷臣的议论一时举棋不定,提出了三个可供选择的方案,要兵部斟酌利弊得失提出意见。

兵部尚书石星原本是主张"封贡"的,面对皇上提出的"三策",他只是含糊其辞答复:"罢封贡独许开市未知东南省直利害如何? 若待其再至出兵征之,今设奠副总兵,增兵万人,仍行山东、浙(江)、(南)直(隶)、广(东)沿海将士,严兵训练。"⑥

待到神宗接到朝鲜国王请求允许"封贡"、以保危邦的书信时,才明确地指示兵部:"倭使求款,国体自尊,宜暂縻之。"⑦由此可见,神宗批准"封贡"方案实

---

① 《明神宗实录》卷273,万历二十二年五月癸未。
② 《敬和堂集》之书《启王荆石阁老》。
③ 参看三木聪《福建巡抚许孚远的谋略——围绕丰臣秀吉的"征明"》,载高知大学人文学科《人文科学研究》第4卷(1996年)。
④ 谷应泰《明史纪事本末》卷62《援朝鲜》。
⑤ 《万历邸钞》万历二十二年甲午卷,九月,加宋应昌都察院右都御史条。《明神宗实录》卷277,万历二十二年九月甲申。
⑥ 谈迁《国榷》卷76,万历二十二年九月甲申。《明神宗实录》卷277,万历二十二年九月甲申。
⑦ 《明神宗实录》卷76,万历二十二年九月丁亥。

在是无可奈何的选择。因此当刑部主事郭实上疏反对"封贡"时,神宗降旨:"东事阻挠坏乱,皆因群小朋谋,指使附和失策。郭实首倡,革为民。其余两京条议倭情的,你部通查,内有阻封贡造言惑众的,另开写来说。"①"封贡"的事就这样定了下来。

具体经办此事的兵部尚书石星,一面上疏大谈"封贡"之可取:"皇上慨然许封,敷布诏旨,今倭久住釜山,我之不封,既已失信,又复骤疑。故封而后敕令尽归,宜无不得";一面提出赶紧快办的方案:"事惟决断乃成,人惟专责乃效,今督臣职在封疆,惟以战守为急,议及封事未免迟回不决,往返商议,便是春汛,再致他虞谁任其咎?臣既力担封事,遑恤其他,自当吃紧决策,以收完局。"②石星派官员赴辽阳,伴送日方使节小西飞(小西行长的家臣内藤如安)前来北京;派官员赴朝鲜釜山,要小西行长做好准备,一俟封事既定,立即从釜山撤退。神宗批准了这一方案,并且重申:"有不奉旨阻挠的,奏来拿问。但有腾架浮言败坏封事,着厂卫衙门多差兵校严行缉拿重治。"③

十二月,日方使节小西飞抵达京师,石星优待如王公。阁臣赵志皋甚至提议皇上在御门接见小西飞。神宗鉴于"夷情未审",命令把小西飞安顿在左阙门,由有关官员与他会谈,不予接见④。明朝官员提出封贡的三个条件:从朝鲜撤兵,册封而不朝贡,发誓不再进犯朝鲜。小西飞表示接受,封议便由此敲定。

神宗委派临淮侯李宗城为正使,都指挥杨方亨为副使,在沈惟敬的陪同下,前往日本,册封丰臣秀吉。明神宗册封丰臣秀吉的诏书写道:"朕受天明命……惟尔日本,远隔鲸涛,昔尝受爵于先朝,中乃自携于声教。尔平秀吉能统其众,慕义承风,始假道于朝鲜,未能具达,继归命于阙下,备见真诚。驰信使以上表章,干属藩为之代请,恭顺如此,朕心嘉之。兹特遣后军都督府署都督佥事李宗城,五军营右副将署都督佥事杨方亨,封以日本国王,锡以冠服金印诰命。凡尔国大小臣民,悉听教令,共图绥宁,长为中国藩篱,永奠海邦之黎

---

① 《万历邸钞》万历二十二年甲午卷,九月,内旨革刑部主事郭实为民条。
② 谈迁《国榷》卷76,万历二十二年十月丁卯。《万历邸钞》万历二十二年甲午卷,十一月,再议封倭条。中村荣孝《丰臣秀吉的外征——文禄庆长之役》,载中村荣孝《日鲜关系史研究(中)》,吉川弘文馆,1969年,第197页。
③ 《万历邸钞》万历二十二年甲午卷,十一月,再议封倭条。
④ 《明神宗实录》卷280,万历二十二年十二月甲寅。

庶,恪遵朕命,克祚天麻。"①

然而,正使李宗城抵达朝鲜釜山后,突然逃亡,神宗不得不将副使杨方亨升为正使,随员沈惟敬升为副使。一行人等六月由釜山出发,九月一日在大阪城会见丰臣秀吉。丰臣秀吉接受了册封诰命书、日本国王金印及明朝冠服。丰臣秀吉命相国寺承兑宣读诰命、敕谕,当读到"万里叩关,恳求内附"之类词句时,丰臣秀吉大为激怒。关于丰臣秀吉激怒,堀杏庵《朝鲜征伐记》②有所描述,以后赖山阳《日本外史》为了歪曲历史,作了不符事实的夸张,他说:在宣读诰命敕谕时,丰臣秀吉立即脱去冕服,抛到地上,并且取来册书,把它撕裂。其实这份册书至今仍保存得相当完好,丝毫没有撕破的痕迹。据西嶋定生说,万历帝的诰命现藏于大阪市立博物馆,敕谕现藏于宫内厅书陵部③。关于这个诰命敕谕,大庭修有详细的研究:诰命是写在青赤黄白黑五色云鹤纹织锦上的,其条文"奉天承运皇帝制曰"云云,及"特封尔为日本国王"云云,以工整楷书分五十行书写。诰命是册封的辞令。敕谕是讲和条件的具体指示,记载了封秀吉为日本国王而赐予的金印、冠服以及赐予陪臣们的官职、物品,最后还附记赐予国王冠服的目录。这些冠服的原物至今仍保存在京都市的妙法院④。

次日,丰臣秀吉身着明朝冠服,在大阪城设宴招待明朝使节。

然而,事情并未朝预想的目标发展。一方面,明朝的册封使节回国后,并没有把真相报告朝廷。反而说丰臣秀吉表示了恭顺之意。沈惟敬在日本买了许多物品,诡称"日本国王丰臣秀吉相赠付物",在北京送给政府要人,制造一种假象。沈惟敬甚至还伪造了丰臣秀吉的"谢恩表"。另一方面,"封事"并未如明朝预想的那样,导致日军从朝鲜撤退。丰臣秀吉借口朝鲜未按谈判七条办事,准备再次对朝鲜发动进攻。万历二十四年(1596年)十二月初四日,蓟辽总督孙𨥨(字文融,号月峰,浙江余姚人)、辽东巡抚李化龙(字于田,号霖寰,山东长垣人)向朝廷报告紧急倭情,内称:丰臣秀吉密谋大举,朝鲜道咨告急,求调浙兵三四千名,星夜前进,驻扎要害,以为声援。神宗命兵部紧急筹措⑤。

---

① 《国榷》卷77,万历二十三年二月辛亥。
② 堀杏庵,即堀正意,是江户时代初期藤原惺窝的弟子,《朝鲜征伐记》是其代表作。
③ 西嶋定生《中国古代国家和东亚世界》,第636～637页。
④ 大庭修《关于丰臣秀吉封为国王的诰命——我国现存的明代诰敕》,载《关西大学东西学术研究所纪要》第4辑(1973年)。
⑤ 《万历邸钞》万历二十四年丙申卷,十二月,兵科署科左给事中徐成楚上御倭公议条。

万历二十五年正月，册封日本使臣杨方亨一行回到釜山。神宗接到兵部转来的报告，给兵部发去一道谕旨："览奏，日本受封，册使回到釜山，恭顺之诚殊可嘉尚。但釜山余兵尚未尽撤，既非原议，而两国之疑终未尽释。你部便行文与日本国王，着他撤还釜兵，以全大信。又行文与朝鲜国王，着他即差陪臣以修交好，毋彼此再生嫌隙……"①神宗未免把外交事务看得太简单化了，以为册封之后丰臣秀吉便会撤兵；以为只要朝鲜做些让步，两国便不至于刀兵相见。实在是一厢情愿的善良愿望。

对于此事，已退休在家的申时行颇持异议。他说："朝鲜有海难，连章告急请援兵，朝议皆言可许，乃命将发兵，遣大臣经略，抽选各边精锐以往，本兵檄海上各以舟师来会。中外汹汹。余方卧家，客问余计将安出？余曰：朝鲜固属国，然国家不有其疆土，不征其租赋，与内地异……恶有以天朝成外国者。朝鲜能自守则吾助之兵粮，以示恤小之仁，或告谕日本使之罢兵则可耳。已闻朝廷遣人谕倭，倭将各引还釜山，以王京及房王子归朝鲜，诡云欲入贡天朝，为朝鲜所遏，故兴兵伐之。于是封贡之议起矣。庙堂若有主持许其封而却其贡，即彼遣使来当令辽东抚臣审实代奏，而后许封；待其表文既至，而后遣使，乃不失体。今小西飞乃倭将行长一书记耳，本兵（按：指兵部尚书）尽撤营兵夹道陈列而迎之，请驾御午门城楼引见，亦甚亵矣。闻京师百官军民无不愤恨，而本兵扬扬自以为得策也。已，又遣两使臣赍冠服以往，而关白尚不知使臣，留待半岁。本兵自遣其仆往探之，竟不得命，而讹言四起。使臣且踉跄奔还，不惟误国且辱国，可为扼腕长太息也。"②申时行的议论可谓旁观者清，如果此时他仍当政，不知是否能这样做，还很难说。

就在这时，丰臣秀吉发动了第二次对朝鲜的战争。这是明朝方面不曾料到的。正月十五日，辽东副总兵马栋报告，有倭将清正带领倭兵船二百余只，已于十四日到朝鲜海岸，至原住机张营驻扎，其兵力不下两万。朝鲜陪臣刑曹郑其远向明朝痛哭求援③。神宗得报，下令廷臣会议倭情，决定对策。署兵科给事中徐成楚（字衡望，湖广郧阳竹溪人）指出，倭情紧急，倭将清正率领兵船

---

① 《万历邸钞》万历二十五年丁酉卷，正月，册封日本使臣釜山条。
② 申时行《赐闲堂集》卷40《杂记》。
③ 《万历邸钞》万历二十五年丁酉卷，二月，朝鲜陪臣郑其远痛哭请援条。

二百余只,丰茂守等率领兵船六十余只,至朝鲜西生浦等处,倭船络绎过海不绝。他抨击"奸臣党庇天听",诡称"只为礼文缺典"引起兵端之类胡言乱语,驳斥道:"世岂有兴师十数万,浮海数千里,争一繁文缛节"之事①。至此神宗才知道"封事"已经失败,使臣与兵部还在掩盖事情真相,不由大怒,下令革去兵部尚书石星、蓟辽总督孙𬭎的官职,任命邢玠(字式如,号昆田,山东益都人)以兵部尚书出任总督,都御史杨镐(字京甫,号凤筠,河南商丘人)经略朝鲜军务,以麻贵为提督,东征援朝。因石星在封事上失职,神宗下令交法司议罪,他在给刑部的谕旨中说:"倭奴狂逞,掠占属国,窥犯内地,皆前兵部尚书石星诒贼酿患,欺君误国,以致今日,戕我将士,扰我武臣,好生可恶不忠!着锦衣卫拿去法司,从重议罪来说。"不久即将石星处以极刑,妻子发配烟瘴地面永戍②。

石星这种官僚的悲剧在于,稍有小才而对外交国防所知甚少,却一味投机取巧,是一个不合格的兵部尚书,在如此重大的外交国防问题上失误,断然难逃一死。清初著名学者朱彝尊对他的才华还是很看重的,说:"少保(指兵部尚书石星)虽与弇州声应气求,然风雅道远。"③然而作为兵部尚书是不称职的,他对这场战争始终缺乏信心,以兵部右侍郎宋应昌为经略,以"市井无赖"沈惟敬为游击,确立石星—宋应昌—沈惟敬路线,表面上巩固筹集钱粮、制造武器、征发渔船、募集士兵的援军体制,暗中进行和平折冲④。这是导致明朝处于被动的根本原因。

此次丰臣秀吉所发侵朝之兵,大多从长门岛等地调来,达十二万之众,其中精锐部队有清正一万二千,行长一万,义弘一万,辉元二万,其余各部各有数千不等⑤。而明朝方面的援军,最初预定七万,实际最多时才四万,"封贡"和平交涉时不过二万(一说一万六千)。待到丰臣秀吉第二次发兵朝鲜,明朝方面认识到日本的领土野心,朝鲜灭亡必危及明朝,必须采取长期作战的战时体制,因此出动兵力明显增加,据《明神宗实录》的记载,"征倭之兵,水陆共九万

---

①② 《万历邸钞》万历二十五年丁酉卷,二月,集廷臣会议倭情条;署兵科给事中徐成楚奏报紧急倭情条;八月,执石星法司议罪条。
③ 朱彝尊《静志居诗话》卷14《石星》。
④ 冈野昌子《秀吉的朝鲜侵略和中国》,载"中山八郎教授颂寿纪念"明清史论丛编纂委员会《中山八郎教授颂寿纪念·明清史论丛》,东京燎原书店,1997年,第143~158页。
⑤ 《万历邸钞》万历二十五年丁酉卷,九月,随府上御倭略条。

余名";据朝鲜李朝《宣祖实录》的记载,明军达十一万人①。不过这些数字都是万历二十六年的事,万历二十五年战争初期兵力没有达到这一水平,日军明显占据优势地位。日军以优势兵力很快攻破朝鲜闲山、南原等处,辽东援军三千全部被歼。战争是在通向全罗道的巨济岛(庆尚道)开始的。小西行长、岛津义弘汇集了水陆军团,击破了元均率领的朝鲜水军。南原城由明将杨元和朝将李福男守卫。这个城吸取了败于日本铁炮队的经验教训,采取了新的对策:围筑了深壕和高屏。然而日军把附近的杂草和稻割下来埋入壕内,攻进了城。南原城攻占后,日军在全罗道泗州由岛津义弘,庆尚道蔚山由浅野幸长与加藤清正构筑阵地。岛津义弘在老的泗州城外构筑新的泗州城,这是与铁炮队战术相配合的日本式城,向这里发动进攻的明朝联军遭到挫败。总督邢玠向神宗大叹苦经:朝鲜南原、全州已失,倭势甚大,该国官民纷纷逃散,渐遗空城,不唯不助我兵,不供我饷,且将食粮烧毁,绝军咽喉,反戈内向,萧墙变起。数支孤军,御倭且难,御朝鲜之贼益难②。

就在这种艰难形势之下,邢玠督师抵达平壤,进军王京(汉城)。据朝鲜人赵庆男《乱中杂录》记载,当时战况相当激烈:"丁酉九月六日,天将副总兵解生等,大败贼众于稷山金岛坪,清正等退遁,流下岭南。初,杨镐在平壤,闻贼兵已逼畿甸,日夜驰到京城,令本国设浮桥铜雀津,先送副总兵解生、参将杨登山、游击摆赛颇贵等兵数万,迎战于湖西之境。解生等到金岛坪,巡审用武之便,分兵三协,为左右掩杀之计。陈愚忠自全州退遁,贼兵跟追,已渡锦江。上日夜泣诉于经理(杨镐),慰解曰:倘官军不利,主君宫眷可相救活,即于麻贵领大军启行,至水原下寨,遣兵于葛院,埋伏于芥川上下,以为后援。贼兵自全州天安直向京城,五日黎明,田秋福向洪庆院,先锋已至金岛坪。天兵左协出柳浦,右协发灵通,大军直从坦途,锣响三成,喊声四合,连放大炮,万旗齐颤,铁马云腾,枪剑奋飞,驰突乱砍,贼尸遍野。一日六合,贼逝披靡……翌日平明,贼兵齐放连炮,张鹤翼以进,白刃交挥,杀气连天,奇形异状,惊惑人眼。天兵应炮突起,铁鞭之下,贼不措手,合战未儿,贼兵败遁,向木川

---

① 冈野昌子《秀吉的朝鲜侵略和中国》,载"中山八郎教授颂寿纪念"明清史论丛编纂委员会《中山八郎教授颂寿纪念·明清史论丛》,东京燎原书店,1997年,第143~158页。
② 《万历邸钞》万历二十五年丁酉卷,八月,倭据朝鲜全庆条。

清州而走。"①这一仗日将清正损兵折将相当惨重,日本方面称:此番入朝经历了三大战役,即平壤、幸州、金岛坪,金岛坪之战即稷山之战,可见此役对日本影响之大。

万历二十五年十二月,经略杨镐、提督麻贵由王京进至庆州,二十三日攻取蔚山,大败日将平清正。《宣祖实录》卷 95 中说:"本月二十三日丑时,三协天兵一时自庆州分三路前进,黎明,左协先锋直捣蔚山贼窟,佯北诱引,再次大战,斩首五百余级,生擒倭将一名,盘问,则清正往在西生浦云云。城外贼幕尽为焚烧,余贼遁入城内土窟。日已向晡,南兵未及齐到,解围休兵,将以明日早朝荡灭。经理与提督并驻贼营一马场外,看验首级牛马器械……"提督麻贵派遣差官从蔚山抵王京报捷,国王在别殿接见,国王说:"诸大人为小邦亲冒矢石,大功垂成,不胜感激,天兵无乃多伤乎?"差官说:"二十三日己时,天兵破清正别营,其夜清正自西生来蔚山,天兵方围岛山攻打,而贼在高阜,我军在卑处,故死伤颇多。二十三四日之战,只麻周两千总中丸而死,军兵死者不满三十人。倭贼之从水路来者,为天兵所赶,翻船淹死者数千云。"李光涛引用上述史料后评论道:"朝鲜君臣乃至额手称庆,认为清正不难成擒矣。孰知天不欲灭倭,譬如大兵进围蔚山别堡之所谓岛山,凡十余日,而倭众正困于饥渴交迫,清正且一再至欲拔剑自裁,不意天忽大雨,以解其危,更兼倭援大至,当此之际,杨镐仓卒撤军,结果反为倭兵所乘,不利而退。"②

原先神宗得到捷报下令嘉奖:"东征再捷,此皆总督运筹,抚镇奋勇,以致将士争先效劳,有此奇捷,朕心嘉悦。杨镐亲冒矢石,忠尤可嘉。邢玠赏银一百两,杨镐、麻贵各八十两,再发太仆寺马价银五万两,犒赏将士。"③孰料,这一嘉奖令及犒赏银两还未送到前线,明军即遭败绩。《明史·杨镐传》说,明军在岛山围攻十昼夜无法奏效,反遭日军包围,杨镐率先逃跑,所部顿时溃败,士卒死亡殆二万④。据李光涛考证,《明史·杨镐传》有以下几处讹误:

其一,"是役也,谋之经年,倾海内全力,合朝鲜通国之众,委弃于一旦,举

---

① 赵庆男《乱中杂录》卷 3。参看李光涛《明人援韩与稷山大捷》,载《历史语言研究所集刊》第 43 本第 1 分册。
② 李光涛《明人援韩与杨镐蔚山之役》,载《历史语言研究所集刊》第 41 本第 4 分册。
③ 《万历邸钞》万历二十五年丁酉卷,十二月,总兵麻贵巡抚杨镐进捣蔚山等处倭巢报捷条。
④ 《明史》卷 259《杨镐传》。

朝嗟恨"。所谓"倾海内全力"过于夸张,不过"分四万人为三协而已",而当时明援朝兵力合计有十四万二千余,所谓"合朝鲜通国之众"显然夸张,当时所调各道之兵,不过一万二千五百人。

其二,"诸营上军籍,死亡殆二万"云云,占当时参战兵力之一半,据朝鲜《宣祖实录》记载,此役之后,明军大势依然,而二万之死亡云云当系虚说。清人修《明史》时受明末士大夫之浪说,指大捷为大败。

其三,所谓"地泥淖,且时际穷冬,风雪裂肤"云云,颇有疑窦,查《宣祖实录》,当时蔚山一带只下雨并未下雪,"风雪裂肤"当然是臆测之词。①

三田村泰助《明帝国和倭寇》指出:明援朝鲜的陆军庆长二年十二月大举进攻加藤清正据守的蔚山,清正率军恶战苦斗,直到次年正月毛利秀元的援军赶到,才击退明军。此次蔚山之役,是日本出兵朝鲜期间最艰苦的战斗②。这可以作为李光涛论文的一个佐证。

遭此一败,明军于万历二十六年(1598年)正月全部撤退至王京。神宗得报,下令将杨镐革职回籍听勘。阁臣张位因推荐杨镐有误遭到牵连,也遭到罢官的处分。

朝鲜战争陷入了相持局面。不料风云突变,从日本传来丰臣秀吉于七月九日死去的消息,日军士气顿时低落,阵脚大乱。据说,丰臣秀吉的死是保密的,五大老、五奉行向在朝鲜的大名们发去撤退的指令。但是,为此必须向明朝方面提出撤退的名分,例如以朝鲜王子为人质,朝鲜每年向日本交纳米、虎皮、豹皮、药种、清蜜等租税。明朝和朝鲜似乎模模糊糊地刺探到了丰臣秀吉的死讯,对日本方面的名分和要求不予理会,追击撤退的日军。追击的主要指挥者是代替元均的水军将领李舜臣。他阻断了欲逃往顺天的小西行长的退路。这时,釜山和蔚山的日军撤退之后,小西行长和岛津义弘的军队成了殿后。小西军遭到李舜臣的袭击,岛津军为了救小西军在露梁津与李舜臣的水军展开激战。李舜臣在这场海战中中弹而死③。

邢玠抓住战机,以总兵刘綎、董一元、麻贵分兵三路出击。日军各部无心

---

① 李光涛《明人援韩与杨镐蔚山之役》。
② 三田村泰助《明帝国和倭寇》,第350页。
③ 《信长和秀吉》,载《日本史之谜和发现》(9),第97~99页。

恋战,纷纷渡海东归。战火终于熄灭。

如果丰臣秀吉不死,这场战争还将旷日持久地进行下去。他的死,导致日军失败的早日到来,也粉碎了其吞并朝鲜的黄粱美梦。《明史》卷322《日本传》评论:"秀吉死,诸倭扬帆尽归,朝鲜患亦平。然自关白(秀吉)侵东国,前后七载,丧师数十万,糜饷数百万,中朝与朝鲜迄无胜算,至关白死,兵祸始休,诸倭亦皆退守岛巢,东南稍有安枕之日。"①

万历二十七年三月,神宗命征倭总兵麻贵等班师回朝;任命李承勋以原官提督水陆官军,充防海御倭总兵官,驻朝鲜;周于德移镇山东,为备倭总兵官。四月十五日,神宗破例来到午门城楼,接受朝贺,并把平秀正等六十一名俘虏当场正法。闰四月初八日,神宗为征东胜利,向全国颁发诏书,通告此次东征的缘由。诏书写道:"属者东夷小丑平秀吉(丰臣秀吉),猥以下隶,敢发难端……(朝鲜)君臣逋亡,人民离散,驰章告急,请兵往援。朕念朝鲜称臣世顺,适遭困厄,岂宜坐观!若使弱者不扶,谁其怀德;强者逃罚,谁其畏威!况东方乃肩背之藩,则此贼亦门庭之寇,遏阻定乱,在予一人。于是少命偏师,第加薄伐。平壤一战,已褫骄魂。而贼负固多端,阳顺阴逆,本求伺影,故作乞怜。册使未还,凶威复煽。朕洞知狡状,独断于心,乃发郡国羽林之才,无吝金钱勇爵之赏,必尽卉服,用澄海波……于戏!我国家仁恩浩荡,恭顺者无困不援;义武奋扬,跳梁者虽强必戮。"②这是他对这场战争的政策声明,也是安民告示,其中虽流露天朝大国居高临下的口气,但对于以强凌弱的背信弃义行径不能容忍,对于邻邦遭蹂躏不能坐视,显然无可指责。

### 三、平定播州杨应龙叛乱

明朝沿袭元朝制度,在西南地区设置土司(土官),授予当地民族首领以宣慰使、宣抚使、安抚使、土知府、土知州、土知县等职,实行间接统治。这些土司经常发动武装叛乱,朝廷的对策是,在平定叛乱后,实行"改土归流"——裁撤

---

① 《明史》卷322《日本传》。
② 谈迁《国榷》卷78,万历二十七年闰四月丙戌。

土司，改设流官。例如，永乐十一年(1413年)思南等宣慰使叛乱平定后，改思南宣慰使司等为思南、思州、铜仁、石矸、黎平等府，并在此基础上设置了行省一级的贵州布政使司。

播州地处四川南端，与贵州相邻。播州宣慰使司就是由杨氏世袭的一个土司。杨氏的先世是山西太原人，唐朝乾符年间，始祖杨端征讨南诏，授武略将军，遂世守播州。明初，杨鉴内附，改播州宣慰使司，隶属四川，其地域广袤千里，介于四川、湖广、贵州之间，西北堑山为关，东南俯江为地，领黄平、草塘二安抚使司，真、播、白泥、余庆、重安、容山六长官司，统七姓：田、张、袁、卢、谭、罗、吴①。隆庆五年(1571年)播州宣慰使杨烈死，其子杨应龙承袭其职。万历元年(1573年)神宗给杨应龙颁发宣慰使敕书一道，万历十四年(1586年)神宗又赐他都指挥使衔。

杨应龙生性雄猜，阴狠嗜杀，在播州专以酷杀树威，有睚眦即戕杀，人人惴恐②。他目睹四川官军弱不禁战，每有征讨必调拨土司兵马，因而骄横跋扈，自恃富强，滋生虎踞全蜀的野心。甚至藐视朝廷法纪，在他的居所僭设龙凤，擅用阉宦，俨然一方土皇帝③。

万历十七年杨应龙所部何恩、宋世臣等及张氏叔、张时照向朝廷上加急文书，告发杨应龙谋反。巡抚贵州都御史叶梦熊上疏请发兵征讨，而四川方面鉴于三面与播州交界，士大夫数度赴川贵军门，力陈剪除未为长策。因此四川巡抚、巡按都主"抚"，贵州抚按则主"剿"④。万历十八年贵州巡抚叶梦熊上疏，向神宗指出，播州宣慰使杨应龙凶恶不道，东川道兵备使朱运昌有意纵恶。贵州巡按陈效也上疏弹劾杨应龙二十四大罪。当时朝廷正为"西虏"进犯松潘而忙于调兵遣将，松潘为全蜀门户，四川封疆大吏不敢怠慢，征调播州土司兵协守。因此四川巡抚李化龙上疏神宗，请求暂免勘问杨应龙，给他一个戴罪立功的机会。由此开启了"此惩彼宥，黔蜀异议"的局面⑤。四川方面以为杨应龙无可勘之罪，贵州方面以为四川有私昵杨应龙之嫌。于是兵科都给事中张希皋等人向神宗建议，鉴于事情重大，两省利害相关，拟派遣有关科道官员从公会勘，或

---

① ② ④　茅瑞征《万历三大征考·播州》。
③　《明神宗实录》卷354，万历二十八年十二月乙未。谷应泰《明史纪事本末》卷64《平杨应龙》。
⑤　谈迁《国榷》卷75，万历十八年十二月壬午。

剿或抚,毋执成见。神宗要兵部研究后提出一个方案。到了万历十九年二月,神宗根据兵部的提议,命四川、贵州两省抚按官会勘杨应龙,朝廷不派官员参与此事①。

川贵抚按会勘的结果,意见截然相反。贵州巡抚叶梦熊主张把播州宣慰司及所辖五司全部改土归流,划归重庆管辖。四川巡抚李尚思、巡按李化龙不以为然,反对将播州改土归流,索性引嫌辞职。神宗不予批准,事情就搁置了下来。

四川方面确实是"私昵杨应龙",不敢也不愿将播州改土归流。当杨应龙反叛迹象暴露时,叶梦熊请朝廷发兵征剿,蜀中士大夫顿时议论纷起,以为四川三面与播州相邻,播州兵骁勇善战,现在剪除不是上策。因为这个缘故,四川官员极力主张招抚,反对征剿。神宗下令两省会勘时,杨应龙也愿意赴蜀,不愿赴黔。

万历二十年(1592年)十二月,杨应龙被逮至重庆,对簿公堂,按法律当处斩。杨应龙愿以两万两银子赎罪。这时适逢"倭寇"进犯朝鲜,朝廷羽檄征天下兵,杨应龙便向神宗表示,愿亲自率兵五千"征倭"报效。神宗以东征为重,命四川抚按将杨应龙释放。当杨应龙正要率兵北上时,忽然传来神宗旨意:不必调杨应龙出征。新任四川巡抚黄继光(字于善,号泉皋,山东黄县人)一上任,立即下令严提杨应龙勘结。杨应龙盘踞播州,拒不服从②。

招抚不成,只有征剿。万历二十一年正月,黄继光赶到重庆,与总兵刘成嗣、参将郭成等商议,分兵三路,同时并进。大军进至娄山关,驻兵白石口。杨应龙表面上派人求降,暗中埋伏重兵发动突然袭击,刘成嗣兵败,几乎全军覆没。黄继光因此而遭罢官,只得仓皇撤兵。四川御史吴礼嘉上疏指责参将郭成等"失律",神宗批示:"本酋朝廷原无意必诛,大兵一至,应自缚军门请死。今御史报与本酋奏辩,顺逆悬殊,行严查奏,毋姑息。郭成等革任立功。移蜀新抚臣谭希思星驰赴任,与刘成嗣同贵州抚镇相机征剿。"③谭希思(字子诚,号岳南,湖广茶陵人)接任四川巡抚后,与贵州抚按计议相机征剿杨应龙,两省官

---

① 《明史》卷312《四川土司·播州宣慰司》。《国榷》卷75,万历十八年十二月壬年;万历十九年二月戊子。
②③ 茅瑞征《万历三大征考·播州》。

员畏难而久议不决。

万历二十二年三月,为了解决播州问题,神宗任命邢玠以兵部侍郎出任贵州总督。次年正月,邢玠赶到四川,计划先剪除杨应龙党羽,同时对他晓以大义,援引前不久宁夏叛乱的前车之鉴,向他指出,前来投诚,当待以不死;否则,国家悬赏万金购尔首级。四月间,重庆知府拿了总督邢玠的招抚信函抵达綦江县,敦促杨应龙到安稳(地名)听勘,由綦江知县前往宣谕。杨应龙派其弟杨兆龙到安稳,准备了邮传储粮,郊迎叩头,对来使(綦江知县)说:应龙待罪于松坎,之所以不敢到安稳,是因为安稳多仇民,欲伏兵伺杀,故请来使驾临松坎。綦江知县请示知府后,于五月初八日单骑前往松坎。杨应龙果然捆绑于道旁,泣请死罪,膝行向前,叩头流血,表示愿意把罪人及罚金献于朝廷。邢玠得报,立即派官前往处理此事。杨应龙身穿囚服匍匐郊迎,缚献黄元等十二名罪人,抵杨应龙处斩,愿缴赎银四万两。于是将杨应龙革职,由其长子杨朝栋暂代,将其次子杨可栋押往重庆作为人质①。

当时朝鲜战争还在进行,兵部意欲专注于东征,播州事务宜于暂缓。神宗也考虑到杨应龙一向积有功劳,便批准了邢玠的处理方案,在松坎设立同知,治理该地,并以重庆知府王士琦为川东兵备使弹压。其实,杨应龙施的是缓兵之计,事情过后,不但毫无悔改,反而变本加厉。不久,借口次子死于重庆,扬言促取尸棺,拒不缴出赎银,甚至要挟说:"吾子活,银即至矣"②,并且"分遣夷目,置关据险,僭立巡警:江内七牌,江外四牌,搜戮秦民、劫掠屯堡无虚日。厚抚诸苗,用以摧锋,名硬手。州人稍殷厚者因事诛之,没其家以养苗,诸苗人愿为出死力"③。

对杨应龙的招抚至此宣告失败。此后,杨应龙不断武装袭击川南、贵州、湖广一带,朝廷忙于应付朝鲜战事,一时无暇顾及。到了万历二十七年二月,贵州巡抚江东之派都指挥使杨国柱率兵三千征剿杨应龙,遭到惨败,杨国柱战死。此事引起神宗关注,罢江东之,以郭子章(字相奎,号青螺,江西泰和人)代理贵州巡抚,起用前都御史李化龙以兵部侍郎出任湖广川贵总督兼四川巡抚,征讨播州叛军。这时朝鲜战事已经结束,神宗调拨东征诸将如刘綎等,日夜兼

---

①③　茅瑞征《万历三大征考·播州》。
②　谷应泰《明史纪事本末》卷64《平杨应龙》。

程赶往四川。

杨应龙乘官军尚未赶到,先发制人,以八万兵力分头进犯南川、江津,攻陷綦江。重庆守臣惊恐,归还其子杨可栋尸棺,并厚加贿赂,以遏其攻势。神宗听说綦江陷落,大为恼怒,下旨追夺前四川巡抚谭希思、贵州巡抚江东之官职,他下旨:"谭希思虽准听调,尚在地方,何得息玩军情,致贻大患。江东之贪功浪战,损威辱国,都着革了职为民当差,永不叙用。"赐李化龙尚方宝剑,可以便宜行事①。他还给兵部下了一道谕旨:"綦江失守,蜀事甚急,可忧。着该总督率属厉兵,相机防剿。陕西、甘肃、延绥、浙江等兵,俱难如议调用,刻期赴援。刘綎素称忠勇,你部里马上再行催他奋身报国。"②

万历二十八年(1600年)初,李化龙分兵八路:四川方面,总兵刘綎出綦江,总兵马礼英出南川,总兵吴广出合江,副总兵曹希彬出永宁;贵州方面,总兵童无镇出乌江,参将朱鹤龄出沙溪,总兵李应祥出兴隆卫;湖广方面,总兵陈璘出白泥。各路统兵三万,刻期出发③。贵州巡抚郭子章驻贵阳,湖广巡抚支可大移驻沅州,李化龙自己率中军驻重庆策应。

神宗以楚地辽阔,特地选拔江铎(字士振,浙江杭州人)为偏沅巡抚。湖广分设偏沅巡抚即始于此次平播战事④。

二十余万大兵压境,三省封疆大吏督阵,杨应龙败局已定。

八路大军以刘綎(字省吾,江西南昌人)部最骁勇善战,因而李化龙把他放在最重要的綦江一路。杨应龙深知刘綎厉害,颇为惧怕,派重兵把守要害。二月十五日,刘綎分兵三面围攻,连克三峒。那一天,刘綎督战阵前,左手拿金锭,右手挺剑,大喊:"用命者赏,不用命者齿剑!"士兵锐不可当,初战告捷。

三月初,杨应龙派其子杨朝栋率精锐主力数万前去抵挡,分别由松坎、渔渡、罗古池三路并进。刘綎在罗古池埋伏万人以待松坎来犯之敌,以万人埋伏营外以待渔渡来犯之敌,另有一军左右策应。刘綎身先士卒冲入敌阵,苗兵大惊失色,连声呼喊:"刘大刀至矣!"全军顿时溃败,刘綎追奔五十里,杨朝栋只

---

① 《明史》卷228《李化龙传》。《万历邸钞》万历二十七年己亥卷,七月,革谭希思、江东之职条。
② 《万历邸钞》万历二十七年己亥卷,六月,播酋杨应龙攻破綦江条。
③ 李化龙《平播全书》卷5《叙功疏》。
④ 《明史》卷228《李化龙传》。

身突围,差一点当了俘虏①。刘綎乘胜攻至娄山关下。

娄山关是杨应龙老巢的前门,形势险要,易守难攻。但见万峰插天,丛菁中有一径小道,才数尺宽,设木关十三座,关楼之上堆积滚木、梭杆、垒石,下列排栅数层,合抱大树横截路中,沿路挖掘深坑,坑内密布竹签。如此布防,杨应龙自以为万险俱备②。

刘綎派步兵分左右两路绕道包抄娄山关后背,自己督率主力正面仰攻,攀登鱼贯毁栅而上,两面夹攻,夺下娄山关。

四月初,刘綎屯兵白石口。杨应龙困兽犹斗,自己率苗兵决一死战。刘綎勒马冲坚,令将士分两翼夹击,挫败杨应龙。刘綎率部追至养马城,与南川、永宁两路官军会合,连破龙爪、海云等险囤,兵临海龙囤下③。

海龙囤是杨应龙的老巢,倚为天险,号称飞鸟腾猿不能逾越。此时八路大军云集于海龙囤下,把它团团围住。从五月十八日开始,各军轮番进攻。总督李化龙接到父亲去世的讣闻,神宗令他缞墨视师,李化龙赤脚起草檄文,督促各军奋力进攻。连日大雨滂沱,将士驰骋泥淖苦战。

六月初四日,天气忽然开朗,机不可失。次日,刘綎身先士卒,一举攻克土城。杨应龙坐困穷崖,连夜散银数千两,招募敢死队拒战,苗兵都骇散四奔,无一人响应。杨应龙提刀巡视,只见四面火光冲天,彷徨长叹,与妻田氏相对而泣。次日天明,官军破城而入,杨应龙仓皇与其妾周氏、何氏关门自缢,纵火自焚。其子杨朝栋、弟杨兆龙等被生擒④。

此次平播战役,先后一百十四天,斩敌二万余人,以杨应龙的彻底失败而告终。

万历二十八年十二月,李化龙、郭子章、江铎班师回朝,押解播州叛军头目六十九人抵达京师。神宗特地来到午门城楼参加庆典。杨朝栋、杨兆龙等人在凛冽的寒风中被磔于市⑤。

---

① 道光《遵义府志》卷40《年纪二》。谷应泰《明史纪事本末》卷64《平杨应龙》。《明史》卷247《刘綎传》。
② 李化龙《平播全书》卷5《叙功疏》。
③ 茅瑞征《万历三大征考·播州》。《明史》卷247《刘綎传》。谷应泰《明史纪事本末》卷64《平杨应龙》。
④ 《明史纪事本末》卷64《平杨应龙》。《明史》卷228《李化龙传》。李化龙《平播全书》卷5《叙功疏》。《万历三大征考·播州》。
⑤ 《明神宗实录》卷354,万历二十八年十二月乙未。谈迁《国榷》卷78,万历二十八年十二月乙未。道光《遵义府志》卷40《年纪二》。

令人不解的是,当神宗通令嘉奖有功人员时,在征东与平播战争中立下赫赫战功的大将刘綎,竟以馈赠上司(李化龙、郭子章)金银玉带,而遭到神宗给予的"免官永不叙用"的处分,实在过于赏罚失衡。当播州战事吃紧时,是神宗首先想到刘綎,说他"素称忠勇",要兵部催他从东征战场驰骋千里赶到西南边陲"奋身报国"的①。战事结束后,总督李化龙把刘綎评为"军中第一功",神宗却以区区通馈这类官场寻常事为借口,不仅不予评功,反而给予严厉处分,令人百思不得其解。是怕他居功自傲,尾大不掉,抑或是危难已过,翻脸不认人?无怪乎谈迁要为刘綎鸣不平:"马或奔蹄而致数千里,士或负俗之累而立功名,一二佚行,学士大夫或不免焉,况介胄豪举者哉!""今刘将军以通馈败,其馈人多矣,不幸中弹墨。然窃以为当事过之。彼两台既自好,麾之门外,不必奏劾,即奏劾亦当曲请以东逐岛倭,西歼叛司,功未尽录,当夺一阶,俾省廉洁之效,何至褫秩等于文吏也!设刘将军倍饷溢敛,将何法以加之乎?国家少有风尘之警,动抚髀兴叹:廉如伯夷,信如尾生,驱之行间,始吏议不相容耶!"②这些话表面是抨击言官,实际是批评神宗。更令人不解的是,当云南、四川叛乱又起,神宗想起了被他罢官的刘将军,居然违反自己先前的"永不叙用"旨意,起用他为总兵官,再次为朝廷效忠,以后又调到辽东战场,直至战死。

播州从唐朝乾符年间由杨氏世袭统治,绵延达二十九世八百余年之久,到杨应龙及其儿子死亡而告终结。万历三十一年(1603年)明朝在此实施改土归流政策,改播州为遵义、平越二府;遵义府下辖遵义、桐梓、绥阳、仁怀四县;平越府下辖黄州及余庆、瓮安、湄潭三县;以遵义府隶属于四川,平越府隶属于贵州。毫无疑问,播州土司杨氏势力的消灭,改土归流的实行,对于这一地区政治的统一,经济文化的发展,是一大进步。当时人如此评论:"是役征调兵凡二十万,出师甫逾百日,计三省征剿防守(银)约二百万(两),而逆酋授首,辟要荒为郡邑,遂为西南一大奇捷。"③

当时已经退休在家的前内阁首辅申时行,对于平播战争耗费湖广、四川、

---

① 《万历邸钞》万历二十七年己亥卷,六月,播酋杨应龙攻破綦江条。
② 谈迁《国榷》卷79,万历二十九年四月壬午条。茅瑞征《万历三大征考》附录《都督刘将军传》另有一说:"浮语流讪谑为传奇……有遵郡守詹某,自负勇健,欲与刘将军斗狠,数侮将军。将军言:吾侪皆朝廷尊官,毋蹀亵。詹怒,酗酒挥拳相加,将军指一挥,遂颠仆。朝议谓:刘将军殴郡守,益重将军过,而泯其功。"
③ 茅瑞征《万历三大征考·播州》。

贵州三省财力过多，有所非议。他说："诏发三省兵及调旁近土司讨之，复添设抚臣开府辰沅，加蜀抚总督军务，逾年遂平播州，设遵义府。然三省财力耗费以巨亿计，楚蜀之间绎骚甚矣！向使委官不索贿，应龙不系狱，调则必赴，召则必来，何至称兵叛逆，悍然不顾乎？挑衅启祸必有任其责者，故好事喜功，穷兵殚财，非国家之利，事可永鉴也！"①此话并非没有根据，但由此而否定此役，一言以蔽之为"好事喜功，穷兵殚财，非国家之利"，令人难以心服口服。这种批评固然大胆泼辣，却过于偏激，且本末倒置。凡事有一利必有一弊，播州之役也不例外。虽然耗费了巨额财力，骚扰了地方，但是，若不重兵压境予以铲除，那么杨氏盘踞播州的局面将永无改变之日，蜀黔的治安始终留有隐患。从多次招抚杨氏均遭失败的事实看来，以战争手段平定播州实在是迫于无奈的唯一可供选择的方案。以历史的眼光看问题，如果此时不平，那么到了清朝雍正年间改土归流时势必还得采用暴力予以荡平。迟平不如早平，于国于民都是利多而弊少的好事。

　　与申时行同时代的另一官僚朱国祯的看法就高明多了。他说："播州一案，当时用兵，可不可乎？曰：可。蜀三面临夷，且借为用，而播为最劲，此不可制，四起效尤，无蜀并无黔滇。且分八路，克险关，彼尤倔强如故，势安得已。曰：既克矣，因而郡县之，可不可乎？曰：可。悉天下全力，平二千里，为国家辟土开疆，此盛事也。"②确实，把播州改土归流视为万历一朝的盛事，是不算过分的。正如瞿九思（字睿夫，号慕川，湖广黄梅人）在其名著《万历武功录》中所说：此唐宋以来一大伟绩也。

---

① 申时行《赐闲堂集》卷40《杂记》。谈迁《国榷》卷78，万历二十八年六月丁丑。
② 《国榷》卷78，万历二十八年六月丁丑。

# 第五章 册立东宫之争与"妖书案"、"梃击案"

明光宗朱常洛像

## 一、"争国本"的由来

神宗的皇后王氏,浙江余姚人,生于京师。万历六年(1578年)册立为皇后。她秉性端谨,专心侍奉神宗的生母慈圣皇太后,颇得其欢心。在皇上疾病缠身静摄修养时,忙于封识整理堆积如山的章奏公文;每当皇上提及某事,随即取出公文呈上,毫无错谬。她母仪天下四十二年,以孝慈著称①。大婚后,王皇后一直未生育,到万历九年十二月才生下了皇长女。太后心中十分焦急。万历九年八月,神宗派文书房宦官向内阁传达太后懿旨:"命专选淑女,以备侍御。"内阁首辅张居正心领神会,在皇上御经筵时说:今皇上仰承宗庙社稷之重,远为万世长久之图,而内职未备,储嗣未蕃,这也是臣等日夜悬切的事。但选用宫女事体太轻,恐怕名门淑女不乐意应选,不如参照嘉靖九年(1530年)选九嫔事例,上请太后恩准②。此事终于在万历十年三月办成。

就在册选九嫔的时候,神宗看中了太后身边的慈宁宫宫女王氏。此人一直在慈宁宫当宫女,多年来未曾引起神宗注意。一天,神宗往慈宁宫探望太后,索水洗手,宫女王氏捧了面盆侍候,神宗见了甚为欢悦,居然看中了她。这便是所谓皇上"私幸",还赏了她一副"头面"(首饰)。一来二往,宫女王氏有了身孕③。

按照宫中惯例、祖宗家法,宫女受皇上宠幸,必有赏赐。随侍文书房宦官必定记注皇上与宫女发生关系的年月日及所赐物品,以备不时查验之用。这

---

① 《明史》卷114《后妃传》。傅维鳞《明书》卷21《宫闱纪》。
② 《明神宗实录》卷115,万历九年八月癸卯。
③ 李逊之《泰昌朝记事》卷1,孝靖条。按:《泰昌朝记事》与同著《天启朝记事》、《崇祯朝记事》分别成书,亦合为一种《三朝野记》,本书对各种均引用。

就是所谓《内起居注》。但毕竟是不太光彩的事,所以神宗讳莫如深,左右内侍也守口如瓶。一天,神宗侍候生母慈圣太后宴饮,太后谈及此事,神宗沉默不语,继而又矢口否认。太后便命内侍取来《内起居注》,让他自己看。神宗面红耳赤,知道无法隐瞒,低头聆听太后的规劝:"我年老矣,尚未弄孙,若生男,宗社之福也。母以子贵,宁分差等耶!"当时德妃郑氏获宠,常在神宗面前戏弄宫女王氏,动辄叫她"老嬷嬷",暗含讥刺之意,神宗也默然不自得①。听了太后的规劝,神宗在万历十年六月册封怀孕的宫女王氏为恭妃,派定国公徐文璧、大学士张四维举行册封礼仪②。册封之后两个月,恭妃王氏果然生了一个男婴,他便是神宗的长子朱常洛。

皇长子诞生于皇帝大婚数年之后,当然是非同小可的事。成国公朱应桢等勋戚贵族代表皇上赴郊庙、社稷举行祭告仪式。神宗本人则在皇极殿接受群臣的祝贺③。次日,内阁辅臣张四维等题奏,皇子诞生诏告天下,宜有颁恩条件,请皇上"乘此大庆,明降德音,弘敷惠泽"④。九月初六日,在皇子满月的日子到来前,神宗诏告天下,宣布大赦。诏文说:"以今年八月十一日第一子生,系恭妃王氏出,上副两宫圣母忧勤之念,下慰四海臣民仰戴之情。"因此开列若干恩例,以示普天同庆⑤。

因为皇长子的诞生,按照惯例两宫皇太后应加封徽号。九月初九日,神宗亲自到慈庆宫,向嫡母仁圣皇太后恭上"仁圣懿安康静皇太后"徽号,群臣随至徽音门行礼。次日,神宗又到慈宁宫,向生母慈圣皇太后恭上"慈圣宣文明肃皇太后"徽号,群臣随至思善门行礼⑥。

生皇长女的皇后王氏,生皇长子的恭妃王氏,并不受神宗的宠爱,真正受宠的是生皇二女的德妃郑氏。万历十一年十一月,以德妃郑氏生皇二女,神宗赐内阁首辅申时行红云苎丝二匹,银抹金脚花二枝,内阁次辅余有丁、许国及讲官沈鲤等人,各红苎丝一匹,银脚花一枝⑦。这种做法已经有点出格,更为出

---

① 文秉《先拨志始》卷上。《泰昌朝记事》卷1,孝靖条。《明史》卷114《后妃传》。
② 《明神宗实录》卷125,万历十年六月壬寅。
③ 同上书卷127,万历十年八月戊戌。
④ 同上书卷127,万历十年八月己亥。
⑤ 《万历起居注》,万历十年九月初六日。
⑥ 同上书,万历十年九月初九日、九月十日。
⑦ 《明神宗实录》卷143,万历十一年十一月乙巳。

格的是,万历十二年八月,神宗册封德妃郑氏为贵妃①,其地位仅次于皇后,而高于恭妃及其他嫔妃。万历十四年正月初五日,贵妃郑氏生了皇三子——朱常洵,更加巩固了她受皇上宠爱的特殊地位。神宗的次子生于万历十二年,据《明史》说"母氏无考"②,于次年夭折。因此郑贵妃所生的皇三子实际上成了次子。神宗见爱妃喜得贵子,比皇长子诞生还要高兴,准备大加庆贺,特地传旨户部:"朕生子喜庆,宫中有赏赉,内库缺乏,着户部取太仓银十五万两进来!"③

皇上对皇三子的偏爱超过了皇长子,使朝廷大臣预感到即将面临一个棘手的难题:册立谁为太子?册立皇长子常洛,还是册立皇三子常洵,是牵涉到"国本"的大事。由此而引起了旷日持久的所谓"争国本"事件,闹得廷臣之中分门立派,不可开交。

二月初三日,皇三子即将满月之际,内阁首辅申时行等向皇上婉转地提出了尽快册立太子的议题。奏疏的题目就是《恳切宸断册立东宫以立国本事》,其中写道:"窃惟国本系于元良,主器莫若长子……自万历十年元子(长子)诞生,诏告天下,五年于兹矣。即今麟趾螽斯,方兴未艾,正名定分,宜在于兹……惟国家之大计,以今春月吉旦,敕下礼官,早建储位,以慰亿兆人之望,以固千万世之基。"④申时行毕竟不是张居正,神宗对他的建议置之不理,寥寥数语搪塞了事:"元子婴弱,俟二三年举行。"⑤其实神宗另有盘算,他不满意长子常洛,嫌他是宫女所生,盼望郑贵妃生个儿子取而代之,郑贵妃果然不负所望生了个儿子,激发他想立三子的愿望。于是来个缓兵之计,将册立东宫(太子)的事拖到以后再议。为了达到这一目的,神宗决定把郑贵妃的身份再提高一步——晋封为皇贵妃。

此议一出,举朝哗然。

万历十四年二月初八日,户科给事中姜应麟(字泰符,浙江慈溪人)上疏加以劝阻。他指出:郑贵妃虽贤,所生只是皇上第三子。而恭妃所生毕竟是长子,理应"主鬯承祧,乃其发祥",为什么反而使恭妃居于其下?伦理不顺,人心不安,难以重储贰定众志。因而希望皇上收回成命,以协舆情。如果以为事势

---

① 《明神宗实录》卷152,万历十二年八月庚戌。
② 《明史》卷120《诸王传》。
③ 钱一本《万历邸钞》万历十四年丙戌卷,正月,皇第三子生条。
④⑤ 《明神宗实录》卷171,万历十四年二月戊辰。

已难以挽回,不妨首先册封恭妃王氏为贵妃,再册封贵妃郑氏为皇贵妃。他还建议皇上采纳申时行的请求,册立长子为皇太子,以定天下之本①。姜应麟的这一番议论不温不火,句句入情入理,触到了神宗的痛处。他看了奏疏大为震怒,气得把奏本丢到地上,仍不解恨,便把身边的太监统统叫来,无端地把他们当作靶子,申斥道:"册封贵妃,初非为东宫起见,科臣奈何讪朕!"越说越气愤,情不自禁地一再拍案,吓得众太监纷纷跪下叩头请罪②。少顷,他怒气稍解,便在姜应麟的奏疏上批示:"这册封事,非为储贰,因其敬奉勤劳,特加寄封……姜应麟这厮心怀别故,窥探上意,疑君卖直,好生无礼。着降杂职于极边,该部不许朦胧升用。"③

姜应麟被贬为山西广昌县典使后,舆论不但没有被压服,反而更加汹涌了。吏部验封司员外郎沈璟(字伯英,号宁庵、词隐,苏州吴江人)上疏,请皇上立长子为太子,并进封恭妃王氏,庶几无独优贵妃郑氏之嫌④。神宗不听,下旨将沈璟降为行人司正。次日,礼部也上疏请皇上立太子,并封恭妃王氏与贵妃郑氏为皇贵妃,与姜应麟相呼应⑤。不仅如此,吏科左给事中杨廷相等科道官挺身而出,上疏论救姜应麟、沈璟,造成强大的舆论压力。

二月十二日,神宗在与内阁辅臣谈及此事时,强词夺理地为自己辩解:"朕之降处(姜、沈)非为册封,恶其疑朕立幼废长,揣摩上意。朕思我朝立储自有成宪,岂敢私己意以坏公论,彼意置朕不善之地,故有是处。"⑥他要内阁票拟谕旨,替他解围,并在科道官论救姜、沈的奏疏上批示:"立储以长幼为序,祖宗家法万世当遵。朕仰奉成宪,俯察舆情,岂肯以私意违拂公论。姜应麟等揣摩上意,动辄以舍长立幼为疑,置朕于有过之地。特降处示惩,非为奏请册立之故。国本有归,朕已明白晓示,待期举行。各官宜体朕意,再不许妄疑渎扰。"⑦这种辩词大有欲盖弥彰之嫌,不过事情就这样定了下来。几天后,还有些官员想改

---

① 《明神宗实录》卷171,万历十四年二月癸酉。
② 《明史》卷233《姜应麟传》。
③ 《万历邸钞》万历十四年丙戌卷,二月,谪户科给事中姜应麟极边条。
④ 谈迁《国榷》卷73,万历十四年二月癸酉。
⑤ 《明神宗实录》卷171,万历十四年二月乙亥。
⑥ 同上书卷171,万历十四年二月丁丑。
⑦ 同上书卷171,万历十四年二月丁丑。《万历邸钞》万历十四年丙戌卷,二月,谪户科给事中姜应麟极边条。

变成命。刑部山西司主事孙如法上疏:"宜允内阁、礼部之请,册立东宫,贵妃、恭妃同时进封,以释群疑。"神宗大为光火地申斥道:"立储定序已屡颁明示,孙如法不系言官,如何出位渎扰救护!宫闱事体彼何由知?好生狂躁。本当重处,姑降极边杂职。再有妄言者,重治如法。"①皇帝一再如此严厉封杀批评意见,言官们只好缄默不言了。

三月初二日,神宗正式晋封贵妃郑氏为皇贵妃。晋封册文对她赞誉有加:"妙膺嫔选,婉娩有仪";"辄宣劳于视夜,厥有鸡鸣之助匡"②。晋封贵妃郑氏为皇贵妃,是神宗对她的最高册封。据明朝人说:"内廷嫔御,尊称至贵妃而极。"截至万历朝,有明一代凡十二朝历二百五十年,嫔妃册封贵妃尊号的仅十六位,其中两位还是死后追封的③。神宗的生母李氏,在神宗即位前也只是贵妃。神宗长子的生母王氏,在郑贵妃晋封为皇贵妃后,始终未曾册封为贵妃;万历二十九年册立长子为皇太子后,仍不封如故。直到万历三十四年神宗的长孙(皇太子的长子)诞生,才进封王氏为皇贵妃④。可见册封贵妃、晋封皇贵妃并非易事,而神宗与郑氏、王氏之间,厚此薄彼竟如此悬殊。

郑氏晋封为皇贵妃已成定局,已经无可如何。但朝野上下仍议论纷纭,官员们在猜测皇上究竟立谁为太子,是否立嫡不立长,一时流言蜚语四起。礼部身负此责,首当其冲,不得不再次向皇上反映:先前阁臣及科道官奏请册立皇长子为太子,不蒙允准,却晋封郑氏为皇贵妃,群臣请求同时并封恭妃为皇贵妃,又不蒙允准。因此,人心猜疑,讹言相煽⑤。这完全是按照祖宗旧制及皇室礼仪提出的问题,神宗无法驳回,不予理睬。河南道御史杨绍程试图再作一次努力,上疏劝谏皇上:"皇贵妃位亚中宫,分位甚尊。恭妃诞育元子,义则至重。其间礼仪相接,名分相临,或恐有不自安者。"⑥神宗听不进,怒斥杨绍程是"掇拾余言,沽名渎奏",下旨夺俸一年,并警告言官,不得"再讪君卖直"⑦。

当外廷对此事议论得沸沸扬扬之时,宫中的慈圣皇太后也有所闻。太后是喜欢恭妃王氏的,也心疼她的长孙。有一天,神宗到慈宁宫向母亲请安,太

---

① 《明神宗实录》卷171,万历十四年二月甲申。
② 同上书卷172,万历十四年三月丁酉。
③ 沈德符《万历野获编》卷3《历朝贵妃姓氏》。
④ 《明史》卷114《后妃传》。
⑤ 《明神宗实录》卷173,万历十四年四月乙丑。
⑥⑦ 同上书卷173,万历十四年四月戊寅。

后对儿子(神宗)说:"外廷诸臣多说该早定长哥(原注:宫中呼太子为长哥),如何打发他?"神宗回答:"他是都人(原注:宫中呼宫人为都人)的儿子。"太后听了心中不快,正色训斥道:"母以子贵,宁分差等? 你也是都人的儿子!"①这一下点到了要害。原来神宗的生母慈圣皇太后李氏,也是宫女出身,早年作为宫女进入裕王(即后来的穆宗)府邸,生了朱翊钧(神宗)以后,才晋封为贵妃,神宗即位后,上尊号为慈圣皇太后。神宗听了自知理亏,如果自己的长子因为是宫女所生不能立为太子,那么他本人根本不可能成为太子,更遑论皇帝了。听了母亲的训示,他惶恐万状,伏地请罪而不敢起身②。对于神宗而言,太后训示的压力超过外廷大臣的千言万语,以后皇长子常洛之所以能有转机,郑贵妃欲立皇三子的阴谋之所以不能得逞,这是一个不可忽视的因素。

## 二、神宗的宫闱生活与酒色财气

神宗是个酒色之徒,大婚以后沉迷于酒色,年纪轻轻身体却虚空得很。

万历十四年(1586年)九月十六日以后,因病连日免朝。二十六日又传旨免朝,到了三十日,他不得不向内阁讲明自己的病情:"朕前御门,已于卯初起矣。一时头晕眼黑,力乏不兴,已谕卿等暂免朝讲数日,以为静摄服药。近连服药饵,身体虚弱,头晕未止。"③

这件事引起了官员们的关注。礼部祠祭司主事卢洪春(子思仁,浙江东阳人)因为主管祠祭事务,听说皇上因头晕眼黑,不去享祭太庙,便郑重其事地上疏要皇上"慎起居",即注意节制酒色之事。卢洪春似乎颇精通医术,为皇上分析病理,说得头头是道:"医家曰气血虚弱,乃五劳七伤所致,肝虚则头晕目眩,肾虚则腰痛精泄";"陛下春秋鼎盛,精神强固,头晕眼黑等症,皆非今日所宜有。不宜有而有之,上伤圣母之心,下骇臣下之听";"果如圣谕,则以目前衽席

---

① 文秉《先拨志始》卷上。文秉此处记录的对话带有明显的白话体,颇具原始性。
② 《明史》卷114《后妃传》。
③ 文秉《定陵注略》卷2《建言诸臣》。《明神宗实录》卷179,万历十四年九月己未。

之娱,而忘保身之术,其为患也深"①。说得再明白不过,外间传言皇上驰马受伤云云是假,病根在于"衽席之娱",即耽于女色,房事过密。卢洪春说,万一有俾家野史掇拾道听,私托笔记,垂之后世,陛下又何以自解!② 尽管卢洪春一片赤胆忠心,诚心希望皇上保养身体,无奈此等情事极为敏感,有损帝王尊严,神宗哪里承受得了,看了奏疏大为震怒,立即传谕内阁:卢洪春"悖忤狂妄",令阁臣拟旨重治。这一下可难为了内阁首辅申时行,一面代神宗拟旨将卢洪春革职,一面上疏极力申救他③。

神宗不满于申时行代拟的革职处分,亲笔写了一道谕旨,轻描淡写地把头晕目眩的病因归结于"动火",对卢洪春的分析只字不提,反而斥责道:"卢洪春这厮,肆言惑众,沽名讪上,好生悖逆狂妄。着锦衣卫拿在午门前,着实打六十棍,革了职为民当差,永不叙用。"④卢洪春遭到廷杖、革职的严惩,显然处置过当,引起言官们的不满,吏科给事中杨廷相等人冒险上疏申救。神宗岂肯让步,否则人们便以为卢洪春所讲不无道理,于是下旨谴责那些言官:"卢洪春狂肆无上,特加斥谴,如何渎救! 念言官,姑不究。"意在警告言官,不必就此事大做文章。言官们偏有一股执拗劲,依然上疏议论不休。神宗认定他们是"党救",下旨为首的夺俸一年,其余的各人夺俸八个月⑤。

到了万历十五年二月,神宗这头晕目眩的毛病仍不见好转,再次派文书官到内阁传旨:暂免经筵。申时行等人连忙向文书官询问皇上起居情况,得知依然是"连日动火,时作晕眩"。申时行知道这绝非偶然"动火"所致,连忙上疏劝皇上注意养神之道,不过措辞十分妥帖,只是说"因厉精宵旰,临御勤劳,以致身体不宁。唯望皇上清心寡欲,养气宁神,而备加慎重"⑥。申时行把皇上的病因归咎于"厉精宵旰,临御勤劳",其实近来视朝、日讲都停止了,何劳之有? 不过是一种巧妙的托词罢了。至于后面所提"清心寡欲,养气宁神",却是关键所在,其中不乏微言大义。过了几天,神宗又因病不上朝,申时行再次奏请皇上

---

① 《万历邸钞》万历十四年丙戌卷,九月,杖吏部主事卢洪春条。《明神宗实录》卷179,万历十四年十月丙寅。《明史》卷234《卢洪春传》。文秉《定陵注略》卷2《建言诸臣》。
②③ 《明神宗实录》卷179,万历十四年十月丙寅。
④ 《万历邸钞》万历十四年丙戌卷,九月,杖礼部主事卢洪春条。《定陵注略》卷2《建言诸臣》。
⑤ 《明神宗实录》卷179,万历十四年十月己卯。
⑥ 同上书卷182,万历十五年二月庚午。

"宜节慎起居"①,依然是极其委婉的进言,与日前所说"清心寡欲"有异曲同工之妙。

然而神宗的身体总是不见起色,引起朝臣们更加密切的关注。万历十七年六月,南京吏部右侍郎赵志皋上疏:"臣近岁以少詹事侍朝讲,恭睹天颜和晬,稍有不豫,一养旋复,何自冬相沿至今也。得非袵席之爱不能割,曲蘖之好不能免乎? 有一于此,足耗元气。皇上行之有节而不沉溺,则元气自充矣。"②所谓"袵席之爱"、"曲蘖之好"云云,便是酒色二字,点到了皇上病根所在。因为讲得比较含蓄,未能引起什么影响。万历十七年八月初四日,新任礼部尚书于慎行鉴于申时行等上疏劝谏未见效果,得到的回答依然是"至今头尚眩晕眼黑,心满胁胀,饮食少思,寝不成寐,身体尚软",便针对性地上疏劝谏:"臣等仰见皇上忧勤在念,饬厉不忘庄颂纶音,何胜欣悚。乃自奉谕之后大小臣工喁喁企踵,日夕待命者又两月有余矣……臣等又惟理国之道譬如养身,养身者必早起夜卧,不敢放逸,然后血脉流通,肢体强固,而六气不诊。理国者必夙兴夜寐,不敢宴安,然后精神贯彻,臣工警惕而万几无壅。伏惟皇上锐志化原,游心经术,自然形神和适,志意清明,不惟图治之要机,抑亦摄生之至道也。"③生怕得罪皇上,说得小心翼翼,近乎轻描淡写,等于没说。而大理寺左评事雒于仁(字少经,陕西泾阳人)敢冒天下之大不韪,以其直言不讳引起朝野上下的强烈反响。

万历十七年十二月雒于仁以极大的勇气写了一本谴责皇上酒色财气的奏疏,批评皇上的私生活,讲得头头是道,句句触及了神宗的要害:

——"皇上之恙,病在酒色财气者也。夫纵酒则溃胃,好色则耗精,贪财则乱神,尚气则损肝";

——"以皇上八珍在御,宜思德将无醉也,何酿味是耽,日饮不足,继之长夜。甚则沉醉之后,持刀舞剑,举动不安。此其病在嗜酒者也";

——"以皇上妃嫔在侧,宜思戒之在色也。夫何幸十俊以开骗门,宠郑妃而册封偏加。即王妃有育皇冢嗣之功,不得并封。甚则溺爱郑妃,而惟言是

---

① 《明神宗实录》卷182,万历十五年二月甲戌。
② 谈迁《国榷》卷75,万历十七年六月甲申。
③ 于慎行《谷城山馆文集》卷36《请朝讲疏》。

从,储位应建而未建。此其病在恋色者也";

——"以皇上富有四海,宜思慎乃俭德也。夫何取银动至几十万两,索潞绸动至几千匹,略不知节。甚则拷索宦官,得银则喜,无银则怒而加杖。如张鲸以贿通而见用,给事中李沂之言为不诬。若使无贿,皇上何痛绝忠良,而优容谀佞。况沂之疮痍平,而鲸凭钱神复入,虽皇上无以自解,何以信天下,而服沂之心耶! 此其病在贪财者也";

——"以皇上不怒而威畏,宜思有忿速惩也。夫何今日杖宫女,明日杖宦官。彼诚有罪,置以法律,责之逐之可也,不必杖之累百,而不计其数,竟使毙于杖下。此辈密迩圣躬,使其死不当罪,恐激他变。甚则宿怨藏怒于直臣,如范儁、姜应麟、孙如法,俾幽滞于林泉,拘禁于散局,抱屈而不伸。此其病在尚气也"。

他还说:"皇上诚嗜酒矣,何以禁臣下之宴会;皇上诚贪财矣,何以惩臣下之饕餮;皇上诚尚气矣,何以劝臣下之和衷。四者之病缠绕于心,系累其身,圣恙何时而可也!"①针对以上分析,雒于仁开出了一张药方——"四勿之箴",即戒酒、戒色、戒财、戒气四句格言。

平心而论,雒于仁批评皇上酒色财气,有根有据,神宗确实酒色财气样样俱全。

万历八年十一月,神宗在太监客用、孙海陪伴下,豪饮过量,酩酊大醉,将一宫女头发割下,又将两名宦官杖责得几乎死去②,是他纵酒肇祸的突出事例。

近年来的"头晕目眩"则是神宗好色的结果,这一点与乃祖乃父如出一辙。他的祖父(世宗)"志在长生,半为房中之术所误"③。父亲(穆宗)也精于此道,据给事中程文揭发,冯保身为阉人,却对淫秽之事十分精通,"平日造进晦淫之器,以荡圣心;私进邪燥之药,以损圣体。先帝因以成疾,遂至弥留"④。穆宗的短命与冯保进晦淫之器、邪燥之药密切相关。神宗大婚后,冯保仍是"大伴",安知不故伎重演! 神宗的头晕目眩、肝火过旺的症状,与其父何其相似乃尔。

---

① 《万历邸钞》万历十七年己丑卷,十二月,大理寺左评事雒于仁奏进四勿箴条。文秉《定陵注略》卷2《建言诸臣》。《明史》卷234《雒于仁传》。
② 《万历邸钞》万历八年庚辰卷,十一月戊寅,发太监孙海客用于南京充净军条。刘若愚《酌中志》卷5《三朝典礼之臣纪略》。沈德符《万历野获编》卷9《江陵震主》。
③ 陈继儒《眉公见闻录》卷6。
④ 高拱《高文襄公文集》卷43《病榻遗言·矛盾原由》。

明代上流社会中人饱暖思淫欲,似是一种社会风尚,大家都沉迷于房中术。连道貌岸然的张居正也不例外。他的"下部热症",据王世贞说:"得之多御内而不给,则日饵房中药,发强阳而燥,则又饮寒剂泄之,其下成痔。"①沈德符也说,张居正"以饵房中药过多",内热不仅发于下部,还发于头部,冬天不能戴貂皮帽②。神宗二十几岁患上头晕目眩的动火热症,一直到死,病根盖出于此。何况他比乃祖乃父有所发明,在沉湎女色的同时,又玩弄"十俊"——十名俊秀的小太监,"给事御前,或承恩与上同卧起"③。这有点近乎"同性恋"。如此纵情声色,哪能不头晕目眩呢!

至于贪财,在明代诸帝中,神宗尤为突出。下旨查抄冯保、张居正的家财,全部搬入大内,归自己支配,最明显不过地暴露了他的贪财秉性。司礼监太监张鲸以贿赂皇上而受重用,遭外廷大臣弹劾后,又以重贿皇上而消灾避祸。令人难以置信的咄咄怪事都出现在神宗身上,绝非偶然。其后又变本加厉,派太监四处搜刮钱财,矿税太监一时成为社会的大祸害。

至于尚气,大抵是帝王的共同秉性,与太祖朱元璋相比,神宗不过是小巫见大巫。廷臣稍不合意,即下旨廷杖,惨酷无比。

对于雒于仁的进谏,神宗又一次尚气使性,对他恨之入骨,耿耿于怀,连新春佳节也没有过好。万历十八年正月初一日,即民间所谓大年初一,申时行等阁臣到会极门行礼致贺,忽闻太监宣召。申时行等急趋而入。听了阁臣们的贺词后,神宗立即提到雒于仁的奏疏:"朕昨年为心肝二经之火时常举发,头目眩晕,胸膈胀满。近调理稍可,又为雒于仁这本肆口妄言,触起朕怒,以致肝火复发,至今未愈。"申时行开导说:"圣躬关系甚重,祖宗神灵,两宫圣母皆凭借皇上,当万倍珍护。无知小臣狂憨轻率,不足以动圣意。"神宗听了不语,把雒于仁的奏本递给申时行,说:"先生每看这本,说朕酒色财气,试为朕评一评。"申时行展开奏本,还没来得及回话,神宗又急急忙忙说:"他说朕好酒,谁人不饮酒?若酒后持刀舞剑非帝王举动,那是有事。又说朕好色,偏宠贵妃郑氏。朕只因郑氏勤劳,朕每一至宫,她必相随。朝夕间她独小心侍奉,委的勤劳。

---

① 王世贞《嘉靖以来首辅传》卷8《申时行传》。
② 《万历野获编》卷9《貂帽腰舆》。
③ 同上书卷21《十俊》。

如恭妃王氏,她有长子,朕着她调护照管,母子相依,所以不能朝夕侍奉。何曾有偏?他说朕贪财,因受张鲸贿赂,昨年李沂也这等说①。朕为天子,富有四海之内,普天之下莫非王土,天下之财皆朕之财。若贪张鲸之财,何不抄没了他?又说朕尚气。古云:少时戒之在色,壮时戒之在斗。勇即是气,朕岂不知!但人孰无气,且如先生每也有童仆家人,难道更不责治?如今内侍宫人等,或有触犯及失误差使的,也曾责杖,然亦有疾疫死的,如何说都是杖死?先生每将这奏本去票拟重处。"面对皇上的辩解,申时行只能顺其意而劝慰:"此无知小臣误听道路之言,轻率渎奏……"神宗打断他的话:"他还是出位沽名。"申时行接着说:"他即沽名,皇上若重处之,适成其名,反损皇上圣德。惟宽容不较,乃见圣德之盛。"说完便把雒于仁的奏疏送还皇上。神宗沉吟片刻,说:"这也说得是,倒不是损了朕德,却损了朕度。"申时行补上一句:"皇上圣度如天地一般,何所不容。"②

神宗再次拿起奏本递给申时行,要他详细看一看。毓德宫内高大而阴暗,五十多岁的申时行看不真切,只是略表形式地翻了一下。其实此疏在送达皇上之前,阁臣们早已看过。少顷,神宗尚气使性所导致的怒气、怨气还未平息,气呼呼地叮嘱:"朕气他不过,必须重处!"申时行毕竟老练,劝皇上将此疏留中不发,以免扩大影响。他说:"此本原是轻信讹传,若将此本票拟处分,传之四方,反而做实话了。臣等见前疏久留中,在阁中私相颂叹,以为圣度宽容,超越千古。臣等愚见谓照旧留中为是。容臣等载之史书,传之万世,使万世称皇上是尧舜之君,此乃盛事。"神宗还是按捺不住自己心头的怒火,问道:"如何设法处他?只是气他不过。"申时行说:"此本既不可发出,亦无他法处之。还望皇上宽宥,容臣等传谕该寺堂官,使之去任可也。"③神宗在谈话过程中无意之间流露了"如今掌灯后看字不甚分明",区区二十几岁的年轻人居然未老先衰,足见沉迷于酒色给他身体带来的危害之深,也足见雒于仁并非轻信流言讹语,信口胡说。申时行心中也有数,所以在询问皇上身体状况时,特别叮嘱皇上慎重拣选良药,注意清心寡欲。其实他也深知雒于仁疏中所说皇上沉湎酒色确有

---

① 指万历十六年十二月吏科给事中李沂上疏弹劾掌东厂太监张鲸向神宗广献金宝多方请乞之事。见《万历邸钞》万历十六年戊子卷,十二月,逮吏科给事中李沂条;《万历疏钞》卷20,李沂《恶党就擒元凶未殄亟赐重处以绝祸本疏》。

②③ 申时行《召对录》。

所据,只是不便说也不敢说,多次旁敲侧击地要皇上注意"清心寡欲",其微言大义尽在不言之中。

叩辞皇上后,申时行返回内阁,立即草拟一份帖子,传谕大理寺少卿任养心以雒于仁有病上报。申时行当即代皇上票拟谕旨一道:"雒于仁前出位妄言,朕始容了。今又托疾规避,姑着革了职为民。"①申时行的这种处理方式,既顾及皇上的面子,不使酒色财气之说过于扩散;又保护了雒于仁,使他避免了廷杖之类的严惩。雒于仁只不过丢了乌纱帽,比之同僚们幸运多了。

内阁辅臣王家屏立即上疏为雒于仁辩护,他主动承担责任,其逻辑是:"人主出入起居之节,庶官所不及知者,相臣得先知之;人主耳目心志之娱,庶官所不敢谏者,相臣得豫谏之。是以能止匿于未形,防欲于微渺……臣职亲于庶官,专任于辅导,乃尚有所不知不谏。夫不知,失职也,知之而不谏,失职也。安可独罪于仁哉!"他认为,假使雒于仁所言确实有误,犹有可言,倘若雒于仁有一事偶尔言中,而遭此处分,实在于心不忍。他向皇上指出:"甘言疾也,苦言药也,善养生者不以无疾而弃攻砭之方,善养心者不以无过而厌箴规之语。有药于此,食之虽瞑眩而可以愈疾,人必颦蹙而强服之矣。于仁之曰箴以规皇上则为妄,试之医以备养生,未必非延历之术也。此臣所以谓于仁为忠也。"②

如果神宗有一点自知之明的话,在挽回面子的同时,应当扪心自问,切实注意酒色财气,防微杜渐。但是他并没有这样做,依旧我行我素。对此官员们意见很多。王家屏以"自劾请罢"的方式委婉地表达自己的不满,连上三疏请求辞官。他颇动感情地说:"自臣至京一岁,皇上静摄之旨屡形传谕,曰眩晕动火,曰饮食稍思,曰眼目障涩,如此者不止一次,臣子之心能自安乎?否也。""中外臣民系心已久,请册立未许,请豫教未许,国本莫定,群情危疑……禁庭深密之中,侍御仆从之事,喜怒过当,则圣情累其和平;苛责太严,则群小震于摧压。"③神宗并不以为然,也不允其辞官,温旨眷留。吏科都给事中钟羽正上疏说:陛下临朝之初是一位励精图治之主,"乃者偶以身体违和,暂免朝讲已几半载,遂以为常,大小诸臣连章进谏,陛下卒不听也……向也数朝数讲矣,而形

---

① 《万历邸钞》万历十八年庚寅卷,七月,右副都御使张养蒙上言条。
② 王家屏《王文端公奏疏》卷1《申救大理寺评事雒于仁疏》。
③ 同上书卷2《庚寅自劾请罢疏》、《第二疏》。

神康泰;今也不朝不讲矣,而时复违和,则劳烦动火者似不在一朝一讲之间,而所谓静摄者似不在深居燕息也"。他还说:"皇上励精图治十九季于兹,方其初政,旬日三朝,既无愆期矣……乃今静摄日久,黻座稀临,朝廷百执事之臣不睹耿光者数月矣……其于倡率振作之道恐未尽也。"①

讲得最厉害最深刻的当推都察院右副都御史张养蒙(字泰亨,号见冲,山西泽州人)。万历二十四年十月,张养蒙针对朝政废弛,上疏陈言五事:部院之体渐轻,科道之体渐轻,抚按之任渐轻,进献之途渐重,内差之势渐重②。次年七月上疏批评皇上好逸、好疑、好胜、好货,与几年前雒于仁的酒色财气疏有异曲同工之妙,不过回避了颇为敏感的酒色二字。他向皇上指出,罪己不如正己,格事不如格心,陛下平日之"成心"有四:"一曰好逸。埋祀倦于时享,朝堂倦于时御,章奏倦于披览,卧起倦于晦明。恶烦恶劳,任情任性,斋居何作,静摄何功? 二曰好疑。逢人疑人,逢事疑事,疑及于近侍,则左右莫必其生;疑及于外廷,则寮寀莫奉其职。究且谋以疑败,奸以疑容。三曰好胜。属威严而笼愚智,喜谄谀而恶耿直,厌封驳而乐传宣,将逞志于一夫,亦甘心于众口。四曰好货。以聚敛为奉公,以投献为尽节,珠玉唯恐不丰于帷幄,锦帛唯恐不侈于箧笥。琼林大盈,竟为堆积。"③

张养蒙的措辞并不比雒于仁委婉,却不见神宗勃然震怒,也未将张养蒙严惩,只是不予理睬而已。可能是吸取雒于仁事件的教训,一事张扬反而扩大了影响;不予理睬,淡化处理,使劝谏者自讨没趣。但是这丝毫不能掩盖神宗身上确实存在好酒、好色、好财、好气、好逸、好疑、好胜、好货的毛病,终其一生都未曾改变,在万历一朝留下了深刻痕迹。

## 三、册立东宫之争

神宗因宠爱郑贵妃,欲立她所生的皇三子为储,遭皇太后及廷臣反对,因

---

① 钟羽正《崇雅堂集》卷 8《厉求治之初心广听纳以慰群情事》、《入觐官员大集阙下恳乞临朝听政以伤治功以风群吏事》。
② 《万历邸钞》万历二十四年丙午卷,十月,都察院右副都御史张养蒙陈五事疏条。
③ 同上书万历二十五年丁酉卷,七月,右副都御使张养蒙上言条。《明史》卷 235《张养蒙传》。

而迟迟不愿册立东宫——皇太子。这一事件多年来成为内宫与外廷关注的焦点。

万历十八年(1590年)正月初一日,神宗在毓德宫召见申时行、许国、王锡爵、王家屏等阁臣时,申时行再次提及册立东宫的事,希望能说服皇上,早立皇长子为储。他进言:"臣等更有一事奏请,今皇长子已九岁,中外人情咸谓久当册立,望皇上早定大议。"神宗推托说:"朕知之。朕无嫡子,长幼自有定序。郑妃亦再三陈请,恐外间有疑。但长子犹弱,欲候其壮健使出就外,才放心。"申时行说:"此宗社大计,人情久仰,早定一日,则人心亦可稍安一日。近多妄议,亦皆由此。"又说:"皇长子年已九龄,蒙养豫教正在今日,宜令出阁读书。乘此新春,请皇上早定大议,则皇长子便可习学。"所谓蒙养豫教是一种形式,如果这种形式一旦举行,等于事实上承认皇长子为太子。申时行是以退为进。神宗始终不肯松口:"人资性不同,或生而知之,或学而知之,或因而知之也。要生来自然聪明,安能一一教训。"申时行说:"资禀赋于天,学问成于人,虽有睿哲之资,未有不教而能有成者。语云:少成若天性,习惯如自然。须及时豫教,乃能成德。"神宗有些不耐烦了,便打住话头,说:"朕已知之,先生每回阁去吧!"随即命左右侍从太监赏赐阁臣们各酒饭一桌、烧割一份。

申时行等人叩谢后,告辞离开毓德宫。离宫门已经数十丈远了,忽见司礼监太监从后面追来,传达皇上旨意:"且少候,上已令人宣长哥(皇长子)来,着先生每一见。"申时行一行返回毓德宫内,跪候在宫门内之东阶下。不久,司礼监太监传言:皇长子、皇三子到了。申时行等人在太监引导下进入毓德宫西室暖阁,但见皇长子站在父皇膝前右边,神宗用手拉着他;皇三子还小,由奶妈抱着站在神宗左边。神宗对申时行等四人说:"皇长子比前也觉长发了,只是略弱些。"又指着皇三子说:"皇三子今年五岁了。"申时行见皇上高兴,乘机进言:"皇长子春秋渐长,正当读书进学。"神宗敷衍道:"已令内侍授书诵读矣。"申时行说:"皇上正位东宫时方六龄,即已读书,皇长子读书已晚矣。"神宗还是那句老话:"朕五岁即能读书。"说着指一指皇三子:"是儿亦五岁,尚不能离乳母,且数病。"申时行等稍稍向前,仔细观察皇长子,说:"皇上有此美玉,何不早加琢磨,使之成器。愿皇上早定大计,宗社幸甚。"神宗说:"朕亦知之,即皇贵妃亦再三请朕此事,劝朕早定,恐外有议。朕念无嫡子,所以从容……"申时行说:"圣意早定,此宗社无疆之休。容臣等具奏上请。"说罢,一行四人叩头退出①。

这是君臣之间关于册立东宫(皇太子)的一次最为深入的交谈,彼此心平气静地谈出了各自的想法。申时行以为此次召见皇上似有豫教长子之意,便在正月底上疏请皇上亲自选定长子出阁讲学的日期。其实神宗并无此意,当然不愿让长子定期出阁②。二月间,阁臣王锡爵上疏请册立东宫:"皇上自己有长幼之说,臣等不必争岁月之早晚。惟豫教一事,则皇长子年九岁,次子(即三子)年五岁,俱当出阁(讲学)。"也无回音③。四月间阁臣们联名上疏,向皇上进谏:"教元子(长子)以重国本。"神宗还是不予理睬④。然而这是关系"国本"的大事,阁臣们不敢稍有懈怠。阁臣许国在上疏乞休的同时,再次提及早定储贰之事。吏部尚书宋纁(字伯敬,号栗庵,河南商丘人)率群臣向皇上吁请立储,神宗大怒。于是阁臣们各自都上疏引疾辞职,给皇上施加压力。神宗无奈,只得推说皇长子体弱,稍俟时日再说⑤。

众目睽睽之下神宗势难一再置之不理,便命文书房太监口传圣旨:"传与两京科道等官,册储事明年传各衙门措办钱粮,后年春间行册立。不许诸司激扰,愈至迟延。"又传谕内阁:"册建元储,伦序已定,少俟时日,候旨举行,亦须卿等决策。"廷臣知道这是皇上的缓兵之计,就在皇上传谕的第二天,礼部尚书于慎行(字可远,更字无垢,山东东阿人)上疏催促:"臣等闻自古以来皆以建储之礼为宗社之大庆,锡胤之祥,为人主之上福……今大小臣工受恩深重,见元子睿龄已茂,储位尚虚,所以再三疏请,正欲延皇上家国之福,衍皇上本支之庆……盖虽章奏未免频繁,情辞容或过切,而一念忠君爱国之心,则未有不出于至诚者……况臣等待罪礼官,系关职掌,及时不请,责有所归,屡渎宸聪乃其官守也……臣等亟请举行者,惟以早立则侍从可简,而起居调护之人各有专责;早立则谕导可修,而诗书弦颂之习不致过持;早立则位号定而礼节易行,早

---

① 申时行《召对录》。《万历邸钞》万历十八年庚寅卷,正月,召见申时行于毓德宫条。按:此次召对给申时行留下了深刻的印象,他后来回忆道:"今上聪明英毅,宫闱肃如,皇长子天序默成,宸情独注,余常见于毓德宫,上手携皇长子拥树膝前,眷爱特至,无纤芥可疑。"(申时行《赐闲堂集》卷40《杂记》)
② 谈迁《国榷》卷75,万历十八年正月壬戌。
③ 同上书卷75,万历十八年正月戊戌。
④ 同上书卷75,万历十八年四月庚辰。
⑤ 《万历邸钞》万历十八年庚寅卷,十月,锦衣卫指挥郑国泰请册立东宫报闻条。

立则人心安而烦言可省,所以体皇上爱子之心,成皇上教子之益也,岂有他哉!"他还说:"圣人举事,必顺人心,人心所同,即天意所在,皇长子册立拖延至今,册立臣部职掌,臣等不言,罪有所归,幸速决大计。"第二天,神宗就下旨:"尔等既言长幼,以久奉明旨,已定矣,如何屡催激,迨无虚月日至今。尔等职典邦礼,其于要君疑上,淆乱国本,亦难逃责,故各罚俸三个月。"①其实,于慎行自从万历十七年出任礼部尚书以来,已经多次上疏请求皇上册立东宫,在他上《自陈典礼失职疏》之前,已连上五个奏疏,此疏之后又上了四疏,一共九次上疏请求册立东宫,均无效果②。

这时,四名内阁辅臣中,申时行、许国、王锡爵都请病假在家,只剩下王家屏一人主持工作。王家屏责无旁贷,极力替于慎行缓解。皇上怒气稍解,仍意气用事地派太监李俊到内阁传谕王家屏:"建储之礼,当于明年传立,廷臣无复渎扰。如有复请,直逾十五岁。"那意思是说,如果廷臣再次上疏谈册立,那么明年就不办此事,一直拖到皇长子十五岁(再过六年)再办。分明是尚气使性。王家屏左右为难,将皇上这一旨意转告礼部,把"如有复请,直逾十五岁"一句未作传达。礼部尚书于慎行接旨后,立即启奏皇上:"适奉玉音,谨已通行南北诸司,传示大礼有期,令其静候。"神宗见疏很是恼火,派太监李俊责问王家屏:"所传示令卿知,奈何遽示礼臣?"王家屏为自己辩解:"宗社大计,非臣等一人所能定。今疏屡请,又重罪之,臣等不能传示德音,以释众惑,且为众所诋。犬马之情,诚非得已。"③

四天以后(十月二十六日)神宗又发出谕旨:"册立之事,朕以诚实待天下……少待过十岁,朕自有旨,册立、出阁一并举行,不必再烦言催渎。"④既然皇上如此说了,册立东宫之争便自然而然地暂告段落。人们在静候佳音。

到了第二年,整个上半年皇上丝毫没有要册立东宫之意;到了下半年,仍不见册立的迹象。廷臣们按捺不住了,这显然是皇上失信于民。但是又难于批评皇上食言,于是便有一系列迂回策略出现。万历十九年五月,南京礼部主

---

① 《明史》卷217《于慎行传》。于慎行《谷城山馆文集》卷37《自陈典礼失职疏》。
② 《谷城山馆文集》卷36《请册立东宫疏》、《再请册立东宫疏》、《请皇子出阁疏》;卷37《请立东宫第四疏》、《自陈典礼失职疏》、《请立东宫第七疏》;卷38《请立东宫把疏》、《请立东宫九疏》。
③ 谈迁《国榷》卷75,万历十八年十月辛卯。
④ 《万历邸钞》万历十八年庚寅卷,十月,锦衣卫指挥郑国泰奏请册立东宫报闻条。

事汤显祖上疏,以弹劾申时行的方式给神宗施加压力。他说:"皇上威福之柄渐为辅臣所移,以言官论之,首发科场欺蔽者,非御史丁此吕乎?令杨巍复去之,以终言边镇欺蔽者,非御史万国钦乎?……三辅(臣)皆家苏徽二郡,吏科(杨)文举之贪播于二郡,辅臣独不知耶?今居然首谏垣矣……"神宗反驳道:"朕前手谕原为奸逆不道科臣而发,与辅臣无预,元辅申时行等屡揭慎起居、杜殷忧,何尝欺蔽?且威福出自朝廷,谁敢擅干?汤显祖乃以假借攻击掇拾诬诋,本当重处,姑从轻降边方杂职用。"①同年七月,福建佥事李琯(字邦和,江西丰城人)的奏疏说得更为直白。他指责申时行十罪,其中之一就是"唱为欲易储之说,使己有拥立之功",把皇帝的责任推到申时行身上,实在是一种臆测。反而被神宗抓住把柄,斥责他"名为建白,实肆倾危",指出:"储典之事,出于朕断。"李琯则以"倾害忠良"、"扰乱宗社大计",遭到革职处分②。工部营缮司主事张有德则以册立大礼的物资筹备工作为由,意在激将皇上公布日程。神宗正要寻找借口再拖延时间,终于抓住张有德这个绝妙的挡箭牌。一方面对张有德罚俸三个月,另一方面宣布册立之事改于二十一年举行③。

神宗这种言而无信的态度激起廷臣极大的不满。工部尚书曾同亨(字于野,号见台,江西吉水人)鉴于张有德是他属下的官员,上疏引咎自责,同时劝谏皇上明年春天册立太子,不再改期④。几天后,申时行、许国、王家屏三名阁臣联名上疏,请求明年春天册立。这道奏疏是许国草拟的,将申时行的名字放在第一,是考虑到他是内阁首辅。神宗阅后,派太监前去责问申时行:"先生何比小臣也?"申时行回答:"同官列臣名,实无预焉。"⑤申时行久为辅臣,深知皇上固执的秉性,便写了一份密揭加以说明:"臣方在告,初不预知册立之事,圣意已定,有德不谙,大计惟圣断亲裁,勿因小臣妨大典。"⑥神宗在申时行的密揭上用朱笔批示道:"卿所奏,朕已悉知,建储之事已有旨,卿安心调理,即出赞

---

① 文秉《定陵注略》卷2《建言诸臣》。
② 《明神宗实录》卷238,万历十九年七月丁亥。《万历邸钞》万历十九年辛卯卷,福建佥事李官削籍条。《明史》卷230《李琯传》。
③ 谈迁《国榷》卷75,万历十九年壬子。《万历邸钞》万历十九年辛卯卷,八月壬子,夺工部主事张有德俸三月条。
④ 《明神宗实录》卷239,万历十九年八月壬子。
⑤ 《国榷》卷75,万历十九年八月甲寅。
⑥ 《明史》卷218《申时行传》。

襄,以解朕望思至意。"①密揭与一般公奏不一样,他人不得拆阅,用于重大事务君臣之间交换意见。神宗将密揭与其他奏本一起转给内阁,内阁又转给礼科,致使密揭不密,群臣疑惑不解,舆论哗然。终于引起了一场不大不小的风波,导致申时行的辞去。

万历十九年八月底,礼科给事中罗大纮(字公廓,号匡吾,江西吉水人)把申时行的密揭捅了出去,指责申时行的两面派作风:表面上附和群臣之议,奏请册立;暗地里"阴缓其事以内交"②。罗大纮的奏疏措辞激烈,气势汹汹。他指出,申时行对于册立东宫漫然不置可否,只是说"裁自宸衷,毋惑群言"云云,其实是"志非纳约,意在藏奸,支遁其词以卖友,隐秘其语以误君"③。申时行为了避免麻烦,派人向礼科取回他的那份密揭。申时行秉性柔和,因为多次奏请册立太子未蒙应允,便不再坚持,听其自然,故而要皇上"裁自宸衷,毋惑群言"。这种息事宁人、明哲保身的态度正合神宗之意。罗大纮偏要揪住此事不放,令申时行难堪,也使神宗震怒。九月初一日,神宗发出谕旨:"元辅奏揭原为解朕之怒,非有别意。罗大纮这厮,见前疏所逞私臆,图报之心不遂,借言诬诋辅臣,实欲迟延册立。况且屡有明旨,不许激聒渎扰,以迟大典。罗大纮这厮明知故违,好生可恶。姑着降杂职于极边方用,不许朦胧升转。册立之事本该更改,姑且存此一次,再有党护烦扰的,定行延改。"④

申时行由于遭到罗大纮的弹劾,立即作出反应,上疏声辩,仍从他的既定方针出发,向皇上表白:深恨张有德之轻信,也颇悔阁臣上疏过早,因此仓促呈进密揭,一则谓皇上意思已定,无可再议;二则劝皇上勿因小臣屡言而误册立大典,希冀有所挽回,意图在于调停斡旋。至于罗大纮以为取回密揭及皇上批答欺君玩法,这是不明白内阁旧规之故⑤。尽管皇上就罗大纮的上疏明确表态,申时行也作了声辩,但是舆论已难以压制,群情激愤,一方面声援罗大纮,

---

① 吴亮《万历疏钞》卷18,罗大纮《险臣私揭欺君蓄心叵测疏》。
② 《明史》卷218《申时行传》。
③ 《万历疏钞》卷18,罗大纮《险臣私揭欺君蓄心叵测疏》。《万历邸钞》万历十九年辛卯卷,九月,谪吏科给事中罗大纮极边复革为民条。《明神宗实录》卷240,万历十九年癸亥。《明史》卷233《罗大纮传》。
④ 《万历邸钞》万历十九年辛卯卷,九月,谪吏科给事中罗大纮极边复革为民条。钟羽正《崇雅堂集》卷8《恳乞圣恩宽宥言官以安辅臣事》。
⑤ 《明神宗实录》卷240,万历十九年九月癸亥。

另一方面把矛头指向申时行。

吏科都给事中钟羽正(字叔濂,四川益都人)、吏科给事中侯先春(字元甫,号少芝,常州无锡人)上疏论救罗大纮。钟羽正在奏疏中说:"臣等仰窥皇上册立初谕已有定期,初无俟于群臣之复请。阁臣揭贴委屈斡旋,亦不暇计群臣之疑议。然而大纮不免于得罪者,则以言之太激耳。顾臣等以为大纮言诚过激,意无他也,心迹之难言也久矣。辅臣之揭心迹之间也,宗社大计举朝望之而或微有异词,则人孰不疑?内外章疏诸垣受之,而乃偶尔取回,则人孰不骇?大纮书生也,为谏官之日新,见隐约之词则不能不疑,见异常之迹则不能不骇,骇疑蓬勃愤懑于中,故不择词而出之又安能委婉和平,以回圣主之心,而明贤相之志哉!此则大纮之所以得罪也……伏乞皇上衿怜大纮服官未久,免其降罚,仍乞皇上将元辅原揭发科道抄,明示天下……"①这显然是要把申时行的密揭曝光,置于舆论谴责之下,使他毫无回旋余地。神宗当然不会答应,下旨将罗大纮革职为民,钟羽正、侯先春各罚俸半年②。

武英殿办事中书黄正宾(徽州歙县人)为申救罗大纮而上疏揭露内情。他说:按祖宗旧制,部院以下大臣奏请,只有奏本而无揭帖;只有阁臣奏请有公奏也有揭帖,但申时行的密揭与公奏大相径庭。他责问申时行,密揭中"臣自抱病以来,不复与闻政事,近日票拟茫无所知"云云,是何居心?神宗仍不改初衷,下旨严厉惩办黄正宾,命锦衣卫镇抚司把他逮捕入狱,严刑拷问主使之人。拷讯之后,斥革为民③。册立东宫之争,神宗固执己见,外廷议论纷纷,阁臣们左右为难。迫于舆论,次辅许国再次上疏乞休④。两天后,内阁首辅申时行也引疾辞职。申时行有他的苦衷,要在册立之事上调停皇上与群臣的矛盾,充当和事老,未免吃力不讨好。他没有张居正的胆略魄力,和皇上一起压制舆论,只能委曲求全。由于周旋太过,遭到群臣的嫌疑和非议,已经有口难辩,只有一走了之。

申时行的才学识在当时朝臣中堪称佼佼,张居正秉政时被其光辉所掩,此

---

① 钟羽正《崇雅堂集》卷8《恳乞圣恩宽宥言官以安辅臣事》。《万历邸钞》万历十九年辛卯卷,九月,谪礼科给事中罗大纮极力复革为民条。
② 《万历邸钞》万历十九年辛卯卷,九月,逮系武英殿中书黄正宾拷问条。《明史》卷233《罗大纮传附黄正宾》。
③ 谈迁《国榷》卷75,万历十九年九月己巳。《万历邸钞》万历十九年辛卯卷,九月癸酉,许国罢条。
④ 《万历邸钞》万历十九年辛卯卷,九月乙亥,申时行罢条。

后又受亲操政柄的神宗掣肘,难以施展,在政治斗争的旋涡中无奈地退隐,未免令人感慨系之。退隐后所写诗文才华横溢,在其文集《赐闲堂集》中可略见一斑。朱彝尊说:"文定(申时行谥号申文定公)不以诗见长,然巨篇长律铺扬典丽,足令操觚者缩手。"①多年之后回忆起这一场惊心动魄的纷争,申时行依然激动而感慨:"庚寅(万历十八年)冬,忽遣文书内臣语阁中:'若诸司不来激聒,明冬传后年册立,如不遵者,待十岁举行。'余乃与同官约:上已有明谕,臣下自当遵奉,稍需一岁,大事定矣。每诸司接见,皆以此告之,故辛卯(万历十九年)之岁自春及秋,未有言建储者。而工部主事张有德忽复言之,余时引疾在告,不胜惊愕,方欲待二公商榷,而新安(许国)故健忘,若不知有前谕者,乃曰:'小臣以建储请,而吾辈大臣嘿无一言可乎?'仓促具一疏,首列余名以进。余闻之叹曰:'大事去矣,小臣虽犯激聒之戒,而吾辈大臣恪守明谕,不失信于上,乃可以要上之全信。今吾辈与小臣接踵上疏,上必呵责,小臣故犯,从中处分,册立事必且改期,吾辈疏特报国耳,奈之何哉!'余乃别具一揭云:'臣已在告,不预阁中事,同官疏犹列臣名,臣不知也。臣谓册立之事圣意已定,谕旨已明,向来兢兢恪守不敢违越,以俟来春举行。小臣愚妄不谙大计,不足责也。惟上宸断裁,勿因小臣妨误大典。'上手赐批答,趣余亟出,而不及建储事。故事,阁臣密揭皆留贮阁中不发科,而新安(许国)亦与诸疏同发。时罗给事大纮新任,余令典籍从科取回送阁,次日科臣来索,以故事却之。大纮乃疏论余迎合上意以固位,而武英黄中书正宾继之,余有疏辩,荷上优答,然观人情世局如狂澜沸鼎,万万不能久安,遂决计归。归十余年,而储位定矣,向之纷纷竟如何哉!"②归田二十年后回忆往事,他在给顾宪成的信中坦诚相告:"不肖归田二十年矣,追忆曩时,当事九年,颇竭心力,即庸庸碌碌无足比数,至于招权纳贿,妒贤忌能、欺公坏法之事,盖亦深惩切戒,不敢少循覆辙,自丧其生平。"③正如王家屏所说,申时行"在阁中十四年,事上最久,受知最深",他一向"翼翼小心,孜孜为国,忠诚廉介,周慎包容"④。在申时行的维持调护下,平稳地度过了艰难的后张居正时代。

---

① 朱彝尊《静志居诗话》卷 13《申时行》。
② 申时行《赐闲堂集》卷 40《杂记》。
③ 同上书卷 38《贺顾泾阳少卿》。
④ 王家屏《王文端公奏疏》卷 3《为首辅辩谤揭(偕同官上)》。

王锡爵早已引疾辞去,现在申时行、许国又相继辞去,内阁辅臣中只剩下王家屏一人。王家屏在申时行辞职前一天,也曾请求辞职,神宗不同意,有意让他升任内阁首辅。王家屏,字忠伯,号对南,山西大同人,累官吏部左侍郎兼东阁大学士,入参机务,在内阁中居于末位,每议事能秉公持法,不亢不卑,但毕竟资历声望等方面稍显逊色,自感难在此多事之秋胜任首辅之职。所以在申时行辞职获准的第二天,赶忙请求皇上收回成命,予以挽留。申时行已经是第十一次上疏求去了,何况现在已成众矢之的,神宗当然不会再次挽留,只是叮嘱王家屏:"今内外章奏每日朕自亲览,应行的朕自批拟。"言外之意,王家屏这个内阁首辅只消协助处理政务即可。连日来,阁臣们请假的请假、辞职的辞职,章奏堆积盈几,神宗希望他扶病入阁办公①。

两天后,神宗按照申时行辞职前推荐的名单,不经会推手续,由他自己任命了两名内阁新成员,一名是吏部左侍郎赵志皋,升任礼部尚书兼东阁大学士;另一名是张位(字明成,号洪阳,江西新建人),升任吏部左侍郎兼东阁大学士。赵志皋、张位早先都与张居正意见不合,由翰林出任州同,不料十年后两人同时拜相,楚中周御史以诗戏之曰:"龙楼凤阁九重宫,新筑沙堤拜相公,我贵我荣君真羡,十年前是两州同。"②

册立东宫之争导致内阁的大换班,但是,廷臣与皇上在这一"国本"问题上的意见仍然尖锐对立,丝毫不见松动迹象。万历二十年(1592年)正月,礼部都给事中李献可(字尧俞,福建同安人)等联名上疏,请皇上"豫教元子",这是婉转地建议册立皇长子的一种迂回策略。李献可说:"元子年十有一矣,豫教之典当及首春举行。倘谓内廷足可诵读,近侍亦堪辅导,则禁闼幽闲,岂若外朝清肃,内臣忠敬,何如师保之尊严。"③这种机智而严密的论辩使皇上再无推脱回旋的余地。神宗阅后恼羞成怒,抓住疏文中把弘治年号写成"弘洪"大做文章,强加一个"诬戏君上"的罪名④,并把李献可的奏疏及他的御批,转给内阁,发下执行。神宗的亲笔御批写道:"册立已有旨了,这厮每又来烦激,且本内年

---

① 《明神宗实录》卷240,万历十九年九月乙亥。
② 陈继儒《眉公见闻录》卷4。
③ 《明史》卷233《李献可传》。
④ 《明神宗实录》卷244,万历二十年正月壬午。《万历邸钞》万历二十年壬辰卷,正月丁亥,杖户科左给事中孟养浩于阙廷为民条。

号错写,显是故违明旨,诬戏君上,好生可恶,为首的姑着降一级调外任用,其余各罚俸六个月。"①不料内阁首辅王家屏态度十分明朗地支持李献可等人,不同意皇上这种强词夺理的做法,原封不动地退回了皇上的御批,同时附上了自己的奏疏,为李献可等人辩护,说这只是敦请豫教,并非请求册立。皇上如果以为豫教还早,也应采纳其言,即使不能采纳,也不应遽加降罚。他在奏疏中写道:"但看详疏词内称:'册立之典可稍缓待来年,豫教之典不可少停而虚今日',则其意乃在请豫教而非请册立也……臣等窃恐严旨一出,群情惊异,益起疑端,众口沸腾,转滋争论,哓哓烦聒当无宁时……臣等不胜恳切祈恩之至,谨具题连本封进以闻。"②对于首辅敢于封还御批,神宗十分不满,又不便发作,干脆不予理睬。王家屏见皇上对他不屑一顾,气得托疾告假,无心再理内阁政务。

言官们不依不饶。礼科都给事中钟羽正、给事中舒弘绪等人上疏申救李献可。钟羽正说:"献可之疏,臣实赞成之,请与同谪。"舒弘绪说:"言官可罪,豫教必不可不行。"③结果是可想而知的,一个降杂职,一个调南京。内阁次辅赵志皋上疏缓解,遭到皇上一顿训斥:"辅臣家屏希名托疾,卿勿效尤。"④王家屏得到皇上"希名托疾"的批评,更加无心问政,干脆请求罢免。言官们仍旧前仆后继一往无前,就在钟羽正、舒弘绪遭处分两天以后,户科左给事中孟养浩(字义甫,湖广咸宁人)再次上疏为李献可鸣不平。他说,李献可"一字之误本属无心,乃遂蒙显斥,臣愚以为有五不可也",并毫不客气地批评皇上:"坐视元子失学,而敝帚宗社";"今日既迟疑于豫教,来岁又安能慨然于册立";"豫教之请有益元子明甚,而陛下罪之,非所以示慈爱"⑤。好个孟养浩,字字句句触及皇上痛处,措辞之激烈尖锐远远超过李献可。神宗愤怒之极:"孟养浩这厮疑君惑众,狂吠激上,好生可恶!"命锦衣卫把他逮到午门前廷杖一百棍,革职为民⑥。

---

① 王家屏《王文端公奏疏》卷4《封还御扎申救言官揭》。
② 同上书卷4《封还御揭申救言官揭》。《明神宗实录》卷244,万历二十年正月壬午。黄宗羲《明文海》卷453,董复亨《大学士对南山阴王公墓志铭》。
③ 《明史》卷241《钟羽正传》;卷233《李献可传附舒弘绪》。
④ 谈迁《国榷》卷76,万历二十年正月甲申。
⑤⑥ 《万历邸钞》万历二十年壬辰卷,正月丁亥,杖户科左给事中孟养浩于阙廷为民条。《明史》卷233《孟养浩传》。

孟养浩以言官身份向皇上进谏,居然无端遭到廷杖,激起了言官们的义愤,户科、兵科、刑科、工科的都给事中张栋、丁懋逊、吴之佳、杨其休,礼科左给事中叶初春,刑科右给事中陈尚象,云南道御史钱一本、邹德泳,河南道御史费名儒等,纷纷上疏,主持公道。结果一个个都被皇上革职为民,激起了轩然大波。已经乞罢的内阁首辅王家屏见此情状,上疏请求皇上宽宥诸臣,并向皇上解释封还御批的缘由。神宗根本不把这个首辅放在眼里,于正月三十日派文书官赴王家屏私邸,当面递交一份手谕,狠狠地训斥道:"迩年以来,善事小臣狂肆不道,逞臆激扰,姑以薄罚。卿为佐治,见此要名不义之徒,自宜调停厘处,缓词解谏,却乃迳驳御批,故激朕怒,甚失礼体。及朕怒起,卿又不忍受,假疾具疏,文言求去。朕思卿真欲以此挟君废政,沽名逸卧,岂人臣之义哉!且卿燮理赞襄,佐治有年,方今国务多艰,卿忽然高卧,其心可安乎?卿既有疾,准暂假数日即出,入阁办事。"①

朝政到了这般地步,内阁首辅王家屏封还不允,调停不能,只有引疾求去了。他上"乞罢归以全臣节疏",感慨地说:"乃今数月之间请朝讲不报,请庙享不报,请元旦受贺不报,请大计临朝臣犬马微诚不能感回天意,已可见于此矣!"②如此连上五疏,才得到皇上的谕旨:"览卿所奏,情词恳切,既有疾,准回籍调理,着驰驿去。"③万历二十年三月,王家屏连上三疏,作为他的临别赠言。由于"宫闱之谗构交作",册立、豫教二事屡遭迁延,使他这个外廷大臣一筹莫展。他的三篇奏疏写得义正词严,显示了宁折不弯的士大夫精神,被后人以"先正模范"、"以去格主"的褒奖而载入史册④。事已至此,他唯有一走了之。临行前,他还向皇上条陈君德时政安攘大略,念念不忘册立之事。这位耿介之士的告别词是颇动感情的:

情依依而恋主,犹回弃妇之头;
心惙惙以忧时,横洒孤臣之泪。⑤

---

① 《万历邸钞》万历二十年壬辰卷,三月,大学士王家屏封还内降寻罢条。
② 王家屏《王文肃公奏疏》卷4《乞罢归以全臣节疏》。
③ 同上书卷4《第五疏》。
④ 孙承泽《春明梦余录》卷23《内阁》。
⑤ 黄宗羲《明文海》卷453董复亨《大学士对南山阴王公墓志铭》。朱彝尊《静志居诗话》卷15,王家屏条:"文端(王家屏谥号)立朝,侃侃不阿,因一谏官,力争去位,风节固不可及,诗亦雍容和雅,不失正始之音。"

万历三十八年(1610年)进士及第授翰林院编修的钱谦益以词林后辈的身份拜访退休在家的申时行,申时行与他谈及王家屏的罢官,说:"政有政体,阁有阁体。禁近之臣职在密勿论思,委曲调剂,非可以悻悻建白,取名高而已。王山阴(家屏)诤留一谏官,挂冠而去,以一阁老易一谏官,朝廷安得有许多阁老? 名则高矣,曾何益于国家?"①此话当然不能说没有道理,但王家屏的"挂冠而去"实在并非仅仅为"诤留一谏官",而有复杂得多的原因,实在是事出无奈。朱赓在为他写的墓表中说:"方务灰缚,而朝士多用诡激为声,公引大义委曲调剂,卒成和衷之美。迨居铉席,开诚布公,正色侃辞,庶士敛服终。"他颇为感慨于"天子之用公,不能尽公之用",及至罢归,"邮筒不绝于时,世以为尽公之用,而公更若有所未尽者"②。所言比申时行更近于实情。

## 四、围绕"三王并封"的纷争

内阁首辅王家屏因"册立"事而辞官,册立皇太子之争并未就此了结,次辅张位依然揪住不放,不断上疏请册立、请冠婚、请讲学。他振振有词地说:"我朝祖宗旧制,并未有长子封王者,亦未有登极二十年尚未立太子者,此皆不可为万世法。"又说:"据外廷所疑所传,皇上眷注皇贵妃,册立之事因此阻碍。人都知皇上爱皇长子,心本无他,但恐外边邪说乱听,或开衅端,愿皇上保全皇贵妃,毋以此事累之。"③但是仍无丝毫转变的迹象。

神宗一直疾病缠身,常对臣下说:"近日以来,溽暑蒸湿,面目发肿,步行艰难。"④连续几年的册立东宫之争,导致两名内阁首辅相继辞去,使他感到了外廷的压力。继王家屏出任内阁首辅的赵志皋,年逾七旬,老迈无能,为朝士所轻⑤,不能为他排忧解难。这使神宗感到失望。他需要一位得力的内阁首辅为他分担压力,于是想起了告假在家的王锡爵——万历十九年六月以母老乞归

---

① 钱谦益《历朝诗集小传》丁集中《申少师时行》。
② 朱赓《朱文懿公文集》卷8《礼部尚书兼东阁大学士赠少保谥文端山阴王公墓表》。
③ 《明清史料》乙编《旧辅张位准复原官等情残稿》。
④ 《万历邸钞》万历二十年壬辰卷。
⑤ 《明史》卷219《赵志皋传》。

太仓老家——是难得的人才,敢作敢当,现在正需要这种人出来稳定局面。万历二十一年正月,神宗把王锡爵召回,出任内阁首辅。

王锡爵风尘仆仆赶来履任,劈头要面对的棘手事宜,就是皇上亲自允准于万历二十一年举行册立东宫大典。为了稳妥起见,王锡爵特地写了一道密揭给皇上,敦请赶快决定大计,无论如何不能再拖延日期了。否则的话,是非蜂起,道路喧哗,臣虽有百口,不能为皇上压制。王锡爵特别在密揭上写明,这是他亲自誊写,没有让同官过目,希望秘密与皇上商定国事①。

神宗看了密揭后,立即派文书官带着他的亲笔手谕到王锡爵私邸,目的也在于避开众耳目。他的手谕如此写道:"今早览卿密奏揭帖,悉见卿忠君为国之诚。朕虽去岁有旨今春行册立之典。昨读《皇明祖训》内一条,立嫡不立庶之训。况今皇后年稚尚少,倘后有出(生育),册东宫乎?封王乎?欲封王,是背违祖训;欲册东宫,是二东宫也。故朕迟疑未决。既卿奏来,朕今欲将三皇子俱暂一并封王。稍待数年皇后无出,再行册立。庶上不背违祖训,下于事体两便。卿可与朕作一谕旨来行,钦此。"②显然,这是神宗苦心孤诣一番之后想出的对策,借口"立嫡不立庶",皇长子是庶出,不宜册立为皇太子,只好虚位以待。为了应付外廷舆论,不如暂时将长子、三子、五子(万历十九年八月生)一并封王。这就是所谓"三王并封"。其实质是不册立长子为皇太子,与其他诸子一样,仅仅册封为藩王而已。神宗想出了这个主意,却要颇得人望的王锡爵代他受过。

王锡爵看了皇上的手谕后,大出意料,顿时有点惶惑了。一方面,嫡子尚未出生而要"待嫡",庶子已经十二岁却又不册立,实在难以奉行③;另一方面,申时行、王家屏都在这件事情上栽了筋斗,为了不失去皇上的信任,只附和帝意方为上策④。一向刚直敢言的王锡爵,这时显得有点畏首畏尾,作出了一个错误的抉择,卷入了难以自拔的是非旋涡。他遵旨代皇上草拟了两道谕旨,即两种方案供皇上选择。其一是,令皇长子先拜皇后为嫡母,再行册立;其二

---

① 《万历邸钞》万历二十一年癸巳卷,正月,王锡爵复入阁条。《明神宗实录》卷256,万历二十一年正月丁丑。朱国祯《皇明大事记》卷40《国本》。
② 王锡爵《文肃王公奏草》卷9《答并封圣谕疏》。《万历邸钞》万历二十一年癸巳卷,正月,王锡爵密揭条。《明史》卷218《王锡爵传》。
③ 《明神宗实录》卷256,万历二十一年正月丁丑。
④ 《明史》卷218《王锡爵传》。

是,长子、三子、五子"三王并封"。后一方案毕竟有点冒犯舆论,所以王锡爵特别强调实在万不得已实行"并封",必须在谕旨中明白说定立嫡立长的时间,将来不再更改之意①。

经过神宗与王锡爵的秘密策划,"三王并封"之议终于敲定。万历二十一年正月二十六日,神宗以突然袭击的方式向礼部发出"三王并封"的谕旨:"朕所生三子,长幼自有定序。但思祖训立嫡之条,因此少迟册立,以待皇后生子。今皇长子及皇第三子俱已长成,皇第五子虽在弱质,欲暂一并封王,以待将来有嫡立嫡,无嫡立长。你部里择日俱议来行。"②外廷大臣原本在静候册立皇太子的佳音,不料等来了"三王并封",大失所望,且有受戏弄之感。这是"国本"攸关的大事,廷臣们掀起了较前更为激烈的反对浪潮。

正月二十八日,光禄寺丞朱维京(字大可,号讷斋,四川万安人)带头发难,上疏表明廷臣极力反对的立场。他在奏疏中首先批评皇上,既然答应二十一年册立,廷臣莫不延颈企望之际,忽然改为分封,足见昔日所颁圣谕不过是戏言。至于所谓"少迟册立,以待皇后生子"云云,祖宗以来实无此制。如此等待皇后生嫡之举,简直是"欲愚天下,而实以天下为戏也"。由此,他责备首辅王锡爵既不能引烛焚诏,又不能委曲叩请,难以服中外之人心,有失大臣风节③。神宗见他苦心孤诣的对策,出台两天就遭到臣下轻易否定,十分恼火,下旨对朱维京严加斥责:"朱维京这厮,出位要名,的系祖训所言奸臣。本当依训处斩,姑从轻,着革了职,发极边永远充军。"④

这种无端的发作意在钳制舆论,但并不奏效。刑科给事中王如坚(字介石,江西安福人)上疏抨击,措辞更加严厉,批评皇上言而无信,出尔反尔:十四年正月说元子幼小,册立事等二三年举行;十八年正月说朕无嫡子,长幼自有定序;十九年八月说册立之事改于二十一年举行。虽然一再延期,但未曾停罢册立。不料到了今年忽传并封为王,以待嫡嗣。王如坚针对以上情况指出:臣始而疑,继而骇,陛下言犹在耳,难道忘了不成? 由此可见陛下前此灼然之命,

---

① 谈迁《国榷》卷76,万历二十一年正月丁丑。《万历邸钞》万历二十一年癸巳卷,正月,王锡爵密揭条。
② 《万历邸钞》万历二十一年癸巳卷,正月,王锡爵密揭条。
③ 同上书万历二十一年癸巳卷,正月,谪光禄寺丞朱维京刑科给事中王如坚极边永戍条。《明史》卷233《朱维京传》。
④ 同上书万历二十一年癸巳卷,正月,谪光禄寺丞朱维京刑科给事中王如坚极边永戍条。

尚不自坚,今日群臣将何所取信?陛下欲待皇后所生嫡子,其意非真。宫闱之内,衽席之间,左右近习之辈见形生疑,未必不以他意窥陛下①。这种句句击中要害的话语使神宗愤怒至极,立即降旨:"王如坚这厮,逞臆图报,巧词疑君,惑乱祖法,好生可恶,正是奸臣。本当依训处斩,姑从轻,着革了职,发极边永远充军。"②

朱维京、王如坚因为反对"三王并封"而遭到充军的严惩,并没有使人们望而却步。一些正直的京官如顾允成、史孟麟、张辅之、于孔兼等以同乡关系去见王锡爵,劝阻"三王并封"。王锡爵对于孔兼说:"封王仪注已进未?"于孔兼说:"未敢。"史孟麟说:"国朝只有立太子仪注及封王仪注,今以太子封王,于郎中何敢进仪注!"王锡爵说:"皇上处置王给事中等四人太重了。"史孟麟说:"国家养士正为今日,凡廷杖、充军、谪官,自是建言者分内。老先生只要把事体端正,诸公得罪甘心也。"③吏部考功司主事顾宪成代表吏部四司官员联名上一公本(《建储重典国本攸关不宜有待恳切圣明早赐宸断以信成命以慰舆情事疏》),反对三王并封。顾宪成还写信给王锡爵坦陈己见:"明旨一定,何以转移,人情汹汹,何以镇定?……请期一着尚自可图,而非阁下莫能任。"④"三王并封"之不得人心与此已可见一斑。

在强大的舆论压力之下,礼部接到皇上关于择日具仪并封三王的谕旨,既不敢违抗,又不便执行,便提出一个折中方案:册立太子与封王同时举行。神宗根本不予考虑,振振有词地反驳:"祖训有立嫡之条,庶子虽长,不许僭窃而立。"为了替王锡爵解围,他向内阁发去谕旨,说明事情原委:"昨者元辅反复劝朕早行册立之典,此原是朕去岁之命,有何可疑?但恐违背祖训,日后事情难处,故将三皇子暂而并封。随该元辅再引前代之例,欲令皇长子先拜嫡母,随行册立。朕非不嘉其苦心,但思以伪乱真非光明正大之道。今外臣重复争论,不知朕是何主意,深可痛恨。卿等辅弼亲臣,岂不知朕心,何故乃为人言疑阻,不肯担当!倘有后悔,将何以处?朕为天下主,无端受诬,卿等何忍见之!"⑤

---

① 《明史》卷233《王如坚传》。《明神宗实录》卷256,万历二十一年正月壬午。
② 《万历邸钞》万历二十一年癸巳卷,正月,谪光禄寺丞朱维京刑科给事中王如坚极边永戍条。
③ 高攀龙《高子遗书》卷10《并封记事》。
④ 同上书卷11《南京光禄少卿泾阳顾先生行状》。
⑤ 《万历邸钞》万历二十一年癸巳卷,正月,谪光禄寺丞朱维京刑科给事中王如坚极边永戍条。

看来朱维京、王如坚等人的上疏确实刺痛了神宗,使他如坐芒毡,急于要阁臣出来替他说话,为他分担一些压力。但是阁臣们不敢冒天下之大不韪,始终缄默不语。尽管神宗力图为王锡爵解围,王锡爵还是摆脱不了成为众矢之的那种困境。廷臣们丝毫不肯让步,纷纷挺身上疏反对三王并封。礼部仪制司主事张纳陛、顾允成,工部都水司主事岳元声,光禄寺少卿涂杰,光禄寺丞王学曾,礼部仪制司郎中于孔兼,礼部尚书罗万化,翰林院编修周应宾等人,都在奏疏中明确主张:皇长子当立,三王并封不可行。

工部主事岳元声,礼科给事中李汝华、张贞观、许弘纲,吏科给事中史孟麟等人,特地赶到内阁会见王锡爵,展开了一场唇枪舌剑的辩论。王锡爵为自己辩护说:"并封事部院大卿多以为是,诸公又何言?"史孟麟说:"外廷弹老先生调停至意,第祖宗二百年来东宫不待嫡,元子不封王,创有此旨殊骇人耳。"王锡爵说:"东宫不待嫡,某亦知之,但皇上必欲如此。元子不封王,穆庙之封裕王何也?"史孟麟说:"世庙立太子,而穆庙同日封裕王,非以元子封王也。"王锡爵沉思良久,说:"当如祖宗旧名。"①面对王锡爵声色俱厉的训斥,岳元声(字子初,号石帆,浙江嘉兴人)责问道:"阁下奈何误引亲王入继之文,为储宫待嫡之例?"当众人要告辞时,岳元声说:"大事未定,奈何出。"王锡爵反问:"然则何如?"岳元声说:"诏已草,除挽回二字,别无商量。"又说:"当以廷臣相迫告皇上。"王锡爵不无威胁地说:"书诸公之名以进,何如?"岳元声毫不畏惧地答道:"请即以元声为首,杖戍惟命。"王锡爵这时辞色稍缓,解释道:"初意皇长子出阁,与三子、五子等威亦自有别。"岳元声打断他的话:"等威仪曹事,非阁臣事。"岳元声这一席话说得王锡爵哑口无言②。

庶吉士李腾芳(字子实,湖广湘潭人)当面交给王锡爵一封信,对他的心态进行剖析:"公欲暂承上意,巧借王封,转作册立。然以公之明,试度事机,急则旦夕,缓则一二年。竟公在朝之日,可以遂公之志否?恐王封皆定,大典愈迟。他日继公之后者,精诚智力稍不如公,或坏公事,而罪公为尸谋,公何词以解?"③王锡爵读完了信,说:"诸公訾我,我无以自明。如子言,愿受教。但谓为

---

① 高攀龙《高子遗书》卷10《并封记事》。
② 许重熙《宪章外史续编》卷9,万历二十一年正月。谷应泰《明史纪事本末》卷67《争国本》。崇祯《嘉兴县志》卷13《岳元声传》。
③ 谈迁《国榷》卷76,万历二十一年正月甲申。

我子孙计,我每奏皆手书,秘迹甚明,似无虞也。"李腾芳说:"揭帖手书,人何由知其言谓何?公反欲自恃,异日能使天子出公手书传示天下否?"王锡爵沉默良久,说:"古人留侯(张良)、邺侯(李泌)皆以权胜。"李腾芳说:"邺侯不欲以建宁为元帅,而咏摘瓜诗以卫广平,此经也,非权也。但与肃宗私议家事,恐上皇不安,而迟广平为太子,另是一则。然建宁之死殆此矣。若子房(张良)以强谏为无益,而遭致四皓(商山四皓),有似行权,然未尝请太子与赵王并封。且先权必大智也,委曲婉转,或立语而移,或默默而定。若需之数年,更以他人,虽圣人不能保矣。"王锡爵听了不觉凄然泪下①。

岳元声的谴责,李腾芳的规劝,使王锡爵感受到舆论的压力以及自身的功过是非,令他踌躇万端。何况岳元声还上书王锡爵,指责他"非有拥立之显功,断不足偿虚储之实罪"②。于是他上疏皇上:因谋国无状,导致人言朋兴,希望皇上下旨召开各方官员会议,共成大典③。无奈神宗并不理解他的苦衷,断然拒绝了他的请求:"卿为首辅,已辱诤劝,姑为权宜。今复畏阻,是亦疑朕。卿可安心辅理。此无识小畜,讪谤疑君,惑乱众听,波及诬诋,不必自惑,可即入阁办事。朕意已定,不必廷议。"④

从万历二十一年正月底到二月初,王锡爵承受廷臣的责难,日子很不好过。他的门生钱允元、王就学相对叹息,忧形于色,相约同去老师府第规劝。见面后,两人直截了当地指出:"此事外廷皆欲甘心于老师,恐有灭族之祸,贻秽青史。"边说边痛哭流涕。王锡爵却笑着说:"痴子,痴子,斯乃外人浮论,吾自明明白白在那里,密揭屡进,无论皇上,即皇长子亦自知之。"王就学说:"不然,他人谁谅老师心者,恐一旦祸发,悔之无及。"王锡爵这才意识到事态的严重性,怃然良久,说:"即当有处。"⑤

王锡爵在廷臣及门生故吏的规劝下,幡然悔悟,毅然决定破釜沉舟,迫使皇上收回三王并封的决定。二月初六日,王锡爵恳请皇上召见,意欲向廷臣认错。他在奏疏中说:"臣至愚极陋,浅见寡闻,不自量力,欲以区区至诚感动天地,避要功好名之嫌,而一时登对欠详,心思未到,以致外廷疑议转生,连日喧

---

① 谈迁《国榷》卷76,万历二十一年正月甲申。
② 许重熙《宪章外史续编》卷9,万历二十一年正月。
③④ 《万历邸钞》万历二十一年癸巳卷,正月,削光禄寺少卿涂杰寺丞王学曾籍条。
⑤ 同上书万历二十一年癸巳卷,正月,王锡爵密揭条附野史。

哗不定。"因此他希望能面陈利害,讲清"累朝典故与今日人言所自起","从长商议,务求得调停至当之术"①。他向皇上检讨,日前两票并拟(即代拟两道谕旨)过于草率,"彼一时寮采既不在前,书籍又无查考,止据臆见,匆匆具答,虽首尾词意主于册立一说,而不合拘守阁中故事……伏乞天恩,容令认罪改正"②。王锡爵表示要承认"三王并封"的错误,把神宗置于十分尴尬的境地。尚气使性的神宗一向不愿意向臣下认错,对王锡爵说:"朕为人君,耻为臣下挟制。谤祖蔑训,国体何在?以此未欲见卿。今卿又有此奏,若自认错,置朕于何地?"③但又迫于无奈,经过两天思索,不得不向舆论让步,宣布收回"三王并封"的成命,下了一道谕旨:"既是如此,俱不必封,少候二三年,中宫无出,再行册立。"④"三王并封"之议出笼不过十天,终于寿终正寝。

虽然"三王并封"已经作罢,但神宗仍坚持要再过二三年再谈册立皇太子的事,表面的理由是等待皇后的嫡子诞生。然而外廷早已议论纷纷,皇上疏远皇后,久不见面,要等待皇后生育嫡子岂非笑话!针对外间的议论,神宗派文书官带了他的手谕到内阁,一方面对妄言之徒疑君诬上表示愤怒,另一方面要阁臣们广为宣传帝后关系已恢复正常——"去岁中宫微有小疾,自昨冬已面朕矣"⑤。王锡爵则认为外间流言蜚语的根源就在于储宫(太子)长久不定,他以一人之力,委实不能荷担泰山之重,支持万众之口,希望皇上把他放归乡里,再与诸臣商议对策⑥。这并非以辞职向皇上进行要挟,确实是王锡爵当时心态的真实流露,压力实在太大了,他一人难以支撑。神宗难以理解他的心情,当然不予同意,派文书官到内阁传达他的谕旨:"卿为首臣,既知朕心,又何避怨?亦来迫朕!"⑦王锡爵处于两难境地,内心十分痛苦,在下则疑其逢君,在上则疑其迫主,可怜辛苦,左右为难。

万历二十一年十一月十九日,慈圣皇太后寿辰,即所谓"万寿圣节",神宗

---

① 王锡爵《文肃王公奏草》卷9《请面陈册储事体疏》。《明神宗实录》卷257,万历二十一年二月辛卯。
② 同上书卷9《误答圣谕引罪请改疏》。《明神宗实录》卷257,万历二十一年二月辛卯。
③④ 《明神宗实录》卷257,万历二十一年二月辛卯。《文肃王公奏章》卷9《误答圣谕引罪请改疏》。《万历邸钞》万历二十一年癸巳卷,正月,王锡爵密揭条。
⑤ 《文肃王公奏草》卷9《请定册典以信初诏疏》。《万历邸钞》万历二十一年癸巳卷,王锡爵密揭条。
⑥ 同上左书卷10《密奏》。同上右书万历二十一年癸巳卷,王锡爵密揭条。
⑦ 同上左书卷10《答圣谕并请豫教疏》。同上右书万历二十一年癸巳卷,王锡爵密揭条。

在久不视朝之后破例到皇极门接受百官祝贺,礼毕后,在皇极殿暖阁单独召见王锡爵。这是王锡爵出任内阁首辅以来第一次面对面与皇上对话,他早就盼望召对,机会难得,册立是一定要面谏的。在行过叩头礼,说过客套话之后,王锡爵便提及册立之事:"皇上召臣,本付托以国家之事,目今外边诸务虽渐有头绪,苦于朝廷之上论议日繁。只因册立一事不定,生出无数疑心,使皇上受了无数烦恼,臣因此不甘,所以连进密揭,力劝皇上早断,使人无词。"神宗说:"朕意久定,迟早总则一般,岂为人言动摇。"王锡爵说:"圣意岂有不定,臣等岂有不知,但外人见无消息,止不住胡言乱嚷。臣窃痛皇上何有不明心难决之事,平白受人这等闲气。"神宗说:"朕知道了,恐后中宫有生,却怎么处?"王锡爵说:"这事数年之前说起犹可,今皇长子年至十三岁,待到何时?况且自古至今,岂有人家子弟十三岁不读书之理?何况皇子!"神宗说:"朕知道了,朕子明年该长发之期,卿所奏洞悉苦心。"王锡爵说:"今日见皇上,不知再见何时,伏望皇上念臣之苦,三思臣言,将此事作速早断,不必待冬至后礼部、礼科再请,连臣等二三阁臣亦若不预其事者,省了多少烦恼。自此之后,更望皇上时出御朝,频召臣等商量政事,天下幸甚。"神宗说:"朕也要与先生每常相见,不料朕体不时动火。"王锡爵说:"动火原是小疾,止望皇上清心寡欲,保养圣躬万安,以遂群臣愿见之望。即如今圣驾一出,满朝欢呼,可见勤政视朝是治安急务。"王锡爵还想再说些什么,但是皇上已起身离去,只得叩头告辞[①]。

王锡爵虽蒙皇上单独召对,但并未能说服皇上,这使他感到很苦闷。回到内阁后,他写了一份密揭呈上,向皇上倾吐他的苦衷——第一,此次召对寂无影响,天下必纷起责难,不是为皇上文过饰非,便是阴持两端,首鼠观祸败。如此,臣即粉身碎骨全家族灭,犹有余辜。第二,臣进入仕途三十余年,一向颇有清名。独为今春册立一事未定,而遭外廷笑骂。第三,以十三岁皇长子尚未发蒙,不是臣之误国又是谁。第四,侧闻外间有一种议论,以锢宠阴谋,皆归之皇贵妃,臣恐郑氏举族皆不得安宁,臣为此不觉痛心疾首[②]。神宗看了此疏,对前面三点不置可否,抓住第四点大做文章。亲笔写了一道手札:"谕元辅,昨奏已

---

① 王锡爵《文肃王公奏草》卷15《召对纪事》。《万历邸钞》万历二十一年癸巳卷,十一月,谕皇长子出阁读书条。《明神宗实录》卷266,万历二十一年十一月己巳。
② 王锡爵《文肃王公奏草》卷15《召对谢恩并恳请册立豫教疏》。《明神宗实录》卷266,万历二十一年十一月己巳。

知。朕览卿累次揭帖俱有皇贵妃字,是何说?彼虽屡次进劝,朕亦难允。况祖训有言:后妃不干预政事。岂可辄而听信!"①王锡爵在开读手札时,正巧次辅张位也在阁中办公,碍于脸面,不得不让他也看一下。两位阁臣对于皇上这种无端指责有所不满——"皆低首蹙额而不敢言,吐舌相顾而不能解"②。对于皇上强词夺理地替郑贵妃护短,王锡爵忍无可忍,上疏予以驳斥:"夫祖训所谓后妃不预外事者,不预外廷用人行政之事也。若册立,乃皇上家事,而第三皇子为皇贵妃亲子,皇上家事不谋之妃一家之人,而谁谋乎?皇贵妃亲子不为之谋万世安全之计,而将谁为乎?且使皇上早定,则已矣。一日不定,则一日与皇太子相形者,惟皇贵妃之子,天下不疑皇贵妃而谁疑?皇贵妃不自认以为己责而谁责?"③这几句话柔中有刚,话中带刺,态度十分明朗。神宗看了无可辩解,在给王锡爵的手札中,一面重申册立还得等候,一面对豫教稍加松动,答应到明年春季举行豫教出阁礼,但是带了一个附加条件:皇三子与皇长子一并举行出阁典礼,理由是两人"龄岁相等"④。王锡爵立即予以反驳:"自外廷而观,皇长子明年十三岁,皇三子明年九岁,前后相去四年,岂得谓之相等?"⑤即不同意皇三子与皇长子一并举行出阁典礼。

  神宗终于作出了让步,同意皇长子在册立前先出阁讲学⑥。万历二十一年十一月二十五日,神宗颁发谕旨:"皇长子册立一事久已断自朕心,但以方在壮年,不妨待嫡稍缓,今于明春先行出阁讲学之礼,其皇三子少待次年另行,长幼之序即此为定。"⑦事情总算有了一点进展,但距离外廷官员的要求仍有相当差距。伍袁萃(字圣起,号宁方,苏州吴县人)在追忆此事时,对王锡爵当时的心境描述得十分细致:"癸巳岁(即万历二十一年),太仓公(王锡爵)应召入京。初至,予语公曰:'老先生入朝,当以力请面君为第一义,召见当以力请建储为第一义。'及奉三王并封之旨,而人言纷起,公乃以仓卒错误自解,且求去。予贻书云:'安社稷于俄顷,定变故须臾,古人大手段多自仓卒中见之。而阁下独不尔耶!且已误之,已能挽之,然后可以有辞于天下。奈何一去塞责!'公复

---

① ② ③ 《明神宗实录》卷266,万历二十一年十一月甲戌。
④ ⑤ 同上书卷267,万历二十一年十一月辛巳。
⑥ 《万历邸钞》万历二十一年癸巳卷,十一月,谕皇长子出阁读书条。《明神宗实录》卷276,万历二十一年闰十一月辛巳。
⑦ 《明清史料》乙编《旧辅张位请复原官等情残稿》。

书云：'来翰谓，古人大手段多自仓卒中见之，以此为罪，夫复何辞！自今当步步努力，不敢言去矣。'公服义如此。后日召见，果以建储泣请，而豫教之命始下，主器安而前皇耀，公亦有助云。"①确实，这一段时间内王锡爵的处境一直很微妙，对他的批判从未间断。例如顾宪成的《建储重典国本攸关不宜有待疏》②，顾允成的《恭请册立皇太子疏》③，张纳陛的《乞遵宝训以重宗社大计疏》④，于孔兼的《建储有旨乞前旨以安人心疏》⑤，此外还有史孟麟、薛敷教等人前后相续，都对"三王并封"进行批判。项鼎铉《呼垣日记》万历四十年六月十七日条，写到陈继儒寄给他一部《王文肃公奏草》，他鉴于"余家先有藏本，较所逸凡十九疏，拣其关系者录之"，其中摘录了《辩饶主政疏》："臣闻古人蒙谤，而有一君子知之，则自谓无憾，况臣今日遭逢圣主，托庇于天空地容之中，而暴冤于日临月照之下，臣自反何惭，对人何腼，而必欲求去哉！只缘犬马病身自经简擢，望轻不足以镇物，力薄不足以匡时……古正直之士尚不欲居正直之名，今朋党之人反倡为攻朋党之说，士大夫如此议论，如此心术，虽有百臣必不能障狂澜矣！"项鼎铉从而回忆起往事，王锡爵因"三王并封"事遭到廷臣接连不断的弹劾，内心十分苦闷，既不能得罪皇帝，又不能违背舆论，左右为难，还自认为问心无愧。项鼎铉评论说："文肃生平刻核，中情实一段忠愤，死不可吞。第中有'芝草为莠，凤凰为枭'与'一切报罢'等语，得无作近日留中之俑耶！"⑥现在矛盾似乎有所缓和，其实并未解决。由此引来的人事纷争，以及言官们连接不断的弹劾，终于导致王锡爵的下台。

### 五、皇长子常洛的册立问题

　　神宗既然已经亲口答应皇长子常洛出阁讲学，再无口实可以推托，便命太监估计出阁礼仪所需开支。负责此事的内承运库太监孙顺摸透了皇上的心

---

① 伍袁萃《林居漫录（前集）》卷3。
② 《万历疏钞》卷3,顾宪成《建储重典国本攸关不宜有待疏》。
③ 顾允成《小辨斋偶存》卷2《恭请册立皇太子疏》。
④ 《万历疏钞》卷3,张纳陛《乞遵宝训以重宗社大计疏》。
⑤ 同上书卷3,于孔兼《建储有旨乞前旨以安人心疏》。
⑥ 项鼎铉《呼垣日记》卷2,万历四十年六月十七日。

思,深知皇上并不太乐意为皇长子办出阁礼,阿附帝意,开出一张令人瞠目结舌的账单,总数不下数十万两银子①。户部、户科以为开支过大,主张节省。神宗抓住这一把柄传谕内阁借口皇长子出阁礼所需经费问题,"若如该部科言其过费,出讲少俟二三年,册立一并举行,庶可省费"②。待到经费的障碍业已扫除,神宗不得不宣布:万历二十二年(1594年)二月初四日皇长子出阁讲学,但以尚未册立为太子,侍卫仪仗一切从简。到了那天,出阁礼如期举行,皇长子常洛向皇太子的目标迈出了艰难的一步。

　　神宗的长子常洛,生于万历十年,到万历二十二年出阁讲学已经十三岁了,因为是庶出关系,境遇很是坎坷。从批准出阁讲学,到四年后举行冠礼,再过三年后册立为太子,又次年成婚,这条路一波三折,过于颠沛,后人概括为一句话:"一切典礼俱从减杀。"③神宗对常洛的出阁读书并不重视。据那些讲官(老师)们说,原先进讲完毕,照例必定赏赐酒饭,所赐比常宴更为精致,平时赏赐也经常不断。而万历二十二年以后给皇长子讲学,讲官们都自带饭盒,从不赏赐酒饭;早先常有的银币、笔墨、节钱之赐也已成绝响。讲官刘日宁(字幼安,江西南昌人)曾对朱国祯(字文宁,浙江乌程人)调笑:"我辈初做秀才时,馆谷每岁束修不下五六十金,又受人非常供养。今为皇帝家馆师,岁刚得三十金,自食其食。每五鼓起身,步行数里,黎明讲书,备极劳苦。果然老秀才不及小秀才也。"④为皇帝的长子讲学,每年仅得银子三十两,还要自带饭盒,远远不及民间塾师的待遇,岂非咄咄怪事!这从侧面反映了常洛地位之低下。对此外廷议论纷纭,刘日宁作为讲官总是从旁安慰曲喻,希望皇长子依于仁孝,常洛也颇心领神会⑤。

　　常洛对如此难得的读书学习机会十分珍惜。他聪颖不凡,举止凝重,"间有问答,旁通大旨"⑥,受到讲官们交口称赞。每次进讲,内阁辅臣一人入直看讲。皇长子的御案前有一对铜鹤,按照旧例叩头完毕从铜鹤下转而东西向站立,一阁臣误出其上,常洛用目光示意内侍:"将铜鹤可移近些!"虽不明言,意

---

①② 《万历邸钞》万历二十一年癸巳卷,十一月,谕停皇长子出阁寻复谕出阁条。
③ 李逊之《泰昌朝记事》卷1《光庙初出阁讲学》。
④ 朱国祯《涌幢小品》卷1《出阁》。
⑤ 《明史》卷216《刘日宁传》。
⑥ 李逊之《泰昌朝记事》卷1《光庙初出阁讲学》。

已默寓。众讲官无不叹服①。有一天,讲"巧言乱德"章,讲官刘曰宁解释道:以是为非,以非为是。然后从容进言:"请问殿下,何以谓之乱德?"常洛朗声答道:"颠倒是非。"把讲官的话概括得更加贴切②。

给常洛讲课的讲官中,不乏学问大家如焦竑、董其昌等。焦竑,字弱侯,号澹园,南京江宁人。为诸生时即有盛名,向督学御史耿定向(字在伦,号楚侗,湖广黄安人)求学于崇正书院,又质疑于罗汝芳(字惟德,号近溪,江西南城人)。万历十七年以殿试第一为翰林院修撰,埋头研究国朝典章。他博览群书,善为古文,典正驯雅,卓然名家。曾在宫内教小内侍读书,一般人对这一教职敷衍了事,焦竑独不以为然,他说:"此曹他日在帝左右,安得忽之!"经常以古代宦官善恶事迹与小内侍论说,施以熏陶。皇长子出阁讲学,焦竑出任讲官。按照惯例,讲官进讲很少提问,焦竑则不然,讲完后总是徐徐引导:"博学审问,功用维均,敷陈或未尽,惟殿下赐明问。"常洛点头称是,但提不出问题。某日,他又启发常洛质疑:"殿下言不易发,得毋讳其误耶! 解则有误,问复何误。古人不耻下问,愿以为法。"焦竑与别的讲官商量先启其端,正好讲到《尚书·舜典》,便举"稽于众,舍己从人"一句提问,常洛说:"稽者考也,考集众思,然后舍己之短,从人之长。"又一日,举"惟皇上帝降衷于下民,若有恒性"大义。常洛答:"此无他,即天命之谓性也。"对答如流,毫无滞涩,使讲官们更加竭诚于启迪③。焦竑为此收集古代储君可以引以为法、引以为戒的事例,编成《养正图说》,拟呈皇长子阅读戒鉴。这件事原本是内阁首辅王锡爵在第一次召见皇长子诸讲官时交代的,他说:"此重任,我辈先年少着精神,故到今捍格乃尔。诸公看元子资向如何,择其近而易晓者,勒一书进呈方佳。"不久,王锡爵离职,此事也就不了了之。但焦竑仍放在心上。遗憾的是,同官郭正域(字美命,号明龙,湖广江夏人)出于妒忌,攻击焦竑沽名钓誉,迫使他不能进呈《养正图说》④。

另一讲官董其昌,字玄宰,号思白,松江华亭人。万历十七年进士,以庶吉

---

① 李逊之《泰昌朝记事》卷1《光庙初出阁讲学》。
② 《涌幢小品》卷1《出阁》。文秉《先拨志始》卷上。
③ 李逊之《泰昌朝记事》卷1《光庙初出阁讲学》。《明史》卷288《焦竑传》。孙承泽《春明梦余录》卷13《皇史宬》。
④ 许重熙《宪章外史续编》卷9,万历二十二年二月。朱国祯《涌幢小品》卷10《己丑馆选》。

士授翰林院编修。其人天才俊逸,少负重名,作为皇长子讲官,很注意因事启沃。某日,董其昌讲毕提问:"择可劳而劳之?"常洛答:"此所谓不轻用民力也。"常洛颇为看重这位讲官,后来他即帝位,询问左右:"旧讲官董先生安在?"获悉他已辞官在家,马上召回,授太常少卿,掌国子监司业①。

皇长子出阁讲学后,册立事宜便迫在眉睫。朝野上下议论纷纭。万历二十五年三月初一,礼部奏请为皇长子举行冠婚礼。第二天阁臣赵志皋上疏支持礼部的奏请,他指出:"《会典》:皇子年十二或十五,行冠婚礼。婚礼常在十五六岁。今岁冠,明岁婚。而次子讲读亦明年举行之。"神宗接到这些奏请,作出决定:命礼部卜日具仪②。这表明他同意为皇长子举行冠婚礼,深知皇上心态的廷臣以为是一种敷衍之词,不断上疏力图促成其事。其中都察院右副都御史张养蒙(字泰亨,山西泽州人)所言最为切直:"国本必早建,以定人心,不则道路揣摩之谤恐未释也。"③

神宗果然是在敷衍,一直拖到万历二十六年(1598年)五月,才传谕内阁:待新宫落成就举行皇长子冠婚礼④。到了十一月二十七日,神宗传谕礼部,主张把册立东宫与分封亲王一并举行⑤。不料这也是虚晃一枪。人们引颈期盼了一年,仍不见动静,多次被耍弄之后,廷臣们在万历二十八年新年刚过,便连珠炮似的向皇上发动攻势。正月初三日,礼部尚书余继登(字世用,号云衢,北直隶交河人)奏请:先册立皇长子为太子,而后冠礼可致祝词,婚礼可致醮词⑥。这个余继登自从当上礼部尚书以来,不断上疏奏请册立皇长子,举行冠婚礼,因为得不到皇上的允许抑郁成疾,每与同僚言及此事就痛哭流涕:"大礼不举吾礼官死不瞑目。"病满三月后,连章乞休。这年七月间,竟卒于任上⑦。正月初四日,南京道御史朱吾弼(字谐卿,广东高安人)上疏言事,第一条就是

---

① 《泰昌朝记事》卷1《光庙初出阁讲学》。《宪章外史续编》卷9,万历二十二年二月。《明史》卷288《董其昌传》。《春明梦余录》卷13《皇史宬》。
② 谈迁《国榷》卷77,万历二十五年三月辛卯、三月甲午。《明史》卷219《赵志皋传》。在此之前,万历二十五年二月浙江山阴县小吏王俊栅剪下一把头发附于奏疏之中向皇上恳请册立皇长子,他在奏疏中说:臣思储位终不可立,婚礼终不可许,到此时节,似不容已。缘循国制,不敢赴阙,谨将头发剪落,随本进献如皂身。此后,类似奏疏不断呈进,终于导致礼部的奏请。
③ 《明史》卷235《张养蒙传》。《万历邸钞》万历二十五年丁酉卷,七月,右副都御史张养蒙上言条。
④ 《万历邸钞》万历二十六年戊戌卷,五月,谕行皇长子冠婚等礼条。
⑤ 同上书万历二十六年戊戌卷,十二月,谕选皇长子婚条。
⑥ 《明神宗实录》卷343,万历二十八年正月戊申。
⑦ 《明史》卷216《余继登传》。

建国本——皇长子典礼当举①。正月初六日,内阁首辅赵志皋奏请举行皇长子三礼:册立礼、冠礼、婚礼②。次日,定国公徐文璧、驸马侯拱辰等分别奏请举行皇长子三礼③。再次日,内阁次辅沈一贯上疏恳请举行皇长子三礼④。几经周折终于蒙神宗批准奏请,要阁臣代拟谕旨,命礼部择日具仪上报。赵志皋、沈一贯当即拟旨:"册立冠婚次第举行,其皇三子、皇五子、皇六子、皇七子一并加冠、分封。"⑤四月间,神宗写了亲笔手札给赵、沈二阁臣,要他们传示各衙门,静候移宫(皇长子移至慈庆宫)完毕,即举行册立冠婚礼⑥。

皇长子侍班官、南京礼部右侍郎叶向高上疏极力促成大礼早日举行,他在疏中说:"为大礼届期,群情望切,恳乞圣明亟赐举行事。臣等备员南京,窃闻皇长子册立冠婚又轸圣怀,近者明旨涣颁,好述预定,人人举手加额,喜吾君之有庆,卜祚胤于无疆。臣等何幸躬逢圣典,乃自冬及春,为期已迫,在廷诸臣连章上请,概留中,臣等庸愚莫窥圣意,不胜款款之衷,相与揆度,谓皇长子茂龄今已十九,自古以来帝王之子未有当此之年而名号未正,元服未加,婚媾未遂者。"⑦不久,他再次上疏:"臣等以皇长子大礼逾期,曾于初春合词上请,未奉俞音。随从邸报伏诵敕谕,谓俟慈庆宫完,次第举行。臣等欢欣祗候,不敢再有陈渎。今工业报竣,而大礼尚稽,寒冬在即,势难再缓,及今不举,更待何时?"叶向高动情地说:"当婚未婚,当冠未冠,当册立未册立,屡期屡更,辄请辄废,遂使十九龄之元子垂发独居,未正名号,此寻常家人父子有不能一日安者。"⑧叶向高所言并非空穴来风,等到了十月,神宗终于抓住一个把柄——工科都给事中王德完上疏言及宫闱秘闻:若皇后死,则郑贵妃即为皇后,其子为太子云云,他大为恼怒,名正言顺地宣布延期举行皇长子的册立冠婚大礼⑨。

一直拖到万历二十九年(1601年)二月,皇长子移居慈庆宫后,仍无动静⑩。当时有些官员主张"姑顺上心所欲"——"先冠婚后册立"。言官们群集

---

① 《明史》卷242《朱吾弼传》。《明神宗实录》卷343,万历二十八年正月己酉。
② 《明神宗实录》卷343,万历二十八年正月辛亥。
③④ 同上书卷343,万历二十八年正月壬子。
⑤ 同上书卷345,万历二十八年三月己巳。
⑥ 同上书卷346,万历二十八年四月戊寅。
⑦ 叶向高《苍霞草》卷12《请举大礼疏》。
⑧ 同上书卷12《请举大礼再疏》。
⑨ 《明神宗实录》卷352,万历二十八年十月庚子。《明史》卷235《王德完传》。
⑩ 孙承泽《春明梦余录》卷13《皇史晟》。

于沈一贯处议论此事。阁臣沈一贯侃侃而谈,他反对"先冠婚"说,反问道:"先冠者,奚冠?太子冠乎?诸王冠乎?婚奚称妃?太子妃乎,诸王妃乎?婚于何所?宫中乎,诸王邸乎?不正名而苟成事,明降元子为诸王,不如仍称长子,犹有望也。某则以为徽冠莫婚,徽册立莫冠,三事一事,不可离拆,必正太子名,冠太子冠,妃太子妃,而后礼成。"沈一贯还告诫群臣暂时不必上疏提及此事,静候上谕①。但是到了八月,他自己也忍不住了,上疏力争:"皇长子以聪睿之性,近强壮之年,血气既充,天机日起,非皇上至慈,谁其体悉?皇上大婚及时,故得皇子甚早……皇上孝奉圣母,朝夕起居,而集九御之朝,竭四海之奉,推念真情,不如早遂含饴弄子孙之为欢。"神宗终于心动,传谕即将择日举行皇长子三礼②。

不久,神宗发下谕旨,把册立皇太子及分封诸王的典礼定于十月十五日举行。到了十月十一日他又变卦,借口各项经费未备,欲拖延日期。内阁首辅沈一贯③虽然老成持重,这时也按捺不住,冒着风险把皇上的这一圣谕原本奉还,并附上密揭,力言册立决不可拖延。他在密揭中说:"此皇上最善庆事,国家极重大典,天地祖宗百神无不环拱以待,宁独万方引领也。而俟言改日,则天下不谓所司不办,谓皇上生他端,众口沸啁甚于畴昔,而人心解体矣。臣万死不敢奉诏。"又说:"臣于他事无不祗畏顺从,独此事为天地鬼神所鉴临,关天下万世之公论。帝王一言传之万古,若轻加拟改,陷明主于有过之地,臣万死不敢。"④神宗无奈,只得恢复前议。第二天,他又想出一点花样,传谕内阁:"册宝未完,容补赐,可否?"沈一贯把他顶了回去:"请如命,俟上慈圣(太后)徽号日补赐。"⑤

册立皇太子的事至此才算敲定。十月十四日,神宗派朱应槐等贵族为册立事举行祭告天地、宗庙、社稷的仪式。十月十五日卯时,神宗到文华殿传制,命徐文璧等贵族为正使持节,尚书李戴等为副使捧册,举行册立皇太子仪式。与此同时,神宗颁布了册立皇太子诏书:"……朕长子常洛孝敬宽仁,天钟粹美……今十五日吉授册宝,册为皇太子……"⑥神宗没有忘记为册立皇太子而

---

① 徐象梅《两浙名贤录》卷14《吏部尚书中极殿大学士沈肩吾一贯》。
② 《明神宗实录》卷362,万历二十九年八月丙寅。谈迁《国榷》卷79,万历二十九年八月甲午。
③ 万历二十九年九月,赵志皋卒,沈一贯升任首辅,并增补沈鲤、朱赓二人入阁。
④ 徐象梅《两浙名贤录》卷14《吏部尚书中极殿大学士沈肩吾一贯》。《明神宗实录》卷364,万历二十九年十月乙亥。《明史》卷218《沈一贯传》。
⑤ 谈迁《国榷》卷79,万历二十九年十月乙亥、丙子。
⑥ 《明神宗实录》卷364,万历二十九年十月己卯。

尽过力的前任首辅申时行、王锡爵,特地派人把这一消息告诉两位优游林下的老人①。早已退居林下的申时行事后回忆,对神宗依然充满好感,谈及半夜下诏册立之事,他说:"主上聪明英毅,事欲独断专决,而少有疑猜,向以章疏繁多,议论庞杂,至于忤旨触怒,遂乃决裂否隔,诸所献纳如水投石矣。然国家大计圣意自明,如册立一事,举朝言之而不行,及其少间,则半夜出手诏定矣。"②申时行在神宗身边多年,知之甚深,神宗讨厌章奏繁多、议论庞杂,喜欢独断专行,册立之事久拖不决,这也许是一个求解的侧面。所以申时行要由此引出"古今与讽而少直,先纳牖而次批鳞"③。

册立一拖再拖,不但耽误了豫教,也耽误了冠礼、婚礼。册立之后,婚礼便迫在眉睫。万历三十年二月十三日,皇太子常洛举行婚礼。皇太子妃郭氏是顺天府人,父维城,以女贵,封为博平伯。郭妃卒于万历四十一年,熹宗即位后追谥为孝元皇后④。

## 六、"妖书案"

常洛虽然成为皇太子,但日子并不好过。李逊之说:"光庙(常洛)在东宫,危疑特甚,有前后妖书事,皆宵小辈窥伺内意,以为神庙(神宗)必有易储之举,以此构衅造间,且肆毒朝绅,各剪所忌,而门户之名立矣。"⑤首先发生的"妖书案"牵连到吕坤。

吕坤,字叔简,号心吾(或新吾),河南宁陵人,二十岁为生员,二十六岁成举人,三十九岁进士及第。万历十五年由史部稽勋司郎中出任山东右参政,两年后升任山西按察使,写成《风宪约》、《刑狱》,又与乔璧星、蔡元轩共订《台宪约》,这些后来收入《居官必要》之中⑥。他的政绩与思想贡献是有目共睹的,然

---

① 谷应泰《明史纪事本末》卷 67《争国本》。
②③ 申时行《赐闲堂集》卷 38《答李桂亭巡抚》。
④ 《明史》卷 114《后妃传》。
⑤ 李逊之《泰昌朝记事》卷 1《光庙在东宫》。
⑥ 山根幸夫"《居官必要》和《实政录》",载《汲古》第 33 号。按:吕坤的代表作《实政录》由他的弟子湖广监察御史赵文炳为之刊刻,是把已经刊印的《明职》、《民务》、《乡甲约》、《风宪约》、《狱政》五书合刻为一本。

而他在山西按察使任内把历史上的"列女"事迹编为一书,题名《闺范》,引来了很大的麻烦。

吕坤编《闺范》时,翰林院修撰焦竑此时正奉使山西,便为朋友此书写了一篇序言①。由于吕坤是孜孜于求学问,以明道为己任的学者,焦竑是一个颇有知名度的饱学之士,因此《闺范》出版后流传很广,各地都有翻印本。不久内侍购得此书,传入宫中。郑贵妃看了,令人增补了十余人,加写了一篇序文,以汉明德皇后开篇,以郑贵妃终篇,嘱托其伯父郑承恩及其兄弟郑国泰重新刊刻,书名改为《闺范图说》,于万历二十三年问世。后来"妖书案"发后,吕坤写了《辩闺范书》的文章,回顾此事说:"万历庚寅(十八年),余为山西按察使,观列女传,去其可惩择其可法者,作《闺范》一书,为类三十一,得人一百十七,令女中仪读之,日二事,不得其解,辄掩卷卧。一日,命画工图其像意态情形,宛然逼真,女见像而问其事,因事而解其辞,读数十事不倦也。且一一能道,又为人解说,不数月而成诵。余乃刻于署中,其传渐广,既而有嘉兴版、苏州版、南京版、徽州版。缙绅相赠寄,书商辄四鬻,而此书遂为闺门至宝矣。初不意书之见重于世至此也。既而内臣购诸市以进,上览而悦之,赐皇贵妃,贵妃刻诸家夤缘者,附以顺天节烈妇十七人,而此书遂不可传矣。何也?予传各有类,而此十七人皆节烈,予传皆昔贤,而此十七人多万历时人,且多贵势家,又每系以'吕氏赞曰'四字,尤为伪妄。有识自能辩之。自此刻出而仇我者得以造其谗,不识我者莫不骇其事,而三二达者则坦厌无疑矣!"②从吕坤的辩明中可以看得很清楚,《闺范》与《闺范图说》相去甚远,以后《闺范图说》卷入政治纷争,就更与吕坤毫不相干了。

万历二十六年(1598年)有托名燕山朱东吉的人为此书写了一篇跋文——《闺范图说跋》,标其名曰"忧危竑议",借以耸人听闻。这篇跋文以隐晦的笔法影射吕坤写此书别有用心,虽无易储之谋,不幸有其迹象。把一本经过别人篡改的议论妇女道德的书政治化、现实化,引起了一场轩然大波。

奇文共欣赏,疑义相与析,现将这篇跋文援引于下:"东吉得《闺范图说》读

---

① 朱国祯《涌幢小品》卷10,己丑馆选条记载:焦竑为《闺范》作序后,被人攻击为"将有他志",疑忌者又借此下手,焦竑因而谪官,但是他"绝无几微愠色,对客亦不复谈及"。
② 吕坤《去伪斋文集》卷2《辩明闺范书》。《明史》卷226《吕坤传》。

之,叹曰:吕先生为此书也,虽无易储之谋,不幸而有其迹矣。一念之差,情或可原。或曰:吕素讲正学,称曲谨,胡忍辄与逆谋?曰:君知其一未知其二……或曰:吕意欲广风化,胡不将此书明进朝廷,颁行内外。乃奴颜戚睕,岂不失体?曰:孔子圣人,佛肸应召,南子请见,志在行道,岂得为屈。或曰:吕叙中直拟继述先朝圣母,置太后中宫于何地。且称脱簪劝请,毋乃巧为媚乎?曰:公言误矣。曾见古来有以宫闱与现任大臣刻书者乎?破格之恩厚矣。恩厚而报隆,身为大臣胡忍自处以薄。或曰:古今贤后妃多矣,胡图说汉明德一后。明德贤行多矣,胡图说首载其由贵人正位中宫?曰:吕先生自辨精矣……或曰:国本安危,宁逾太子。窃见忧危疏中列天下事备矣,胡独缺此?曰:嗟乎,公何见之晚耶!夫人意有所得则语有所忌,倘明举册立将属之谁,若归此则前功尽弃,归彼则后患自招,何若不言之为愈也……"①

这篇跋文以含沙射影、阴阳怪气的语调,把当时舆论已经沸沸扬扬的册立皇太子久拖不决、郑贵妃获宠这些敏感的政治尖锐问题,与《闺范图说》相联系,把原本已经复杂的册立事件引向更加混乱的境地。跋文特意提及吕坤前不久所上的《忧危疏》,把它与《忧危竑议》挂起钩来,在不明真相的眼中,吕坤就成了罪魁祸首。

在托名燕山朱东吉的跋文出笼之前,即万历二十五年五月,已经升任刑部侍郎的吕坤上过一篇《忧危疏》,用意在于向皇上谏天下安危。吕坤的疏文一开头就指出:"以今天下之势,乱象已形,而乱机未动;天下之人,乱心已萌,而乱人未倡。今日之政,皆播乱机使之动,助乱人使之倡也。"于是他向皇上坦陈"救时要务",诸如财用耗竭、防御疏略、矿税监之祸、宗室之祸、诏狱之祸等等。他批评皇上:"陛下数年以来,疑深怒盛,殿廷之内血肉淋漓,宫禁之中啼号惨戚。陛下卧榻之侧同心者几人?暮夜之际防患者几人?""陛下不视朝久矣,人心之懈弛极矣。患不富耳,自古帝王之求富者亦多矣,史册所载开卷可知。陛下试观其时治乎乱乎,其君安乎危乎?天下之财只有此数,君欲富则天下必贫,天下贫而君岂独富!"②此疏呈进后没有引起丝毫反响。吕坤"呼天叩地,斋宿七日"的慷慨陈词,顿时化做泡影,一气之下便称疾乞休,回老家赋闲去了。

---

① 文秉《先拨志始》卷上。《明史》卷 226《吕坤传》。
② 吕坤《去伪斋文集》卷 1《忧危疏》。《明史》卷 226《吕坤传》。

待到万历二十六年托名朱东吉的《闺范图说跋》出来后,舆论哗然,人们纷纷回过头去清算吕坤。吏科给事中戴士衡(字章尹,福建莆田人)上疏弹劾吕坤"机深志险","潜进《闺范图说》,结纳宫闱",言语之中明显地涉及郑贵妃①。神宗因为吕坤早已辞官而去,而且涉及郑贵妃,干脆置之不理。皇上虽未追究,吕坤因蒙不白之冤,立即上疏辩白:"臣自予告以来杜门不与外事,忽于二月十五日传闻吏科给事中戴士衡因论吏部郎中白所知,谓臣假托《闺范图说》包藏祸心。夫假托大奸也,包藏祸心大罪也,臣安敢无辞!先是,万历十八年臣为按察使时,刻《闺范》四册,明女教也。后来翻刻渐多,流布渐广,臣安敢逆知其传之所必至哉?不意戚里郑承恩复刻《闺范图说》一部,惟时士衡口语臣亦有闻,即欲辩明,难以先发,今士衡为臣发端,臣之幸也。臣请为皇上陈之。"他在说明了缘由后,又写道:"伏乞皇上洞察缘因,《闺范图说》之刻果否由臣假托,仍乞敕下九卿科道将臣所刻《闺范》与承恩所刻《闺范图说》一一检查,有无包藏祸心?"②

而在此之前滁州全椒知县樊玉衡(字玄九,号棠轩,湖广黄冈人)上疏对皇长子不册、不冠、不婚而遗天下大虑告诫皇上:"皇上虽无废长立幼之意,而牵于皇贵妃体貌难处之故,优游隐忍,甘以宗社为戏,不知天下者非我皇上皇贵妃之天下。"③

由于戴士衡、樊玉衡的奏疏都牵连到郑贵妃,她难于隐忍,哭诉于皇上,说《忧危竑议》出于戴士衡之手。重新刊刻《闺范图说》的郑承恩也上疏声辩:《忧危竑议》(即《闺范图说跋》)是戴士衡"假造伪书,中伤善类",把戴士衡、樊玉衡并称为"二衡",激怒皇上,并欲牵连朝廷大臣。据说"宫嫔有强谏者,上意释",才未牵连别人,只是惩处"二衡"了事④。

万历二十六年五月十七日,神宗为此发下两道谕旨,一道给吏部等衙门:"前樊玉衡、戴士衡假以建言报复私仇,妄指宫禁,干扰典礼,惑世诬人,捏造书

---

① 许重熙《宪章外史续编》卷9,万历二十六年五月。《明史》卷226《吕坤传》;卷234《戴士衡传》。谷应泰《明史纪事本末》卷67《争国本》。
② 吕坤《去伪斋文集》卷2《辩忧危议疏》。
③ 《神宗显皇帝留中奏疏汇览》礼部类卷1《直隶滁州全椒知县樊玉衡题为感时捐躯直陈天下根本大计等事疏》。
④ 许重熙《宪章外史续编》卷9,万历二十六年五月。查继佐《罪惟录》传记卷2《皇后列传·郑贵妃》。

词,摇乱人心。本当拿问严究重治,姑着革职,发烟瘴地面永远充军,遇赦不宥。"①另一道谕旨给内阁:"此《闺范图说》是朕赐与皇贵妃所看,因见其书中大略与《女鉴》一书辞旨相仿佛,以备朝夕览阅。戴士衡这厮以私恨之仇,结党造书,妄指宫禁,干扰大典,惑世诬人,好生可恶。这事朕已洞知,不必深办。"②既然皇上已经讲得很清楚,《闺范图说》一书是他推荐给郑贵妃的,并且肯定其主旨与《女鉴》类似,因此朱东吉、戴士衡、樊玉衡等人企图透过此书搞什么名堂,就等于指责皇上有眼无珠,竟然看不出其中的微言大义。这件事情就此淡化了。

到了万历三十一年十一月,又冒出了一本《续忧危竑议》,仿照先前《忧危竑议》的笔法,再次旧事重提。这就是晚明史上有名的"妖书案"。所谓"妖书",其实称不上"书",不过寥寥数百字的一篇"豆腐干"文章而已,却好像一颗重磅炸弹,使政坛为之震动。其时皇长子早已册立为皇太子,《续忧危竑议》抓住皇太子不得已而册立大做文章,指责郑贵妃欲废太子,立自己的儿子为太子。"妖书"如此写道:"或有问于郑福成曰:今天下太平,国本已固,无复可忧,无复可虞矣。而先生尝不豫,何也?郑福成曰:是何言哉,是何言哉!今之事势正所谓厝火积薪之下也。或曰:亦太甚矣。先生之言也,得毋谓储位有未妥乎?曰:然。夫东宫有东宫之宫,一宫未备,何以称安乎?皇上迫于沈相公之请,不得已而立之,而从官不备,正所以寓他日改立之意也。曰:改立其谁当之?曰:福王矣。大率母爱者子贵,以郑贵妃之专擅,回天转日何难哉!曰:何以知之?曰:以用朱相公知之。夫在朝在野,国不乏人,而必相朱者,盖朱名赓,赓者更也,所以寓他日更立之意也……或曰:沈蛟门一贯公独无言乎?曰:蛟门为人阴贼,尝用人而不用于人,故有福己自承之,有祸规避而不染……"③篇末署名是吏科都给事中项应祥撰,掌河南道四川道监察御史乔应甲书。

据说一夜之间这本题为《续忧危竑议》的揭帖,上自宫门,下至街巷,到处传遍。次日天明人们看到这份类似传单的东西,指名道姓议论当时的政治敏感话题,大惊失色。关于郑贵妃欲废太子而以自己儿子福王取而代之的谣言,

---

① 《明神宗实录》卷322,万历二十六年五月辛丑。
② 《万历邸钞》万历二十六年戊戌卷,五月,发樊玉衡、戴士衡烟瘴永戍条。
③ 文秉《先拨志始》卷上。沈德符《万历野获编》补遗卷3《癸卯妖书》。

早已在街头巷尾流传,但那毕竟是窃窃私语,如今竟然堂而皇之地刊刻成书,到处散发。对此,不明底细的人们噤若寒蝉,避而不谈。东厂太监陈矩最早向皇上报告此事,神宗听后勃然震怒。前次"妖书"事件未加追究,想不到这次如此嚣张,令他无法容忍,立即命令陈矩所掌管的东厂,"多布旗校,用心密访,并着在京各缉事衙门,在外各抚按,通行严捕,务在必获"①。

"妖书"中提到的朱赓,乃当朝内阁大学士,字少钦,号金庭,浙江山阴人,与沈一贯、沈鲤同为内阁辅臣。他作为一名内阁官员在当时并不显眼,但有一点却很独特,那就是以少有的文华殿大学士身份入阁。朱彝尊说:"明制,阁臣始入东阁,次进文渊阁、武英殿、谨身(殿)、华盖(殿),后为建极(殿)、中极(殿),独虚文华殿不拜。惟永乐间权谨以孝行拜斯殿学士,此后,则文懿公(朱赓)也。是时定陵(神宗)有意爱立二人:先太傅文恪公(余继登)暨冯文敏琦也。蛟门(沈一贯)阁老亟以密揭止帝曰:'此二臣皆美器,当老其才用之。'乃改命文懿。及文懿入,赍奏各官争论矿税疏,难以裁答,于是相传以政府为苦海矣。"②可见神宗对朱赓是器重并另眼相看的。十一月十一日清晨,朱赓在家门口发现了一本"妖书",外题是《国本攸关》,内题是《续忧危竑议》。一看内容,竟是诬陷自己"动摇国本"——他日更易太子。这是性命交关的事,令他惊慌失措,且有口难辩,不得不诚惶诚恐地把"妖书"呈进皇上,并附上一份申辩书:"臣以七十衰病之人,蒙起田间,置之密勿,恩荣出于望外,死亡且在目前。复更何希何觊?而诬以乱臣贼子之心,坐以覆宗赤族之祸。"他在鸣冤之后,请求皇上哀怜,特准他辞官归乡③。神宗收到朱赓的奏疏,显得比较冷静,一面对朱赓加以抚慰,说这是不逞之徒无端造谣,干卿何事?一面下令东厂、锦衣卫及五城巡捕衙门严行访缉肇事者,并说"妖书"后面署名者项应祥、乔应甲"显是仇诬诬坐",但也要这二人"从实回将话来"④。

"妖书"中提到的沈蛟门是沈一贯,当今内阁首辅,也与朱赓一样被说成了郑贵妃的帮凶嫌疑犯。他不甘心无端受诬,上疏申辩,请求皇上降旨缉事衙门严查究是何人撰造、何人刊刻、是操何谋、欲冀何事,务求查出真正主使人及真

---

① 文秉《先拨志始》卷上。
② 朱彝尊《静志居诗话》卷15《朱赓》。按:"次进文渊阁",原文作"次进文渊殿"。
③ 《明史》卷219《朱赓传》。《明神宗实录》卷390,万历三十一年十一月乙丑。
④ 《明神宗实录》卷390,万历三十一年十一月乙丑。

凭实据,臣愿与他当面对质。他说:"此书之情本为倾臣等而发,非敢犯上,愿缓之,毋使罗织,臣等书生,岂以刑名为政!若借此狱以快私仇,与奸贼何异也?"为表明他的无辜,希望皇上罢他的官,作为奉职无状之戒。神宗心中有数,此事与沈一贯无甚干系,因此劝慰道:"卿辅弼首臣,尤须居中镇定,何遽先自乞归!"①

"妖书"中提到的"十乱"中之"九乱"(另一乱是郑贵妃),都是当朝大官:兵部尚书王世扬、保定巡抚孙玮、陕西总督李汶、光禄寺少卿张养志、锦衣卫掌卫事左都督王之桢、京营巡捕都督佥事陈汝忠、锦衣卫千户王名世与王承恩、锦衣卫指挥佥事郑国贤②。这些人遭"妖书"牵连,纷纷上疏洗刷,请求罢官,神宗一概不准③。"妖书"的署名者吏科都给事中项应祥、四川道御史乔应甲,遵旨上疏"回话",声明此事与己无关。神宗也知道,"奸书谤人,岂有自著姓名之理",对这两人不予追究,下令密访真正罪人④。

"妖书"涉及太子的废立问题,神宗唯恐太子常洛乍闻此事惊惧不安,特地召见,当面慰谕一番。他对惊恐的常洛说:"哥儿,你莫恐,不干你事,但去读书写字。早些关门,晏些开门。"又说:"我的慈爱教训,天性之心,你是知道。你的纯善孝友好善的心,我平日尽知。近有逆恶捏造妖书,离间我父子兄弟天性亲亲,动摇天下。已有严旨缉拿,以正国法。我思念你,恐有惊惧动心,我着阁臣写慰旨,安慰教训你。今日宣你来,面赐与你。"停了一会,神宗又说:"还有许多言语,因愤怒动火,不能尽言。我亲笔写的面谕一本,赐你细加看诵,则知我之心。到宫内安心调养,用心读书写字,毋听小人引诱。"⑤

几百字的"妖书",几天之内把朝廷上下闹得一团糟。内阁首辅沈一贯、次辅朱赓因为受到牵连,为避嫌疑,都侍罪在家,阁臣中只剩下沈鲤一人主持日常工作。沈鲤,字仲化,号龙江,河南归德人。万历二十九年赵志皋卒,沈一贯独当阁务,廷推沈鲤与朱赓同时入阁。沈鲤屡辞不允,于万历三十一年七月入阁办事,时年七十一岁。沈一贯对一向为士人推崇的沈鲤有所顾忌,以为此来

---

① 《明神宗实录》卷390,万历三十一年十一月乙丑。
② 文秉《先拨志始》卷上,此处将郑国贤误作郑国泰。
③ 《明神宗实录》卷390,万历三十一年十一月庚午。
④ 同上书卷391,万历三十一年十二月丙戌。《先拨志始》卷上。朱国祯《涌幢小品》卷1《圣谕》。
⑤ 《明神宗实录》卷391,万历三十一年十二月丙戌。文秉《先拨志始》卷上。朱国祯《涌幢小品》卷1《圣谕》。

必夺他的首辅之位,遂生隙怨。待到妖书案发,内阁仅沈鲤一人入直,外间讹言沸兴,上下猜疑,沈鲤的日子很不好过。为了摆脱困境,也为了表明心迹,他在内阁中供了一个牌位,上写"天启圣聪,拨乱反治"八字,每天入阁办公的第一件事,就是焚香拜祝。有人向皇帝进谗言,指牌上八字为诅咒,神宗命人取来一看,表示不信:"此岂诅咒耶?"进谗言者说:"彼诅咒语固不宜诸口。"神宗深知沈鲤为人,不相信这种无稽之谈①。而沈一贯却企图借"妖书案"来攻倒沈鲤,毫无根据地怀疑"妖书"出自于沈鲤的门生、礼部右侍郎郭正域之手。郭正域,字美命,号明龙,湖广江夏人,万历十一年进士,有经济大略,前不久处理楚宗案时,已与沈一贯有所冲突。妖书案发,沈一贯力图透过郭正域来整一下沈鲤。给事中钱梦皋密受沈一贯旨意,上疏诬陷郭正域、沈鲤与妖书有牵连,耸人听闻地说:"中城兵马司刘文藻捕获游医沈令誉,书札稿本大有踪迹。因辅臣沈鲤转求嘱托,遂寝其事。"又说:"郭正域系(沈)鲤衣钵门生……正域出京之后,曾坐小轿,私至鲤寓三次"云云②。

由于"妖书"宣扬的基调是"东宫之立非上意,终必易之",而且词句中涉及沈一贯与朱赓,神宗十分震怒,"急购所为妖书者并其党,立赏格逾军功,于是侦校四出,多所捕逮"③。既然皇上态度如此鲜明,沈一贯下令大肆搜索,锦衣卫缇骑四出逐捕,一时间,"京师人人自危,莫必自命",甚至沈鲤的住宅也被锦衣卫和巡城御史派来的数百名兵丁包围了三昼夜,直到神宗干预才解围④。

锦衣卫左都督王之桢受沈一贯之命,逮捕锦衣卫官员周家庆的妻妾及家人袁鲲,逼他们供认周家庆是妖书主谋,他们至死不招。京营巡捕陈汝忠受沈一贯之命,逮捕了达观和尚、医生沈令誉等人,欲从这些人口中引出郭正域。结果,达观和尚被严刑拷打至死,沈令誉受刑后奄奄一息,都未招供。三法司的官员又把郭正域的同乡胡化抓来,要他诬陷郭正域、沈鲤。胡化大叫:"正域举进士二十年,不通问,何由同作妖书?我亦不知谁为归德(沈

---

① 《先拨志始》卷上。《明史》卷217《沈鲤传》。
② 许重熙《宪章外史续编》卷10,万历三十一年十一月。
③ 徐象梅《两浙名贤录》卷14《吏部尚书中极殿大学士沈肩吾一贯》。
④ 伍袁萃《林居漫录(别集)》卷1。

鲤)者。"①陈汝忠派兵至杨村,追围郭正域所乘船只,把船上的婢女、仆人共十五人抓来审问,毫无所获。到了厂卫与三法司会审那天,陈汝忠又把沈令誉和他家奶妈龚氏的十岁女儿作为证人。参与会审的东厂太监陈矩主持公道,才未酿成冤狱。陈矩,字万化,号麟冈,保定肃宁人,嘉靖二十六年(1547年)入宫为太监,万历二十六年由司礼监秉笔太监兼任提督东厂太监。此人平素识大体,处理妖书案秉公办理,受冤者多所保全②。当沈令誉家奶妈的十岁女儿出庭作证时,陈矩问那小孩:你看到妖书的印版一共有几块?小女孩根本不知此事,胡乱答道:满满一屋子。陈矩听了大笑:该书只有二三张纸,印版怎么可能有一屋子呢?陈矩又审问郭正域的书办(师爷)毛尚文:沈令誉告诉你刊印妖书是哪一天?毛尚文胡乱编造说:"十一月十六日。"参与会审的兵部尚书王世扬驳斥道:妖书于十一月初十日查获,怎么可能十一月十六日才刊印呢?显然上述证词都是逼供信的产物,毫无法律效力,对郭正域的诬陷当然难以成立③。

当皇太子常洛得知郭正域因妖书案被诬陷时,十分焦虑不安。因为郭正域曾经当过他的讲官,深知其为人,便多方为其鸣冤。他几次对近侍说:"何为欲杀我好讲官!"并派身边近侍向阁臣传话:"先生辈容我乞全郭侍郎。"又传话给东厂太监陈矩:"饶得我,即饶了郭先生吧!"④最后还是陈矩鼎力平反,郭正域才免遭陷害。其实,郭正域与妖书毫无瓜葛,他之所以遭诬陷,完全是沈一贯与沈鲤相互倾轧的结果。关于这点,伍袁萃说得再清楚不过了:"四明(沈一贯)与归德(沈鲤)相左,会妖书事起,乃嗾其党钱梦皋论之";"给事中钱梦皋险人也,夤缘四明(沈一贯)为幕宾,论郭宗伯(正域)勘楚事,论沈归德(鲤)为妖书,皆四明嗾之也。公论籍籍"⑤。朱彝尊也说:郭正域"坐妖书系狱,九死不悔,可谓骨鲠之臣"⑥。

---

① 《明史》卷226《郭正域传》。据《两浙名贤录》卷14,沈令誉是游民,吴江人,"提一药囊遍游权贵门,行径甚诡。康御史缉捕之,搜其装,得刑部郎于玉立、吏部郎王士骐手书。盖玉立起官由士骐,而郭侍郎为之地也。又得楚王宝揭,及华邸副本。于是人言籍籍,并以妖书拟令誉,而郭与于王皆危矣"。
② 《明史》卷305《陈矩传》。
③ 同上书卷226《郭正域传》。
④ 文秉《先拨志始》卷上。谷应泰《明史纪事本末》卷67《争国本》。《明史》卷226《郭正域传》。
⑤ 伍袁萃《林居漫录(别集)》卷1、卷2。
⑥ 朱彝尊《静志居诗话》卷15《郭正域》。

轰动一时的妖书案迟迟无法破获,锦衣卫、东厂压力很大。有一天,锦衣卫的值班室忽然收到一份匿名帖子,上面写着几句文理不通的话:"妖书已有人,协理掾张魁受银三百两,求他主的文告人郑福成。"①郑福成何许人也?《续忧危竑议》开宗明义的"郑福成曰"引人注目,全篇议论全出于此人之口。这是一个重要线索。厂卫的特务们立即四出搜捕。十一月二十一日晚,东厂捕获一名可疑男子,名叫皦生彩。据此人供称,其兄皦生光,原是顺天府的秀才,万历二十七年到西城地方的刻书作坊老板包继志家,手拿黄纸封条假称封门,敲诈银子三百两。万历二十九年再次敲诈未遂,便捏造谣言,刊刻印文,诈得银子二百两。万历三十一年八月又以造谣手段诈骗举人苗自成银子三百两,被苗自成之师田大有告发,提学周御史将皦生光的秀才功名革去,发往大同地方当差为民。皦生光随后潜回北京,于是便发生此案②。以上当然是官方的说法,其实真相并非如此。

锦衣卫在北京逮捕了皦生光及其儿子皦其篇,还有妻赵氏、妾陈氏,并在皦生光宅中搜出写在罗纹笺上的手稿等物证。在审讯中,皦生光对妖书事件矢口否认,仅供称:原系顺天府学生员(秀才)先年专以刊刻诈为事。万历二十八年被生员田大有等告发,革去生员功名,发往大同当差。日前逃走来京,潜往双塔寺云云。锦衣卫左都督王之桢如获至宝,马上向皇上报告:经多方研审其亲笔供词,其中"侯之门仁义存"数字与妖书笔迹相似,其文辞也颇相同,请求皇上下令三法司会同东厂、锦衣卫会审。神宗想早日破案,便批复:"尔厂卫会同九卿科道,究问了来说。"③

于是锦衣卫开始了一系列的审讯。据刻字匠徐承惠招供,他为皦生光刻过"岸游稿"十二张,以及"妖诗"小木版一块。所谓"妖诗"写道:"五色龙文照碧天,谶书特地涌祥烟,定知郑生乘黄屋,愿献金钱寿御前。"署名是松风狂客④。掌管锦衣卫的王之桢在证据不足的情况下,武断地认定皦生光就是"妖书"的作者。他向皇上指出:"奸逆不止刊字者之质证也。诗内庶欲惑国本,是即妖诗内国本攸关也。诗内'戴首皆吾君',是即妖书内'长子立而次子未必不

---

①④ 《先拨志始》卷上。
② 《明神宗实录》卷390,万历三十一年十一月丙子。
③ 同上书卷390,万历三十一年十一月己卯。文秉《先拨志始》卷上。

可立'也。其他'侯之门仁义存',种种相类。"神宗对此深信不疑,批示道:"这刊字匠徐承惠既已招承,还会同厂卫府部九卿科道,严鞫㬚生光等,追究他造谋本意、同党之人,并研审明白具奏。"①厂卫府部九卿科道遵旨会审,迫使㬚生光屈打成招,获得了以下假口供:秀才问徒,逃回京师,受尽苦楚,皆由皇亲郑家。无计可以报冤,只有国本二字事关大逆。故初刻妖诗,再刻岸游稿,犹以为动不得也。续造《国本攸关》一书,密雇徐承惠刊刻,令子㬚其篇黑夜掷皇亲家,及各部诸大臣门首。盖谓此书流传下去,皇亲郑家定有不测之祸,可报大冤也②。这其实是㬚生光不堪严刑逼供的"自诬服"③。参加会审的官员们却认为:"㬚生光前作妖诗,众证甚确,自认无词。"神宗以为此案已经了结,便降旨:"这事情既会同府部九卿厂卫科道等官研审,面对明白,逆犯㬚生光着锦衣卫待送三法司,其余各犯通行解发,问拟应得罪名以闻。"④

万历三十二年(1604年)四月中旬,刑部尚书萧大亨(字下卿,号岳峰,山东泰安人)将三法司拟定㬚生光论斩的结论,上报皇上。神宗以为太轻,要求从重另拟。萧大亨奏称,议斩与妖书之律符合,原非轻典,不敢法外擅拟。神宗不同意,驳斥道:"这逆犯险恶异常,原出律文之外,以谋危社稷律处他。卿等即便复来。"⑤第二天,萧大亨奏复:国有成宪,未敢擅为轻重,而威灵出于皇上,君有严命,难复容其拟议。表示左右为难,实际上是要皇上自己定罪。四月二十七日,神宗亲自给㬚生光定罪:"㬚生光捏造妖书,离间天性,谋危社稷,无上无君,反行显然。妖书律未尽其辜,着加等凌迟处死。便着会官处决,仍枭首于人烟凑集之所。"⑥就这样,㬚生光糊里糊涂被凌迟处死,然后枭首示众,他的妻妾、儿子都发配到边疆充军。

稍微冷静客观地分析一下,便可发现此案漏洞百出,㬚生光并非"妖书"的作者,他只不过是了结此案的一个替死鬼。在㬚家搜出的物证,难以判定《续忧危竑议》是㬚生光所撰。徐承惠的供词只涉及"妖诗"及"岸游稿",并无刊刻《续忧危竑议》之事。㬚生光本人的口供"续造《国本攸关》一书"云云,显系逼

---

① 《明神宗实录》卷390,万历三十一年十一月己卯。《先拨志始》卷上。
② 同上左书卷291,万历三十一年十二月丁未。同上右书卷上。
③ 查继佐《罪惟录》传记卷2《皇后列传·郑贵妃》。
④ 《明神宗实录》卷395,万历三十二年四月辛巳。
⑤ 文秉《先拨志始》卷上。
⑥ 同上书卷上。《明神宗实录》卷395,万历三十二年四月壬寅。

供的结果。此事就连阁臣沈一贯、朱赓都表示怀疑,他们曾就此案向皇上表明:"蒙发下逆犯皦生光所作《岸游稿》并榻旁帖一纸,臣等一一看详,空词繁言,无足推求事实。"①整个审判过程简直是一场闹剧,笑话百出。参与会审的御史余懋衡(字持国,徽州婺源人)曾向众官员说:"昨梦观音大士说:妖书系(皦)生光造的。"在场的人听了莫不匿笑。此话传入宫中,神宗听了也为之绝倒②。另一个参与会审的御史沈裕(字以宁,浙江余姚人)急于了结审理,曾厉声地对皦生光说:"恐株连多人,无所归狱。"皦生光不得不自己诬服,以后也不再翻供,他叹息道:"我为之,朝廷得我结案已矣,如一移口,诸臣何处乞生?"③

皦生光虽然是一个落魄文人,屈打成招后,还有一点骨气,始终没有顺从厂卫及三法司审讯官员的意图随意攀诬他人。提督东厂太监陈矩在向皇上汇报时,承认皇上要追究幕后主使人的意图难以实现,无可奈何地说:"(皦生光)忍刑辗转,书内词名一字不吐。"④神宗也只得默认:"皦生光证佐已明,忍刑辗转,未吐同谋主使真情。"⑤刑部尚书萧大亨要追究幕后主使人,再三诱令皦生光扳扯"同谋主使之人",皦生光拒不服从,抗言道:"我自为之,谁为主使!"⑥在会审时,萧大亨把预先写好的纸片塞入刑部主事王述古(字信甫,号钟嵩,河南禹州人)的袖中,纸片上面写着:"脱(皦)生光而归,罪(郭)正域。"王述古正色拒绝:"狱情不出囚口,出袖中乎?"⑦此案审理的黑幕由此可见一斑。

皦生光被处死后不久,舆论界盛传:妖书并非皦生光所作;有人说,妖书出于武英殿中书舍人赵士桢之手。赵士桢,山东人,一向慷慨有胆略,"妖书案"发后,杜门不出。据说,皦生光凌迟处死后,赵士桢精神错乱,屡屡梦见皦生光索命,一病不起。临死前,他自己道出了这一秘密。又传闻,赵士桢临死时"肉碎落如磔"⑧。所谓"肉碎落如磔"云云,当然是一种民间街谈巷议,姑妄言之,不过由此也曲折反映了在老百姓心目中皦生光之死实在是冤枉的。

---

① 《明神宗实录》卷390,万历三十一年十一月辛巳。
② 文秉《先拨志始》卷上。
③ 查继佐《罪惟录》传记卷2《皇后列传·郑贵妃》。谷应泰《明史纪事本末》卷67《争国本》:"生光自诬服,叹曰:朝廷得我结案,如一移口,诸君何处求生活乎?"
④⑤ 《明神宗实录》卷391,万历三十一年十二月壬辰。
⑥ 孙承泽《春明梦余录》卷13《皇史晟》。
⑦ 《罪惟录》传记卷11《郭正域》。
⑧ 《先拨志始》卷上。《罪惟录》传记卷2《皇后列传·郑贵妃》。谈迁《国榷》卷79,万历三十二年壬寅。《明史纪事本末》卷67《争国本》。

显然"妖书案"的出现并不是孤立的偶发事件,他颇似一个晴雨表,反映出朝野上下对于皇太子地位岌岌可危的一种忧患,力图用舆论压力迫使郑贵妃不敢贸然行动。因此朝廷中的大多数都不愿在此案中株连无辜,铸成大错。既然抓到了皦生光,又有一个刻字匠作为人证,案犯又供认不讳,乐得草草了结。对于神宗来说,真犯究系何人并不重要,把舆论压下去才是当务之急。

### 七、"梃击案"

皇太子常洛的元配妃郭氏,婚后无子。"妖书案"过后,宫中稍稍安定,神宗盼孙心切,特地下令多选淑媛,侍候于太子左右。顺天府人王氏也在这些淑媛之中,作为选侍,受幸于太子。万历三十三年(1605年)十一月十四日,王氏生了个儿子,即以后的明熹宗朱由校。王氏生产时,已是深更半夜。常洛特差老年宫女赶往仁德门外报喜,自己独自在殿陛间彷徨,焦急地等候父皇的回音。司礼监太监陈矩得报,立即禀告皇上,又转奏慈圣太后。顿时全宫上下一片欢腾,喜气洋洋。老宫女回禀后,常洛才松了口气,喜形于色。当时王氏还没有名封,礼部拟封夫人,神宗不同意,令礼部查考皇明典礼,改封为才人。对于皇孙诞生,举朝上下欢欣鼓舞,南京礼部侍郎叶向高在《贺皇孙诞生疏》中说:"臣等近接邸报,伏睹敕下礼部,万历三十三年十一月十四日戊时,皇太子第一子生,臣等躬逢大庆,不胜欢跃……臣等职列留京,情悬魏阙。五云天远,每翘首于凫趋……如近垂于子,则鸿登燕翼……"①言外之意希望皇上早日解决国本问题,这表明在大臣们心目中所谓国本问题仍未解决。

事实确实如此,常洛的处境依然没有改善。自他移居慈庆宫后,与居住于景阳宫的生母恭妃王氏几乎等于隔离,碍难往来。虽然万历三十四年因长孙诞生,恭妃王氏被册封为皇贵妃②,但王贵妃与郑贵妃的待遇相差天壤之别。等到她病危时,才允许常洛去景阳宫探视母亲。到了王贵妃的寝宫,但见宫门

---

① 叶向高《苍霞草》卷12《贺皇孙诞生疏》。
② 《万历邸钞》万历三十四年丙午卷,二月,谕进封恭妃条。这年二月,神宗连办几件喜事:恭上圣母徽号,谕建福王藩府,册封皇八子永思王以及进封恭妃。

紧闭,一派门庭冷落景象。常洛见到母亲已经病入膏肓,眼睛几乎近于失明。王贵妃听到儿子的声音,用手抚摩常洛,凄楚地说:"儿长大如此,我死何憾!"① 常洛听到母亲如此辛酸的话,泪如雨下,左右侍从莫不涕泪纵横,不能仰视。这时屋外有郑贵妃派来的人在偷听,王贵妃若有所闻,对儿子说:"郑家有人在此。"两人只好默然相对②。

万历三十九年九月十三日,王贵妃悄然仙逝。王贵妃病逝的消息传至外廷,一向称病在家的内阁首辅李廷机(字尔张,号九我,福建晋江人)③上疏向皇上问安。王贵妃的患病与逝世,神宗本应引咎自责,但他却文过饰非,如此答复李廷机:"皇贵妃王氏,朕以诞育元子,命居一宫自适。前月间偶尔有疾,即着皇太子自问安数次,不意昨以疾终……"④根据神宗的旨意,一应葬礼参照世宗皇贵妃沈氏先例进行。署理礼部尚书翁正春(字兆震,号青阳,福建侯官人)主张"礼宜加隆"。福建道监察御史穆天颜也主张"恩有当隆","不令天下后世有遗议"⑤。神宗一概不予理会。由于神宗不重视,久久不予卜葬,在礼部再三催促下,神宗才同意由礼部尚书翁正春与太监一起前往天寿山选择坟地,太监借口费用过多有意刁难,翁正春勃然大怒:"贵妃诞育元良,他日国母也,奈何以天下俭乎!"⑥在翁正春的坚持下,才迟迟于万历四十年(1612年)六月初九日将王贵妃的灵柩发引至天寿山,仪式极其简单,皇太子送到玄武门外即止步。一个多月后的七月十七日安葬,主其事者不过两名侍郎而已。

王贵妃安葬一年之后,皇太子常洛遇到了心怀叵测者的暗中诅咒,表明他的地位直到此时仍岌岌可危。万历四十一年(1613年)六月初二日,一个名叫王曰乾的武弁(锦衣卫百户)告发奸人孔学等人,受皇贵妃郑氏指使,纠集妖人诅咒,谋害东宫皇太子⑦。据王曰乾说,有一个大姐,嫁给郑贵妃宫中太监姜丽山,在阜成门外歃血为盟:必报郑贵妃厚恩,要结心腹好汉共图大事,欲将皇上、皇太子毒死,拥立福王。这年二月,孔学、赵宗舜等人设宴,请妖人王三诏

---

① 查继佐《罪惟录》传记卷2《皇后列传·王恭妃》。文秉《先拨志始》卷上。
② 《先拨志始》卷上。
③ 万历三十五年廷推阁臣,李廷机以礼部尚书兼东阁大学士入参机务。万历三十六年十一月朱赓死,李廷机继任内阁首辅。
④⑤ 《万历邸钞》万历三十九年辛亥卷,九月己酉,皇贵妃王氏薨条。
⑥ 《明史》卷216《翁正春传》。
⑦ 《明神宗实录》卷509,万历四十一年六月己丑。查继佐《罪惟录》传记卷13下《叶向高》。

等至家中聚谋,书写皇太后、皇上圣号、皇太子生辰,在学校后花园内摆设香纸桌案及黑瓷射魂瓶。然后由妖人披发仗剑,念咒烧符,又剪纸人三个,把新铁钉四十九枚钉在纸人眼上,七天后焚化,收坛相聚,约定在圣母(皇太后)诞辰前下手①。神宗获悉此事后愤怒不堪,责问近侍太监:"此变大事,宰相何无言?"内侍见皇上发话,便把早已呈进的叶向高奏疏交给皇上②。

叶向高,字进卿,号台山,福建福清人,万历三十五年以礼部尚书兼东阁大学士与于慎行、李廷机同时进入内阁。次年十一月,内阁首辅朱赓病故,李廷机升任首辅,但杜门养病,不理阁务,形成叶向高一人"独相"的局面。万历四十年李廷机致仕,叶向高升任首辅。他忧国奉公,每事辄争,对皇太子尤为关注,在看了王曰乾的告发奏章后,立即写了奏疏建议皇上冷静处理此事。他在奏疏中写道:"曰乾、孔学皆京城棍徒,结告刑部事尚未了,又擅入皇城放炮进本,刑部以其禁地放炮欲拟死罪,遂祷张至此,无所顾惜。此事大类往年之妖书。而妖书出于匿名,无可究治,故难于处置。今告者与被告者皆见在,法司一审,其情立见。皇上但静以处之,不必张惶。一或张惶,则中外纷扰,其祸将不可言。"③不久神宗又收到叶向高的密揭,重申了上述意见,特别强调王曰乾的奏章千万不可向外泄露。他写道:"此疏若下,上必惊动圣母,下必惶怖东宫,而皇贵妃与福王皆不自安。不如姑且留中,勿行宣布。所有奸徒当于别疏批出,或另传圣谕。"这道帖子呈进时,已漏下四鼓,深更半夜,神宗还未就寝,仍在绕着几案踱步。看了叶向高的帖子,如同服了一帖凉药,一下子镇静了下来。少顷,怡然脱口而出:"我父子兄弟得安矣!"④叶向高的处理方式确实高明,使大事化小、小事化了。如果一旦张扬出去,势必像妖书案那样闹得满城风雨。第二天,叶向高授意三法司严刑拷打王曰乾,终于使这个危险人物死于狱中。这一原本真假难辨的案件,以不予审理、不加追查、不事张扬的方式了结⑤。叶向高不愧老谋深算,采取与妖书案截然不同的处理方法,化险为夷,化有为无。

---

① 文秉《先拨志始》卷上。
② 同上书卷上。《明史》卷240《叶向高传》。
③ 《明神宗实录》卷509,万历四十一年六月己丑。《万历邸钞》万历四十一年癸丑卷,七月,王曰乾告变条。
④ 文秉《先拨志始》卷上。
⑤ 《万历邸钞》万历四十一年癸丑卷,七月,王曰乾告变条。

这一案件的出现,或多或少透露出一种不祥之兆,宫廷中围绕皇太子的斗争虽然悄无声息,却处处闪现出刀光剑影,皇太子常洛的日子如履薄冰如临深渊,随时随地都可能发生危机。

万历四十一年十二月,皇太子妃郭氏病故,却迟迟不举行葬礼。明眼人一看便知此事直接关系到皇太子的地位问题,凡是关心"国本"的有识之士无不为之忧心忡忡。吏科给事中亓诗教把前几年皇太子母亲(即王贵妃)与皇太子妃联系起来:"皇太子母葬已有年,而膳田不给,香火无供,忍令坟园之荒废。皇太子妃游几两载,而葬地不择,灵輀未发,宁无暴露之感伤?"①大理寺丞王士昌也对此表示不满:"皇贵妃育东宫者也,膳田不给;郭妃配东宫者也,葬地不择。即此数事,皆出人情之外。"②神宗对大臣的议论置若罔闻,一直拖到万历四十三年五月发生了"梃击案",皇太子的境遇引起朝廷上下密切关注之际,神宗才不得已为皇太子妃郭氏选择坟地,举行葬礼③。这一事态反映了神宗对皇太子常洛的冷漠态度。正是由于这个缘故,常洛身边的侍卫十分松懈,不过寥寥数人,东宫一派门庭冷落景象。这些因素终于引发震惊一时的行刺皇太子的"梃击案"。

万历四十三年五月初四日黄昏时分,一个陌生男子手持枣木棍,闯入慈庆宫。第一道门寂然无人,第二道门只有两名老太监把守。这个陌生男子打伤其中一名老太监,直奔前殿檐下。这时太子内侍韩本用闻讯,率七八名太监,把凶犯擒获,交与东华门守门指挥朱雄。经巡视皇城御史刘廷元初审,凶犯供认:本名张差,蓟州井儿峪人。此人言语颠三倒四,看上去好像疯子。经过再三审讯,张差的供词仍然语无伦次,只是说些"吃斋讨封"、"效劳难为我"之类不着边际的话④。消息很快传至宫外,京师人情汹汹,纷纷揣测郑贵妃在背后捣鬼。

神宗接到报告,立即命三法司提审凶犯张差,以廓清是非。刑部郎中胡士相、岳骏声等奉旨审问,张差供称:被李自强、李万仓烧毁供差柴草,气愤之余,

---

① ② 《万历邸钞》万历四十三年乙卯卷,五月,礼科给事中亓诗教奸究情形叵测东宫保护宜严等事条。《先拨志始》卷上。
③ 文秉《先拨志始》卷上。《万历邸钞》万历四十三年乙卯卷,五月己酉,谋逆张差持梃突入东宫条。
④ 《万历邸钞》万历四十三年乙卯卷,五月己酉,谋逆张差持梃突入东宫条。《明神宗实录》卷532,万历四十三年丙午。

于四月间从蓟州来到京城,要赴朝申冤。便在五月初四日手持枣木棍,从东华门直闯慈庆宫门首,打伤守门官,在前殿下被擒云云。胡士相、岳骏声依照"宫殿前射箭放弹投砖石伤人律",拟将疯癫闯宫的张差判处死刑①。这是一种淡化处理方式,仅仅以"疯癫闯宫"论处,不追究他是否有幕后指使人,迎合皇上的心意。

然而事情并非如此简单。众多官员对此抱怀疑态度,非要追究个水落石出不可。刑部主事王之寀(字心一,陕西朝邑人)的做法反映了这种倾向。五月十一日轮到他提牢,便到狱中仔细观察案犯的动态。此时正值狱中散饭,王之寀见张差年轻力壮,并无疯癫迹象,决定对他突击提审。张差起先不肯从实招供,王之寀对他说:"实招与饭,不招当饿死。"张差望着边上的饭菜,低头不语。少顷答道:"不敢说。"王之寀令吏书退去,张差只才招供。他说:"蓟州井儿峪人,小名张五儿,父张义病故。有马三舅(即马三道)、李外父(即李守才)教我跟不知名老公公,说:'事成与你几亩地种,够你受用。'老公公骑马,小的跟走。初三歇燕角不知名店铺,初四到京。"又说:"到不知街道大宅子,一老公与我饭,说:'你先撞一遭,撞着一个打杀一个,打杀了,我们救得你。'遂与我枣(木)棍,领我由厚载门进,到宫门上。守门阻我,我击之堕地。已而老公多,遂被缚。"从张差的供词可知,他是受宫中太监收买,闯宫梃击的。这是一个重要情况,王之寀立即启奏皇上,并指出此案的严重性与复杂性。他在奏疏中写道:"太子之危,危于累卵,皇上深居静摄,未见孤危形象……臣看此犯,不癫不疯,有心有胆,惧之以刑法不招,要之以明神不招,唉之以饭食始半吞半吐。中多疑似情节,臣不敢信,亦不敢言。"他希望皇上把凶犯押解到文华殿进行朝审;或者传谕九卿科道三法司会审,那么真相立见,祸端坐消②。显然,王之寀揭开了此案幕后活动的隐秘,并且主张公开审讯以暴露真相,这与神宗的宗旨——大事化小,小事化了——大相径庭。神宗当然不会接受,采取了不予理睬的态度,把此疏压下不发。但是有关此案的情况早已流传出去,引起举朝官

---

① 谷应泰《明史纪事本末》卷68"三案"。
② 《万历邸钞》万历四十三年乙卯卷,五月,刑部河南司提牢主事王之寀鞫问狱情条。《明神宗实录》卷532,万历四十三年五月戊午。谷应泰《明史纪事本末》卷68《三案》。《明史》卷244《王之寀传》。

员议论纷纷①。

大理寺署寺事添注右寺丞王士昌（字永叔，号十溟，浙江临海人）以主管司法事务的身份上疏，对皇上把王之寀的奏疏留中不发表示不满，惊叹"有此人情乎"？显然是指责皇上对皇太子太不近人情。案发后，神宗仅仅批示了"法司提了问"五个字，而未采取果断措施，王士昌对此很有意见，以为"如此冷语，如路人赴诉于不相知者"。无怪乎他在奏疏一开头要长吁短叹："宸居何地？主器何人？张差何物？敢于持梃突入，如履无人之境。吁，可惧哉！"他还意味深长地说："种种可疑，不待提牢（王之寀）之疏，已可寒心矣！"②

王之寀、王士昌两人的上疏，反映了外廷大臣对于突发的非常事件——梃击案的密切关注，人们不约而同地把怀疑的目光投向了郑贵妃及其兄弟郑国泰身上。慑于郑氏的威势，没有人敢贸然直犯其锋。这种局面很快被敢于"披逆鳞"的陆大受、何士晋打破了。

户部行人司正陆大受（字凝远，常州武进人）上疏，对此案审理中的一些疑点一一提出质问：张差业已招供有内官策应，何不言其姓名？张差既说有街道大宅，何以不知其处？他在疏中巧妙提及，前年他因福王藩封逾额，曾上疏弹劾"奸畹凶锋"，"幸而不验于前日，而验于今日"③。所谓"奸畹"，暗指外戚郑国泰，意在引而不发。郑国泰果然按捺不住，五月二十日写了一个揭帖给皇上，极力为自己洗刷："倾储何谋？主使何事？阴养死士何为？狂悖乱逆非惟心不敢萌，即口亦不敢言，耳亦不忍听矣……清明之世耳目最真，臣似不必哓哓与辩。"④口口声声说"不必哓哓与辩"，其实已经颇为心虚地在为自己辩个不休了，只是愈辩愈不清，反而欲盖弥彰。

郑国泰的不打自招立即被机敏的工科给事中何士晋（字武羲，常州宜兴人）抓住，穷追不舍，揪住郑国泰辩词中的破绽，揭露他欲盖弥彰的拙劣伎俩：陆大受疏内虽有前年为藩封直陈身犯奸畹凶锋等语，不过是借此发端，以明杞人忧天之果验；而语及张差近事，原只追究内官姓名、大宅下落，未尝直指郑国

---

① 康熙《朝邑县志》卷6《王之寀传》。
② 《万历邸钞》万历四十三年己卯卷，五月，大理寺署寺事添注右寺丞王士昌循职掌中国法尊国本等事条。文秉《先拨志始》卷上。《明神宗实录》卷532，万历四十三年五月甲子。
③ 《明神宗实录》卷532，万历四十三年五月辛未。《万历邸钞》万历四十三年五月乙卯卷，五月。《先拨志始》卷上。《明史》卷235《何士晋传附陆大受》。
④ 《明神宗实录》卷532，万历四十三年五月辛未。

泰主谋。况且当时张差之口供未具,刑部之勘疏未成,郑国泰"岂不能从容少待,而何故心虚胆战?"经过这一番分析,何士晋痛快淋漓地责问郑国泰:"自此一揭之张皇,而人遂不能无疑于国泰矣!且据其揭云:倾储何谋?主使何事?阴养死士何为?又云:灭门绝户,万世骂名。又云:事无踪影,言系鬼妖。臣不知谁谓其倾陷?谁谓其主使?谁谓其阴养死士?谁谓其灭门绝户?又谁无踪影?谁系鬼妖?种种不祥之语,自捏自造,若辩若供,不几于欲盖弥彰耶!"于是,他向皇上指出,既然郑国泰如此汲汲于自我申辩,干脆把张差招供的太监庞保、刘成,亲戚马三道、李守才等人,一并交三法司审讯,谁为主谋,谁为助恶,谁为波及,必将洞若观火。何士晋揪住郑国泰暴露出来的尾巴,新账老账一起算:"人之疑国泰,亦非始于今日也。皇上试问国泰:三王之议何由而起?《闺范》之序何由而进?妖书之毒何由而构?皇上又问国泰:孟养浩等何由而杖?戴士衡等何由而戍?王德完等何由而锢?"①

何士晋虽然没有确凿证据,但条分缕析,字字句句直逼郑国泰,使他无处容身,令人怀疑他与此案有千丝万缕的牵连。显然,梃击案不是一个孤立的偶发的事件,它与先前一系列围绕皇太子的事件若即若离,或许就是诸多环节中的一环,亦未可知。正如《明史》所说:"时东宫虽久定,帝待之薄,中外疑郑贵妃与其弟国泰谋危太子,顾未得事端……(张)差被执,举朝惊骇。"②

五月二十一日刑部右侍郎张问达(字德允,陕西泾阳人)与有关衙门官员会审张差,据张差招供,太监庞保在蓟州黄花山修铁瓦殿,马三舅、李外父常往庞保那里送炭。庞保与另一太监刘成商量,叫李外父、马三舅对张差说:"打上官去,撞一个打一个,打小爷(按:太监称皇太子为小爷),吃也有你,穿也有你。"以后庞保又在京师刘成的住宅中对张差说:"你打了,我救得你。"③庞保、刘成是郑贵妃宫中的太监,庞、刘二人插手此事的消息传出,朝廷内外人言籍籍,纷纷猜测郑贵妃的弟弟郑国泰是幕后指使人④。张问达把审讯情况奏报皇上:逆犯张差窝主内宫,宅居豢养,主使引导,种种奸谋具悉。只要神宗表

---

① 《明神宗实录》卷532,万历四十三年五月辛未。《万历邸钞》万历四十三年乙卯卷,五月,工科给事中何士晋逆谋稽讯甚危戚畹私揭可骇等事条。《明史》卷235《何士晋传》。
② 《明史》卷244《王之寀传》。
③ 《万历邸钞》万历四十三年乙卯卷,五月,刑部左侍郎张问达又题钦奉圣旨事条。《明史》卷244《王之寀传》。
④ 《明史》卷241《张问达传》。

态,便可提审庞保、刘成,使案情大白于天下。然而神宗始终不表态,企图以沉默来淡化此案的政治色彩。到了五月二十六日,迫于外廷大臣的强大压力,神宗不得不表明态度,仍然给张差定性为"疯癫奸徒"。他在给内阁的谕旨中说:"昨夏突有疯癫奸徒张差,持梃闯入青宫,震惊皇太子,吓朕恐惧,身心不安……已传本宫添人守门,门防不时卫护。连日览卿等所奏宫闱等事,奸究叵测,行径隐微,既有主使之人即着三法司会同拟罪具奏,毋得株连无辜……"第二天(即五月二十七日)神宗又传谕刑部,再次明令司法机关将张差梃击案定性为"疯癫奸徒,蓄谋叵测",企图不了了之①。

郑贵妃在强大的舆论压力下,惶惶不可终日,哭诉于皇上。神宗命郑贵妃向皇太子表明心迹。皇太子常洛为人忠厚,心慈手软,听了郑贵妃的辩解,不想把事情闹大,恳请父皇召见群臣,当众判明是非曲直。另一方面,神宗多次要常洛向廷臣表态,一向胆小怕事的常洛对此案牵连郑贵妃感到恐惧,希望迅速了结此案②。

五月二十八日早晨,司礼监掌印太监李恩传达皇上谕旨,召见内阁辅臣、六部五府堂上官以及科道官。身穿白袍头戴白冠的神宗在慈宁宫门外檐前倚左门柱西向而坐,身穿青袍头戴翼善冠的皇太子侍立于父皇右边,皇孙、皇孙女四人一字儿雁行立于左阶下。内阁辅臣方从哲(字中涵,浙江德清人)、吴道南(字会甫,江西崇仁人)及文武官员跪在地上。这时神宗开始说话:"……昨忽有疯癫张差闯入东宫伤人,外廷有许多闲说。尔等谁无父子?乃欲离间我耶!适见刑部郎中赵会桢所问招情,止将本内有名人犯张差、庞保、刘成即时凌迟处死,其余不许波及无辜一人……"③他用无可争议的口气为"梃击案"定下了调子,并且向群臣表示,皇太子"极孝","我极爱惜"云云。突然跪在后班的御史刘光复(字敦甫,号贞一,晚号见初,池州青阳人)大声发言,意思是要皇上慈爱皇太子。神宗大为震怒,他对外廷大臣关于梃击案的议论早已不满,乘机发泄出来,大声斥责:"内廷慈孝,外廷妄肆猜疑,迹涉离间。"执拗而迂腐的刘光复仍大声讲话不止,神宗几次意欲阻断,他充耳不闻,继续喋喋不休,气得

---

① 《万历邸钞》万历四十三年乙卯卷,五月,谕内阁条、刑部题特奉圣旨事条。
② 《明史》卷244《王之寀传》。谈迁《国榷》卷82,万历四十三年五月癸酉。
③ 《明神宗实录》卷532,万历四十三年五月癸酉。谷应泰《明史纪事本末》卷68"三案"。

神宗脸色发白,连叫:"锦衣卫何在?"竟然无人答应,只得命内侍将他逮捕,押往朝房听候发落①。内阁首辅方从哲赶紧出来为刘光复开脱。少顷,神宗再次把话题转到主题上:"疯癫奸徒张差闯入东宫,打伤内官,庞保、刘成俱系主使。"这就是说,张差是疯癫之人,主使人只追究到庞保、刘成为止,并且重申:"今只将疯癫张差、庞保、刘成三人决了,其余不许波及。"②

方从哲回到内阁,遵照皇上的旨意,草拟了谕旨呈上,神宗稍作修改后发出:"谕三法司:……见监疯癫奸徒张差,即便会官决了。内官庞保、刘成着严提审明,拟罪具奏另处。其本内马三道等的系诬攀之人,斟酌拟罪来说,此外不许波及无辜……"③

五月二十九日,张差以凌迟处死。庞保、刘成却从宽发落。对于这种处理方式,夏允彝评论道:"张差处分之法,不过始则严讯之,继则以二珰(庞保、刘成)及差结局,所谓化大事为小事也。"④确实一语道破天机。

五月三十日,皇太子为了息事宁人,前往乾清宫向父皇提出:"庞保、刘成原系张差疯癫奸徒疯口扳诬,若一概治罪,恐伤天和。方今亢旱不雨,父皇思之。"这一席话,神宗是求之不得的,立即把皇太子的建议转告给内阁,并示意要司礼监会同三法司在文华门前重新审问庞、刘二犯。在紫禁城内的文华门前会审犯人实属罕见,而且又要司礼监插手,其意图是显而易见的。果然,庞、刘二犯鉴于张差已经处决,死无对证,有恃无恐,矢口否认与张差的关系。何况又从宫内传来皇太子的谕旨,要求会审官员按照仇家诬陷从轻拟罪⑤。明眼人一看便知,这话虽然出于皇太子之口,传达的却是皇上的旨意,显然是想进一步大事化小小事化了,以杀一个张差了事。因为庞保、刘成是郑贵妃翊坤宫的有权太监,此二人的主使之罪难以成立,郑贵妃与此案便毫无关系可言了。

---

① 《万历邸钞》万历四十三年乙卯卷,五月癸酉,召见阁臣五府九卿科道于慈宁宫门条。李逊之《泰昌朝记事》卷1《光庙在东宫》。
② 刘光复《刘见初先生集》附录,刘荫祚《见初府君行状》。《明神宗实录》卷532,万历四十三年五月癸酉。
③ 《明神宗实录》卷532,万历四十三年五月癸酉。次日,方从哲与吴道南还为刘光复事件上疏皇上极力为之转圜,神宗不肯让步,一定要用刘光复杀鸡儆猴,警告言官们不要再在梃击案上做什么文章。此后,梃击案的处理也发生了微妙的变化。神宗在二十八日召见群臣时曾宣布将张差与庞保、刘成一处处死。回宫后突然变卦,要三法司只处决张差一人,庞、刘二人审后再议。
④ 夏允彝《幸存录·门户大略》。
⑤ 《万历邸钞》万历四十三年乙卯卷,五月,谕内阁条。

署理刑部事务的刑部右侍郎张问达不甘心如此草率了事,提出异议①。神宗唯恐节外生枝,授意太监把庞、刘二犯秘密处死。事后又扬言,天气炎热,庞、刘二犯被严刑拷打致死。其实,正如《罪惟录》所说,这是为了毁尸灭迹②。

"梃击案"至此总算草草了结。三名要犯,一名死于刑场,在众目睽睽之下;另二名则死于宫内,给人留下一片疑云。不过毁尸灭迹恰恰暴露了当事者心虚的一面,蛛丝马迹已无可掩饰。李逊之评论道:"方事初起,中外惊骇,至疯癫之说,倡议者谓其有所为,而王之寀直发逆状,刑部尚书张问达深以为然,形迹愈露。然必穷究其由来,所伤实多。神宗念大臣中无足与计,不得已自行诏谕……曲为周旋,法正而宫闱安,所全甚大……"③

## 八、福王之国的前前后后

朱常洵生于万历十四年(1586年)正月初五日,是神宗的第三子(实为次子,原次子夭折)。万历二十九年神宗册立长子朱常洛为皇太子,而封朱常洵为福王,虽已成事实,但在两个儿子之间厚此薄彼的倾向仍不时地流露出来。

万历三十一年神宗忙于为十八岁的福王操办婚礼,十一月福王婚礼迫近,钱粮亟缺,神宗十分恼怒,下令查责户部有关司官,意欲严惩。户部赶紧向皇上报告,准备把通州粮厅的随粮轻赍银(漕粮的折色)结存二万四千八百余两银子,全部拨归福王婚礼之用,这才免去了有关司官的处分④。然而二万多两银子显然不够,户部只得向皇上请求向宫中老库暂借五万两,采办婚礼用品⑤。

关于福王府邸内部装修及一应家具等物品,由工部负责。神宗却提出将这一切全部折价,要工部向福王府支付现金。工部以为物件折价不便计算,况

---

① 《明史》卷241《张问达传》。多年之后,叶向高为了撰写《实录》,曾向张问达探询张差事件的虚实,张问达说:"谋逆事真,(王)之寀所发觉,无一不实。某当时谳奏,皆与之同。"叶向高又问:"疯癫云何?"张问达说:"此饰词也。安可梃入宫门而称疯癫者。"《实录》稍采其说,不过措辞委婉。
② 查继佐《罪惟录》传记卷2《皇后列传》。
③ 李逊之《泰昌朝记事》卷1《光庙在东宫》。
④ 《明神宗实录》卷390,万历三十一年十一月癸丑。
⑤ 同上书卷390,万历三十一年十一月癸亥。

且福王府又增开了雇佣工匠三万二百余工,狮子大开口,大大超过潞王婚礼的规格,如果折价定是一笔庞大的开支。神宗仍坚持要公布折价支付银两①。大操大办的结果是,福王婚礼费用竟高达三十万两银子②。这是一个创纪录的数字。万历六年神宗自己婚礼的费用不过七万两银子,万历十年潞王(神宗的弟弟)的婚礼费用虽超过了此数,也只是八万两银子。据说皇太子常洛婚礼的费用达十余万两银子,神宗的长公主下嫁,用去银子十二万两,七公主下嫁也用去十二万两银子③。可见福王婚费三十万两,是一个惊人的数字。在神宗眼中,常洵与其他子女相比明显高出一头。三十万两还不是全部,围绕福王的开支,还有很多。

在福王婚礼举行之前,神宗就指示户部,每年支给福王禄米三千石④。这是一个不小的数字,明朝开国元勋刘基的岁禄不过二百四十石。对此,福王不满足,婚后指示王府办事人员开辟生财之道,在崇文门外开设皇店一座,招徕进京商人货物车辆住宿,每年可收店租一万四千两银子。户部尚书赵世卿不同意,如果勒索商人导致罢市,那么崇文门这个商业闹市原先的税收将一并丧失。神宗却不以为然⑤。福王的藩封地在河南洛阳,结婚后理应前往洛阳。神宗与郑贵妃虽不愿福王去洛阳,但洛阳的福王府必须动工兴建。这项工程进展十分缓慢,一直到万历四十年四月才告完成,花费银子四十万两,超过了潞王府一倍,超过一般王府十倍⑥。

既然福王府已经造好,福王应该立即从京师前往洛阳就藩,当时称为"之国"。廷臣们考虑到皇太子的地位多次受到福王的潜在威胁,极力主张福王尽快赴洛阳,神宗一味拖延,并且在福王府的"养赡地"数量上设置障碍。万历四十一年五月福王再次向皇上奏请养赡地四万顷。也就是说必须有四万顷养赡地,福王才能去洛阳。神宗本人也有这个意思,他在福王的奏疏上批示:"尔部里还行文与河南、山东抚按等官,即于各地方细查各府所遗及应拨地土,备足

---

① 《明神宗实录》卷390,万历三十一年十一月壬戌。
②③ 《明史》卷220《赵世卿传》。
④ 《明神宗实录》卷391,万历三十一年十二月丙戌。
⑤ 同上书卷393,万历三十二年二月癸巳。神宗回复说:福王府开皇店收取店租、牙钱,是他特别批准的破例举措,可不必拘泥于原先提出的数额,酌量征收,但务必供福王府支配。
⑥ 谈迁《国榷》卷81,万历四十年四月戊辰。《明史》卷120《诸王传》。项鼎铉《呼桓日记》卷3,万历四十年七月十五日:"邸报,福王府第成……是役也,所费金钱共五十余万云。"

四万顷之数,不得将荒芜搪塞。"①四万顷良田不是一个小数目,神宗把它作为福王之国的一个前提条件提出来,未免有要挟的意味。内阁首辅叶向高早已对皇上迟迟不让福王之国有所不满,写了一道长长的奏疏向皇上劝谏。他首先指出,皇太子的讲读已停了八年,长期不能受到皇上召见。而福王却可以每月两次进宫谒见,亲疏如此悬殊,已使外廷产生猜疑。现在又让福王留滞迁延,久不之国,致使巷议私谈,奸言恶语,蔓延无已。因此,他希望皇上不要再拖延时间。接着他把话题转到养赡地四万顷一事上,一针见血地指出:"外间议论,方谓福王借此极难题目以缓之国之期。"这是要害所在。叶向高说:"于是中外臣民又喧然惊疑曰:……夫必待四万顷之田足数而后行,则之国将何日?而圣谕之所谓明春举行者,宁可必哉!"②神宗看了叶向高的奏疏,并无一点自责之意,反而百般强调:"福王之国所请养赡田土并钱粮等项,及祖宗所赐,既有成例,非由创为。奉旨已久,尚无一备,何以之国!……且亲王分封,养赡田土有前例可比,又无额外加增,今该地方官不能仰承德意,清查拨给,徒务烦言阻扰大典,甚非国体……"③

神宗的这种态度引起了官员们的普遍不满。礼部右侍郎孙慎行(字闻斯,号淇澳,常州武进人)就此事上疏指出:福王之国虽说明春举行,但现已过了两月有余,还不能确定动身日期。而庄田(即养赡田)四万顷,却屡屡催取。祖宗朝藩王庄田没有超过千顷的,福王却要奏讨四万顷。还要由福王府自行征收田租,这是祖宗制度所严禁的。臣不愿皇上初次封子就发生如此骇人听闻的事④。他还强调指出,养赡田土与福王启行是两码事,"两不相干涉"。当年潞王启行时,只拿到了奏讨的六七分之一,福王为何不可⑤?户科给事中官应震(字东鲜,号旸谷,湖广黄冈人)上疏建议,鉴于福王庄田四万顷势难凑足,希望皇上先宣布明春之国日期,再渐次清查以定庄田数额。另一给事中姚宗文则

---

① 《万历邸钞》万历四十一年癸丑卷,五月,福王再请养赡地土条。
② 叶向高《纶扉奏草》卷20《请减福藩庄田疏》。
③ 《明神宗实录》卷509,万历四十一年六月庚寅。《万历邸钞》万历四十一年癸丑卷,六月,谕内阁大学士叶向高条。
④ 《万历邸钞》万历四十一年癸丑卷,六月,礼部右侍郎孙慎行藩封典礼殿絷乞早定吉期以使冶办事条。《明史》卷243《孙慎行传》。
⑤ 《神宗显皇帝留中奏疏汇要》礼部类卷1,孙慎行《题为行期渐迫定吉宜颁等事疏》。

建议,不如皇上从内帑储蓄中拨出一笔赏赐,使福王不必费心经营①。神宗一概置之不理。河南巡抚李思孝上疏指出,要凑足四万顷之数有困难,如果一定要照办,福王之国日期势必拖延。这正是神宗希望看到的结局,因此他要户部行文河南、湖广等处巡抚巡按,务必凑足四万顷,而且由福王府自行征收田租、自行营业②。

此议遭到在京官员及河南、湖广地方官员的一致反对,神宗不得已作了让步,传谕户部:"既辅臣等所奏四万(顷)之数难于取盈,姑准量减一万(顷),以称朕体位元元至意。其三万(顷)之数,你部即行与三省(河南、湖广、山东)抚按官务要上紧查给相应田土三万顷,定立界址……"③但是三万顷仍然难以凑足,以后又减为二万顷,由河南、湖广、山东三省分摊:河南一万一千二百一十顷,其余部分由湖广、山东承担。山东上报了一千二百八十一顷,还缺一千二百零三顷。湖广四千四百八十五顷,无从着手,巡抚董汉儒奏请以一万两银子折抵田租④。福王养赡地已渐趋解决,离京赴豫的日期也已迫近。不料郑贵妃又节外生枝,企图借慈圣皇太后之口拖延行期,扬言要让福王参加万历四十三年慈圣皇太后的稀龄大寿庆典之后,才去河南。

内阁首辅叶向高得知此事后,郑重其事地对皇上说:"外廷喧传皇上欲借圣母贺寿,以留福王。是贺寿不真,而留王真。(王)曰乾之妖变可畏也。"叶向高从万历四十一年六月发生的妖人欲加害皇太子事件引出教训,鼓励皇上尽快促成福王启程。神宗权衡利弊得失后,不得不维持原先宣布的明春(万历四十二年三月)之国的原议。郑贵妃十分恼怒,派人对叶向高说:"愿以爱东朝(即太子)之余,稍及福(王)。"叶向高正色回答:"此乃所以善(福)王也。皇上春秋高,乘此时就国,宫中乞请无不得。"郑贵妃听了为之语塞⑤。赵吉士对此赞赏有加,他说:"福清叶公向高当国,时郑贵妃专宠,群臣咸虑福王夺宗,公时加调护,请福王之国甚力。一日,郑贵妃遣人来言,曰:'先生全力为东朝,愿分少许惠顾福王。'公正色曰:'此正是全力为王处。人称万岁、千岁,及吾辈云百

---

① 《明神宗实录》卷510,万历四十一年七月丁巳。
② 《万历邸钞》万历四十一年癸丑卷,七月,河南巡抚李思孝庄田屡廑明旨等事条。
③ 同上书万历四十一年癸丑卷,十一月,谕户部条。
④ 同上书万历四十二年甲寅卷,二月,楚抚按董汉儒等议认条。
⑤ 查继佐《罪惟录》传记卷13下《叶向高传》。

岁者,徒虚语耳。皇上寿登五十,不为不高,趁此宠眷时启行,资赠倍厚,宫中如山之积,惟意所欲。若时移势改,常额外丝毫难得,况积年日语可畏!王一之国,百口冰解,更得贤声。老臣为王何所不至也!'贵妃心动,乃如期行。"①其实并非郑贵妃"心动"才导致福王之国"如期行"。而是由于慈圣皇太后深明大义,根本不同意郑贵妃要让福王留下贺寿的主意,拒绝了通路子的寿礼,巧妙地回绝了郑贵妃挽留福王的口实,对郑贵妃说:"吾潞王可宣来寿否?"②十分巧合的是,万历四十二年二月初九日,慈圣太后病逝,并未活到稀龄大寿之日,这才堵塞了福王拖延离京日期的最后途径。

万历四十二年三月二十四日,福王终于离京赴豫。据《明史》说:"先是,海内全盛,帝所遣税使矿使遍天下,月有进奉,明珠异宝文罽锦绮山积,他搜括赢亿万计。至是,多以资常洵。临行,出宫门,(帝)召还数四,期以三岁一入朝。"③为了搬运福王府的财产,光用于芦席、车辆方面的开支就达三万四千两银子,其中一万四千两从户部、工部事例内开支,二万两从太仆寺借支④。由此可见福王之国排场之大。一支由一千一百七十二艘船组成的船队,载着福王府一干人等及大量金银财宝,由一千一百名士兵护卫,浩浩荡荡向洛阳进发,好不威风凛凛!想当年,郑王、淮王、荆王、庆王、梁王等五王之国,各备船只三百艘;德王、秀王、吉王、崇王、徽王等五王之国,各备船只七百艘;兴王、岐王之国,各备船只九百艘;潞王之国,不过船只二百四十艘。福王的规格凌驾于以往所有藩王之上⑤。尽管如此,福王常洵总算离开了京师,对皇太子常洛而言不啻是一个福音。谈迁说:"宠王就国,中外交为东宫幸,如释重忧。"⑥一语道破了福王之国在当时的政治意义。

福王抵达洛阳后,依仗皇上的宠爱,飞扬跋扈,颐指气使。下车伊始,继续奏讨养赡田地的田租。为此,福王府派出官员四出清丈田地,催交银两。例如,万历四十二年十月福王府的内宫官(承奉、门正)率一行人等突然出现于山

---

① 赵吉士《寄园寄所寄》卷1囊底寄《经济·叶向高》。
② 《万历邸钞》万历四十一年癸丑卷,十二月,下福王之国期条。
③ 《明史》卷120《诸王传》。
④ 《万历邸钞》万历四十一年癸丑卷,九月,鸿胪寺堂上官宣谕叶向高进阁条。
⑤ 谈迁《国榷》卷82,万历四十二年三月丙子;卷82,万历四十一年九月辛未条说:福王这些船早已集结于通州湾待命,"久候资竭,人多苦之"。
⑥ 同上书卷82,万历四十二年三月丙子。

东,一路骚扰,对庄田进行丈量确定租率。把法定租率从30%提高到50%,引起社会骚动。当时人说:"彩服巍冠,络绎拥后皆乞人之思啜计者也。如此景象,过一邑,一邑丘墟;经一落,一落逃窜。"①地方官为了维持社会秩序,力图阻挠福王府清丈田地、直接向农民征租,遭到神宗申斥:"福王奏讨养赡田地,比有秦府等府自行征收管业事例,屡有明旨。今既报完送府,本府理宜差官查丈收掌,以为子孙永远之业。如何各官不谙事体,恣肆抗违,不容清丈,却又阻挠佃户交纳银两……"②

福王奏讨的养赡田虽未达到预定之数,但已大大超过中原地区诸王庄田的规模。据日本学者佐藤文俊研究,福王府庄田分布如下。

表11 万历年间福王府庄田分布

| 省 | 府 | 州县 | 庄田数(顷) | 资料出处 |
| --- | --- | --- | --- | --- |
| 河南 | 河南 | 洛阳 | 116.60 | 康熙《洛阳县志》 |
| | | 孟津 | 746.27 | 康熙《孟津县志》 |
| | | 巩县 | 6.32 | 雍正《河南府志》 |
| | | 新安 | 21.11 | 同上 |
| | | 嵩县 | 8.11 | 乾隆《嵩县志》 |
| | 归德 | 永城 | 9.00 | 康熙《永城县志》 |
| | | 鹿邑 | 1959.87 | 乾隆《鹿邑县志》 |
| | 汝宁 | 汝阳 | 20.00 | 嘉庆《汝宁县志》 |
| | | 新蔡 | 50.39 | 同上 |
| | | 遂平 | 60.38 | 乾隆《遂平县志》 |
| | 开封 | 鄢陵 | 300.00 | 乾隆《鄢陵县志》 |
| | | 兰阳 | 153.00 | 康熙《兰阳县志》 |
| | 卫辉 | 获嘉 | 7.74 | 康熙《获嘉县志》 |
| | | 淇县 | 5.00 | 乾隆《卫辉府志》 |
| | 陈州 | 项城 | 118.07 | 乾隆《续河南通志》 |
| 江南 | 凤阳 | 亳州 | 1719.00 | 顺治《亳州志》 |
| | 泾府遗地 | | 1281.98 | 《明史》卷104 |
| | 泾府补地 | | 3203.51 | 同上 |

---

① 马孟贞《马太仆奏略》卷下《庄田凑补无策疏》。
② 《万历邸钞》万历四十二年甲寅卷,三月,福王奏讨南京等处芦田条。《明神宗实录》卷517,万历四十二年三月辛巳。

续　表

| 省 | 府 | 州县 | 庄田数(顷) | 资料出处 |
| --- | --- | --- | --- | --- |
| 山东 | 济南 | | 993.80 | 马孟贞《马太仆奏略》 |
| | 兖州 | | 1401.30 | 同上 |
| | 青州 | | 200.90 | 同上 |
| | 莱州 | | 102.50 | 同上 |
| | 登州 | | 105.01 | 同上 |
| | 东昌 | | 400.00 | 同上 |
| 湖广 | 安陆 | 潜江 | 205.60 | 康熙《潜江县志》 |
| | | 钟祥 | 91.58 | 康熙《安陆县志》 |
| | | 沔阳 | 108.71 | 光绪《沔阳州志》 |
| 合计 | | | 13395.75 | |

资料来源：佐藤文俊《福王府和明末农民反乱》，载《中国——社会和文化》第三卷(1986年)，第162页。

据万历四十三年七月户部所提供的资料，中州诸王的钦锡庄田如下：周王，5200顷；赵王，900顷；唐王，140顷；郑王，380顷；崇王，8500顷；伊王徽王，3000顷①。

只有潞王破例，获得养赡田土12000余顷②。可见福王的2万顷确实是"迥逾常格"了③。不仅如此，福王府还给当地带来许多骚扰。据山东巡按马孟贞(字泰符，安庆桐城人)报告，福王府承奉、门正奉令旨前往山东等处，所属州县清丈养赡田土并征收钱粮。自从矿税煽祸，太监四出，人心怨恨还未停息，又加上"亲藩之虎狼飞而食肉，河南、山东业已见告矣。然忧未已也。讨芦洲，计必有清查芦洲之官；讨故相(张居正)田地，计必有清查故相田地之官；货卖食盐，计必有货卖食盐之官；下至马店、山厂、竹木等厂，计必有群小假威福而肆咆哮。举江北半壁之天下，尽属藩使之鱼肉"④。据河南巡抚梁祖龄报告，福王府派出伴读官、指挥等人，"出勘汝州等地亩租银，要加五征收，将地方(官)周化、鲁国臣打死。各佃户闻风畏惧，有垒门而逃者，有拆屋而去者，四境军民

---

①③　《万历邸钞》万历四十三年乙卯卷，七月，山东巡抚钱士完求罢条。
②　《神宗显皇帝留中奏疏汇要》礼部类卷1《孙慎行疏》。
④　马孟贞《马太仆奏略》卷下《庄田凑补无策疏》。《万历邸钞》万历四十二年甲寅卷，十二月，山东按臣马孟贞疏条。

奔逃殆尽"①。福王除奏讨养赡田地,还向皇上奏讨长江自江都至太平沿岸荻洲杂税,以及四川盐井、榷茶银,归其征收。其中最为厉害的是奏讨淮盐三千引,在洛阳等地开店出售,中原原来食用河东盐,一律改食淮盐,并且颁布禁令:非福王府出售的淮盐不得买卖。不仅食盐之利尽入福王府,而且河东盐引遭到遏止,边防军的军饷由此短缺②。

### 九、聚敛财富:矿税太监横行

明神宗酒色财气的秉性与心理,不仅表现为册立皇太子问题上的种种奇异与乖张的言行,而且表现为聚敛财富的癖好,对万历朝后期产生了很大的影响。正如明清史一代宗师孟森所说,神宗怠于临政,却勇于敛财③。他是一个贪财的君主,一生聚敛财富成癖,即使后半生疾病缠身,很多朝政弃置不顾,连续多年不上朝安之若素,独于聚敛财富抓得很紧,毫不放松。透过政府的正常渠道开辟财源,只能归政府部门控制,神宗对此不感兴趣。神宗的用意是想增加宫廷内库的收入,由自己直接支配,这就不能不委托太监插手。万历朝后期矿税太监横行,是他一手导演、操纵的。那时候,大臣们的紧要奏章他不阅不批,但矿税太监的奏章他每件都批,而且是朝上夕下。为什么?一言以蔽之,念头就在一个字上:钱!

大凡皇帝怠于临朝往往将朝政委托给一名权臣,神宗的祖父世宗沉迷于学道清修,不问国事,内阁首辅严嵩得以擅权专政达二十年之久,便是一个显例。神宗时代,自张居正死后再无一名内阁首辅可以与张居正并驾齐驱,因此,神宗虽然怠于临朝,却并未出现权臣专政的局面。一方面,神宗本人不愿意大权旁落,不希望再出现一个威权震主的大臣;另一方面,内阁辅臣们谁也

---

① 《万历邸钞》万历四十三年乙卯卷,正月,河南巡抚梁祖龄中使擅作威福疏条。
② 叶向高《纶扉奏草》卷28《上福藩食盐揭》。《明史》卷120《诸王传》。福王在河南为非作歹,民怨沸腾。崇祯年间,中原民变蜂起,福王府自然成为众矢之的。传说李自成攻下洛阳后,把他处死,把福王的肉与鹿肉放在一起煮了一大锅,举行盛大的宴会,美其名曰"福禄宴"(取福王肉、鹿肉的谐音)。福王常洵的世子朱由崧,在诸生黄调鼎护持下侥幸逃脱,窜往怀庆,日后成了南明小朝廷的弘光皇帝。
③ 孟森《明清史讲义》上册,中华书局,1981年,第246页。

不想重蹈张居正的覆辙,对怠于临朝的神宗一味采取明哲保身的消极态度,不敢越雷池一步。然而神宗经常因病不上朝,不召见内阁辅臣,内廷与外朝的沟通只有透过司礼监太监来进行,司礼监太监显得比以前更加不可或缺。但是以神宗的秉性,不能容忍再出现像冯保那样专横跋扈的司礼监太监。他一向厌恶司礼监太监权势过于扩张,但又不能不依赖他们,一旦他们越过了他所认定的界限便毫不客气地予以剪除。张鲸、张诚的下场,应该说是重蹈了冯保的覆辙。

  张鲸,北直隶新城县人,嘉靖二十六年(1547年)进入宫中当小太监,列于太监张宏名下(小太监入宫,必投一大太监为其主子,称为名下)。此人刚介寡学,驰心声势,深得神宗倚毗,也曾为神宗斥逐冯保出谋划策。冯保被斥逐后,张宏任司礼监掌印太监,张鲸任掌东厂太监,兼掌内府供用库。张宏与张鲸两人秉性截然不同,二三年后张宏见皇上左右内侍以财货鼓惑皇上心性,无可奈何地绝食而死。于是张诚升为司礼监掌印太监,掌东厂太监张鲸名位虽在张诚之下,权力却凌驾于张诚之上①。由于张鲸掌管东厂与内府供用库,内阁辅臣对他颇为忌惮②。张鲸的种种劣迹引起官员们交章弹劾,御史何书光、马象乾开其端,给事中李沂把弹劾推向高潮③。

  张鲸遭罢斥后,张诚以司礼监掌印太监兼掌东厂及内官监,权力比张鲸有过之而无不及,又一个权阉代之而起。张诚每每向皇上规谏,或引经据典,或指桑骂槐,无所顾忌,自以为查抄张居正家产有功,神宗对他也忌惮三分。因此张鲸在宫中权倾一时,为了培植自己的势力,授意其弟张勋(小名张五老)与外戚(武清侯李家)结为姻亲。他名下的太监萧玉、王忠等仗势恃宠,恣肆不谨。这种行为超越了神宗所能容忍的界限。万历二十四年(1596年)正月,神宗突然下令斥退张诚,抄没家产,并把其弟侄张勋、张绍宁及亲信党羽霍文炳、张桢、钱恩、萧玉、王忠等人的庄房田地一并籍没入官④。神宗原本要把张诚发

---

① 刘若愚《酌中志》卷5《三朝典礼之臣纪略》。
② 《明史》卷305《张鲸传》。
③ 同上书卷305《张鲸传》。《万历邸钞》万历十六年戊子卷。《万历疏钞》卷20,李沂《恶党就擒元凶未殄亟赐重处以绝祸本疏》。文秉《定陵注略》卷2《建言诸臣》。谈迁《国榷》卷74,万历十六年十二年癸未。
④ 《酌中志》卷5《三朝典礼之臣纪略》。《万历邸钞》万历二十四年丙申卷,籍没张诚等家条。神宗下旨籍没张诚家财,刑科给事中侯廷佩以为处分太轻,神宗接到侯廷佩的奏疏,对于他的"马后炮"很有意见,指责他们这些人事先"如何无一吠之忠?"京师一时把侯廷佩戏称为"侯一吠"。

配到南京孝陵去看管香火,后来改发南海子净军;并将张勋、萧玉、王忠等处死,其他党羽十余人押入监狱。

斥逐张诚后,由田义为司礼监掌印太监,陈矩为司礼监秉笔太监,孙逻为提督东厂太监。孙逻死后,由陈矩兼掌东厂。田义、陈矩等人以张鲸、张诚的下场为戒,注意收敛,凡司礼监政务,田义与陈矩开诚协济,裁酌施行。田义为人俭朴寡言,人不敢干以私。万历三十三年(1605年)田义死,陈矩为司礼监掌印太监。陈矩为人平素识大体,万历三十五年死,神宗赐额曰"清忠"。从冯保以来,司礼监掌印太监无不擅作威福而相继获罪,只有田义、陈矩二人是例外。

从此司礼监太监的权力受到极大削弱、限制,甚至司礼监缺员也不补充。到了神宗晚年,司礼监用事太监寥寥无几,东厂荒凉得青草满地。原先神宗的膳食一向由司礼监太监轮流供给,以后因司礼监乏人,改由乾清宫管事太监独自承办①。司礼监与东厂落到这个地步,无疑是对司礼监及东厂以往擅权枉法的一种惩罚,未尝不是神宗晚年的一件德政,使中外相安于无事。但是,神宗对于依赖太监聚敛财富却深信不疑,乐此不疲,把太监们的注意力从政治转向经济。他把太监派出去充当矿监税使,为他聚敛财富。

当然,神宗也有不得已的苦衷。从他亲政以来,宫廷靡费日增,使国库渐趋拮据。为了平定宁夏叛乱,耗费财政二百余万两白银;东征援朝,耗费财政七百余万两白银;平定播州叛乱,耗费财政二三百万两白银,致使一时"国用大匮"。当时署理南京户部的叶向高在一个奏疏中指出,一向号称富庶的南京,财政也日趋困急。他说:"臣一介书生,不谙钱谷,顷因人乏,摄事户部,诸曹郎见臣辄蹙额愁眉谓:帑藏匮竭,万分困急。留都陵寝所在,六军庶府朝夕仰给,事势如此,莫知所终。臣稽之往事,搜之故牒,自万历二十年以前,库中存贮尚二百一十余万,其后日侵月割,耗费殆尽……而榷关所留亦仅二万有奇,所入无几,而无名之宣索,无穷之协济,无常额之供应,源源而来,滚滚而至。姑无论其远者,即近六年之间,所准工部咨取已六十余万,目下制帛一项所费物料亦且五万,盖总计每岁出数可四十余万,入数只二十万,远不相当。今且在库银未及二十万,尚不足半年支给若钦取之钱粮继此未已,则户部之帑立空,而

---

① 《明史》卷305《陈矩传》。

枵腹脱巾之变可立待矣!"①在这种财政背景下,神宗还要面对乾清宫、坤宁宫、皇极殿、建极殿、中极殿遭灾害性破坏后的修复重担。于是,他想到了以开采矿藏的手段来增加财政收入。在作出这一决定时,他指出:"朕以连年征讨,库藏匮竭,且殿工典礼方殷,若非设处财用,安忍加派小民!"②

此话本无可非议。以开矿增加财政收入,体现了"民不益赋而上用足"的方针,不失为解决财政困境的一个可供选择的方案。当时的一些官僚囿于传统偏见,对开矿持敏感的禁忌态度,以社会治安为借口表示反对,其中不乏迂腐之见。如果神宗的这一决策由中央与地方两级政府协调,精心勘察,合理经营,那么反对的阻力也许会小得多。实践的结果表明,这是一项失败的尝试。问题不在于开矿本身,而在于监督开矿的太监们对开矿业务一窍不通,却口含天宪,胡乱指挥,飞扬跋扈,贪赃枉法,与民争利,把原本可取的开矿措施引向举国反对的境地。

继派出矿监之后,神宗又向通都大邑派出了税监,向商人、市民增加税收。从当时工商业繁荣、商品经济发达的背景来看,比先前略微增加一点税收,并非全无可行性,后果也不一定坏到哪里去。然而那批负责监督征税的太监们,不与地方官协商,也不根据各地实际情况,一味以竭泽而渔为能事,恣意横行,中饱私囊,搞得民怨沸腾。为了说明问题,有必要对于矿税太监派出的过程作一个简略的透析。

关于矿税太监的派出可以追溯到万历二十四年六月,神宗派御马监太监鲁坤会同户部郎中戴绍科、锦衣卫佥书杨金吾往河南开矿;同时又派承运库太监王亮会同锦衣卫官员张懋中往北直隶的真定、保定、蓟州、永平等处开矿③。此事立即引起大臣们的反对。户部尚书杨俊民(字伯章,号本庵,山西蒲州人)认为,在真、保、蓟、永开矿,会妨碍位于昌平的天寿山先皇陵墓的"龙脉"。此等反对理由显然是苍白无力的,祖宗成宪不许开矿并非至理名言,至于妨碍皇陵龙脉云云则近乎荒唐。神宗却显得开通豁达,反驳道:"距陵远,且皇祖(世

---

① 叶向高《苍霞草》卷12《署户部请止钦取钱粮疏》。
② 《明神宗实录》卷330,万历二十七年正月戊戌。
③ 《万历邸钞》万历二十四年丙申卷,六月,差户部郎中戴绍科同锦衣卫佥书杨金吾河南开矿条。文秉《定陵注略》卷4《矿税诸使》。

宗)尝开之,毋借阻。"①兵部尚书石星的反对意见则完全从政治着眼,他说:"自洪武十五年锢闭,永不许开,载在祖训。成化年间开而即罢;嘉靖年间开而再罢。诚有见于开采不已必至延蔓,延蔓不已必至抢攘,其患有不可胜言者。臣等恐中原腹心之地从此多事矣。"②石星担心的是官府开矿会刺激民间私自开采,引起社会纠纷,甚至导致官府与所谓"矿盗"之间的武装冲突,妨碍社会治安。而神宗的着眼点却在经济,根本不把这种顾虑当作一回事,继续向各地派遣开矿太监。同年八九月间派承运库太监陈增赴山东青州、沂州、栖霞、招远开矿;派承运库太监王忠赴陕西横岭开矿;派太监田进赴永平府昌黎开矿;派太监王虎赴真定开矿。

此端一开,各地好事之徒纷纷向朝廷"献矿",一时间仿佛全国布满了矿藏。于是乎,神宗派遣的开矿太监几乎遍及全国各地:昌平有王忠,真、保、蓟、永、房山、蔚州有王虎,昌黎有田进,河南有鲁坤,山东有陈增,山西有张忠,南直隶有郝隆、刘朝用,湖广有陈奉,浙江有曹金、刘忠,陕西有赵鉴、赵钦,四川有丘乘云,辽东有高淮,广东有李敬,广西有沈永寿,江西有潘相,福建有高寀,云南有杨荣等③。

万历二十四年十月,神宗在派出开矿太监的同时,又向各地派出了征税太监。首先派出的是御马监太监张烨,赴通州张家湾征税;以后又派太监韩济同锦衣卫百户郑惟明赴天津等处查收店租(官店租税)。此后二三年间,征税太监四出:京口(镇江)有高寀,仪真有暨禄,临清有马堂,东昌有陈增,苏州杭州有孙隆,湖口(江西)有李道,密云有王忠,卢沟桥有张烨等。有的地方矿监与税监一身而二任,如鲁坤、陈增、丘乘云、陈奉之流④。

派出矿税太监的做法激起官员的普遍不满,纷纷上疏反对。万历二十三年三月,户科都给事中包见捷上疏大谈矿税之害,请神宗"罢矿税,撤中官,以弭乱本"⑤。遭到神宗振振有词的反对,说什么国初以来钦差内臣征收税课、进献土产,以济国用,相沿已久,只是到嘉靖年间才暂撤停止。如今典礼相继工

---

① 谈迁《国榷》卷77,万历二十四年七月癸酉。
② 《万历邸钞》万历二十四年丙申卷,六月,兵部石星上言开矿事条。
③ 《明史》卷81《食货志五》。
④ 同上书卷81《食货志五》。《明史》卷305《陈增传》。
⑤ 《万历邸钞》万历二十七年己亥卷,三月,谪户科都给事中包见捷一级调外任条。《明史》卷237《包见捷传》。

程浩繁,费用不敷,若不权宜措办,安忍加派小民!① 由此可见他一直把派出矿税太监作为解决财政窘况的一种权宜之计,因而对各种反对意见一概置之不理。

从万历二十五年开始,各地矿税太监络绎不断地向紫禁城的内库上缴开矿征税的收入。例如这一年十二月,山东矿监陈增进奉矿银530余两,河南矿监鲁坤进奉矿银7400余两②。以后,从万历二十六年到三十六年,几乎每月都有矿税太监向内库进奉的记录,在《明神宗实录》、《万历邸钞》、《定陵注略》中此类记录触目皆是。据统计,从万历二十五年到三十四年的10年间,矿税太监向内库进奉的金银数量如下③。

表12 万历二十五年至三十四年矿税太监向内库进奉金银数量

| 年 份 | 银(两) | 金(两) |
| --- | --- | --- |
| 万历二十五年(1597年) | 9790.00 | |
| 万历二十六年 | 149985.00 | 3516.90 |
| 万历二十七年 | 249190.00 | 775.00 |
| 万历二十八年 | 459463.00 | 176.33 |
| 万历二十九年 | 1040693.60 | 1926.80 |
| 万历三十年 | 740173.00 | 2027.50 |
| 万历三十一年 | 1080094.00 | 1704.20 |
| 万历三十二年 | 746391.00 | 1448.50 |
| 万历三十三年 | 479184.00 | 837.30 |
| 万历三十四年 | 735120.00 | 25.00 |
| 合 计 | 5690088.60 | 12437.53 |

10年中一共进奉500余万两白银,是一个什么概念呢?这笔收入与每年的农业税(夏税、秋粮)及盐税收入相比是一个小数目,以万历六年(1578年)为例,太仓银库岁入3676181.60两,其中农业税银为2087413.90两,盐税银为

---

① 《万历邸钞》万历二十七年己亥卷,三月,谪户科都给事中包见捷一级调外任条。
② 同上书万历二十五年丁酉卷,十二月,山东矿监陈增进银条、河南矿监鲁坤进银条。
③ 王天有《万历天启时期的市民斗争和东林党议》,载《北京大学学报》1984年第2期。南炳文、汤纲《明史》下册,上海人民出版社,1991年,第759~762页。

1003876.40 两①,都超过了矿税监进奉之数。但是与关税、商税相比,则是一个大数目。万历六年河西务、临清、浒墅、九江、杭州(北新)、淮安、扬州等钞关解入太仓的关税银,不过 234000.00 两②;据京师崇文门、通州张家湾、江西、山东、陕西、广东、云南等处的不完全统计,万历六年解入太仓的商税银只有 112995.21 两③。由此可见,矿税太监每年向内库的进奉,是一个小于农业税、盐税而大于关税、商税的数目,不可等闲视之。如果真是合理的开矿征税所得尚情有可原,问题在于执行此事的太监们长期深居宫廷,对国计民生及工商业近于无知,一味以权代法,肆意妄为,以致弊端百出,加之贪赃枉法中饱私囊,搞得一塌糊涂。

开矿是一项技术要求很高的工程,一味蛮干不行。有些地方名为开矿,实际开不出什么东西,太监们强令富户承包,不足之数由富户赔偿;或由地方政府承包,不足之数由地方财政抵充。这样一来,所谓开矿徒有其名,不过是以开矿为幌子的一种摊派而已。至于河南巡抚姚思仁所说的开矿之弊,诸如"矿头累极,土崩之可虑";"矿夫残害,逃亡之可虑";"矿洞遍开,浪费之可虑";"矿砂银少,逼买之可虑";"士民皆开矿,失业之可虑";"奏官肆横,激变之可虑"等④,所带来的社会影响将无法估计。

至于征税太监的派出,意味着在原有的钞关之外增加了新的征税点,何况制度不健全,措施不协调,造成了对行商货物重复征税的弊端。长江沿岸商业口岸林立,这种弊端尤为显著。万历二十九年南直隶巡按御史刘曰梧向神宗报告了这一情况:"以臣所属,上有湖口,中有芜湖,下有仪扬。旧设有部臣,新设有税监,亦云密矣。湖口不二百里为安庆,安庆不百里为池口,池口不百里为荻港,荻港不百里为芜湖,芜湖不数十里为采石,采石不百里为金陵,金陵不数十里为瓜步,瓜步不数十里为仪真,处处收税。长江顺流扬帆,日可三四百里,今三四百里间五六委官拦江把截,是一日而经五六税地,谓非重征迭税可乎?"⑤其对工商业与商品流通的危害于此可见一斑。

---

① 《万历会计录》卷1《岁入》。
② 万历《大明会典》卷35 户部22《钞关》。
③ 同上书卷35 户部22《商税》。以上参看全汉昇、李龙华《明中叶后太仓岁入银两研究》。
④ 《万历邸钞》万历二十五年丁酉卷,正月,河南矿徒窃发条。
⑤ 《明神宗实录》卷359,万历二十九年五月甲寅。

矿税太监的弊端是制度性的,即对一种特殊权力缺乏必要的制衡手段。矿税太监是皇帝直接委派,又直接向宫廷内库进奉,不受中央政府与地方政府监督,又无制度保障可言,于是形成了财政上的巨大漏洞——征多缴少,太监们中饱私囊,大量财富落入他们的私人腰包。万历三十一年十月,山西巡抚白希绣向神宗揭发,山西每年征解税银 45200 两,税监孙朝只向内库进奉 15800 两,其余 29400 两全由孙朝以假称拖欠的手法攫为己有①。这就意味着 65% 的税银被孙朝贪污了。万历三十三年十二月,山东巡抚黄克缵向神宗揭发,税监马堂每年抽取各种税银不下 25 万至 26 万两,而每年向内库进奉才 78000 两,七年之内隐匿税银 130 余万两②。所谓"隐匿"云云意味着 70% 以上的税银被马堂贪污了。这些并非个别特例,它反映了一种普遍状态,几乎可以说没有一个矿税太监不贪污的。贪污的达 65% 至 70% 还不算惊人。据内阁辅臣赵志皋说,矿税太监"挟官剥民,欺公肥己,所得进上者什之一二,暗入私囊者什之八九"③,贪污率高达 80% 至 90%。换句话说,进奉内库的只不过 10% 至 20% 而已。按照这种标准估算,矿税太监在万历二十五年至三十四年间向内库进奉了 569 万两白银,而落入自己腰包的白银竟达 4000 万两至 5000 两之多。实在令人惊讶之极,然而还有无法想象的巨贪——广东税监李凤,据揭发,他"明取暗索,十不解一,金玉珠宝堆积如山,玲珑异物充塞其门",短短几年贪污的白银达到 5000 万两的巨额,其他珍宝还不计在内④。他从万历二十七年到三十四年间,向内库进奉的税银仅仅只有 36 万两⑤,贪污的银两是进奉税银的 139 倍,令人瞠目结舌。

由此可见,神宗派太监开矿征税来缓解宫廷财政困难的举措,从根本上来说是彻底失败了。对于神宗而言,他的内库只不过拿到了一个零头,却把整个国家搞得民穷财尽,经济萧条。在这些年中太仓的收入并无增长,国家财政年年呈现亏损状况,据《皇明修文备史》的记载,万历三十年至三十五年的太仓收支状况如下。

---

① 文秉《定陵注略》卷 4《内库进奉》。
② 《明神宗实录》卷 416,万历三十三年十二月壬子。
③ 同上书卷 333,万历二十七年四月癸酉。
④ 《万历疏钞》卷 20,林秉汉《乞处粤当疏》。《明史》卷 305《梁永传》。
⑤ 文秉《定陵注略》卷 4《内库进奉》。

表 13　万历三十年至三十五年太仓收支状况

| 年　份 | 收入银（两） | 支出银（两） | 盈　亏 |
| --- | --- | --- | --- |
| 万历三十年（1602 年） | 5073750.848 | 6228314.056 | 亏 1154608.208 |
| 万历三十一年 | 4714963.398 | 6250355.011 | 亏 1535391.613 |
| 万历三十二年 | 5018164.366 | 6167054.231 | 亏 1148189.865 |
| 万历三十三年 | 5132107.761 | 5903989.188 | 亏　771881.427 |
| 万历三十四年 | 5052638.658 | 5936416.685 | 亏　883778.027 |
| 万历三十五年 | 5029378.097 | 5414850.227 | 亏　385472.130 |

资料来源：顾炎武汇辑《皇明修文备史》，太仓考删，国计疏，户部尚书赵谨题为时势孔艰积储愈匮敷陈历年出入要览以襄国计事（万历三十六年三月二十八日）。

而那些矿税太监个个成了暴发户，他们才是开矿征税事件中的真正受益者。这实在是具有讽刺意味的咄咄怪事！其实说怪也不怪，在政治专制、经济垄断的体制下，绕过中央与地方两级政府的正规渠道，搞什么宫廷皇室的小金库，本身就是一个大漏洞，如此这般的结局是可以预料到的。从全局着眼，神宗派出矿税太监实在是得不偿失的愚蠢之举。它的恶劣影响不仅局限于经济方面，还扩散于政治方面，而且久久难以平息。这批矿税太监，小人得志不可一世，所到之处肆意妄为，把本已混乱不堪的政局搞得更加混乱，究其根本原因，是背后有皇帝的支持。正如《明史》卷 305《高淮传》所说："神宗宠爱诸税监，自大学士赵志皋、沈一贯而下，廷臣谏者不下百余疏，悉寝不报。而诸税监有所纠劾，朝上夕下，辄加重遣。"

当第一批矿税太监派出不久，吏科给事中戴士衡就上疏弹劾陈增、鲁坤之流，"借陈矿务，干政擅权"。承运库太监陈增向皇上请求："一应事宜听臣便宜行事，事竣之日，承委文武职官会同抚按，分别举刺，以示劝惩。"御马监太监鲁坤向皇上请求："各官既承任使于臣，宜有所辖。"这显然是要在开矿征税之外谋求干预地方政务大权。有鉴于此，戴士衡指出，这是矿税太监"欲以抚按自出也，是欲立于监司之上也"。他喟然长叹："堂堂天朝奈何令刀锯之余（阉宦）品题天下豪杰哉！恐（王）振、（刘）瑾复见于今。"[1]戴士衡可谓目光犀利，矿税

---

[1] 文秉《定陵注略》卷 4《矿税诸使》。《万历邸钞》万历二十四年丙申卷，九月，吏科给事中戴士衡疏劾内竖陈增鲁坤条。

太监刚派出不久,就预感到他们将要"干政擅权",以后的事实不幸被他言中。

——鲁坤在河南,不仅监督开矿事务,而且向皇上提出越权控制两淮盐场的掣买权,并有权节制有关衙门,参照巡盐御史事例行事。神宗毫不犹豫地予以照准①。

——陈增到山东监督开矿不久,就向皇上告状,诬陷福山知县韦国贤(一作常国贤)"阻挠矿务",指控山东巡抚"遮蔽属官"。神宗接到奏疏后马上降旨:逮捕韦国贤,押解至京师审讯②。益都知县吴宗尧多次抗拒陈增的勒索,也遭诬陷,几乎死于锦衣卫诏狱。山东巡抚尹应元忍无可忍,向神宗奏劾陈增二十大罪,神宗不但不予追究,反而给尹应元以罚俸的处分。以后神宗又命陈增在开矿之外兼管征税;陈增与马堂发生争执后,神宗又出面为他们调解:明确马堂征税临清,陈增征税东昌。从此陈增更加肆无忌惮,纵容其党羽程守训等人从大江南北直至浙江等商业繁华地区为非作歹,动称奉皇上密旨,搜罗金银财宝,诬陷富商巨室收藏违禁物品,动辄抄家充公,致使上百家富豪因此而破产。甚至随意杀人,地方官也不敢过问。御史刘曰梧上疏揭发这些罪行,神宗置之不理③。南京监察御史王藩臣上疏指出,陈增本是"狎邪小人,目怯识丁,手艰握算",一个十足愚笨贪狠之徒;其党羽程守训是一个"阉门伶人"、"阉门喽啰儿";爪牙王桐石是罪犯出身的刀笔吏,阴恣鬼蜮,佯提傀儡,陈增的一应文书奏章俱出其手。程、王两人狐假虎威,大肆贪赃,一时并称豪富。陈增指使其爪牙喽啰,今日走东诈骗,明日走西吓抢;今日提解某犯,明日追征某赃,所害人家遍及江淮南北。王藩臣吁请皇上速将陈增扭解回京从重治罪④。神宗只当耳旁风,不予置理。

直到凤阳巡抚、漕运总督李三才上疏弹劾陈增党羽程守训奸恶贪赃时,陈增才感到惶恐不安,不得不向皇上招认,搜得程守训藏匿违禁珍宝,贪污白银四十万两。神宗得知这一消息,下令把程守训押解至京,审讯后处以死刑。陈增本人遭此惊吓,一病不起,于万历三十二年一命呜呼。神宗闻讯,首先想到的是陈增搜刮的财产,特地下旨:"陈增既已病故,所收见在税课并一应钱粮、

---

① 《万历邸钞》万历二十六年戊戌卷,七月,差御马少监鲁保掣卖两淮没盐疏条。
② 同上书万历二十五年丁酉卷,九月,山东开矿太监陈增参国贤条。
③ 《明史》卷305《陈增传》。
④ 《万历疏钞》卷20,王藩臣《乞陈阉恶以防要地祸变疏》。

方物,俱着抚按委令兵道等官,公同查明,封记解进。"同时下令,陈增原管矿税等事务划归仪真税监暨禄兼办①。

鲁坤、陈增并非特例,其他矿税太监莫不如此。御马监太监梁永于万历二十七年(1599年)二月被神宗派往陕西征收名马货物税。按照规定,太监一向不得带兵,梁永却擅自招兵买马,出入边塞。富平知县王正志向皇帝揭发其奸谋,神宗不由分说地下令将王正志逮捕入京,关入锦衣卫诏狱达四年之久,竟死于狱中②。渭南知县徐斗牛一向廉洁,经不住梁永敲诈索贿,愤恨自缢而死。陕西巡抚贾待问(字学叔,号春容,广平威县人)向神宗揭发此事,希望皇上对梁永有所惩处。神宗却命梁永参与会勘此案。梁永凭借钦命,反诬西安府同知宋贤、陕西巡抚贾待问有挟私之嫌,欲将此数人一并勘察。是非颠倒黑白混淆一至于此,神宗竟然表示同意。此后梁永气焰更加嚣张,公然向皇上提出兼领镇守职衔,率兵巡视花马池、庆阳诸盐池,征收盐课③。据御史周懋相披露,梁永自抵陕西征税以来,"四方亡命蚁聚蝇趣,朝为狗盗之流,暮作入幕之宾,一人而二三其名,一日而三四其貌。税监(梁永)止计其投充之资多寡若何,甚有面目不及睹,姓名不及详者,谓投充税府,即盗弗敢问,是税府为盗薮也"④。梁永手下那帮亡命之徒一时鸡犬升天,外出都有仪仗旌盖,好不威风,干的却是巧取豪夺偷鸡摸狗的勾当,甚至盗掘历代帝王陵墓,拦路抢劫,什么都干⑤。

梁永超越职权勒令咸阳知县宋时际(一作宋时济)贡献冰片、麝香等名贵药材,遭到拒绝。咸宁知县满朝荐(字震东,湖广麻阳人)将白昼行盗的梁永爪牙逮捕究治。梁永竟向皇上诬告宋时际、满朝荐"擅刑税役"、"劫夺税银"⑥。神宗信以为真,指责宋时际、满朝荐"抗违狂悖","主唆奸徒劫去税银","将奉差校番混拿,酷刑监禁",下旨将宋时际押解京师,满朝荐降一级调用⑦。这种不公正处理激起民愤,陕西巡抚顾其志向朝廷指出:"秦民万众共图杀(梁)永。"内阁辅臣朱赓见事态严重,上疏指出:梁永一面之词未可尽信,且调停诏

---

① 《明史》卷 305《陈增传》。《明神宗实录》卷 403,万历三十二年十一月甲辰。
② 同上书卷 237《华钰传附王正志》。
③ 同上书卷 305《梁永传》。
④ 《万历疏钞》卷 20,周懋相《税使饰词庇盗有司因事蒙谴疏》。
⑤ 《明史》卷 305《梁永传》。
⑥ 同上书卷 246《满朝荐传》。
⑦ 《万历邸钞》万历三十四年丙午卷,正月,陕西矿税太监梁永奏条。

旨刚下,复逮有司官员,难以引导舆论观听。他再三请求皇上把梁永押解回京,以安人心。神宗仍无动于衷,只是释放宋时际、恢复满朝荐的官职,以缓解舆论压力①。御史余懋衡巡按陕西,查明梁永偷运赃财至京师附近藏匿,以及私自蓄养兵马等罪状,一一向神宗作了汇报。梁永大为恼怒,派他的党羽乐纲贿赂厨师,欲毒害余懋衡。余懋衡多次毒害不死,查明此事系梁永所为,立即报告神宗。言官们获悉后莫不义愤填膺,争先恐后上疏弹劾梁永。梁永唯恐陕西军民发难,便召集亡命之徒武装自卫。满朝荐协助余懋衡以武力钳制,并上报朝廷梁永图谋反逆。梁永反咬一口,诬告满、余妄图劫掠进奉内库的宝物。矛盾已经完全激化了,神宗仍然偏袒梁永,下令逮捕满朝荐,并要陕西巡抚巡按把梁永护送回京②。

以上数例已经充分显示矿税太监对社会的危害。《明史》说,自矿税兴,中使四出,凡阻挠矿税太监横行的地方官,都遭到这帮太监的诬陷,神宗一闻谤书,圣旨立下,先后惩处的地方官不下二十五人③。他们中有:万历二十四年,辽东参将梁心;万历二十五年,山东福山知县韦国贤;万历二十六年,山东益都知县吴宗尧;万历二十七年,江西南康知府吴宝秀、星子知县吴一元,山东临清守备王炀;万历二十八年,广东新会在籍通判吴应鸿、举人劳养魁等,云南寻甸知府蔡如川、赵州知州甘学书,陕西富平知县王正志;万历二十九年,湖广按察金事冯应京、襄阳通判邸宅、推官何栋如、枣阳知县王之翰、武昌同知卞孔时,江西饶州通判陈奇可;万历三十年,凤阳临淮知县林锃;万历三十四年,陕西咸阳知县宋时际;万历三十五年,陕西咸宁知县满朝荐;万历三十七年,辽东海防同知王邦才、参将李获阳等。

这些人都囚禁于锦衣卫诏狱,时间长的达十几年。其中王炀、吴应鸿、李获阳、王正志等人竟瘐死狱中④。

神宗为了聚敛财富,指使、纵容矿税太监到各地搜刮,横行无忌。地方官员无法制止,中央官员徒唤奈何,除了上疏发发牢骚之外,似乎无力改变这种局面。税监孙朝抵达山西后,诛求百方,山西巡抚魏允贞(字懋忠,大名南乐

---

① 徐象梅《两浙名贤录》卷14《吏部尚书文华殿大学士朱少钦赓》。《明史》卷305《梁永传》。
② 《明史》卷232《余懋衡传》;卷246《满朝荐传》;卷305《梁永传》。
③④ 同上书卷237《华钰传》。

人)上疏揭发其罪恶,孙朝反诬魏允贞"抗命阻挠"。神宗接到两本奏章,明显扬此抑彼,把魏疏留中不发,而把孙疏转发部院,其意图显然是要部院大臣出面提出惩处魏允贞的意见。部院大臣偏偏不肯顺从,吏部尚书李戴(字仁夫,号对泉,河南延津人)、都察院都御史温纯(字景文,号一斋,陕西三原人)等人极力称赞魏允贞贤明,请求将魏疏下发,与孙疏一并评议。吏部右侍郎冯琦(字用韫,山东临朐人)为魏允贞辩护,说魏允贞自从巡抚山西以来,"事事节省,公费廪给尽充修道赈荒之用,布衣蔬食,不携妻子,晋中士民皆谓巡抚但饮山西水耳"①。神宗索性把孙魏两疏一并留中不发,对大臣的议论表示不屑一顾。但消息已经透露,山西军民数千人特地赶到京师,在紫禁城外替魏允贞申冤,迫使神宗不敢贸然对魏允贞作出处分②。民众力量的显示使官员们预感到,矿税太监的横行必将引发一场社会危机。

## 十、临清民变、湖广民变及其他

　　吏部尚书李戴等大臣向神宗指出了这种危险性:"方今水旱频仍,田野萧条……民不聊生,日甚一日,此正奸宄窥伺窃发时也。而又益以纷纷矿店,以发其机而速其变,是岂可不为之寒心哉!然此矿店者,在此辈总为焚林竭泽之谋,徒充私家之囊橐。在地方已受剜肉割肤之惨,何神府库之毫毛!徒使利归群小,怨归朝廷。"③这一分析是深刻的,以后的事态发展表明李戴等人所说并非耸人听闻。因为矿税太监横行的直接受害者是老百姓,他们忍无可忍时铤而走险,终于酿成了一系列民变。
　　影响最大的首推临清民变。山东的临清,京杭大运河穿越而过,是南北商品转运的重要通道。特别是大运河中的会通河段疏浚后,临清成为"漕挽之喉","萃货之腹","舟车络绎,商贾辐辏,天下商旅出于其途"④。弘治二年(1489年)临清由县升格为州。万历中叶临清的人口,由明初的1502户、8356

---

① 《万历疏钞》卷20,冯琦《恶臣大蠹国计首倡阻挠屡抗钦命疏》。《明史》卷232《魏允贞传》。
② 《明史》卷232《魏允贞传》。
③ 《万历邸钞》万历二十七年己亥卷,二月,吏部等衙门李戴等题陈增开矿广东条。
④ 乾隆《临清直隶州志》卷首,王俊《临清直隶州志序》。

口,猛增到 30323 户、66745 口①。顾炎武在论述山东的形势时指出,山东要害之地有五,临清居其一,它的要害就在于南北之咽喉②。万历二十七年临清民变发生后,官员们意识到问题的严重性,首先想到的就是"南北之咽喉"。他们纷纷指出:临清运道之咽喉,齐鲁之扼塞,民俗剽悍,加之东西南北之人贸易辐辏,乘乱一呼,云集雾合。此地一摇,京师欲安枕而不得③。神宗当初向这里派遣征税太监时,并未考虑得那么周到,而是看中了它是一个很有油水的钞关所在地。早在宣德年间,政府鉴于商业的发展,在全国设置了七个钞关,临清是其中之一(此外还有河西务、浒墅[苏州]、九江、北新[杭州]、淮安、扬州)。从征收的课税来衡量,临清无可争议地占据首位。根据万历《大明会典》的统计,各钞关的课税包括本色钞、钱,以及折色船料、商税正余银等项目;临清无论在哪一个项目上所征收的数额都超过其他税关。以折色船料商税银为例:

临清　　　83800 两
浒墅　　　39900 两
北新　　　36800 两
淮安　　　22700 两
河西务　　21900 两
九江　　　15000 两
扬州　　　12900 两④

到万历二十五年(1597 年),各钞关的关税有了明显增长,临清仍遥居首位。据户部督饷侍郎张养蒙报告,各钞关的关税银如下:

临清　　　108000 两
河西务　　61000 两
浒墅　　　52000 两
北新　　　43000 两
淮安　　　32000 两
九江　　　20000 两

---

① 康熙《临清州志》卷2《赋役》。
② 顾炎武《天下郡国利病书》原编第15册《山东上》。
③ 《明神宗实录》卷334,万历二十七年闰四月壬午。
④ 万历《大明会典》卷35,户部二十二课程四《钞关》。

扬州　　　　　　18000 两①

对于这样一个财税重地，神宗在派遣征税太监时当然不会轻易放过。他命天津征税太监马堂兼辖临清。万历二十六年十二月马堂向内库进奉税银8100两②；次年三月马堂向神宗奏请增加天津、临清每年税银2万两③。为了达到增税目的，马堂公然违背原先颁布的条约，即"杂粮十石以下及小本生意免税"，在临清的新城、旧城内遍布税吏，竭泽而渔。凡遇背负肩挑米豆杂粮的小贩也不放过，以致小商小贩不敢到城里做买卖，小民生计受到很大影响，终于导致万历二十七年四月二十四日爆发的民变。

据山东巡抚尹应元报告，事变经过大体如此——四月二十四日未时（午后），有脚夫小民三四千人聚众包围了马堂的衙门，声言：马监丞（马堂）招募来的征税吏役不遵守先前颁布的"杂粮十石以下及小本生意免税条约"，在本州新旧城对背负米豆做小生意的人，尽行抽税，以致小贩全不进城，小民度日艰难。在人声鼎沸之时，突然从税监衙门冲出一些兵丁，手持弓箭木棍赶人射打，并捉拿了五六人关进门内。这时外边高声叫喊：里面杀死人了！这无异于火上浇油，众心愤激之下一齐冲进门内，放火焚烧了税监衙门。在内外互殴及践踏中死亡三十多人④。

据天津巡抚汪应蛟报告，事变是这样引起的——由于临清太监马堂剥取太滥，商人相约于四月二十四日举事，以示抗议。不料二十二日那天临清守备王炀的差役向马堂禀告地方聚众之事，马堂不分青红皂白把那个差役斩首示众；见墙外围观者如堵，马堂即下令施放乱箭。群情愤激，冲进衙门放火，并与衙役挺手相搏，打死衙役四十多人。守备王炀见变起萧墙，赶忙前往解救，把马堂从火中救出，安顿在家中。事变后，家家杜门自守，市肆寂然萧条⑤。临清守备王炀从火中救出马堂，却不料遭到马堂手下官员郑惟明的诬陷。郑惟明为了替马堂掩饰罪行，把导致民变的责任推到王炀身上，向皇上诬告王炀"挟

---

① 《明神宗实录》卷315，万历二十五年十月辛酉。
② 《万历邸钞》万历二十六年戊戌卷，十二月，天津税监马堂进银内库条。
③ 同上书万历二十七年己亥卷，三月，天津税监马堂奏请增天津临清每年税银二万两条。
④ 《明神宗实录》卷334，万历二十七年闰四月庚辰。《万历邸钞》万历二十七年己亥卷，闰四月，逮临清守备王炀至京即讯条。
⑤ 《万历邸钞》万历二十七年己亥卷，闰四月，逮临清守备王炀至京即讯条。

私造谋,陈兵鼓众,烧房抢夺钱粮"①。从表面上看是郑惟明因前嫌图谋报复,进一步分析,极可能是马堂为摆脱罪责授意郑惟明所为。神宗接到奏报,立即下旨把临清守备王炀逮至京师审讯。王炀莫名其妙地成了替罪羊,马堂却逍遥法外。

临清民变是自发的民众暴动,其中"以负贩为业"的王朝佐起了很大的作用。从《定陵注略》、《涌幢小品》的记载中约略可知,王朝佐对于马堂手下的爪牙在通衢大道上横行霸道,籍没富家财产,公然抢夺背负斗粟尺布的佣夫里妇,致使远近罢市,市面萧条,怨声载道。在事发当天的凌晨,王朝佐仗马捶挝马堂衙署的大门,请求见面交涉。市民欢呼,追随者有数万人。马堂见势恐惧不敢出面,命兵丁向外射乱箭,击伤多人。王朝佐攘臂大呼,破门而入,愤怒的民众纵火焚烧了衙署。神宗得知此事后,下旨逮捕王朝佐。官府欲将追随者一并追究,王朝佐说:吾实为首,奈何诛及无辜?七月二十六日王朝佐被处死,围观者数千人无不为之叹息泣下②。

临清民变是对神宗派矿税太监聚敛财富的第一次民众反应,对朝廷的震动很大。两个月后户部向神宗指出当时形势的严重性:今天下各处饥馑,都门米价腾涌,征税太监项背相望,密如罗网,严如汤火,势必人人裹足,家家悬金。希望皇上敕谕税监蠲免米麦豆谷诸税。神宗不得不予以批准,降旨:各种肩挑背负的小贩准予免税,其他商贾的贩卖酌量收税③。但是深受神宗信用的马堂并未调离临清,依然指使手下号称"十虎"的爪牙,号称"槌师棒手"的打手,白昼攘臂白夺,夜晚放火杀人,致使众多商贾关门歇业④。都察院江西道御史徐缙芳(字奕开,福建晋江人)向神宗弹劾马堂九大罪状:(1)马堂原驻天津,今公然扬帆逾淮扬而南,蔑视明例,无复畏惮;(2)不闻题请,越疆恣行;(3)天津税务系堂专管,既往扬州,托付何人?委君命于草莽;(4)势必重坏盐政;(5)益误边输;(6)将来不唯无课,抑且无商;(7)异时临清激变,今且必致地方鼎沸;(8)逋逃之众倚堂为渊薮,喜乱之徒借堂为口实,中都一摇,陵寝震惊;

---

① 《明神宗实录》卷334,万历二十七年闰四月庚辰。
② 文秉《定陵注略》卷5《地方激变》。朱国祯《涌幢小品》卷9《王葛仗义》。民国《临清县志》卷15《人物志·王朝佐》。
③ 《明神宗实录》卷339,万历二十七年九月戊辰。
④ 同上书卷343,万历二十八年正月己巳。

(9)一路动,则诸路动①。神宗并未把马堂"蔑旨欺君,擅离职守,惊扰地方"当作一回事,依然信赖如故。就在临清民变过后不久,马堂还向内库进奉银子一万四千四百两、马三十匹②。从以后的记录来看,马堂不但是天津、临清的税监,而且是兼征淮扬盐务银的盐监了。

值得注意的是,马堂进奉给内库的税银数量并不大,从万历三十年到三十六年一共进奉税银不过区区十二万两③。对临清经济的破坏却是无法弥补的。由于马堂的胡作非为极大地损害了商人与市民的利益,使这个商品集散地受到严重的打击,据万历三十年(1602年)户部尚书赵世卿(字象贤,号南渚,山东历城人)报告,临清原有缎店三十二家,关闭了二十一家;原有布店七十二家,关闭了四十五家;原有杂货店六十五家,关闭了四十一家。商业极度萧条,辽东布商几乎绝迹④。

临清只是矿税太监横行的一个缩影。其他各地莫不如此。著名的交通商业重镇河西务由于税监的过分征敛,致使商人大幅度减少,原先一百六十家布店,只剩下三十多家。至于七大钞关所征收的关税,不但没有增加反而大幅度减少。户部尚书赵世卿说:"曩时关税所入,岁四十余万,自为税使所夺,商贾不行,数年间减三之一。"⑤万历二十五年各钞关共征税银417500两,税监派出以后,税银逐年减少:万历二十七年,340549两;万历二十八年,306132两;万历二十九年,262800两⑥。

显然,万历二十九年比二十五年减少了37.14%⑦。从万历三十年到三十二年,临清等七大钞关的关税收入都较前有大幅度亏损:临清,亏148400两;淮安,亏63800两;河西务,亏43800两;浒墅,亏18300两;北新,亏18080两;扬州,亏10290两;九江,亏4000两。合计亏306670两⑧。

---

① 《万历邸钞》万历二十八年庚子卷,附录江西道御史徐缙芳劾奏马堂九大罪条。按:据小野和子《万历邸钞与万历疏钞》(载《东洋史研究》第39卷第4号)的考证,《万历邸钞》的万历二十八年庚子卷所记事应为万历四十年闰十一月之事。此说亦见小野教授《明季党社考》第154~155页。但此处附录所记徐缙芳奏疏,应为万历二十八年之事,见《明史》卷248《刘策传附徐缙芳》。
②③ 文秉《定陵注略》卷4《内库进奉》。
④ 《明神宗实录》卷376,万历三十年九月丙子。《明史》卷220《赵世卿传》。
⑤ 《明史》卷220《赵世卿传》。
⑥ 《明神宗实录》卷376,万历三十年九月丙子。
⑦ 参看冈野昌子《明末临清民变考》,载小野和子编《明清时代的政治和社会》,第103~133页。
⑧ 文秉《定陵注略》卷4《内库进奉》。

由此可见,矿税太监的派出给宫廷内库源源不断地送去进奉银两,殊不知这是在国库税收连年减少的情况下实现的。

与临清民变相比较,湖广民变规模更大,持续时间更长。万历二十七年七月,神宗派御马监太监陈奉到湖广,命他征收荆州店税,兼开兴国矿洞丹砂以及钱厂鼓铸等事。陈奉骤然身领皇命趾高气扬,恣行威虐,鞭笞官吏,剽劫行旅,商民恨之入骨①。于是激起荆州民变,商民数千人在街上游行示威,竞相向陈奉投掷瓦石,幸亏陈奉溜得快,才未被乱石击中。以后陈奉欲在沙市征税,沙市商民群起驱逐;欲在黄州团风镇征税,又遭镇民驱逐。陈奉恼羞成怒,无法拿哗变的民众出气,便向皇上诬告襄阳知府李商耕、黄州知府赵文炜、荆州府推官华钰、荆门知州高则巽、黄州府经历车任重等官员煽动暴乱,佯诬阴害,抗旨挠税。神宗接到奏疏未加核实就贸然下旨:逮捕华钰、车任重,贬谪李商耕、赵文炜、高则巽,罢免湖广巡抚曹楷②。为了支持矿税太监的横行,神宗不惜罢一巡按,贬二知府,逮一推官、一经历。

为了迎合皇上的贪财心理,腾骧左卫百户仇世亨向神宗上了一本奏疏,真假不辨地说,湖广二十五府所属州县,各项赋税的存留羡余及遗漏税银、赃罚赎例银、入官空兵饷银、绝户产银、河草场佃价银、鱼税银等,"何止亿万余两,宜委官追查"。他又耸人听闻地说,据兴国土民漆某等人报告,当地人徐某等"挖黄金万两,内有唐相李林甫夫人杨氏诰命金牌一面,对方二尺,厚二寸,金童一对……尚有左右金银窖未开"云云③。一望便知,这是一个小小百户为邀功而信口胡诌。全国一年缴入太仓的税银不过三四百万两银子,太仓历年积存的银两都未达到"亿万余两"的数目,区区湖广一省何以会有存留税银达"亿万余两"的神话!至于挖出李林甫夫人杨氏墓葬金宝,不过是街谈巷议的子虚乌有之事。贪婪的神宗却信以为真,如获至宝,十分顶真地下了一道谕旨,要陈奉带管此事。他说:"这奏内,湖广通省各府州县积贮各项存留羡余等银约有亿万余两,及兴国州民人徐萧明掘古坟黄金巨万,掩饰事情。且今帑藏匮乏,何不解进济用!着督理矿税内官陈奉不妨原务带管,督率原奏官仇世亨、

---

① 《明史》卷 305《陈奉传》。
② 《万历邸钞》万历二十七年己亥卷,八月,逮荆州府推官华钰黄州府经历车任重至京师条。
③ 同上书万历二十七年己亥卷,十月,腾襄左卫仇世亨言条。

原任守备戴烨、土民漆有光前去,会同彼处抚按并经管有司官员查明,一半留与本省兵饷赈济支用,其一半及金银等件一并解进应用。"发了这道谕旨,神宗意犹未尽,特地嘱咐司礼监写一道敕文给陈奉:"敕湖广税监陈奉督理原奏仇世亨,查理该省积余银两。"①。

陈奉接到皇上谕旨及司礼监敕文,立即督查此事。要把原本子虚乌有的财产追查出来,毕竟比制造这种谣言要困难多了。湖广存留税银"亿万余两"之事一时查无实据,只得搁置一旁;陈奉集中精力追查一笔横财——李林甫妻杨氏墓葬中的金银财宝。追查的结果大失所望,原来是漆有光的虚报。陈奉便把徐鼐等人抓了起来毒刑拷问,责令他们赔偿。如此巨额古董价值连城,岂是徐鼐等人所能赔偿得了的。不得已,陈奉下令把境内的古墓全部发掘一空,作为抵偿。一时间,湖广民众怨声载道。巡按御史王立贤试图阻止这种胡作非为,上疏皇上说明兴国府发掘的古墓乃元代吕文德妻之墓,并非唐代李林甫妻之墓,此事纯系"奸人讦奏,语多不雠"。因此他要皇上下旨停罢追查,并且停止挖掘别处古墓。神宗似乎感到很扫兴,把此疏留中不发,实际是听任陈奉继续胡作非为②。

一年来,陈奉在湖广擅作威福,吓诈官民,僭称千岁。他派出的爪牙向富民豪绅敲诈勒索时,动辄声称"千岁爷爷要行奏请抄没"相威胁,逼迫这些人家拿出大批金银。爪牙们常常闯入民家,奸淫妇女;或者佯称身上藏带金银,逼捉脱衣,肆行奸辱;或掠入税监府内,关押欺凌。这种种无耻行径激起武昌、汉阳市民公愤。生员(秀才)王某之女、沈某之妻都遭侮辱,众生员愤愤不平,于十二月初二日聚集于湖广巡抚、巡按衙署的大门口,击鼓控诉。武昌、汉阳受害民众万余人一齐涌来,扬言:"甘与陈奉同死!"哭声动地,气势震天。愤怒的人群游行到陈奉的税监府,蜂拥而入,抛砖放火,顿时浓烟四起。要不是巡抚、巡按带领兵丁赶来解围,陈奉此番必死无疑③。南京吏部主事吴中明把此次民变的情况报告了皇上,指责陈奉胡作非为致使市民公愤,巡抚支可大(字有功,苏州昆山人)曲为蒙蔽,天下祸乱将何所底止!④内阁辅臣沈一贯就此事向神宗

---

① 《万历邸钞》万历二十七年己亥卷,十月,腾襄左卫仇世亨言条。
②④ 《明史》卷305《陈奉传》。
③ 同上书卷305《陈奉传》;卷237《冯应京传》。文秉《定陵注略》卷5《军民激变》。

进谏:"陈奉入楚,始而武昌一变,继之汉口,继之黄州,继之襄阳,继之光化县,又青山镇、逻阳镇,又武昌仙桃镇,又宝庆,又德安,又湘潭,又巴河镇,变经十起,几成大乱。"因此他乞请皇上撤回陈奉,以收回楚民之心①,神宗一概置之不理。

　　一波未平一波又起。陈奉派人到谷城县开矿,因事出盲目草率,一无所获。主其事者竟胁迫谷城县官员拿出县衙库藏银两抵充,激怒县民群起而攻之,把这帮凶神恶煞追打出境。武昌兵备金事冯应京(字可大,号慕冈,凤阳盱眙人)向神宗上疏,弹劾陈奉九大罪状。陈奉则反诬冯应京"挠命"、"凌敕使"。神宗大怒,立即降旨:把冯应京贬为杂职调至边缘地方。给事中田大益(字博真,四川定远人)等言官不服,交章弹劾陈奉,乞求皇上宽宥冯应京。神宗怒上加怒,不但不宽宥冯应京,反而将冯应京除名,连杂职官也不让他当②。与此同时,襄阳通判邸宅、推官何栋如、枣阳知县王之翰等人,也因为反对陈奉搜刮而遭其诬陷。神宗听信一面之词,不由分说地将邸宅、王之翰革职为民,何栋如逮捕入狱。都给事中杨应文上疏申救上述官员,神宗尚气使性心理再次发作,竟下诏把冯应京、邸宅、王之翰等人一并逮捕入狱。

　　不久,锦衣卫缇骑抵达武昌。陈奉发布告示,公布冯应京等人的所谓罪状,此举激怒了民众,数万市民包围了陈奉的税监府。吓得陈奉仓皇出逃,藏匿于楚王府。愤怒的民众抓住陈奉的爪牙六人,投入江中;并打伤前来逮人的锦衣卫缇骑,焚烧了税监衙署的大门。躲避在楚王府的陈奉秘密派遣随从三百人引兵弹压示威民众,射杀数人,受伤者不可胜计,局面顿时大乱。当拘押冯应京的囚车经过大街时,因服坐槛的冯应京顾全大局,劝止示威民众,民众的怒气才稍稍缓解。后人为冯应京写墓志铭时如此回顾这一段历史:"先是,楚苦税监陈奉之荼毒者二年,公入境,其焰颇戢,已复狂逞。辛丑(万历二十九年)春,公乃上疏劾其不法九大罪,而税监诬蔑之疏亦至。诏降公官,寻削籍,寻逮系。公初闻降级即解纽登舟,士民哄然,哭声震原野,苇舸攀追夹岸号呼者信宿不绝。争绘像尸祝之,建生祠若干所。及在途,闻逮系报,遣妻子东还,而单骑赴中都龙兴寺候逮。冲襟愉色……黎明即起,颂高皇帝御制文集。或

---
① 《明神宗实录》卷344,万历二十八年二月庚寅。
② 《明史》卷237《冯应京传》。

询楚事,曰:尽臣职耳,非有意为之也。械入金吾署中,税监亦见辙。于是楚民不啻更生,而公且罹刑鞫禁诏狱。薄海之内咸谓公以一身易全楚之命,烈日争光,而全楚世世感之刺骨。"①

藏匿于楚王府的陈奉慑于民众的威力,一个多月不敢露面,多次向皇上提出回京的请求。内阁辅臣沈一贯、给事中姚文蔚(字养谷,浙江杭州人)等上疏,极言陈奉之罪,请求皇上把陈奉撤回。神宗犹豫不决。恰逢此时江西税监李道也向皇上揭发陈奉侵匿税银、阻截商贩、征三解一、病国剥民等罪状,神宗才下决心把陈奉召回,由承天府守备太监杜茂代理税监之职。神宗为了安抚民心,采纳沈一贯的建议,撤销支可大的巡抚官职,派工部侍郎赵可怀出任湖广巡抚。陈奉在湖广两年打着为内库敛财的幌子中饱私囊,返京时随身带回的赃财多得惊人,为防止沿途民众抢劫,由士兵护送出境,舟车相衔数里不绝②。

此外,还有反对苏杭织造太监兼征税太监孙隆的苏州民变,反对征税太监潘相的江西民变,反对矿税太监高淮的辽东民变,反对矿税太监杨荣的云南民变,反对征税太监高寀的福建民变等,其中最有特色的是苏州民变与云南民变。

万历二十九年初,税官王建节在苏州葑门外灭渡桥设立税关,凡进入此处的商贾以及手持只鸡匹布的赶集乡民,无不征税,引起公愤。五月间,织造太监兼征税太监孙隆勒令苏州丝织业机户,凡织机一架加征税银三钱(银子),一时人情汹汹,讹言四起,机户们纷纷关门罢织,被雇佣的织工(即所谓"佣织")面临失业的威胁。六月初三日,丝织作坊的佣织数千人推昆山人葛成为首领,发动反对税监的示威游行,沿途击毙孙隆的爪牙多人,指责吴县知县孟习孔为"阉党"。示威者包围了孙隆的税监衙署,孙隆越墙逃跑。两天后,当局派兵弹压逮捕首从人员,葛成等被捕入狱,从容就义③。这次民变带有其他民变所没有的特色,它是前近代早期工人运动的前奏。当时退休在家的申时行目击了此次民变,他以元老重臣的视角分析事变的教训,希望当局引为戒鉴。他写

---

① 曹于汴《仰节堂集》卷5《湖广按察司佥事慕冈冯公墓志铭》。
② 《明史》卷305《陈奉传》。《明史纪事本末》卷65《矿税之弊》。谈迁《国榷》卷79,万历二十九年三月乙巳。
③ 《明神宗实录》卷361,万历二十九年七月丁未。崇祯《吴县志》卷11《祥异(寇灾民变附)》。

道:"万历辛丑(二十九年),吾郡(苏州府)城盖有民变云。初,矿税诏下各省直俱遣内臣,纷纷四出,而奸黠无赖之徒百计夤缘,窜入参随名籍,从中簸弄,所在狼贪虎噬,商民不堪其苦。独江南税事并属织造,不特遣,而一时罢闲官吏多以攀缘进者,所在关津各有委官。时税官王建节据葑门外之灭渡桥,无论往来商贾即乡民持只鸡匹布入市者,皆见侵剥,不胜愤愤,欲群殴之。而黠者更相与谋曰:税官率以贿进,从大家借贷得之,此祸本也,盍共捱击之!乃集数百人先击王税官,而次及大户,又次及缙绅家仆人,至死尸诸市,并燔其室庐,城中大扰。时太守山阴朱公燮元已擢任未行,余以书趣之,令亟出抚谕。而葛臣(成)者自诡首倡,挺身服辜,众稍解散。翌日始定,然磔裂死者数人,焚荡者数家,几有揭竿挺锄之变。而抚臣方坐句容,闻变而来,中途而返,若以吾郡为瓯脱者,殊可怪也!往时抚臣自周文襄(忱)以来皆驻吾郡城,而宋抚台某始移驻句容,避过客应酬之扰。余在阁中尝撰敕有驻苏州语,遂复其旧,又数年而朱抚台鸿谟以句容为便,竟不奉敕,后遂因之,使郡城之兵皆番直抚院于句容,郡中无一卒可使者,猝遇民变,任其猖狂,而莫之谁何……"①

万历三十四年正月的云南民变,由于地方官员的参与,抓住了税监杨荣,处死后投尸烈焰之中,其党羽辐重焚烧殆尽。神宗闻讯后怒气冲冲,竟至绝食数天,直至慈圣皇太后劝解,阁臣上疏安慰,才消气进食,但对于民变仍耿耿于怀,叹息道:"荣不足惜,何纲纪顿至此!"②

鉴于各地民变蜂起,阁部大臣与地方官员的强烈反对,矿税太监已经成为众矢之的。而派遣矿税太监的神宗也逐渐意识到问题的严重性。万历三十年当他一度病危,紧急召见内阁首辅沈一贯时,除了嘱托辅佐皇太子常洛"做个好皇帝"之外,着重提及开矿征税之事,流露了他的忏悔之心。他对沈一贯说:矿税事,朕因三殿两宫未完,权宜采取。今宜传谕:各处矿税及各处织造、烧造俱停止③。这一决定泄露了他内心深处的秘密,为了兴建三殿两宫内库急需大量资金,派矿税太监四出搜刮只是一个权宜之计。几年的实践使他本人感到这一决策弊端百出,是始料不及的。因此他病危托付后事时,首先想到的便是

---

① 申时行《赐闲堂集》卷40《杂记》。
② 《万历邸钞》万历三十四年丙午卷,正月丁丑,滇民焚杀税监杨荣条。文秉《定陵注略》卷5《军民激变》。谈迁《国榷》卷80,万历三十四年三月己卯。
③ 《明神宗实录》卷368,万历三十年二月己卯。《定陵注略》卷4《矿税诸使》。

停止这一弊政。这是他第一次向大臣曲折地承认派遣矿税太监、织造太监、烧造太监骚扰民间的错误。可惜的是,当他病情趋于稳定后,立即反悔,收回了已经发出的谕旨。任凭阁部大臣再三反对,依然我行我素。看来他是明知故犯,尽管开矿征税是弊政,但为了增加内库收入,以应付日趋庞大的宫廷开支,他仍要坚持。史科给事中萧近高(字抑之,江西庐陵人)上疏,要神宗"坚持最初之一念,俯答臣庶之祈吁,将原传停税、逮系、起废三事一一施行"[①],反映了当时言官们的共同呼声。但是神宗拒不接受。

其后反对矿税的议论一直不断。万历三十一年正月礼部侍郎郭正域上疏,以太祖与世宗的先例说明开矿利官少、损民多,希望皇上以太祖、世宗为法,以百姓为本,勿吝改过[②]。不久漕运总督李三才上"天变人离疏",把反对矿税的理由论述得更加透彻:"皇上每有催征,必曰内府缺乏,不知天下百姓更缺乏也。皇上所谓缺乏者,黄金未遍地,珠玉未际天耳。而天下百姓之所缺乏者,朝夕不一饱,父子不相守。以此较彼,孰乏孰足,孰缓孰急?""皇上又谓前日已有停止之旨,遂可以塞人心也。一日不停则百姓受一日之害,一日不止则国家酿一日之祸。"[③]李三才的话讲得如此透彻,然而还不足以打动皇上。真正使神宗下定决心的是内阁辅臣沈鲤的一席话。万历三十三年的长至日(即夏至日),内阁辅臣沈鲤、朱赓一同到宫门外叩首,向皇上祝贺节日,神宗赐饭于小阁中,命司礼监太监陈矩陪席,沈鲤对陈矩说:"某一路来见矿税害百姓,所不忍见,再三疏请皇上,未见允行。"陈矩皱着眉头说:"诚然。"沈鲤说:"若说害百姓,还是第二义。"陈矩不解地问:"百姓受害何谓第二义?"沈鲤说:"皇上受亏多了。"陈矩问:"何谓也?"沈鲤说:"如今人家也要风水兴旺,今国家把名山大川都凿破,灵气发泄尽了,将来圣躬岂不受亏。"陈矩说:"此利害真不小。"朱赓自始至终一言不发。饭毕,沈朱谢恩而出,陈矩入内向皇上汇报,神宗说:"这话说得是,关系我身上的,你去与沈先生说:有甚培补法子?替我补一补。"沈鲤乘机进言:"名山大川灵气发泄如何补得!但急停了矿,安静久了,灵气自复,便是培补的法子。"陈矩入内回复,神宗听了点头。不久,神宗果然下了停

---

① 《定陵注略》卷4《矿税诸使》。《明史》卷242《萧近高传》。
② 文秉《定陵注略》卷4《矿税诸使》。
③ 同上书卷4《内库进奉》。

矿分税之旨①。有鉴于此,《明史》卷217《沈鲤传》谈及此事如此写道:"鲤、赓谒贺仁德门,帝赐食,司礼太监陈矩侍……鲤因极陈矿税害民状,矩亦戚然。鲤复进曰:矿使出,破坏天下名山大川,灵气尽矣,恐于圣躬不利。矩叹息还,具为帝道之,帝悚然,遣矩咨鲤所以补救者,鲤曰:此无他,急停开凿,则灵气自复。帝闻为首肯……越月,果下停矿之命,鲤力也。"

民变与舆论的巨大压力,终于迫使神宗作出了让步。万历三十三年十二月,下旨停止开矿,把开矿太监召回京师。他在给户部、工部的谕旨中,道出了这几年忐忑不安的心情:"朕以频年天象示警,心常兢惕,责己省愆,不遑宁处。"省己责愆的结果,使他感到开矿征税确实弊端丛生。为了补偏救弊,他作出如下决定:(1)"其开矿抽税原为济助大工,不忍加派小民,采天地自然之利。今开矿年久,各差内外官俱奏矿砂微细。朕念得不尝费,都着停免。若有见在矿银,就着内外官员一并解进驰驿回京,原衙门应役。凡有矿洞悉令该地方官封闭培筑,不许私自擅开,务完地脉灵气";(2)"其各省直税课俱着本处有司照旧征解,税监一半,并土产解进内库,以济赏赐供用之需;一半解送该部,以助各项工费之资,有余以济京边之用";(3)"起各处奏带员役,止着押解催攒钱粮,行文差用,不许私设关津,指称委官,容令地方棍徒肆行攘夺,致民不安,商税不行,反亏国家正课。抚按官还同该监不时访拿治罪"②。

神宗认识到开矿得不偿失,无补于内库,不得不宣布一律停止,开矿太监一律返回北京,回原衙门供职。对征税太监他还舍不得撤回,只是就暴露出来的弊端作些改进,诸如各地所征税银一分为二,一半归税监,解送内库,一半归地方,解送户、工二部;禁止私设关津,不得妨碍正常商业,不使国家正税受损。万历三十四年以后的十多年间,税监仍在各地活动,还不断向内库进奉税银,但税监的权力已大受限制,征税权划归地方政府,税监只负责解送;而且数量也明显减少,万历三十五年不过十余万两,三十六年不过二十余万两,以后各年有如强弩之末,仅仅几万两而已。矿税太监横行十年之后才得以制止,他们对社会经济的危害及后遗症却难以消除。

---

① 高攀龙《高子遗书》卷10《龙江沈先生泰交始末记》。
② 《万历邸钞》万历三十三年乙巳卷,十二月,罢开矿内官回京条。文秉《定陵注略》卷4《矿税诸使》。《明神宗实录》卷416,万历三十三年十二月壬寅。

第六章

东林书院与『东林党』

无锡东林书院

晚明史上轰动一时的东林书院创建于万历三十二年（1604年），禁毁于天启五年（1625年），只存在了短短的二十一年，却在当时社会激起巨大的反响，成为社会关注的焦点，朝野上下一时间纷纷攘攘，推崇它的誉之为清议，诋毁它的斥之为结党。与它同时代的人对它的看法已经十分歧异，使它越发云山雾罩似的变得模糊不清；到了清朝编纂《明史》时便已大大走样。在这种背景下，东林书院与"东林党"成为晚明史上引人注目的话题，最近几十年来，关于它的研究成果累累，许多学者都作了颇有深度的研究，似乎久已成为定论，其实不然。如同诸多历史问题一样，它仍然值得发掘史料重新审视。笔者检阅史料、文献之余，常有一些异乎先贤的疑惑盘旋于脑海之中，诸如东林书院究竟是不是一个议论政治的讲坛，是不是一个"党"，都值得重新加以检讨。

## 一、从《东林书院志》看东林书院的本来面目

东林书院原本是宋儒杨时的讲学处。杨时，字中立，别号龟山先生，宋熙宁九年（1076年）进士，师事二程，精研孔孟绝学，历史上脍炙人口的"程门立雪"就是此公求师心切的佳话。他以"龙图阁直学士"衔告老致仕，在无锡县以著述讲学为事，在县城东隅创办东林书院，因杨时别名龟山，又名龟山书院；后人建道南祠奉祀杨时，书院又称道南书院。元朝至正年间停办，改为僧庐。明朝成化年间，无锡人邵宝"图修复之，不果"①。所谓"图修复之，不果"云云，是大名鼎鼎的晚明东林书院创办人之一高攀龙所说，应当具有相当的权威性。高氏在给东林书院创办人顾宪成写传记时回顾历史："锡故有东林书院，宋龟

---

① 高攀龙《高子遗书》卷11《南京光禄寺少卿泾阳顾先生行状》。

山杨先生所居……阐伊洛之学。后废为僧舍。邵庄公图修复之,不果。"①身为无锡人的高攀龙其实只说对了一半:邵宝修复杨时的东林书院虽未成功,却在另处别创一所东林书院。关于此事,康熙《东林书院志》的编者严瑴首先作了辨析,写了一篇《两东林辨》,说无锡有两个东林书院,一个在城东,一个在城南,城东者为"东林本",城南者为"东林支"。成化间邵宝欲兴复杨时书院未果,在城南锡伯渎畔另建一东林书院。而杨时书院在城东弓河畔,万历年间顾宪成在此旧址上兴复东林书院后,城南东林书院逐渐荒废,无人知晓②。

  关于这点,邵宝《毗陵道南书院记》与王守仁《城南东林书院记》可以佐证。邵宝《毗陵道南书院记》说:"道南书院曷为而建也?为祝宋龟山先生文靖杨公中立而建也。公南剑人也,常谒为祀之。公学于程门,还自伊洛,至常(州)而留焉……故周旋延陵勾吴之间,与诸生讲道者十有八年,其风流在士林,功化在后学者,博且宏矣。是以没而祀之,比诸乡先生……至胜国时乃有龟山书院之创,而其祠也久矣。国朝成化初,尝起废焉而不果……"③王守仁《城南东林书院记》是应邵宝之邀为其所建城南东林书院写的祝贺文章:"东林书院者,宋杨龟山先生讲学之所也。龟山没,其地化为僧区,而其学亦遂沦入于佛老、训诂、词章者且四百年。成化间,今少司徒泉斋邵先生始以举子复讲学于其间。先生既仕,而址复荒,属于邑之华氏。华氏先生门人也,以先生之故,仍让其地为书院,用昭先生之迹,而复龟山先生之旧。先生则自述其废兴,而以记属之某……以先生之心而上求龟山之学,庶乎书院之复不为虚矣。书院在锡伯渎之上,东望梅村二十里……"④可见邵宝兴复杨时书院未果,便在城南锡伯渎畔另建一个东林书院;而杨时书院则在城东弓河畔,后来顾宪成、高攀龙重建的东林书院即在此旧址上,与邵宝所建东林书院毫不相干。有意思的是,顾宪成东林书院重建后,声名显赫,遂使城南东林书院逐渐荒落,以致无人知晓。

  万历二十二年(1594年)吏部验封司员外郎顾宪成,因议论"三王并封"及会推阁员,与内阁大僚意见不合,被革职为民,回到家乡无锡;其弟顾允成、朋友高攀龙也脱离官场回到无锡。万历二十五年仰慕顾、高等人道德学问的士

---

① 高攀龙《高子遗书》卷11《南京光禄寺少卿泾阳顾先生行状》。
② 康熙《东林书院志》卷下,严瑴《两东林辨》。
③ 雍正《东林书院志》卷15《文翰》,邵宝《毗陵道南书院记》。
④ 同上书卷15《文翰》,王守仁《城南东林书院记》。

子们纷纷前来听他们讲学,顾氏兄弟建造了同人堂与士子们讲习学问①。顾宪成希望有一个理想的讲学场所,有意兴复杨时书院,他经常对高攀龙说:"日月逝矣,百工居肆以成事,吾辈可无讲习之所乎?"②他多次凭吊杨时书院旧址,慨然说:"其在斯乎!"高攀龙曾指着杨时书院旧址对顾允成说:"叔时(顾宪成字叔时)常欲购一读书处,偕同志友切磨其中,此地乃造化所,留以待叔时也。"③时机终于出现了,万历三十年常州知府欧阳东凤重建常州龙城书院成功;万历三十二年顾宪成得到常州府、无锡县当局的同意,修缮了杨龟山先生祠,以后由志同道合者募捐出资重建精舍,这就是以后名噪一时的东林书院。

由于顾宪成、高攀龙诸君子的学问博大精深,东林书院创建之后声誉日隆:"上自名公卿下迨布衣,莫不虚己悚神,执经以听,东南讲学之盛遂甲天下。"④顾宪成希望把这一盛况载入史册,嘱托刘元珍编纂《东林志》。万历四十二年(1614年)《东林志》完稿,顾宪成已于两年前去世,刘元珍只得请高攀龙为该书作序。可惜刘元珍英年早逝,此书未及付梓⑤。清初无锡人严毅在刘元珍《东林志》稿本的基础上编成《东林书院志》,于康熙八年(1669年)由丽泽堂出版⑥。东林书院于天启五年(1625年)被毁,康熙三十二年(1693年)重建,高廷珍等文人为重现东林书院昔日的辉煌,编成洋洋二十二卷的《东林书院志》,于雍正十一年(1733年)出版。光绪七年(1881年)又出了重刻本。这就是目前所见的三种东林书院志。

笔者细细拜读这些志书,所获得的印象,与先前学术界流行的说法颇有出入。一言以蔽之,即把一个以讲习儒家经典为宗旨的学校误解为议论政治的讲坛。学者们常常引用《明史》中评述东林书院的一段话:"故讲习之余往往讽议朝政,裁量人物,朝士慕其风者,多遥相应和。"⑦由此出发,把东林书院定位为一个议论政治的讲坛。《中国历史人辞典》的东林书院条便是如此:"当时,

---

① 雍正《东林书院志》卷22《诸贤轶事·顾泾阳先生》。
② 高攀龙《高子遗书》卷11《南京光禄寺少卿泾阳顾先生行状》。
③ 康熙《东林书院志》卷上《先贤·顾泾阳先生传》。
④ 同上书卷上《沿革》。
⑤ 同上书卷首,严毅《东林书院志序》、姚宗典《东林书院志序》、高攀龙《东林志原序》。据康熙《东林书院志》卷上《先贤·刘本孺先生传》:刘元珍,字伯先,弱冠举于乡,中万历乙未进士,故为东林护道甚力,所著有《依庸絮语》及《东林志稿》。
⑥ 按:丽泽堂是东林书院的正厅,天启五年被毁,崇祯元年修复。
⑦ 《明史》卷231《顾宪成传》。

抱道忤时者皆退居林野,闻风响附。讲学诸人又多议论朝政,品评人物,参与政治,反对空谈,朝士亦遥向应合。"①这种说法是值得商榷的。细察史籍,这种说法其实源出于仇视东林书院的一帮政客之口。万历三十九年三月初徐兆魁上疏诽谤顾宪成与东林书院时就如此耸人听闻地说:"(东林书院)会讲中必杂以时事,讲毕立即刊为讲章,传布远近。讲章内各邑之行事有与之左者,必速改图,其令乃得安,不然淮抚与别院訾声至矣。"②

在顾宪成、高攀龙主持下的东林书院的运作实态,与上述判断是大相径庭的。以下逐项予以辨明。

第一,东林书院的办学宗旨。

在顾宪成看来:"祠堂以崇先哲之懿范,则道脉系焉;书院以广友朋之丽泽,则学脉系焉。"③顾宪成、高攀龙诸君子对当时风靡的王阳明心学颇多微词,意欲拨乱反正,推崇程朱理学,以继承正统学脉为己任。顾宪成对王阳明倡言"求诸心而得,虽其言之非出于孔子者,亦不敢以为非也;求诸心而不得,虽其言之出于孔子者,亦不敢以为是也"给予这样的评价:"阳明得力处在此,而其未尽处亦在此";"其势必至自专自用,凭恃聪明,轻侮先圣,注脚六经,高谈阔论,无复忌惮"④。高攀龙也着意强调要纠正王学特别是王学末流的这种弊端,他说:"夫学者谁不学孔子,自阳明先生提挈良知以来,扫荡廓清之功大矣,然后之袭其学者既非先生百年一出之人豪,又非先生万死一生之学力,往往掠其便以济其私,人人自谓得孔子真面目,而不知愈失其真精神。"⑤

因此,顾宪成为东林书院草拟的"院规",开宗明义便明确提出:一宗朱熹白鹿洞书院的学规。顾宪成说:"朱子白鹿洞规至矣尽矣,士希贤,贤希圣,举不出此矣。东林之会惟是相与讲明而服行之,又何加焉。"⑥在此前提下,顾宪成制订了东林书院的院规:四要、二惑、九益(或九损)。所谓四要即一要知本,

---

① 《中国历史大辞典·明史卷》,上海辞书出版社,1995年,第103页。引者按:"朝士亦遥向应合"句,原文如此,其实"应合"系"应和"之误。
② 周念祖《万历辛亥京察记事始末》卷3,徐兆魁《部臣借事发端疏》。
③ 康熙《东林书院志》卷下《书》,顾宪成《请复公启》。雍正《东林书院志》卷17《文翰》,顾宪成《请复东林书院公启》。
④ 顾宪成《泾稿藏稿》卷2《与李见罗先生书》。
⑤ 高攀龙《高子遗书》卷9上《虞山书院商语序》。
⑥ 雍正《东林书院志》卷2院规《顾泾阳先生东林会约》。

二要立志,三要尊经,四要审几;所谓二惑即迂阔高远与学顾躬行;所谓九益即为圣为贤、广联同志、指视森严、整肃习气、寻师觅友、广见博闻、按既往筹将来、责我愈重、自树方真。值得注意的是"四要"的第一条"知本"或曰"识性"①:"识性云何？性者天之命也,民之彝也,物之则也。学以尽性也,必自识性始,不识性难以语尽性,不尽难以语学。"这是针对阳明心学强调顿悟而言的:"窃见迩时论学率以悟为宗,吾不得而非之也。徐而察之,往往有如所谓以亲义别序信为土苴,以学问思辨行为桎梏,一切藐而不事者,则又不得而是之也。"②"四要"的第三条是"尊经":"尊经云何？经,常道也。孔子表彰六经,程朱表彰四书,凡以昭往示来,维世教觉人心,为天下留此常道也。"这也是针对王门后学束书不观游谈无根的学风而发的:"若厌其平淡,别生新奇以见超,是曰穿凿;或畏其方严,文之圆转以自便,是曰矫诬;又或寻行数墨,习而不知其味,是曰玩物;或胶柱鼓瑟,泥而不知其变,是曰执方;至乃枵腹高心,目空千古,一则曰何必读书然后为学,一则曰六经注我,我注六经,即孔子大圣一腔苦心,程朱大儒穷年毕力,都付诸东流已耳。"③

由此可见,顾宪成等人创办东林书院的宗旨,意在正本清源,使士子们了解孔孟以来儒学的正统,不为异端邪说所迷惑。正如顾、高的挚友赵南星所说:"公兄弟(按:指顾宪成、顾允成)与群贤时聚而讲学,其学惟就孔孟宋诸大儒之书阐明之,温故知新,不离乎区盖之间,高明者闻之可入,始学者闻之不骇。"④

第二,东林书院的讲学内容。

顾宪成、高攀龙在东林书院讲课的讲义,在东林书院志中有详细的摘要,称为"东林商语"、"东林论学语",由此人们可以看到东林书院的日常功课,以及他们关心、议论的焦点,并不在政治而在学术。东林书院最为人们津津乐道、影响最大的是,他越出围墙面向社会的每年一次大会(或春或秋)与每月一次小会(十四日至十六日),届时吴越及其他各地士子纷纷而来,盛况空前。以

---

① 康熙《东林书院志》卷下院规"四要:一曰识性"。雍正《东林书院志》卷2院规《顾泾阳先生东林会约》"四要:一曰知本"。两者大同小异,只是若干文字略有出入。
② 同上左书卷下院规。同上右书卷2院规《顾泾阳先生东林会约》。
③ 同上左书《东林书院志》卷下院规。同上右书卷2院规《顾泾阳先生东林会约》。
④ 赵南星《味檗斋文集》卷10《明南京光禄寺少卿泾阳顾公碑》。

往学者多以为这是一种政治性集会,或如某些学者所说的那样:"议论朝政,品评人物。"其实不然。按照顾宪成的本意,是想把孔孟程朱的学问发扬光大。他在讲学时指出:"自古未有关门闭户独自做成的圣贤,自古圣贤未有离群绝类、孤立无与的学问。所以然者何?这道理是个极精细的物事,须用大家商量方可下手;这学问是个极重极大的勾当,须用大家帮扶方可得手。故学者惟其无志于道则亦已耳幸,而有志于道,定然寻几个好朋友并胆同心,细细参究,细细理会,未知的要与剖明,已知的要与印证,未能的要与体验,已能的要与保持。如此而讲,如此而习……于是怠者起,断者联,生者熟,相渐相摩,不觉日进而光大矣!于是群一乡之善士讲习,即一乡之善皆收而为吾之善,而精神充满乎一乡矣!群一国之善士讲习,即一国之善皆收而为吾之善,而精神充满乎一国矣!群天下之善士讲习,即天下之善皆收而吾之善,而精神充满乎天下矣!"①如此而已,大家聚集在一起是为了取长补短,研讨"道理"与"学问",不仅使每个人的道德学问有所长进,而且把这种道德学问推广到整个社会。

每次大会或小会到底议论些什么呢?东林会约中有明确的规定:"每会推一人为主,主说四书一章,此外,有问责问,有商量则商量。凡在会中,各虚怀以听,即有所见,须俟两下讲论以毕,更端呈请,不必搀乱。"②很显然,大家聚在一起是在读四书谈体会,然后进行讨论。顾宪成为其弟顾允成所写小传中说:"(东林书院)每岁一大会,每月一小会,弟进而讲于堂,持论侃侃,远必称孔孟,近必称周程,有为新奇险怪之说者,辄愀然改容,辞而却之。"③天启元年(1621年)高攀龙北上赴京,东林书院由吴桂森主持。吴桂森一遵顾宪成、高攀龙定下的院规,再次申订东林会约,强调以下几点。

——"期力行以宗教":"宗教者奉泾阳(顾宪成)、启新(钱一本)、景逸(高攀龙)三先生之教,宗而主之也。盖东林之教原本程朱,以穷理致知,以居敬有养,三先生用几十年苦功而得之,虱性命之微、修悟之法参究已极精,辨析已极透,定于一尊,所以嘉惠后学者至径至切。"

——"课实功以穷经":"先生所以揭尊经也,顾其书既浩博,其理更渊微,

---

① 雍正《东林书院志》卷3会语《顾泾阳先生商语上》。
② 康熙《东林书院志》卷下院规《会约仪式》。雍正《东林书院志》卷3院规《会约仪式》。
③ 顾宪成《泾稿藏稿》卷2《先弟季时述》。

若非实下功夫勤以习之,精以讲之,不能闯其藩篱何从窥其壶奥! 今须积年累岁立会讲诵,先《易》、《尚书》,渐次《诗经》……期于必遍,使贯串于胸中,则出必为名世,处必为真儒。"①

由此可见,东林书院的讲学主旨从顾宪成、高攀龙到吴桂森是一以贯之的。遍读顾宪成、高攀龙二人的"东林商语"、"东林论学语"——即他们二人的讲义,绝无"议论朝政,品评人物"的内容。顾宪成的"东林商语"(万历三十二年至万历三十六年),是谈学习《论语》、《孟子》的心得,例如"人生天地间,日子不是胡乱度的,屋不是胡乱住的,饭不是胡乱吃的,话不是胡乱说的,事不是胡乱做的。这个心极灵极妙,不是胡乱丢在一边的";"盖学之多歧,千万不等,而总其大都只有两端:高则空寂,卑则功利";"学者若跳不出安饱二字,而犹妄意插脚道中,此正讨便宜的学问也";"博闻是开拓功夫,约礼是收敛功夫,只此两言括尽入道窍门"。如此等等,纯粹谈论道德学问,进行自身修养,正如顾宪成关于东林书院会讲的总结所说:"世间书院会讲,作兴甚难,幸遇此会,便是一息千古,切莫错过,须各各认取本体真如明镜,光光烁烁,并无夹带,并无倚靠";"愿大家就此切身体会,透出一个消息来,庶几实实有受用处,不枉这番合并耳。若逐队而来,逐队而去,漫曰如是如是,回家只剩得一双空手,何益何益?"②

高攀龙的"东林论学语",其基调与顾宪成毫无二致,不过形式略有不同。高氏模仿《朱子语类》的形式,针对别人提出的问题,在回答中阐明自己研读儒家经典的体会,例如:"事即是学,学即是事,无事外之学、学外之事也。然学者苟能随事精察明辨的确处之,事事合理,物物得所,便是尽性之学。若是个腐儒,不通世务,不谙时事,在一身而害一身,在一家而害一家,在一国而害一国,当天下之任而害天下。"这一段话,是对这样的问题的回答:"彦文曰:近看二程先生语录,开口便教人读《论》、《孟》,今日看《论语》,夫子云:事君尽礼,人以为谄也。程夫子解云:若他人言之必曰:我事君尽礼,小人以为谄。彦文思之真有味也。先生曰:圣人之言大抵如此,皆慨叹之意也……"又如:"吾辈处事接

---

① 康熙《东林书院志》卷下院规《申订院规》。雍正《东林书院志》卷2院规《吴觐华先生申订东林会约》。按:觐华为吴桂森之字号。
② 雍正《东林书院志》卷3会语《顾泾阳先生东林商语上》;卷4会语《顾泾阳先生东林商语下》。

物,只是至诚直道行去,不必添一毫算计。所以孟子云:君子可欺以其方,难罔以非道。小人以方而欺君子,君子宁受其欺也,若罔以非道,君子必不从。"这一段话,是对"有友问曰"的回答。再如:"碌碌营求者本求衣食,要之,未必能遂其欲;安分无求者,但菲衣菲食,亦未必因其不营求而遂冻饿以死,在人所志如何耳。尝见四方来此者,若真心为学,主人自然恭敬,苟非为学而志于营求,主人亦未必因其营求有厚赠也。"这一段话,是对彦文提问的回答。其他莫不如此,如"学问并无别法,只依古圣贤成法做去,只是体贴得上身来,虽是圣贤之言行即我之言行矣……故学问不贵空谈而贵实行也";"当今之世乃扰攘之秋,只可闭门潜修,若要在世路上走,必须一双好眼睛,虽杀身也要成得一个仁才好,不然徒死无益,真如草木耳"①等。

高攀龙的这些讲义,字句比顾宪成略显锋芒,但仍是围绕如何做学问做人展开的,并非议论政治,依然是关于正心诚意修身齐家治国平天下的儒家训条的具体阐述而已。他为东林书院的讲学大会规定了一个高标准——他称为"正格",充分显示东林书院讲学活动的真髓:"凡会(按:指讲会)之正格,是学者锻炼之大火候也,吾人终日孤居独处,虽云学问,未经锻炼,临此大会方血战。是时,大家俱有一个收敛贴身意思,其中或有所疑,各呈所见,商量印证,方有益也。不然,会时单讲几章书义,只是故事而已,虽有所闻,亦不过长得些闻见,还不是会之正格。"②东林书院为士子们提供一个互相切磋道德学问的机会,即所谓"锻炼的大火候",以造就人才。

## 二、东林书院并非议论政治的讲坛

顾宪成、高攀龙诸君子罢官下野,回归乡里,以创办书院来寄托心志,只谈学问,不问政治,似乎已成为他们的座右铭。万历三十六年(1608年)十月二十一日顾宪成接到圣旨:"顾宪成起升南京光禄寺少卿添注",立即写了辞呈。一

---

① 雍正《东林书院志》卷5会语《高景逸先生东林论学语上》;卷6会语《高景逸先生东林论学语下》。
② 同上书卷6会语《高景逸先生东林论学语下》。

则说,"目昏耳聋,老态尽见,不足效驰驱备鞭策";再则说,他早已不问政治,"入山惟恐不深,入林惟恐不密,恝然置安危理乱于不问,以自便其身图,臣之所大耻也。"话是这样说,意思仍是不想再过问政治。① 次年,他在给挚友李三才的信中真诚地吐露心声,表示专心致志办好东林书院,优游于林间水下,不再过问政治。他说:"东林之社是弟书生腐肠未断处,幸一二同志并不我弃,欣然其事,相与日切月磨于其中。年来声气之孚渐多应求,庶几可冀三益补缉桑榆,无虚此生,一旦委而弃之,既有所不忍。凭轼而观,时局千难万难,必大才如丈(按:指李三才),卓识如丈,全副精神如丈,方有斡旋之望。如弟仅仅可于水间林下藏拙耳,出而驰驱世路,必至偾事。"②这并非自谦亦非客套话,实在是东林书院时期顾宪成心态的真实流露。他常常向友人说:"弟向来筑室枯里中,日出而起,日中而食,日入而寝,其意以诗书为仇,文字为赘,门以外黑白事寂置不问。"③他久已把自己看作一个桃花源中人了,如此描述自己:"予抱疴泾曲,日坐卧斗室中,酬应都罢,几如桃花源人,不复闻人间事。"④高攀龙也是如此,他在给老师赵南星的几封信中一再流露只做闲人不问时事的心境。他说:"龙今年自东林会期外,即入山闭关,以学问宜静,以衰年宜静,此时山中人不一味静默非学也矣";"世局如此,总无开口处,总无着心处,落得做个闲人,自家性命自家受用而已";"奉老师之命,不敢言时事,亦不忍言也……龙屏居湖干,不见一客,洗心待尽而已"⑤。顾允成也是如此:"好以静,每日兀坐一室,不问户外事。"⑥

顾高诸君子以如此心态主持东林书院,当然要把"莫谈国事"当作院规。顾宪成为东林书院所订院规,其中有"九损":"比昵狎玩,鄙也;党同伐异,僻也;假公行私,贼也;或评有司短长,或议乡井曲直,或诉自己不平,浮也;或谈暧昧不明及琐屑不雅、怪诞不经之事,妄也……"⑦明确告诫书院同人不得"评有司短长"、"议乡井曲直"。吴觐华遵循顾高的既定方针,重申东林书院的院

---

① 顾宪成《泾皋藏稿》卷1《闻命亟趋屡牵凤疾恳乞圣恩俯容休致事疏》。
② 同上书卷5《又简修吾李总漕》。
③ 同上书卷2《与孙柏潭殿元书》。
④ 同上书卷10《龚毅所先生城南书院生祠永思碑记》。
⑤ 高攀龙《高子遗书》卷8上《上亟侪鹤赵师一》、《上赵师二》、《候赵师五》。
⑥ 《泾皋藏稿》卷22《先弟季时述》。
⑦ 康熙《东林书院志》卷下院规《九损》。雍正《东林书院志》卷2院规《顾泾阳先生东林会约》。

规,特别强调以下几点。其一,"绝议论以乐时"——"学问二字原不尚议论,维昔先贤间出清议以挟持世道,盖时或使然,万非得已。如吾侪闭户人也,远隔霄壤,幸逢盛世圣天子当阳,登用必贞良,宣布必惠泽,何缘更有游谈横议!自今谈经论道外,凡朝廷之上、郡邑之间是非得失,一切有闻不谈,有问不答,一味勤修讲学,以期不雍熙,是为今日第一时宜也。"其二,"屏俗氛以安分"——"夫布衣聚会,既无马腹之鞭,居肆讲求岂堪蝇营之听!故愿会中一切是非曲直、嚣陵垢谇之言,不以闻此席;至于飞书、揭帖、说单、诉辨之类,不以入此门。若云讲求解纷善应之方,请详规中处事接物之旨,诚以此端不杜则取嫉取怨兴谤兴尤,流弊叵测。先生九损中已先点破,今宜更加谨慎,以息风波,是为今日第一禁戒也。"①

参与东林书院讲学活动的各位名士都遵守这一院规,从《毗陵人品记》一书所载各人事迹可以很清楚地看到这一点:顾宪成"杜门却轨,益潜心理学……与同志阐释濂洛正脉,其说以性善为本,小心为工夫";顾允成"参验身心,究极性命之学";钱一本"归里杜门绝迹,不入公府……生平无他玩好,终日兀坐,手不停披,尤潜心易学,钻研卦象";薛敷教"归从东林讲学,苦自刻励,垢衣粝食,有穷士所不堪者"②。与东林书院关系密切、日后也被列入"东林党籍"的冯从吾,为关中书院订立章程,也公然规定不谈政治:"会期讲论,毋及朝廷利害、边报差除,毋及官长贤否、政事得失,毋及各人家门私事与众人所作过失,及词讼请托等事、亵狎戏谑等语,其言当以纲常伦理为主,其书以四书五经、性理通鉴、小学、近思录为主……"③他认为,"绝口不谈时事"是一种"美俗"④。

这恐怕是当时书院的一个普遍现象。因此《明史》说东林书院"讲习之余往往讽议朝政,裁量人物"云云,实在是不着边际之论,误导了后世学者人云亦云,引起对东林书院的误解。

那么,究竟应该如何看待东林书院呢?

---

① 康熙《东林书院志》卷下院规《申订院规》。雍正《东林书院志》卷2院规《吴觐华先生申订东林会约》。两志字句略有出入,如"屏俗氛以安分",雍正志作"屏俗芬以尽分"等。
② 毛宪撰、吴亮增补《毗陵人物记》卷10国朝《顾宪成传》、《顾允成传》、《钱一本传》、《薛敷教传》。
③ 冯从吾《冯少墟集》卷6《学会约》。
④ 同上书卷5《关中士夫会约原序》。

我国台湾学者林丽月《明末东林派的几个政治观念》一文,引用了美国学者 Charles O. Hucker 对东林运动的一个精辟论断:"明末东林运动的失败,代表传统儒家价值观念与现实恶劣政治势力斗争的一个典型,他们是一支重整道德的十字军,但不是一个改革政治的士大夫团体。"①笔者以为,这是近几十年来关于东林书院或"东林党"的最准确的定位,现补充论证于下。

所谓重整道德,广义地说可以包含两个层次:在朝为官时整顿君臣的政治道德,在野为民时整顿士子的学术道德。高攀龙对此作了一个极好的说明。他在万历二十年(1592年)行人司任上写了一本奏疏,劈头就说:"自古治天下者,未有不以教化为先务,而教化之污隆则学术之邪正,为之所系非小也。是以圣帝明王必务表彰正学,使天下晓然知所趋,截然有所守,而后上无异教,下无异习,道德可一,风俗可同,贤才出而治化昌矣!"②这段话反映了东林诸君子的政治理想,从上而下地重整道德,以期达到贤才出而治化昌的境界。以下对重整道德的两个层次略加说明。

首先,关于为君之道。万历十五年作为吏部验封司主事的顾宪成针对官僚间的派系门户之争,上疏指出关键在于皇上:"皇上何以不若尧舜,在廷诸臣何以不若皋夔稷契,天下何以不若唐虞?盖变化人才转移世道之机实在于此。《大学》曰:正己而不求于人则无怨。《孟子》曰:行有不得者皆反求诸己,其身正而天下归之。又曰:善养人然后能服天下。臣不胜拳拳,惟皇上裁察焉。"③万历二十年已调任吏部考功司主事的顾宪成再次上疏强调:"善乎,皇上之言也,曰:朕为天下主。夫为天下之主者,未有不以天下为心者也。"④顾宪成以儒家经典四书阐述的伦理道德来要求皇帝"以修身为本"、"以天下为心",来构建理想的大同社会。在东林诸君子看来,天下并非皇帝一己之私,不可以一己之私而掩天下,因此要以"天下为公"的道德来规范皇帝的言行。万历十四年大廷对策时,顾允成针对皇太子册立问题直言不讳地指出:天下并非皇上一己

---

① 林丽月《明末东林派的几个政治观念》,载《台湾师范大学历史学报》第 11 期(1983 年)。Charles O. Hucker, The Tung-Lin Movement of the Late Ming Period, In John, K. Fairbank ed., Chinese Thought and Institutions, pp.132 - 162.
② 高攀龙《高子遗书》卷 7《崇正学辟异说疏》。
③ 顾宪成《泾皋藏稿》卷 1《睹事激衷恭陈当今第一切务恳乞圣明特赐省纳以端政本以回人心事疏》。
④ 同上书卷 1《建储重典国本攸关不宜有待恳乞圣明早赐宸断以信成命以慰舆情事疏》。

之私,"皇太子国之本也,忠言嘉谟国之辅也,两者天下之公也。郑贵妃即奉侍勤劳,以视天下犹皇上一己之私也,以私而掩公,以一己而掩天下,亦以偏矣"①。万历二十一年顾允成针对"三王并封"而上疏时,再次重申这一观点:"昔人有言:天下事非一家私事。盖言公也。况以宗庙社稷之计,岂可付之一人之手乎!"②这显然是在以"天下为公"来要求皇帝,不可以一己之私来掩天下。

其次,关于为臣之道。万历十四年南京提学御史房寰上疏诋毁南京右都御史海瑞,顾允成与同僚联名上疏,抨击以房寰为代表的邪恶势力。他说:"臣等自十余岁时即闻海瑞之名,以为当朝伟人,万代瞻仰,真有望之如天上,人不能及者。至稍知学,得海瑞'直言天下第一事疏'读之,其大有功于宗庙社稷,垂之千万年不磨……以房寰视之曾有万分之一乎……如果臣言不谬,乞将寰去之不疑,将瑞任之不贰,使天下晓然知上意之所在,则君子之道日长,小人之道日消,三代直道复见于今,而朝廷永享平明之治矣!"③这是明确无误地在朝廷中倡导以海瑞这种正人君子、清官廉吏为楷模,重建符合儒家伦理纲常的君臣关系。顾允成推崇海瑞,对于海瑞反对"乡愿"极为赞赏,他自己也对"乡愿"深恶痛绝。高攀龙说:"(顾允成)平生所深恶者乡愿道学,谓此一种人占尽世间便宜,直将弑父弑君种子暗布人心。"④顾允成在与座师许国议论治道时,十分感慨于乡愿之风靡官场:"以宰执台谏有不得人,黜陟刑赏多出私意,而天下之俗遂至于靡然,不知名节行检之可贵,而惟阿谀软弱奔竞交结之为务,一有端言正色于其间,则群讥众排,必使无所容于斯也而后已。"⑤顾宪成也极力反对明哲保身的乡愿哲学,主张像海瑞那样反对乡愿,曾慨乎言之:"乡愿之同流合污,从而不倡者也。大家如此,一滚随去,凡事都不做头,既以忠信廉洁媚君子,而其同流合污又不为倡而为从,则君子亦宽之而不责矣;既以同流合污媚小人,而其忠信廉洁又不为真而为似,则小人亦安之而不忌矣。"⑥

这是重整道德的一个方面,顾、高诸君子从官场退居林下创办东林书院从

---

① 高攀龙《高子遗书》卷11《顾季时行状》。
② 顾允成《小辨斋偶存》卷2《恭请册立皇太子疏》。
③ 同上书卷2《恳除邪险疏》。
④ 高攀龙《高子遗书》卷11《顾季时行状》。
⑤ 顾允成《小辨斋偶存》卷5《上座师许相国》。
⑥ 顾与沐等编《顾端文公年谱》卷3。

事讲学活动之后,便不再企求重整君臣之道,而倾全力于重整学术之道。如果要简括地说,那么一言以蔽之:通过讲学活动纠正弥漫于社会的王学流弊。这种精神在东林书院中成为一种潮流强烈的凸显出来。正如华允谊所说:"嘉隆以降,则学术多歧矣。姚江(王阳明)扫除格致,单揭良知,其说深入人心髓,而程朱正脉几处闰位。于是顾端文(宪成)高忠宪(攀龙)两先生倡复书院阐绎而救正之。"①康熙《东林书院志》的编者严毅也这样说:"及文成(王阳明)倡学姚江,以致良知为宗,而或又疑其流于禅,则亦惟端文、忠宪二先生克辨,故端文曰小心,忠宪曰真知、实践,皆凛凛劫慸于儒释朱陆几微异同之间,是功在学术。"②华、严二氏的概括是精当的,如实地反映了当时的实况。

不妨看看顾、高二君子自己是如何看待重整学术道德的。顾宪成在回顾近世儒学发展时,特别强调朱、王异同:"……至朱王二子始见异同,遂于儒门开两大局,成一重大公案,故不得不拈出也。尝试观之:弘(治)正(德)以前,天下之尊朱子也甚于尊孔子,究也率流而拘,而人厌之,于是乎激而为王子。正(德)嘉(靖)以后,天下之尊王子也甚于尊孔子,究也率流而狂,而人亦厌之,于是乎转而思朱子。"③高攀龙亦作如是观:"国朝自弘(治)正(德)以前,天下之学出于一;自嘉靖以来,天下之学出于二。出于一,宗朱子也;出于二,王文成公之学行也。"在他看来,王学自有其功绩,但流弊不小,王阳明自己也意识到"有流入空虚为脱落新奇之论",及至王学末流则弊端更甚,"益以虚见为实悟,任情为率性";"始也扫闻见以明心耳,究且任心而废学,于是乎诗书礼乐轻,而士鲜实悟;始也扫善恶以空念耳,究且任空而废行,于是乎名节忠义轻,而士鲜实修"④。

因此顾、高二氏义无反顾地要拨乱反正,要"救世"。顾宪成说:"士之号为有志者,未有不亟亟于救世者也。夫苟亟亟于救世,则其所为必与世殊,是故世之所余矫之以不足,世之所不足矫之以有余。"⑤在他看来,救世之举就是"相期于道德"——"砥操砺节昭昭冥冥,一禀于诚理,则外无亏玷之隙,而有以保

---

① 康熙《东林书院志》卷首,华允谊《东林续志序》。
② 同上书卷首,严毅《东林书院志序》。
③ 顾宪成《泾皋藏稿》卷11《日新书院记》。
④ 高攀龙《高子遗书》卷9上《崇文会语序》。
⑤ 顾宪成《泾皋藏稿》卷8《赠凤云杨君令峡江序》。

其完矣,其于道德也几乎"①。这种道德的重整正是东林书院全部活动的出发点与归宿点。顾宪成在《东林会约》中说得很直截了当:"窃见迩时论学率以悟为宗,吾不得而非之也,徐而察之,往往有如所谓亲义别序信为土苴,以学问思辨行为桎梏,一切藐而不事者,则又不得而是之也。识者忧其然,思为救正。"②顾宪成对他的父亲的评价,或许反映了东林书院重整道德所要达到的境界:

> 非有一关一柝之寄,而能代人之忧;
> 非有升斗之储于家,而能急人之急;
> 非有移风易俗之任,而能折人之邪;
> 非有寻章摘句多闻多见之学,而拟是非、策成败动中乎诗书;
> 非有沾沾煦煦之术,可以悦人要誉于井里乡党。③

高攀龙也是如此。他在东林书院讲学时多次评判程朱与陆王的差异、优劣,表现出明显的补偏救弊倾向。比如他对学生说:"学问俱有一个脉络,即宋之朱陆两先生这样大儒也,各有不同,陆子之学是直截从本心入,未免道理有疏略处;朱子却守定孔子家法,只以文行忠信为教,使人人以渐而入。然而朱子大,能包得陆子;陆子粗,便包不得朱子。"④又比如,学生问他王龙溪论学失误的原因"恐亦阳明先生教处未加谨严"时,他说:"我朝文清先生与阳明先生俱是大儒,第文清先生之学严审无流弊,阳明先生未免有放松处。"学生追问:"阳明一路学问看来毕竟有渗漏。"他回答:"然。"⑤因此高攀龙和顾宪成一样重视学问的脉络,他在为刘元珍的《东林志》作序时,特别强调东林书院在继承学脉上的使命:"故东林在而龟山(杨时)在,龟山在而闽洛夫子(程朱)在,闽洛夫子在而先圣(孔孟)在。神一也,一着而无不着。"⑥在他看来,东林书院的讲会是致力于净化道德、澄心去妄的。他晚年从北京写回的家书中仍一如既往地肯定东林书院的这种作用,对他的晚辈说:"到东林最可入头,大众会集时,满堂肃然,此时默坐澄心,看有妄想也无;听歌诗时,看有妄想也无。妄想一寂,

---

① 顾宪成《泾皋藏稿》卷8《赠桂阳聚所罗侯迁兖州少府序》。
② 雍正《东林书院志》卷2 院规《顾泾阳先生东林会约》。
③ 《泾皋藏稿》卷21《先赠公南野府君行状》。
④ 雍正《东林书院志》卷5 会语《高景逸先生东林论学语上》。
⑤ 同上书卷6 会语《高景逸先生东林论学语下》。
⑥ 康熙《东林书院志》卷首,高攀龙《东林志原序》。高攀龙《高子遗书》卷9上《东林志序》。

即是真心,真昧成妄,妄醒成真,一反复间耳。得此意到东林实做工夫,方不做人事,久之,其味无穷,受用无尽。"①他在为长孙在扇面上题写朱熹语录,要他悉心体会:"朱夫子曰:为善最乐,读书便佳。只此二句,知其味便是天下大福人……朱子又曰:关了门,闭了户,把截回路头,正读书时也。所谓回路头,人心纷扰,要长要短,皆是路头,须自一切断绝。"②

东林书院的那些谦谦君子们,以澄澈明净的心境来对待他们视为灵魂寄托的学问工夫,以一种近乎宗教般虔诚的态度来对待讲学运动,正如吴觐华所说:"宗教者奉泾阳、启新、景逸三先生之教,宗而主之也。"③称他们是"一支重整道德的十字军",实在是再恰当不过了。由此人们便可以对东林书院作出正确的定位,而不至于人云亦云、以讹传讹了。


### 三、"东林党"论质疑——关于"东林与浙党"

晚明政治史上的"东林党",人们耳熟能详,习以为常,很少有人反问一句:东林究竟是不是一个"党",是政党还是朋党?这并非笔者故意耸人听闻,而是以现代历史学家的深邃目光追寻历史的本来面目,历史上真的存在过一个"东林党"吗?

当代历史著作中,几乎都可以见到关于"东林党"的一系列论述。《中国历史大辞典》中有"东林党"专条,如此解释道:"东林党——明后期以江南士大夫为主的政治团体。万历中,无锡人顾宪成革职还乡,与同乡高攀龙及武进人钱一本等在无锡东林书院讲学,评论时政。不少朝臣遥相应和,失意士大夫闻风趋附。时人谓之东林党。"④

"时人谓之东林党",过于浮泛,"时人"究竟是哪些人,是"东林党人"自己,还是反对"东林党"的那些人?

综观创办东林书院的顾宪成、高攀龙、钱一本等人的文集,根本找不到他

---

① 《高子遗书》卷10《勖赴讲会》。
② 同上书卷10《为长孙永厚书扇》。
③ 雍正《东林书院志》卷2《吴觐华先生申订东林会约》。
④ 《中国历史大辞典·明史卷》,第102页。

们自称东林书院及其同人为"东林党"的文字。既然顾宪成等并不自称为"东林党",那么,"东林党"必是政敌对东林书院的诬称。事实表明确是如此。

吴应箕在《东林本末》中说:"自顾泾阳削归而朝空林,实东林之门户始成,夫东林故杨龟山讲学地,泾阳公请之当道,创书院其上,而因以名之者。时梁溪、金沙、云阳诸公相与以道德切磨,而江汉北直遥相唱和,于是人品理学遂擅千百年未有之盛。然是时之朝廷何如哉?夫使贤人不得志而相与明道于下,此东林之不愿有此也。即后此之为贤人君子者,亦何尝标榜曰吾东林哉?"①对顾宪成与东林书院的评说是入木三分的。

万历三十二年(1604年),顾宪成和高攀龙等人下野十年以后在宋儒杨时书院旧址创建东林书院,以继承杨时倡导的程朱学脉为己任,针对当时风靡的阳明心学的流弊,意在正本清源,使士子们了解孔孟以来的正统学脉,不为异端所迷惑。以往的学者无端的把东林书院诠释成一个议论政治的场所,"讲学诸人多议论朝政,品评人物,参与政治"②。事实并非如此。

东林书院名闻大江南北的讲会,并不是为了议论政治,而是议论儒学。《东林会约》规定:"每会推一人为主,主说四书一章,此外有问则问,有商量则商量。凡在会中,各虚怀以听,即有所见,须俟两下讲论完毕,更端呈请,不必掺乱。"与这种院规相呼应的是,顾宪成严格规定不得过问政治,不得"评有司短长","议乡井曲直"③。顾宪成去世后,主持书院的高攀龙依然保持这一传统。天启初,高攀龙出山赴京,书院事务由吴觐华主持,吴遵守顾高的既定方针,重申东林书院的院规:"自今谈经论道以外,凡朝廷之上郡邑之间是非得失,一切有闻不谈,有问不答,一味勤修讲学";"会中一切是非曲直,嚣陵垢淬之言,不以闻此席,至于飞书揭帖说单诉辩之类,不以入此门"④。

东林书院这一宗旨,与创办者顾宪成、高攀龙当时不问政治的心态是密切相关的。万历三十六年顾宪成写了辞呈,其理由除了年老体衰之外,主要是早已不问政治,"以自便其身"⑤,"几如桃花源人,不复闻人间事"⑥。高攀龙也是

---

① 吴应箕《东林本末》下《会推阁员》。
② 《中国历史大辞典·明史卷》,第103页。
③ 康熙《东林书院志》卷下院规《会约仪式》。雍正《东林书院志》卷3院规《会约仪式》。
④ 同上左书卷下院规《申订院规》。同上右书卷2院规《吴觐华先生申订东林会约》。
⑤ 顾宪成《泾皋藏稿》卷1《闻命亟趋屡牵风疾恳乞圣恩俯容休致事疏》。
⑥ 同上书卷10《龚毅所先生城南书院生祠永思碑记》。

如此，只做闲人不问时事①。

有鉴于此，东林书院何须结党？围绕乙巳京察（万历三十三年京察大计）以及辛亥京察（万历三十九年京察大计），官僚队伍中你争我夺，竞争趋于白热化。当时人喜欢以官僚的籍贯来别派系，如浙党、昆党、宣党、齐党、楚党、秦党之类。官僚中有派系门户本不足奇，但派系门户何以一概清一色地以地域为纽带？令人不可思议，也难以置信。官僚的派系因各种分歧而形成，不以地域为分野。因此今人重新解读晚明史时，必须对史籍中关于浙党、昆党、宣党、齐党、楚党、秦党之类字样打上一个问号。

此处所谓"党"，并非政党，似乎是无须论证的。众所周知，政党起始于近代，17世纪70年代英国的辉格党、托利党便是近代政党的雏形。中国政党的雏形是19世纪末的兴中会，以及20世纪初的同盟会。此前并无政党可言。晚明史上的所谓党，无一例外多是朋党的党，而非政党的党。所谓朋党，是指官僚结成的派系（或称派阀），因而所谓党争，自然是指官僚派系之间的斗争，它与民间人士无关。东林书院的创办者顾宪成、高攀龙等人虽然以前曾是官僚，但早已被革职下野，此时在书院中以讲学为己任，朝廷中的党争与他们有何干系？东林书院何党之有？明末清初人士在追溯这一段历史时，已经看得不甚真切，误导了后世读者。

夏允彝说："自万历以前，未有党名，及四明（沈一贯）为相，以才自许，不为人下。而一时贤者如顾宪成、孙丕扬、邹元标、赵南星之流，謇谔自负，每相持。附四明者言路亦有人。而宪成讲学于东林，名流咸乐趋之，此东林、浙党所自始也。"②很显然把东林与浙党相提并论。浙党是以内阁首辅沈一贯为首的官僚派系，东林不过是一个民间书院而已，按照夏允彝的论述，是把万历年间的党争概括为"东林党"与"浙党"之争。无独有偶，其后专门论述"东林党"的史著《东林始末》（蒋平阶撰）也有类似说法："（顾）宪成既谪归，讲学于东林，故杨时书院也。孙丕扬、邹元标、赵南星之流謇谔自负，与政府每相持。附一贯者科道亦有人，而宪成讲学，天下趋之，一贯持权求胜，受黜者身去而名益高。此

---

① 高攀龙《高子遗书》卷8上《上佟鹤赵师书》、《上赵师二》、《候赵师五》。
② 夏允彝《幸存录·门户大略》。

东林、浙党所自始也。"①

夏、蒋二氏的论点似是而非,颇值得细细辨析。浙党的魁首沈一贯从万历二十二年进入内阁,到万历三十四年致仕,在内阁十二年,其中任内阁首辅五年,劣迹昭彰。《明史》卷218《沈一贯传》说:"自一贯入内阁,朝政已大非,数年之间矿税使四出为民害,其所诬劾逮系者悉滞狱中,吏部疏请起用建言废黜诸臣,并考选科道官,久抑不下……上下否隔甚,一贯虽小有救正,大率依违其间,物望渐衰。"因之引起不少官僚的抨击。这种斗争到万历三十三年"乙巳京察"之时,达到高潮。沈一贯利用首辅的权力,在京察中排斥异己,提拔亲信,"南北台省莫敢言"。对此,并非言官的刘元珍首先弹劾,庞时雍、朱吾弼等跟进响应②,成为当时政治斗争一大焦点。

万历三十二年六月,原任南京兵部职方郎中今听补刘元珍上疏弹劾沈一贯,尖锐地指出:"不意今日乃有遍置私人,蒙上钳下如首辅沈一贯其人者","一贯自秉政以来,曾不闻佐辅皇上救生灵于涂炭者何事,又不闻仰承德意起忠良于摈厄者何人,舆论业已薄之,至年来妒视善类,比匿金人乖谬尤甚"。他揭发沈一贯的亲信钱梦皋"自身为党,而反以诬异己者,稍有建白,即以朋党目之","自古小人乱天下率由斯路,盖未有不以朋党之说先空善类,而后群恣邪谋者"③。神宗皇帝对沈一贯信赖有加,在刘元珍的奏疏上批示:"刘元珍以补官未遂,辄造妄言,诽诬元辅,蔓及言官",下旨把刘元珍降一级调边远地方④。七月,南京浙江道御史朱吾弼、兵部武库司主事庞时雍继续上疏斥责沈一贯,声援刘元珍。朱吾弼说:"忽接邸报,见候补郎中刘元珍一本宏议谠论,已先得臣心。一贯且有辩章,皇上既传圣谕,以元珍诽诬元辅,蔓及言官,令内阁看详重加惩处矣。臣不胜惊愕,言终难已。夫考察何典?可以权使,可以奸逃,竟任小人紊旧章而为厉阶耶。则一贯明明招权,当责以省愆图报,梦皋明明怙势,当亟于罢斥示惩,元珍明明忠直,当加之旌异超用。"⑤庞时雍说:"当今奸佞孰有如大学士沈一贯者,刘元珍虽言未详,朱吾弼虽又言,只及察事一件,日望

---

① 蒋平阶《东林始末》,万历二十三年。
② 文秉《定陵注略》卷3《乙巳大计》。
③ 吴亮《万历疏钞》卷18,刘元珍《国事纷纭权奸煽弄乞折邪荫疏》。
④ 钱一本《万历邸钞》万历三十三年乙巳卷,五月,谕阁臣降南京兵部职方郎中刘元珍一级调极边方用条。
⑤ 《万历疏钞》卷18,朱吾弼《权奸可畏忠直当原悬乞圣断以杜乱机疏》。

台省诸臣昌言而卒重发,致一贯不肯心折,斥为流言,臣不忍当斯有君无臣,不得不昧死一言。"①

刘元珍、朱吾弼、庞时雍与沈一贯的较量,并非所谓"东林党"与"浙党"的矛盾显现。刘元珍罢官归里,受命编《东林志》,所以后来被列入《东林党人榜》、《东林点将录》,但朱、庞二人却与东林书院无关,日后也未被列入《东林党人榜》、《东林点将录》。此类事件在万历一朝司空见惯,按当时人的看法,是"阁部水火"(内阁与吏部围绕京察与日常人事的矛盾)。所谓京察即考察京官的定例,据曾任吏部考功司郎中的赵南星说:"五品以下者,本部(吏部)会同都察院从公考察;四品以上者,具疏自陈,俱听皇上定其去留。其考察所遗及自陈幸留者,科道官方行纠拾。"②因而每逢京察大计,内阁与吏部、都察院争权,使原本存在的阁部矛盾白热化。项鼎铉在他的日记中回顾万历朝的"阁部水火"时说:"先是,顾泾阳(宪成)先生谓余:'曩阁权极重时,颇侵铨地(吏部)职掌,冢宰(吏部尚书)无弗唯之听,甚失祖宗朝重铨之意。自浙陆庄简光祖典铨事,多与阁持,始不相关白。孙清简铖、陈恭介有年但守之不变。'"项鼎铉颇以为然,对陆光祖、孙铖、陈有年先后出掌吏部,与内阁争权,表示肯定:"持清议,与天子宰相抗,而世局一变。"③有意思的是,陆光祖、孙铖、陈有年都是浙江人,是后起的沈一贯的乡先辈,却并非浙党,即此一端,已可见围绕京察的阁部矛盾由来已久,刘元珍、朱吾弼、庞时雍弹劾沈一贯,称为"东林党"与"浙党"的矛盾,难以令人置信。查对《明史》,顾宪成、项鼎铉所论堪称独具只眼。《明史》卷224《宋𬘬传》:"(杨)巍在部,不能制吏奸,且遇事辄请命政府(内阁)。(宋)𬘬绝请寄,奖廉抑贪,罪黜吏百余人,与执政一无所关白。"《明史》卷224《陆光祖传》:"吏部尚书宋𬘬卒,遂用光祖代⋯⋯时部权为内阁所夺,𬘬力矫之,遂遭挫。光祖不为慑,尝以事与大学士申时行忤⋯⋯(万历)二十年大计中外吏,有物议悉论黜之。又举许孚远、顾宪成等二十二人,时论翕然称焉。"《明史》卷224《孙铖传》:"吏部自宋𬘬及光祖为政,权始归部,至铖益坚。"《明史》卷224《陈有年传》:"其(二十一年)秋,铖谢事(有年)召拜吏部尚书,止宿公署中,见

---

① 《万历疏钞》卷18,庞时雍《奸佞首揆大肆欺罔误国疏》。
② 赵南星《味檗斋文集》卷1《停论劾以重大典疏》。
③ 项鼎铉《呼桓日记》卷1,万历四十年五月二十七日。

宾客则于待漏所,引用僚属极一时选。"项鼎铉在日记中写到陆光祖时说:"壬辰(万历二十年)大计外吏,公与考功郎中邹观光矢心任事,特简公廉寡欲及能甘清苦官许孚远、顾宪成等二十有二人品第上,请褒宠赐宴,快于舆论。而又以其间搜剔台省诸蠹……以郡国吏议谪,城社之奸洗涤几尽。"写到孙鑨时说:孙鑨继陆光祖出掌吏部,"是时事权初归铨部……公屹不动,迁除大政不谒内阁,道遇阁臣亦不避,祖平湖(陆光祖)之意加径直焉"①。

万历二十一年大计京朝官时,"阁部水火"明朗化,神宗偏袒内阁,"严旨以专擅切责",这就是神宗所说的"吏部官这等专权结党"。其实何"党"之有? 正如礼部仪制司郎中陈泰来在万历二十一年大计京朝官时所说:"今因吏部尚书孙鑨、考功司郎中赵南星秉公持正,遭圣旨切责:'该部专权结党',将来必挈权以阿阁臣,而后为不专权,必植党以附阁臣,而后为不结党。"②由于神宗站在内阁一边,阁部水火的结果导致孙鑨罢官,赵南星、虞淳熙等削籍,陈泰来、于孔兼等都降级调任。对此,文秉评论道:"门户之祸坚固而不可拔,自此始也。"③之后不久,王锡爵的姻亲吏部侍郎赵用贤遭言官弹劾,王锡爵本人也向皇上建议准赵用贤"乞休",随之都察院左都御史李世达也罢官。万历二十一年十一月行人高攀龙面对这种形势上疏直言:"中外群臣不曰辅臣欲除异己,则曰近时不利用正人",结果遭到"着降杂职用"的处分④。此事引起舆论哗然,南京刑部郎中谭一召、南京吏部主事安希范、给事中逯中立等纷纷上疏谴责。吏部郎中顾宪成也卷入这一斗争旋涡,他对于赵南星秉公从事而遭到降调处分十分不满,便与吏部员外郎李复阳联名上疏,对于科臣刘道隆指责"吏部专权结党"表示愤慨,公然表明愿与赵南星分担责任。他说:"臣等与南星生平以道义相期许,及在同部,又以职业相切磨……南星被罪,臣等独何词以免? 南星一意奉公,不以情庇,不以势挠,庶几少挽颓风以报皇上,而竟不免于罪……倘始终以为'专权结党',乞将臣等一并罢斥。"⑤到了万历三十年以后这种斗争愈演愈烈,及至沈一贯出掌内阁时终于呈现白热化状态,矛盾围绕"楚宗案"、"妖书案"、"乙巳京察"展现出来。日本学者城井隆志的论文《万历三十年代沈一贯

---

① 项鼎铉《呼桓日记》卷1,万历四十年五月二十七日。
② 《万历邸钞》万历二十一年癸巳卷,正月,谪礼部仪制司郎中陈泰来条。
③④ 文秉《定陵注略》卷3《癸巳大计》。
⑤ 顾宪成《泾皋藏稿》卷1《闻命惕衷自惨独免恭陈愚悃以祈圣断事疏》。

的政治与党争》对此有深刻的论述①。

万历三十四年,京察已过,这一矛盾仍在继续。先有吏科给事中王元翰上疏陈言五事:责法令之行,专会推之权,慎名器之重,广赐环之诏,严奏办之体②,矛头直指内阁首辅沈一贯。漕运总督李三才疏陈国家治乱,尖锐地抨击沈一贯,说:"首辅沈一贯恐(次辅)沈鲤、朱赓逼己之位,既忌其每有谏说形己之短,又耻其事不由己,欲坏其成,故贿买左右,百计相倾,或冷言热语以惑圣聪……自朝讲久废,人心玩愒,大小臣工有如赘疣,泄泄沓沓,朝不谋夕,且上下无章,名分倒置,忠佞混淆,邪说横作,阁部不成阁部,台省不成台省。"③

明神宗在李三才的奏疏上批示,极力为沈一贯辩护,斥责李三才,一方面说自己"一应本章无不省览,发阁拟票,独断次第举行,孰敢专擅?"另一方面谴责李三才"尔职巡抚总督漕运,不思尽心本职,辄敢逞臆妄言,排诋上干文武,牵引多端,惑乱视听,沽誉要名",给了他罚俸五个月的处分④。但是不久这位皇帝终于抵挡不住汹涌的公论,于七月下旨让称病在家的沈一贯致仕,沈一贯罢官时为了不让内阁次辅沈鲤升任首辅,迫使沈鲤同时罢官。

这种政府高层的权力斗争,与僻处东南一隅的小小东林书院有何干系?为何说成"此东林、浙党所自始"呢?

沈一贯、沈鲤罢官后,内阁只剩下朱赓一人,于是围绕会推阁员,政府高层的权力斗争再度尖锐化。朱赓是沈一贯的心腹,在他的推荐下,李廷机入阁,前任内阁首辅王锡爵被会推,皇帝下旨:起王锡爵同于慎行、叶向高、李廷机入阁。这种安排使沈一贯体制得以继续,于是引起朝廷正直官员的不满,接二连三上疏予以抨击。其中江西参政姜士昌奏疏写得最为激烈:"今(沈)一贯去,以(王)锡爵代首揆,是一贯未尝去也。"不过姜士昌还是肯定王锡爵"立朝居卿清名素重,与一贯不可同日语",但他此前柄政时,"器量褊狭,妒善如仇,正人君子触忤锡爵……一斥而不复若干年矣"。这里所指的正人君子是指与王锡

---

① 城井隆志《万历三十年代沈一贯的政治与党争》,九州大学文学部《史渊》第122辑。
② 《万历邸钞》万历三十四年丙午卷,正月,吏科给事中王元翰陈言五事条。《万历疏钞》卷1,王元翰《直陈天下受病之由以光赞圣政疏》。
③ 《万历疏钞》卷1,李三才《极陈国家治乱大关疏》。
④ 《万历邸钞》万历三十四年丙午卷,五月,夺漕运总督李三才俸五月条。

爵持不同政见的前任官员,如高桂、赵南星、薛敷教、张纳陛、于孔兼、高攀龙、孙继有、安希范、谭一召、顾宪成、章嘉祯等①。姜士昌因此事而遭皇帝斥责为"出位逞臆,沽誉要名,妄排大臣",而降三级调用。但是此人并不在后来阉党分子炮制的《东林党人榜》、《东林点将录》中,他的行为与东林书院并无联系。

有意思的是,当时在东林书院主持讲学活动的顾宪成,当年因反对王锡爵的"三王并封"而遭罢官,获悉里居的王锡爵将重新出任内阁首辅时,写信给王锡爵表示祝贺,他并不与姜士昌持相同的观点。他在万历三十五年五月(即姜士昌上疏抨击王锡爵的前三个月)写信给王锡爵:"恭闻新命不胜踊跃,此宗社生灵之福也。"他还在信后附上两篇类似寓言的"寱言"、"寐言",以虚拟梦话的形式规劝王锡爵,复出执政,要注意以下几点:一是鉴于以往内阁辅臣的境况,"直道难容,枉道易合","吾愿相国出而为之一转移于其间也";二是鉴于以前阁部之间互相冰炭不相容,"何不见吏部之逐内阁,而但见内阁之逐吏部耶?吾愿相国出而为之一厘正于其间也";三是鉴于官僚中乡愿之风太盛,"人人以模棱为工,事事以调停为便","久之,正气日消,清议日微,士习日巧,官机日猾,率乃知有身,不知有国家,知有私交,不知有君父……吾愿相国出而为之一挽回于其间也"②。王锡爵虽然对顾宪成的意见持异议,但由于此时儿子病重,自己又有内艰,迟迟不肯赴京就任,以后又迫于舆论压力,犹豫不决,至病死于家,终于未能再次出任内阁首辅。

所谓"东林党"与"浙党"对立云云,实在是臆测多于事实的。李三才就对所谓"浙党"是否真正存在的实体表示异议,在他看来,沈一贯是沈一贯,浙人是浙人,不必牵扯在一起。他说:"自沈一贯假妖书擅戮楚宗,举朝正人攻之以去,此是一贯自作之孽,与浙人无干,而浙人何必死与正人为仇也。"③日本学者城井隆志《万历三十年代沈一贯的政治与党争》一文,列举当时攻击沈一贯的官僚名单,一共69名,他认为其中"东林党"不过10名而已,"昆党"5名,即胡应台、胡嘉栋、熊廷弼、张嘉言、郑振先;"齐党"2名,即周永春、韩浚;尤其值得

---

① 《万历邸钞》万历三十五年丁未卷,八月,谪江西参政姜士昌三级调用条。文秉《定陵注略》卷8《太仓密揭》。
② 《万历疏钞》卷50上《书》,顾宪成《上王相公书》,附寱言、寐言。亦见顾宪成《泾皋藏稿》卷3《上娄江王相国书》,附寱言、寐言。《万历邸钞》万历三十五年丁未卷,五月,顾宪成作寱寐二言贻之条。
③ 文秉《定陵注略》卷9《淮抚始末》。

注意的是其中还有"反东林派"12名,即胡应台、胡嘉栋、张凤彩、彭惟城、李谨、刘文炳、刘时俊、金明时、周达、张邦俊、房壮丽、刘光复①。也就是说,在反对沈一贯的官僚队伍中,并非单一的"东林党",还有"昆党"、"齐党"以及"反东林派"。围绕沈一贯的所谓"东林党与浙党"的纠纷,带有多大的虚拟性是不言而喻的。

清初浙江学者朱彝尊对于把"浙党"作为"东林党"的对立面,颇不以为然。他以一种历史沧桑感的语调写道:"浙人不幸,万历以来,执政者前有四明(沈一贯),后有乌程(温体仁)、德清(方从哲),以是朝士不附东林者,概目之曰'浙党',此指一时阿比执政者而言,则可尔。'东林'诸君子全倚浙人助之,人品盖棺论定。试论建文壬午、崇祯甲申杀身成仁,洁己自靖者,惟浙为多。顺治九年定谥甲申殉难文臣,计二十人,而浙居其六,继此授命者更难悉数,'浙党'之目庶几可以一洒矣。"②

## 四、东林书院如何被诬为"党"?

沈一贯下台后,朱赓、李廷机推行没有沈一贯的沈一贯路线,被正直人士戏称为"衣钵相传"。抨击得最厉害的要数礼部仪制司主事郑振先。他在万历三十六年(1608年)四月向皇帝上了一本《直发古今第一权奸疏》,把内阁辅臣朱赓、李廷机斥为"第一权奸":"以避权而擅权,以擅权为无权,屈曲迂互,层层幽秘,朝野疑而不可知,知而不可言","此自沈一贯创开从来奸相未有之窍,至于今日愈出愈奇,所以(李)林甫辈犹拙也"。他尖锐地指出,从王锡爵到沈一贯、朱赓、李廷机是"灯灯相续"、"薪薪无穷"③。朱赓十分不服,上疏辩解:"振先数臣十二大罪,不言第一庸臣,而言第一权奸,似非实录,俱不敢承",口气很不理直气壮,然而皇帝给他撑腰,谴责郑振先:"捏无影之事,污蔑辅臣,倾害忠良,以自固位荣身",下旨把郑振先降三级,调至极边方④。

---

① 城井隆志《万历三十年代沈一贯的政治与党争》。
② 朱彝尊《静志居诗话》卷20《施邦耀》。
③ 《万历疏钞》卷18,郑振先《直发古今第一权奸疏》。
④ 《万历邸钞》万历三十六年戊申卷,四月,谪礼部主事郑振先条。

这本是一件普通事,却颇耐人寻味。郑振先是王绍徽《东林点将录》中"地异星白面郎君翰林院庶吉士郑鄤"之父;另一方面,顾宪成称赞郑振先此疏是"顶门一针","吾辈于林壑间复增一畏友"①,因而人们把此举视作"东林党"的行动,其实大谬而不然。郑振先是当时被称为"昆党"的头面人物、左春坊左谕德顾天埈的挚友,他上此疏是与顾天埈推心置腹磋商之后作出的决断。顾天埈后来回顾此事时说:"毗陵太初郑公自邑令擢主曹政,不肖与之聚京师友善。窃观朝政一切寝阁,间有朝奏而夕报论者,因密探微暧互参情势,久之,我两人大悟,握手叹曰:异哉,今之执政也,天下以庸人病执政,岂知执政以庸人欺天下,外冒庸人之名,阴操威福大柄,更巧于古昔权臣千万矣……是时执政盖四明(沈一贯)也,及四明既去,山阴(朱赓)继之复然。太初(郑振先字太初)曰:吾不能忍矣,空言何为?毅然抗疏,详列奸状。"②可见郑振先与顾天埈关系之密切。所以后来南京户科给事中段然弹劾顾天埈时,顾天埈奏辩:"自去年郑振先有直发权奸疏,害振先者欲阴构之,臣与振先同乡有交,并构及臣,臣知祸已兆于此矣。"③因此城井隆志把郑振先列入"昆党"之中。按以往的传统观点看来,昆党是以反对东林而著称的,然而人们忽略了这有一个演变过程。当时的内阁辅臣叶向高认为郑振先抨击朱赓、李廷机,并非结党,实为自己升官,"旦夕望大拜","皆自为计"④。这对于喜欢把一切都纳入"党争"的人,不啻一帖清醒剂。城井隆志在《关于明末的一个反东林派势力——围绕顾天埈》一文中,发前人所未发,以实证研究表明,顾天埈的昆党并非一开始就与东林对立的。万历中后期的所谓"党争",都围绕内阁权力而展开,并无明显的营垒观念,分化改组时时进行⑤。这与天启时期阉党镇压异己势力,一概加上"东林党"的罪名,截然不同。

真正给东林书院及顾宪成带来麻烦的是李三才。李三才是万历朝后期官僚队伍中少见的干才,万历二十七年他以都察院左佥都御史出任漕运总督、凤阳巡抚,政绩卓著,颇得人望。由于万历三十六年十一月内阁辅臣朱赓病逝,

---

① 顾宪成《泾皋藏稿》卷4《与丁仪部长孺》。
② 顾天埈《顾太史文集》卷4《郑母董宜人传》。
③ 《万历邸钞》万历三十七年己酉卷,二月,《南京户科给事中段然疏》。
④ 叶向高《蘧编》卷2。
⑤ 城井隆志《关于明末的一个反东林派势力——围绕顾天埈》,载《山根幸夫教授退休纪念·明代史论丛》上卷,第262~281页。

李廷机又闭门不出,内阁仅叶向高一人,补充阁员便成了当务之急。万历三十七年一月,李三才以"考满",在漕运总督之外加上了户部尚书、都察院左副都御史的头衔,一些支持李三才的官员认为,阁员不必全从翰林出身的人中选择,可从外僚中补充。于是李三才成了矛盾的焦点。当时廷臣中派系林立互相倾轧,焦点集中在权力的分配与平衡上,李三才这种既有声望又有才干的人当然不受某些阁部大老的欢迎,他们必然要从中作梗。于是,内阁权臣李廷机的亲信工部郎中邵辅忠首先出马,弹劾李三才贪、险、假、横,给李三才勾画一副贪官形象,他耸人听闻地说:"(三才)藉道学以为名,依贤豪以立脚,或无端而流涕,或无故而感慨,使天下士靡然从风,乘机躁进者愿依其幕下,感时忧世者误入其套中。一时只知有三才,不知有陛下,主势上孤,党与日甚。其意不过扫空词林,则必借才于外;打尽当路,则必抡选及身。闻其今则急图总宪(都察院都御史),总宪则枚卜(入阁)亦无不得耳。"①邵辅忠信口雌黄地故意渲染"藉道学为名"、"党与日甚"云云,一下子就把此事定位于"结党"这一政争层次上,明显地影射"东林",从此一发而不可收,掀起了一个攻击李三才的浪潮,经久不息。在邵辅忠攻击李三才之后,浙江道御史徐兆魁立即与之一唱一和,手法极其卑劣,连遣词造句都一模一样,了无新意,邵辅忠说"一时只知有三才,不知有陛下",徐兆魁说"但知有三才,不复知有朝廷",意在刺激皇帝予以严惩。他在奏疏中诽谤李三才"奸贪大著","结党营私","年来是非日以混淆,攻讦莫之底止,主盟挑衅,三才乃其戎首"②,影射李三才身后有一个"党"。李三才为了表明心迹,上疏请求辞官,杜门待罪。攻击李三才的官僚仍不罢休,刘时俊、刘国缙、乔应甲、王绍徽、徐绍吉、周永春、姚宗文、朱一桂、李瑾、刘邦俊、王万祚等接二连三的上疏纠弹李三才,政坛上一时间乌烟瘴气。

事情牵涉到了东林书院,顾宪成不得不出来表态,他写信给内阁首辅叶向高、吏部尚书孙丕扬,为李三才辩护:"三才至廉至淡漠,勤学力行,为古淳儒,当行勘以服诸臣心。"③宣大巡抚吴亮抄录了这三封信,登载于邸报,送达北京

---

① 《明神宗实录》卷465,万历三十七年十二月乙丑。
② 同上书卷466,万历三十八年正月癸丑。
③ 蒋平阶《东林始末》,神州国光社,1951年,第25页。

各衙门,一时间舆论哗然①。一向以桃花源中人自居的顾宪成,以一个下野官僚的身份插手朝廷政治事务,让反对派抓住了东林书院"遥执朝政"的把柄,不但帮不了李三才的忙,反而使他更加被动。顾宪成也不是没有估计到这种做法的负面影响,他出于对李三才人品操守的敬仰,不得不冒着风险出面讲几句公道话。他们两人早就相识相知,政见略同,互以挚友相期许。万历三十七年顾宪成致书李三才谈到自己拒不接受南京光禄寺少卿的任命的原因时,向李三才吐露心声:一方面是"时局千难万难",另一方面是年已六十,"耳重目昏,手迟足钝","凡此种种都是实境实事实话,在他人前犹半含半吐,惟丈前不敢一毫不倾尽",足见他们的关系非同一般。鉴于时局千难万难,他寄希望于李三才:"必大才如丈,卓识如丈,全副精神如丈,方有旋转之望"②,从中透露了他写信给叶向高、孙丕扬为李三才辩护的缘由。事后他在给友人的信中谈到此举,坦率地道出了他挺身出来"救淮抚"的两个原因。其一,"漕抚(李三才)当风波汹涌之时,毅然出而挺身担荷,至于外犯权相内犯权阉,死生祸福系之呼吸,并不少顾,既历无限崎岖,幸而事定。旁观者遂群起而求,多吹索抨弹,不遗余力。又受无限摧挫,始藉其力以纾患,卒致其罪以快仇,不亦伤乎!漕抚尝简不肖曰:'吾辈只合有事方出来,无事便归。'痛哉斯言,堪令千古英雄流涕,不肖独何心而忍默默。"其二,"淮抚之蒙议,明知其必不能胜多口也,明知狂言一出,必且更滋多口也,夫亦曰聊以尽此一念而已。"③

及至事态扩大,顾宪成才意识他此举的不妥:"去岁救李淮抚书,委是出位,随为弟忏过而亦悔且恨重自惩无"④;"独弟血性未除,又于千古是非丛中添个话柄,岂非大痴"⑤。当他看到李三才遭到围攻,处境岌岌可危时,再次致书李三才,要他加意提防:"近颇有所闻,殊为足下危之……窃见足下任事太勇,忤时太深,疾恶太严,行法太果,分别太明,兼之辖及七省,酬应太烦,延接太泛,而又信心太过,口语太直,礼貌太简,形迹太略。固知前后左右在在俱有伏

---

① 参看小野和子《明季党社考——东林和复社》,第321页。林丽月《李三才与东林党》,载《台湾师范大学历史学报》第9期。按:明代邸报是红色水印有格纸抄写的手抄本,并非刻本。关于这点,台湾学者苏同炳《明代的邸报与其相关诸问题》已有考辨,见其所著《明史偶笔》,台湾商务印书馆,1995年,第57~126页。有的论者说,顾宪成的信件由吴亮"刻入"邸报,显然有误。
② 顾宪成《泾皋藏稿》卷5《又简修吾李总漕》。
③④ 同上书卷5《与吴怀野光禄》。
⑤ 同上书卷5《与汤海若》。

戎,亦恐频笑令居种种可为罪案,检点消融,得不加意乎!"①以后形势急转直下,对李三才愈来愈不利,他又去信规劝李三才立即引退:"足下可以去矣,不可以留矣! 去也可以速矣,不可以缓矣!"②

然而政治斗争不以顾宪成的善良愿望为转移,不但李三才陷入危机,就是顾宪成与东林书院也因此受到牵连,一些别有用心者把李三才与顾宪成联系起来一并诬称为"东林党"。《明史》卷 224《孙丕扬传》说:"先是,南北言官群击李三才、王元翰,连及里居顾宪成,谓之东林党。而祭酒汤宾尹、谕德顾天埈各收召朋徒,干预时政,谓之宣党、昆党,以宾尹宣城人,天埈昆山人也。御史徐兆魁、乔应甲、刘国缙、郑继芳、刘光复、房壮丽,给事中王绍徽、朱一桂、姚宗文、徐绍吉、周永春辈则力排东林,为宾尹、天埈声势相倚,大臣多畏避之。"③这段话虽然简单,却真实地显示了东林书院被诬为"党"的由来。始作俑者便是徐兆魁之流,他们声称:"顾宪成讲学东林,遥执朝政,结淮抚李三才,倾动一时,孙丕扬、汤兆京、丁元荐角胜附和,京察尽归党人。"④这在万历朝政坛门户之争纷纷攘攘之时,绝不是一个偶发现象。当时的户部主事丁元荐对此有入木三分的揭示,他认为这种门户之争可以追溯到沈一贯时代,以后沈一贯的衣钵授予顾天埈、汤宾尹,王绍徽、乔应甲之流是他们的外援,他们在寻找时机打击对立面,顾宪成的几封信为他们提供了一个极佳时机。丁元荐说:"诸奸思为一网计,而苦于无隙,借顾宪成之书以发难,借孙丕扬以为名,一二年间矢集中于林,骇机遍于原野,士大夫咸嚣嚣有不欲用安其位之意,而又惴惴有不能各安其位之意。"⑤

由于此事与万历三十八年大计外官、万历三十九年大计京官纠缠在一起,愈趋复杂化。万历三十九年二月,李三才以病免去漕运总督职务,政治生涯从此结束。同年二月,按惯例又开始了大计京官(即辛亥京察),掌京畿道浙江道御史徐兆魁攻击的锋芒由李三才转移到东林书院,五月初他在长篇奏疏中无中生有地说:"今日天下大势尽归东林矣……东林之势益张,而结淮抚胁秦,并结诸得力权要,互相引重,略无忌惮。今顾宪成等身虽不离山林,而飞书走使

---

① ② 顾宪成《泾皋藏稿》卷 5《又与李漕抚修吾》。
③ 《明史》卷 224《孙丕扬传》。
④ 蒋平阶《东林始末》,第 36 页。
⑤ 丁元荐《尊经堂文集》卷 1 封事《正人心息纷嚣疏》。

充斥长安,驰骛各省,欲令朝廷黜陟予夺之权尽归其操纵。"为了搞臭东林,他不顾御史身份捏造东林书院"挟制有司,凭陵乡曲"的所谓"罪状":

一是"浒墅(即苏州、无锡近旁的浒墅关)有小河,货舟往来如织,东林专其税为书院费,而榷关者不敢问,每关使至东林,辄以书招之,即不来亦须送银二三百两助修书院乃已";

二是"凡东林讲学所至,主从每百余人,该县必先锦厨传戒,执事伺于境,迎于郊,馆榖程席之需非二百金上下不能办";

三是"会讲中必杂以时事,讲毕立刊为讲章,传布远近。讲章内各邑之行事有与之左者,必速改图,其令乃得安。不然淮抚与别院訾声至矣";

四是"海内惟徽人最雄于资,黄正宾系徽人,诸财豪见其气势如此,咸挽首听令,不难麋多金以应正宾不时之需,淮抚、东林不独小可经营悉凭正宾力,即图大拜,正宾亦引为己任云"。①

稍有常识的正直人士一看便知徐兆魁是在编造天方夜谭,这种胡言乱语立即引起舆论的不满,几天后,光禄寺丞吴炯上疏,为东林书院与顾宪成辩诬。他说:"顾宪成之人品信于天下久矣,顾宪成之学术正俗维风,江南赖以多君子,其有裨于国家弘矣",然后以目击者的身份对徐兆魁捏造的东林"罪状"一一予以驳斥。

——关于东林书院在浒墅关征税一事,针对徐兆魁所说"浒墅有小河,货船往来如织,东林专其税为书院费"一节,他驳斥道:"小河即在大关之旁,阔止五尺,有桥高三尺,名为便民桥,货舟不能过,惟小空船可过,以省伺候开关晷刻,从来无税。"

——关于东林书院勒索地方政府一事,针对徐兆魁所说"关使至东林,辄以书招之,即不来亦犹送银二三百两助修书院"一节,他驳斥道:"夫东林之会期日有定,皆里居缙绅与青衿子弟不招自来者,未尝招人,亦绝无送银之关使。况书院小屋数椽修复已久,本无厚费,何暇助工。"至于徐兆魁所说"讲学所至,主从每百余人,该县馆榖下程之需非二百金上下不能办"云云,他反驳道:"夫缙绅赴会固非一人,然俱二三仆驾小船,并无侈张舟从者,有则共鄙之。不受县官下程,不领县官一茶,主会者捐资自办。日中腥素四碗,至晚腥素六碗,俱

---

① 周念祖《万历辛亥京察记事本末》卷3,徐光魁《部臣借事发端疏》。

四人共一桌,费亦不多。"

——关于东林书院干预政治一事,针对徐兆魁所说"会中杂以时事,各邑之行事有与之左者,必速改图,其令得安"一节,他驳斥道:"夫会中之规,每日轮客一位,讲书一章,互相问难,青衿皆得质所疑,讲毕,童子歌诗一章,遂散。举坐无哗,并不谈时事,即民风土俗与会友家常之事,亦置不言,奚关各邑之行事。"①

翰林院提督四夷馆太常寺少卿洪文衡也上疏抨击徐兆魁,赞同吴炯的辨析之外,他以亲身经历予以补充论证徐兆魁的荒谬,他说:"职筮仕之初,与顾宪成同朝,见其谔谔持正,毫不阿徇,两入铨部而两见黜,俱以独持风节忤势忤权,至于削籍,心窃重之。及其居乡,昌明理学,一以程朱为条,所著有札记及商语,最能醒悟人,迄今晋陵多君子皆其造就之助。此尤谪籍中之表表者,何负于国家而嫉之若仇耶!"②

徐兆魁之流动辄诋诬对立面为"党"的做法,令人不满,工部虞衡司主事沈正宗上疏呼吁"保护善脉":"魏徵曰:自古上书卒多激切,即似讪谤,惟评其可否。忠臣告君如此,上书天子不嫌讪谤。今一阁部书,便'遥制国是'弹射不休矣。呜呼,范滂、李膺(东汉遭党锢之祸的清流名士)可对狱吏,司马诸贤(司马光等"元祐党人")可榜朝堂。自古正不胜邪,寡不敌众,往往皆是,今何足怪!""奈何今之僭人太巧,挤人已无时乎?天下方痛恨众君子之难逃,(徐)兆魁反惟恐君子有一之或进,而预断其来,入山如此,出山宜何如?""推兆魁之心,将使廷无鹭谷亦无驹乎?庙廊无栋梁,山薮亦无林木乎?冠不可弹,石亦不可漱乎?朝不可与共治,国亦不可与并言乎?"痛快淋漓,句句击中要害。对此,他十分感慨,顾宪成等僻处乡间创办书院,"一味讲学,反骂醉生梦死……退居以来,家事百不关心,独未能忘国耳,忠臣用心如此,今隐身不望报国,却以为罪案矣……上书天子不嫌讪谤,今一阁部书便'遥制国事',弹射不休矣"③。礼部主客清吏司主事丁元荐专门针对所谓东林"遥执朝政"的说法予以驳斥:一个远在江南无锡的民办书院何以能够遥控朝廷的政治呢?他机敏地利用对方的

---

① 周念祖《万历辛亥京察记事本末》卷3,吴炯《揭据实辨疏》。
② 同上书卷3,洪文衡《剖良心存公论疏》。
③ 《万历邸钞》万历三十九年辛亥卷,五月,工部虞衡司主事沈正宗奏上保护善脉封事条。

言论中的破绽,以子之矛攻子之盾,一则说:"既谓东林与考察(指大计京官)原不相蒙,又云顾宪成等'遥制察典'一事,自相矛盾!"二则说:"论者又曰:东林而敢遥执朝政也,则东林不受。盖朝政者天子与天下匹夫匹妇共之者也……夫使东林果操天下权重之势,则长安诸缙绅何不舍要津而趋山林,而乃操戈秣马以向攻也!"①

面对忌者日众,谤议四起的形势,李三才多次上疏请求辞官,上了十五疏才得到神宗批准,然而攻之者唯恐他东山再起,必欲把他搞臭方肯罢休,终于抓住了李三才"盗用皇木"营建私邸之事。先是由汤宾尹的至亲密友河南道御史刘光复出面揭发此事,继而由工部署部事右侍郎林如楚以主管官员身份予以证实②。万历四十三年正月二十二日,林如楚遵照神宗的旨意,会同科道官员前往通州通惠河湾李三才住宅查勘。查勘的结果是令人惊讶的:李三才私宅确系盗用皇木、占用皇木厂厂基建造的,"崔巍广大,势甚铺张",神宗下旨由三法司会审此案③。事情闹到这个地步,李三才以"欺君蔑法"而声名狼藉,他的政敌仍穷追不舍。户科给事中官应震借此事大做文章,攻击李三才"大奸大贪,今古罕俪,往宵小党护,交口清流……今三才败露极矣",并以此牵连到东林书院,声称"东林理学,强半虚名"④。

万历四十年五月,顾宪成在一片诽谤声中与世长辞,正直人士越发激起辩护洗刷的激情。户部广东司主事李朴大声疾呼:"顾宪成也久栖林壑,游心性命,即一书出而议及时事,可从则从,不可从则止,有何长鞭足以制人,乃满朝之人哄然四起,宛如敌国,不为'遥制国事',则为'不肖渊薮',且并讲学而非之。"⑤万历四十一年十二月,已调任河南司郎中的李朴再次上疏,针对姚宗文、刘廷元、官应震、吴亮嗣、黄彦士、亓诗教、田一甲等人对东林书院的攻击,反驳

---

① 丁元荐《尊拙堂文集》卷1封事《申辩公道疏》、《拟辨门户疏》。
② 《万历邸钞》万历四十二年甲寅卷,十一月,《河南道于是刘光复疏》、《原漕运总督李三才疏》、《工部署部事右侍郎林如楚疏》。
③ 同上书万历四十三年乙卯卷,正月,工部署部事右侍郎林如楚题条;三月,下法司会审淮抚李三才用木占厂事情条。
④ 同上书万历四十三年乙卯卷,四月,《户科官应震疏》。
⑤ 同上书万历四十年壬子卷,五月,《户部广东司主事李朴疏》。按:《万历邸钞》的万历四十年壬子卷的二月、三月,原书误作万历三十年壬寅卷;四月、五月,原书误作万历三十一年癸卯卷;六月、七月、八月,原书误作万历三十二年甲辰卷;原书万历四十年壬子卷从九月开始。另见周念祖《万历辛亥京察记事本末》卷6《户部广东司主事李朴为朝野人望几空上下否隔冒进危言以安社稷疏》。

道:"姚宗文等今日参东林乱政,明日参东林乱政,东林有何权势?见作何官?见在何衙门管事?"①然而,毕竟寡不敌众,李朴被搞得十分狼狈,最终落得"调闲散用"的处分②。

由徐兆魁打头阵,硬把东林书院套上"党"名,称之为"东林党",此后反对东林书院的人愈演愈烈,完全把东林书院看作一个"党"。河南道御史田一甲甚至说:东林书院"以道学之名号召天下","门户之威炽矣","以故李三才、王元翰等一入其党,而贪可为廉;黄克缵、史继偕等不入其党,而贤可以为不肖"③。不但视东林书院为"党",而且还扯上"入党"、"不入党"的组织关系,荒谬之极。顾宪成等何时"建党",李三才等何时"入党"?令人莫名其妙。

把以讲学为宗旨的东林书院视作"党",无异于重现南宋时禁锢朱熹的"伪学逆党"之禁。南京工科给事中喻致知的《知理学有关世教不宜辟疏》指出,伪学之禁是不祥之兆:"今为世道计,不患讲学,患不讲学;又不患讲学,患不真讲学……且伪学之禁,盛世不闻,仅于宋季见之。"他追溯南宋时当权者为了打击异己,把理学作为伪学加以禁止的史迹,议论道:"从此伪学之禁网益密,宋之国祚亦不振。臣非知学者,第幸际休明之运,幸生崇学之卿,窃计圣明在上,而使天下以理学为讳,书之史册,传之后世,成何景象?"④顾宪成与东林书院遭到了不公平待遇,与朱熹当年创办白鹿洞书院,讲明理学,被诬为"伪学逆党",遭到禁锢,并定出五十九人的"伪学逆党"黑名单,致朱熹在忧心忡忡之中而病逝。两者之间何其相似乃尔。


### 五、东林非党论——兼论《东林党人榜》与《东林点将录》

"党"这个字,在现今人们的话语体系中的含义,几乎成了"政党"的同义语,诸如报刊上常见的"社会党"、"民主党"之类的"党"。这是现代政治中的特有现象。中国古代并无政党可言。然而史书中却常常见到"党"的字样,那是

---

① 《万历邸钞》万历四十一年癸丑卷,十二月,《下部院看议户部河南司郎中李朴疏》。
② 同上书万历四十二年甲寅卷,五月,《户部河南司郎中李朴疏》。
③ 同上书万历四十二年癸丑卷,十月,《河南道御史田一甲疏》。
④ 同上书万历四十一年癸丑卷,十二月,《南京工科喻致知疏》。

朋党之"党",而非政党之"党"。例如东汉的"党锢之祸",唐的"牛党"、"李党",北宋的"元祐党人",南宋的"伪学逆党"等等,毫无例外的都是朋党,或被对立面诬为朋党。汉字的特性往往一字多义,在《辞海》中"党"这个字的释义多达六项,既有政党之意,也有朋党、朋辈之意。现代人对"党"字的直觉印象往往侧重于前者,而忽略后者,或者将两者混为一谈。在英文中政党的"党"是Parties,朋党的"党"是Factions,区分得一清二楚,不至于把朋党混淆为政党。《剑桥中国隋唐史》写到"牛李党争"时特别指出两者的差别:"(牛党、李党)这种派别不论在当时或在后世历史记载中都被称为'党'(Factions),但决不是我们今天意义上政党中的'党'(Parties)。九世纪唐朝的党不是基于经济的、明确纲领和严格纪律的集团,它只是政治人物们的松散结合体,产生于难以确认的复杂的个人关系网络。唐代的朋党不像今天的政党那样根据政见的不同来吸收成员,它没有很强的核心结构;它的成员的属性也不固定。"该书还特别强调:"中国的政治理论通常都认为,如果准许在朝廷结成朋党(朋党乃是广泛的政治活动的必然结果),那么,人们所期待的能实现长治久安的道德和社会秩序便要可悲地受到损害";"'党'这个字表示道德败坏,它对指控者和被指控者都有威力,都可能遭到贬谪"①。这种论述对于中国学者而言是别开生面的,极富启发意义。

毫无疑问,所谓"东林党"的"党"也是朋党的"党"(faction),而不是政党的"党"(party)。当然,东林书院的顾宪成、高攀龙等人决不会自诬为朋党,东林书院被称为"东林党",此"党"是政敌们强加于东林的。名闻遐迩的"大历史"的倡导者黄仁宇在《剑桥中国明代史》中写到"东林书院与朋党之争"时,明确地指出:"东林党不是这个用语的现代意义的政治党派。翻译为'党派'的'党'字有贬义,在意义上更接近诸如'派系'或'帮伙'一类的词。成员的身份没有固定的标准;开始时,'党人'从他们的敌人得到这个称号。"②

西方学者对中国古代朋党政治的分析是独具只眼的,或许是旁观者清吧!然而这么简单的问题长期以来被人们忽略了,不少人习惯于把东林看作一个

---

① 崔瑞德《剑桥中国隋唐史》,中国社会科学出版社,1990年,第655～662页。
② 牟复礼、崔瑞德《剑桥中国明代史》,中国社会科学出版社,1992年,第575～576页。该书第九章《隆庆和万历时期(1567—1620年)》,出于黄仁宇的手笔。

政党,看作一个有共同政治纲领的政治改革家组织。这种对东林"党"的定位,与历史的本来面目相去甚远。东林其实并无所谓"党","党"是它的政敌强加的。那也应该是在万历三十二年(1604年)东林书院成立以后的事,或许可以说,没有东林书院就没有东林党。在此以前,政坛上尽管早已有派系门户之争,也就是人们习惯上所说的"党争",但是当时即使有人要诬称顾宪成等是朋党,也只能泛称,而不会有"东林"二字。例如万历二十一年身任吏部考功司主事的顾宪成与吏部考功司郎中赵南星,协助吏部尚书孙龙"大计京官","秉公澄汰",遭到强烈的抨击,被斥责为"吏部专权结党"。赵南星因此被贬官,顾宪成与同僚李复阳上疏为赵南星辩护:"今南星被罪,臣独何辞以免。南星一意奉公,不以情庇,不以势挠,庶几少挽颓风以报皇上,而竟不免于罪……倘始终以为'专权结党',乞将臣等一并罢斥。"①此时的"党"只是"吏部专权结党",与东林毫不相干,因为其时东林书院还未出世,根本谈不上东林二字。当然进一步深究,或许连"吏部专权结党"云云也难以成立。当时人已经有这样的看法,万历二十三年三月给事中杨恂在一份奏疏中对"吏部专权结党"表示异议,他说:"推升者吏部职掌……何迩来创为专擅之说,以蛊惑圣听,及皇上信其言而有疑于吏部,然后内托圣意,外委廷推……";又说:"言官者朝廷之耳目,或为纠弹自循职掌,何迩来进为朋党之说,以激怒圣心,及皇上行其谮而怒移于言官,然后假托天威,肆行胸臆,非显斥于正言直指之时,必阴中于迁除建白之际,即有不堕术中者,亦必于别本带出旨意陷害。若谓断自宸衷,无能为力,何其所屏逐者非夙昔之积怨,则近日之深仇也,如是而谓党在言官乎?不在言官乎?言者非党,而创诬之曰党"②。他所说的"言者非党,而创诬之曰党",十分深刻而真实地反映了当时政坛的风气,为了整垮对手,最有效的手段就是把对手污蔑为"党"。

已如前述,日本学者城井隆志的《关于明末的一个反东林派势力——围绕顾天埈》在实证研究的基础上,对万历朝中后期的所谓"党争"提出一些新见解,认为当时以科道官为中心的官僚集团中存在派系斗争,围绕着阁部权力的

---

① 高攀龙《高子遗书》卷11《南京光禄寺少卿泾阳顾先生行状》。顾宪成《泾皋藏稿》卷1《闻命惕衷自惭独免恭陈愚悃以祈圣断事疏》。
② 文秉《定陵注略》卷2《建言诸臣》。

争夺和若干重大政治问题而展开,并无明显的营垒观念,分化改组时时进行,并非一成不变,这与天启时期以魏忠贤为首的"阉党"专权时期,为了打击异己势力,把反对"阉党"的正直官僚一概称为"东林党"的状况截然不同。以往的史家过分强调东林与反东林的斗争,把昆党、宣党、齐党、楚党、浙党树立为东林的对立面,事实并非如此壁垒分明。

万历三十年代后半期,汤宾尹、顾天埈被人们称为宣党、昆党①,顾天埈、李腾芳又有顾党、李党之称②。其实这种所谓"党"很难从组织形态上予以认定,只是官僚队伍中互相攻击时给对方扣上的大帽子而已。由于翰林院出身的顾天埈、李腾芳有竞争进入内阁的可能,因而遭到另一派官僚的攻击。万历三十七年二月南京户科给事中段然上疏参劾顾天埈,这本奏疏的题目就骇人听闻:"外贼将除,内贼阴擅,谨陈辨奸续论,以锄元凶,以延国祚事",目的在于揭发"顾天埈扫除逼近揆地之区"③。与此同时(万历三十七年二月)李腾芳上疏与顾天埈引为同志:"臣与天埈同志,顾天埈被诋,臣义不待独留","乞与天埈并遣"。给事中刘时俊、御史汪怀德上疏指责顾、李二人"神奸暗弄机关,眩鼓国是,垂涎揆鼎",影射他们觊觎内阁权力④。顾天埈在奏辩时认为,段然的参劾事出有因:"自去年郑振先有直发权奸疏,害振先者欲阴构之,臣与振先同乡有交,并构及臣,只祸已兆于此矣。去年参选后,段然遍告人云:有人寓书于臣,暴扬其短而实未尝有书。近台省累上昭雪奇冤之疏,段然恐斯人侵侵向用,凡与之交好,莫不深猜,臣岂能免!"顾天埈、李腾芳为明心迹上疏奏辩的同时,诣文华门扣头恭辞,即刻出国门南下。郑振先何许人也?南直隶常州府武进县人,万历二十三年进士,当时任礼部仪制司主事。顾天埈所说去年郑振先有"直发权奸疏",即万历三十六年五月郑振先所上"直发古今第一权奸事",弹劾内阁首辅朱赓十二大罪,其意图十分明显,意在阻止沈一贯、朱赓、李廷机、王

---

① 《明史》卷224《孙丕扬传》:"三十八年大计……先是,南北言官群击李三才、王元翰,连及里居顾宪成,谓之东林党,而祭酒汤宾尹、谕德顾天埈各收招朋徒,干预时政,谓之宣党、昆党。"
② 同上书卷216《李腾芳传》:"腾芳与昆山顾天埈善,天俊……被劾去,腾芳亦投劾归,时遂有顾党、李党之目。"
③ 《万历邸钞》万历三十七年己酉卷,《南京户科给事中段然疏》。段然曾于万历三十六年九月上疏参劾旧辅王锡爵,与郑振先等人遥相呼应。
④ 同上书万历三十七年己酉卷,二月。

锡爵等阁臣擅权①。对于顾天埈引为挚友的郑振先所上的奏疏，顾宪成非常欣赏，拍案叫绝，认为是对于当权派的"顶门一针"，赞誉郑振先是"吾辈于林壑间复增一畏友"②。当时的内阁辅臣叶向高则认为郑振先攻击朱赓、李廷机，并非结党，而是"且夕望大拜"，"皆自为计"③。由此可见，简单化地笼统地把宣党、昆党视作东林的对立面，至少有一点形而上学，因为事情有一个发展过程④。

东林其实并无所谓"党"，它不过是一个书院而已。当李三才罢官后回归乡里，创建双鹤书院，仰慕其名声的士大夫一时云集于此，颇有当年东林书院之盛况。好事者为他复归政坛进行策划，于是引来比先前更为猛烈的攻击。万历四十三年李三才被加上了盗用皇木营建私邸的罪名，使他声名狼藉。李三才在狼狈不堪时，还不忘为东林书院辩白，他上疏皇帝，希望消党祸以安天下。他指出："东林者乃光禄卿顾宪成讲学东南之所也，宪成忠贞绝世，行义格天，继往开来，希贤希圣。而从之游者，如高攀龙、姜士昌、钱一本、刘元珍、安希范、于玉立、黄正宾、乐元声、薛敷教等，皆研习性命，检束身心，亭亭表表，高世之彦也。异哉此东林也，何负于国家哉？今不稽其操履，不问其才品，偶曰东林也，便行摒斥，顺人者以此恣行其奸，逆人者以此横逞其口。"⑤

然而令人不解的是，以往研究这一课题的学者却津津乐道于所谓"东林党的形成"，而且喜欢把它追溯得愈早愈好。研究东林与复社已有几十年的日本学者小野和子教授在其近著《明季党社考》第一章开宗明义第一句话就是："东林党是在万历十年代至二十年代围绕国本论的激烈政争中形成的。"⑥著有《晚明东林党议》一书的王天有教授，在其论文《东林党和张居正——兼论东林党的发端》中，则认为"东林党发端于癸巳（万历二十一年）京察"⑦，此处所谓"癸巳京察"即万历二十　年赵南星、顾宪成协助吏部尚书孙鑨"大计京官"之事。正如前面已经论述的那样，此事虽被指责为"吏部专权结党"，但与东林毫不相

---

① 《万历邸钞》万历三十六年戊申卷，四月。
② 顾宪成《泾皋藏稿》卷4《与丁仪部长孺》。
③ 叶向高《蘧编》卷2。
④ 参看城井隆志《关于明末的一反东林派势力——围绕顾天埈》。
⑤ 《万历邸钞》万历四十四年丙辰卷，十月，《原漕运总督户部尚书李三才疏》。
⑥ 小野和子《明季党社考——东林和复社》，第11页。
⑦ 王天有《东林党和张居正——兼论东林党的发端》，原刊《学习与思考》1984年第2期，转载《北京大学国学文粹》（史学卷），北京大学出版社，1998年。

干,因为当时东林书院还未出世。何以要把"癸巳京察"定位为"东林党的发端"? 令人百思不得其解。更有甚者,有的学者认为东林党人是反对张居正的,那些反"夺情"风潮中涌现出来的佼佼者,如翰林院编修吴中行、翰林院简讨赵用贤、刑部员外郎艾穆、刑部主事沈思孝、刑部办事进士邹元标等,在张居正死后陆续出山,活跃于政坛,有的人日后被魏忠贤的"阉党"看作东林的健将受到迫害。然而由此采取"倒轧账"的办法草率认定东林党是在反对张居正的斗争中形成的,实在匪夷所思。

诚然,顾宪成在万历八年(1580年)以二甲二名进士出任户部主事时,对内阁首辅张居正的改革持不同政见,与同僚魏允中、刘庭兰组成"三元会",不满于"时事日非",写信给内阁次辅申时行恳愿他出来"匡救"①。顾宪成的挚友高攀龙在为顾宪成写的行状中说:"(顾宪成)与南乐魏昆溟允中、漳浦刘纫华庭兰以道义相琢磨,时称'三解元'。江陵相(张居正)惮其风采,一日谓申相国(申时行)曰:'贵门生有三元会,公知之耶? 日评时事,居然华衮斧钺一世矣。'相国曰:'不知。'江陵举三元者三解元某某也。而三先生者果以时事日非相约贻书申公,讽其匡救……江陵病,举朝若狂,为祷于神,先生独不可,同官危之,代为署名,先生驰骑,手抹去之。"②但是这不足以证明"东林党"是在反对张居正的斗争中形成的。初出茅庐的顾宪成与张居正同朝共事不过两年,后来与顾宪成一起创办东林书院的高攀龙于万历十七年才成进士,步入政坛时张居正早已不在人世。何况张居正改革中曾下令:毁天下书院以杜绝聚徒讲授奔竞嘱托之弊③,在那种政治气候下根本不存在东林书院形成的条件,遑论东林党的形成了。

万历三十二年成立的东林书院是一个讲学的场所,与这一时期雨后春笋般出现的书院(如虞山书院、明道书院、江右书院、关中书院、紫阳书院等)并无本质不同,由于它的创建者顾、高诸君子都是被革职的官员,他们以下野官员的身份以及道德修养方面的人格魅力,使东林书院声望日隆,成为朝野注目的焦点。由于顾、高等人在朝时表现出与掌权的主流派不同的政见而积下宿怨,

---

① 小野和子《明季党社考——东林和复社》,第232页。
② 高攀龙《高子遗书》卷11《南京光禄寺少卿泾阳顾先生行状》。
③ 《万历邸钞》万历七年己卯卷,正月,毁天下书院条。

政敌们便把东林书院污蔑为朋党,称为"东林党"。因此"东林党"的形成绝不可能早于东林书院的形成日期,乃是显而易见的常识。何故一些学者都尽量想把东林党的形成或发端向前追溯,以证明这个"党"由来已久,个中原因恐怕是以现代政党的概念去诠释晚明党争的结果。

朋党之"党"是一个贬义词,无论在朝官员或在野人士都不会自称志同道合者为朋党,东林书院的君子们当然不会自称为"东林党"。此朋党之所以不同于政党也。"东林党"的名称出于东林书院之后,正如后来被"阉党"分子王绍徽《东林点将录》列为"急先锋"的黄尊素之子黄宗羲在《明儒学案》中所说:"东林讲学者不过数人耳,其为讲院亦不过一郡之内耳……东林岂真有名目哉!亦小人加之名目而已矣。"①可见"东林党"之名始于顾宪成等讲学东林书院之后,它是敌对者对东林书院的诬称,东林诸君子并不自称为东林党人。道理是很显然的,孔子在《论语》中曾说"(君子)群而不党",以继承并发扬孔孟之道为己任的东林诸君子对此是深信不疑的,在他们看来,"结党"、"有党"是正直人士所不齿的,绝不可能自诬。何况现实中的东林书院并不是什么"党",一位学者说得好:"事实上,东林诸君子并没有一个有形的组织,他们只是'以文会友,以友辅仁',志同道合,群而不党。"②这才是对东林书院最准确的描述。

确实,东林诸君子是"群而不党"的。也许有人会说,东林人士自己也说"吾党",作何解释?诚然,细读东林书院的创办人顾宪成、高攀龙等人的文集,是有"吾党"之类的字样。为了辨明真相,不妨援引如下。

——顾宪成提及"吾党"。他在为东林书院制订院规时,主张学贵躬行,反对迂阔高远的学问,说:"此其不必惑者也,不当惑而惑,昧也;不必惑而惑,懦也。而破之,是在吾党。"③他在为《万历丙子(三十二年)南畿同年录》所作序言中说:"凡此学于人之自立与否耳,能自立且与天壤俱无穷者,存区区目前修短,曾何足论。如其不然,则亦草木同腐而已,纵及期颐,徒然浪掷光阴,将焉用之!然则逝者未足悲,存者未足恃,其喜其惧别应有在,吾党所宜汲汲而猛省也。"④

---

① 黄宗羲《明儒学案》卷58《东林学案卷首》。
② 傅光武《高攀龙》(中国历代思想家丛书),台湾商务印书馆,第3931页。
③ 康熙《东林书院志》卷下院规《二惑》。雍正《东林书院志》卷2院规《顾泾阳先生东林会约》。
④ 顾宪成《泾皋藏稿》卷7《重刻万历丙子难畿同年录序》。

——高攀龙提及"吾党"。"……社友高存之(高攀龙字存之)谓:'吾党聚首数十年,所讲习者六籍之遗言,所绍明者钱顾两先生之遗绪,非寻常征逐交也。"①

——钱一本提及"吾党"。"吾党不乏有心人,至推有眼者须首季时(顾允成别号季时)也。"②

以上几处"吾党",其含义究竟如何?细细推敲,显然它与清末民初革命党人所说的"吾党"绝对不是同义语,也决不能按当代人的习惯从字面意义上理解为"我们党"或"我党",而是吾辈志同道合者之谓。当时人冯从吾也有"吾党"之说,他因上疏言事被革职回到家乡长安,应友人王境之邀在宝庆寺讲学,万历三十七年十月在寺东大悉园建关中书院。关中书院同人秦可贞为冯从吾《关中会约》作跋,其中写道:"此关中会约也,何述焉?纪侍御冯仲好(冯从吾字仲好)先生雅意而述之,以诏吾党也,盖吾党宝庆之会未有也,自仲好始倡之,会有定期,约有定款……"③此处两个"吾党"其本意仍是志同道合者,与"吾辈"的意思相近。韩愈诗《山石》云:"嗟哉吾党二三子,安得至老不更归。"所说"吾党"便是此意(朋辈)的最佳诠释,决不至于理解为韩愈加入过什么"党"。叶向高再度出山后,在反驳朱童蒙诬陷邹元标、冯从吾创办书院为"结党"时,有力地反驳道:"如以讲学为结党,则世之结党者岂尽讲学之人,若欲结党,何待讲学。"④

到了天启初年,魏忠贤专权,一些原先与东林书院有关的人士回到了政坛,与以魏忠贤为首的阉党展开殊死较量。魏忠贤之流把凡是反对"阉党"专政的人一概斥为"东林党",把原本子虚乌有的"东林党"视作一个组织实体,并开出黑名单,一个不剩地予以清除。

为此,"阉党"分子卢承钦编了一本《东林党人榜》,完全按照《元祐党人碑》的体例,开列所谓"东林党人"的黑名单,共计309人,于天启五年十二月以奏疏形式呈进,由魏忠贤把它刊布于天下。其政治意图十分明显,一方面要显示

---

① 雍正《东林书院志》卷21《东林逸事》。
② 高攀龙《高子遗书》卷1《顾季时行状》。
③ 冯从吾《少墟集》卷5《关中会语述》。
④ 金日升《颂天胪笔》卷11《简恤》,叶向高《题为台臣人品真臣求多太过谨陈愚衷以质公诉以听圣裁疏》。

作为政治结社的"东林党"实体的存在,另一方面要政府部门按照这个名单清除异己势力①。

一贯与东林书院为敌的王绍徽因巴结魏忠贤,天启五年十二月官至吏部尚书,他仿照《水浒传》,"编东林一百八人为点将录,献之,令按名黜汰,以是益为忠贤所喜"。这就是臭名昭著的《东林点将录》。此外,又有作为补充的《东林同志录》(崔呈秀编)以及《东林籍贯录》、《东林朋党录》、《盗柄东林夥》等。

值得注意的是,王绍徽在《东林点将录》中把李三才、叶向高列为"东林党"的一、二号人物:"开山元帅托塔天王南京户部尚书李三才"、"天魁星及时雨大学士叶向高"②。把李三才、叶向高作为"东林党"的领袖,并非王绍徽的发明。万历四十二年,户科给事中官应震(即所谓"楚党"头目)扬言:东林书院"外资李三才,内借叶向高","十数年来,一二不肖倚恃讲学之名,号召徒党,外资气魄于李三才,内借威福于叶向高,其附之则生羽毛,其不附之则成疮疣"③。

把李三才列为"东林党"的魁首,表面看来似乎顺理成章,因为早就有人说李三才"一入其党"了。但是李三才本人并不认为自己是"东林"的一员。在他被革职为民时,曾上疏指出:"今奸党仇正之报,不过两端:曰东林,曰淮抚。"④李三才因任凤阳巡抚、漕运总督,被人称为淮抚。在李三才看来,自己虽被诬与顾宪成结成"东林党",但他自己始终不以东林人士自居,东林是东林,淮抚是淮抚,两者不可混为一谈。

至于叶向高被列为"东林党"的魁首,即使按照当时的标准来衡量,也极为牵强附会。叶向高万历三十五年进入内阁,到万历四十一年出任内阁首辅之前,一直位于朱赓、李廷机之下。如前所说,朱赓、李廷机推行没有沈一贯的沈一贯路线,叶向高在内阁中基本上附和朱、李,丝毫没有"东林"特色。他经常写信给里居的沈一贯请示政务。在入阁不久的一封《答沈蛟老》信中说:"不肖备员受事四阅月矣,金老(朱赓)杜门日久,惟与李生(李廷机)朝夕周旋,凡事

---

① 小野和子《明季党社考——东林和复社》,第382页。
② 王绍徽《东林点将录》。《四库全书总目提要》曰:"其书以《水浒传》晁盖、宋江等一百八人天罡地煞之名,分配当时缙绅,今本缺所配孔明、樊瑞、宋万三人,盖后人传写逸之。卷末有跋,称甲子乙丑于,毗陵见此录,传为邹之麟作,所列尚有沈应奎、缪希雍二人,与此本不同。盖其时门户蔓延,各以恩怨为增损,不足为怪。"
③ 《万历邸钞》万历四十二年甲寅卷,十二月。
④ 同上书万历四十四年丙辰卷,十月。

相与经画,有疑事重事,则受成于金老,忧国奉公,彼此所同,甚相洽也。"①后来当叶向高出任内阁首辅,独立支撑政局时,又写信给沈一贯,向他大叹苦经:"不肖在此中,困苦不支,阕然修候……闻老师杜门静摄,冥心尘外,已得出世真诠,其于蜗角之争、蠛蠓之见,直可付之一笑。而不肖束缚挚维未能解脱,天堂苦海情景迥殊。"②由此可见叶向高与沈一贯、朱赓、李廷机的密切关系,看不出政见有何根本分歧。如果一定要以"东林与浙党"的标准来划分,那么,我们固然不必说叶向高是"浙党"的中坚,但他并不反对"浙党"则是毫无疑问的。此其一。

其二,如果说李三才是"东林党"的第一号人物,叶向高是"东林党"的第二号人物,那么,按党同伐异原则,他们两人理应密切配合,当段然等提议从外僚中增补阁员,李三才呼声甚高时,叶向高何以不大力支持,援引李三才入阁,营造一个"东林内阁"?当李三才遭到邵辅忠、徐兆魁等诬陷时,身为"东林党"的第二号人物的叶向高何以不大力保住第一号人物李三才?虽然他在万历三十七年二月针对邵辅忠、徐兆魁弹劾李三才,上疏皇帝,为李三才讲了一些公道话:"三才夙著时名,雅称物望,在淮上十三年有保障功",不过其出发点是从政府工作考虑,李三才的漕运总督一职是个重要岗位,不可一日或缺:"漕督重任,国家咽喉命脉寄于一人,关系重大",希望皇上在这关键时刻表明态度③。当李三才迫于压力多次请求辞职时,叶向高并不挽留,只是多次请求皇上能予照准。他先是说:"臣窃以为大臣被言,则当全其进退,使心迹得以自明,言官争辩则当剖其是非,使庙堂免于聚讼"④;后是说:"自三才被论以来,朝端纷纭甚于聚讼,株连蔓引,别户分门,总之以三才为辞,三才不去,则喧闹不了,而一切政事部院之臣皆为所牵掣,无所措手,其为国家之累更不少也"⑤。其目的全在于以李三才的去职来平息政府内部无休无止的聚讼纷纭。

其三,顾宪成致书叶向高、孙丕扬为李三才辩护,被反对东林书院的官员污蔑为"遥执朝政"。如果叶向高是"东林党"的魁首,顾宪成何必以此种方式

---

① 叶向高《苍霞续草》卷 6 尺牍《答沈蛟老》。
② 同上书卷 21 尺牍《答沈蛟老》。
③ 叶向高《纶扉奏草》卷 8《请发论救李漕抚各疏揭》。
④ 同上书卷 10《请允李漕抚求去揭》。
⑤ 同上书卷 11《请允李漕抚求去揭》。

"遥执朝政",完全可以透过叶向高来贯彻"东林党"的方针。尽管叶向高对顾宪成的人品推崇备至,把他比喻为谢安(字安石)、司马光,他在信中说:"今海内以门下出处卅世道安危,盖不但东山之安石,洛下之司马也",但对于顾宪成拒任南京光禄寺少卿一职表示遗憾:"征书一下,凡有血气者莫不腾欢,而高卧尚坚,来章甚恳,其何以慰苍生之望乎!"①两人的关系也仅止于此种互相敬仰的层面上,叶向高从来不是顾宪成与东林书院在内阁的代言人。天启元年(1621年),叶向高再次出任内阁首辅,处境微妙,尽力不偏不倚。《明史》卷240《叶向高传》说:"向高为人光明忠厚,有德望,好扶植善类,再入相,事冲主,不能謇直如神宗时。"因此当"东林"人物杨涟弹劾魏忠贤二十四大罪时,叶向高很不以为然:"事且决裂,深以为非也。"当其他大臣接二连三弹劾魏忠贤时,有人劝叶向高利用内阁首辅的权力,除掉魏忠贤,叶向高考虑到除掉魏忠贤绝非易事,只有他出面调停,才可以避免大祸,于是上疏称:"忠贤勤劳,朝廷宠待厚,盛满难居,宜解事权,听归私第,保全终始。"②魏忠贤早就对叶向高"动即掣肘"有所不满,此事更加深了对叶的不满,碍于他是元老重臣,不敢轻易下手,终于迫使叶向高连上三十三个辞职奏疏以后,得以体面地离开了这个是非之地。在魏忠贤及其亲信看来,叶向高企图使魏忠贤离职,当然要把他列入《东林党人榜》、《东林点将录》,然而他与杨涟等"东林"人士有巨大分歧,是不争的事实。研究这段历史的学者,至今仍把叶向高看作所谓"东林党"的魁首,显然是曲解了这段历史和这个人物。

李俠《东林党籍考》③依据《东林党人榜》、《东林点将录》所提供的名单,对所谓"东林党人"逐个写出小传,却并未考辨真假是非。既然此书名为"党籍考",顾名思义,必须客观地考辨哪些人不能列入"东林党籍"。因为这份名单是魏忠贤及其亲信为了打击异己势力而炮制的一个口实,事实真相并非如此。然而《东林党籍考》上的第一、第二号人物依然是李三才、叶向高,无异于肯定了《东林党人榜》、《东林点将录》。笔者无意责备先贤,只是感叹于完备的历史研究之难。

---

① 叶向高《苍霞续草》卷7《答顾泾阳》。
② 《明史》卷240《叶向高传》。
③ 李俠《东林党籍考》,商务印书馆,1957年。

《晋书》卷52《郤诜传》说:"动则争竞,争竞则朋党,朋党则诬罔,诬罔则臧否失实,真伪相冒。"对于晚明朋党风潮中的"东林党"论,亦应作如是观。明末清初学者邹漪慨乎言之:"予生也晚,不及见东林之盛,顾、高、刘、薛遗风余韵,父老犹传说之。数十年来,人艳膴仕,俗趋浇伪,而先正风流,邈状不可复作,士大夫不知讲学为何事,改头易面,干进求荣,比比皆是。"①反映了后人对东林书院的仰慕,他们念兹在兹的并非"党争",而是"讲学"。

---

① 邹漪《启祯野乘》二集卷3《施副使传》。

图书在版编目(CIP)数据

晚明史:1573—1644.上/樊树志著.—2版.—上海:复旦大学出版社,2015.4(2025.5重印)
ISBN 978-7-309-10564-3

Ⅰ.晚… Ⅱ.樊… Ⅲ.中国历史-研究-晚明 Ⅳ.K248.307

中国版本图书馆 CIP 数据核字(2014)第 287311 号

晚明史:1573—1644.上(第二版)
樊树志 著
出 品 人/严 峰
责任编辑/史立丽

复旦大学出版社有限公司出版发行
上海市国权路 579 号 邮编:200433
网址:fupnet@fudanpress.com http://www.fudanpress.com
门市零售:86-21-65102580 团体订购:86-21-65104505
出版部电话:86-21-65642845
浙江新华数码印务有限公司

开本 787 毫米×1092 毫米 1/16 印张 35.25 字数 558 千字
2025 年 5 月第 2 版第 6 次印刷

ISBN 978-7-309-10564-3/K·474
定价:98.00 元

如有印装质量问题,请向复旦大学出版社有限公司出版部调换。
版权所有 侵权必究